# Technologische Entwicklung im Brennpunkt von Ethik, Fortschrittsglauben und Notwendigkeit

Technological development in the focus of ethics, progress faith and necessity

Développement technologique au croisement de l'éthique, du progressisme et de la nécessité

Hans Giger
Hermann Lübbe
Herbert Schambeck
Hugo Tschirky
(Herausgeber)

Unter dem Patronat des CASS
Rat der schweizerischen wissenschaftlichen Akademien – Conseil des académies
scientifiques suisses – Consiglio delle academie scientifiche svizzere – Cussegl da las
academias scientificas svizras – Council of the Swiss Scientific Academies

# Technologische Entwicklung im Brennpunkt von Ethik, Fortschrittsglauben und Notwendigkeit

Herausgegeben von

Prof. Dr. iur. Dr. phil. I Hans Giger
Universität Zürich

Prof. Dr. phil. I Dr. theol. h. c. Hermann Lübbe
Universität Zürich

Prof. Dr. iur. Dr. h. c. mult. Herbert Schambeck
Universität Linz

Prof. Dr. oec. Dr. sc. techn. Hugo Tschirky
ETH Zürich

 **Stämpfli Verlag AG Bern · 2002**

Zitiervorschlag: Giger / Lübbe / Schambeck / Tschirky: Technologische Entwicklung

Die Deutsche Bibliothek - CIP-Einheitsaufnahme

Technologische Entwicklungen im Brennpunkt von Ethik, Fortschrittsglauben und Notwendigkeit = Technological development in the focus of ethics, progress faith and necessity / hrsg. von Hans Giger .... - Bern : Stämpfli, 2002
  ISBN 3-7272-9257-1

© Stämpfli Verlag AG Bern · 2002

Gesamtherstellung: Stämpfli AG,
Grafisches Unternehmen, Bern
Printed in Switzerland

ISBN 3-7272-9257-1

# Inhaltsübersicht

Prof. Dr. phil. et lic. iur. Georg Kohler/Dr. Michael Schefczyk,
Universität Zürich

Netzverdichtung. Zur Philosophie industriegesellschaftlicher
Entwicklungen
Prof. Dr. phil. I Dr.h.c. Hermann Lübbe, Universität Zürich

Ethische Aspekte der Genomanalyse
Prof. Dr. theol. Alberto Bondolfi, Universität Zürich

Globale Wirtschaft: Globale Verantwortung
Prof. Dr. phil. II Gian-Reto Plattner, Vizerektor Universität Basel

Chancen und Risiken der Technologie aus ethischer Sicht
Prof. Dr. theol. Hans Ruh, Universität Zürich

L'Innovatione Tecnologica: Le responsibilità verso le generazioni
future
Prof. Dott. Adriano DeMaio, Rettore Politecnico di Milano

Technik und Emotionen. Plädoyer für den lustvollen Einsatz
der Technik
Edit Seidl, Ökonomin

Technologie – Mensch – Telekommunikation
Dipl. Ing. ETH Jens Alder, CEO Swisscom AG

La Suisse, une ville sur la carte mondiale du savoir!
Dipl. Ing. ETH Eric Fumeaux, Direktor des Bundesamtes für
Berufsbildung und Technologie BBT/Madeleine von Holzen,
CEO von SwissUp

Ziele und Grenzen der Forschung in der Gefässchirurgie
Prof. Dr. med. Jon Largiardèr/Dr. med. Ernst Schneider,
Universität Zürich

Segen und Fluch der technologischen Optimierung des
Informationstransfers. Notwendigkeit der rechtlichen Verstärkung
ethischer Imperative
Prof. Dr. iur. Dr. phil. I Hans Giger, Universität Zürich

Unaufhaltsame Informationsrevolution auf dem Weg
in die E-Society?
Dr. phil. Werner A. Meier, Wissenschaftlicher Mitarbeiter

*Unternehmenswissenschaft, Eidg. Technische Hochschule
Zürich*

Zur Verständigung zwischen Ökonomie
und Ingenieurwissenschaften
*Dr. oec. publ. Stephan Bieri, Delegierter des ETH-Rates,
Eidg. Technische Hochschule Zürich*

Genomforschung und die Würde des Lebens
*Prof. Dr. phil. II Gottfried Schatz, Präsident des Schweizerischen
Wissenschafts- und Technologierates*

Transplantation von Organen und Stammzellen –
Hoffnungsträger und Problemfall zugleich
*Prof. Dr. med. Ewald Weibel, Vizepräsident der Schweizerischen
Akademie der medizinischen Wissenschaften*

Praktisches Wissen des Nutzers als Quelle technikethischer Reflexion
*Prof. Dr. phil. Karl H. Hörning, Technische Hochschule Aachen*

Gedanken über die Notwendigkeit eines neuen
Kulturverständnisses. Technische Errungenschaften –
zukünftiges Kulturgut wegweisender Völker
*Dr. sc. nat. et dipl. phys. ETH Edmond Jurczek, Direktor des
Elektrotechnischen Vereins SEV*

# Zum Geleit

# Zum Geleit

## Ambiente y ética; hacia una cultura de la vida

CARDENAL ALFONSO LÓPEZ TRUJILLO, Presidente Pontificium Consilium Pro Familia

«Vio Dios cuanto había hecho, y todo estaba muy bien. Y atardeció y amaneció: día sexto. Concluyéronse, pues, los cielos y la tierra y todo su aparato, y dió por concluida Dios en el séptimo día la labor que había hecho, y cesó en el día séptimo de toda la labor que hiciera. Y bendijo Dios el día séptimo, y lo santificó; porque en él cesó Dios de toda la obra creadora que Dios había hecho» (Gen. 1, 31–2,3).

Con estas palabras, del Libro del Génesis, se expresa la bondad fundamental de la Creación, una bondad que procede de su condición de obra y de don de Dios. El ambiente, que constituye el entorno natural del ser humano, es mostrado por la Revelación divina como resultado de la labor creadora de Dios, algo que «estaba muy bien», y que ha sido confiado al hombre como don y como tarea, para que sometiéndola a su dominio (Gen. 1, 28), enqueciese su uso con la plenitud de la libertad orientada al bien. En este sentido, afirma Juan Pablo II: «Si, respecto a los recursos naturales, se ha afirmado, especialmente debido a la industrialización, una cultura irresponsable del ‹dominio› con consecuencias ecológicas devastadoras, esto no corresponde, ciertamente, al designio de Dios. ‹Henchid la tierra y sometedla, dominad sobre los peces del mar y sobre los pájaros del cielo› (Gen. 1,28). Estas conocidas palabras del Génesis entregan la tierra al *uso*, no al *abuso* del hombre. Ellas hacen del hombre no el árbitro absoluto del gobierno de la tierra, sino el ‹colaborador› del Creador: misión estupenda, aunque señalada por precisos confines, que no pueden ser impunemente transgredidos[1].»

---

[1]    JUAN PABLO II, Discurso al mundo de los agricultores, 11/11/2001, n. 4.

*El ambiente es, en efecto, la casa de la familia humana.* El respeto por el ambiente, fruto de una recta sensibilidad ecológica, es un valor ético social, cuya raíz profunda se encuentra en la bondad de la Creación, don de Dios confiado a los hombres. Del mismo modo que la responsabilidad por la casa afecta a todos los miembros de una familia, la responsabilidad por el ambiente supera los límites del interés individual alcanzando los confines del bien común de la entera comunidad.

El ambiente forma parte del bien común de la gran familia humana e incluye también la responsabilidad por las futuras generaciones. En este sentido, la responsabilidad ética por las cuestiones ambientales encuentra un marco adecuado de reflexión en el tema magnífico de la *cultura de la vida*. La preocupación por el deterioro ambiental y la grave responsabilidad por la familia, en cuanto institución natural, se encuentran muy relacionadas.

Es importante, en una reflexión sobre el uso responsable de la técnica en relación con el contexto ecológico, que familia y medio ambiente se encuentran en una estrecha relación de profundo significado ético. La familia y el ambiente se deterioran cuando la vida, como valor social, desaparece en la cultura. Esta anomalía ha sido denuciada por el Papa en la Encíclica Evangelium vitae. La mayor sensibilidad por la ecología de nuestro tiempo es, sin duda, un aspecto positivo y un avance ético considerable: «...se debe considerar positivamente una mayor atención a la calidad de vida y a la ecología, que se registra sobre todo en las sociedades más desarrolladas, en las que las expectativas de las personas no se centran tanto en los problemas de la supervivencia cuanto más bien en la búsqueda de una mejora global de las condiciones de vida. Particularmente significativo es el despertar de una reflexión ética sobre la vida. Con el nacimiento y desarrollo cada vez más extendido de la bioética se favorece la reflexión y el diálogo entre creyentes y no creyentes, así como entre creyentes de diversas religiones sobre problemas éticos, incluso fundamentales, que afectan a la vida del hombre»[2].

La elección en favor de la vida, implícita en una sensibilidad verdaderamente ecológica, es una elección que proyecta éticamente al hombre en su entorno auténtica e integralmente humano: la familia (su entorno humano más inmediato) y su «casa» (el ambiente). Como afirma Juan Pablo II, la elección en favor de la vida no tiene su fundamento más radical en la biología, o la economía, sino en la ética: «Hoy, quizá más que antes, se percibe con mayor claridad la *contradicción intrínseca* de un desarrollo que fuera *solamente* económico. Este subordina fácilmente la persona humana y sus necesidades más profundas a las exigencias de la planificación económica o de la ganancia exclusiva... El dominio confiado al hombre por el Creador no es un poder absoluto, ni se puede hablar de libertad de ‹usar y abusar›, o de disponer de las cosas como mejor parezca. La limitación impuesta por el mismo Creador desde el principio, y expresada simbólicamente con la prohibición de ‹comer del fruto del árbol› (cf. *Gén.* 2, 16 s.), muestra claramente que, ante la naturaleza visible, estamos sometidos a leyes no sólo biológicas sino también morales, cuya transgresión no queda impune...[3].» La cultura de la vida es, por tanto, un auténtico desafío de nuestro tiempo, ante el que no es posible la indiferencia: «Este horizonte de luces y sombras debe hacernos a todos plenamente conscientes de que estamos ante un enorme y dramático choque entre el bien y el mal, la muerte y la vida, la ‹cultura de la muerte› y la ‹cultura de la vida›. Estamos no sólo ‹ante›, sino necesariamente ‹en medio› de este conflicto: todos nos vemos implicados y obligados a participar, con la responsabilidad ineludible de *elegir incondicionalmente en favor de la vida*[4].»

Una renovación de los valores de la familia y de la vida, no puede dejar de repercutir beneficiosamente en una mayor

---

2     JUAN PABLO II, Enc. *Evangelium vitae* n. 27.
3     JUAN PABLO II, Enc. *Sollicitudo rei socialis*, n. 33.34.
4     JUAN PABLO II, Enc. *Evangelium vitae* n. 28.

sensibilidad por los problemas ambientales, con una real incidencia en los procesos mundiales en curso. La solidaridad en el respeto de la biología y el ambiente, empezando por el «ambiente humano» más inmediato de la persona, que es la familia, en una recta concepción del desarrollo humano, es un valor importante a alcanzar entre todos.

La solidaridad ambiental alcanza, entonces, su pleno sentido en una cultura de la familia y de la vida, capaz de expresar los valores de una «ecología humana» integral, firmemente enraizada en una sana antropología. ¿No es acaso la feroz lacra del aborto, el signo más claro de una cultura de la muerte, que se refleja también en la degradación ambiental? «Además de la destrucción irracional del ambiente natural – afirma Juan Pablo II en la Encíclica Centesimus annus – hay que recordar aquí la más grave aún del ambiente humano, al que, sin embargo, se está lejos de prestar la necesaria atención. Mientras nos preocupamos justamente, aunque mucho menos de lo necesario, de preservar los ‹habitat› naturales de las diversas especies animales amenazadas de extinción, porque nos damos cuenta de que cada una de ellas aporta su propia contribución al equilibrio general de la tierra, nos esforzamos muy poco por salvaguardar las condiciones morales de una auténtica ‹ecología humana›. No sólo la tierra ha sido dada por Dios al hombre, el cual debe usarla respetando la intención originaria de que es un bien, según la cual le ha sido dada; incluso el hombre es para sí mismo un don de Dios y, por tanto, debe respetar la estructura natural y moral de la que ha sido dotado[5].»

Se trata del esfuerzo por alcanzar, también en el uso responsable de la técnica, lo que Juan Pablo II ha denominado en diferentes ocasiones como globalización de la solidaridad: «Es precisa ... una globalización de la solidaridad, lo que supone a su vez una ‹cultura de la solidaridad›, que debe florecer en el ánimo de cada uno[6].»

---

5      Juan Pablo II, Enc. *Centesimus annus,* n. 38.
6      Juan Pablo II, Discurso al mundo de los agricultores, 11/11/2001, n. 6.

Civilización significa lo mismo, en cierto sentido que cultura[7]. El sentido de una civilización no es tanto político, como el de ser genuina expresión de humanismo. La cultura de la vida debe ser central en una civilización inspirada en los valores perennes del recto humanismo, en las actuales dinámicas de globalización a las que estamos asistiendo. Esta cultura de la vida, tiene como aspectos ineludibles la familia, «ambiente humano» y el entorno ecológico, la «casa» de la gran familia humana. Cultura ecológica, familia, y respeto por el ambiente, comportan la generación de una nueva cultura de la vida. Se trata de valores que, como se afirma en la Carta de Derechos de la Familia, que «se expresan en la conciencia del ser humano y en los valores comunes a toda la humanidad» y que «surgen, en último análisis de aquella ley que ha sido inscrita por el Creador en el corazón de todo ser humano. La sociedad está llamada a defender estos derechos de violaciones y respetarlos y promoverlos en todo su contenido»[8].

---

7    Juan Pablo II, Carta *Gratissimam sane* (Carta a las Familias) n 13.
8    Santa Sede, Carta de Derechos de la Familia, Introducción.

# Grussbotschaften

# Ohne Rücksicht geht es nicht

## Grussbotschaft des Schweizer Bundespräsidenten 2001

*Dr. h.c. Moritz Leuenberger, Vorsteher des Eidgenössischen Departements für Umwelt, Verkehr, Energie und Kommunikation UVEK*

Kapital, Firmen, aber auch Arbeitsplätze werden innert Minuten über ganze Kontinente verschoben. Schweizerische Unternehmen spielen in diesem Prozess weltweit eine führende Rolle. Aber auch Betriebe wie die Post, die Swisscom, die SBB und Elektrizitätswerke reagieren auf internationale Entwicklungen und bieten neue Dienstleistungen an: Von rollenden Postbüros über Internetanschluss für alle bis zu Neuerungen wie UMTS, WAP, ADSL, GPRS usw.

Die Öffnung der Welt und der technologische Fortschritt verleihen uns ungeahnte Möglichkeiten. Aufgabe der Politik, aber auch der Wirtschaft ist es, diesen Aufbruch so gestalten, dass er tatsächlich für alle eine verheissungsvolle Zukunft bedeuten kann. Wir haben Verantwortung zu übernehmen für diejenigen Menschen und Regionen, die vom schnellen Umbau benachteiligt sein könnten. Nur wenn es uns gelingt, diesen Umbau mit Rücksicht auf alle zu gestalten, bleibt der Zusammenhalt in unserem Land bestehen, und nur dann werden die neuen Möglichkeiten für alle Menschen auf dieser Welt zur Chance.

# Grenzen des machbaren «Dürfens»

## Grussbotschaft des Bundespräsidenten der Republik Österreich

*Dr. THOMAS KLESTIL*

Die Schweiz und Österreich verbindet eine jahrhundertelange Tradition, Kommunikation und Freundschaft – die nicht zuletzt in der den Menschen beider Länder eigenen Arbeitsamkeit und im Interesse an Bildung und Fortschritt wurzeln und von dort entscheidende Impulse empfangen. Die Schweiz ist berühmt für ihre Hochtechnologie und Präzisionsarbeit, und auch Österreich ist stolz auf seine hoch angesehenen Facharbeiter und seine wissenschaftlichen Errungenschaften, die immer wieder zur Entwicklung vieler neuer Techniken führen. Dabei sind in den vergangenen Jahrzehnten in der Schweiz und in Österreich – und natürlich ebenso in anderen Ländern – Grenzen des Zulässigen erreicht oder sogar überschritten worden, was grundsätzliche Antworten erforderlich macht. Über die Sachfragen des technischen «Könnens» und über kommerzielle Fragen des «Wollens» hinaus müssen unbedingt auch eindringliche Fragen nach dem «Dürfen» gestellt und beantwortet werden.

Ich freue mich, dass das Thema der ethischen Verantwortbarkeit des technisch Möglichen von naturwissenschaftlich Gebildeten und in verschiedensten Bereichen der Technik Tätigen selbst stammt, weil dadurch die Chance besteht, dass in den vielen strittigen Fragen, bei denen es noch keine allgemein gültigen Antworten und nur geringe Erfahrungswerte gibt, ohne «ethischen Überbau» argumentiert und gehandelt wird. Ich bin fest davon überzeugt, dass bei so strittigen Themen wie «geklonte Menschen» oder «Roboter am Operationstisch» oder hinsichtlich einer einseitig technisch gehandhabten Lebensverlängerung oder Lebensbeendigung – um nur einige wenige Streit-punkte zu nennen – nicht nur Ethikexperten verbindliche Ant-worten geben sollten, sondern die jeweiligen Fachleute selbst, und zwar auf der Basis einer jeweils gemeinsam entwickelten und interdisziplinär diskutierten Berufsethik.

Die Herausgabe dieses Sammelbandes begleite ich, auch in Hochachtung vor dem Wirken von Herrn Prof. Dr. Dr. Hans Giger, mit meinen besten Wünschen!

# La tecnologia al servizio dell'uomo?

## Grussbotschaft der Regierung des Kantons Tessin, repräsentiert durch die Regierungspräsidentin

*MARINA MASONI*

La tecnologia al servizio dell'uomo? È uno dei grandi temi che alimentano la riflessione contemporanea, alla luce degli strabilianti progressi che la ricerca scientifica e lo sviluppo tecnologico hanno realizzato in poco tempo. È un tema che ha comunque sempre accompagnato la storia della nostra civiltà, creando entusiasmi ma anche timori, disponibilità ai cambiamenti ma anche resistenze e chiusure, slanci innovativi nella società ma anche ripiegamenti conservatori e tentativi di impedire con divieti e coercizioni quello che l'ingegno umano via via ha saputo inventare.

Il confronto con i risultati della ricerca scientifica e con le invenzioni tecnologiche, chiama in causa aspetti economici, politici e – naturalmente – anche etici. È un confronto destinato a rimanere sempre aperto, almeno in una società come la nostra fondata sui valori, sui principi e sui metodi liberaldemocratici: soprattutto quando si entra nel campo dell'etica, il nostro modello di società rifiuta le presunte verità date una volta per tutte e imposte a tutti. L'etica è prima di tutto un fatto individuale, all'interno della cornice di valori e di principi, quindi di norme di comportamento basilari, che sono stabiliti nelle leggi democraticamente accettate dalla comunità. Lo Stato etico non è uno Stato compatibile con i principi liberaldemocratici.

Nel campo della scienza e in quello della tecnologia, la riflessione o il confronto con l'etica pongono difficoltà supplementari: la ricerca, come lo sviluppo tecnologico punta infatti al risultato finale; l'etica si preoccupa invece dell'intenzione che muove il ricercatore e anima chi poi applica i risultati della ricerca, si interessa da vicino dei mezzi con i quali si fa ricerca e si applicano i risultati della ricerca, e cerca anche di definire i limiti oltre i quali la ricerca e l'applicazione della ricerca non dovrebbero spingersi.

Per il ricercatore, per l'inventore di nuove tecnologie, in qualsiasi campo, non sarebbe etico rinunciare in partenza a sforzarsi di trovare soluzioni per i grandi problemi che affliggono l'umanità: pensiamo soltanto alle malattie oggi ancora incurabili. Per lo studioso di etica, la prospettiva è diversa, soprattutto se entrano in gioco anche i valori religiosi: non è etico aprire frontiere giudicate invalicabili, anche se questo ha come conseguenza la rinuncia a trovare una soluzione.

Ogni comunità deve affrontare apertamente questa riflessione e questo contrasto. Per farlo deve dotarsi degli strumenti necessari nel campo della conoscenza: centri di formazione universitaria e postuniversitaria, centri di ricerca. Il Ticino da pochi anni si è dato un'università, iniziando in tal modo a costruire un sistema universitario che dovrà svilupparsi ancora. Nel decidere questo passo, dopo decenni di discussioni e di battaglie politiche, ha optato per alcune facoltà in cui trova spazio anche la riflessione sulle innovazioni tecnologiche e sul ruolo dei progettisti, quali voi siete: la Facoltà di architettura ha un'impostazione non solo tecnica, ma anche marcatamente umanistica; la Facoltà di scienze della comunicazione comprende anche un indirizzo di tecnologie della comunicazione.

Nel sistema universitario inteso in senso lato rientra anche il neocostituito Istituto di biomedicina di Bellinzona, che fa ricerca in un campo in cui gli attriti fra spinte alle innovazioni e limiti etici possono essere molto forti.

Nessuna regione, per quanto piccola nel contesto mondiale, può estraniarsi dalle riflessioni sui rapporti tra ricerca scientifica e principi etici, tra innovazioni tecnologiche ed esigenze dell'uomo. Ogni regione deve seguire la sua strada, dare il proprio contributo al dibattito, dotarsi degli strumenti più appropriati. Ma soprattutto deve riuscire a divulgare questi temi, a renderli accessibili non soltanto agli addetti ai lavori, sempre partendo però da basi scientificamente solide. Il Ticino, con il suo sistema universitario, intende dare il suo contributo al dibattito, anche come regione linguistica e minoranza culturale inserito nel contesto federale.

Il progresso tecnologico è uno dei motori dello sviluppo umano. Senza lo stimolo delle innovazioni tecnologiche oggi la nostra società, spesso criticata proprio per l'ampio spazio che alla tecnologia viene dato nei più svariati campi, sarebbe una società meno aperta, meno proiettata in avanti, probabilmente meno libera e anche meno giusta.

# Vorwort

Die Schöpfung hat den Menschen mit reichen Gaben ausgestattet: Kreatives Denken, innovativer Geist, Kommunikationsfähigkeit, Abstraktionsvermögen und eine bunte Palette weiterer Fähigkeiten und Begabungen machen ihn zum fleischgewordenen Entwicklungsbeschleuniger. Es gehört zu seiner Bestimmung, seiner Pflicht, das ganze Potential seiner Anlagen und Fähigkeiten in den Dienst auch der technologischen Weiterentwicklung zu stellen und so die Bausteine für eine fortschreitende Fruktifizierung aller Möglichkeiten zu legen. Die stürmische technologische Entwicklung hat den Machbarkeitsglauben in den Mittelpunkt unseres Daseins gerückt. In letzter Zeit sind aber Stimmen laut geworden, die einen ungebremsten Fortschritt mit Rücksicht auf ethische Werte ablehnen. Warum? Der systemorientierte Zwang zum Erfolg basiert auf dem Prinzip des Handelns, weniger des Denkens. Bald – schon in den Anfängen unseres technischen Zeitalters – offenbarte der isolierte Einsatz der Technik in der Umwelt fatale Fehlentwicklungen: Müllverbrennungen, Waldsterben, Lärm und Stress, schnelle Brüter, Staudammprobleme, Bewegungsarmut und die damit verbundenen gesundheitlichen Auswirkungen, das Ozonloch u.a.m. Mechanisierung, Technisierung und wissenschaftliche Fortschritte haben aber auch ganz generell die Beziehungen zwischen Mensch und Technik sowie von Mensch zu Mensch nachhaltig verändert. Seither sind beide Entwicklungen parallel weiter vorangeschritten. Technik und Wissenschaft an sich sind weder gut noch böse. Es sind unsere Machtträger, die für einen mit den Grundsätzen unserer Ethik konformen Einsatz der erzielten Errungenschaften die Verantwortung zu übernehmen haben.

Eine Versöhnung zwischen scheinbar unvereinbaren Zielen – Machbarkeitseuphorie und Ethik – kann nur über eine stetig ausgeübte Kontrolle der Wechselbeziehungen zwischen Menschen, technischen und wissenschaftlichen Fortschritten wie Umwelt geschehen. Dieser Vorgang vollzieht sich beinahe ausschliesslich durch das Mittel der Kommunikation. Die technische Welt lässt sich nur auf dem Weg über ein besseres Systemverständnis heraus beurteilen und lenken. Eine dominante Rolle muss in diesem Zusammenhang dem Schutz der physischen wie geistig-moralischen Lebensqualität zukommen. Die Persönlichkeitssphäre umfasst Körper, Seele und Geist. Jeder unbedachte und unkontrollierte, übermässige Eingriff verletzt die Gesundheit, das Wohlbefinden des Menschen. Unter diesem Fokus soll die Ambivalenz zwischen Technik und Mensch in einem integrierten Zusammenwirken aufgelöst werden: Es ist dies eine Aufgabe, die sich nur interdisziplinär durch Einsatz von Exponenten verschiedenster Fachrichtungen bewältigen lässt. Diesem Erfordernis versucht der vorliegende Sammelband zum Thema «Technologische Entwicklung im Brennpunkt von Ethik, Fortschrittsglauben und Notwendigkeit» möglichst Realitätsnähe zu verleihen: Rund dreissig Autoren geistes-, rechts- und naturwissenschaftlicher Provenienz tragen aus unterschiedlichen Fachzuständigkeiten zur Ausleuchtung der signalisierten Thematik bei. Es liegt in der Natur der Sache, dass jeder Versuch einer Vereinheitlichung der inhaltsorientierten Systematik und deren unter logischen, fachorientierten oder anderweitigen Gesichtspunkten vorgenommenen Aufgliederung in verschiedene Betrachtungs- und Bewertungseinheiten mit Rücksicht auf die kaum je erfassbare Vielfalt der dargebotenen Ideen zwangsläufig scheitern muss. Wenn wir die Beiträge dennoch auf Grund ihrer inhaltlichen Schwerpunkte gruppierten, geschieht dies ohne Anspruch auf eine alleingültige, themagerechte Zuordnungsrichtigkeit.

Wo die Grenzen des technologisch Machbaren dank Wissenschaft und Forschung immer weiter gesteckt werden, stellt sich indessen unweigerlich die Frage nach Sinn und Verantwortung dieser Entwicklung. Ist es wünschbar, dank gentechnologisch gewonnener Medikamente das durchschnittliche Lebensalter eines Menschen drastisch zu erhöhen? Ist es richtig, mit computergesteuerten Maschinen am menschlichen Körper Eingriffe vorzunehmen, die ein Operateur mit Auge und Hand so nicht bewerkstelligen könnte? Ist es verantwortbar, Grossraumflugzeuge für tausend Passagiere zu konstruieren? Wem nutzt die totale Vernetzung eines jeden mit jedem, wer profitiert von der faktischen Präsenz rund um die Uhr, von jedem Ort der Welt aus? Wer kontrolliert die Strahlenbelastung, die unser gigantisches Kommunikationsnetz produziert? Wer kümmert sich um den Weltraumschrott? Ist es sinnvoll, die Produktion durch Innovationen permanent zu rationalisieren? Welchen Nutzen zieht der Mensch aus der wachsenden Flut neuer Güter? Fragen über Fragen! Wer kann die Folgen der technologischen Entwicklung abschätzen? Wer trägt schliesslich dafür die Verantwortung? Schon längst sind Forschung und Entwicklung nicht mehr wertneutral. Für das global schicksalbestimmende Phänomen «Technologie» kann nicht nur der Erfinder in die Verantwortung genommen werden. Politiker, Wirtschaftsführer, Verbraucher – alle in unserer Gesellschaft tragen daran mit. Den Ingenieuren kommt als Entwickler, Anwender oder Vermittler neuester Technologie in dieser Verantwortungskette eine entscheidende Rolle zu. Es geht primär nicht um die Beantwortung all dieser Einzelfragen. Entscheidend scheint uns vielmehr Absicht und Wille zu sein, sich in diese Diskussion einzuschalten, die Interdependenzen aufzuzeigen, für Chancen und Gefahren zu sensibilisieren, den interdisziplinären Dialog wachzuhalten und so zum integralen Denken und Handeln hinzuführen. Dies ist Ziel und Aufgabe unseres Sammelbandes.

Wer immer auch sich in die Ideenfülle der hier abgedruckten – fundamentalen Problemen unserer Gesellschaft gewidmeten – Beiträge vertieft, tut dies in der Erwartung, seine Zeit gut zu investieren: Er hofft, trotz oder gerade wegen der Fülle von Informationen, etwas Neues, bisher nicht Erkanntes, Ausbaufähiges als Gedankengut mitnehmen zu können. Gewiss: Wir leben in einer Welt, die alle Entwicklungen offen lässt, die scheinbar keine Machbarkeitsgrenzen kennt, die beinahe unvorstellbare Möglichkeiten verwirklicht und eine Transparenz schafft, die jedem alles zugänglich zu machen scheint. Aber gerade hier beginnt das Problem, das uns ebenfalls beschäftigen soll: Nicht die technische Entwicklung an sich steht heute im Vordergrund des Interesses. Es ist dies vielmehr ihr Stellenwert im Koordinatennetz der Ethik, und das führt uns zwangsläufig zur Kernfrage: Grenzziehungen zwischen Fortschrittsglauben und Notwendigkeit als geistig-moralische Aufgaben. Sie können nur durch das Medium des integralen und vernetzten **Informationstransfers** erfolgen. Hier aber stehen wir definitiv an den Grenzen des Realisierbaren. Die technischen Vorbedingungen für eine totale Kommunikation sind zwar geschaffen, ihre gelebte Umsetzung scheitert indessen an der begrenzten menschlichen Auffassungs- und Verarbeitungskapazität. Kommunizieren erscheint zwar vielen als leicht handhabbarer Routinevorgang. Das Gegenteil ist der Fall. Allzu oft zerbrechen Beziehungen jeder Art an den Pannenanfälligkeiten des Verständigungsprozesses. Hier haben dann die normativen Regulatoren aus Ethik, Moral und Recht einzugreifen.

Es ist noch nicht lange her, hat der stellvertretende Chefredaktor der Neuen Zürcher Zeitung, Kenneth Angst, in seinen wegweisenden Ausführungen über das «Unbehagen an der Modernisierung» klar gemacht, dass die Politik zwar vieles kann, aber nicht alles. *«Um den Modernisierungszweck zu mildern, ohne dabei die Fortschrittsdynamik zu brechen und knebeln, braucht es auch eine deutlich verstärkte Wiedereinmischung intellektueller gemeinwohlinteressierter Zeitgenossen in die öffentlichen Debatten.»* Diese Aussage war denn auch der Ansatz für vorliegenden Sammelband. Sie darf nicht Endstation bilden, sondern soll die Saat für weiteres integrales Denken und Handeln in der Zukunft bilden. Ansätze dazu bestehen in einer fortschreitenden Sensibilisierung für eine daseinserträgliche Ausbalancierung von Vor- und Nachteilen des technologischen Fortschritts. Die situationsgerechte Ausmarchung geeigneter gesellschaftlicher wie individiueller Regeln von Moral, Ethik und Recht, des richtigen Gebrauchs von neuen Freiheiten und Möglichkeiten sowie eines ausgewogenen Verhältnisses zwischen Chancen und Risiken der stattfindenden Modernisierung verlangen indessen einen kommunikativen fachübergreifenden Erfahrungsaustausch. Damit wird klar – um mit den Worten von Kenneth Angst zu sprechen –, dass die Geschichte nicht zu Ende ist, sondern von uns gemacht und gestaltet werden soll. In diesem Sinn ist aber auch ausgesagt, dass wir das absolut Richtige nicht verwirklichen können. Was uns bleibt, ist ein stetes Bemühen um eine optimale Annäherung an das Ideal. This issue – so schrieb mir der Principal Officer Kevin S. Kennedy der United Nations Ende Februar 2002 – has enormous significance for achieving the objectives that the Member States of the United Nations agreed upon at the Millennium Summit in September 2000 ... On behalf of the Secretary-General I should nonetheless like to express his appreciation for the initiative which you and your colleagues have undertaken, and wish you every success.


Zürich, Juni 2002                    Für die Herausgeberschaft:
                                     Hans Giger

# Autorenverzeichnis

**Dipl. El.-Ing. ETH**
**Jens Alder**

ist Master of Business Administration (INSEAD, Fontainebleau in Frankreich), begann als Entwicklungsingenieur und hatte verschiedene Verantwortungen im Marketing- und Exportbereich. Ab 1996 war er General Manager im Telecombereich der Schweiz, leitete das Kabelfernsehgeschäft der Motor-Columbus AG in der Schweiz und in Frankreich. Ende 1999 übernahm er als Mitglied der Konzernleitung die Division Network Services & Wholesale und ist seit 16. Dezember 1999 Chief Executive Officer (CEO) von Swisscom.

**Dr. oec. publ.**
**Stephan Bieri**

ist Delegierter und Vizepräsident des ETH-Rates und Mitglied industrieller Verwaltungsräte. Er las Wirtschaftspolitik an der Universität Zürich und publiziert über Finanz- und Planungsfragen.

**Prof. Dr. theol.**
**Alberto Bondolfi**

ist Professor an der Universität Zürich, Institut für Sozialethik.

**Prof. Dott.**
**Adriano DeMaio**

ist Rettore, Dipartimento di Economia e Produzione di Politecnico Milano.

**Dr. phil. hist.**
**Max Friedli**

ist Direktor des Bundesamtes für Verkehr.

**Prof. Dr. rer. pol.**
**Bruno Fritsch**

ist emeritierter Professor der ETH Zürich und Mitbegründer des seit 1970 an der ETH durchgeführten Interdisziplinären Nachdiplomstudiums über Probleme der Entwicklungsländer (NADEL). Er ist u.a. Ehrenpräsident der Schweizerischen Fachvereinigung für Energiewirtschaft. Seine Forschungen liegen im Bereich der Evolutorischen Ökonomik. Er hat an zahlreichen Universitäten des In- wie Auslandes gelehrt. Seine wissenschaftlichen Aktivitäten bewegen sich vor allem im Spannungsfeld von Ökonomie und Ökologie.

**Dipl. Ing. EPFZ**
**Eric Fumeaux**

Ingénieur EPFZ diplômé en chimie, est le directeur de l'Office fédéral de la formation professionnelle et de la technologie à Berne. Il est depuis le 1er septembre 2000 le directeur de l'Office fédéral de la formation professionnelle et de la technologie (OFFT). E. Fumeaux a dirigé l'école d'ingénieurs du canton du Valais. Il a assumé ensuite la direction générale de la Haute Ecole du Valais, dont font partie les cinq écoles supérieures du canton et qui emploie plus de 250 collaborateurs. Il fut par ailleurs responsable du projet pilote *Nouvelle gestion publique* de la Haute Ecole du Valais et a également occupé la fonction de vice-président du comité directeur de la Haute Ecole spécialisée de Suisse occidentale (HES-SO).

**Prof. Dr. iur. et Dr. phil. I, Hans Giger**
ist emeritierter Professor für Schweizerisches Zivilgesetzbuch und Obligationenrecht inkl. Rechtsvergleichung an der Universität Zürich sowie Gastprofessor an der Universität Freiburg i.Ü. Er amtet als Mitglied und Landesvertreter der International Academy of Commercial and Consumer Law mit Sitz in den USA, war Mitglied einer bundesrätlichen Expertenkommission und ist Seniorpartner des Advokaturbüros Giger & Simmen in Zürich. Seine zahlreichen Publikationen befassen sich u.a. mit Problemen der Rechtsvergleichung, der Rechtspolitik, der Privatrechtsphilosophie und mit den soziologischen wie psychologischen Phänomenen des Rechts. Im April 2002 wurde sein wissenschaftliches Gesamtwerk mit dem Ehrenkreuz der Republik Österreich für Wissenschaft und Kunst I. Klasse gewürdigt.

**Prof. Dr. phil. I Bettina Heintz**
ist Prodekanin und Professorin für Soziologie an der Universität Mainz. Publikationen u.a.: Die Herrschaft der Regel. Zur Grundlagengeschichte des Computers (Campus 1993); Die Innenwelt der Mathematik. Zur Kultur und Praxis einer beweisenden Disziplin (Springer 2000); Mit dem Auge denken. Visualisierungsstrategien in wissenschaftlichen und virtuellen Welten (Springer 2001).

**John Horgan**
Freelance writer and author of the End of Science: Facing the Limits of Science in the Twilight of the Scientific Age; and the Undiscovered Mind: How the Mind Defies Replication, Medication, and Explanation. He is now writing a book on science and mysticism.

**Prof. Dr. rer. pol. Karl H. Hörning**
ist Direktor des Instituts für Soziologie an der RWTH Aachen.

**Lic. sc. pol. Annemarie Huber-Hotz**
ist Bundeskanzlerin der Schweizerischen Eidgenossenschaft.

**Dr. sc. nat. et dipl. phys. ETH Edmond Jurczek**
versucht mit seinen vielseitigen Tätigkeiten als Unternehmer, Wissenschafter und Kunstschaffender die Kombination dieser drei Disziplinen zur Entfaltung zu bringen und so eine einzigartige Wirkung entstehen zu lassen.

XXXIV

**Prof. Dr. phil. I et lic. iur.**
**Georg Kohler**

ist Professor für Philosophie, mit besonderer Berücksichtigung der politischen Philosophie an der Universität Zürich und ist mit zahlreichen z.T. kritischen Publikationen an die Öffentlichkeit getreten.

**Dipl. Ing. ETHZ**
**et Dr. h.c. sc. techn. ETHZ**
**Michael Kohn**

ist Präsident des Arbeitskreises «Kapital + Wirtschaft», Zürich, sowie der Energiekommission der Internationalen Handelskammer Paris. Er hat die Schweizer Energieszene seit der grossen Energiekrise 1973 bis in die Neuzeit entscheidend mitgeprägt: Als Präsident der vom Bundesrat im 1974 eingesetzten Eidgenössischen Kommission für die Gesamtenergie-Konzeption, als Initiant und Förderer von hydraulischen und nuklearen Elektrizitätswerken sowie als Verwaltungsratspräsident von Unternehmen wie Motor Columbus AG, Aare-Tessin AG und Kernkraftwerk Gösgen AG. Heute ist der Autor als internationaler Energieexperte und Mitglied von Schweizer Delegationen an Klima- und Umweltkonferenzen der UNO tätig. Der Autor ist Ehrendoktor der technischen Wissenschaften der ETHZ (1996).

**Prof. Dr. med.**
**Jon Largiadèr**

ist Professor für Chirurgie an der Universität Zürich sowie Präsident der Schweizerischen Gesellschaft für Thorax-, Herz- und Gefässchirurgie. Seine berufliche Erfahrung stellt er als Gefässchirurg der Klinik Hirslanden zur Verfügung. Die lange Liste seiner Publikationen befasst sich schwerpunktmässig mit gefässchirurgischen Themen. Er wirkt sodann an der Gründung der geplanten privaten Universität der Hirslandengruppe mit.

**Prof. Dr. phil. I**
**Claus Leggewie**

ist Professor für Politikwissenschaft an der Justus-Liebig-Universität Giessen und Direktor des dortigen Zentrums für Medien und Interaktivität; zahlreiche Publikationen zum angestammten Thema.

**Prof. Dr. iur. et Dr. h.c.**
**Martin Lendi**

ist emeritierter Professor für Rechtswissenschaft ETH Zürich, ordentliches Mitglied der Deutschen Akademie für Raumforschung und Landesplanung; Träger des Camillo-Sitte-Preises der Technischen Universität Wien und der Republik Österreich.

**Prof. Dr. phil. I**
**et Dr. theol. h.c.**
**Hermann Lübbe**

ist emeritierter Professor für Philosophie und Politische Theorie an der Universität Zürich. Seine Publikationen zeichnen sich durch ein breites Spektrum an Themen und Interdisziplinarität aus.

**Dr. phil. I**
**Werner A. Meier**

ist Geschäftsführer des Kompetenzzentrums SwissGIS – Swiss Centre for Studies on the Global Information Society sowie Lehrbeauftragter und wissenschaftlicher

**Adolf Ogi**

**Prof. Dr. phil. II**
**Gian-Reto Plattner**

**Prof. Dr. theol.**
**Hans Ruh**

**o.Univ.-Prof. Dr. iur.**
**et Dr. h.c. mult.**
**Herbert Schambeck**

**Prof. Dr. phil. II**
**Gottfried Schatz**

**Dr. rer. pol.**
**Michael Schefczyk**

**Dr. med.**
**Ernst Schneider**

**Edit Seidl**

Mitarbeiter am Institut für Publizistikwissenschaft und Medienforschung (IPMZ) der Universität Zürich

ist a.Bundespräsident der Schweizerischen Eidgenossenschaft und zurzeit mit diversen internationalen Aufgaben betraut.

ist Vizerektor Forschung der Universität Basel und Basler Ständerat im Schweizerischen Parlament.

ist emeritierter Professor für Systematische Theologie der Universität Zürich mit Schwerpunkt Sozialethik (Wirtschafts- und Umweltethik) sowie Präsident der Stiftung für angewandte Ethik.

ist Ordinarius für Öffentliches Recht, Politische Wissenschaften sowie Rechtsphilosophie an der Universität Linz und war Präsident des österreichischen Bundesrates; er ist Mitglied der Akademie der Wissenschaften in Padua, Madrid, Düsseldorf und Mailand sowie im Vatikan und Ehrenmitglied der Tschechischen Gelehrtengesellschaft in Prag. Seine interdisziplinären Schriften sprengen den Bereich der angestammten Lehrtätigkeit.

ist Professor an der Philosophisch-Naturwissenschaftlichen Fakultät der Universität Basel und Präsident des Schweizerischen Wissenschafts- und Technologierats.

ist Diplom-Volkswirt (Universität Köln) sowie Magister der Philosophie (Universität München). Von 1998 bis 2001 war er wissenschaftlicher Mitarbeiter am Lehrstuhl für VWL & Philosophie der Universität Witten/Herdecke, in der Folge wissenschaftlicher Assistent am Philosophischen Seminar an der Universität Zürich und seit 1996 freier Mitarbeiter im Feuilleton der Neuen Zürcher Zeitung.

ist Lehrbeauftragter der Medizinischen Fakultät der Universität Zürich und leitender Arzt in der Klinik Hirslanden. Seine wissenschaftlichen Aktivitäten konzentrieren sich auf angiologische Themen.

ist Ökonomin und wissenschaftliche Projektsmitarbeiterin. Ferner bekleidet sie das Amt der Vizepräsidentin des Schulrates der Zürcher Hochschule Winterthur. Die Autorin ist sodann Verfasserin diverser Beiträge zu ökonomischen Themen und zur Bildungspolitik. Sie ist ferner Leiterin Bildung im Schweizerischen Spenglermeister- und Installateur-Verband und gehört ihm als Mitglied der Geschäftsleitung an.

**Prof. Dr. oec.**
**et Dr. sc. techn.**
**Hugo Tschirky**

ist seit 1982 Ordinarius an der Eidgenössischen Technischen Hochschule Zürich, in den Fachbereichen Gesamtführung, Technologie- und Innovationsmanagement. Ferner: ETH-Doktorate in Nukleartechnik und Betriebswissenschafter, Gastprofessuren am Tokyo Insitute of Technology (1992) und Massachusetts Institute of Technology (2000). Forschungstätigkeit bei Gulf General Atomic (1968–1971). Führungserfahrungen als Gesamtleiter der Carl Zeiss (Schweiz) AG (1971–1976) und als Direktionspräsident der Cerberus AG (1976–1982). VR-Mitglied von verschiedenen Industrie-, Dienstleistungs- und Venture-Capital-Unternehmen.

**Lic. sc. pol.**
**Madeleine von Holzen**

Licenciée en relations internationales de l'Institut des Hautes études internationales de l'Université de Genève. Madeleine von Holzen est le CEO de swissUp à Genève, nouveau média électronique dédié au monde de la formation et de l'éducation en Suisse. Elle a été cheffe de la rubrique économique à la Télévision Suisse romande de 1997 à 2000, et rédactrice au sein de cette même rubrique de 1995 à 1997. En 1999, elle a reçu le prix « Excellence in Business Journalism», décerné par le « Harvard Club of Switzerland» à un journaliste économique dans le pays, et a ainsi pu suivre une formation à la Harvard Business School.

**Prof. Dr. med.**
**Ewald Weibel**

ist emeritierter Professor an der Universität Basel und Vizepräsident der Schweizerischen Akademie der Medizinischen Wissenschaften, Basel.

# I. Gedanken zur Allgewalt der Natur als Machbarkeitsgrenze

# Es sollen wohl Berge weichen und Hügel hinfallen

*Adolf Ogi*

«Quand les montagnes feraient un écart et que les collines
seraient branlantes,
mon amitié loin de toi jamais ne s'écartera»,
dit Esaïe

«Denn es sollen wohl Berge weichen und Hügel hinfallen,
aber meine Gnade soll nicht von Dir weichen»,
sagt der Prophet Jesaja.

## Gedenkfeier und Rede vom 12. November 2000 in der Pfarrkirche Brig.

### Liebe Walliserinnen, liebe Walliser

Wir sind hier, um zu **trauern**.
Wir sind hier, um zu **gedenken**.
Wir sind hier, um **nachzudenken**.

Wir sind aber **auch** hier,
um zu **danken** und um **neue Hoffnung** zu schöpfen.

Am Wochenende des 15. Oktober 2000
ist der grosse Regen über das **Wallis**, über das
**Tessin**, über **Norditalien** hereingebrochen.

Die Hänge haben ihren Halt verloren.
Hügel sind buchstäblich, wie es Jesaja sagt, hingefallen.

Ich werde **nicht** vergessen,
was ich an jenem gespenstisch düsteren
Sonntag beim Überfliegen des Unterwallis
gesehen und gefühlt habe.

3

Ich werde **nicht** vergessen,
was ich im peitschenden Regen in **Martigny**, in
**Simplon-Dorf**, am Ufer der **Saltina** hier in **Brig**
gesehen und gefühlt habe.

Wir alle werden diese Tage,
die im Wallis **tiefe Wunden** geschlagen haben,
nie vergessen.

Wie es Jesaja prohezeit hatte:
**Hügel sind hingefallen.**

Sie haben **alles** mitgerissen, was ihnen im Wege stand.

Menschen. Häuser, Strassen, Schienen.
Baudenkmäler. Weinberge.

**Ein Inferno.** Eine Wiederholung des 24. September 1993.

Die Kraft – Nein! ... die **Gewalt** der Natur
hat uns Menschen einmal mehr **klein** und **demütig** gemacht.

Chères Valaisannes, chers Valaisans,

Nous sommes petits face à la force de la nature.
Un grand malheur nous a frappés.
Nous devons réfléchir.
Sur notre relation avec la nature.
Ce malheur doit nous rendre modestes.
Il nous rappelle que nous ne pouvons pas
– dominer
– et surexploiter la nature. A l'infini!

Pour notre seul bien-être.
Pour notre seule mobilité.
Pour notre profit immédiat.

Wir haben nur **eine** Natur.
Wir Menschen sind **Teil** dieser Natur.

**So steht es im Schöpfungsplan.**

Der grosse Regen des Oktobers 2000
hat uns alle getroffen.

**Trauer** um verlorene Menschen.
**Trauer** um verlorene Werte.
**Trauer** um verlorene Erinnerungen.

Die Sorgen **jener**, die Haus und Heim verloren haben.
Die Sorge, ob die noch Vermissten je gefunden
und würdig begraben werden können.

Die **Angst** vor dem **nächsten** grossen Regen ...

**Und doch**, liebe Walliserinnen und Walliser!

Jesaja sagt auch: «... **meine Gnade soll nicht
von Dir weichen.**»

Noch während der grosse Regen niederfiel und
die Wasser stiegen und stiegen,
kamen im Wallis Gefühle der **Solidarität** und
Gefühle der **Dankbarkeit** auf.

Begriffe wie «**Nach**»-bar,
Begriffe wie «**Mit**»-bürger,
Begriffe wie Eid-«**genossenschaft**»
bekamen **neuen** Sinn, **neuen** Inhalt, **neue** Konturen.

Viele Worte waren überflüssig. Blicke genügten.

Die Helferinnen und Helfer kamen **rasch** und
**zahlreich** und meistens ungefragt.

Die Gemeindebehörden, die Krisenstäbe, die
Polizei, die Kantonsregierung, die Armee, der
Zivilschutz, die Freiwilligen.

Aus dem Wallis, aus der ganzen Schweiz.

Die **Glückskette** sammelte 30 Millionen Franken!

Noch während die Hänge ihren Halt verloren
und Hügel hinfielen, haben
Schweizerinnen und Schweizern dem Wallis
**neuen Halt gegeben**.

Aujourd'hui, nous sommes reconnaissants.
Au nom du Conseil fédéral,
en mon nom personnel,
je dis ma gratitude à tous ceux
qui ont apporté et qui apporteront
encore leur aide.

Das Wallis trauerte, aber es schaute auch **nach vorn**.
Es mobilisierte die besten Kräfte, die in ihm stecken.

Es krempelt die Ärmel hoch.
Es nahm die Schaufeln in die Hand.

**Die Menschen wollen weiterleben.**
In Gondo, in Baltschieder, in Fully.

Die Häuser werden aufgebaut,
«plus beau qu'avant»,
wie es im Volkslied «La haut sur la Montagne»
heisst.

Der grosse Regen hat aufgehört.

In der Höhe deckt der erste Schnee die Wunden der Natur zu.
Trümmer und Schlamm werden weggeräumt.
Brücken und Strassen werden repariert, Häuser wieder
aufgebaut.

Die Hoffnung ist ins Wallis zurückgekehrt.

Die meisten Opfer sind geborgen und zur letzten
Ruhe geleitet worden.

Ihrer wollen wir in Liebe gedenken.

Denn:

Da ist ein Land der **Lebenden**
und ein Land der **Toten**,
und die **Brücke** zwischen ihnen
ist die **Liebe** – das einzig Bleibende,
der einzige Sinn.

# II. Stellenwert «Mensch»
# in der Machbarkeitseuphorie
# unserer technologisierten Zeitepoche

# A. Philosophische Erklärungsversuche im Bereich technologischer Machbarkeit, Wünschbarkeit und ethischer Verantwortung

# The End of Scientific Progress?

*John Horgan*

## Inhaltsverzeichnis

"To deride the hope of progress is the ultimate fatuity, the last word in poverty of spirit and meanness of mind." Peter Medawar

I was once, like the late British biologist and Nobel laureate Peter Medawar, a fervent believer in scientific progress. In fact, I became a science journalist in large part because I viewed science as the most ennobling of all humanity's creations. We are here to figure out why we are here. What goal is more worthy of us? Science could also help us create, if not a utopia, then at least a much better world than the one we inhabit.

Initially I simply assumed, without giving the matter much thought, that the quest for knowledge and power would never end. As the island of our knowledge grows, the physicist John Wheeler once told me, so does the shore of our ignorance. But in the early 1990s I began to lose my faith in science's boundlessness. Where once I saw challenges and opportunities, I saw limits and barriers. Eventually I concluded that the glory days of science—and especially pure science, the primordial human quest to understand the universe and our place in it—are in a very important sense drawing to a close.

Even optimists must recognize that these are trying times for truth-seekers. Scientists feel increasingly besieged by technophobes, animal-rights activists, religious fundamentalists, post-modern philosophers and stingy politicians. After decades of enormous growth, funding for basic research has begun to flatten out in Europe, the United States and throughout the industrialized world.

Also, as science advances, it keeps imposing limits on its own power. Einstein's theory of special relativity prohibits the transmission of matter or even information at speeds faster than that of light. Quantum mechanics dictates that our knowledge of the microrealm will always be slightly blurred. Chaos theory confirms that even without quantum indeterminacy many phenomena would be impossible to predict, because minute effects can have huge consequences. And evolutionary biology

14

keeps reminding us that we are animals, designed by natural selection not for discovering deep truths of nature but for breeding.

All these limits will make the search for truth more difficult in years to come. But in my view, by far the greatest threat to science's future is its past success. To understand what I mean, one must recall just how much science has already accomplished. Researchers have created a kind of map of physical reality, ranging from the microrealm of quarks and electrons to the macrorealm of planets, stars and galaxies. Physicists have shown that all matter consists of a few basic particles ruled by a few basic forces, and they have constructed fantastically precise mathematical theories of these particles and forces.

Scientists have also stitched their knowledge into an impressive, if not terribly detailed, narrative of how we came to be. The universe exploded into existence 15 billion years ago, give or take five billion years, and is still expanding outwards. About 4.5 billion years ago, the detritus from an exploding star, a supernova, condensed into our solar system. Sometime during the next few hundred million years, for reasons that may never be known, single-celled microbes bearing an ingenious molecule called DNA emerged on the earth. Prodded by natural selection, these primordial organisms evolved and diversified into an extraordinary array of more complex creatures, including *Homo sapiens.*

I believe that this basic map of reality that scientists have constructed—this modern myth of creation—will be as viable 100 or even 1,000 years from now as it is today. Why? Because it is true. I also believe that, given how far science has already come, and given the physical, cognitive, social and economic limits constraining further research, science is unlikely to make any significant additions to the knowledge it has already generated. By science I mean not applied science but science at its purest and grandest, the primordial human quest to understand the universe and our place in it. Further research may yield no more great revelations or revolutions but only incremental, diminishing returns.

# I.  Ironic Science

The vast majority of scientists are content to fill in details of the great paradigms laid down by their predecessors. They try to show how a new high-temperature superconductor can be understood in quantum terms, or how a mutation in a particular stretch of DNA triggers breast cancer. But some scientists are much too ambitious and creative for merely solving "mopping up" after the pioneers (as the philosopher Thomas Kuhn liked to put it). These overreachers want to transcend the received wisdom, to create revolutions in knowledge analogous to those triggered by Darwin's theory of evolution or by quantum mechanics.

For the most part these ambitious types have only one option: to pursue science in a speculative, non-empirical mode that I call "ironic science." Ironic science resembles philosophy or theology or literary criticism in that it offers points of view, opinions, which are, at best, "interesting," which provoke further comment. But ironic science does not converge on the truth; it can never be validated through observation and experiment in the way that quarks or the double helix or the expansion of the universe have been validated.

The most obvious source of ironic science in this century is social science, which has given us such spectacularly speculative paradigms as Freudian psychology, Marxism, structuralism and general systems theory. As the anthropologist Clifford Geertz has suggested, social science is more akin to literature than to such hard sciences as chemistry or physics.

But ironic theories have cropped up in the so-called hard sciences as well. One striking specimen is superstring theory, which for more than a decade has been the leading contender for a unified theory of physics. Often called a "theory of

16

everything," it posits that all the matter and energy in the universe and even space and time stem from infinitesimal, string-like particles wriggling in a hyperspace consisting of 10 (or more) dimensions.

Unfortunately, the microrealm that superstrings allegedly inhabit is completely inaccessible to human experimenters. A superstring is supposedly as small in comparison to a proton as a proton is in comparison to the solar system. Probing this realm directly would require a particle accelerator 1,000 light-years around. (The entire solar system is only one light-*day* around.) Noting the untestability of superstring theory, the Nobel laureate Sheldon Glashow of Harvard University has likened it to medieval theology.

Other ironic theories have also flourished, in part because science journalists like me enjoy writing about them so much. For example, the Russian physicist Andrei Linde has speculated that our cosmos is merely one of an infinite number of universes, some perhaps with laws of physics totally different from our own. Biology has yielded the Gaia hypothesis of James Lovelock and Lynn Margulis, which suggests that the biosphere is a self-perpetuating organism; and the complexity theory of Stuart Kauffman, which holds that evolution is governed primarily not by natural selection but by mysterious "laws of complexity" that counteract the second law of thermodynamics.

Optimists contend that all these untestable, far-fetched theories are signs of science's vitality and boundless possibilities. I see them as signs of science's desperation and terminal illness.


## II.  Extraterrestrial Life

Although we will never, I believe, discover other universes, we may discover that life exists, or has existed, elsewhere. In 1996, a team of American scientists announced that they had detected evidence of life on Mars in a potato-size meteorite found in

Antarctica. This finding made the front page of newspapers around the world—and with good reason. The revelation that life exists or has existed beyond the earth would be arguably the greatest discovery in the history of science. Unfortunately, subsequent studies showed that the so-called microbes in the Martian meteorite had a non-biological origin.

There is only one way we are going to know if there is life on Mars, and that is if we send a mission there to conduct a thorough search for it. Our best hope is to have a human crew drill deep below the surface, where there is enough water and heat to sustain life. It will be decades, at least, before we can muster the resources and money for such a project, even if society is willing to pay for it.

Suppose that scientists do eventually determine that life existed or still exists on Mars. That would be an enormous boost for origin-of-life studies and biology in general. But would it mean that science is suddenly liberated from all the limits that I have described? Hardly. If we find life on Mars, we will know that life arose in this solar system, and perhaps not even more than once. It may be that life originated on Mars and then spread to the earth, or vica versa.

More importantly, we will be just as ignorant about whether life exists elsewhere in the universe, and we will still face huge obstacles to answering that question. Suppose that engineers come up with a space-transport method that boosts the velocity of spaceships by a factor of 10, to one million kilometers an hour. That spaceship would still require 5,000 years to reach the nearest star, Alpha Centauri.

Perhaps one of these days the radio receivers employed in our Search for Extraterrestrial Intelligence program, called SETI, will pick up electromagnetic signals—alien television comedies, perhaps—issuing from another star. But it is worth noting that most of the SETI proponents are physicists, who have an extremely deterministic view of reality. Physicists think that the existence of a highly technological civilization here on earth makes the existence of similar civilizations elsewhere highly probable.

The real experts on life, biologists, find this view ludicrous, because they know how much contingency—just plain luck—is involved in evolution. Stephen Jay Gould, the Harvard biologist and bestselling author, has said that if the great experiment of life were re-run a million times over, chances are it would never give rise to mammals, let alone these peculiar primates that stand upright and have ludicrously large brains.

For similar reasons Gould's Harvard colleague Ernst Mayr, who may be this century's most eminent evolutionary biologist, has called the search for extra-terrestrial life a waste of time and money. An alien spaceship could land in front of the White House tomorrow and prove Mayr wrong. I for one would love to see that happen. But so far the evidence is on Mayr's side.

## III.  The *Star Trek* Factor

Most people, scientists and non-scientists alike, find the proposition that science is ending preposterous. It is easy to understand why. We are drenched in progress, real and artificial. Every year we have smaller, faster computers, sleeker cars, more channels on our televisions. Our views of the future are also distorted by what I call the *Star Trek* factor. How can science be approaching a culmination when we haven't invented spaceships that travel at faster-than-light speeds, like those on the popular science-fiction series *Star Trek*? Or when we haven't acquired the fantastic psychic powers—enhanced by both genetic engineering and electronic prosthetics—described in cyberpunk fiction?

Science itself helps to propagate these fictions. One can find discussions of time travel, teleportation, and parallel universes in reputable, peer-reviewed physics journals. And at least one Nobel laureate in physics, Brian Josephson of the University of Cambridge, has declared that physics will never be complete until it can account for extrasensory perception and telekinesis. But Josephson long ago abandoned real physics for mysticism and the occult. If you truly believe in modern physics, you are unlikely to give much credence to extrasensory perception or to spaceships that can travel faster than light.

To be sure, applied science will continue for a long time to come. Scientists can keep developing versatile new materials; faster and more sophisticated computers; genetic-engineering techniques that make us healthier, stronger, longer-lived. The question is, will these advances in applied science bring about any "surprises," any revolutionary shifts in our basic knowledge? Will they force scientists to revise the map they have drawn of the universe or the narrative they have constructed of the universe's creation and history? Probably not. Applied science in this century has tended to reinforce rather than to challenge the prevailing theoretical paradigms. Lasers and transistors confirm the power of quantum mechanics, just as genetic engineering bolsters belief in the DNA-based model of evolution.

Moreover, the limits of applied science may also be coming into sight. It once seemed inevitable that physicists' knowledge of nuclear fusion—which gave us the hydrogen bomb—would culminate in a cheap, clean, boundless source of energy. But after more than 50 years of research costing billions of dollars, that dream has become vanishingly faint. Fusion researchers always said, keep the money coming, and in 20 years we will give you energy "too cheap to meter." In the last few years, the U.S. has drastically cut back on its fusion budget, and plans for next-generation reactors have been delayed. Now fusion energy appears to be a dream that will never be fulfilled: the technical, economic and political obstacles are simply too great to overcome.

Turning to applied biology, the most dramatic achievement that I can imagine is immortality. Many scientists are now attempting to identify the precise causes of aging. It is conceivable that if they succeed in pinpointing the mechanisms that make us age, researchers might then learn how to block the aging process and to design versions of *Homo sapiens* that can live hundreds of years, or even forever. But evolutionary biologists suggest that immortality may be impossible to achieve. Natural selection designed us to live long enough to breed and raise our children. As a result, senescence does not stem from any single cause or even a suite of causes; it is woven inextricably into the fabric of our being.

## IV. The Human Mind

Some critics of my book argued that, even if fields such as particle physics and cosmology are past their peaks, studies of the human brain and mind still have enormous, revolutionary potential. This research deserves a more serious, detailed treatment than I gave it in *The End of Science*.

I took this point so seriously that I wrote a whole book just to rebut it. The book is called *The Undiscovered Mind*, and it was published last fall. It examines fields such as neuroscience, psychiatry, behavioral genetics, evolutionary psychology and artificial intelligence. What I argue is that these fields have largely failed to live up to their advertising. In fact, there has been extraordinarily little progress in understanding the mind.

Of course, there has been plenty of hype. One currently trendy field is evolutionary psychology, which attempts to explain human nature in Darwinian terms. Evolutionary psychology has yielded some interesting ideas. One of my favorites is the notion that human self-deception may be an adaptive trait, because the most effective bullshitters are those who believe their own bullshit.

Perhaps this principle explains some of the success of the evolutionary psychologists. They fervently believe that they can explain everything we humans do, the good and the bad. They argue that rape is an instinctive male behavior, but so is romantic love. A mother who cherishes her child is acting from instinct, but so is a mother who kills her baby. In other words, any behavior—and its opposite!—can be explained by evolutionary theory. But a theory that explains everything really doesn't explain anything.

The field best-positioned to explain the mind is neuroscience. Neuroscientists have acquired an astonishing ability to probe the brain with microelectrodes, magnetic resonance imaging, positron-emission tomography and other tools. Neuroscience is clearly advancing. It's getting somewhere. The question is, Where?

So far, neuroscience has had virtually no payoff in terms of diagnosing and treating mental illness. It has failed to winnow out all the competing unified theories of human nature, whether behaviorism or connectionism or evolutionary psychology or even Freudian psychoanalysis. Neuroscience has also failed to solve such ancient philosophical mysteries as free will, the nature-nurture question and the mind-body problem.

Neuroscience's most important discovery may be that different regions of the brain are specialized for carrying out different functions. The question is, How does the brain integrate the output of all its highly specialized parts to create a unified self? Neuroscientists have no idea. Like a precocious eight-year-old tinkering with a radio, neuroscientists excel at breaking the brain into pieces, but they are not very good at putting it back together again. I call this problem the Humpty Dumpty dilemma.

Some critics complain that any discussion of neuroscience's limits is grossly premature because the field is just beginning. Actually, neuroscience has deep roots. Galvani showed two centuries ago that nerves emit and respond to electric current, and around the same time Franz Joseph Gall proposed the first modular-mind theory, phrenology. Golgi, Cajal and others began unraveling the structure and function of neurons a century ago.

The claim that neuroscience is "just beginning" is based not on the field's actual age but on its output. The question is, how far will mind science go in the future, given how little progress there has been to date? Optimists hope that the lack of progress in neuroscience, psychiatry and related fields thus far means that great things await us. In other words, past failure predicts future success. This is not an argument. It's an expression of faith. I fear that, given the poor record so far of mind-related fields, the mind may be in certain respects irreducible.

This impasse may have a silver lining, at least for scientists. The problems posed by the human mind are so important, both pragmatically and intellectually, that society will surely never stop funding efforts to solve them. If these problems are also insoluble, then mind-science might last forever.

## V.   The Apocryphal Patent Official

By far the most common response to the suggestion that science is ending is some variant of "That's what they thought 100 years ago." The reasoning behind this response goes like this: As the 19th century wound down, scientists thought they knew everything. But then Einstein and other physicists discovered relativity and quantum mechanics, opening up vast new vistas for modern physics and other branches of science. The moral is that anyone who predicts science is ending will surely turn out to be as short-sighted as those 19th-century physicists were.

First of all, as a matter of historical fact, both of these tales are simply not true. No American patent official ever quit his job because he thought everything had been invented. And physicists at the end of the last century were engaged in debating such profound issues as whether atoms really existed. The historian of science Stephen Brush of the University of Maryland has called the "Victorian calm" in physics a "myth."

The inductive logic underlying the that's-what-they-thought-at-the-end-of-the-last-century argument is also deeply flawed. Because science has advanced so rapidly over the past century or so, this logic suggests, it can and will continue to do so, possibly forever. But viewed from an historical perspective, the modern era of rapid scientific and technological progress appears to be not a permanent feature of reality but an aberration, a product of a singular convergence of economic, political and intellectual factors.

In his 1932 book *The Idea of Progress*, the eminent historian J. B. Bury stated: "Science has been advancing without interruption during the last three or four hundred years; every new discovery had led to new problems and new methods of solution, and opened up new fields for exploration. Hitherto men of science have not been compelled to halt, they have always found means to advance further. But *what assurance have we that they will not come up against impassable barriers?*" [Italics in the original.]

As Bury pointed out, the concept of progress is only a few hundred years old, at most. From the era of the Roman Empire through the Middle Ages, most truth-seekers had a degenerative view of history: the ancient Greeks achieved the acme of mathematical and scientific knowledge, and civilization went downhill from there. Later societies could only try to recapture some remnant of the wisdom epitomized by Plato and Aristotle. It was such founders of modern, empirical science as René Descartes, Isaac Newton, Francis Bacon and Gottfried Leibniz who first set forth the idea that humans could systematically acquire and accumulate knowledge through investigations of nature. Most of these ur-scientists believed that the process would be finite, that we could attain complete knowledge of the world and then construct a perfect society, a utopia, based on that knowledge.

Only with the advent of Darwin did certain intellectuals become so enamoured with progress that they insisted it might be, or should be, *eternal*. "In the wake of the publication of

Darwin's *On the Origin of Species*," the biologist Gunther Stent of the University of California at Berkeley wrote in his 1978 book *The Paradoxes of Progress*, "the idea of progress was raised to the level of a scientific religion... This optimistic view came to be so widely embraced in the industrialized nations... that the claim that progress could presently come to an end is now widely regarded [to be] as outlandish a notion as was in earlier times the claim that the Earth moves around the sun."

## VI.  Doubts About Progress

It was not surprising that modern nation states became fervent proponents of the science-is-infinite creed. Science spawned such marvels as The Bomb, nuclear power, rockets, radar and computers. In 1945 the American physicist Vannevar Bush proclaimed in *Science: The Endless Frontier* that science was "a largely unexplored hinterland" and an "essential key" to U.S. military and economic security. Bush's essay served as a blueprint for the construction of the National Science Foundation and other U.S. institutions that thereafter supported basic research on an unparalled scale.

The Soviet Union was perhaps even more devoted than its capitalist rival to the concept of scientific and technological progress. The Soviets seemed to have taken their lead from the proto-Marxist Friedrich Engels, who in his 19th-century tract *Dialectics of Nature* argued that science could and would continue striding forward, at an increasingly rapid pace, forever.

Of course, powerful social, political and economic forces now oppose this vision of boundless scientific and technological progress. The cold war, which was a major impetus for basic research in the U.S. and the Soviet Union, is over; the U.S. and other major powers have much less incentive to build space stations and gigantic accelerators simply to demonstrate their power. Society is also increasingly sensitive to the adverse consequences of science and technology—such as pollution, nuclear contamination and weapons of mass destruction.

This disillusionment with science was foreseen early in the last century by Oswald Spengler, a German schoolteacher who became the first great prophet of the end of science. In his massive tome *The Decline of the West*, published in 1918, Spengler argued that science proceeds in a cyclic fashion, with "romantic" periods of investigation of nature and the invention of new theories giving way to periods of consolidation in which scientific knowledge ossifies.

As scientists become more arrogant and less tolerant of other belief systems, notably religious ones, Spengler declared, society will rebel against science and embrace religious fundamentalism and other irrational systems of belief. Spengler predicted that the decline of science and the resurgence of irrationality would begin at the end of this millennium.

Spengler's analysis was, if anything, too optimistic. His cyclic model implies that science may one day be resurrected and undergo a new period of discovery. But science is not cyclic but linear; we can only discover the periodic table and the expansion of the universe and the structure of DNA once. Richard Feynman foresaw this impasse. "The age in which we live," the great Nobel laureate in physics declared in his 1965 book *The Character of Physical Law*, "is the age in which we are discovering the fundamental laws of nature, and that day will never come again."

Modern science, as far as it has come, has left many deep questions unanswered. But the questions tend to be ones that will probably *never* be definitively answered, given the limits of human science. How, exactly, was the universe created? Could our universe be just one of an infinite number of universes? Could quarks and electrons be composed of still smaller particles, ad infinitum? Biology has its own slew of unanswerable questions: Just how *inevitable* was the origin of life, or of creatures intelligent enough to create science? Underlying all these riddles is the biggest one of all: Why is there something rather than nothing?

These are the conundrums that give rise to superstring theory and Gaia and other examples of what I call ironic science. I do not mean to imply that ironic science has no value. Far from it. Ludwig Wittgenstein once wrote, "Not *how* the world is, is the mystical, but *that* it is." Enlightenment, Wittgenstein realized, is a state of pure wonder. At its best, ironic science, like great literature or art or philosophy, induces doubt and awe in us rather than certainty; it keeps us dumbfounded before the mystery of the universe. By reminding us that all our knowledge is half-knowledge, ironic science ensures that our sense of wonder persists even when real, empirical science has ended. But ironic science cannot take us closer to the truth.

## VII. A Lack of Imagination?

Those who foresee an end to progress are often accused of a lack of imagination. Actually, it is all too easy to imagine great discoveries just over the horizon. Our culture does it for us, not only with television shows like *Star Trek* and movies like *Star Wars* but also with advertisements and political rhetoric that constantly promise us tomorrow will be very different from— and almost certainly better than—today. Scientists, and science journalists, too, are forever claiming that a huge revelation or breakthrough or holy grail awaits us just over the horizon. I have to admit that I have written my share of such stories.

What I want people to imagine now is this: What if there is no big thing over the horizon? What if what we have is basically what we are going to have? We are not going to invent warp-drive spaceships that can take us to other galaxies or even other universes. We are not going to become infinitely wise or immortal through genetic engineering. We are not going to discover the mind of God, as the British physicist Stephen Hawking (an avowed atheist) once put it. We are not going to know why there is something rather than nothing.

27

If science reaches a cul de sac, what will happen to humanity? What will be our fate? Let me offer a couple of interesting prophecies. In his 1970 book *The Coming of the Golden Age*, Gunther Stent predicted that as science helps us achieve universal affluence, we will have less incentive to acquire new knowledge. We will end up in a state that Stent called "the new Polynesia," in which most of us pursue pleasure for its own sake through drugs or virtual reality or direct electronic stimulation of our brain's pleasure center.

A rather different scenario was set forth by the philosopher Francis Fukuyama in his 1992 book *The End of History*. Fukuyama argued that the triumph of capitalist liberal democracy over socialism has ended humanity's struggle to find the least noxious, most just political system. But Fukuyama, echoing the rhetoric of Friedrich Nietzsche, suspected that our insatiable will to power, our need for constant self-overcoming, will prevent us from being satisfied with the affluence and comfort provided by this best of all possible worlds. We will start inventing wars, basically just to give ourselves something to do.

Fukuyama, I suspect, was afflicted with severe Nietzsche intoxication. (I can recognize this disorder in others, because I was afflicted with it myself as a youth.) Gunther Stent, for his part, was a bit too influenced by the hippie era; he wrote his book, after all, in the late 1960s in Berkeley, California, which was ground zero of the hippie movement.

I believe that our fate will be neither mindless battle, as Francis Fukuyama feared, nor mindless hedonism, as Gunther Stent feared, but rather some combination of the two. We will continue to muddle along as we have been, oscillating between pleasure and misery, enlightenment and befuddlement, kindness and cruelty. It won't be heaven, but it won't be hell, either. In other words, the post-science world won't be all that different from our world. Peter Medawar would no doubt have found my views to be fatuous and mean-spirited. I think they are simply realistic.

# Dialektik der Bemächtigung

## Müssen wir immer tun, was wir können?

*GEORG KOHLER & MICHAEL SCHEFCZYK*

## Inhaltsverzeichnis

# I.   Murphy's Gesetz?

Was möglich sei, werde – mit Vorliebe dann, wenn es sich dabei um die schlimmstmögliche Wendung der Dinge handelt – immer irgendwann wirklich. Das ist die mehr oder weniger spassig gemeinte Feststellung, die unter dem Namen von «Murphy's Gesetz» zwar nicht die eherne Geltung des zweiten Hauptsatzes der Thermodynamik beansprucht, aber – weil sie dem engen Rahmen menschlicher Lebensfristen leider nur allzu gut entspricht – für unser Weltvertrauen erheblich beunruhigender erscheint als die Behauptung von der schlussendlich unüberwindbaren Entropie. Stimmt Murphy's Gesetz, dann müsste die Erde, längst bevor ihr mineralischer Rest durchs Gravitationsloch der implodierten Sonne ins Nichts stürzen wird, von unserer eigenen Hand verwüstet worden sein. Und besonders unerfreulich ist Murphy's prognostische Aussage dann, wenn sie auf die offenbar unaufhaltsame Ausdehnung wissenschaftlich-technischer Machbarkeitsgrenzen bezogen wird: Denn wir können technisch schon jetzt längst viel mehr (bewirken, verändern, zur Disposition stellen usw.), als wir moralisch-ethisch und pragmatisch-rational zu beurteilen imstande sind.

Schon jetzt haben wir Probleme mit der Dialektik zwischen stetig expandierendem Machen/Können und der dazu komplementären Notwendigkeit, die neuen Handlungsspielräume zu regulieren. Jeder wissenschaftlich-technisch erzeugte Fortschritt, also jeder gelungene Freiheitsgewinn gegenüber bislang unbeeinflussbaren Zwängen und Zufallsergebnissen, macht sogleich den Umgang mit diesen Freiheiten zum Problem. Wo Zufall und Naturmacht regiert haben, muss bewusste Wahl und menschliche Gesetzgebung für Orientierung sorgen. Aller Wahrscheinlichkeit nach führt es in chaotische Zustände, wenn die Faktoren menschlicher Macht und Bemächtigung – der Wissensproduktionsprozess und dessen nicht-wissenschaftliche Antriebskräfte – ganz ohne moralisch-praktische Reflexion und

Regulierung sich selber überlassen bleiben sollen: Dialektik der Bemächtigung.

In welche Regulierungsschwierigkeiten und prinzipielle Überforderungen unserer ethisch-politischen Intuitionen und Glückserwartungen ein Zuwachs beispielsweise an genetischen Eingriffsmöglichkeiten führt, vergegenwärtigt im Folgenden der Abschnitt II: «Der Fall Salieri, Rawls' Forderung und Buchanans Frage».

Im Abschnitt III: «Daedalus oder: Metaphysik und Menschenwürde» steht die sehr grundsätzliche Überlegung im Blick, ob der – angesichts der in II erörterten Konsequenzen naheliegende – Vorschlag, den Wissensproduktionsprozess selbst (und nicht erst dessen Wirkungen und Resultate) formieren zu wollen, nicht obsolet sei. Erstens deswegen, weil uns dazu die fundamentalen Kategorien (wie etwa die Idee der «Menschenwürde») abhanden gekommen seien; zweitens darum, weil diese Wissensevolution – wie jede Evolution – ohnehin unsteuerbar sei. Daher, so die Gegenthese zum Postulat einer z.B. die «anthropotechnische Entwicklung» der Wissenschaften betreffenden Wissensproduktionsregulierung, habe man zu akzeptieren, dass es «uns gar nicht mehr freisteht, das nicht zu wollen, was wir (wissen, bzw. gentechnisch realisieren) können»... Womit wir vermutlich bei Murphy's Gesetz angelangt wären. Nämlich bei den schlimmsten Phantasien der Science-Fiction-Literatur.

Mit Hilfe der erinnernden Vergegenwärtigung des Daedalus-Mythos argumentiert der Beitrag zu Gunsten jener anderen Sicht der Dinge, welche die Voraussetzung ist für die Hoffnung, Murphy müsse nicht das letzte Wort behalten.

## II. Der Fall Salieri, Rawls' Forderung und Buchanans Frage

Zur Zivilisation gehört beides: Die Kultivierung von Vorzügen und die Fähigkeit, sie an anderen zu ertragen. Der Komponist Salieri – so fabulierte es MILOS FORMANS Film «Amadeus» – ist an dieser Zivilisationsaufgabe gescheitert. Hin- und hergerissen zwischen haltloser Bewunderung und masslosem Neid, wirft er zuletzt – Gottes Ungerechtigkeit verfluchend – ein Kruzifix ins Feuer und treibt Mozart in den Tod.

Dessen Auftauchen hatte mit einem Schlag Salieris Existenz entwertet, ihn geldlich getroffen, ihn seines vorzüglichen Ruhms beraubt, hatte ihm zuletzt auch seine Selbstachtung genommen. Mozart verwandelte einen vormals grossen in einen nunmehr mittelgrossen Künstler. Dies war zwar nicht seine Absicht, aber es war seine Wirkung. Ein rasch verfliegender Hauch von Verständnis legt sich um Salieri: Was hat er anderes getan, als sich gegen die umfassende Entwertung seiner Person zur Wehr zu setzen und an den Launen der Natur, die einen wie Mozart hervorgebracht hatte, eine tödliche Korrektur vorzunehmen?

## 1.  Emotionale Bewältigung der Ungleichheit

Der Fall Salieri kann Anlass zu der Frage geben, welche Mittel unsere Kultur den Durchschnittsmenschen zur Verfügung stellt, um sich emotional mit den aussergewöhnlichen Vorzügen anderer zu arrangieren; denn Salieris Affekt ist nur ein extremer Fall des landläufigen Neidgefühls, das uneinholbare Vorzüge, wie Begabung und Schönheit, hervorrufen; auch dann, wenn – anders als bei Salieri – gar keine direkte Konkurrenz stattfindet und folglich keine konkrete Entwertung der eigenen Person droht.

Sinnt man jener Frage nach, so gewahrt man, dass die unterschiedlichsten Institutionen und kulturellen Überlieferungen etwas zur Linderung des Leidens an der Ungleichheit beitragen. Eine in diesem Sinne besonders wichtige Überlieferung enthält das Christentum. Diese Überlieferung lehrt, dass der Wert einer Person nicht von ihrem innerweltlichen Ansehen und Erfolg abhängt. Gegen Salieri wäre mit ihr geltend zu machen, dass es Gott nicht darauf ankommt, wie schön er komponieren kann oder wie viel Ruhm er sich erwirbt – und dass es Salieri – in letzter Hinsicht – auch nicht darauf ankommen sollte. In säkularisierter Form findet sich dieser Gedanke bei KANT.

> «Wenn gleich durch eine besondere Ungunst des Schicksals, oder durch kärgliche Ausstattung einer stiefmütterlichen Natur, es [jemandem] gänzlich an Vermögen fehlte, seine Absicht durchzusetzen; wenn bei seiner grössten Bestrebung dennoch nichts von ihm ausgerichtet würde, und nur der gute Wille [...] übrig bliebe; so würde er wie ein Juwel doch für sich selbst glänzen, als etwas, das seinen vollen Wert in sich selbst hat.»[1]

Der nichts Böses wollende Wille als ein für sich selbst glänzender und durch die Zufälle der Natur und des Sozialen unzerstörbarer Juwel: Mit diesem gedanklichen Motiv wird zweierlei vollzogen. Zum einen bietet er dem Selbstwertgefühl der Normalmenschen Schutz vor den menschlichen Naturwundern. Die uneinholbar Besseren bedrohen nun nicht mehr den Wert der eigenen Person, der ganz unabhängig davon ist, ob die Natur stiefmütterlich oder grosszügig sorgend mit jemandem verfuhr. Zum anderen kann dadurch der Neid seine verzweifelte Destruktivität verlieren, es wird sogar möglich, die Besseren, Schöneren, Schlaueren vorbehaltlos zu bewundern. Mit dem Gedanken vom inneren moralischen Wert wird insofern die Salierische Wut entmächtigt, die Herausragendes zerstören will.

Das Problem, auf das der Gedanke vom inneren moralischen Wert eine Antwort darstellt, wäre insofern, wie ein kulturelles Milieu geschaffen werden könnte, in dem die Ermöglichung der Abweichung nach oben für die Herausragenden und die Gewöhnlichen (alles in allem) gewinnbringend würde.

Nietzsche ging dagegen von der umgekehrten Annahme aus, dass die Moral die Funktion gehabt habe, die Grossen klein und die Überragenden gemein zu machen; während doch plausibler scheint, dass sie die gesellschaftliche Ordnung von dem Verbot sozialer Abweichung befreite – also die Entfaltung der Grösse erst gestattete.

---

1    KANT 1785/1965, 11

## 2.  Ein anderer Weg

Unter den vielen Arten, das Faktum der Ungleichheit erträglich zu machen, dürfte *eine* Idee besonders wichtig und einflussreich sein, die sich in den Texten liberaler Philosophen, wie RONALD DWORKIN und JOHN RAWLS, ausgesprochen findet. Vergröbernd gesprochen lautet der Gedanke, dass Ungleichheiten nicht akzeptabel seien, wenn sie nicht allen von Vorteil wären. Mit anderen Worten, die aufgrund bestimmter Vorzüge Begünstigten sollen die anderen für den Nachteil kompensieren, nicht ebenso vorzüglich zu sein, wie sie selbst es sind. Während KANTS Gedanke vom moralischen Wert den Blick auf das Absolute lenkt, das durch innerweltliche Vorzüge nicht berührt wird, geht es hier um eine fällige Entschädigung für das Dulden der Ungleichheit. Die Bevorzugten haben nur dann ein Recht auf ihre Vorzüge, wenn sie zum Wohl aller eingesetzt werden.

> «Wer von der Natur begünstigt ist», schreibt Rawls, «sei es, wer es wolle, der darf sich der Früchte nur so weit erfreuen, wie das auch die Lage der Benachteiligten verbessert. Die von der Natur Bevorzugten dürfen keine Vorteile haben, bloss weil sie begabter sind, sondern nur zur Deckung der Kosten ihrer Ausbildung und zu solcher Verwendung ihrer Gaben, dass auch den weniger Begünstigten geholfen wird. Niemand hat seine besseren natürlichen Fähigkeiten oder einen besseren Startplatz in der Gesellschaft verdient.»[2]

Was RAWLS hier sagt, klingt verblüffend und einleuchtend zugleich. Was hatte Mozart dazu beigetragen, dass die Natur ihn mit einer divinen Begabung beschenkte? Was konnte Salieri dazu, dass sie in seinem Fall weniger spendabel war?

Folgt nicht daraus, dass Begabungen «in gewisser Hinsicht Gemeinschaftssache» (RAWLS) seien, die allen zugute kommen sollen – und auf die daher niemand neidisch sein braucht.

Neben den Gedanken eines absoluten moralischen Wertes (KANTS Weg) tritt im zwanzigsten Jahrhundert die Lehre, dass andere ein Recht auf Anteil an jemandes herausragender Bega-

---

2   RAWLS 1971/1979, 122

bung haben (RAWLS' Weg). Das Skandalon der Ungleichheit soll nicht mehr gedanklich neutralisiert, sondern sozialisiert werden.

## 3.   Genetische Gerechtigkeit

Doch mag es sein, dass diese Bewältigungsformen der Ungleichheit einmal veralten werden. Denn angenommen, die Ungleichheit wäre weitgehend genetisch bedingt; angenommen ferner, es würde irgendwann möglich, den genetisch-bedingten Anteil menschlicher Vorzüge ingenieursmässig zu steuern – dann könnte das Übel der Ungleicheit an der Wurzel gepackt werden[3]. Für diejenigen, die den kantianischen Weg der Bewältigung eingeschlagen haben, wäre diese Entwicklung weniger herausfordernd als für die Rawlsianer. Denn müssen nicht Egalitaristen die ersten sein, die sich für verstärkte Forschung einsetzen, wenn dies die (wie immer schwache) Aussicht auf ein wirklich wirksames Egalisierungsinstrument einschlösse? Liegt es nicht in der Logik des Egalitarismus, die Hochbegabungen mit Eingriffen in die genetische Ausstattung direkt unters Volk zu bringen statt – wie bisher – ihre wenigen Inhaber tributpflichtig zu machen?

Fragen wie diese stellt der Philosoph ALLEN BUCHANAN an Rawls' Weg:

> «[...] given the prospect of genetic engineering, the assumption that redistributing natural assets is unfeasible is no longer plausible. We are now left wondering why theorists such as Rawls, G. A. Cohen, and Ronald Dworkin have not considered the possibility of responding directly to genetic ‹inequities›.»[4]

---

3   Der Molekularbiologe BERNARD DAVIS weist darauf hin, dass damit (zumindest in absehbarer Zukunft) nicht zu rechnen ist: «The highly polygenic nature of the most interesting traits, both behavioural and physical, makes it unlikely that we will be able to modify them significantly in the foreseeable future by either somatic or germline intervention.» (DAVIS 1990, 86) Optimistischer gab sich jüngst der Biophysiker GREGORY STOCK, siehe BAHNEN 2001, 46

4   BUCHANAN 1995, 108

Zweifellos: Die Frage, die BUCHANAN hier stellt, erscheint – angesichts des beschränkten Wissens über die Funktion der Gene für komplexe Eigenschaften – ziemlich weit hergeholt. Über solche Angelegenheiten, so möchte man einwenden, kann man sich immer noch Gedanken machen, wenn die Möglichkeiten einmal zur Verfügung stehen sollten. Doch hat BUCHANANS Frage auch jetzt, unabhängig von dem, was in absehbarer Zukunft denkbar erscheint, Zündkraft: Denn sie erinnert an eine Ambivalenz in der abendländischen Einstellung gegenüber Ungleichheit, die auf dem biotechnologischen Wege möglicherweise ebenso verloren ginge wie auf Salieris. Diese Ambivalenz hat mit der menschlichen Einstellung gegenüber Unsicherheit zu tun.

Dass alle Leute die Eigenschaften ihres Nachwuchses planen könnten – wer wollte etwas dagegen sagen, bei soviel Appell an unsere Vernunft und unser Wohlwollen; und doch kommt bei der Vorstellung ein vernehmliches, aber schwer auf den Begriff zu bringendes Gefühl der Trostlosigkeit auf[5]. Der Gedanke einer Eigenschaftsplanung für die Nachkommen hat sowohl etwas moralisch Unwiderstehliches als auch etwas emotional Unanziehendes. Aber warum? Möglicherweise spielt hier der uralte metaphysische Horror vor einer vollends vorausbestimmten Welt hinein. Das gefühlsmässige Sträuben gegen biotechnologische Interventionen könnte damit zu tun haben, dass sie mit religiösen oder metaphysischen Befürchtungen assoziiert werden: So als wäre die genetische Information ein Text, in dem unsere ganze Existenz aufgeschrieben stünde – daher müsse

---

5    Kurt Bayertz übersetzt das Unbehagen in Bedenken gegenüber dem konventionellen Charakter der elterlichen Wünsche: «Betrachtet man die in der eugenischen Literatur genannten Ziele der Verbesserung der Menschheit, so wird man neben körperlicher Gesundheit eine Fülle weiterer Eigenschaften finden. (...) Diesem Wunschzettel guter Eigenschaften würde kaum jemand seine Unterschrift verweigern (...). Dennoch bleibt eine solche Zielbestimmung unbefriedigend; zu naiv und zu durchsichtig orientiert sie sich an Werten, die ebenso *unbestimmt* wie *traditionell* sind. (...) Wie sich die futurologische Zukunft in der Regel als die blosse Extrapolation der Gegenwart erweist, so stellt sich der ‹Mensch der Zukunft› hier als eine in allen positiven Eigenschaften vergrösserte Variante des heutigen Menschen dar.» (BAYERTZ 1987, 253)

man sowohl verhindern, dass er geändert als auch, dass er gelesen werde[6]. Ob es in Bezug auf genetische Intervention berechtigt ist oder nicht: Jenes Gefühl der Trostlosigkeit beim Gedanken an vollständige Vorherbestimmbarkeit bezeugt eine untergründige Verbindung zwischen dem Gedanken des Zufälligen und des Wertvollen. Eine total geplante Existenz erscheint als eine belanglose Existenz, als eine, in der es letztlich um nichts mehr geht. Denn in einer vollends geplanten Existenz könnten keine Erfahrungen im emphatischen Sinne gemacht werden. In ihr vermögen Wünsche und Vorhaben keine Tiefe und Reife zu erlangen, weil sie mit nichts Unvorhergesehenem konfrontiert werden. Wertempfinden und Ergebnisoffenheit gehören zusammen. Der Grund hierfür ist wohl in der menschlichen Natur zu suchen, liegt also auf anthropologischem Feld. Menschen sind Vorhabewesen, Projekttiere – das bedeutet, dass sie auf eine Welt ausgelegt sind, die geordnet genug ist, um einen Konnex zwischen Handeln und Bewirken zu ermöglichen; doch es bedeutet zum anderen auch, dass sie eingestellt sind auf eine unsichere Umwelt, in der sie scheitern und enttäuscht werden können. Darin scheint die anthropologische Tiefendimension des deterministischen Horrors zu liegen. Glück und Wert kann es für Menschen nur geben, wenn die Ereignisse in der Welt noch nicht festgelegt sind – oder, vorsichtiger gesprochen: Wenn wir zumindest nicht genau *wissen*, wie es weiter geht. Eben weil Menschen Vorhabewesen, Projekttiere sind, sind sie auch Unsicherheitswesen, die eine Welt mit offenem Ausgang und neuen Möglichkeiten brauchen – selbst wenn dies katastrophale Aus-

---

6 DAN BROCK und NORMAN DANIELS merken verwundert an, dass das Recht der Eltern, ihren Nachwuchs gentechnologisch zu gestalten, angefochten werde, nicht aber ihr Recht, ihn in konventioneller Weise zu prägen und zu beeinflussen – obwohl Erziehungsanstrengungen oder -unterlassungen für jemandes Lebensweg sicherlich nicht weniger einflussreich seien als genetisch manipulierbare Eigenschaften (BUCHANAN et al. 2000, 161). Freilich wissen wir, dass die Effekte von Erziehung mit einem recht hohen Grad an Unvorsehbarkeit verbunden sind – Erziehung löst daher keinen deterministischen Horror aus. Möglicherweise wird so die unterschiedliche Bewertung von erzieherischer und genetischer Manipulation erklärlich: Letztere bietet sich noch als Projektionsfläche jenes Horrors an.

gänge einschliesst. Niemand wünscht die Katastrophe, aber zugleich wünscht niemand eine Welt, in welcher Katastrophen unmöglich (und nicht nur höchst unwahrscheinlich) wären.

Der Doppelcharakter des Menschen, Vorhabe- und Unsicherheitswesen zu sein, hat seinen Anteil an der ambivalenten Haltung gegenüber der Vorstellung genetischen Wissens und Beeinflussens – auch wenn diese Ambivalenz letztlich rational unbegründet sein sollte. Wenn von einem «Recht auf Nichtwissen» bezüglich genetischer Information gesprochen wird, so steht dahinter nicht nur die Befürchtung, dass aus Information über die genetische Ausstattung konkrete Nachteile erwachsen könnten, etwa gegenüber anstellenden Unternehmen oder Versicherungen; sondern auch eine instinktive Abwehr von Einblicken in die eigenen Aussichten. Denn ein gewisser Grad an Unwissen und Unberechenbarkeit erlaubt überhaupt erst, dass wir uns selbst als autonome Personen verstehen[7].

Daher wäre eine egalitaristische Idealwelt, in der die «natürliche Lotterie» durch eine deterministische Zuteilung der Lebensschicksale ersetzt würde, wohl wenig attraktiv. Solange genetische Ungleichheit als Ergebnis des Zufalls, als Laune der Natur erscheint, finden wir sie offenbar weniger schlimm, als wenn sie einer Notwendigkeit, einem strengen Abstammungsmechanismus folgt, durch welche die Vorzüglichen ebenso immer unter sich bleiben wie die ganz normalen Leute. Die Lotterie mag für die leer Ausgegangenen manchmal schwer zu ertragen sein; aber eine Welt ohne das Zufällig-Herausragende wäre wohl noch unerträglicher; wir wünschen zwar bestimmte Kompensationen, aber keine Aufhebung der Unterschiede – auch dann, wenn wir nicht zu den unmittelbar Begünstigten gehören.

Würde jedoch mit wachsendem Wissen über die genetischen Ursachen menschlicher Eigenschaften die natürliche Lotterie durch die rationale Planung ersetzt, so wäre eine beunruhi-

---

7    «The Danish Council of Ethics has argued that (…) there may come a point at which so much [genetic] information is forthcoming that it may become an intrusion into the individual's private sphere, and at that point genetic screening is indefensible." (CHADWICK 1997, 19)

gende Akkumulation von Vorteilen die Folge. Das plötzliche Auftauchen von Aussergewöhnlichem bei Kindern durchschnittlicher Leute, die Mittelmässigkeit des Nachwuchses von Ausnahmemenschen würde ersetzt durch die Käuflichkeit ehemals zufälliger natürlicher Vorzüge. Damit werden egalitaristische Forderungen unvermeidlich.

Allerdings drängt sich die Frage auf, ob nicht die für ein Unsicherheits- und Projektwesen bessere Aussicht darin bestünde, Lotterien (mit akzeptablen Auszahlungen) zu schaffen, also ergebnisoffene soziale Mechanismen, in denen das «Recht auf Nichtwissen» zur Geltung gebracht würde.

## III. Daedalus oder:
## Metaphysik und Menschenwürde

Wenn ein gewisser Grad an Unsicherheit die Bedingung dafür ist, uns als «autonome Person» zu verstehen, dann – so kann man einwenden – spricht das nicht dafür, solche Unwissenheit weiterhin aufrechterhalten zu wollen, sondern dafür, auf das Konzept «autonome Person» bzw. «Menschenwürde» zu verzichten. Um die Kritik an diesem Argument geht es im Folgenden. Und zwar im Zusammenhang der Feststellung, dass sowohl die antike Mythologie, die vom Schicksal des Erfindergenies Daedalus erzählt, wie der überwiegende Anteil der modernen Science-Fiction-Literatur genau dies gemeinsam haben: dass sie skeptisch an die menschliche Endlichkeit erinnern.

### 1.  Big Science = Science Fiction?

Eine Zentralfigur im Repertoire des Genres «Science Fiction» ist der wahnsinnige Wissenschafter. Das Beängstigende an dieser Gestalt ist nicht ihre Überzeugung, ein Genie und Wohltäter der Menschheit zu sein, sondern der Erfolg, den sie im Labor hat. Dr. Frankenstein produziert, was er will, und zugleich verliert er die Kontrolle über sein Werk: Frankensteins Monster...

Gelungene *Science Fiction* schafft den erhellend-unterhaltenden Kurzschluss zwischen der Welt der Forschung und der Welt gesellschaftlich-sozialer Beobachtbarkeit. Das ist das eine; das andere ist die einigermassen solide Trennung zwischen *Science Fiction* und *Science Facts*. Auffällig ist daher jede Gegentendenz; die Verringerung des Abstandes zwischen *fiction* und *facts*. Im allgemeinen Bewusstsein scheint aber gerade sie Platz zu greifen. Und man kann das interpretieren als Symptom. Fragt sich bloss wofür. Für ein ganz neues Wirklichkeitsverhältnis oder für eine manische Phase im Realitätsbezug der Menschheit? Jedenfalls dürfte es wieder einmal an der Zeit sein festzustellen, dass in der Science-Fiction-Literatur der Anteil der unheilvoll endenden Geschichten überwiegt. Das ist besonders dann beunruhigend, wenn – wie unlängst HANS MAGNUS ENZENSBERGER (in einem Essay[8] über eine bestimmte Fraktion von Biotechnologen und Genforschern) geschrieben hat – es eben «immer schwerer [fällt], *Big Science* und *Science Fiction* voneinander zu unterscheiden.» Kein gutes Zeichen, findet ENZENSBERGER; weder für die Triebkräfte, die hinter dem Anspruch auf schrankenlose Forschung zur Perfektionierung des «schlechtgeratenen Mängelwesens Mensch» stehen, noch für das kollektive Bewusstsein, das sich dem «phantastischen Optimismus» aus den Instituten und Labors offenbar gläubig hinzugeben bereit ist.

*«Wir nähern uns der Science-Fiction-Welt.»* – Das ist ein zweites Zitat, ebenfalls aus dem anspruchsvoll-gegenwartsanalytischen Feuilleton. Freilich gehört es zu einem Aufsatz mit *diametral entgegengesetzter Zielrichtung*[9]. MARC JONGEN, sein Autor, plädiert für die neue Biotechnologie als der Türöffnerin zu einem «posthumanen», gegenüber allem Bisherigen prinzipiell verschiedenen «Weltzeitalter». Und er wendet sich gegen jenes alteuropäische Entsetzen beispielsweise vor «kundenorientierter Menschenfabrikation», indem er für die kalifornischen

---

8    ENZENSBERGER 2001
9    JONGEN 2001

40

«Transhumanisten» um MAX MORE, RAY KURZWEIL und MARVIN MINSKY Partei ergreift, an deren «Extropy Institute der [transhumanistische] Menschentyp seine derzeit profilierteste Adresse hat»: «Die europäischen Humanisten wären schlecht beraten, die ‹Extropier› (...) für eine skurrile Sekte zu halten. In ihnen artikuliert sich (...) die Avantgarde einer Menschheit, die dabei ist, sich vom ‹Subjekt zum Projekt› (VILÉM FLUSSER) aufzurichten.»

Dazu im Folgenden ein paar – resolut alteuropäische – Überlegungen.

## 2. Die – angeblich – falsche Demut

Vor zehn Jahren verkündete man das «Ende der Utopie». Oberflächlich gesehen als Folge der bankrotten sozialistischen Idee bzw. der Macht- und Unterdrückungsapparate, die sich und ihre Herrschaft durch diese Idee bemäntelten. Der tiefere Grund lag in der allgemeinen Erfahrung des 20. Jahrhunderts: in der Erschöpfung und Ausschöpfung aller politreligiösen Zukunftsentwürfe der Moderne. Also jener Projektionen, die in der Form politischer Bewegungsprogramme an die ursprüngliche menschliche Erlösungssehnsucht anschliessen – an den Wunsch, noch zu irdischen Lebzeiten mehr und Besseres zu werden als nur ein kleiner Sterblicher. Denn sowohl das sozialistische Neumensch-Versprechen wie die faschistischen und rassistischen Chiliasmen des kommenden «Reiches» zielten auf derartige Bedeutungssteigerung und auf ein solches Übermass der revolutionären Zukunft gegenüber der Gegenwart, dass der erwartete Zustand – jedenfalls für die Sieger des geschichtlich fälligen Ringens um seine Realisierung – mit dem Bild einer grundsätzlich richtigen, von den Makeln der «Erbsünde» bzw. vom «Bösen» befreiten Welt verschmilzt. Und es waren diese, aus den Primärquellen humaner, soll heissen: beängstigter Existenz gespiesenen Energien, die den politischen Kryptoreligionen des 19. und 20. Jahrhunderts die durchschlagende, masseninspirierende Wirkung verschafften. Jeder, der von ihnen durchdrungen wurde, konnte sich als erwählt und erneuert betrachten, als Bote oder «Engel» (genau dies – «Bote» – bedeutet ja das Wort) der künftigen Herrlichkeit.

Die moralischen und materiellen Katastrophen, die mit diesen Ideologien untrennbar verknüpft sind und – vermutlich am wichtigsten – die einlösbaren und (für so viele Menschen wie noch nie) eingelösten Wohlstandsverheissungen der liberalen Marktgesellschaft haben in unserer Weltsphäre (d.h. in der reichen Nordwesthälfte der Erde) die mobilisierende Kraft polit-religiöser Hoffnungen zerstört und versiegen lassen. Doch ist das Ende dieser politischen Utopien auch das Ende jeder säkularen Erlösungssehnsucht? – Offenbar ist das nicht der Fall.

ENZENSBERGER hat Recht, wenn er annimmt, dass nach der Politik wieder einmal der naturwissenschaftlich erzeugte Wissensprogress zum Lieferanten von menschlichen Selbsterlösungs- und Selbstheilungsphantasmen geworden ist. Die Entwicklung der gegenwärtigen Bio-, Hirn- und Genforschung – die «anthropotechnische» Evolution der Wissenschaft – tendiert nämlich gemäss ihren (inner- und ausserwissenschaftlichen) Interpreten, Apologeten und Propagandisten zur Ermöglichung jener radikalen menschlichen Autonomie, in welcher der «Altmensch» aufgelöst und die *translatio imperii,* die Übertragung der Herrschaft von Gott auf den Menschen, unwiderrufbar wird. Denn nicht weniger sei im Gang als der unzweifelhaft epochale Beginn eines Paradigmenwechsels, in dem der durch die Differenz von «Mensch» und «Gott» kodierte, d.h. «metaphysische» Zyklus der Menschheitsgeschichte verschwinden und vergehen muss – mitsamt seinen theologisch-philosophischen Kategorien der «Menschenwürde» und dem moralischen Gebot, «Personen» nicht als «Sachen» zu verwenden.

So bestimmt, im Licht unserer bionisch-anthropotechnischen Selbstmacht, der SLOTERDIJK-Schüler JONGEN die Gegenwart (und erledigt damit zweieinhalbtausend Jahre abendländischer Denktradition): «Wie heute deutlich wird, bestand das Hauptcharakteristikum der [vergangenen, ‹metaphysischen›] Epoche darin, dass sich der Mensch in der Welt als Subjekt, d.h. als Unter-worfener, eines in sich vollendeten, im Doppelsinn des Wortes ‹perfekten›, objektiven Seins vorfand. In affektiver Hinsicht entsprach dem entweder das (antike) Staunen gegenüber dem transzendenten Gott, jedenfalls aber eine Seelenbestimmung der Unterwürfigkeit gegenüber einem prinzipiell, d.h. seinem logischen und epistemologischen Sollwert nach, übermächtigen Objekt. Es ist vielleicht nicht übertrieben, Philosophie und Religion insgesamt als Derivate dieser seelischen Disposition anzusprechen.»

## 3.  Daedalus und der Hybrid

Dass wir Menschen nicht «Gott» sind, ist in der Tat der Keim der «Metaphysik», die seit Platon vom Abstand ausgeht, der zwischen der menschlichen Endlichkeit und der denkbar undenkbaren Vollkommenheit der «Ideen» besteht. Und gewiss trifft zu, was MARC JONGEN mit Verweis auf NIETZSCHE erinnert: dass wir Menschen nicht und nie «festgestellte Tiere» sind, sondern – als instinktentbundene, neugierige und lernende Fragewesen – uns durch unsere eigenen Kulturprodukte und Wissenserweiterungen ständig verändern, verbessern, auf die Probe stellen – können und müssen. JONGEN: «Als das ‹nicht festgestellte Tier› ist der Mensch in dem Mass, als er zu sich selbst findet, dazu verurteilt, sich zu er-finden, denn er ‹ist› nichts anderes als dieses Sich-Erfinden. Dieser im ‹Wesen des Menschen› gründende Zug zur Selbsttranszendenz bildet den nüchtern-logischen Kern von Nietzsches berüchtigter Lehre vom Übermenschen, die erst heute, im Horizont ihrer technischen Umsetzbarkeit, ihr volles prophetisches Potential entfaltet.»

Die menschliche Gattung ist, was sie ist, immer auch durch sich selbst – als Resultat ihrer kollektiven Kreativität, als Ergebnis ihrer Autopoiesie. Aber bringt diese Tatsache den Unterschied zwischen «Gott» und «Mensch», zwischen «vollkommen» und «hinfällig», «erstursächlich» (causa sui) und «abkünftig» zum Verschwinden? Macht sie ihn zur antiquiertungültigen Kategorie einer vergangenen Zeit? Und zweitens: Ist

nicht exakt die so genannte «Selbsttranszendenz», die das Men-
schenwesen auszeichnende Fähigkeit, über die jeweiligen Gegebenheiten immer wieder hinauszuwachsen, ist nicht gerade sie
schon von Anfang an der Anlass gewesen zum «metaphysischen» Staunen – und Erschrecken – des Menschen über sich
selber und über sein eigentümliches Geschick? Anders gesagt:
Das angeblich absolut Neue der Jetztzeit ist Urbestand der humanen Selbstreflexion, seit es sie gibt, und darum ist die von
dieser Reflexion in verschiedensten Variationen stets von neuem
wiederholte Erfahrung der menschlichen Ambivalenz zwischen
Animalität und Transzendenz – *homme: ni bête ni dieu* – im 21.
Jahrhundert so wenig obsolet wie damals, vor 3000 Jahren, als
die europäische Zivilisation ihr Selbstbewusstsein zu formieren
anfing.

Der Mythos von Daidalos oder Daedalus, dem genialen
Erfinder und Vater jenes Ikarus (der an der väterlichen Technik
zugrunde geht, weil er sich der irdischen Sphäre allzusehr über-
hebt), erzählt auf seine Weise vom rechten Umgang mit dem
risikoreichen Zirkel der menschlichen Selbstevolution, der – im
Doppelsinn des Wortes – das «Geschick» (= das Schicksal und
die besondere Tüchtigkeit) von uns Erdlingen ist.

Warum überhaupt musste Daedalus das Fliegen erfinden?
Die Antwort ist einfach und heute so zwingend wie zu mi-
noischen Zeiten: Weil Daedalus allein auf diese Weise – also
durch erneute Erfindung – mit den Folgen seiner früheren Innovationen fertig zu werden vermochte.

Daedalus[10] musste als Gefangener aus dem Labyrinth flie-
hen, das er zuvor selbst auf Befehl von König Minos gebaut
hatte, zur Kontrolle und zur Verbergung des Minotaurus, des
misslungenen Familienspross» und blutrünstigen Stiermenschen.
Minotaurus war der Sohn der Königin Pasiphaae und das Monster einer falschen Versöhnung von Natur und Kunst, das – hier
wird es bemerkenswert aktuell – dank ingeniösem (wenn man
will: bionisch-fertilisationstechnischem) Genie zur Welt ge-

---

10    Vgl. dazu: HUNGER 1974 und GRANT & HAZEL 1980

kommen war. Denn auf Wunsch der verliebten Königin (die die Tochter des Sonnengottes Helios und der Okeanide Perseïs war) hatte der kunstfertige Daedalus (freilich ohne Wissen Minos») ein Instrument entwickelt, das dieser erlaubte, ihrer Lust Erfüllung zu verschaffen: eine artifizielle Kuh, in die die Königin kroch, um einem Geliebten sich anzugleichen, der ihr als Stier begegnet war. Das war Poseidons Rache, die Minos galt. Dieser hatte es nämlich versäumt, dem Gott eben den Stier zu opfern, für den die Königin in Leidenschaft entbrannte. Allerdings: Das beängstigende Resultat dieser Mischung von Kultur und Animalität, der Hybrid Minotaurus, war, als Sohn einer Halbgöttin, nicht mehr wie eine gewöhnliche Missgeburt aus der Welt zu schaffen, sondern bloss noch – durch erneuten Einsatz von Erfindungsgeist und Technik – zu bändigen: das Labyrinth als mythisches Bild für die Zirkel des Machens und der Machbarkeit, in die die Menschen unweigerlich geraten, wenn sie einmal mit ihrer Selbst-Erfindung und Selbsttranszendenz begonnen haben.

## 4.  Menschenwürde und die metaphysische Differenz

Aber der Mythos endet eben nicht mit dieser Gefangenschaft des Erfinder-Machers im Labyrinth der eigenen Wirksamkeit. Er berichtet auch vom Zusammenhang zwischen Innovation und Freiheit. Daedalus entdeckt und erschliesst sich eine neue Dimension: die Weite des Himmels und die Überwindung der Schwerkraft, um auszubrechen aus den Konsequenzen seines technischen Geschicks. Daedalus entwickelt die fast schon göttliche Fähigkeit des Fliegens. Doch genau in der Fokussierung auf den Unterschied zwischen menschlicher und nicht-mehr-menschlicher Flugkunst liegt die Schlusspointe der Geschichte. Nämlich in der bekannten Gegenüberstellung von Daedalus» Vorsicht mit dem Schicksal des Ikarus; in der Kontraposition zwischen Über-Mut und erfahrener Selbst-Beschränkung.

Nur wer nicht vergisst, dass er irdisch und dem Gesetz der Erde – der, buchstäblichen, Hinfälligkeit – unterworfen bleibt, gelangt ins Freie. Wer wie Ikarus sich im Grössenwahn mit Helios verwechselt, muss stürzen und stirbt lächerlich vor seiner Zeit. Gelingende Selbsttranszendenz, das lehrt die Ikarus-Erzählung nicht weniger als der Daedalus-Mythos, ist für uns Menschen zuletzt doch immer an die elementare, darum nie unterwürfige, sondern allemal lebensdienliche Erkenntnis der metaphysikbildenden Differenz zwischen Vollkommenheit und humaner Endlichkeit gebunden.

Und all dies wäre noch einmal in schärfster Zuspitzung bei NIETZSCHE, dem antiplatonischen Verächter illusionärer Ideale zu lernen. «Über-Mensch» ist ja sein Codewort nicht für den Gottmenschen, sondern für die wahrhaft gewaltige (übermenschliche) Aufgabe, das Leben *dennoch* zu bejahen, d.h. auch noch im modernetypischen Horizont einer radikal verabschiedeten Hoffnung auf Erlösung von den Bedingungen irdischer Existenz; also es zu bejahen als die «ewige Wiederkehr» der immergleichen Erfahrung von Schmerz, vorläufigem Glück und endlos unerfüllbarer Sehnsucht.

*Beides* also ist in eins zu denken: die menschliche Nichtgöttlichkeit *und* die besondere Natur des Menschen, sein eigenes Projekt und ein unaufhörliches Selbstexperiment zu sein. Wer, wie der zitierte JONGEN, empfiehlt, auf «metaphysische Demut» zu verzichten, ist auf dem Weg zu ikarischer Hybris und Megalomanie. Deren Basisannahmen lauten (so JONGEN), dass es «uns nicht mehr frei [stehe], nicht zu wollen, was wir können», sowie, dass das Prinzip «Menschenwürde» – in dessen Namen bestimmte Praktiken verweigert werden müssen – eine «semantische Altlast» ist.

Es hat also keinen Sinn mehr, noch zu fragen, ob es eigentlich recht sei, Menschen zu klonen, ihre Subjektivität gentechnisch zu projektieren, mit Cyborgs zu liebäugeln etc., und es hat keinen Sinn, das nicht zu wollen, was in der Science-Fiction-Welt zwecks Anregung der Vorstellungskraft als normal vorausgesetzt werden muss: die moralisch entgrenzte technische

46

Selbstunterwerfung des Menschen, die der späte Heidegger das «Ge-stell» nennt. Sie bzw. es sei ohnehin am Werk. «Das ‹Ge-stell› reagiert nicht auf moralische Empfehlungen, allenfalls auf intelligente Steuerungsimpulse» (JONGEN). – Ich denke, dass dieser Defätismus weder intelligent noch zeitgemäss ist.

Gewiss ist «Menschenwürde» ein moralisches und metaphysisches Prinzip. Nicht aus Naturwissenschaft und überhaupt aus keiner Wissenschaft abzuleiten, markiert es das menschliche Nichtmehr-Tiersein in seinem verletzbaren, also ungöttlichen Anspruch auf Achtung und personhaft-selbstverantwortete Individualität. «Menschenwürde» ist nicht *Science Fact* und nicht *Science Fiction*, sondern ein letzter Wert, der a priori und gegründet auf jene Erfahrung, die Daedalus von Ikarus trennt, auf praktisch verbindliche Geltung zielt. Und weil er *a priori,* also primär ist, ist von ihm her zu suchen und zu bestimmen, was wissenschaftlich-technisch geht und was nicht, was moralisch verwerflich, ergo politisch-rechtlich zu verhindern ist, und was erlaubt sein soll.

Das mag schwierig und oft mit guten Argumenten nach beiden Seiten hin vertretbar sein. (Ob Embryonenforschung moralisch richtig oder falsch ist, ist nicht *eo ipso* klar. «Menschenwürde» ist ein idealtypischer, kein extensional exakt definierter Begriff.) All das zeigt aber nicht, dass es in Wahrheit (wie JONGEN behauptet) umgekehrt sei: dass das wissenschaftlich-technisch Mögliche selbst die Regel des Gesollten bietet. Das zu propagandieren ist tatsächlich nur dies: die «ikarische» Preisgabe der «daedalischen» Einsicht, die Grenzen des Tunlichen erstens meta-physisch, d.h. orientiert am menschlich-endlichen Nichtmehr-Tiersein, und zweitens intelligent, d.h. *selber,* zu ziehen – *vor* dem Sturz; vielleicht «demütig», aber sicher nicht unzeitgemäss.

Ein treuherziges Postulat, das die Augen vor dem verschliesst, was die Realität ist? Denn, noch einmal: «Es steht uns nicht frei, das nicht zu wollen, was wir können» –? Darauf gibt es mindestens den doppelten Einwand, dass dann, wenn es so wäre, wir auch Sklaven zu halten immer noch für moralisch vertretbar halten und ausserdem längst im letzten Atomkrieg verbrannt sein müssten. Beides ist möglich; beides fällt in menschliche Handlungsmacht. Und beides ist – nicht mehr oder noch nicht – wirklich. Warum? – Weil wir es nicht wollen.

# Netzverdichtung

## Zur Philosophie industriegesellschaftlicher Entwicklungen

*HERMANN LÜBBE*

Mit dem Zusammenbruch des real existent gewesenen Sozialismus ist zugleich die öffentliche Geltung eines wohlbestimmten Typus der Geschichtsphilosophie erloschen. Der Dialektische und Historische Materialismus ist heute in der internationalen Philosophen-Kommunität bei Weltkongressen und analogen Gelegenheiten einzig noch als historisierungsbedürftiges Relikt gegenwärtig. Rekonstruktionsversuche haben sich erledigt. Kennerschaft der Quellen und ihrer Wirkungsgeschichte betätigt sich forschungspraktisch vorwiegend editorisch[1]. Das ist das Ende einer Geschichtsphilosophie, der es mehr als bislang jeder anderen Philosophie gelang, politisch-praktisch zu werden – die nicht bloss ein «anatomisches Messer» für analytische Zwecke, vielmehr eine «Waffe» sein wollte und entsprechend ihre Gegner «nicht widerlegen, sondern vernichten»[2].

Ihre politisch-praktische Funktion erfüllte die fragliche Geschichtsphilosophie legitimatorisch. Sie beanspruchte, Einsicht in den epochalen Verlauf der Geschichte erlangt zu haben, und sie stattete ihre Subjekte zugleich mit der Zusatzeinsicht aus, wieso sie, kraft ihrer Position im epochalen Geschichtsverlauf, die bislang Ersten und Einzigen seien, die der Einsicht in eben diesen

---

1   Die MEGA wird, nach revidierten Editionsprinzipien, angemessenerweise fortgeführt (cf. dazu JÜRGEN ROJAHN: Und sie bewegt sich doch! Die Fortsetzung der Arbeit an der MEGA unter dem Schirm der IMES. In: MEGA-Studien. Hrsg. von der Internationalen Marx-Engels-Stiftung. Berlin 1994/1, pp. 5–31, sowie: Die neuen Editionsrichtlinien der Marx-Engels-Gesamtausgabe (MEGA) mit einer Vorbemerkung von JACQUES GRANDJONC. In: a.a.O. pp. 32–59).

2   KARL MARX: Zur Kritik der Hegelschen Rechtsphilosophie. Einleitung. In: KARL MARX, FRIEDRICH ENGELS: Werke. Band 1. Berlin 1977, pp. 378–391, p. 380.

Geschichtsverlauf überhaupt fähig sind. Das erlaubte, ja erzwang die Selbstzuschreibung der Rolle, die intellektuelle Avantgarde einer Bewegung zu sein, in der sich die Zukunftsmenschheit bereits gegenwärtig in Vorhutgestalt politisch formiert[3].

Die Konsequenzen dieser geschichtsphilosophischen Orientierung der Politik an einem als grundsätzlich begriffen unterstellten Geschichtslauf waren erheblich. Es erübrigt sich, das hier zu schildern – bis hin zum totalitären Terror, der sich selbst als Praxis moralisch gebotener Geschichtssinnvollstreckung verstand.

KARL POPPER hat die vermeintliche Einsicht in die Gesetzmässigkeit historischer Abläufe «historizistisch» genannt, und er hat sein Buch «Das Elend des Historizismus» den Opfern des Irrglaubens an die Existenz von Geschichtsgesetzen gewidmet[4]. In zurückgenommener, näherhin wissenschaftstheoretischer Weise ausgedrückt, besagt dieser Irrtum, dass jene Ereignis- und Zustandsabfolgen, die wir «Geschichten» nennen, als Abfolgen in offenen und damit gegenüber kontingenten Einwirkungen und Effekten nicht abschliessbaren Systemen grundsätzlich nicht theoriefähig und somit auch nicht prognostizierbar sind[5]. Anders gesagt: Die Zukunft der zivilisatorischen Evolution ist offen, und eine Politik, die sich statt dessen an einer Geschichtsphilosophie orientierte, die die Zukunft als eine durch gesetzmässige Epochenabfolgen besetzte Zukunft behandelte, musste daher zwangsläufig auch die Gesellschaft von einer offenen in eine geschlossene Gesellschaft verwandeln.

Zu den Faktoren, die die Theorieunfähigkeit und damit Nicht-Prognostizierbarkeit zivilisatorischer Evolutionen bedingen,

---

3    Zu dieser ideologisch-politischen Selbstprivilegierungsfigur cf. das Kapitel
     «Politischer Avantgardismus oder Fortschritt und Terror« in meinem Buch «Im
     Zug der Zeit. Verkürzter Aufenthalt in der Gegenwart», Berlin etc. [2]1994, pp.
     137–154.
4    KARL R. POPPER: Das Elend des Historizismus. Tübingen [2]1969, p. XI.
5    Zum evolutionsanalogen Charakter kulturgeschichtlicher Abläufe cf. die Kapitel
     «Die Rede von der Gesetzmässigkeit des geschichtlichen Prozesses» sowie
     «Lehrgeschichten und Evolutionen» in meinem Buch «Geschichtsbegriff und
     Geschichtsinteresse. Analytik und Pragmatik der Historie», Basel, Stuttgart 1977,
     pp. 127–144 sowie pp. 241–268.

hat POPPER in erster Linie den Faktor des prinzipiell nicht prognostizierbaren künftigen Wissens gezählt. Die Wirksamkeit dieses Faktors nimmt ersichtlich mit der Dynamik der forschungspraktischen Wissensproduktion[6] zu und mit der technischen Umsetzung und wirtschaftlichen Nutzung verfügbaren Wissens desgleichen. Das beschränkt die Möglichkeiten, theoretisch Gegenwart und Zukunft zu verknüpfen, im Wesentlichen auf Analysen gegenwärtig beobachtbarer Trends, das heisst auf die Analyse von Vorgängen, die eine Richtung haben, aber kein angebbares Ziel, die sich somit auch nicht nach Analogie von Handlungen verständlich machen lassen, also als Realisationen von Plänen institutionalisierter kollektiver Subjekte, die aber nichtsdestoweniger, als Wirkung handelnd-interferierender individueller und institutioneller Subjekte, einer sozialen Kausalität folgen – das freilich unter Randbedingungen von begrenzter Konstanz, deren temporale Reichweite sich gar nicht oder nur schwer abschätzen lässt[7].

Trends dieser Charakteristik sind heute zumeist Gegenstand fachwissenschaftlicher Analysen – von der Demographie über die Klimatologie oder von der Entwicklungsökonomie bis zur Säkularisierungssoziologie. Selbstverständlich hat sich, in einer Wendung zu grösserer Empirienähe, auch die Philosophie geschichtsphilosophischer Tradition, nämlich als Kulturphilosophie oder Sozialphilosophie, der Beschreibung und Analyse zivilisatorischer Trends angenommen – von SIMMELS Theorie der sozialen Differenzierung[8] über die zivilisationskritische Theorie progressiven «Mas-

---

6    Eine besonders wirkungsreiche Vermessung der Dynamik der forschungspraktischen Wissensproduktion hat schon vor mehr als einem Vierteljahrhundert SOLLA PRICE vorgelegt. DEREK J. SOLLA PRICE: Little Science, Big Science. Von der Studierstube bis zur Grossforschung (1963). Frankfurt a. M. 1974.

7    Diese Struktur komplexer sozialer Prozesse spiegelt sich in den Schwierigkeiten, die es bereitet, innerhalb solcher Prozesse Handlungswirkungen Handlungssubjekten zuzurechnen. Cf. dazu WEYMA LÜBBE (Hrsg.): Kausalität und Zurechnung. Über Verantwortung in komplexen kulturellen Prozessen. Berlin, New York 1994.

8    GEORG SIMMEL. Über sociale Differenzierung. Sociologische und psychologische Untersuchungen. Leipzig 1890.

senbetrugs»[9] in der älteren Frankfurter Schule bis hin zu den ephemeren, teils zukunftsgewissen, teils besorgniserfüllten Trendbeschreibungen philosophienah arbeitender Sozialwissenschaftler, die die globale Ausbreitung des liberalen Gesellschaftsmodells für unaufhaltsam halten oder auch, komplementär dazu, die Verschärfung der Konflikte zwischen den grossen, in letzter Instanz religiös geprägten Weltkulturen[10].

Man erkennt rasch, dass Trends der exemplarisch genannten Art sich unterscheiden, aber nicht gegeneinander isolieren lassen. Die Vermutung, dass unter den zivilisatorischen Trends, die zu unterscheiden sich aufdrängt, der eine faktoriell wirksamer als der andere sei, ist theoretisch jeweils schwerlich zwingend zu machen. Man ist auf forschungspraktische Urteilskraft angewiesen, die sich auf die Beobachtung interdisziplinärer Konvergenzen stützt und die ihre Belege in der Beschreibung von Vorgängen findet, die sich als Auswirkungen eines Trends von vermuteter zentraler Bedeutung plausibel machen lassen.

In dieser Meinung möchte ich hier einen Beitrag zur Analyse des Trends «Netzverdichtung» leisten. Ich verzichte auf eine nähere wissenschaftstheoretische Charakteristik der Operation «Trendanalyse» und komme sogleich zur Sache.

Netze, Verkehrsnetze wie Informationsnetze, gehören zu den technischen Realisationsbedingungen unserer expandierenden Beziehungsverhältnisse und wechselseitigen Abhängigkeiten von räumlich und sozial entfernten Anderen, die, bis hin zu Globalisierungsvorgängen, für die zivilisatorische Evolution charakteristisch sind. Das ist trivial. Nicht trivial sind die empirischen Aspekte der Netzbildungsgeschichte. Die Historiographie dieser Netzbildungsgeschichten ist ein rasch sich entwickelnder Bereich geschichtswissenschaftlicher Forschung. Ohne Kenntnisse von Ergebnissen

---

9    So nach dem berühmten Essay «Kulturindustrie. Aufklärung als Massenbetrug» von MAX HORKHEIMER, THEODOR W. ADORNO: Dialektik der Aufklärung. Philosophische Fragmente. Frankfurt a. M. 1988, pp. 128–176.

10   So in den einschlägigen Thesen von FRANCIS FUKUYAMA einerseits und SAMUEL P. HUNTINGTON andererseits, deren ausserordentliche Publizität weiter reicht als das Licht, das sie auf unsere politische und kulturelle Gegenwart werfen.

dieser Forschung könnte auch der historische Laie, der Philosoph zumal, einen Sinn für die zivilisationsevolutionäre Bedeutung der Bildung von Netzen gar nicht gewinnen. Es heisst, einer Versuchung nicht nachzugeben, sich hier auf besonders interessante Details der Netzbildungsgeschichte einschliesslich ihrer siedlungsgeographischen und wirtschaftlichen[11], militärischen und kulturellen Aspekte nicht zu beziehen und auf die Anschaulichkeiten zu verzichten, die unsere Strassenbaumuseen[12] oder auch die rasch expandierenden informationstechnischen Abteilungen unserer Technikmuseen zu bieten haben.

Als dominanten Trend lässt die Netzbildungsgeschichte Netzverdichtung erkennen. Netze verdichten sich mit dem Wachstum des Anteils potentiell anschlussfähiger Elemente eines netzgebundenen Systems, die an das System bereits angeschlossen sind. Als «Netzschliessung» liesse sich dann der Vorgang der Integration aller anschlussfähigen Systemelemente ins jeweils systembindende Netz charakterisieren. Netzverdichtungen bis hin zur Netzschliessung laufen dabei zumeist mit sehr grosser Dynamik ab. Die Wucht dieser Vorgänge gehorcht einer elementaren Pragmatik. Der Nachteil, einem Netz noch nicht angeschlossen zu sein, wächst zumeist rascher als die Netzdichte, und die Netzverdichtung nimmt alsdann einen exponentiellen Verlauf.

Auffälliger noch als bei der Verkehrsnetzbildung sind die Vorgänge der Netzverdichtung und der Netzschliessung bei der Bildung von Informationsnetzen[13]. Davon wird später noch, in aller Kürze, exemplarisch die Rede sein. An dieser Stelle soll, vorwegnehmend, auf einen Vorgang innerhalb der Netzbildungsge-

---

11  Zum Beispiel, für das Mittelalter, auf die eindrucksvolle Darstellung bei EDITH ENNEN: Die Bildung der mittelalterlichen Stadt. In: EDITH ENNEN: Die europäische Stadt des Mittelalters. 4., verbesserte Auflage. Göttingen 1987, pp. 78–110.

12  Zum Beispiel Strassenmuseum Rheinland-Pfalz in Germersheim am Rhein. Redaktion, Bearbeitung und Gestaltung: HERBERT FREUND. Bellheim o.J. (etwa 1991).

13  Cf. dazu exemplarisch für das Telefonnetz: RENATE MAYNTZ: Soziale Diskontinuitäten: Erscheinungsformen und Ursachen. In: KLAUS HIERHOLZER, HEINZ-GÜNTER WITTMANN (Hrsg.): Phasensprünge und Stetigkeit in der natürlichen und kulturellen Welt. Stuttgart 1988, pp. 15–37, pp. 25ff.

schichte aufmerksam gemacht werden, an den wir uns längst gewöhnt haben. Historisch umspannt er inzwischen drei Generationen. Er ist mit umwälzenden sozialen, kulturellen und politischen Wirkungen verbunden. Man darf den Vergleich riskieren, dass die zivilisationsevolutionäre Bedeutung des gemeinten Vorgangs in ihren Dimensionen nicht geringer als einst die Bedeutung des Übergangs zur drucktechnischen Herstellung von Büchern sein wird. Ich meine den Vorgang der technischen Ablösung der Informationsnetze von den Verkehrsnetzen. Noch zur Goethe-Zeit und weit über die Mitte des 19. Jahrhunderts hinaus war die Übermittlung jeder Nachricht, jedes Textes an Verkehrswege gebunden. Ausnahmen von dieser Regel, die es gab, blieben marginal. Seit der Installation von Telefonnetzen hingegen gibt es, und zwar tendenziell massenhaft, verkehrsfreien Informationstransfer, und nach der technischen Natur dieses Transfers werden in modernen Informationsnetzen zwei Möglichkeiten realisiert, die im verkehrsnetzgebundenen Informationstransfer nicht gegeben waren, nämlich die entfernungsindifferente temporale Simultaneität in der Präsenz oder Zugänglichkeit von Informationen einerseits und die Herstellung umwegloser, direkter Verbindungen zwischen beliebigen Netzteilnehmern andererseits. Es ist spontan nicht erkennbar, wie sich diese Eigenschaften von Informationsnetzen, die sich von Verkehrsnetzen abgelöst haben, auswirken. Davon wird die Rede sein. An dieser Stelle sollte lediglich begrifflich der zivilisationsevolutionäre Vorgang der Bildung verkehrsnetzunabhängiger Netze herausgestellt werden.

Nach diesen Vorbemerkungen soll nun inhaltlich der Vorgang der Netzverdichtung durch knappe Skizzen einiger mit ihm verbundener Folgewirkungen anschaulich und in seiner zivilisationsevolutionären Bedeutung abschätzbar gemacht werden.

# I.

Erstens nimmt mit der wachsenden Dichte expandierender Netze die moderne Zivilisation über grosse Räume hinweg und schliesslich global Züge einer Einheitszivilisation an. Die populäre Zivilisationskritik hat gewisse triviale Konsumgüter, Limonaden oder einige Produkte der Fast-Food-Industrie zum Beispiel, zu Metonymen dieses Vorgangs erhoben. Die Pop-Art hat das ikonographisch bekräftigt und damit reflexiv zum Gegenstand intellektueller Aufmerksamkeit gemacht, was uns aus unübersehbarer Werbung ohnehin schon bekannt war. Interessanter als die kulturkritische Kommentierung dieser penetranten Omnipräsenz trivialer Zivilisationsgüter wäre freilich das Studium der wirtschaftlichen Verflechtungen, die sich hinter ihnen verbergen, und damit die Kenntnisnahme der Erfolgsbedingungen der modernen Konsumökumene. Die Vorzugsseite der Sache darf man keineswegs einseitig bei den Anbietern vermuten. Ohne Evidenz der Lebensvorzüge moderner Konsumgüter bliebe ihr Erfolg unverständlich, und es ist nicht ein Missverständnis, vielmehr Einsicht in einen wesentlichen Aspekt unserer Alltagsfreiheit, dass in Moskau die Eröffnung der ersten Filiale einer amerikanischen Fast-Food-Kette zum Symbol des Triumphs über die Planwirtschaftsirrationalität erhoben wurde.

Es empfiehlt sich insoweit Zurückhaltung im intellektuellen Naserümpfen über den sich global ausbreitenden Zivilisationsfirnis. Produktiver ist es, sich die herkunftskulturindifferenten Auswirkungen des Erfolgs moderner Zivilisationsprodukte zu vergegenwärtigen. Die Menge der Menschen wächst, die als Verkäufer und Nutzer, als Produzenten und Serviceleister über die Grenzen herkunftsverschiedener Kulturen hinweg analoge Kompetenzen entwickeln. Rudimentäre Englischkenntnisse machen Geschäftsverkehr und Tourismus weltweit kommunikativ möglich. In Abhängigkeit von Faktoren, die man als anthropologisch universell einschätzen darf, verändern sich auch die Verhaltensweisen in Reaktion auf einen höheren Lebensstandard, für den es von der medizinischen Versorgung bis zur Trinkwasserqualität und von der durchschnittlichen Lebenserwartung bis zur Säuglingssterblichkeit allgemein anerkannte Messgrössen gibt. Sogar das generative Verhalten, so scheint es, verändert sich überall korrelativ zu weltweit beobachtbaren Modernisierungsprozessen. Auf moderne Waffensysteme verzichten auch Länder nicht, die in fundamentalistische Bewegtheit geraten sind und in dieser Bewegtheit sich gegen die «Dekadenz» jener Zivilisation kehren, die solche Waffensysteme entwickelt, produziert und verfügbar gemacht hat.

Zu den kognitiven Voraussetzungen moderner Zivilisationsgüter gehört heute selbst in simplen Fällen forschungspraktisch erzeugtes Wissen, und nach Logik und Methodik, nach Sprache und Kommunikationsgewohnheit bilden heute die Fachkommunitäten der Wissenschaftler ohnehin herkunftskulturindifferente Internationalen, und überall expandieren die Einrichtungen für den bildungsmässigen Erwerb der Kompetenzen, die den Zugang zu diesen Internationalen verschaffen.

Zugleich breiten sich Normensysteme aus, mit denen sich ein universeller Geltungsanspruch verbindet, und ihnen entsprechen moderne juridische und politische Institutionen von kontinentaler und globaler Zuständigkeit. Dabei wäre der Universalismus moderner, herkunftskulturindifferent geltender Normensysteme missverstanden, wenn man darin die Kraft zwingender Argumente philosophischer Letztbegründungsbemühungen wirksam sähe. Der Universalismus moderner Normensysteme folgt der Expansion unserer netzverdichtungsabhängig sich intensivierenden Interaktionen. Bei den technischen Normen, deren strikte Geltung weitgespannte Verkehrs- und Kommunikationsnetze erst betriebsfähig und betriebssicher machen, liegt dieser Zusammenhang auf der Hand. Aber auch international vereinbarte Regeln für die Nutzung begrenzter Meeresressourcen zum Beispiel haben sich kraft ihrer technischen Evidenz durchgesetzt – das freilich in Gremien, in denen Subjekte scharf konkurrierender Interessen zu erkennen hatten, dass die Sicherung ihrer Interessen langfristig nur begrenzt möglich sein werde, nämlich im normativen Rahmen verbindlich gemachter Kompromisse.

Und die Menschenrechte? Der Anspruch ihrer universellen Geltung wird heute bekanntlich von Ländern, die noch vor kurzem zur früher so genannten Dritten Welt gezählt wurden, in wohlbestimmter Hinsicht als Ausdruck eines rezenten westlichen Kulturimperialismus zurückgewiesen. Nichtsdestoweniger bringt sich auch in der Menschenrechtsfrage eine Pragmatik zur Geltung, die aus Zwängen wechselseitiger Abhängigkeit in real gewordener Koexistenz resultiert. In den Ursprungsländern von Migrationsströmen, in den traditionellerweise die Existenz von Minderheiten gar kein Thema war, wird nun aus eigenem Interesse die Anerkennung von Minderheitenrechten schliesslich unabweisbar. Wer am Welthandel partizipieren möchte, muss Rechte wirtschaftlicher Betätigungsfreiheit respektieren. Wer zu seinem eigenen Vorteil Fremde in wachsender Zahl ins Land lässt, gerät unter den Druck unabweisbarer Liberalisierungen traditionalen Familienrechts, und sogar die Bindung bürgerlicher an religiöse Zugehörigkeitsverhältnisse muss sich dabei schliesslich lockern. Dass auf der Ebene des Europarats ein höchst differenzierter Katalog von Menschenrechten, nämlich bei den Unterzeichnerstaaten der EMRK, völkerrechtliche Verbindlichkeit hat, will einen nach dem Ende des nationalsozialistischen und internationalsozialistischen Totalitarismus nicht wundern[14]. Aber dass es sogar auf der Ebene der KSZE gelang, über die politischen Grenzen hinweg, die einst die Gegner des Kalten Krieges trennten, mit erheblicher politischer Folgewirkung Menschenrechte zu deklarieren[15], war keineswegs den Selbstverständlichkeiten einer völkerverbindenden homogenen Rechtskultur, vielmehr gewissen Interessenskonvergenzen in Abhängigkeit von realen Kooperationszwängen zuzuschreiben, und für die Menschenrechtskonventionen der UNO gilt Analoges[16].

---

14    Konvention zum Schutz der Menschenrechte und Grundfreiheiten (EMRK) vom 4. November 1950. – Cf. dazu KNUT IPSEN: Völkerrecht, in Zusammenarbeit mit VOLKER EPPING, HORST FISCHER, CHRISTIAN GLORIA, WOLFF HEINTSCHEL VON HEINEGG, 3., völlig neu bearbeitete Auflage des von EBERHARD MENZEL begründeten Werkes. München 1990, pp. 658ff.: «§ 45. Individualschutz in multilateralen Verträgen mit regionalem Geltungsbereich».

15    Sogar hinsichtlich der potentiell konfliktträchtigen Schutz- und Selbstbestimmungsrechte der Angehörigen von Minderheiten, nämlich bei Gelegenheit der 1990er KSZE-Konferenz in Kopenhagen: Dokument des Kopenhagener Treffens der Konferenz über die menschliche Dimension der KSZE. Copenhagen 1990, pp. 18ff.

16    WOLFGANG HEIDELMEYER (Hrsg.): Die Menschenrechte. Erklärungen, Verfassungsartikel, Internationale Abkommen. Mit einer Einführung von WOLFGANG HEIDELMEYER. 3., erneuerte und erweiterte Auflage Paderborn, München, Wien, Zürich 1982, pp. 43ff.: «Die Menschenrechtskonventionen der Vereinten Nationen».

In allen diesen Fällen haben sich Rechtsregeln zur Geltung gebracht, deren wechselseitige Anerkennung interaktionspragmatisch unvermeidlich ist, wie lästig auch immer diese Anerkennung einem intern sein mag. Die Ausbreitung der wissenschaftlich-technischen Zivilisation ist normativ nicht neutral. Sie produziert Konflikte, die sich ohne Fortentwicklung des Völkerrechts und der Menschenrechte nicht dauerhaft lösen liessen.

## II.

Zweitens provozieren netzverdichtungsabhängige zivilisatorische Angleichungsvorgänge Bewegungen reflexiver Verstärkung kultureller Herkunftsprägungen. Der so charakterisierte Vorgang wirkt sich inzwischen bis in den politischen Lebenszusammenhang hinein aus. Das gilt nicht nur für die politischen Renaissancen aussereuropäischer und ausserchristlicher Weltkulturen, für die der Islamismus das gegenwärtig eindrücklichste und politisch potentiell folgenreichste Beispiel ist[17]. Auch in den wissenschaftlich, technisch und ökonomisch hochentwickelten Weltreligionen bilden sich Bewegungen heraus, die genau komplementär zu den zivilisatorischen Angleichungsvorgängen herkunftsgeprägtes Anderssein kultivieren. Im gemeineuropäischen Phänomen des so genannten Regionalismus[18] setzt sich das in Politik um, und selbst in den traditionell zentralstaatlich organisierten Ländern Europas bringen sich gegenüber der einen und unteilbaren Nation kulturelle und politische Sonderansprüche kleiner Nationen zur Geltung – im

---

17 Für einen historisch-politischen Überblick cf. BASSAM TIBI: Krieg der Zivilisationen. Politik und Religion zwischen Vernunft und Fundamentalismus. Hamburg 1995. – Zum politischen Herausforderungscharakter repolitisierter Religion, speziell aus französischer Perspektive JOSEPH ROVAN: Religionsartige politische Bewegungen am Ende des 20. Jahrhunderts. In: HERMANN LÜBBE (Hrsg.): Heilserwartung und Terror. Politische Religionen des 20. Jahrhunderts. Mit Beiträgen von WLADYSLAW BARTOSZWESKI, HELMUTH KIESEL, HERMANN LÜBBE, HANS MAIER, MICHAEL ROHRWASSER, JOSEPH ROVAN. Düsseldorf 1995, pp. 113–128.

18 Cf. dazu meinen Aufsatz «Die grosse und die kleine Welt. Regionalismus als europäische Bewegung», in: HERMANN LÜBBE: Die Aufdringlichkeit der Geschichte. Herausforderungen der Moderne vom Historismus bis zum Nationalsozialismus. Graz, Wien, Köln 1989, pp. 30–45.

Extremfall sogar mit dem Willen, sich als neue Staatsnation zu konstituieren, sei es föderalistisch, sei es separatistisch[19].

Wie fügt sich das zu den unabweisbaren und somit unübersehbaren Kooperationszwängen in grossräumig expandierenden und zugleich sich verdichtenden zivilisatorischen Beziehungsnetzen? Der gute Sinn dieser Frage hat Kritiker veranlasst, den selbstbestimmungsaktiven Regionalismus, der sich ja modernitätsabhängig auch jenseits des Ozeans im frankophonen Teil Kanadas zur Geltung bringt, wegen seiner Rückwendung zu allerlei Folklore, angesichts der rasch wachsenden Menge der Heimatmuseen und des partiell sogar erfolgreichen Eifers der Reliktsprachenrevitalisierung zu einem Phänomen kultureller Selbstbornierung zu erklären. Man diagnostiziert «Provinzialismus» und intellektuelle Defizite fälliger Weltbürgerlichkeit und international kommunikationsfähiger Zivilität.

Indessen: Diese Vermutung ist unbegründet. Sie beruht auf einem gravierenden Missverständnis der fraglichen Phänomene, und sie verkennt deren Modernität. Regionalismen und verwandte Phänomene reflexiver Verstärkung kontingenter kollektiver Herkunftsprägungen haben ihren spezifischen Ort nicht in weltabgeschiedenen Winkeln, vielmehr auf der Frontlinie des Zivilisationsprozesses. Als Ladiner oder Katalane formiert man sich gerade in der Konsequenz zivilisatorischer Angleichungsvorgänge, nämlich im Strom europaweit, ja weltweit hin- und herflutender Touristen- und Warenmengen. Verdichtung der Beziehungsnetze, die einen in der modernen Zivilisation über expandierende Räume hinweg real miteinander verbinden, intensivieren die Erfahrung des Andersseins des jeweils Anderen und komplementär dazu die Erfahrung eigener Besonderheiten im Reflex ihrer Wahrnehmung durch diese Anderen.

Die Konfrontation mit dem jeweiligen Anderssein anderer, mit denen einen nichts als diese Konfrontation verbindet, bleibt

---

19  Unter bereits rechtlich konstituierter, selbstbestimmungsaktiver Föderalität sind Separationsvorgänge sogar verfahrungsförmig abwickelungsfähig – wie im Falle der Separation des Juras von Bern (cf. dazu den historisch-politischen Bericht bei MARCEL SCHWANDER: Jura. Konfliktstoff für Jahrzehnte. Zürich, Köln 1977).

reflexiv relativ folgenlos. Die Geschichte der Kolonialisierung lehrt es. Erst der Selbstand, den der jeweils Andere in den Beziehungs- und Abhängigkeitsgeflechten der modernen Zivilisation gewinnt, macht Herkunftsunterschiede beachtlich, verlangt ihre Anerkennung und macht sie zum Inhalt von Rechtsbeziehungen. Eben über diesen Vorgang wird dann zugleich evident, dass die moderne Zivilisation, die in der Tat uns inzwischen real miteinander verbindet und in den skizzierten Hinsichten uns einander angleicht, nicht eine autarke Zivilisation ist, also nicht eine Zivilisation, aus der wir unabhängig von allem anderen, was uns sonst noch, und zwar im Unterschied zum jeweils anderen, prägt, zu leben vermöchten.

Man mag sich diese Struktur der wachsenden Auffälligkeit von Unterschieden komplementär zur zivilisationsabhängig zunehmenden Nähe der jeweils anderen an einem signifikanten Ereignis der jüngeren Religionsgeschichte anschaulich machen. Johannes Paul II. lud bekanntlich die Repräsentanten der Weltreligionen nach Assisi – ein Vorgang, der noch unter Pius XII. schwerlich denkbar gewesen wäre. Nicht eine Ökumene der christlichen Konfessionen allein, sondern eine Ökumene der Weltreligionen schien im Symbolgehalt dieses Treffens realisiert zu sein. Ersichtlich verband sich damit niemandes Absicht, den Versuch zu machen, aus der Fülle der präsenten, im Verhältnis zueinander höchst unterschiedlichen Konfessionen und Religionen durch latitudinarische[20] Heraushebung dessen, was allen Religionen und Konfessionen gemeinsam sein mag, das Bild einer Welteinheitsreligion zu gewinnen, die dann in ihrem Universalismus dem Universalismus der Zivilisationsökumene entspräche. Nicht einmal zu ein und demselben Gott hätten ja die versammelten Religionsrepräsentanten beten können; denn es befanden sich, zum Beispiel, auch Buddhisten darunter. Sprechende gemeinsame Gebärden, die zu den anthropologischen Universalien zu gehören

---

20    Benannt nach dem Cambridger Latitudinarismus als einem Versuch der Befriedung von Bekenntniskonflikten durch Erklärung des Unstrittigen zum Wesentlichen. Cf. dazu NORMAN SYKES: Church and State in the XVIIIth Century. New York 1975, pp. 257f.

scheinen, gab es freilich. Um so bezwingender brachte sich zur Evidenz, dass sich aus dem, was allen Frommen in der sich herstellenden Einheit der Weltzivilisation gemeinsam sein mag, eine einheitszivilisationsadäquate Einheitsreligion nicht destillieren liesse. So kann man verstehen, dass im Kontext der modernen Zivilisation mit ihren mannigfachen Angleichungsvorgängen, in den USA zum Beispiel, die Zahl der religiösen Denominationen zunimmt und nicht etwa abnimmt[21].

Diesseits der Religionen und Konfessionen gilt für so genannte Weltbilder Analoges. Noch um die Jahrhundertwende waren für die Wissenschaftskulturgeschichte Vereine charakteristisch, die sich der Aufgabe verschrieben hatten, über Weltbilder aufzuklären und ein zivilisationsadäquat vereinheitlichtes, wissenschaftlichen Ansprüchen genügendes Weltbild an die Stelle vermeintlich veralteter religiöser oder sonstwie herkunftsmässig geprägter «Weltanschauungen» zu setzen. Inzwischen ist von diesen wissenschaftlichen Aufklärungsvereinen bis auf marginale Relikte nichts mehr übrig geblieben[22]. Wieso ist das so? Zeigt die rückläufige Kulturbedeutsamkeit wissenschaftlicher Weltbilder wissenschaftskulturellen Defätismus an oder Aufklärungsresistenzen kraft residualer Herkunftsbindung in Kombination mit Zukunftsscheu? Die Sache verhält sich genau umgekehrt: Nicht Weigerungen, den Boden der modernen Zivilisation zu betreten, schränken die Kulturbedeutsamkeit wissenschaftlicher Weltbilder ein, vielmehr der inzwischen erreichte Grad der Verwissenschaftlichung unserer Zivilisation. Just diese unverändert fortschreitende Verwissenschaftlichung bedeutet nämlich, unter anderem, dass die forschungspraktisch gewonnenen Einsichten der Wissenschaften in das, was der Fall ist, sich tendenziell immer weiter über die

---

21    Was zugleich bedeutet, dass in wohlbestimmter Hinsicht auch die Säkularisierungsthese für die Beschreibung religionskultureller Entwicklungen, die für die europäischen Verhältnisse noch immer unentbehrlich zu sein scheint, auf die USA nicht passen will. Cf. dazu PETER L. BERGER, THOMAS LUCKMANN: Modernität, Pluralismus und Sinnkrise. Gütersloh 1995, pp. 41ff.

22    Cf. dazu das Kapitel «Kultureller Geltungsschwund der Wissenschaft» in meinem Buch «Religion nach der Aufklärung», Graz, Wien, Köln [2]1990, pp. 19–38.

Grenzen unserer Lebenswelten hinaus erstrecken. Je mehr die Wissenschaften in die Dimensionen des sehr Kleinen, des sehr Grossen und des sehr Komplizierten vorstossen, um so anspruchsvoller werden die Voraussetzungen, die beim Publikum erfüllt sein müssten, um die weltbildverändernde, ja weltbildrevolutionierende Bedeutung moderner forschungspraktischer Erkenntnisfortschritte ermessen zu können. Überdies wird die Erfahrung zur gemeinen Erfahrung, dass die Kulturbedeutsamkeit des wissenschaftlichen Erkenntnisfortschrittes allein schon seiner Dynamik wegen ständig abnehmen muss: Was sollte denn die Lebensbedeutsamkeit neuer Auskünfte über das, was der Fall ist, sein, wenn diese Auskünfte, sogar in den theoretisch besonders gewichtigen Fällen, in verkürzenden Zeitabständen sich mehrfach in der kurzen Frist des eigenen Lebens ändern? Der Wissenschaftsberuf wird darüber allmählich zu einem Beruf wie jeder andere, und die Erkenntnispraxis verliert im Kontext der modernen Zivilisation fortschreitend ihre traditionsreiche Sondergeltung als diejenige theoretische Praxis, in der der Mensch, nach Aristotelischer Massgabe, sich mehr als in jeder anderen Praxis spezifisch menschlich betätigt. Wenn nicht mehr angebbar ist, welchen Unterschied es eigentlich, jenseits allfälliger technischer Nutzbarkeiten, für unsere Lebensorientierung ausmacht, ob wir in kosmologischen oder molekularbiologischen Fragen weltbildmässig noch auf dem Forschungsstand von gestern verharren oder bereits auf dem heutigen angelangt sind, verliert die theoretische Neugier, die Curiositas[23], rasch die kulturelle Sondergeltung, die sie im Prozess der europäischen Aufklärung einst gewonnen hatte. Sie gewinnt sogar Züge eines Lasters zurück – nicht freilich aus dem alten christlichen Argwohn, wir könnten, neugierverführt, die Wahrheit des Heils verfehlen, vielmehr aus dem Blickpunkt von Relevanzkontrolleuren, die ihre Forschungsinvestitionen schliesslich durch einen nutzbaren Erkenntnisgewinn statt durch blosse Liebhaberinteressen gerechtfertigt sehen möchten.

---

23   HANS BLUMENBERG: Die Legitimität der Neuzeit. Frankfurt am Main 1966, pp. 201–432: «Der Prozess der theoretischen Neugier».

Das ist der wissenschaftskulturgeschichtliche Hintergrund, der im Kontext der modernen Zivilisation moderne Forschungspraxis mit beliebigen esoterischen Neigungen, die in den Forscherkommunitäten des 19. Jahrhunderts undenkbar gewesen wären, verbindbar macht, nämlich in der Einheit einer Person. Spezialisten der Informationstechnologie kommen heute privat als Neo-Buddhisten vor, und die inzwischen erwiesene, nahezu beliebige Transferierbarkeit wissenschaftlicher und technischer Rationalität in die heterogenen Kulturmilieus nicht-christlicher, nicht-westlicher fremder Welten ist davon die kollektive Entsprechung.

Man hat sogar mit Konkurrenzen der die moderne Zivilisation tragenden Herkunftskulturen im Anspruch zu rechnen, uns in unserer Zivilisationskompetenz steigern zu können und zugleich gegen psychosoziale Folgeschäden der modernen Zivilisation resistent zu machen. Koreaner zum Beispiel verweisen mit Selbstgefühl auf ihre familienmoralabhängige Kraft zur wirtschaftlichen Selbstbehauptung und Entfaltung in Quartieren amerikanischer Grossstädte, die durch Kleinhandel, Kleingewerbe und alltagsnahe Dienstleistungen geprägt sind. In der Aggression amerikanischer Schwarzer, die in die fraglichen Stadtviertel einfielen, spiegelt sich dieser Erfolg, nämlich in seiner bedrückenden provokatorischen Wirkung auf räumlich nah benachbarte Andere. Es gibt freilich auch die Vermutung, die verblüffende Indifferenz des Zivilisationsprozesses gegenüber Herkunftskulturen, über die dieser Prozess hinwegläuft, sei eine lediglich ephemere Indifferenz. Langfristig gesehen verwandle der Zivilisationsprozess eine jede Herkunftskultur bis in ihre Wurzeln hinein, und die kalifornischen Koreaner unterschieden sich von den kalifornischen Schwarzen im Wesentlichen nur durch den Unterschied, den es macht, ein Vierteljahrhundert oder bereits ein Vierteljahrtausend in der Neuen Welt gelebt zu haben. Das sei dahingestellt. So oder so: Für eine in ihrer chronologischen Extension noch nicht abschätzbare Gegenwart scheint zu gelten, dass der Zivilisationsprozess genau komplementär zu seinen weitreichenden Angleichungswirkungen Herkunftsunterschiede, die sich zur modernen Zivilisation kontingent verhalten, auffälliger macht und Bewegungen ihrer reflexiven Bekräftigung auslöst.

# III.

Drittens bewirkt Netzverdichtung Dezentralisierung – kulturell und politisch. Die technische Ablösung der Informationsnetze von den Verkehrsnetzen beschleunigt diesen Vorgang. Dass netzverdichtungsabhängig in der modernen Zivilisation Dezentralisierungsvorgänge ablaufen, kann spontan nicht jedermann überzeugen und die intellektuellen Nostalgiker metropolitanen Lebens, die das Aburteil «provinziell» schätzen, am wenigsten. Der Überraschungseffekt der Aussage, dass Netzverdichtung die relative Bedeutung der Zentren mindere, beruht auf unseren elementaren historischen Erfahrungen mit der pragmatischen Rationalität der Bildung von Zentren, die wir an der Geschichte unserer grossen Metropolen ablesen können[24]. «Alle Wege führen nach Rom», so lernten wir in der Schule, und der metonymische Sinn dieser Redeweise bezog sich natürlich auf die Einzigartigkeit der Stellung, die Rom in der Geschichte des antiken Weltreichs gewann und dessen Zentralplatz es bis zur Teilung dieses Reiches war. Besuche in Provinzmuseen diesseits und jenseits des Limes machen, im Vergleich, Schülern die Differenz anschaulich, die es bedeutete, römischen Einflüssen zu unterliegen oder das nicht zu tun. Nach Rom zurück führten, nämlich historisch, die neuzeitlichen politischen Selbstlegitimationen revolutionärer Bewegungen bis hin zum «Spartakus» durch ihre Inanspruchnahme römischer Traditionen, und noch im Kulturkampf gegen den «Ultramontanismus» spiegelte sich die Macht der Verbundenheiten mit Rom, nämlich in der Absicht, sie zu lockern oder gar aufzulösen.

Aber über seinen metonymischen Sinn hinaus hat der Topos «Alle Wege führen nach Rom» auch seinen direkten Sinn. Schon für die antike Strassenbaugeschichte gilt das, und noch im

---

24     Zu den mannigfachen Aspekten des Themas «Hauptstadt» cf. HANS-MICHAEL KÖRNER, KATHARINA WEIGAND: Hauptstadt. Historische Perspektiven eines deutschen Themas. München 1995.

19. Jahrhundert analog für den italienischen Eisenbahnbau. «Alle Wege führen nach Rom» – das heisst in diesem Falle, dass, wer mit dem Zug von Fiumicino für einmal statt nach Rom nach Castelgandolfo reisen will, den Umweg über Rom nehmen muss, und ist das Reiseziel Civitavecchia, so ist der unvermeidliche Weg über Rom sogar ein beträchtlicher Umweg. Die elementare Rationalität des Zentrums besteht, netztechnisch gesehen, alsdann in der Minimalisierung der Zahl fälliger Verbindungen, über die man von einem Ort zu jedem beliebigen anderen Ort gelangen kann, durch Auszeichnung eines Ortes, der auf dem Weg zu beliebigen anderen Örtern unvermeidlicherweise umwegshalber passiert werden muss. Der Kreuzungspunkt aller Umwege ist das Zentrum, und seine Herausbildung als Zentrum in jedem Betracht hat den Charakter eines sich selbst verstärkenden Prozesses.

Die Pragmatik der skizzierten Beziehungsverhältnisse von Plätzen in Netzen, die in ihrer geringen Dichte Zentralorte auszeichnen, ist von elementarer Wucht – ökonomisch und militärisch, administrativ und kulturell. Deutlicher als in jedem anderen Netz spiegelt sich diese Wucht in den Eisenbahnnetzen – München im Zentrum der Radialen zwischen Salzburg und Augsburg, zwischen Lindau und Ingolstadt, Wien zwischen Budapest und Linz, Pressburg und Graz oder Agram.

Wäre denn diese so sinnfällige Vorzugslage der Zentren, nachdem sie sich einmal, aus welchen kontingenten, aber mit Selbstverstärkungstendenz fortwirkenden Anfängen gebildet haben, jemals einzuholen? Man bleibt in der Beantwortung dieser Frage realistisch, wenn man zunächst konstatiert: In überschaubaren nahen Zeiträumen und überdies in sehr relevanten Lebensbeziehungen wird sich die historisch entstandene Vorzugslage der Zentren erhalten. Nichtsdestoweniger ist inzwischen erkennbar, dass es mächtig wirkende gegenläufige Trends gibt. Sie resultieren aus dem Druck von zivilisatorischen Modernisierungsvorgängen, und Netzverdichtungsvorgänge sind deren reale Bedingung. Netztverdichtung bedeutet insoweit: Die Dichte der Beziehungen, die uns in der modernen Zivilisation zentralitätsfrei miteinander verbinden, nimmt sprunghaft zu. Aus naheliegenden technischen wie ökonomischen Gründen spiegelt sich in den Eisenbahnnetzen noch am deutlichsten die zentrenverstärkende Pragmatik des Zwangs, die Zahl der Strecken tunlichst gering zu halten und somit dem Netznutzer Umwege, nämlich über die ohnehin am häufigsten aufgesuchten Zentren, zuzumuten. Aber schon der Strassenbau folgt dieser Pragmatik mit ungleich geringerer Evidenz. Inzwischen gibt es die Plätze – und seien es entlegene Dörfer – nicht mehr, die nicht an ein LKW-geeignetes Strassenverkehrssystem angeschlossen wären. Die Menge der Möglichkeiten, umwegfrei von Ort zu Ort gelangen zu können, nimmt zu, und sogar das Highway-System, das banalerweise stets auch die Zentren miteinander verbindet, ist inzwischen derart dicht geworden, dass zahllose Kreuzungs- und Verteilungspunkte siedlungsfern entstanden sind, ohne dass von der Verkehrsgunst solcher Plätze noch eine zentrenbildende Wirkung ausginge.

In den modernen Kommunikationsnetzen, die sich von den Verkehrsnetzen vollständig abgelöst haben, sind, wie jeder Telefoneigner weiss, alle Teilnehmer potentiell direkt mit allen anderen Teilnehmern verbunden. Die Konsequenz dieser vollständig gewordenen Netzverdichtung ist evident: Die Zentralität des Systems verschwindet darüber. Wenn wir mit Kollegen in den USA telefonieren, so gibt es zwar eine Zentrale. Aber diese hängt als geostationärer Satellit über dem Ozean. Ersichtlich handelt es sich dabei nicht mehr um einen ausgezeichneten sozialen Ort.

Indessen wäre es nichts als ein Mangel an sozialer Phantasie, wenn wir verkennten, welche umwälzenden sozialen und kulturellen Veränderungen von den zentralitätsfreien Beziehungsnetzen ausgehen, die uns in der modernen Zivilisation informationell und materiell miteinander verbinden. Kommunikationsverdichtung und flächendeckende Mobilität machen Zugriff zu Informationen und Gütern tendenziell zentrumslos universell. Man kann auch sagen: Die Homogenität der Verteilung von Kulturgütern nimmt in einem solchen System ständig zu, und zugleich verkürzt sich der Zeitabstand zwischen der Erstpräsenz von Kulturgütern in den Zentren einerseits und der nachfolgenden Präsenz dieser Güter an beliebigen Plätzen anderswo bis hin zur vollständigen kulturellen Irrelevanz. Der Unterschied von Stadt und Land löst sich auf. Die Dichte der Verteilung von qualifizierten Bildungsstätten über die Fläche nimmt netzverdichtungsabhängig zu. Die Abiturientenquote ist Stadt-Land-indifferent ausgeglichen. Das Niveau von Universitätsbibliotheken im Teutoburger Wald oder auf dem Bodan-Rück hält jeden studientechnisch und forschungspraktisch sinnvollen internationalen Vergleich aus, und nutzungstechnisch sind sie ohnehin ihrer Modernität wegen begünstigt. Museen moderner Kunst findet man in Naturschutzgebieten oder am Ort ihrer Entstehung in äusserster Zentrenferne. Das Verteilungssystem des Buchhandels verschafft jedem Kunden den gewünschten Titel, wo auch immer, binnen zwei Tagen. Auch die modernen Industrien verteilen sich über die Fläche, und Regionen, die noch vor einem halben Jahrhundert als arme Regionen galten, sind durch dorf- oder kleinstadtnahe Ansiedlung kleiner Betriebe oder Zulieferbetriebe der Hochtechnologie zu Regionen beeindruckender Wertschöpfungsintensität geworden[25].

Die über die elektronischen Medien verbreiteten Informationen sind ohnehin zentrumslos omnipräsent. Meinungen und Meinungen über Meinungen zu haben – das setzt den Aufenthalt an speziellen Örtern immer weniger voraus. Die öffentliche Meinung ist metropolitan nicht gebunden. Die so genannten Meinungsmacher sind zumeist, statt ihre Macher, nichts als ihre Resonanzböden. Die Repräsentanten des politischen Systems haben gewiss ihren zentralen Amtssitz. Aber die entscheidende politische Wirkung ihrer Erklärungen und Reden ist nicht die Wirkung auf das Publikum in Sälen oder auf Plätzen, die dann ein gewisses Medienecho auslöste. Das Medienecho und näherhin die Bekräftigung oder Transformation herrschender öffentlicher Meinung ist vielmehr diese Wirkung.

Den skizzierten zentrumsauflösenden Wirkungen fortschreitender Netzverdichtung[26] entspricht übrigens siedlungsge-

---

25    Cf. dazu meinen Aufsatz «Die Metropolen und das Ende der Provinz. Über Stadtmusealisierung», in dem Anm. 24 zitierten Band pp. 15–27.

26    Cf. dazu meinen Aufsatz «Mobilität und Kommunikation», in: Kommunikation ohne Verkehr? Neue Informationstechniken machen mobil. Fraunhofer Forum

schichtlich die städtebaulich wuchernde Ausdehnung alter Zentren und das Zusammenwachsen der sich erweiternden Zentren zu Agglomerationen[27]. Wie das im Weltmassstab aussieht, lässt sich auch für den Laien anschaulich machen, nämlich durch die bekannten Photos der Erde aus Mondfahrerdistanz, und zwar in der Nachtansicht unseres Planeten. Die bewohnten Teile der Erde werden dabei als helle Flecken sichtbar. Alsdann sieht man: Nur noch wenige leuchtende Zentren gibt es, die grossräumig von dunklen Flächen mit sehr schwacher Strahlung umgeben sind – Moskau zum Beispiel oder auch Buenos Aires. Auf Japan hingegen, im Osten wie im Westen der USA, in Europa von Mittelengland über London den Rhein hinauf und über die Alpen nach Oberitalien, desgleichen den Main hinauf und die Donau abwärts – überall sieht man, statt Lichtzentren, Lichtbänder, in deren diffuser Strahlung die alten Zentren unsichtbar geworden sind.

Gewiss: Die grossen Sammlungen klassischer Kunst, die grossen Konzert- und Opernhäuser, deren Darbietungen auch durch die sehr qualifizierten Angebote metropolenferner Festspielsommer nicht kompensiert werden können, die historischen Quellensammlungen zentraler Archive und Bibliotheken – das alles und vieles mehr verbleibt den Vorzugsplätzen unserer Metropolitangeschichte. Aber ersichtlich hat dieses Verbleiben den Charakter eines Historisierungsprozesses.

Mehr als dreissig Prozent der Touristen, so sagt die Statistik, seien Städtetouristen. Was suchen sie? Sie suchen die alte Stadt

---

1995, pp. 12–25, bes. pp. 17ff. – Zu den aus der Interdependenz von Verkehrsnetzen und Informationsnetzen sich ergebenden Forschungsproblemen cf. Forschungsverbund Lebensraum Stadt (Hrsg.): Mobilität und Kommunikation in den Agglomerationen von Heute und Morgen. Ein Überblick. Berlin 1994.

27    denen wiederum ganz neue Typen gebietskörperschaftlicher Kommunitäten entsprechen – in Deutschland die so genannten Höheren Kommunalverbände (cf. dazu: Bundesarbeitsgemeinschaft der Höheren Kommunalverbände (Hrsg.): Die Höheren Kommunalverbände in der Bundesrepublik Deutschland. Struktur und Aufgaben. Stuttgart 1990. – Neue Formen sich herausbildender gebietskörperschaftlicher Kooperationen untersuchen, für die Schweiz, exemplarisch ULRICH KLÖTI, THEO HALDEMANN, WALTER SCHENKEL: Die Stadt im Bundesstaat – Alleingang oder Zusammenarbeit? Umweltschutz und öffentlicher Verkehr in den Agglomerationen Lausanne und Zürich. Chur, Zürich 1993.

mit ihrem unvergleichlichen metropolitanen historischen Glanz[28]. Man sieht und man weiss, dass die Hauptstädte sagen wir barocker Prägung oder auch die Metropolen der grossen Ringstrassen und Boulevards des 19. Jahrhunders von Wien bis Paris in Zukunft ein städtebauliches Pendant nicht mehr finden werden. Diese Prognose unterstellt nicht, kulturkritisch, versagende städtebauliche Phantasie oder dekadente Unfähigkeit, Zentralität mit modernen architektonischen Mitteln sichtbar zu machen. Das Problem, mit dem es moderner Städtebau zu tun hat, ist vielmehr das Problem schwindender Repräsentativität von Zentralen in einem Zivilisationsprozess zentralitätsauflösender Verdichtung der uns zusammenbindenden und damit zugleich freisetzenden technischen, ökonomischen und kommunikativen Beziehungsgeflechte. Die Zentralen sind nicht mehr organisierbar, die auch nur annäherungsweise dem modernen Austauschbedarf an Gütern und Informationen, kulturell wie politisch, gewachsen wäre. Aus diesem Grund, so darf man vermuten, kann es weder eine europäische noch gar eine Welthauptstadt jemals geben. Nichts demonstriert uns das eindringlicher als die Absurdität der Konstruktion von Welthauptstädten, die es ja im Totalitarismus dieses Jahrhunderts noch vor wenigen Jahrzehnten gegeben hat – mit der 39 km langen Nord-Süd-Achse und der 50 km langen Ost-West-Achse im Falle des zur Welthauptstadt Germania erhobenen künftigen Berlins oder auch mit der über 100 m hohen Statue Lenins auf dem gesamthaft 415 m in die Höhe sich erstreckenden Sowjetpalast an der Stelle der von Stalin gesprengten Christ-Erlöser-Kirche zu Moskau[29].

Es ist kein Zufall, dass die moderne Architektur aufgehört hat, eine sprechende Architektur zu sein. Sie repräsentiert weniger, wie POSENER das ausgedrückt hat, Gebrauchsfunktionen als

---

28  CHRISTIAN ENGELI, WOLFGANG HOFMANN, HORST MATZERATH (Hrsg.): Informationen zur modernen Stadtgeschichte. Themenschwerpunkt: Städte und historisches Bewusstsein. Berlin 1993 (1).

29  BRUNO FLIERL: Faschistische und stalinistische Stadtplanung und Architektur. Zu den Planungskonzepten in Berlin und Moskau. Hochschule für Architektur und Bauwesen Weimar, Jahrgang 38 (1992). Reihe A: Heft 1/2A, pp. 3–9.

Konstruktionsfunktionen[30]. Mit aktuellen architektonischen Mitteln lässt sich die Frage kaum noch beantworten, wie ein Rathaus es eigentlich machen sollte, dass es aussieht wie ein Rathaus, und auch bei einem Präsidentensitz ist die Antwort auf die analoge Frage schwer zu finden. Die effektive Präsenz des Präsidenten ist nämlich eine ortsungebundene Medienpräsenz. Die aber lässt sich in Bauten gar nicht abbilden. Das Treppen- oder Säulenambiente seines Amtssitzes verhält sich dazu, als dekorativer Hintergrund, gänzlich kontingent. Es ist vollendet historisch geworden.

Aber das ist es eben: Das Unsichtbargewordene sichtbar zu halten - das ist die Funktion, für deren Erfüllung sich im Übrigen funktionslos gewordene historische Relikte optimal eignen. Deswegen ist es nicht nur Vergangenheit, die der Hauptstadttourist aufsucht. Er sucht zugleich und findet in den Relikten einer historischen Hauptstadtarchitektur die symbolische Repräsentanz eines Gemeinwesens, dessen aktueller Funktionalismus sich mittels lokaler Entitäten kaum noch ausdrücken liesse.

Wenn das richtig ist, so liesse sich die Anwendung auf unser deutsches Hauptstadtproblem in zwei Sätzen machen. Erstens ist, zur symbolischen Repräsentation verbliebener Hauptstadtfunktionen mit dem Mittel historischer Relikte der Hauptstadtbaukunst, Berlin selbstverständlich ungleich geeigneter als Bonn, wo das Hauptgebäude der alten Residenz, das Schloss, längst von der Universität besetzt ist und das Rathaus architektonisch gewichtiger sich darstellt als der Amtssitz des Präsidenten. Zweitens verlangt die Erfüllung der Funktion der Hauptstadtrepräsentanz mit den symbolischen, ästhetisierten Mitteln historischer Architektur wo immer möglich die Wiederherstellung der Architektur – und sei es als Replikat, von der Reichstagskuppel bis zum Schloss. Es ist nicht erkennbar, wieso, was für Warschau selbstverständlich war und was jeden Besucher dieser Stadt heute erfreut, in Berlin gar nicht gelten sollte. Man muss nur begreifen, wieso es gilt. Dann kann man es endlich auch bei uns gelten lassen.

---

30 JULIUS POSENER: Die moderne Architektur – eine lange Geschichte. In: HEINRICH KLOTZ (Hrsg.): Visionen der Moderne. Das Prinzip Konstruktion. München 1986, pp. 27–32, p. 28.

# IV.

Viertens erhöht sich in Zivilisationen verdichteter Netze der Zwang zur Selbstorganisation kleiner Kommunitäten. Es handelt sich hier um die im engeren Sinne politische Seite des bereits skizzierten Dezentralisierungsvorgangs. Auch der in anderem Zusammenhang schon erwähnte Regionalismus gehört in seinen politischen Realisationsformen hierher. Dabei wäre es falsch, zumindest einseitig zu finden, die regionalistischen Bewegungen seien eben nichts als ein Kompensationsphänomen - nützlich zum emotionalen Ausgleich der belastenden Seiten zivilisatorischer Modernisierungsvorgänge, im Übrigen aber politisch irrelevant, nämlich für die Zwecke der politischen Selbstorganisation moderner Gesellschaften mit ihren herkömmliche Staatsgrenzen überschreitenden realen ökonomischen, technisch-wissenschaftlichen, ökologischen und sicherheitspraktischen Abhängigkeiten. Die Sache verhält sich grundsätzlich anders, und man erkennt diese Seite der Sache, wenn man sich vergegenwärtigt, dass in eins mit der wachsenden regionalen und sozialen Reichweite unserer wechselseitigen Abhängigkeiten die Komplexität unserer modernen Lebensvoraussetzungen anwächst, und zwar dramatisch. Wachsende Komplexität, gewiss, mehrt auf der einen Seite auch den Bedarf an zentralen Steuerungskapazitäten, und die neuen internationalen Institutionen sind funktional auf diesen wachsenden zentralen Steuerungsbedarf bezogen. Genau komplementär dazu wächst aber zugleich jener Anteil zivilisatorischer Lebensvoraussetzungen, der zentraler Regulierungen gar nicht mehr fähig ist. Der entscheidende Sachgrund dieser relativ abnehmenden Steuerungspotenz politischer Zentralen ist informationeller Art. In modernen, komplexen Zivilisationen sind Zentralen - nationale wie internationale - sowohl erhebungspraktisch wie verarbeitungspraktisch der dramatisch anwachsenden Menge der Informationen, die zur Selbsterhaltung und Fortentwicklung der Systeme erhoben und verarbeitet sein wollen, immer weniger gewachsen. Der klassische Zentralstaat wird als eine historisch überlebte, nicht zukunftsfähige politische

Organisationsform erkennbar, und es lässt sich sagen, dass der real existent gewesene Sozialismus nicht zuletzt an seinem modernitätswidrigen planungspolitischen «demokratischen» Zentralismus gescheitert ist.

Nicht zufällig ist es der Strassenbau, an dem sich auch der Laie diesen Zusammenhang anschaulich machen kann. Jeder PKW-Reisende, der heute durch die einmal napoleonisch beherrscht gewesenen Regionen Europas fährt, kennt die Landstrassen, die heute noch den damals auf dem Reissbrett gezogenen Trassen folgen – über mehr als ein Dutzend Kilometer schnurstracks von Kirchturm zu Kirchturm führend und hier und da noch mit den inzwischen denkmalspflegerisch konservierten Alleen ausgestattet, die einst marschierenden Militärkolonnen Schatten zu spenden hatten. Dergleichen war damals möglich: Das flache Land bot sich als ein Raum dar, in welchem die infrastrukturbeschädigenden Eingriffe strassenbautechnischer Art gering waren. Handelte es sich um Bauernland, so konnten die Einsprüche der allenfalls Geschädigten ohnehin als unbeachtlich gelten. Aufklärend liess sich, zu Recht, sagen, die administrativ von oben verfügte Strassenbaumassnahme komme gesamthaft der Wohlfahrt des Landes zugute. Sonderinteressen der Angehörigen privilegierter Schichten blieben ausnahmsweise berücksichtigungsfähig, und in gelegentlich vorkommenden kontingenten Abweichungen von der geometrischen Rationalität napoleonischer Trassenführung spiegelt sich das. – Es bedarf nur geringer technischer und politischer Phantasie, um zu sehen, dass solche Rationalität, die in der Tat zentral optimal exekutierbar war, bei der höchst komplex gewordenen Flächennutzung in hochentwickelten Industriegesellschaften nicht mehr möglich ist. Ferngasleitungen durchziehen das Gelände, Wasserversorgungsnetze binden Siedlungen zusammen, auf den Versorgungs- und Entsorgungsbedarf höchst unterschiedlicher Industrien ist Rücksicht zu nehmen. Baugebiete, die sich in der Entwicklung befinden, haben Anschluss- oder Lärmschutzinteressen. Ökonomisch höchst relevante Nutzungserwartungen von Grundeigentümern sind betroffen. Naturschutzgebiete sind zu verschonen, und Kommunen oder Ortsteile konkurrieren im

Geltendmachen ihrer nachteiligen oder auch vorteilhaften Betroffenheiten.

Organisationstechnisch bedeutet das: Mit der Komplexität und Grossräumigkeit moderner zivilisatorischer Lebensverhältnisse wächst zugleich der Bedarf an sektoraler, aber eben auch regionaler und lokaler Selbstorganisation beliebiger Kommunitäten einschliesslich gebietskörperschaftlicher Kommunitäten. Eben das setzt sich in Selbstbestimmungs- und Selbstverwaltungsansprüche um. Die Impulse, denen diese Ansprüche sich verdanken, sind insoweit nicht Impulse der Modernitätsflucht hinein in die Pseudoidyllik kleiner Räume. Es handelt sich vielmehr um Impulse aus der Erfahrung organisationstechnischer Notwendigkeiten, das heisst aus der Erfahrung, dass die eigenen Angelegenheiten sich zentral nur in einigen wenigen, freilich sehr wichtigen Bereichen handhaben lassen, im Übrigen aber und zum weitaus grösseren Anteil selbstbestimmt erledigt sein wollen.

Die Konsequenzen dessen lassen sich in den aktuellen verfassungsrechtspolitischen Entwicklungen der europäischen Länder erkennen. Sogar Frankreich hat bekanntlich inzwischen über seine mehr als neunzig revolutionär geschaffenen Departements ein Netz von Regionen gelegt, die nicht Verwaltungseinheiten, vielmehr Selbstverwaltungseinheiten darstellen. Ihre Kompetenzen sind schwach. Nichtsdestoweniger handelt es sich um eine kleine Revolution, wie man erkennt, wenn man sich vergegenwärtigt, dass dergleichen noch unter De Gaulle nicht möglich gewesen war. Für Spanien und für Italien gilt Analoges, und es ist kein Zufall, dass in eins mit der Integration in die Europäische Union auch die traditionellen Föderalstaaten, also vor allem Deutschland und Österreich, verfassungsrechtspolitisch einem Prozess der Stärkung einschlägiger Länderkompetenzen ausgesetzt sind.

Die skizzierte modernitätsabhängige Tendenz zur Regionalisierung und Föderalisierung induziert zugleich gänzlich neue Formen internationaler Beziehung. Dafür steht exemplarisch die in Europa inzwischen weithin etablierte Praxis der Kooperation regionaler Gebietskörperschaften, von Ländern, ja von Kommunen, über Staatsgrenzen hinweg[31]. Dabei handelt es sich stets um die Handhabung von Sachproblemen, die nach ihrer Natur staatsgrenzenüberschreitenden Charakter haben. Die Auswirkungen des Tourismus, die Konsequenzen staatsgrenzenüberschreitender Arbeitsmärkte, ökologische Probleme, die sich ja bekanntlich auch durch Zollschranken nicht aufhalten lassen - das sind Probleme dieser Art, auf die sich die internationale Kooperation substaatlicher Gebietskörperschaften bezieht. Das alles hat rechtlich selbstverständlich stets den Segen der formal zuständigen Staatsregierungen. Die Praxis indessen vollzieht sich vor Ort und wird in ihren Ergebnissen zumeist in den Zentralen widerspruchslos notiert und sanktioniert. Noch einmal also: Es handelt sich hier um internationale Kooperationen substaatlicher Körperschaften. Hier wird unbeschadet der Kompetenzen zentralstaatlich monopolisierter Aussenpolitik ein System internationaler Beziehungen hergestellt. Das alles liesse sich im Ensemble von Kategorien traditioneller Zentralstaatszuständigkeiten nur mit Mühe verorten.

In der Zusammenfassung heisst das: In eins mit der politischen Organisation unserer wechselseitigen Abhängigkeiten im europäischen Grossraum gewinnt überall unser Wille zur politischen Selbstbestimmung in unseren kleineren Herkunftsräumen an Intensität. Das ist spezifisch modern, und überall in Europa setzt sich das verfassungsrechtspolitisch in föderale Strukturen um.

Der revitalisierte Wille zu politischer Selbstbestimmung bringt sich aber im modernen Europa nicht nur in den Regionen, in den Ländern und Kantonen zur Geltung. Er prägt auch die Kommunalpolitik. Der Beteiligungswille der Bürger bringt sich vor Ort zur Geltung, und die Entwicklung des Gemeindeverfassungsrechts ist überall in Europa vom Zweck der Stärkung der Selbstverwaltungsrechte der Bürger geprägt.

---

31  Cf. dazu meinen Aufsatz «Staatliche Souveränität, internationale Organisation und Regionalisierung», in: KARL KAISER, HANS-PETER SCHWARZ (Hrsg.): Die neue Weltpolitik. Bonn 1995, pp. 187–195.

Dazu passt, kommunal wie regional, die sich verfassungs-
rechtspolitisch ausbreitende Neigung zum Plebiszit[32]. Für das
Personalplebiszit, das heisst für Formen der Direktwahl von
Amtsträgern, gilt das zumal. Aber auch das Sachplebiszit breitet
sich aus. Das widerspricht nur scheinbar unserer wachsenden
Angewiesenheit auf das Expertenurteil in der administrativen und
politischen Handhabung sehr komplexer Systeme. Genau in den
Fällen nämlich, wo sich das Expertenurteil der Kalkulierbarkeit
aus der Perspektive Common-Sense-gefestigter gemeinsamer
Interessen entzieht, reagiert der Stimmbürger mit Rückruf von
Entscheidungskompetenzen, die an gewählte Repräsentanten
delegiert waren, und eben das setzt sich in den Willen zum Plebiszit um[33].

Der Zentralstaat – das war eine erfolgreiche Organisationsform von Gesellschaften, die noch primär agrarisch geprägt waren,
und auch die Herausforderungen der Frühindustrialisierung waren
noch zentralistisch zu bewältigen. Die moderne, durch hochver-
dichtete Netze zusammengebundene Industriegesellschaft hingegen lässt sich demgegenüber zentralistisch nicht mehr organisieren. Entsprechend wächst mit der Netzverdichtung und mit dem ihr
entsprechenden Grad der Komplexität moderner Lebensverhältnisse unsere Angewiesenheit auf Formen lebendiger politischer
Selbstorganisation nicht zuletzt in kleinen Einheiten und Kommunitäten.

---

32    Über Formen, Nutzen und Nachteil der direkten Demokratie im internationalen
      Vergleich cf. SILVANO MÖCKLI: Direkte Demokratie. Ein Vergleich der Einrich-
      tungen und Verfahren in der Schweiz und Kalifornien, unter Berücksichtigung
      von Frankreich, Italien, Dänemark, Irland, Österreich, Liechtenstein und Austra-
      lien. Bern, Stuttgart, Wien 1994.
33    Den bei Abstimmungen auffällig wachsenden Anteil von Nein-Ausgängen
      erklären ERICH GRUNER, HANS PETER HERTIG: Der Stimmbürger und die «neue»
      Politik. Wie reagiert die Politik auf die Beschleunigung der Zeitgeschichte?
      Bern, Stuttgart 1983.

# V.

Schliesslich sei, fünftens, als eine weitere kulturelle und zugleich politisch bedeutsame Wirkung industriegesellschaftlicher Netzverdichtung noch der Zerfall der so genannten Massengesellschaft angedeutet. Man erinnert sich: Das Theorem von der unaufhaltsamen Heraufkunft der Massengesellschaft hatte insbesondere zwischen den beiden Weltkriegen Konjunktur. ORTEGA Y GASSETS berühmtes Buch «Der Aufstand der Massen», zuerst 1929 erschienen, wurde in alle grossen europäischen Sprachen übersetzt und gewann rasch Bestsellerruhm. Auch KARL JASPERS diagnostizierte Phänomene sozialer und kultureller Vermassung – vor allem im berühmten Göschen-Bändchen Nr. 1000, das die «geistige Situation» zum Thema hatte – im Jahre 1930. Die Heraufkunft der totalitären Mächte mit ihren kulturell wie politisch zentral steuernden Einheitsparteien, so schien es, bestätigte die Vermassungsdiagnose[34]. Aber auch noch nach dem Ende der Diktatur der Nationalsozialistischen Deutschen Arbeiterpartei behielt das Vermassungstheorem Aktualität, und Massenzustimmung bei Intellektuellen fand es insbesondere in seiner Anwendung, statt auf den rezenten marxistisch-leninistischen Totalitarismus, auf vermeintliche Entwicklungen der Konsumgesellschaft des «kapitalistischen» Westens. Insbesondere wurde vermutet, dass mit den hochverdichteten, massenintegrierenden elektronischen Medien und mit dem Konsum der Produkte der den Massenmedien zuliefernden «Unterhaltungsindustrie» Wirkungen unaufhaltsamer Nivellierung verbunden seien. Unüberboten eindrucksvoll, nämlich kulturkritisch niederdrückend, wurde diese Diagnose im einschlägigen Kapitel der berühmten «Dialektik der Aufklärung»[35] ausgebreitet.

---

34  Wie sogar die Geschichtswissenschaft bis über den Zweiten Weltkrieg hinaus sich von der Vermassungsthese leiten liess, berichtet WINFRIED SCHULZE: Deutsche Geschichtswissenschaft nach 1945. München 1989, pp. 77ff.: «‹Vermassung› als Signatur des 20. Jahrhunderts»

35  MAX HORKHEIMER, THEODOR W. ADORNO, a.a.O. (cf. Anm. 9).

Wenn man sich heute erneut mit dieser Diagnose beschäftigt, so wundert man sich: Statt Vermassung, Nivellierung und Konformismus prägt Pluralisierung und Individualisierung das soziale, kulturelle und politische Bild massenmedial integrierter Gesellschaften. Wieso haben die Massengesellschaftstheoretiker unrecht behalten? Sie haben nicht mit den Differenzierungsfolgen der egalitären Freisetzung selbstgenutzter Betätigungschancen gerechnet, die in netzverdichteten Zivilisationen mit ihrer abnehmenden Zentralität gemeinhin zugänglich werden.

Beim Sport begreift den elementaren Zusammenhang von Chancenegalität und nutzungsabhängiger Differenzierung jeder: Wenn massenhaft Tennis oder Schach gespielt wird, so pflegt das ja nicht auf das Niveau dieser Sportarten zu drücken. Das Gegenteil ist der Fall. Je breiter die Basis, um so höher heben sich die Spitzenkönnerschaften heraus. Realisierte Chancengleichheit treibt Leistungseliten hervor. Auch der im 19. Jahrhundert und bis in unser eigenes Jahrhundert hinein immer wieder einmal thematisierte Widerspruch von Gleichheit und Freiheit erweist sich in kommunikativ und austauschpraktisch zusammengebundenen Gesellschaften als ein irreführender Mythos. In modernen Gesellschaften entfalten sich freiheitsabhängig Leistungskulturen von Chancengleichheitsnutzern, und ohne dichte Beziehungsnetze wäre reale Chancengleichheit nicht gegeben[36].

Vor allem das Exempel der Massenmedienwirkung lehrt es. Auch die Massenmedien bewirken keineswegs eine homogene Massenkultur - womöglich auf niedrigem, herabgedrücktem Niveau. Freiheitsabhängige, massenhaft differenzierte Formen der Nutzung der Medien treiben ganz im Gegenteil die Kompetenzniveaus fortschreitend weiter auseinander - nach unten freilich wie nach oben.

Zugleich nehmen die Chancen missbräuchlicher politischer Steuerung massenmedial verbreiteter Information in modernen Gesellschaften ab. Bei ORWELL vollendete sich totalitäre Herr-

---

36    Cf. dazu meinen Aufsatz «Elites in an Egalitarian Society», in: RUDOLF HENN, LOTHAR SPÄTH, HERMANN LÜBBE, GERHARD KRÜGER: Employment and the Transfer of Technology. Berlin, Heidelberg, New York, Tokyo 1986, pp. 21–37.

schaft in der vollständigen informationellen Kontrolle der Vergangenheit durch permanente Revision der Propaganda von jeweils gestern. Eben das ist in einer medial voll integrierten Gesellschaft unmöglich, und zwar prinzipiell unmöglich. Aus der Perspektive des totalitären Informationskontrollapparats gesehen heisst das: Mit der Menge der insgesamt verbreiteten Informationen nimmt zwangsläufig die «informationelle Verschmutzung» des totalitären Systems zu. Die Erinnerungskontrolle zerfällt: Die Bürger wissen es besser[37].

Tatsächlich wäre die Dynamik im Auflösungsprozess des real existent gewesenen Sozialismus ohne die Wirkung der Massenmedien nicht verständlich zu machen. Primitive Technik hat Diktaturen begünstigt; hochentwickelte Technik trägt wirksam zu ihrer Zersetzung bei.

Die kulturell differenzierende und individualisierende Wirkung der Massenmedien beruht freilich weniger auf den Unterschieden zwischen anspruchsvollen und weniger anspruchsvollen Medienprogrammen. Ungleich wichtiger als die Moral der Medieninhalte ist die Mediennutzungsmoral der Konsumenten. Selbstbestimmung – das ist die moralisch qualifizierte, lebensdienliche Form der Freiheitsnutzung. Nur in sehr engen Grenzen lassen sich die Kompetenzen dieser Freiheitsnutzung gleichverteilt machen, und eben deswegen nimmt mit der Expansion unserer Freiheitsspielräume die Homogenität freiheitsbedingter Kultur ab: die so genannte Massengesellschaft löst sich auf.

---

37  Zum Thema «Informationelle Verschmutzung» cf. meinen Beitrag «Neue Informations-Infrastrukturen und deren kulturelle Bedeutung für die Informations-Gesellschaft», in: 80 Jahre Fachverband Informationstechnik im VDMA und ZVEI. Auf dem Weg zur Informationsgesellschaft. Schriftenreihe des Fachverbandes Informationstechnik im VDMA und ZVEI. Frankfurt am Main 1994, pp. 33–40.

# Ethische Aspekte der Genomanalyse

*ALBERTO BONDOLFI*

## Inhaltsverzeichnis

# I. Vorbemerkungen[1]

Ethische Aspekte der Genomanalyse zu thematisieren verlangt in erster Linie, sich zunächst um Klarheit bei der Wahrnehmung des Problems zu bemühen. Das bedeutet aber keineswegs, dass eine solche Analyse mit der Bewältigung und Lösung der damit gestellten Aufgabe gleichgesetzt werden darf. Aus solcher Prämisse lässt sich ableiten, dass die anschliessenden Überlegungen wie folgt zu strukturieren sind:

1. Zunächst einmal geht es darum, die bewussten und unbewussten Weltbildveränderungen, welche durch die neuere genetische Forschung mitverursacht worden sind, wahrzunehmen und in ethischer Perspektive einzuschätzen. Eine besondere Aufmerksamkeit wird den gesellschaftlichen Reaktionen zur Meldung der Entschlüsselung des menschlichen Genoms geschenkt.

2. Der zweite Teil befasst sich mit ethischen Argumenten zwecks Bewältigung einiger normativer Probleme dieser naturwissenschaftlichen Wende. Dabei werde ich mich vor allem auf die Möglichkeiten im Bereich der Grundlagenforschung einerseits und der Diagnostik andererseits konzentrieren, da diese beiden Bereiche von zentraler Bedeutung sind.

3. Die zahlreichen aktuellen Bemühungen in der Schweiz, die aufgezeichnete Problematik unter dem Focus einer ethischen Perspektive zu bewerten, führen als zwingende Konsequenz aus der Bilanz der vorgängigen Betrachtungen dazu, sich letztlich auch mit einigen rechtlichen wie politischen Folgeerscheinungen auseinander setzen zu müssen.

---

1   Vorliegender Text stellt eine inhaltlich nur geringfügig erweiterte und überarbeitete Fassung meines im Oktober 2001 bei der Organisation BATS in Basel gehaltenen Vortrags dar.

## II. Die Kartierung des menschlichen Genoms: Wie wird ein solches Unternehmen wahrgenommen?

Mit dem Kürzel HUGO hat man während des letzten Jahrzehntes eine Reihe von Forschungsinitiativen zusammenbündeln können, welche schliesslich zur fast vollständigen «Kartierung» des menschlichen Genoms führen konnten. Wie ist ein solches Ereignis einzuschätzen?

Auf eine solche Frage gibt es keine abschliessende, **allein gültige** Antwort, sondern – wenn schon – eine Reihe von Antworten, die aus verschiedenen Perspektiven folgen. Einige dieser Teileinschätzungen seien hier kurz skizziert:

Die fast vollständige Kartierung des menschlichen Genoms impliziert noch nicht, dass damit die ganze genetische Ausstattung dieses Lebewesens entschlüsselt ist. Beim Lebendigen führt in der Tat die Summe der Kenntnis einzelner Teilelemente noch nicht immer unbedingt zur Kenntnis des Ganzen. Das Ganze enthält, über die Elemente der Teile, auch diejenigen Elemente, die sich aus den vielfältigen Interaktionen der Teile untereinander ergeben.

- Darüber hinaus teilt das Wort Kartierung unmissverständlich mit, dass wir die Teilelemente, die Gene, lokalisiert haben, was nicht heisst, dass wir alle ihre möglichen Funktionen restlos kennen würden. Das HUGO-Projekt verrät durch das metaphorische Reden über eine «Karte», dass wir noch in einem prolegomenarischen Stadium unserer Kenntnisse der Genetik stehen und dass man noch viel weiterforschen muss, um eine optimalere Kenntnis der Funktionen und der Interaktionen unserer Gene zu gewinnen.
- Trotz aller dieser einschränkenden Bemerkungen muss man aber anerkennen, dass die Vervollständigung der genetischen Kartierung eine epochale Wende in unseren Kenntnissen der biologischen Ausstattung des

Menschen darstellt. Es handelt sich also um eine paradigmatische Revolution im Bereich der Grundlagenforschung der menschlichen Biologie. Die möglichen und wünschenswerten klinischen Konsequenzen dieser Wissensorganisation stehen freilich auf einem anderen Blatt und sollen nicht vorschnell mit den soeben erwähnten Kenntnissen verwechselt werden.

Die voranstehenden Bemerkungen betreffen die Einschätzung der vervollständigten Kartierung des menschlichen Genoms. Darüber hinaus hat aber diese Errungenschaft auch unser Menschenverständnis beeinflusst. Ich sage «beeinflusst» und nicht «verändert», da das menschliche Selbstverständnis immer sowohl von naturwissenschaftlichen Faktoren als auch von weltanschaulichen Prämissen und Vorverständnissen geprägt und beeinflusst wurde.

Eine erste Veränderung in der Wahrnehmung des Menschen, die man in letzter Zeit beobachten kann und die in Zusammenhang mit der genetischen Betrachtung der Krankheit mit der dazugehörenden Diagnostik und Therapie steht, ist diejenige, welche meint, im Genom sei unsere ganze Existenz prädisponiert. Als Dolly geboren wurde, haben die Medien, statt an das eigentliche Neue zu denken, nämlich an die Tatsache, dass eine Reproduktion aus einem entkernten Ovozit und aus einer somatischen Zelle möglich geworden ist, vor allem verkündet, man könne nun beliebige Persönlichkeiten (von Hitler über Einstein und Marilyn Monroe) vervielfältigen. Diese Botschaft, welche leider immer noch in allzu vielen Köpfen bleibt, ist nicht nur moralisch hinterfragbar, sondern sie ist vor allem faktisch falsch.

Wie ist nur eine solche Deutung einer naturwissenschaftlichen Revolution möglich geworden? Man könnte meinen, dass die verkürzte Wahrnehmung der genetischen Pathologie und die Zurückführung komplexer Eigenschaften wie etwa die sexuellen Präferenzen eines Individuums auf ihre genetische Ursache, das Resultat eines simplifizierenden Denkens wäre. Spontane Vereinfachungen wären also hier immer am Werke. Ich glaube nicht an diese Erklärung.

Ich bin eher der Meinung, dass solche Vereinfachungen das Resultat einer fehlenden Grundlagenreflexion über den Menschen auf ihrer prinzipieller Ebene sind. Es wurde mit anderen Worten die neuere naturwissenschaftliche Forschung an der genetischen Konstitution des Menschen nicht von einer entsprechenden philosophisch-anthropologischen Reflexion begleitet. Diese meine Kritik richtet sich, ich würde sagen salomonisch, sowohl gegen die genetische Forschung als auch die Philosophie. Die erste hat vielleicht oft Metaphern benützt, um komplexe Phänomene der Natur oder des menschlichen Körpers nicht nur zu beschreiben, sondern bereits zu deuten, sodass diese Metaphern sich verselbständigt und ihre dienende Funktion als Mittel zu einem besseren Verständnis eines Phänomens vergessen haben. Diese Metaphern sind ansprechend, attraktiv und sogar persuasiv zugleich, und somit wird ein angemessenes Verständnis der Phänomene und ihrer umfassenden Interpretation nicht immer gewährleistet. Auch die Sensibilität für den qualitativen Unterschied zwischen Fakten und ihrer Deutung ist zum Teil verschwunden, und somit können sich sowohl Reduktionismen als auch mythologische Deutungen natürlicher Phänomene ohne Widerstand leicht durchsetzen. Die philosophische Forschung hätte ihrerseits stärker daran erinnern sollen.

Als Trost für die Forscher/innen im Bereich der **medizinischen** Genetik kann ich aber präzisieren, dass die soeben erwähnten Verkürzungen und Verzerrungen in der Wahrnehmung und Interpretation der Genomanalyse für das Menschenverständnis nicht Monopol allein der genetischen Forschung sind. Ähnliche Tendenzen sind auch in anderen Forschungssparten der heutigen Medizin festzustellen. Man denke etwa an die Neurowissenschaften und an die neuere Hirnforschung. Lässt sich z. B. menschliche Identität auf die Summe der Wirkungen und Interaktionen unserer Neuronen reduzieren? Ich glaube es kaum. Diese ideologische Deformation findet ihre Ursachen sehr wahrscheinlich nicht im geforschten Bereich selbst, sondern eher in unserer allgemein verbreiteten Tendenz, komplexe Phänomene durch ansprechende oder besser gesagt durch suggerierende Metaphern deuten zu wollen.

Will man die ethischen Probleme der Genomanalyse verstehend erfassen, ist die nun kurz skizzierte anthropologische Reflexion *notwendig,* zugleich aber *nicht ausreichend.* Hinter jeglicher ethischen Theorie stehen, explizit oder implizit, anthropologische Annahmen, also Menschenbilder, die indirekt auch normativ auf die Wahrnehmung der Handlungskonflikte wirken können. Diese Menschenbilder sind aber nicht die alleinige direkte Ursache der normativen Positionen, welche man in den verschiedenen ethischen Ansätzen verteidigt. Anthropologische Verkürzungen, also ungebührend vereinfachende Auffassungen des Menschen, lassen sich weder mit quasi-religiösen Appellen noch mit moralisierenden Mahnungen überwinden, sondern nur durch eine weitere Vertiefung der anthropologischen Reflexion selbst. Sie ist auch und vor allem anlässlich der vollzogenen Kartierung des menschlichen Genoms dringlich und unerlässlich. Da ich aber vorliegend in erster Linie als Ethiker argumentiere, werde ich diese anthropologischen Prämissen und Grundüberlegungen verlassen und zur normativen Reflexion übergehen.

## III. Einige normative Probleme der Genomanalyse

Ist in unserem Zusammenhang von Ethik die Rede, wird oft behauptet, dass es anlässlich einer solchen tiefgreifenden Umwälzung, wie eben die Entschlüsselung des menschlichen Genoms, *eine ganz neue Ethik* brauche. Die klassischen Prinzipien und Normen der philosophischen und theologischen Traditionen würden nicht mehr ausreichen und kaum mehr helfen, das Gute in diesem Lebensbereich zu lokalisieren und zu legitimieren. Diese Annahme erklärt die starke Zunahme an Literatur im spezifischen Bereich der so genannten Bioethik und *Gen*ethik. Obwohl ich mich nicht als ein konservativer Theologe verstehe, muss ich ehrlich zugeben, dass ich Mühe habe, diese Forderung nach einer ganz neuen Ethik nachzuvollziehen. Warum sollen wir eine ganz neue Vorstellung des guten und gelungenen Lebens entwerfen, um die Konflikte der neuen genetischen Forschung nachzuvollziehen und um sie zu bewältigen zu versuchen? Selbstverständlich, der innovative Charakter dieser Forschung und der dazugehörenden Errungenschaften zwingen uns, die klassischen Prinzipien und Normen neu auszulegen und anzuwenden. Diese Erfordernisse führen aber nicht automatisch zur Entstehung einer ganz neuen Ethik, sondern höchstens zu neuen Feldern der angewandten Ethik.

Ich gebe zugleich zu, dass eine distanzierte Betrachtung der neuen Möglichkeiten der Genomanalyse allein noch nicht in der Lage ist, uns spontan die Kriterien und Gebote in Erinnerung zu rufen, welche hier neu ausgelegt werden sollten. Ethische Kreativität ist also angesagt, und die klassischen Gebots- und Verbotskataloge (von den 10 Geboten des Alten Testamentes bis zu den Medizinkodizes) suggerieren nicht mehr spontan den Weg, den man einschlagen muss. Auf der Suche nach diesem neuen Wege habe ich mich enschlossen, nur einige ethische Überlegungen im Zusammenhang mit den inzwischen klassisch gewordenen drei oder vier Grundprinzipien der biomedizinischen Ethik vorzulegen.

## A.  Genomanalyse und Autonomieprinzip

Interventionen an unserem Körper, sei es am kranken oder am gesunden Körper, dürfen unsere Selbstbestimmungskraft nicht verletzen. Bei erwachsenen und urteilsfähigen Menschen lässt sich diese Forderung mit dem Kriterium des *informed consent* relativ leicht konkretisieren. Wir können nicht dazu verpflichtet werden, unsere genetischen Prädispositionen zu kennen. Dies gilt auch für den Fall, dass eine solche Kenntnis uns eindeutige Vorteile bringen würde. Niemand kann dazu gezwungen werden, seine genetische Verfasstheit durchforschen zu lassen.

Andererseits ist auch eine Ungleichbehandlung *nur* aufgrund der Kenntnis einer genetischen Information über eine Person unbegründet und verdient insofern die Qualifizierung als *Diskriminierung.* Wir können uns also mit parallelen Argumenten sowohl auf ein *Recht auf Wissen* als auch auf ein *Recht auf Nichtwissen* berufen, und diese beiden Ansprüche sind wohl begründet in der Tatsache, dass wir über unsere genetische Ausstattung autonom befinden dürfen und sollen. Schwieriger wird die Begründung dort, wo die Menschen noch nicht oder nie mehr urteilsfähig sind oder sein können. Eine andere, eine sogenannte advokatorische, Instanz muss hier stellvertretend die Interessen dieser betroffenen Personen wahrnehmen, interpretieren und durchsetzen. In der heutigen Debatte über diese Probleme scheint sich eine Position behaupten zu wollen, welche dazu tendiert, im Zweifelsfall für einen Verzicht auf eine genetische Analyse zu plädieren. Ich habe Mühe mit einem solchen vorsorglichen Verzicht, da er von der Voraussetzung ausgeht, dass sich eine genetische Analyse oder Diagnose im Zweifelsfall *gegen* die Interessen der betroffenen Person richten würde. Gegen einen solchen prinzipiellen Misstrauenspessimismus würde ich nicht mit einem ebenso naiven Optimismus kämpfen, sondern versuchen, die Ambivalenz des Angebots der genetischen Medizin zu überwinden, und dies durch Ergänzung der stellvertretenden Entscheidung mittels weiterer konsiliarischer Dienste (*second opinion*).

## B.   Genomanalyse und Fürsorge

Die Ambivalenz der Angebote der genetischen Medizin wird noch sichtbarer, wenn man sich fragt, in welchem Sinne sie nicht nur der Autonomie, sondern auch dem Wohl des Patienten dient. Um an dieser Stelle das Wohltätigkeitsprinzip oder das Übelvermeidungsprinzip angemessen auszulegen, gibt es keine Zauberformel. Ich begnüge mich damit, diese bereits besagte Ambivalenz am Beispiel der pränatalen Diagnostik zu konkretisieren: Widersprechen die Angebote der pränatalen Diagnostik dem Prinzip und zugleich Gebot der Wohltätigkeit bzw. der Übelvermeidung? Auch hier gibt es keine einfache Antwort, und leider stehen wir in der heutigen Diskussion über die Pränataldiagnostik immer noch vor Missverständnissen und Fehldeutungen. Unter letztgenannten möchte ich nur die bekanntesten und verbreitetsten nennen: Die Pränataldiagnostik sei moralisch nicht akzeptabel, da sie mit gentechnologischen Verfahren operiere. Diese Bewertung ist in doppelter Hinsicht hinterfragbar: In **faktischer** Hinsicht kann man erkennen, dass es Möglichkeiten der vorgeburtlichen Diagnostizierung bereits vor der Einführung von Gentests gegeben hat. In **normativer** Hinsicht lässt sich feststellen, dass die moralische Brisanz nicht direkt die Genomanalyse des Fetus betrifft, sondern nur die möglichen Folgen einer solchen diagnostischen Errungenschaft. Das Gleiche gilt mit Bezug auf die Unterbrechung der Schwangerschaft als Folge eines Urteils über die Zumutung ihrer Fortführung. Ohne diesen Konflikt analysieren zu wollen, scheint mir aber eine Präzisierung notwendig zu sein. Es wäre verfehlt, die Anwendungen der Genomanalyse zur Hauptursache für die Brisanz der Schwangerschaftsabbruchsfrage verantwortlich zu machen. Beide Probleme haben selbstverständlich etwas miteinander zu tun, müssen aber hier sauber unterschieden werden. Genomanalyse und Fürsorgegebot stehen also nicht unbedingt in Widerspruch, wenn auch zugegeben werden muss, dass an dieser Stelle manche Ambivalenzen zu Tage kommen, und dass die ethische Reflexion noch daran weiterarbeiten sollte.

## C.    Genomanalyse und Gerechtigkeitsprinzip

Wie steht es nun mit dem dritten Grundprinzip der Bioethik, nämlich mit dem Gerechtigkeitsprinzip? Auch hier muss man sich vor vorschnellen Ablehnungen hüten. Die Genomanalyse eröffnet der Medizin die Möglichkeit, prädiktive Aussagen über die Zukunft des Gesundheitszustandes eines Menschen zu machen. *In sich* betrachtet ist eine solche Möglichkeit als eine Ausweitung von Freiheit und eine partielle Einschränkung der

Zukunftskontingenz anzusehen. Wir Menschen haben in der Regel solche Tendenzen bisher als positiv begrüsst: So werden die Wetterprognosen und die Börsenberichte ohne Gewissensbisse gelesen. Ich gebe aber ohne weiteres zu, dass es sich vorliegend um eine viel ambivalentere Zukunftsprognose handelt. Wenn die Krankheit, die prädiktiv angekündigt wird, irgendwie behandelbar ist oder sich verhüten lässt, dann sind wir bereit, auch schlechte Prognosen in Kauf zu nehmen. Zieht hingegen eine solche prädiktive Aussage keine positiven Konsequenzen für die Behandlung der möglichen künftigen Krankheit nach sich, ist die Bereitschaft, solche Aussagen zu hören, wesentlich kleiner.

Noch komplexer wird das ethische Urteil über solche prädiktiven Aussagen, wenn sie nicht in der apodiktischen Form des «Ja» oder «Nein» kommen, sondern in statistischer Manier. Wahrscheinlichkeitsaussagen sind psychisch sehr schwer zu verarbeiten, und mit einem noch grösseren Unsicherheitsfaktor ist die Fällung eines ethischen Werturteils darüber behaftet.

Gelten solche statistischen Annahmen oder Prädiktionen als Dienst an unserer Lebensgestaltung, oder aber als Hindernisse, die man nicht gut begründen kann? Die bisherigen auch in Gesetzesentwürfen anzutreffenden Antworten sind an und für sich korrekt, aber noch unzureichend. Die Zurückführung von Urteil und Entscheidung auf das Individuum, mit anderen Worten die Lösung des Konflikts mit dem Autonomieprinzip, ist zwar notwendig, aber ergänzungsbedürftig. Viele Menschen sind nicht in der Lage, ihre eigentlichen Interessen zu definieren und, noch weniger, angemessen mitzuteilen. Sie brauchen eine angemessene Hilfe. In diesem Sinne begrüsse ich den jetzigen Gesetzesentwurf, der sowohl der Wissensschaftsfreiheit als auch den Bedürfnissen der Patient/innen Rechnung trägt. Eine professionelle und nichtdirektive Beratung gehört hiermit zur *Lex artis,* und Genetiker/innen sollen sich in diesem Bereich entweder ausbilden lassen oder diese Arbeit kompetenten Akteuren delegieren.

Die Genomanalyse kann sowohl ein Instrument grösserer Solidarität unter den Menschen als auch Anlass für weitere Diskriminierungen werden. Es liegt an uns allen, Bürger/innen eines demokratischen Gemeinwesens, durch eine angemessene Gesetzgebung die Solidarität zu maximieren und die Diskriminierung zu minimieren.

# Globale Wirtschaft: globale Verantwortung

## Brief an einen Manager

*GIAN-RETO PLATTNER*

## Inhaltsverzeichnis

Sehr geehrter Wirtschaftsführer

Als Sie mich, den linken Politiker, kürzlich anriefen, fragte ich mich unwillkürlich, was ich denn diesmal wieder angestellt haben könnte. Es ist ja für Politiker, die weder in Verwaltungsräten sitzen noch von wirtschaftsnahen Verbänden angestellt sind, nicht eben üblich, dass man von Leuten wie Ihnen um seine Meinung gebeten wird, im Gegenteil. Heute läuft die Wirtschaft der Politik auf und davon, und ich bin es eher gewohnt, von Ihrer Seite gescholten zu werden für die bewahrenden, von Managern oft als weltfremd empfundenen Überzeugungen, die wir Sozialdemokraten trotz der Zeitläufe vertreten. Ihr Anruf war dann zwar keine Schelte, Sie drückten aber doch Ihr Unverständnis aus über eine politische Aktion, an der auch ich beteiligt war: «...*das kann man doch im Zeitalter der Globalisierung nicht mehr machen!*» Ich war und bin anderer Meinung! Lassen Sie mich das in diesem Brief erläutern, denn am Telephon fehlte Ihnen und mir dazu die Musse.

# I.   Der grosse Wandel

Der grosse Wandel, den wir Globalisierung nennen, der mit der Implosion des Sowjetreiches und dem dadurch signalisierten Ende der Nachkriegszeit eingesetzt hat, bricht wie ein lange Zeit aufgestauter Sturzbach über uns hinweg und droht uns wegzuschwemmen. Jene, die wie Sie in den Fluten schwimmen und den Kopf über Wasser zu halten versuchen, haben wenig Verständnis für jene Andern, die sich an den Netzen der sozialen Sicherheit, an den Mauern gegen die Dominanz des Kapitals und an den Hinweistafeln auf die gesellschaftliche Verantwortung festzuhalten versuchen. Mehr noch: Sie und Ihresgleichen erleben diese Bauwerke der Zivilgesellschaft als gefährliche Hindernisse im reissenden Sturzbach, welche das Überleben der Wirtschaft und damit der Gesellschaft in Frage stellen, und fordern deshalb uns Erschreckte auf, unseren unsicheren Halt ebenfalls aufzugeben und uns in die Zukunft mittragen zu lassen.

In dieser Situation hat es einer wie ich, der diesen Wandel der Gesellschaft weniger als geplante Reise in ein wohltemperiertes Meer künftiger Wohlfahrt beurteilt, sondern mehr als passives Weggeschwemmt-Werden in gesellschaftlichen Stromschnellen, nicht leicht mit sich selber. Der Zug der Zeit ist ja eindeutig, wie sollte man sich davon nicht mitreissen lassen? Warum den Wirtschaftsführern nicht folgen und sich auf ihren Spürsinn verlassen? *«Die Zukunft gestalten, nicht an der Vergangenheit hängen!»*: Das hat viel für sich und entspricht meinem Temperament. Umgekehrt kommt mir immer wieder der Strafrechtler PETER NOLL in den Sinn, der als vom Tode gezeichneter Fünfzigjähriger in seinen *«Diktaten über Sterben und Tod»* die Entwicklung unserer Gesellschaft als Marsch der Lemminge beschrieben hat, die sich in einem langen, begeisterten Zug ohne jeden tieferen Sinn als einzig dem der gemeinsamen Vorwärtsbewegung ins Eismeer stürzen und ertrinken.

Wer hat hier Recht? Wie soll einer, dem eine gerechte und auf Ausgleich bedachte gesellschaftliche Entwicklung am Herzen liegt, der sich aber deswegen nicht in nostalgischem Isolationismus verkriechen will, die Entwicklung wahrnehmen und zu gestalten versuchen? Das ist mein Thema, obwohl ich keine Antworten, sondern nur Gedanken anbieten kann. Ich verstehe zudem von Ihren Geschäften nicht viel. Genau deshalb erlaube ich mir, Ihnen provokative und von Ihnen hoffentlich bisher ungedachte Gedanken eines Physikers und Politikers vorzulegen, welche die Spannungen und Widersprüche, welche wir alle beim Stichwort «Globalisierung» in uns verspüren, fruchtbar machen sollen.

## II. Globalisierung als sozialer Phasenübergang

Als ich noch jung war, habe ich ein Buch des Jesuiten, Philosophen und Naturwissenschafters TEILHARD DE CHARDIN gelesen. Es beschreibt den Gang der Welt als Entwicklung hin zu einem vom Schöpfer als Ziel gesetzten *«Punkt Omega»*, der durch eine globale Gemeinschaft der lebendigen Intellekte gekennzeichnet ist, durch eine Vernetzung des Lebens auf einer höheren Stufe der geistigen Organisation, durch ein Einswerden der geistigen Potenzen. Ähnliches beschreibt LOVELOCK in seinem unter Grünen berühmten Buch «*Gaja*», in dem er die Biosphäre der Erde – also die wenige Kilometer dünne Lebenshaut, welche die Steinkugel Erde umhüllt – als einen Organismus auffasst, der als Ganzes lebt und sich entwickelt.

Ich frage mich manchmal, ob die plötzliche Vernetzung des menschlichen Lebens auf dem Planeten, die wir heute durchleben – eben die Globalisierung – nicht ein Teil der Entwicklung ist, die diese Denker beschrieben haben. Das menschliche Leben ist ja zwar biologisch schon recht alt, aber bis vor etwa zehntausend Jahren – also bis zum Ende der letzten Eiszeit – war es kaum anders als jenes der Tiere: rudelweise zogen unsere Vorfahren durch Wälder, ernährten sich durch Jagen und Sammeln und vermehrten sich in lokaler Inzucht, von der die typischen äusserlichen Merkmale unserer Mitmenschen aus anderen Erdgegenden noch heute beredtes Zeugnis ablegen.

Erst die damals einsetzende und immer noch andauernde Warmzeit mit ihrer im geohistorischen Vergleich ausserordentlich konstanten Temperatur hat es der Menschheit ermöglicht, sesshaft zu werden, Haustiere und Nutzpflanzen zu züchten und sich über alle Massen zu vermehren. Dennoch blieb sie noch lange in kleinere oder grössere Clans organisiert, nicht von irgend einem gemeinsamen Willen beseelt, sondern getrieben vom Ehrgeiz der lokalen Chefs und den Zwängen der natürlichen Umgebung. Wir waren einfach zu wenige, zu dünn verteilt; unsere physische und geistige Beweglichkeit war zu gering, um mehr miteinander zu tun als uns kriegerisch voneinander abzugrenzen.

In den letzten paar tausend Jahren begannen sich aufgrund der zunehmenden Zahl der Menschen regionale Gesellschaften zu formen, in unserer Weltgegend vom Babylonisch-Assyrischen bis zum Heiligen Römischen Reich Deutscher Nation; in andern Gegenden z. B. das Tausende von Jahren bestehende chinesische Imperium oder das mittel- und südamerikanische Majareich. Aber erst das 20. Jahrhundert hat – und auch das erst so richtig in den letzten 50 Jahren – sowohl die explosive Vermehrung der Menschheit wie auch die ebenso explosive Globalisierung als umfassenden Zusammenschluss der Gattung homo sapiens gebracht.

Für mich als Physiker trägt diese Entwicklung den Charakter eines Phasenübergangs, also eines plötzlichen Strukturwandels, der von einer bisherigen in eine zukünftige Ordnung führt und ohne Veränderung der grundlegenden äusseren Umstände nicht mehr umkehrbar ist. Sie kennen den Prozess des Gefrierens von Wasser: eben war es noch flüssig, die einzelnen Moleküle nur locker organisiert, mit einer gewissen Wechselwirkung zwar, aber jedes Molekül grundsätzlich frei beweglich ... und plötzlich – ein Zehntelgrad kälter bloss – überzieht Eis die Wasseroberfläche: eine neue, die ganze Ausdehnung der Flüssigkeit umfassende Ordnung, der sich alle Moleküle fügen. Ohne Erwärmung ist diese neue Ordnung nicht mehr auflösbar. Das ist ein Phasenübergang: ein durch die Veränderung der Umstände herbeigeführter Ordnungswechsel, ein eigentlicher Strukturbruch.

Solche Phasenübergänge existieren auch in sozialen Gefügen von Mensch und Tier. Fischschwärme, die sich wie ein einziger Körper bewegen, werden unter dem Einfluss jagender Grossfische plötzlich zu einer lockeren Beuteschar einzelner Fischer; starre Gesellschaftsnormen werden wegen der Erhitzung durch die sozialen Umstände plötzlich zu pluralistischen Organisationen, flüssiger Verkehr erstarrt plötzlich ohne erkennbare Zunahme des Verkehrs in einem Stau.

Ich will diese Vergleiche nicht strapazieren, aber darauf hinweisen, dass solche Phasenübergänge immer etwas damit zu tun haben, dass sich die gegenseitige Beeinflussung der individuellen Teile der Gesamtheit ändert: Wenn die relevante Information – die «Wechselwirkung» – über grosse Distanzen ausgetauscht werden und somit die ganze Struktur einheitlich beeinflussen kann, entstehen grosse, überindividuell geordnete

Strukturen; ist diese Wechselwirkung aber von kurzer Reichweite, bleiben die Strukturen lokal beschränkt und insgesamt locker. Sie können das am Beispiel des Staus auf der Autobahn nachvollziehen: solange die Abstände genügend gross sind, breitet sich die Information über ein individuelles Bremsmanöver längs der Strasse nur auf Sichtweite aus, die Struktur bleibt flüssig. In dichtem Verkehr hingegen bremst die ganze Kolonne, wenn einer bremst: die Information pflanzt sich rasch über viele Kilometer hinweg fort und es entsteht eine quasi-kristalline, grossräumige neue Phase: eine 10 Kilometer lange, stehende Autoschlange am Bareggtunnel zum Beispiel. Der Übergang ist – wie auch Sie es trotz Mercedes und Chauffeur leidvoll erleben müssen – plötzlich und im Einzelfall nicht voraussehbar.

Weshalb habe ich mit Ihnen diesen Ausflug in die Physik gemacht? Nun, Sie erinnern sich: Ich schlage vor, die *Globalisierung als sozialen Phasenübergang* zu interpretieren. Die Grundlagen stimmen: Die Dichte der Menschheit hat heute so stark zugenommen, dass sich auf der bewohnbaren Erdoberfläche bei gleichmässiger Verteilung alle paar Hundert Meter – also in Rufdistanz! – in jeder Richtung ein Mensch befinden würde; zudem ist die physische Mobiltät – ein uraltes Informationstransportmittel – höher als je zuvor, denn in jeder Sekunde sind Abermillionen von Menschen unterwegs und tragen Informationen weiter. Doch dies ist nicht das Wesentliche: Eine noch viel grössere Rolle spielen die Kommunikationstechnologien Radio, Fernsehen, Telephon und Internet. Nicht nur Punkt-zu-Punkt- und Mensch-zu-Mensch-Übertragungen von Informationen sind dadurch möglich wie beim körperlichen Reisen, sondern der flächendeckende, gleichzeitige, sekundenschnelle Informationsaustausch zwischen Millionen und Milliarden von Menschen.

Unter diesen Umständen darf es einen Physiker nicht wundern, dass heute ein plötzlicher Strukturwandel, eben ein sozialer Phasenübergang, stattfindet, das Gegenteil wäre eigentlich verwunderlich! Somit halte ich die Globalisierung als Phänomen für unvermeidlich. Wir Menschen haben die Bedingungen, die zwanghaft zu diesem Strukturumbruch führen müssen, im Laufe der Jahrhunderte und Jahrtausende geschaffen und können sie jetzt nicht mehr zurücknehmen.

## III. Aufklärung statt Magie

Wir stehen also mitten im rasanten Phasenübergang von der national und regional organisierten Gesellschaft zur planetaren. Allerdings sind wir Menschen – anders als die Moleküle eines physikalischen Stoffes – nicht willenlos dem Wandel ausgeliefert, auch wenn wir ihn nur zu steuern, nicht aber aufzuhalten vermögen. Unsere Aufgabe ist es daher, unsern freien Willen einzusetzen und unsere individuelle und kollektive gesellschaftliche Verantwortung wahrzunehmen, denn wir haben ja – wie es die Bibel metaphorisch beschreibt – einen Apfel vom Baum der Erkenntnis gegessen und können deshalb Gut und Böse unterscheiden. Es ist seit diesem paradiesischen Vorfall nicht nur das Recht, sondern die sittliche Pflicht des Menschen, sich nicht willenlos zum Spielball des Schicksals machen zu lassen.

Ich darf Sie an diesem Punkt provozieren und an die dominante Ideologie Ihres Tätigkeitsbereiches erinnern, der sich heute viele Manager hilflos ausgeliefert fühlen und der sie sich willenlos zu ergeben scheinen, die ich aber von ganzem Herzen und Verstand ablehne, weil sie eben eine Ideologie ist und keine Realität – und glauben Sie mir: mit Ideologien habe ich als Sozialdemokrat meine Erfahrungen! ... Ich rede von Adam Smith's «unsichtbarer Hand des Marktes» und deren definitiver Perversion in der Form der Heiligsprechung des «Shareholder-Values», also der Kapitalrendite.

Beiden Redewendungen liegt die Ideologie zugrunde, dass eine äusserst komplizierte soziale Optimierungsaufgabe – nämlich die gerechte Verteilung von Macht, Gütern, Wissen und Wohlbefinden in der menschlichen Gesellschaft – sich auf einen ganz simplen Nenner bringen lasse: Man maximiere nur eine Kennzahl: den Profit ... und die unsichtbare Hand des Marktes wird alles zum Besten richten! Das ist nichts als ein sinnstiftender Aberglaube für verunsicherte Ökonomen und Manager, die in ihrer hochkomplexen Welt voller unerklärlicher Ereignisse und Schwierigkeiten ebenso nach magischen Zusammenhängen suchen, wie dies die Menschen seit Urzeiten getan haben. Früher opferte man ein Lamm oder gar eine Jungfrau, um die Götter günstig zu stimmen; heute opfert man Angestellte, Traditionen und Geld – z.B. in Form von «Goodwill» –, ja manchmal sogar sich selbst, um den gefürchteten und unberechenbaren Shareholder-Gott günstig zu stimmen. Das aber ist mittelalterliche Magie, nicht aufgeklärte Rationalität! Dass sie im Kleid der ökonomischen Wissenschaft daherkommt, macht sie nicht vernünftiger.

Das wissen ja im Grunde auch Wirtschaftsführer: Kürzlich las ich ein Interview mit einem aus Ihrer Zunft, und er tat eine bemerkenswerte Äusserung im Kontext der Führung eines Industrieunternehmens: «Manchmal stellen sich gute Ideen als schlecht heraus und schlechte als gut, man sollte also immer offen bleiben...!» Wie könnte man prägnanter zugeben, dass einem das Geschehen im Grunde unverständlich ist? Von dieser Einsicht in die Unvorhersagbarkeit der Zukunft bis zum Glauben an magische Zusammenhänge war es für die Menschen nie ein grosser Schritt ... und da machen eben Manager – denn auch sie sind nichts anderes als ganz durchschnittliche Menschen – keine Ausnahme!

## IV.  Reichtum für wenige, Sorgen für viele

Ich glaube deshalb nicht, dass die Ideologie der sinnstiftenden gesellschaftlichen Kraft des Marktes, welche von global tätigen Wirtschaftsführern so nachdrücklich vertreten wird, uns weit führen kann, denn «die Verhältnisse, die sind nicht so», wie BERTHOLD BRECHT sagte. Der Tanz um das Goldene Kalb «Kapitalrendite» beruht auf unzulässigen Simplifizierungen. Ein einziger optimierter Parameter macht noch keine gesunde Firma, so wenig wie eine allzeit gefüllte Brieftasche einen gesunden Menschen macht. Kapital – d. h. Geld – ist eben in Wirklichkeit eine zwar wichtige, aber unzureichende Grundlage für Wohlbefinden, weder für Menschen noch für Firmen, und deshalb kann es nicht alleiniger Massstab vernünftigen Handelns sein. Ich empfehle Ihnen in diesem Zusammenhang die Bücher des St. Galler Ökonomen HANS-CHRISTOPH BINSWANGER zur Lektüre, insbesondere jenes, dem er den Titel «Geld und Magie» gegeben hat. Darin interpretiert er im Rahmen von GOETHES Faust die Geldwirtschaft als jene Verheissung, die Mephisto dem faustischen Menschen macht, um seine Seele zu gewinnen. Geld – d. h. Kapital, d. h. Shareholder-Value – wird als vom Menschen erfundene und – seit sie sich von den realen Ressourcen wie Boden, Nahrungsmitteln und andern für die tägliche Existenz notwendigen Gütern abgekoppelt hat – unbegrenzt vermehrbare Ressource definiert, deren genügendem Besitz man deshalb nachjagen muss wie dem Horizont: Man hat ihn immer greifbar vor Augen, aber kann ihn nie erreichen. Genau so verhalten sich heute die Märkte und die Wirtschaftsführer: Die Kapitalrenditen müssen in unglaubliche Höhen steigen; was früher noch Wucher war, ist heute knapp genügend in den Augen der jungen Finanzanalystinnen und -analysten!

Geld – diese revolutionäre, raffinierte, aber auch verflixte Erfindung des menschlichen Geistes – spielt natürlich im Prozess der Globalisierung die entscheidende Rolle, wie Sie selber wissen. Die unmittelbare materielle Antriebsenergie der Globalisierung stammt wesentlich aus den hohen Gewinnerwartungen von Individuen, Unternehmen und Börsen. Das ist nichts an sich Schlechtes – schon gar nicht für den Basler Standesherrn, dessen Wahlkreis ja weitgehend von den Erträgen globalisierter Unternehmen lebt! Geld als Tauschmittel gehört einfach zu unserer Gesellschaft, seit sie in den wenigen Tausend Jahren seit der letzten Eiszeit sesshaft geworden ist.

Die gegenwärtige Dominanz des Geldes als Motor der Globalisierung bedeutet aber, dass vorerst vor allem ein relativ kleiner, einflussreicher Teil der Gesellschaft unmittelbar an der

Globalisierung interessiert ist und sie weitertreibt, während die meisten andern Menschen ohne weiteres auf sie verzichten könnten und dies vermutlich auch täten, spürten sie nicht hautnah den wirtschaftlichen Konkurrenzkampf zwischen den globalen Wirtschaftsstandorten.

In einer dauerhaften Gesellschaft führt eine solche schizophrene Spaltung zu Spannungen und Widersprüchen, die wir alle spüren. Gerade weil vorläufig nur eine Minderheit unmittelbar vom Fortschritt der Globalisierung profitiert, darf deren Entwicklung keine wesentlichen gesellschaftlichen Interessen verletzen, sonst gibt es grosse Probleme, für die Globalisierer selbst wie für die ganze Gesellschaft. Wir sitzen alle auf demselben Ast und wer auch immer ihn ansägt: Wenn er bricht, fallen alle mit. Ein gesellschaftlicher Grundkonsens über verbindliche Leitplanken ist deshalb nötig. Es muss ein Weg gefunden werden, wie möglichst viele Menschen an einer informierten Entscheidung über den zukünftigen Kurs teilhaben können. Sie müssen wissen, worum es geht und was Nutzen und Risiken sein könnten, und sie müssen ihre Meinung dazu einbringen können.

## V.  *Informed consent* als demokratisches Regulativ

Das hier angesprochene Prinzip der «Zustimmung aufgrund genügenden Wissens» – das Prinzip des sog. «informed consent» – stammt aus der Definition der Menschenrechte und ist heute eine deren tragenden ethischen Säulen, festgeschrieben in den Menschenrechtskonventionen von UNO und Europarat. Sie gilt dort vorab für das Individuum, aber bei näherem Hinsehen gilt dasselbe Prinzip eben auch für kollektive Entscheide, die ja alle Individuen betreffen. Die Möglichkeit, die Zusammenhänge zu kennen und auf dieser Basis an einer Mehrheitsentscheidung teilnehmen zu können, macht ja gerade das Wesen unserer pluralistischen demokratischen Gesellschaft aus und ist somit Teil jener politischen Kultur, die uns zum heutigen wissenschaftlichen und wirtschaftlichen Erfolg geführt hat.

Das ethische Prinzip des «informed consent» verlangt somit von den Wirtschaftsführern als Förderern der Globalisierung nicht Schlauheit in deren Durchsetzung, sondern Respekt vor den Bedenken der Menschen; nicht technokratische Bevormundung, sondern demokratische Überzeugung durch Argumente; und schliesslich auch Offenheit und Lernfähigkeit bei den Managern selber, d. h. die Bereitschaft zum Dialog, auch und vor allem wenn er unbequem ist.

## VI. Die Rolle der Politik

Für die Einhaltung solcher Regeln ist schliesslich die Politik verantwortlich als Vermittlerin zwischen den vielfältigen gesellschaftlichen Interessen. Sie hat die Aufgabe, kollektive Werturteile über die laufende Entwicklung zu ermöglichen und sie nach Absegnung durch die Gesellschaft in Abstimmungen oder Wahlen dann auch durchzusetzen. Ihre Arbeitsinstrumente sind seit den zehn Geboten die Gesetze. Viele Wirtschaftsführer beklagen zwar, dass die Gesetze den Entwicklungen nachhinkten. Dieser Vorwurf ist zugleich richtig und doch fehl am Platz, denn schliesslich können die Gesetze eben nur gesellschaftliche Entwicklungen und Werturteile kodifizieren; in einem liberalen Staat erzeugen sie die Entwicklung nicht selbst. Das ist im Bereich der modernen Wirtschaft nicht anders: Es sind Forscherinnen und Ingenieure, die Möglichkeiten aufzeigen, es sind Unternehmer, welche sie konkretisieren, es ist die Gesellschaft, die sie beurteilt, und es ist erst ganz am Ende die Politik, die diese Urteile in Gesetze zu giessen versucht. Die Zeiten sind vorbei, wo die wahren und einzig richtigen Verhaltensregeln dem Volke in Stein gehauen übergeben werden konnten. Unsere pluralistischen Gesellschaften akzeptieren solche «ewigen Wahrheiten» nicht mehr, sondern sie sind dazu verdammt, provisorische Wahrheiten in eigener Verantwortung immer wieder neu zu erarbeiten, im «Schweisse ihres Angesichts», den ihnen der Schöpfer gemäss dem Bericht der Bibel bei der Vertreibung aus dem Paradies der Erkenntnislosigkeit verordnet hat.

Was also – werden Sie jetzt fragen – wären dann rationalere, längerfristigere und ethischere Handlungsweisen in dieser Zeit des sozialen Phasenübergangs zur globalen Gesellschaft? Vernünftiges Handeln setzt eine Analyse der möglichen Entwicklungen voraus, die man dann durch seine Handlungen zu fördern oder zu vermeiden versucht. Was also bringt die globale Zukunft?

## VII. Risiken der Globalisierung

Es ist trivial festzustellen, dass sie Risiken und Chancen in sich birgt, aber manchmal tut es dennoch gerade einem Politiker in der zurzeit etwas depressiven Schweiz gut, sich nicht nur als Bedenkenträger, sondern auch als Hoffender zu erleben. Schauen wir uns also zwar die Risiken an, um sie zu vermeiden, aber auch die Chancen, um sie zu gewinnen.

Das grösste Risiko liegt in der Natur des Menschen und heisst Kampf, heisst Krieg. Wir haben die Mittel, uns gegenseitig furchtbaren Schaden zuzufügen, ja uns alle gemeinsam umzubringen, und wenn wir diesen schwierigen und nur schwer kontrollierbaren sozialen Phasenübergang nicht sehr umsichtig und klug zu steuern versuchen, wird irgendjemand diese Mittel auch einsetzen. Es entspräche leider nur zu gut dem triebhaften Charakter des Menschen, sich sozialer Veränderungen mit gewalttätigen Mitteln erwehren zu wollen. Funktioniert hat das zwar nie, aber versucht hat man es immer. Vor dieser Gefahr warne ich Sie eindringlich: Soziale Unruhen aller Grössenordnungen sind unvermeidlich, wenn die Wirtschaft die Globalisierung ohne Beachtung der globalen gesellschaftlichen Verantwortung betreibt. Und Opfer wären nicht nur die Menschen, sondern auch die Wirtschaft!

Das zweitgrösste Risiko liegt in der Übernutzung der Ressourcen. Ich habe dabei nicht Angst vor deren Erschöpfung, denn die Menschheit kann künftig auch einfacher und mit weniger Ressourcenverbrauch leben, als sie es heute tut. Angst habe ich vielmehr davor, dass gewisse Ressourcen, deren Verbrauch die natürlichen Lebensgrundlagen belastet, zu gross sein könnten. Ich spreche von den fossilen Energieträgern und dem durch ihren Einsatz bedrohten stabilen Klima der letzten zehn- bis fünfzehntausend Jahre. Da wir diese bequemen Diener wohl nutzen werden, bis nichts mehr von ihnen übrig ist, wäre es paradoxerweise wohl besser, wenn nicht zuviel davon vorhanden wäre. Verbrennen wir nämlich alle fossilen Energiereserven, dann gerät das Klima wegen des Treibhauseffektes mit Sicherheit ausser Rand und Band – das garantieren die Naturgesetze – und die aussergewöhnlich stabile Klimaphase der letzten zehntausend Jahre ginge vermutlich in den geohistorischen Normalzustand kräftiger, rascher Klimaschwankungen über. Unsere Zivilisation würde das nicht überstehen, dazu ist sie zu verletzlich und zu unflexibel; auch wenn vermutlich der zwar nicht kluge, aber schlaue und anpassungsfähige homo sapiens als Gattung eine zivilisatorische Katastrophe überstehen und somit als Genreservoir künftiger Evolutionen überleben könnte.

## VIII. Chancen der Globalisierung

Wir müssen deshalb alles daransetzen, der globalen Weltgesellschaft auch so etwas wie eine globale politische Regulierung zu ermöglichen, denn menschliche Gesellschaften können nur dann gewaltlos, stabil und nachhaltig leben – und auch dann nicht ohne Mühe –, wenn sie sich gemeinsame, auf Machtteilung ausgerichtete, aber durchsetzungsfähige politische Behörden geben. Auch die globale Zivilgesellschaft braucht demokratische Entscheidmechanismen und gesetzlich gefasste Machtmittel. Diese Errungenschaften der liberalen bürgerlichen Revolution, deren Enkel ja unsere Wirtschaft und Gesellschaft – also auch Sie – sind, haben nach wie vor eine grosse Zukunft, weil sie der menschlichen Natur pragmatisch Rechnung tragen. Wir dürfen in der Globalisierung nicht auf sie verzichten und in einen wirtschaftlichen und politischen Manchester-Liberalismus zurückfallen, in einen Sozialdarwinismus, nach dem nur der Tüchtigste das Recht hat, zu überleben, und dabei keinerlei Rücksichten auf andere oder auf die gemeinsamen Lebensgrundlagen zu nehmen braucht. Nur dank den freiheitlichen, aber für alle geltenden und sich dadurch selbst beschränkenden liberalen Errungenschaften leben wir in unseren Breiten einigermassen nach der «golden rule»: «Was Du nicht willst, das man Dir tu, das füg auch keinem andern zu» resp. nach KANTS kategorischem Imperativ: «Handle so, dass die Maxime Deines Handelns allgemeines Gesetz werden kann».

Wir sollten uns deshalb dafür einsetzen, die übernationale politische Macht, die Zivilgesellschaft, auf dem Planeten zu stärken, denn heute ist sie in jeder Beziehung zu schwach, um auch nur einigermassen nachhaltige und gewaltfreie Verhältnisse garantieren zu können. Ich weiss, dass in manchen Managerhirnen eine simple logische Schlussweise dominiert: Axiom: «Staatliche Fesseln schaden der Wirtschaft». Lemma: «Wenn es der Wirtschaft gut geht, geht es allen gut». Ergo: «Wir müssen die Wirtschaft von allen staatlichen Fesseln befreien.» Dieser magische Schluss, der sich aus dem erwähnten Aberglauben an die unsichtbare Hand des Marktes herleitet, an den Menschen als homo oeconomicus, als Karikatur eines sittlichen Wesens also, scheint nur den Kurzsichtigen richtig. Vergessen Sie ihn, denn er läuft der historischen menschlichen Erfahrung zuwider. Alle nachhaltigen Fortschritte in unserem Wohlbefinden verdanken wir einem nachdenklichen Liberalismus, nicht ungezügeltem Handeln.

Natürlich meine ich mit globaler politischer Macht nicht irgendwelche Autoritäten, Diktaturen oder Oligarchien, sondern demokratisch verfasste Strukturen, die durch Gesetze gebändigt sind, ihre Entscheidbefugnisse subsidiär zugewiesen erhalten, föderalistisch den Menschen nahe stehen sowie in öffentlichem Diskurs und freier Entscheidung deren Bedürfnissen angepasst werden können. In dieser Aufzählung klingt nicht ohne Grund viel Schweizerisches an: Ich glaube, dass wir hierzulande ein kluges politisches System errichtet haben. Nicht dass es perfekt wäre: Es ist überreguliert, zu sehr auf Abschottung und Ausgleich ohne Notwendigkeit bedacht, zu protektiv. Aber es hat einen entscheidenden Vorteil: Es kann sich auf geregeltem, gemeinsamem, nicht konflikt-, aber gewaltfreiem Weg verändern; gemächlich zwar, aber dafür nachhaltig. Und nebenbei gesagt: Genau das tut es heute ja auch, Ihrer Ungeduld zum Trotz!

Wenn es gelingt, in solcher Weise auch eine globale Selbstverwaltung einzurichten, dann sehe ich gerade als Sozialdemokrat, dem Gerechtigkeit und sozialer Ausgleich zwei Grundanliegen sind, die grosse Chance, dass wir über kurz oder lang zu einer humaneren und damit stabileren, gewaltfreieren und nachhaltigeren globalen Gesellschaft gelangen. Das ist auch notwendig, denn es ist undenkbar, dass die heute Benachteiligten, wenn auch sie dank weltweiter Information und Kommunikation über Wissen und Möglichkeiten verfügen, sich weiterhin damit abfinden, benachteiligt zu bleiben. Sie werden aufbrechen und sich holen, was sie als gerechten Anteil an den Gütern dieser Erde empfinden, wenn wir Bevorteilte es ihnen nicht freiwillig zugestehen. Solche Entwicklungen haben wir in den industrialisierten Ländern des Nordens ja schon hinter uns. Die Revolutionen von 1776 in den USA und 1789 in Frankreich, deren geistige Essenz sich in weniger als 50 Jahren über die meisten Nationen des Abendlandes ausbreitete und den exzessiven Privilegien der herrschenden Eliten ein Ende bereitete, sind regionale Paradebeispiele für den ohne freiwillige Wohlstands- und Machtverteilung zu erwartenden brachialgewaltigen globalen Ausgleichsprozess.

## IX.  Kein Sozialdarwinismus

Für uns, die wir heute zu der die Welt beherrschenden Elite gehören, wird der freiwillige Übertrag von Einfluss und Wohlstand schmerzlich sein. Es ist nie einfach, Privilegien aufzugeben, aufgeben müssen wir sie aber, denn ebenso undenkbar wie ein dauerhafter Bestand unserer Bevorzugung ist die Annahme, dass die ganze Menschheit einst so leben wird, wie wir heute leben. Das ist eine Trivialität, überprüfbar aufgrund der naturwissenschaftlichen und ökonomischen Tatsachen, aber sie hat trotzdem noch keinen Eingang in unser Denken gefunden. Wir – und gerade auch die Manager! – tun immer noch so, als könnten wir unseren materiellen Wohlstand vermehren, unseren Einfluss vergrössern, unsere Rolle als global players verstärken, und das alles ohne Schaden für die globale Gesellschaft. Das ist falsch. Wir können all diese Dinge zwar tun, sie entsprächen einem Verhalten gemäss dem Darwin'schen Prinzip vom Überleben des Tüchtigsten, welches in der Evolution das Leben dieses Planeten geprägt hat. Aber dieses Prinzip führt zu Auseinandersetzung und Kampf, zu Siegern und Besiegten. In einer Welt, in der aber auch die Besiegten die Mittel des kollektiven Selbstmordes in Händen halten, in der allein schon ein «weiter wie bisher» auch ohne Revolution in einen Klimakollaps führen wird, ist das Darwin'sche Prinzip für das Überleben der menschlichen Zivilisation unbrauchbar.

Das Darwin'sche Prinzip ist nicht unsittlich, aber sittenlos; wir Menschen aber sind sittliche Wesen und haben deshalb den Begriff der Würde des Menschen, ja sogar jenen der Würde der Kreatur erdacht, zurecht aber nicht jenen der Würde der Wirtschaft. Nehmen wir diese Unterscheidung nicht ernst, so erreichen wir TEILHARD DE CHARDIN'S Punkt Omega mit Sicherheit nicht, sondern versinken im globalen Morast unserer kurzsichtigen Triebhaftigkeit. Nehmen wir ihn aber ernst, ist uns der Weg des Darwin'schen Prinzips auch in unserem wirtschaftlichen Handeln versperrt und wir müssen einen anderen suchen, der auf der Aufklärung und den bürgerlichen Freiheiten aller Menschen dieser Erde beruht. Das ist unsere Wahl, und sie ist entscheidend für die Zukunft.

# X. Was tun?

Ich nähere mich dem Ende meiner versöhnlichen Polemik und will versuchen, meinen Brief mit einer regelartigen Quintessenz zu beschliessen. Dabei spreche ich Sie (und damit alle Wirtschaftsführer) als Einflussträger der globalen Wirtschaft an: Wie können Sie Ihre sittliche gesellschaftliche Verantwortung wahrnehmen, deren Notwendigkeit ich Ihnen hoffentlich überzeugend geschildert habe?

**1.** (Und ich schreibe das mit einem Lächeln auf den Stockzähnen): Verhalten Sie sich in allen Entscheidungen so, wie Sie es von einem guten Politiker erwarten. Darüber haben Sie ja, wenn man Ihre Kritiken an uns hört und Ihre Weissbücher liest, sehr präzise Vorstellungen, die Sie also nur auf sich selber anwenden müssen. Das heisst also:

– Lassen Sie sich nicht von kurzfristigen persönlichen Vorteilen verführen, wie es viele Politikerinnen und Politiker mit dem Gedanken an Ihre Wiederwahl zu tun pflegen (bei Ihnen heisst das vielleicht beruflicher Aufstieg), sondern denken Sie immer an das Gemeinwohl, dessen Sie als Grundlage allen – auch des wirtschaftlichen – Handelns stets bedürfen;

– Entscheiden Sie nicht einfach immer für Ihre Partei, wie das viele Politikerinnen und Politiker zu tun pflegen (bei Ihnen ist das vielleicht die eigene Firma), sondern suchen Sie die für das Gesamtwohl nützlichen Ideen auch bei andern und folgen Sie ihnen;

– Setzen Sie sich nicht mit taktischen Spielchen über andere hinweg, wie das manche Politiker zu tun pflegen (bei Ihnen heisst das vielleicht schlaue Börsenstrategien oder Auskauf und Schliessung einer KMU, um die eigene Marktstellung zu verbessern), sondern suchen Sie den konstruktiven Kompromiss, der im Interesse der ganzen Volkswirtschaft liegt;

– Opfern Sie Ihren Zielen nicht Ihre Mitarbeiterinnen und Mitarbeiter, wie das gewisse Politführer zu tun

pflegen (bei Ihnen sind das vielleicht Verwaltungsratspräsidenten), sondern achten Sie sie als sensible
«stakeholder», die am selben Strick ziehen und deren
treue Unterstützung das Unternehmen braucht, gerade
wenn es immer grösser und damit hierarchisch unre-
gierbarer wird, gerade wenn Ihr Unternehmen wächst;
– Vertrauen Sie nicht auf Ideologien, wie das viele Politikerinnen und Politiker zu tun pflegen (bei Ihnen wäre
das der exzessive Glaube an die soziale Qualität der
unsichtbaren Hand des Marktes), sondern vertrauen
Sie auf das eigene Urteil, auch wenn es der gerade
vorherrschenden Mode widerspricht (zB. der teuren
Fusionitis).

Und so weiter und so fort: Ich glaube, Sie sehen, was ich
meine: Was Du nicht willst, dass man Dir tu, das füg auch keinem andern zu.

2. (Und diesmal völlig ernsthaft): Halten Sie alle Regeln,
die Sie sich geben, überall auf unserem Planeten ein, so weit das
überhaupt möglich ist, ja machen Sie es sich geradezu zur Aufgabe, sie überall durchzusetzen. Das wäre dann eine kulturelle
Globalisierung, die uns allen Nutzen bringen wird. Ich mache
mir natürlich keine Illusionen: Vietnam ist nicht die Schweiz,
Uganda nicht Grossbritannien. Was wir Politiker föderalistische
Bürgernähe nennen, lokale Selbstverwaltung und Anpassung an
die lokalen Gegebenheiten, darf, ja muss, auch im wirtschaftlichen Handeln möglich sein. Allerdings hätten Sie es sicher nie
toleriert, dass in den leitenden Gremien Ihrer Appenzeller Filiale
alle Frauen hätten schweigen müssen, nur weil es dort länger
brauchte mit der politischen Gleichberechtigung. Genauso wenig sollten Sie tolerieren, dass soziale Ungerechtigkeiten in
Drittweltländern ausgenützt werden, um sich Wettbewerbsvorteile zu verschaffen, nur weil Ungerechtigkeiten dort noch vie-
lerorts üblich sind. Und wenn Sie in der Dritten Welt mit Methoden billig produzieren lassen, welche die Umwelt so schädi-
gen, wie es bei uns aufgrund der Macht der Politik nicht akzep-

tiert würde, dann handeln Sie völlig verantwortungslos, auch wenn es Ihnen die lokalen Behörden nachsähen.

Umgekehrt heisst das aber auch – und das sage ich als global denkender Sozialdemokrat – dass sie die sozialen Unterschiede zwischen Ihren schweizerischen und den anderen Standorten nicht noch vergrössern sollten; Zurückhaltung in der reichen Schweiz zugunsten forcierter Förderung ärmerer Standorte ist also keine Sünde. Allerdings ist sie nur dann glaubwürdig, wenn sie auch für Ihre persönliche Situation gilt (siehe Abgangsentschädigungen u. a.!), und wenn es sich wirklich um Förderung handelt und nicht um Sozial- und Ökodumping; wenn Sie also z. B. auch an Drittweltstandorten Lehrlinge ausbilden, für das Wohl der Mitarbeiterinnen sorgen, gerechte Löhne bezahlen und bei den Steuern nicht knausrig sind. Wenn wir eben eine gerechte, solidarische, globale Gesellschaft anstreben – und wir haben längerfristig gar keine andere Wahl –, dann müssen wir Menschenrechte, Gerechtigkeit und Nachhaltigkeit auf dem ganzen Globus gleichermassen durchsetzen, denn die Welt wird jeden Tag unteilbarer, nicht nur wirtschaftlich, sondern auch sozial. Das ist das internationalistische, sozialdemokratische Credo, und ich glaube, es ist richtig.

**3.** Fördern Sie die Machtteilung zwischen Wirtschaft und Politik. Nützen Sie die bisher weitgehend fehlende, globale politische Institutionalisierung nicht in schrankenloser Freiheit aus, sondern suchen Sie die Selbstbeschränkung der globalen Wirtschaft und eine adäquate politische Regulierung zu fördern, indem Sie helfen, die internationale Gemeinschaft gemäss den liberalen Regeln der bürgerlichen Freiheiten auf einen demokratisch verfassten, durchsetzungsfähigen Stand zu bringen. Nicht die freie Wildbahn darf Ihr Ziel sein, auch nicht der ökonomische Zoo, in dem die Wirtschaft hinter Gittern gehalten würde, sondern eine ökonomische Kulturlandschaft mit klaren Regeln und politischer Verankerung im demokratischen Diskurs. Das aber heisst:

–   Bleiben Sie also – wegen deren sozialen Folgen – den Liberalisierungs- und Deregulierungsoffensiven wie

GATT/WTO oder MAI gegenüber kritisch. Prüfen Sie bei solchen Verhandlungen, wie eine institutionalisierte, demokratische Kontrolle eingebaut werden könnte.

– Unterstützen Sie die UNO und ihre Organisationen, arbeiten Sie mit der Politik zusammen an der sozialen Entwicklung und Vereinheitlichung der europäischen und anderer regionaler Gemeinschaften.

– Sorgen Sie eher für Gerechtigkeit als für blosse Rechtssicherheit – die auch Unrechtssicherheit sein kann! – in den internationalen Beziehungen.

– Fördern Sie vor allem die Transparenz multilateraler Vereinbarungen, denn sie ist die Grundvoraussetzung demokratischer Kontrolle, und wehren Sie sich gegen ökonomisches Raubrittertum, das von andern und das eigene.

Ich vermute, Sie schütteln jetzt den Kopf ... und ich würde es auch verstehen! Da hat doch die Wirtschaft in den reichen Ländern des globalen Nordens jahrzehnte- oder gar jahrhundertelang versucht, sich politischer Regulierung durch die Nationalstaaten zu entziehen ... und ausgerechnet jetzt, wo sie sich diesen Fesseln dank der Globalisierung endlich entledigen kann, kommt ein Politiker daher und bittet sie, selbst wieder für Fesselung und Einbindung zu sorgen! Ich gebe zu: Es ist ein Zeichen der Schwäche der Politik, dass sie damit den Bock bittet, Gärtner zu sein, d. h., die Manager auffordert, sich auch um die Aufgaben der Zivilgesellschaft zu kümmern: um sozialen Ausgleich, um nachhaltiges Wirtschaften und um Gerechtigkeit für alle. Es ist vielleicht auch vermessen, von der Wirtschaft solches Handeln zu erwarten, doch ich gebe Ihnen zu bedenken, dass auch die Wirtschaft den Ast nicht absägen sollte, auf dem sie sitzt: Die Wirtschaft kann eben nur florieren, wenn Menschen da sind, die ihre Produkte und Dienstleistungen brauchen und kaufen. Solche gibt es aber auf Dauer nur in einer sozial und ökologisch nachhaltigen und stabilen Welt.

# XI. «Dänke tuet halt e chli weh!»

Zum Schluss noch eine captatio benevolentiae, die auch am Anfang meines Briefes hätte stehen können: Nehmen Sie meine Ratschläge nicht als Wahrheiten eines vermeintlich Superklugen, sondern als Anstösse eines alternden Menschen, Wissenschaftlers und Lokalpolitikers, selber weiter zu denken. Das ist nicht einfach, denn Sie sind in den widersprüchlichen Zwängen Ihrer Welt gefangen, die Ihnen ebenso unentrinnbar erscheinen wie uns Politikern die unseren. Ich kann Ihnen dafür keine Lösung anbieten, sondern nur meine Gedanken. Dabei erinnere ich mich an meinen Doktorvater, der immer wieder, wenn ich Mühe mit dem Verständnis der Physik hatte, spöttisch bemerkte: «Ja ja, Herr Plattner, dänke tuet halt e chli weh!» Damit meinte er ein Phänomen, das alle Naturwissenschafter kennen: Es ist schmerzhaft, durch Nachdenken auf Widersprüchlichkeiten der eigenen Weltsicht zu stossen!

Im Falle der Physik habe ich gelernt, dass die Naturgesetze nie widersprüchlich sind, sondern dass der Denkfehler immer bei uns liegt. Physikalische Widersprüche sind nur scheinbar, sie entspringen fehlerhaften Gedankenkonstruktionen unseres Verstandes. Menschliche Widersprüche aber, wie jener zwischen maximaler wirtschaftlicher und gesunder politischer Entwicklung, sind nicht scheinbar, sondern innere und unauflösbare Widersprüche des Lebens. Widersprüchlichkeit ist meines Erachtens geradezu ein Kennzeichen des Lebens. Genau deshalb bleibt ja uns Menschen soviel Raum für individuelle Entscheidungen, für die dauernde Wahlmöglichkeit zwischen einem «entweder» und einem «oder», die allein unser Leben lebenswert macht.

Mit diesem tröstlichen Gedanken möchte ich Sie, sehr geehrter Wirtschaftsführer, nun in ihr eigenes Nachdenken über Globalisierung und gesellschaftliche Verantwortung, globale Ökonomie und menschengerechte Wirtschaftsethik entlassen. Ich wünsche mir, dass ich Ihnen einige nachhaltige Anregungen geben konnte; und Ihnen, dass Ihr Nachdenken «e chli weh tuet», denn nur dann machen Sie ja Fortschritte!

Mit freundlichen Grüssen
GIAN-RETO PLATTNER, Basler Ständerat

# Chancen und Risiken der Technologie aus ethischer Sicht

*Hans Ruh*

## Inhaltsverzeichnis

# 1. Ökologisches Problem

Der hohe Stellenwert der Nachhaltigkeit deutet auf die Brisanz des ökologischen Problems hin. Und gerade im Zusammenhang mit dem ökologischen Problem muss der technologische Fortschritt kritisch bedacht werden.

Aber zuerst: Worin besteht das ökologische Problem?

Die Voraussetzung für die Wahrnehmung des ökologischen Problems ist in erster Linie eine ethische. Denn die menschliche Beeinflussung der natürlichen Entwicklung gefährdet grundlegende ethische Werte, allen voraus die Lebensqualität der gegenwärtigen und die Lebensgrundlage der zukünftigen Generationen. Das ökologische Problem besteht in seinem Kern darin, dass der Mensch Einwirkungen auf das natürliche System tätigt, welche als ausserordentlich, d.h. den natürlichen Gang übersteigend, angesehen werden müssen, weil sie für den Menschen unakzeptable Folgen zeitigen. Auf die Frage, wodurch denn der Mensch dieses ökologische Problem schafft, gibt es eine Kernantwort: durch das Aufreissen der Stoffkreisläufe wird die Lufthülle der Erde so verändert, dass auch die Einstrahlung der Sonne und die Abstrahlung von der Erde verändert werden, und so verändern sich kurzfristig und tiefgreifend die Rahmenbedingungen für das Klima auf der Erde. Der Umgang des Menschen mit dem Abfall hat dieselbe Wirkung: Abfallproduktion heisst doch: Umwandlung und dispersive Hantierung mit Stoffen, deren veränderte Substanz und Anordnung auch auf das Klima, sicher auf abgeleitete Formen des ökologischen Problems, Einwirkungen zeitigen. Die Folge ist, dass dem Menschen nebst allen anderen Lebewesen keine angemessenen Anpassungszeiten gegeben sind. Dadurch ergeben sich, bewirkt durch rasche klimatische Veränderungen, schwerwiegende Krisen wie eine Weltwanderung, soziale, kulturelle und ökonomische Krisen, evtl. gesundheitliche Störungen.

Das ökologische Problem besteht also darin, dass durch menschliche Einwirkungen die Nachhaltigkeit der natürlichen Systeme bzw. die Dauerhaftigkeit der Lebensgrundlagen, bezogen auf den Menschen und allenfalls andere Lebewesen, verunmöglicht wird. Genau dies, eben Nachhaltigkeit und Permanenzfähigkeit, sind die wichtigsten Ziele und Voraussetzungen für das Leben des Menschen in der Zukunft.

Der Grundgedanke von Nachhaltigkeit ist der der **Permanenz**: Es geht um die Sicherung der Lebensgrundlagen. Dies heisst aber noch lange nicht, dass damit an ein statisches und veränderungsfeindliches Konzept von Nachhaltigkeit gedacht ist. Die natürlichen Prozesse sind stets Veränderungsprozesse. Das Postulat auf Nachhaltigkeit geht aber von der menschlichen Wahrnehmung aus, dass es offenbar ohne tiefgreifende und kurzfristige Eingriffe des Menschen eine relative Stabilität in der natürlichen Entwicklung gibt, welche dem Menschen günstige Anpassungschancen lässt. Die Erfahrung lehrt, dass die sich ständig entwickelnde Natur ohne Eingriff des Menschen dem Menschen für sehr lange Zeitläufe Lebensmöglichkeiten offenhält.

Nachhaltigkeit meint also auch die **Bewahrung** einer Natur, die sich zwar entwickelt, die aber die Chance der qualitativen Anpassung des Menschen an diese Entwicklung beibehält. Darum ist es auch möglich, die Idee der Nachhaltigkeit wie folgt zu beschreiben: Sie soll den zukünftigen Generationen die Chance lassen, dass sie in einer uns vergleichbaren Weise ihre Anpassungsfähigkeit, Handlungsfähigkeit und Verantwortungsfähigkeit behalten. In diesem Sinne ist Autarkie ein mögliches Konzept einer solchen Nachhaltigkeit.

Der Mensch bringt nun in der Tat eine **neue Dimension** in die Natur ein. Er kann natürliche Prozesse ungemein beschleunigen und so das Tempo und die Intensität natürlicher Veränderungsprozesse massiv erhöhen, mit der Folge, dass die Konsequenzen für ihn unerträglich werden können, z.B. in Form von Klimakatastrophen. Nun hat aber derselbe Mensch von der Natur die Fähigkeit bekommen, über diese Sache nachzudenken. Wenn er das heute tut, dann nimmt er wahr, dass abrupte und tiefgreifende Veränderungen für ihn negativ sein können. Gleichzeitig kann er herausfinden, was er da falsch macht. Er beachtet zu wenig die Mechanismen der Natur, welche zur relativen Stabilität und zu den relativ langsamen natürlichen Veränderungsprozessen führen. Hier kann er korrigierend eingreifen, indem er seine Eingriffe in die Natur so gestaltet, wie es die Natur, z.B. in Form geschlossener Stoffkreisläufe, vormacht. Tut er das, dann verhält er sich nachhaltig.

Nachhaltigkeit zielt auf **Vermeidung von abrupten, nicht akzeptablen und unerträglichen Zerstörungsprozessen** sowie auf qualitative Dauerhaftigkeit von Lebensgrundlagen insbesondere für den Menschen, aber auch für andere Lebewesen. Nachhaltigkeit meint somit in erster Linie die Erhaltung einer relativen Stabilität, diese verstanden als langsamer Veränderungsprozess mit der Chance zur Anpassung. Zur Nachhaltigkeit gehört auch, dass im Rahmen dieser relativen Stabilität Grossrisiken und abrupte Zerstörungsmechanismen wie Kriege oder bestimmte technische Anlagen wie Atomkraftwerke vermieden werden und insofern gehört zur Nachhaltigkeit ebenso die moralisch-geistige Fähigkeit zur Vermeidung solcher Risiken. Ein solches Konzept von Nachhaltigkeit ist allerdings nur sinnvoll, wenn die relative Stabilität und das Vermeiden von abrupten Zerstörungen optimal vermittelt wird mit sozialen Anliegen, kulturellen Zielen und ökonomischen Notwendigkeiten, das heisst, wenn die Bedürfnisse der Menschen angemessen und gerecht gedeckt werden. Das Ziel von Nachhaltigkeit besteht also im Offenhalten der Chance, dass zukünftige Generationen in einer der unsrigen vergleichbaren Weise nach Erfüllung des Lebens streben können und verantwortungsfähig beziehungsweise handlungsfähig bleiben können[1].

---

1   Insofern enthält der hier verwendete Begriff der Nachhaltigkeit einige Aspekte des Programms «Dauerhafte Entwicklung» gemäss dem Brundtland-Bericht: «Die Menschheit wäre durchaus in der Lage, die Voraussetzungen für eine dauerhafte Entwicklung zu schaffen; einer Entwicklung, die den gegenwärtigen Bedarf zu decken vermag, ohne gleichzeitig späteren Generationen die Möglichkeit zur Deckung des ihren zu verbauen.» (Brundtland-Bericht, 1987, S. 9f.)

## 2. Rolle der Technik beim ökologischen Problem

Wenn wir das ökologische Problem als eines definiert haben, das in den für Lebewesen, vor allem für Menschen, nicht akzeptablen Folgen menschlicher Einwirkungen auf die Natur besteht, dann können wir diese Einwirkungen unschwer insbesondere im Umfeld der Technik vermuten. In der Tat ist es die Technik, die den Menschen in die Lage versetzt hat, massiv in die natürlichen Abläufe auf unserem Planeten einzugreifen.

Es kann, gerade vor dem Hintergrund des oben Festgestellten, keine Frage sein, dass die Technik den Menschen im Laufe der Geschichte stärker gemacht hat. Menschliche Fähigkeiten werden durch die Technik erhöht, verstärkt, verfeinert, präzisiert. Es sind wohl hauptsächlich zwei Bedürfnisse, denen die Entwicklung der Technik entgegenkommt: Das Bedürfnis nach Schutz und das Bedürfnis nach zivilisatorischer Erleichterung. Berücksichtigen wir die Bedrohtheit der Menschen durch die Natur in frühester Zeit, dann müssen wir dieses Schutzbedürfnis verstehen. Bedenken wir die Mühe z.B. des Transports und der Mobilität, zeigen wir wohl auch hier Verständnis für das Bedürfnis nach zivilisatorischer Erleichterung. Die Frage ist nur, ob wir Menschen durch die bisherige und zukünftig zu erwartende Technik nicht weit über das anfängliche Ziel hinausschiessen?

In der Tat scheint hier der Kern des ökologischen Problems zu liegen: Der Mensch hat, Kraft der Ausdifferenziertheit seines Gehirns, der Akkumulation des Wissens über Generationen und die damit ermöglichte technologische Entwicklung, seine Einwirkungskraft auf die Natur ungeheuer potenziert. Diese Stärke zeigt sich auch in der veränderten Stellung des Menschen im gesamten biotischen System. Ein Indikator für diese Stärke ist die Zerstörung von Tier- und Pflanzenarten durch die technologisch orientierte Lebensweise des Menschen.

Man kann mit Recht aber die Frage stellen, ob denn der Mensch nicht auch für sich selbst und die sinnvolle Gestaltung *seines* Lebens zu gross und zu stark geworden ist? Wir wissen,

dass die Menschheit in einem modernen Krieg ihre Lebensgrundlagen unwiederbringbar zerstört. Natürlich muss sich das
nicht bewahrheiten. Aber nur schon das Eingehen dieses Risikos
ist ethisch höchst fragwürdig. Wir müssen ja damit rechnen,
dass immer wieder destruktive Kräfte über die Menschheit
kommen werden. Wir haben allen Grund, die Fragilität des
Menschen zu beachten, wenn wir ihn mit technischen Möglichkeiten ausstatten, welche unumkehrbar negative Auswirkungen
haben können. Es müsste der ethische **Grundsatz** gelten, dass
der Mensch keine Mittel gebrauchen und keine Zwecke verfolgen darf, welche für die unmittelbar folgenden Generationen
nichtkorrigierbare negative Folgen haben könnten.

Im Bereich des **Energiekonsums** haben wir aber bereits
den Rubikon überschritten, denn der Verbrauch fossiler Brenn-
stoffe sowie die Anlagen zur Gewinnung von atomarer Energie
bedrohen bereits zentrale Werte zukünftiger Generationen, teils
real und teils im Sinne von unzumutbaren Risiken. Es ist unver-
antwortbar, solche Entwicklungen bzw. Risiken um eines zivilisatorischen Vorteils willen zu akzeptieren. Spätestens an dieser
Stelle drängt sich die Frage auf, warum denn wir Menschen dies
alles bloss machen, wenn es doch nur destruktiv und problematisch sein soll, was im Gefolge des technischen Handelns herauskommt? Natürlich gibt es, wir haben es bereits gesagt, vordergründig einleuchtende Gründe für die zivilisatorisch-
technologische Entwicklung, allen voran das Bedürfnis nach
Schutz und zivilisatorischer Erleichterung. Aber angesichts der
Gefährlichkeit der technologischen Entwicklung für die Lebensgrundlagen muss doch die Frage beschäftigen, wie es zu dieser
Entwicklung gekommen ist.

Der Mensch ist begierig auf Wissen und Erkenntnis. Pro-
grammatisch drückt ARISTOTELES dies mit dem ersten Satz seiner Metaphysik aus: «Alle Menschen streben von Natur nach
Wissen.»[2] Es ist sicher der Eintrag des griechischen Geistes in
die Weltgeschichte, dass als höchste Stufe des Menschseins ein

---

2    ARISTOTELES, Metaphysik, 980a21.

zweckloses Erkennen, eben die Theorie, zu gelten hat[3]. Diese Theorie erhebt sich über andere Stufen des Menschseins, auf jeden Fall in den Entwürfen der griechischen Polis, wobei wir die beiden anderen Stufen mit HANNA ARENDT einmal mit *animal laborans*, das mit der Sorge um die Sicherung des biologisch Notwendigen beschäftigt ist, und sodann mit *homo faber* bezeichnen können, eben jenem Wesen, das das technisch Herstellbare repräsentiert[4]. In der ‹reinen› Theorie allerdings die Dinge erforschen und erkennen, das galt im Umkreis der griechischen Polis als die höchste Stufe des Menschseins. Interessant ist, dass der frühe SOKRATES diesem Pathos der theoretischen Neugierde bereits mit dem lapidaren Einwand begegnet ist, diese Theoriesucht lenke ab von den notwendigen Dingen im menschlichen und sozialen Alltag. Hier blitzt also schon ein Gedanke auf, der uns angesichts der modernsten Technologie überkommen kann. Lösen wir eigentlich die Probleme, die wir haben oder schaffen wir mit der Technologie Antworten auf Probleme, die wir eigentlich nicht haben?

Nun, das Pathos der Neugierde hat gesiegt, die Theorie blieb das Höchste, das Erstrebenswerte. Allerdings, das Christentum legte sich dann für 1500 Jahre wie ein Frost auf diese Theoriesucht: Im Ausgang des **Mittelalters** flammte dann die Neugierde umso stärker auf, wie das NIETZSCHE eindrücklich beschrieben hat: «Die lange Unfreiheit des Geistes, der mißtrauische Zwang in der Mitteilbarkeit der Gedanken, die Zucht, welche sich der Denker auferlegte, innerhalb einer kirchlichen und höfischen Richtschnur oder unter aristotelischen Voraussetzungen zu denken, der lange geistige Wille, alles, was geschieht, nach einem christlichen Schema auszulegen und den christlichen Gott noch in jedem Zufalle wieder zu entdecken und zu rechtfertigen, – all dies Gewaltsame, Willkürliche, Harte, Schauerliche, Widervernünftige hat sich als das Mittel herausgestellt,

---

3  Vgl. hierzu die drei Gleichnisse in den platonischen Dialogen: Das Sonnengleichnis, das Liniengleichnis und das Höhlengleichnis, in: PLATON, Der Staat, VI 506b–509b, VI. 509c–511e sowie VII 514aff.
4  Vgl. H. ARENDT, 1992, v.a. S. 78ff, 107–115, 131–145, 202–214 u. ö.

durch welches dem europäischen Geiste seine Stärke, seine rücksichtslose Neugierde und feine Beweglichkeit angezüchtet wurde.»[5]

Die rücksichtslose Neugier war von nun an im Gange, unbegrenzt, weil letztlich mit fälschlichem Pathos angereichert. So nennt BACON das Erkennen eine von Gott zum Wachsen gebrachte Pflanze[6]. Erkenntnis und Neugier treten vom Lasterkatalog ab und übernehmen sofort die Spitze des Tugendkatalogs[7].

Drei Dinge sind für den Beginn der **Neuzeit** festzuhalten. Einmal: Das Pathos der Theorie, des Wissens, der Neugier aufersteht. Zweitens: Dieses Pathos erfährt allerdings eine folgenschwere Übertragung. Das Pathos, das bei den Griechen vornehmlich der auf *reines Erkennen* gerichteten Theorie galt, wird nun plötzlich auf den Bereich der technischen *Anwendung* übertragen. Gegenstand des von diesem Pathos getragenen Erkennens ist nicht mehr die Frage, was die Dinge wirklich sind, z.B. in der Geometrie oder Astronomie, sondern wie man etwas zum Funktionieren bringt. Nicht mehr: *Was ist es?*, sondern das: *Wie funktioniert es?* wird zum Motor der Neugier, aber eben immer noch auf der Höhenlage angeblich zweckfreier Erkenntnis hinübergerettet in die Niederungen der modernen Welt, wo es nicht mehr um das reine Sein, sondern um das aus technologischer Perspektive optimale Funktionieren eines Systems geht. Doch gleichwohl ist die Freiheit der Forschung, auch wenn die Forschung schlicht zur *Anwendungsforschung* und *Technologie* geworden ist, unangreifbar weil gottähnlich geblieben. Vermutlich blieb ein im Grunde religiös motiviertes Pathos der implizite Legitimationsgrund der menschlichen Neugierde, des menschlichen Strebens nach ‹höherer› Erkenntnis.

Und noch ein drittes Moment, das die Neuzeit fundamental verändert hat, sollte hier Erwähnung finden: der Mensch ist das einzige Lebewesen, das hinter die Phänomene schauen kann,

---

5    F. Nietzsche, 1980, S. 109.
6    Zit. nach H. Blumenberg, 1988, S. 197.
7    Vgl. den interessanten Versuch der kritischen Reformulierung des Bacon-Programms in L. Schäfer, 1993.

indem es die grundlegenden Gesetze der Natur, sozusagen die unsichtbaren, den Sinnen entzogenen Ursachen erkennt und sofort technologisch umsetzt. Die entscheidende Rolle in diesem Zusammenhang dürfte das Fernrohr gespielt haben: kein Zufall, denn die Neugierde geht ja auch über das Auge. Die Rolle des Fernrohres – Analoges wäre zum Mikroskop zu sagen – war überragend bei fast allen Architekten der Neuzeit. Zu nennen sind etwa Kopernikus, Leonardo da Vinci, Galilei und Keppler[8]. Das Besondere am Fernrohr bestand – unter forschungspolitischen und forschungshistorischen Aspekten betrachtet – darin, dass es zunächst als blosses Mittel zur reinen Erkenntnis des Seins erschien, sich also auf der Höhenlage des griechischen Erkenntnispathos bewegte. Was dann aber herauskam, veränderte die ganze Erde und machte sie dem Menschen untertan. Denn erkannt wurde, dass jetzt auch der Mensch, nicht bloss Gott, die bisher nicht einsehbaren Bereiche der Welt überblicken kann. Dieses «Sichtbarkeitspostulat ... negiert jeden Gedanken, dem Menschen nur eine beschränkte Ansicht der Welt zu eröffnen und deren Erhabenheit im Unzugänglichen eines göttlichen Vorbehaltsraumes zu denken.»[9] Erkannt wurde weiter, dass die Erde nicht der Mittelpunkt des Kosmos ist. Vor allem aber wurde die gesetzmässige Ordnung jener Bewegungen erklärt[10]. Damit war der Anfang für die wohl folgenschwerste Fähigkeit des modernen Menschen gemacht: er ist in der Lage, grundlegende Naturgesetze, die hinter den Phänomenen wirken, zu erkennen und sie für sein Handeln, sprich Technik, dienstbar zu machen. So sah denn auch KEPLER im Fernrohr das Symbol für die Herrschaft des Menschen über die ganze Welt – was natürlich nicht heißen soll, dass dieses an der Entwicklung der neuzeitlichen Technik ursächlich beteiligt war. Mit dem Wissen um allgemeine, grundlegende Naturgesetzte konnte der Mensch damit beginnen, die Welt technologisch umzugestalten und zu beherr-

---

8    Vgl. die Darstellung von A. C. CROMBIE, 1977, hier f. a., S. 398–452.
9    H. BLUMENBERG, 1981, S. 731.
10   Vgl. COPERNICUS, 1990, hier besonders ‹De revolutionibus Orbium Caelestium liber primus›, Caput X, S. 125–139.

schen, allerdings unter Inkaufnahme eines Mankos, das uns heute bedroht: Technik ist immer selektive Anwendung von Naturgesetzen unter Ausblendung insbesondere der Fragen nach Sinnorientierung, sozialer Bedeutung und individuellem Schicksal. Mit Hilfe der Technik überspringt der Mensch den phänomenal-individuellen Bereich und bewegt das Ganze, aber ohne Rücksicht auf das Einzelne und den Sinn des Ganzen. Mit der Ausrichtung auf die Frage: Wie *funktioniert* es? entledigen sich Wissenschaft und Forschung der Frage nach der ganzen Wahrheit bzw. nach dem Sinn des Ganzen. Die Erkenntnis wird funktionalisiert und pragmatisiert. Die angewandte Forschung interessiert sich weder für das Sein, noch das Ganze, noch den Sinnzusammenhang. Sie interessiert sich für die technologische Umsetzung singulärer Erkenntnisse in die Praxis.

Das eigentlich Problematische dabei ist der **Verzicht auf die reine Erkenntnis der Wahrheit**. Denn durch diesen Verzicht wird die Entwicklung von Forschung, Wissenschaft und Technologie der Kontrolle der regulativen Idee der Wahrheit entzogen und gerät so in den Bannkreis anderer Einflüsse: zunächst in den des technologisch Machbaren, dann in den Bannkreis des für den Menschen vordergründig Wünschenswerten, z.B. einer zivilisatorischen Erleichterung, dann aber ganz besonders in den Bannkreis von Macht und Interessen sowie ökonomischer Gesetzmässigkeiten.

Die Fähigkeit von uns Menschen, denkerisch hinter die Phänomene zu steigen und grundlegende Gesetzmässigkeiten zu erkennen, bedarf nochmals einer vertiefenden Analyse. Wir Menschen erkennen kraft unseres Denkens, unserer Sprache, unseres Gedächtnisses, vor allem aber der jahrhundertelangen Akkumulation eines kollektiven Gedächtnisses, grundlegende Naturgesetze. Deren Kenntnis befähigt uns zu ungeheuren Erkenntnissen, Konzepten und Systementwürfen. Kein anderes Lebewesen ist in der Lage, in dieser Weise die Erfahrungen der Erlebnis- und Erkenntniswelten zu akkumulieren. Wir Menschen können das, denn wir bauen auf dem früher Erkannten auf und erkennen tiefgreifende Gesetzmässigkeiten, mit denen wir die Welt bewegen. Kraft unserer Denk- und Sprachmöglichkeit und deren Akkumulation in der Geschichte können wir Menschen mit dem Denken die individuelle biographische Begrenztheit übersteigen, vielleicht überlisten und Einblick gewinnen in eine Art Ewigkeitswelt, nämlich in die Welt der Gesetzmässigkeiten, welche die Welt im Innersten zusammenhalten. Damit sind wir aber dann auch als einzelne, als Individuen und in einer bestimmten Epoche lebende Gruppen konfrontiert mit Erkenntnissen und Fähigkeiten, welche unsere biographische Einmaligkeit und Begrenztheit weit übersteigen. Wir sind als Sterbliche ausgestattet mit einer Art Ewigkeitswissen, das uns erlaubt, die Welt tiefgreifend zu verändern.

Aber nun muss uns in vertiefender Weise die Frage beschäftigen, warum denn diese Stärke des Menschen sich so destruktiv auswirkt, neben all den zivilisatorischen Gewinnen, die damit verbunden sind. Wo liegt der Samen der Zerstörung? Vier Ebenen für eine Beantwortung dieser Frage seien hier näher beleuchtet.

**a.** Das nicht-radikale, nicht-ganzheitliche, **halbierte Denken**. Das Wahrheitsideal der westlichen Wissenschaft konzentriert sich auf die Frage «Funktioniert es?» und blendet zu rasch die Frage «Was ist es eigentlich?» aus. Die These sei gewagt, dass sich die menschliche Erkenntnis, nicht zuletzt im Bereich der Naturwissenschaften, zu wenig radikal an der regulativen Idee der Wahrheit orientiert hat. Wären wir einem Wahrheitsideal verpflichtet, das immer auch den kommunikativ-mitmenschlichen, mitgeschöpflichen und ganzheitlichen Aspekt beachten würde, dann entfiele die zerstörerische Kraft des Denkbaren.

**b.** Die pragmatisch-utilitaristische Präferenz für das, was wir als Denkbares denken wollen. Die **Konzentration des Denkens** auf einen Gegenstand ist nicht Ausfluss des Denkens selbst, sondern sie wird sozusagen aussengesteuert. Diese Aussensteuerung ist zumeist utilitaristisch orientiert: Wir denken das, von dem wir vermuten, dass es uns nützt. Was wir hier ansprechen, ist die **utilitaristisch-pragmatische Verkürzung des**

**Denkens**. Natürlich macht auch der utilitaristische Aspekt Sinn. Aber er darf sich nicht anmassen, sich an der Wahrheit orientieren zu wollen. Die Orientierung an der unpragmatischen Wahrheit muss dem Pragmatismus vorausgehen.

**c.** Die Unfähigkeit des Menschen, das zu tun, von dem er weiss, dass er es tun sollte; oder die **unendliche Fähigkeit des Menschen, mit inneren Widersprüchen zu leben.** Seit der Antike gehört es zum menschlichen Verhalten, das als richtig Erkannte nicht zu tun. Zwischen Denken und Handeln klafften schon immer Abgründe. Im Grunde genommen ist und bleibt es ein Rätsel, warum der Mensch so wenig in der Lage ist, das im Denken als richtig und wahr Erkannte in sein Handeln zu übersetzen. Insbesondere warum der Mensch einerseits die Gefahren benennen kann, andererseits in seinem Alltagshandeln so verfährt, als ob er nie von den Gefahren, die er selbst erkennt und benennt, gehört hätte.

**d.** Im **Ansteigen des Gewaltpegels** in der modernen Gesellschaft sowie in der erhöhten Bereitschaft, die Verwundbarkeit des Systems mit Gewalt auszunützen, beispielsweise für terroristische und kriminelle Zwecke, liegt ebenfalls der Samen zur Zerstörung; zumal vor dem Hintergrund eines Zerfalls von althergebrachten, in den Kulturen segmentierten Vertrauensstrukturen. Das Produkt solcher Entwicklungen trägt alle Merkmale dessen, was wir als Einflussfaktoren aufgezählt haben: Theorielosigkeit, Sinnlosigkeit, Macht- und Interessenorientierung, ökonomische Effizienz. Neben all dem Guten, das eine solche technologische Entwicklung der Menschheit gebracht hat, sind die eingangs genannten Gefahren und Risikopotentiale aufzurechnen: Die Bedrohung der Lebensgrundlagen, der Sinnverlust, die destruktive Kraft der Technik.

## 3. Nachhaltige Technologie

Man kann davon ausgehen, dass es sinnlos wäre, einen Verzicht auf Forschung und Technik zu fordern. Hingegen könnte es

sinnvoll sein, das Postulat auf ein radikaleres Erkennen und Forschen aufzustellen. Das heisst, wir könnten den Versuch machen, den wissbegierigen und forschenden Menschen dort aufzusuchen, wo sein Herz schlägt und ihn damit auf ein wirklich
radikales Denken und Forschen hinweisen. Wenn dieser Weg im
Folgenden beschritten wird, dann immer zur Begründung der
beiden Hauptthesen, die das Zentrum dieser Überlegungen bilden:

- Wissenschaft und Forschung, auch und gerade angewandte, in technisches Handeln umgesetzte Forschung, soll sich wieder orientieren an der Idee der
  ganzen Wahrheit.

- Herkommend von einer solchen radikalen Hinwendung zur regulativen Idee der Wahrheit soll sich angewandte Forschung, sprich Technologie, konzentrieren auf Strategien, welche die Zerstörung der Lebensgrundlagen sowie letztlich der Erkenntnis selbst vermeiden.

**a.** Die **Krise der Technologie** im Sinne der Bereitstellung
eines Zerstörungspotentials ist zutiefst eine Krise der Wissenschaft und des Erkennens selbst. CARL F. VON WEIZSÄCKER hat
einmal auf diesen Sachverhalt in lapidarer, aber unübertrefflich
knapper Weise hingewiesen[11]:

- Der Grundwert der Wissenschaft ist die reine Erkenntnis.

- Eben die Folgen der reinen Erkenntnis verändern unaufhaltsam die Welt.

- Es gehört zur Verantwortung der Wissenschaft, diesen
  Zusammenhang von Erkenntnis und Weltveränderung
  zu erkennen.

- Diese Erkenntnis würde den Begriff der Erkenntnis
  selbst verändern.

Die Wissenschaft, gerade auch die Naturwissenschaft, ist
erst dann erwachsen, wenn sie ihre Verantwortung im Zusam-

---

11   Vgl. C. F. V. WEIZSÄCKER, 1980, S. 34.

menhang von Erkennen und Weltveränderung wahrnimmt. Deshalb gehört es zur Verantwortung gerade des Naturwissenschaftlers, dass er den Zusammenhang zwischen Erkenntnis und Naturveränderung thematisiert. Wenn Wissenschaft und Forschung von der regulativen Idee der Wahrheit abrücken, dann werden sie zum Spielball von Zufällen und Interessen. «Unter den Bedingungen einer solchen Veranstaltung gerät Wissenschaft als Idee ... selbst zu einem kontingenten Faktum, d.h. zu einem Produkt historischer (und interessegeleiteter) Verhältnisse.»[12] Oder noch einmal mit den Worten von JÜRGEN MITTELSTRASS ausgedrückt: «Ohne radikale Orientierung auf Wahrheit gerät sie unter den Einfluss gesellschaftlicher Verblendungszusammenhänge».[13]

Die Wissenschaft, auch als angewandte, muss sich an der regulativen Idee der Wahrheit ausrichten, zu der auch die umfassende Orientierung des Menschen in der Welt, also auch die Sinnorientierung, gehört. Die Idee der Wissenschaft und die Idee der Wahrheit sind letztlich moralisch, und zwar so, wie Kant das formuliert hat: als Annäherung an die Idee des Vernunftwesens, «die uns von Natur auferlegt ist»[14]. Mit anderen Worten: Wir müssen abrücken von der pragmatisch-utilitaristischen Präferenz, die wir der Erkenntnis unterstellen. Und wir müssen uns hinwenden zu einem Wahrheitsideal, das ganzheitliche Aspekte wie den ethischen und kommunikativ-mitmenschlichen sowie den geschöpflichen Aspekt bedenkt. Nur so lässt sich die tödliche Gefahr, auch für die Erkenntnis selbst, vermeiden, die der Philosoph GEORG PICHT so eindrücklich beschrieben hat[15]. Wir sollten uns also nicht mehr nur leiten lassen von der Idee, wie wir als Menschen die Natur abfragen können zu unseren Gunsten. Naturerkenntnis sollte sich orientieren an der Idee des Verständnisses der Natur. Zu einem solchen ganzheitlich-radikalen Denken gehört auch das Bemühen, die Wirklich-

---

12    J. MITTELSTRASS, 1982, S. 23.
13    A.a.O., S. 24.
14    Zit. nach J. MITTELSTRASS, 1982, S. 23
15    G. PICHT, 1989, S. 80.

126

keit unter allen möglichen Aspekten, nicht nur unter dem Aspekt ausgewählter Ausschnitte, zu verstehen.

**b.** Zur Frage nach einer Technologie, welche sich radikal an der Idee der Wahrheit orientiert. Eine solche Technologie muss im Wesentlichen zwei Anforderungen genügen: Sie muss schwerwiegende Folgen oder Nebenfolgen vermeiden, und sie muss sich auf Produkte, Materialien oder Anwendungen konzentrieren, welche die Lebensgrundlagen erhalten und Lebensqualität ebenso wie Lebenssinn vermitteln.

Der ersten Anforderung genügt eine Technikfolgenabschätzung, welche nicht mehr nur im Nachhinein – wenn das Malheur nicht mehr zu verhindern ist – nach möglichen schädlichen Wirkungen fragt, sondern welche die Prinzipien der Technikfolgenabschätzung bereits in das technologische Entwicklungskonzept integriert. Postuliert wird also so etwas wie eine *präventive* Technikfolgenabschätzung. Solche und ähnliche Forderungen finden sich bereits in mehreren Ethik-Kodizes zur Technik, beispielsweise: «Technikbewertung bedeutet hier das planmässige, systematische, organisierte Vorgehen, das

- den Stand einer Technik und ihre Entwicklungsmöglichkeiten analysiert;
- unmittelbare und mittelbare technische, wirtschaftliche, gesundheitliche, ökologische, humane, soziale und andere Folgen dieser Technik und möglicher Alternativen abschätzt;
- aufgrund definierter Ziele und Werte diese Folgen beurteilt oder auch weitere wünschenswerte Entwicklungen fordert;
- Handlungs- und Gestaltungsmöglichkeiten daraus herleitet und ausarbeitet;

so dass begründete Entscheidungen ermöglicht und gegebenenfalls durch geeignete Institutionen getroffen und verwirklicht werden können.»[16]

---

16    H. LENK, 1987, S. 297.

Ein erster Schritt könnte sein, dass solche oder ähnliche Kodizes in der Ingenieurausbildung zum Zuge kommen und in der Aus- und Weiterbildung in den Unternehmen vertieft werden. Der Erfolg ist zwar, wie im Blick auf alle freiwilligen standespolitischen Regelungen, als mässig zu beurteilen. Aber wenn wir unserem Ansatz treu bleiben, wonach die Lösung nur von einer radikalen Suche nach Wahrheit des Wissenschaftlers und Ingenieurs selbst zu erwarten ist, dann muss dieser Weg eingeschlagen werden. Solche Kodizes müssten dann auch in der Frage der Vergabe von Forschungsmitteln relevant werden.

Längerfristig allerdings müssten wir uns auf den Übergang zu einem offensiven Konzept konzentrieren. Zu denken wäre an eine Forschungs- und Technologiekultur, welche sich an der Verträglichkeit unter der Massgabe der Nachhaltigkeit orientiert. Konkret heisst dies, dass die überlebensfähige Technologie nur diejenige sein kann, welche sich an denjenigen Grundregeln der Natur orientiert, die eine relative Stabilität der Lebensgrundlagen sicherstellen. Dabei geht es nicht um das einfache Kopieren von Natur, sondern um die ausgewählte und bewusste Nachahmung bestimmter Gesetzmässigkeiten oder Wirkungen natürlicher Systeme[17]. Dies kann nur für eine im eigentlichen Wortsinne bionische Technologie gelten: Bionik wird hier nicht unter ökonomischen oder forschungsstrategischen Effizienzkriterien betrachtet, sondern unter dem Aspekt der Permanenzfähigkeit der menschlichen Technikgestaltung im Rahmen der Verträglichkeit mit der Natur. Nur die Berücksichtigung bestimmter, die Überlebensfähigkeit garantierender Gesetze der Natur kann letztlich als Kriterium für die technologische Entwicklung gelten, weil die Natur mit diesen bewiesen hat, dass sie überlebensfähig ist. Man muss nach den hier vorgelegten Analysen davon ausgehen, dass die bisherige Technologie das ökologische Problem mitverursacht hat: nämlich die kurzfristige und tiefgreifende Veränderung der globalen und indirekt der regionalen Verhältnisse auf unserem Planeten, mit der Folge, dass dem Menschen

---

17    Vgl. I. RECHENBERG, 1994, S. 206ff.

kurzfristig ebensolche tiefgreifende klimatische, gesundheitliche Gefahren und ökonomische Probleme drohen, an die er sich in der zur Verfügung stehenden Frist nicht anpassen kann. *Bionische* Technologie hingegen wäre in dem hier skizzierten Sinne Teil einer ökologischen Strategie, welche in der Gesamtheit der Lebens- und Produktionsweise kurzfristige tiefgreifende Veränderung vermeidet. Sowohl Systeme wie Materialien wären dann unter strikter Nachahmung *zentraler Grundregeln* der Natur zu entwickeln: Im Vordergrund stehen Regeln wie die Einhaltung von Stoffkreisläufen, Konzentration auf dezentrale Sonnenenergie, Verzicht auf Ressourcenzerstörung sowie auf kurzfristig massive Verwandlung und zugleich andere Anordnung von Stoffen, was letztlich den Verzicht auf Abfallproduktion bedeutet.

Damit wären wir an dem Punkt angelangt, von dem aus eine überlebensfähige und sinnstiftende Technologie in ihren Umrissen erkennbar werden soll. Die grundlegende Idee dabei ist, dass eine tiefgreifende Umgestaltung es möglich machen sollte, die nicht aufhaltbare theoretische Neugierde des Menschen auf andere als die bisherigen Bahnen zu lenken. Dass eine radikale Umkehr des menschlichen Denkens und des damit verbundenen Handelns notwendig ist, wird aber zunächst noch einmal eingehender beleuchtet, wenn wir aus einer weiteren Perspektive, aus der der Risikogesellschaft, auf das ökologische Problem blicken. Denn es scheint, dass es gerade die Verbindung ist von ungebremster, ständig in technisches Handeln sich übersetzender theoretischer Neugierde *und* bisweilen gefährlicher Bereitschaft, auch grösste Risiken fahrlässig in Kauf zu nehmen, die in besonderer Weise das ökologische Problem ausmacht.

# L'Innovazione Tecnologica:
# le responsabilità verso le generazioni future

*Adriano DeMaio*

## Inhaltsverzeichnis

Una definizione a mio avviso molto acuta, e che ben si presta non soltanto all'ingegnere in senso stretto ma a tutti i tecnologici e, più in generale, a coloro che operano nel campo dell'innovazione, è la seguente: «un ingegnere è colui che si prefigge di fare qualcosa che non è mai stata fatta prima». Analizzando questa definizione da un altro punto di vista si può affermare che l'ingegnere e lo scienziato applicato sono, per loro natura, dei risolutori di problemi. Anche quando non si è in grado di definire completamente la legge per cui un determinato fenomeno avviene, l'importante è fare qualcosa, produrre un oggetto, un apparato, un impianto, realizzare un processo, trovare un nuovo materiale che comunque si presti a risolvere un problema o a raggiungere una meta prefissata. Se questa affermazione, pur espressa sinteticamente e che pertanto corre il rischio di essere semplicistica, è sostanzialmente vera, allora per capire e valutare l'innovazione a base tecnologica conviene focalizzarsi da un lato sull'insieme di obiettivi e di vincoli: quali sono e da chi sono posti e, dall'altro lato, su come è e da chi è costruito il «modello della realtà».

## 1. Gli obiettivi ed i vincoli

In molti casi, soprattutto da quando la gran parte delle innovazioni nascono all'interno di organizzazioni complesse, private e pubbliche, gli obiettivi sono stabiliti da una committenza facilmente identificabile e riguardano prevalentemente il soddisfacimento di «bisogni» attuali o ipotizzati nel futuro.

Da un punto di vista teorico non vi sono differenze fra un obiettivo ambizioso e di lungo termine – esplorazioni su Marte piuttosto che nuovi processi di produzione di energia con determinate caratteristiche o un sistema di comunicazione completamente ottico con certe prestazioni – che richiede normalmente una grande quantità di risorse, un'ampia gamma di competenze diverse ed è soggetto a rischi elevati di insuccesso e un obiettivo limitato e definibile, la cui fattibilità può essere valutata con molta confidenza all'interno di un intervallo che può essere ampio di risorse economiche ed umane necessarie, di tempi realizzativi, di complessità tecnologiche (da un impianto produttivo ad un portale).

Esistono al contrario differenze sostanziali relativamente ai vincoli e a chi li fa presente (gli stakeholder). Infatti i vincoli, nella generalità dei casi, possono essere considerati come effetti indesiderati. Questo significa che la «indesiderabilità», che può quindi essere valutata come un «costo», è dipendente da *chi* esprime la valutazione stessa e della forza che è in grado di far valere.

Puntiamo l'attenzione quindi sui «costi» percepiti. Innanzitutto va focalizzata l'attenzione appunto sulla «percezione» del costo, che dipende perciò dalla cultura e dalla propensione del portatore del vincolo. Ad esempio investimenti in ricerca e sviluppo ad alto rischio e con ritorni soltanto sul medio-lungo termine possono essere valutati in modo molto differente a seconda di come è considerato il costo-opportunità da parte degli azionisti. Nel caso di public company, poiché gli azionisti «pubblici» non hanno in generale un particolare interesse alla specifica azienda e al suo sviluppo nel tempo e valutano al contrario molto l'opportunità di investire il loro denaro nel modo più immediatamente redditizio, è assai difficile che vengano attivati investimenti di notevole portata se non quando i risultati economici (ad esempio trimestrali) siano particolarmente favorevoli. In situazioni critiche pertanto allorché forse sarebbe più strategicamente importante attivare investimenti di grande respiro, proprio in questi momenti, paradossalmente, si è costretti a procedere a tagli feroci anche a costo di ritardare una forte e consistente ripresa. In questo caso il breve termine, cioè l'interesse immediato, prende il sopravvento su traguardi di lunga durata portando ad uno spreco di risorse e ad una diminuzione di ricchezza non solo per la singola azienda ma anche per una piccola o ampia comunità di persone – dagli occupati dell'azienda a un territorio più o meno vasto nel caso in cui l'azienda abbia un peso rilevante sul territorio stesso. All'estremo opposto ci troviamo allorché ad esempio l'interesse pubblico è rivolto ad aspetti di protezione della salute o dell'ambiente. In questo caso prevale un obiettivo di lungo termine su interessi immediati.

Potremmo proseguire a lungo sia attraverso una serie di esemplificazioni sia con un'analisi teorica più approfondita sul rapporto fra obiettivi e vincoli, sui portatori degli uni o degli altri, sulla dinamica della contrapposizione fra i diversi gruppi, sui processi e le strutture di potere, sulle fonti attraverso cui i poteri stessi vengono legittimati. Qui è sufficiente ribadire quanto precedentemente esposto: una qualsiasi innovazione, e in specie quelle a base tecnologica, si rapportano ad un insieme complesso di obiettivi e vincoli che non solo sono definiti e difesi da una molteplicità di attori ma che variano anche in termini di rilevanza reciproca e addirittura svaniscono o nascono in dipendenza di molti fattori, fra cui la cultura e la percezione dei valori assume una importanza fondamentale.

In tanto in quanto poi un'organizzazione di qualunque tipo – privata o pubblica che sia – fa propri ed esprime un insieme di valori che vanno al di là degli interessi specifici e che tengono conto di altri, collettivi, normalmente riguardanti una comunità ampia e/o generazioni future, allora si può parlare di una «eticità» dell'organizzazione. Che questo poi possa costituire, nel tempo, un fattore di successo anche economico per l'impresa o di consenso nel caso di un'organizzazione pubblica non solo non va visto negativamente o come un fattore di mascheramento e ipocrisia ma, anzi, va stimolato e fortemente sostenuto quale caratteristica di una politica lungimirante e altruista.

In una situazione abbastanza diversa ci si trova nel caso in cui l'innovatore sia anche il committente. In questa situazione il vincolo principale – talvolta unico – è dato dalla disponibilità di risorse mentre l'insieme di obiettivi e vincoli confliggono all'interno del sentire dello stesso inventore. Ad esempio un'invenzione con un potenziale effetto distruttivo – per le persone e/o per l'ambiente – può essere perseguita nonostante tutto ovvero può essere totalmente abbandonata in funzione dei principi e dei valori propri del ricercatore.

Rimane poi da esaminare il caso in cui il singolo ricercatore venga ad operare all'interno di un progetto i cui obiettivi confliggono con il proprio sentire. In questa situazione il conflitto fra obiettivi e vincoli è riportato all'interno dell'organizzazione e genera talvolta, in situazioni particolarmente gravi, crisi di coscienza di non facile risoluzione. Senza rifarsi al caso classico della bomba atomica, si pensi, più modestamente, all'invenzione di prodotti o di processi che possono avere effetti nocivi per gli utilizzatori, ovvero per chi opera nel processo produttivo o ancora per l'ambiente fisico esterno.

La protezione dell'uomo, nel senso soprattutto delle generazioni future, che è l'aspetto più delicato e complicato in quanto può contrapporsi ad un benessere immediato, dipende quindi da quanto è apprezzato e condiviso questo valore e da quanto i generatori di questi obiettivi hanno la forza per contrastare il predominio esclusivo degli obiettivi di breve termine. La cultura, l'educazione, il credere in valori forti sono, a mio avviso, sicuramente il fattori determinanti. Bisogna però essere consapevoli che, tranne in casi estremi, non ci si trova mai in situazioni totalmente bianche o totalmente nere. La realtà è sempre grigia e il compromesso è la condizione normale. Se non si accetta questa impostazione come «regola fondamentale del gioco» si rischierà di passare alternativamente da un estremo all'altro, con il pericolo di estremizzare le posizioni. Bisogna infine considerare il caso in cui l'obiettivo principale dell'innovazione sia rivolto all'ottenimento di condizioni migliori di benessere delle generazioni future, ma è preferibile trattare questo caso successivamente.

## 2.   Il modello della realtà

Tutto quanto detto precedentemente deve essere completato prendendo in considerazione l'altro aspetto, fondamentale e necessario, per poter esaminare il problema del rapporto fra innovazione a base tecnologica ed il benessere, attuale e futuro, dell'essere umano.

Chiunque sia a decidere e chiunque sia il portatore di obiettivi e di vincoli, che ne sia consapevole o meno, possiede un modello della realtà, attuale e futura. Qualunque modello è una semplificazione, selettiva, della realtà. Ciò significa che da un lato «isoliamo» alcuni aspetti della realtà, separando quelli che consideriamo rilevanti da quelli irrilevanti e, dall'altro lato, cerchiamo di costruire le leggi di comportamento futuro, cioè quali potranno essere gli effetti provocati da determinate azioni. Come già detto, consapevolmente o meno, ciascuno di noi fa questa operazione per ogni sua decisione, di grande o di mediocre importanza. Nelle attività quotidiane e routinarie non ce ne accorgiamo neppure in quanto questa attività è fatta in modo automatico, il che è essenziale altrimenti perderemmo mezz'ora a pensare che cosa indossare la mattina, che tipo di colazione fare, che percorso seguire e quale mezzo prendere per andare al lavoro. Ma anche per queste decisioni così semplici è facile constatare che, quando si verifica un evento «straordinario» – una particolare celebrazione, una dieta da seguire, un intasamento stradale o uno sciopero di mezzi pubblici – dobbiamo seguire lo schema di ragionamento prima sintetizzato, ancorché molto semplificato. Quando si tratta di problemi ben più complessi, legati appunto all'avvio di un progetto di ricerca, all'applicazione di determinati ritrovati, all'uso di strumenti, all'adozione di determinati processi produttivi, e così via, allora è necessario considerare molto attentamente il modo con cui si arriva a costruire o, più spesso, ad accettare, adottare o condividere un « modello della realtà».

Senza voler entrare in modo approfondito nel tema, desidero mettere in evidenza alcuni classici «errori o pericoli da evitare» e, per converso, indicare alcune attenzioni che è opportuno che vengano prese in considerazione.

– Un classico errore è la «sovrasemplificazione». Questo consiste praticamente molto spesso nell'eliminare o nel sottovalutare alcuni vincoli, in particolare se sono visti come obiettivi di altri. La sopravalutazione o la sottovalutazione di un fenomeno – dall'effetto serra alle conseguenze di un incidente in una centrale nucleare, dall'uso in modo diffuso delle tecnologie dell'informazione al diffondersi di epidemie – è una classica conseguenza della eccessiva semplificazione. In altri termini si «isolano» dal contesto alcune variabili e alcuni effetti senza minimamente prendere in considerazione altri fenomeni e altre variabili che, pur essendo collaterali, hanno una forte incidenza sul problema primario. Se il problema è complesso e dato che la realtà è sempre per sua natura estremamente complessa, allora il modello su cui basarsi che, per poter essere utile deve essere per sua natura sufficientemente semplice, perché in caso contrario non si saprebbe come operare, non deve essere però semplicistico. Visto che questo è un palese errore, bisogna domandarsi perché si tende alla sovrasemplificazione. I motivi possono essere molto diversi ma, a mio avviso, i più importanti risiedono nel fatto che, oramai, nel mondo occidentale, una grande massa di persone vuole giustamente essere coinvolta e vuole prendere posizione su decisioni che possono avere un forte impatto sul benessere attuale e futuro. Ma mentre sull'oggi si è in un certo senso disposti a spendere attenzioni ed energia per capacitarsi di cosa sta capitando, sul futuro, per indurre in qualche modo ad una maggior partecipazione, bisogna, utilizzando tutti i mezzi di comunicazione di massa, **esagerare**. E l'esagerazione è possibile solo se si adotta un modello sovrasemplificato. Da qui il «futuro urlato». Il caso storico del referendum in Italia sull'energia nucleare è forse uno fra gli esempi più significativi di questa adozione, voluta, di un modello della realtà sovrasemplificato. Questo errore, nella maggior parte dei casi, induce a «etichettare» in modo stabile, in senso positivo o negativo, alcune tecnologie e alcune ricerche.

Quindi, per la larga maggioranza, «nucleare» è «brutto» di per sé mentre «internet» è «bello» per se stesso a tal punto che si utilizzano alcuni indicatori collegati alla diffusione dell'uso di internet per dimostrare se un paese o una regione è «avanzata» o «arretrata» e se si sta mettendo al passo o meno con il mondo avanzato di riferimento (il digital divide).

– Un altro «errore» è dato dal considerare che le leggi che sono valide oggi possono continuare a essere valide nel tempo. Si ipotizza il fatto che un sistema non si modifichi. Al contrario tutta la storia dimostra che il comportamento, cioè le leggi che vengono adottate nel modello, cambiano nel tempo anche in base a quanto capita precedentemente. Il «technology push» è un chiaro esempio. Nascono o vengono creati ovvero, come qualcun altro dice, vengono fatti emergere, bisogni che prima non esistevano e che possono essere soddisfatti solo in quanto esistono già le soluzioni pronte. In altri termini non è vero che tutto o gran parte dello sviluppo tecnologico sia originato dal «demand pull» cioè da una richiesta di determinate tecnologie atte a risolvere alcuni problemi particolari e a raggiungere certi obiettivi. D'altra parte, innovazioni tecnologiche nate per soddisfare certi bisogni in effetti si sviluppano e si espandono in quanto creano – o fanno emergere – bisogni radicalmente diversi. Si pensi al telefono mobile come uno dei casi più significativi in questo senso. Ma le leggi variano non solo perché varia il comportamento del singolo a fronte di una certa tecnologia disponibile, consolidando un modo di operare che difficilmente può poi essere fatto variare – si pensi all'uso dell'automobile o, adesso, allo stesso Internet – ma anche perché sono presenti attori differenti le cui reazioni possono alterare, anche profondamente, il funzionamento dell'intero sistema. La stessa attenzione all'ambiente, la globalizzata contestazione alla globalizzazione ne sono esempi significativi. Ma lo stesso adattamento fisico del nostro corpo al mutare di situazioni ambientali rispetto al passato – individuale e collettivo – è un caso estremamente significativo.

– Ben più grave è l'errore che si commette assumendo per certe e verificate alcune leggi che non sono scientificamente provate. In molti casi le previsioni sugli effetti legati ad un sistema così complesso come è l'ambiente fisico, che è sottoposto fra l'altro ad una serie di fattori la cui natura e il cui peso non sono ancora chiari, sono tutt'altro che certe e mostrano ampi gradi di variabilità così come, per verso, le previsioni riguardanti la salute o, più in generale, il benessere dell'umanità. Le affermazioni apodittiche, pronunciate con certezza e basate su dati che sembrano inoppugnabili, sono l'altra faccia del pressapochismo. Si vendono al grande pubblico, attraverso una opera di volgarizzazione, di per sé meritoria, scoperte scientifiche che tali non sono.

– Un errore concettuale meno grave ma non per questo meno importante è il voler esaminare e mettere a confronto fra loro poche alternative. Il non essere in grado di avere delle «visioni» porta spesso ad un confronto povero, per cui diventa facile cadere nella trappola della contrapposizione quasi ideologica: tutto bene da una parte e tutto male dall'altra, come si è avuto modo di dire prima.

– Infine un classico errore consiste nel non dedicare un'attenzione specifica all'alternativa del «non cambiamento» Al motto: se è andato bene finora non v'è motivo di pensare che non possa andar bene anche domani, si sottovaluta il fatto che, poiché le condizioni mutano, anche in virtù di quanto fatto finora, una linea che può aver procurato grandi benefici nel passato potrebbe generare gravi danni nel futuro.

Se questi sono, a grandi linee, i principali errori che frequentemente si riscontrano nelle costruzioni e nelle proposizioni dei «modelli della realtà», quali sono i suggerimenti per evitarli? Senza alcuna pretesa di completezza ne cito alcuni.

- Innanzitutto è necessario esaminare e definire con molta accuratezza l'insieme degli obiettivi e dei vincoli. Questo significa fra l'altro andare a valutare quali sono i principali attori che intervengono o che sono oggetto del potenziale intervento o della politica tecnologica che si sta esaminando. Questa analisi permette di tenere conto di diversi orizzonti temporali, della diversità di popolazioni coinvolte, degli interessi, delle posizioni di partenza, delle tradizioni e delle culture. Da un punto di vista di metodo si può notare che molto spesso contrapposizioni anche aspre fra alternative sono legate viceversa a valutazioni e priorità diverse all'interno dell'intero sistema di obiettivi e vincoli o, peggio ancora, al non avere del tutto preso in considerazioni alcuni obiettivi e alcuni vincoli. È preferibile, almeno dal punto di vista teorico, discutere, anche a lungo e appassionatamente, su questo aspetto perché è qui che i valori morali, culturali, politici incidono di più. È qui che viene valutato il peso relativo fra l'oggi e il domani, è qui che si esercita il nostro «senso di responsabilità», è qui che tutti siamo chiamati (o dovremmo essere chiamati) ad esprimere le nostre preferenze ed i nostri pareri, e non già sulle specifiche soluzioni «tecniche», su cui, per la maggior parte, non si hanno elementi di valutazione. Per inciso è in questa fase che si può anche fare una meritoria e importantissima attività di formazione, soprattutto per i giovani. Far vedere che in nessun caso si possono avere solo benefici e che quasi mai una alternativa presenta solo costi perché vi sono interessi e orizzonti diversi è un modo di opporsi al «fondamentalismo» che sembra purtroppo prendere sempre più piede.

- Un altro aspetto importante riguarda la costruzione di possibili linee alternative di azione; il proporsi di tentare l'impossibile, di «costruire» novità così differenti dal passato a tal punto da far variare le logiche preesistenti di comportamento è una sfida che non sempre si tenta ma che è la più stimolante non solo dal punto di vista scientifico ma anche pratico. Se riflettiamo bene alcune fra le più grandi invenzioni, non solo del XXmo secolo ma anche precedenti, sono rappresentate da profonde e radicali discontinuità nei confronti del passato.

- In linea con quanto detto prima, una grande cura va dedicata alla costruzione di scenari, sapendo che l'unica cosa certa riguardante il futuro è la grande incertezza. Scenari che riguardano non soltanto le previsioni di quello che potrebbe capitare a fronte di determinate decisioni ma anche quali potrebbero essere azioni che portano con maggior probabilità a determinate situazioni ritenute più preferibili. In tutti i casi grande cura dovrebbe essere data alla comunicazione, precisando che nulla è certo, definendo i limiti e le condizioni di validità di alcune ipotesi e, comunque, in tutti i casi, che la certezza è una condizione impossibile.

Non si intende con questi suggerimenti di aver risolto tutto, altrimenti ricadremmo nell'errore che abbiamo prima evocato, ma con molta probabilità, si potrebbe discutere molto più seriamente e approfonditamente di quanto si faccia oggi sul problema del rapporto fra ricerca e sviluppo tecnologico e benessere dell'umanità.

## 3. La ricerca di lungo termine

La situazione, accennata prima, in cui si trovano spesso le grandi aziende che, oggi, sono le principali potenziali produttrici di ricerca a lungo termine e che ne sono spesso limitate dalla situazione proprietaria, insieme alla sempre più vasta complessità dei fenomeni che si vogliono affrontare, delle sempre maggiori risorse richieste e dall'alto rischio di non ottenere risultati validi, fa concludere che con alte probabilità sarà la mano pubblica ad avere un ruolo ancora più rilevante che non nel passato, sulla ricerca scientifica e tecnologica a lungo termine.

E qui ci troviamo nella stessa situazione illustrata prima. In effetti qualsiasi governo deve decidere dove e su cosa concentrare le risorse. Se, per la ricerca a lungo termine, le risorse sono quantitativamente notevoli, il rischio è alto e i risultati non sono immediati, allora la decisione su quali campi e quali temi possono essere oggetto di investimenti è molto critica.

In effetti i cittadini devono essere convinti che il potenziale beneficio che si potrebbe ottenere è così alto da compensare i costi sostenuti e da accettare i rischi sottostanti ovvero che, vedendo il problema da una prospettiva opposta, se non si fa di tutto per ottenere determinati risultati i pericoli incombenti sono di una gravità estrema. Finora queste caratteristiche sono state possedute prevalentemente dalla «difesa» e dalle missioni spaziali, ancora in una certa misura riconducibili alla difesa. Quanto i risultati della ricerca scientifica e tecnologica siano poi stati utilizzati in una molteplicità di altri campi applicativi è sotto l'occhio di tutti e non vale la pena insistere.

Da qualche tempo però altri scenari ed altri campi di interesse si sono aperti: i due più significativi sono la salute in senso lato e l'ambiente fisico, a cui si può anche aggiungere la cosiddetta «società dell'informazione». Questo salto non è di poco conto e apre concrete nuove possibilità. In particolare, per quanto riguarda l'ambiente, è lecito pensare che si possa passare da una «politica difensiva» che si traduce in una serie di vincoli minimi da rispettare, più o meno verificati in termini di fattibilità (si pensi tra tanti al protocollo di Kyoto), ad una «politica di attacco», in cui l'obiettivo consiste nel migliorare l'ambiente in presenza di attività che permettono un miglioramento del benessere – anche economico – della collettività.

L'impulso alla ricerca scientifica e tecnologica del e per l'ambiente e allo sviluppo potenziale di una industria dell'ambiente è possibile.

Non è necessario aggiungere niente per quanto concerne l'alto grande tema della salute in quanto in questo campo si è molto avanzati – fra tutti gli esempi si pensi alla ricerca sul genoma o alla cosiddetta Information Society.

## 4. Alcuni problemi aperti

Le ultime parole non devono indurre a ritenere che si aprano sentieri facili di progresso senza alcun problema. Al contrario, l'evoluzione tecnologica e scientifica aumenta sempre di più il numero e la qualità delle opportunità ma rende nel contempo più critica, più fragile e più rischiosa la situazione.

A tal riguardo l'esempio che desidero portare è quello di una tecnologia che finora ha ricevuto quasi esclusivamente consensi universali: l'ICT (Information and Communication Technology). È inutile ribadire tutti gli straordinari vantaggi che attualmente si possono già constatare e quelli che molto probabilmente si avranno nell'immediato futuro e sono innegabili le potenzialità già espresse; si vogliono soltanto presentare alcuni rischi, uno in particolare collegato ad un aspetto più subdolo e meno facilmente visibile. Sono ben chiari infatti i pericoli legati alla privacy, alla sicurezza contro le intrusioni, alle potenziali fragilità di sistemi in cui diventa sempre più importante la disponibilità di back up e così via. Non mi pare altrettanto chiara e diffusa la percezione del rischio legata all'adozione di modelli conoscitivi importati ad esempio attraverso Internet. Mancando una forte base culturale critica e di metodo si è da un lato portati ad accettare il modello implicitamente adottato da chi costruisce i motori di ricerca e, dall'altro, si tende a decontestualizzare la specifica informazione. Già oggi si vede che è elevata la difficoltà a connettere a dimensioni spazio-temporali determinati fenomeni, ad esempio capire la differenza fra la democrazia all'epoca di Pericle e quella americana a cui fa riferimento Toqueville. Questo rende sempre più difficile un approccio metodologicamente corretto verso problemi complessi quali quelli prima citati.

Le potenzialità sono enormi ma enormi anche i pericoli: di una accentuazione di una preparazione ascientifica per non dire antiscientifica che non solo non si riduce ma tende ad aumentare sempre di più, un'enfatizzazione degli estremismi ideologici e dei fondamentalismi culturali che possono portare ad effetti gravi. Ma soprattutto ad un «digital divide». Non solo fra paesi ricchi e paesi poveri, fra anziani e giovani, ma anche fra i «pochi» che costruiranno modelli analitici, interpretativi e personali e i «molti» che li usano in maniera acritica.

La conclusione non può essere che la solita: la necessità di investire enormi risorse ed attenzione sulla formazione, riprendendo il detto mai troppo ripetuto: «se ritieni che la formazione sia troppo costosa, prova con l'ignoranza».

# Technik und Emotionen

## Plädoyer für den lustvollen Einsatz der Technik

*EDIT SEIDL*

## Inhaltsverzeichnis

Der oft hemmungs- und auch gewissenlose Einsatz des technisch Machbaren zum Ziele des monetären Zugewinns hat die Technik und deren Produkte in weiten Kreisen in Verruf gebracht oder provoziert zumindest Skepsis. Wohl in keinem anderen Lebensbereich gehen die Meinungen so dezidiert darüber auseinander, wie viel Technik einer Gesellschaft zuträglich ist, welche «Risiken und Nebenwirkungen» Technik auf den Einzelnen und das Kollektiv ausübt und wo die Grenzen zu ziehen sind zwischen Nutzen und Schaden der Technik. In diesem Auf und Ab von Pro und Contra geht vielfach die simple Tatsache vergessen, dass Technik und die daraus erwachsenen Technologien Ausdruck der menschlichen Kreativität, habituellen Neugier und Experimentierfreude sind, gespeist von der gleichen Quelle und eng verwandt mit den schönen Künsten wie Musik, Malerei, Dichtung u.a.m. Die vorliegenden Gedanken verstehen sich als nicht emotionsloser Diskussionsbeitrag aus der Sicht einer Technik*anwenderin,* deren tägliches Leben dank Einsatz zahlloser Technologien – erfunden, entwickelt und bereitgestellt von dazu Berufenen – bequemer, komfortabler und sicherer ist, als jenes ihrer Vorfahren war.

## 1. Stellenwert der Technik in unserer Gesellschaft

Wie weit man auch in die Geschichte der Menschheit zurückblickt, immer haben findige Individuen Technik kreiert, angewendet und fortentwickelt. Vom «toolmaker», «LUCY'S»[1] Zeitgenossen, über die genialen Höhlenzeichner von Altamira, die prähistorischen und historischen Hochkulturen in Asien, im vorderen Orient, im Mittelmeerraum, in Amerika, bis hin zu Leonardo da Vinci, Jules Verne, der industriellen Revolution und der postindustriellen Gegenwart – Technik ist das zeit- und kul-

---

1    D. JOHANSON, M.A. EDEY, LUCY, the beginnings of humankind (Granada/London 1981).

turübergreifende Merkmal denkender Individuen[2]. Als Zeugen ferner Epochen sprechen vielfach mangels schriftlicher Dokumente nur noch die Produkte der jeweiligen Techniken und vermitteln uns Einblick in den Entwicklungsstand und die Kultur eines Volkes; so liest der Archäologe an Ruinen, Töpferware, Münzen und anderen Artefakten die Lebensumstände einer menschlichen Gemeinschaft ab. Interessant dabei ist, dass von jeher Technik nicht ausschliesslich zum Bestehen des Überlebenskampfes entwickelt wurde, sondern ebenso der Befriedigung der sekundären und tertiären Bedürfnisse nach Kunst, Luxus, Spiel und Zerstreuung diente oder um ihrer selbst willen kreiert wurde: Reste kunstvoller Architektur, Bilder, Statuen, Musikinstrumente, Spielzeug, Masken, Stoffe u. a. m., gefertigt durch mehr oder weniger ausgeklügelte Techniken, sprechen eine beredte Sprache der Vorlieben und Gebräuche ihrer Anwender. Hätten die Techniker von damals nicht Spass an ihrem Tun, Neugier und Lust am Experimentieren entwickelt und hätten die Zeitgenossen ihre Produkte nicht gerne und in grösserer Zahl angewendet, wären die Kulturen nicht aufgeblüht.

Technik ist also nicht nur nützlich und notwendig, sondern Technik hat Sexappeal, Technik ist ästhetisch; die Besucherzahlen von Autosalons, der Orbit, in Cape Kennedy und andernorts dokumentieren hinreichend die Macht des Faszinosums Technik. Technik erfüllt soziale Funktionen: In Internetcafés, an Flugmeetings, Autorennen, Erfindermessen kommen Menschen zusammen und tauschen sich aus, beeindruckt von technischen Produkten und deren vielfältigen Einsatzmöglichkeiten. Technik überwindet Grenzen: Das weltumspannende Kommunikationsnetz in virtuellen Räumen und die physische Mobilität durch immer raschere und effizientere Verkehrsmittel erlauben den grundsätzlich grenzenlosen Kontakt eines jeden mit jedem. Technik bewirkt Sozialprestige: Waren es in den frühen 60ern das Transistorradio, der Fernseher oder der Kabinenroller, sind

---

2    Sogar Primaten und viele andere Tiere entwickeln oft erstaunlich ausgeklügelte Techniken bei der Jagd, beim Nestbau, beim Balzen, bei Rangkämpfen.

es heute technische Kultprodukte wie das immer kleinere Handy oder die Harley Davidson, die den Status des Besitzers in seiner Gruppe heben. Und, Technik bereitet Freude, fordert heraus, bereichert unser Leben: Unermüdlich konstruiert das Kleinkind mit seinem Baukasten, übt auf seinem elektronischen Keyboard; Jugendliche huldigen der mittlerweile zur Subkultur erhobenen SMS-Kommunikation, basteln an ihren Motorrädern; Zeitgenossen mittleren Alters lieben und pflegen ihr Automobil, gleiten dank Technik mit immer effizienterem Gerät immer schneller über Skipisten; Senioren chatten im Internet, bereisen auf hochtechnisierten und stabilisierten Kreuzfahrtschiffen die Weltmeere.

## 1.1 Technik als integraler Bestandteil unserer Kultur

Technik durchdringt also jeden unserer Lebensbereiche, ist selbstverständliches Attribut unseres Daseins. Sie übernimmt einerseits im Alltag immer mehr Funktionen und Aufgaben, die bisher durch persönlichen Einsatz erfüllt werden mussten, und ist andererseits der bedeutendste Pfeiler unserer Volkswirtschaft. Es sind nicht nur die klassischen Industrien und die New Economy, welche die Technik repräsentieren – insbesondere auch die Dienstleistungswirtschaft kann nur auf der Basis eines ausgeklügelten Systems zahlloser Techniken und deren Produkte funktionieren. Die Abhängigkeit unserer Grundversorgung von der Technik ist derart weitreichend, dass der Ausfall eines Teilsystems unvorhersehbare Folgen nach sich ziehen kann: Man erinnere sich an den grossen «blackout» in New York[3], an dem durch Stromausfall die Millionenstadt für Stunden lahmgelegt war und sich – wie nicht ganz ernst gemeint behauptet wird – die Bewohner, beraubt ihrer gängigen, von stromabhängiger Technik unterstützen Beschäftigung, Aktivitäten zuwandten,

---

3    Weitgehender Stromausfall (blackout) in New York City in der Nacht vom 13. Juli 1977. Mehr darüber unter www.nytimes.com.

148

welche sich nach neun Monaten in der Geburtenstatistik der Stadt niederschlugen.

Es mag diese Unumgänglichkeit und Unverzichtbarkeit sein, die der Technik schon fast personalen Status zumisst; Technik als unser Partner, der sich einmal «gut», einmal «böse» gebärdet. Ist Technik einfach da und kann genutzt werden, löst sie kaum Emotionen aus, wird meist nicht einmal wahrgenommen. Wird jedoch eine neue, «bahnbrechende» Technik in einem beliebigen Gebiet vorgestellt, die zugleich noch eine emotionale Komponente aufweist – wie beispielsweise die Mobiltelephonie das Bedürfnis nach Kommunikation und Nähe anspricht – schwappt Zustimmung in Euphorie über, ungeachtet möglicher unbekannter Risiken[4]. Geht indes die Nachricht vom technischen Defekt eines Atomkraftwerkes durch die Medien, werden Misstrauen und Ängste bis hin zur kategorischen Ablehnung der betroffenen Technik mobilisiert. Doch trotz aller Ambivalenzen, welche Technik provoziert, kommen wir nicht umhin, sie als Bestandteil unserer Kultur zu akzeptieren, sie ist nicht mehr wegzudenken.

## 1.2 Technische Entwicklung als Basis der Lebensqualität

### 1.2.1 Grundsätzlich

Schon die alten Griechen priesen *«technê»* als Kunst und Fähigkeit, die Lebensbedingungen nach ihren Vorstellungen zu verändern[5]. Dieses Grundprinzip ist bis heute gültig: Unzählige Forscherteams, Ingenieure, Konstrukteure, Techniker, Elektroniker, Mechaniker arbeiten und wirken rund um den Erdball zur Veränderung eines beliebigen Zustandes von A in B. Steigt dadurch unsere Lebensqualität? Sind wir durch die Segnungen der

---

4   Im Falle der Mobiltelephonie das noch nicht schlüssig nachgewiesene Strahlenrisiko.

5   SOPHOKLES, Antigone, Vers 363–365, übers. von W. WILLIGE: *Mit kluger Geschicklichkeit für / die Kunst ohne Massen begabt, / kommt er heut auf Schlimmes, auf Edles morgen.* (Gemeint ist der Mensch im Allgemeinen.)

Technik zu glücklicheren Menschen geworden? Sind wir, dank Technik befreit vom Sammeln und Jagen, durch Gewinn an Musse und Reflexion gar zu besseren Menschen geworden? Diese Fragen sind von Soziologen und Theologen zu beantworten. Unbestritten ist, dass die technische Entwicklung den ökonomischen Wohlstand begründet hat und erst die dadurch gewonnene materielle Sicherheit und Kontinuität die erforderliche Plattform bieten für Beschäftigungen, die nicht an die existenzielle Erwerbstätigkeit gebunden sind wie Bildung, Kunst, Sport, Spiel, Reisen usw.

Eine der ganz grossen Errungenschaften der Technik, die Ersparnis an Kraft und Zeit, ist wohl das nachhaltigste Geschenk, das sich die Menschheit beschert hat. Erst diese Freiheit schafft Rahmenbedingungen, die beispielsweise die systematische Schulbildung für Kinder und die Möglichkeit der Weiterbildung Erwachsener gewährleisten. Je höher der Bildungsstand des Einzelnen, desto leistungsfähiger ist die von ihm mitgeprägte Ökonomie, desto besser sind seine Chancen, sich vom Kuchen des wirtschaftlichen Erfolgs ein gutes Stück zu ergattern.

## 1.2.2 Technik als Arbeitsplatzstifter

In der ironischen Aussage, wonach der Ingenieur das Kamel sei, auf dessen Buckel die Wirtschaft reite, steckt die Erkenntnis, dass die Wirtschaft und damit die darin Beschäftigten ohne die technischen Leistungen all jener, die sich kreativ oder produktiv mit Technik befassen, nicht auskäme. Wer die aktuelle Liste der rund 250 im schweizerischen Berufsbildungsgesetz geregelten Berufe[6] durchgeht, stellt fest, dass davon praktisch jeder zweite direkt oder im weiteren Sinn im Bereich der Technik oder Technologie anzusiedeln ist. Je komplexer technologische Entwicklungen sind, desto interdisziplinärer ist in der Regel auch die Struktur der an ihrer Herstellung und Anwendung Beteiligten.

---

6    Schweiz. Bundesamt für Statistik, 2001: Berufsart, Beruf und Fachrichtung.

Beispielsweise arbeiten an dem zzt. in Deutschland in der Testphase stehenden Computer zum Einsetzen von Zahnimplantaten[7] neben Elektronikern, Informatikern, Ingenieuren und Konstrukteuren Materialwissenschafter, Zahntechniker, Zahnärzte u.a.m. Inbetriebnahme und Wartung derart komplizierter Systeme beschäftigen wiederum eine Anzahl bestausgebildeter Berufsleute. Neue Techniken und Technologien bedürfen jedoch nicht nur der Betreuung im operativen Sinn, sondern müssen – je nach Bedeutung – durch entsprechende Rahmenbedingungen in das gesellschaftliche System eingebettet werden. Für Politiker, Juristen, Wissenschafter, Manager, Vertreter der Verwaltungen, Lehrer, Instruktoren und Organisatoren eröffnen sich weite Betätigungsfelder, um die technische Entwicklung in unsere Ordnung einzupassen; man denke beispielsweise an die Problematik der Sicherung, Anerkennung und Autorisierung elektronischer Unterschriften, an der nun schon seit über zehn Jahren gearbeitet wird.

Aber auch jene Berufe, die auf den ersten Blick keinen Technikbezug aufweisen, wie Bankangestellte, Versicherungsfachleute, Verkäufer, Verkehrsfachleute u.a.m. könnten ohne technologiegestützte und -vernetzte Arbeitssysteme ihre Funktionen nicht mehr erfüllen. Kleinere Handwerksbetriebe bestehen in gesättigten Käufermärkten vielfach nur deshalb, weil sie mit Hilfe von Mobilkommunikation, Internet, E-Mail und automatisierten Kalkulationsgrundlagen ihren administrativen Apparat schlank und kostengünstig betreiben und dank der dadurch gewonnenen Mobilität die produktive und verrechenbare Zeit ausdehnen können.

## 1.3    Technische Entwicklung als Gefahr

### 1.3.1 Grundsätzlich

Niemand kann die Augen davor verschliessen, dass unkontrolliertes und ungebremstes technisches Wachstum zu einem la-

---

7    med 3D Implantology, 2001; mehr darüber unter www.med3d.de.

tenten Gefahrenherd für die Menschen unserer Tage geworden ist: Die Spitze hält der atomare Schrecken, sei er kriegsmässig bewusst oder durch einen Unfall in einem Atomkraftwerk hervorgerufen. Das zweite grosse Problem, das uns der gedankenlose Einsatz der Technik beschert, ist die Schädigung der Umwelt mit allen ihren verheerenden Folgen wie Naturkatastrophen, Verseuchungen, fortschreitende Versteppung und Verwüstung. Und als dritte grosse Sorge plagt die Menschheit das durch die grenzenlose Durchmischung der Produktions- und Handelsströme verstärkte soziale Gefälle. Einerseits ist es die menschliche Tragik und Chancenlosigkeit jener, die mit den Schattenseiten der technikgetragenen Globalisierung konfrontiert sind, die betroffen macht, andererseits ist es die allgegenwärtige Gefahr sozialer Unruhen und deren Ausbreitung, die gerade in jüngster Zeit beängstigende Szenarien heraufbeschwört.

Zieht die Technisierung auch in unseren, technologieverwöhnten Breiten negative Auswirkungen nach sich? Nebst augenfälligen Immissionen wie die viel diskutierten Verkehrsprobleme, die uns Fluglärm, Blechlawinen[8] und $CO_2$ in ungesunden Dosen bescheren, der immer dichter werdende Antennenwald zur Aufrechterhaltung unserer Mobiltelephonie und die Entsorgungsprobleme des EDV-Schrottes sind es vor allem *soziale* Veränderungen, die unsere technisierte Gesellschaft nachhaltig beeinflussen: Das Überangebot und die laufend verkürzten Lebenszyklen technischer Güter schrauben das konsumtive Verlangen in ungesunde Höhen; Lernenden und Lehrenden aller Stufen macht die Wissensexplosion zu schaffen, im Trend zu Breite und Quantität des Stoffes bleiben Qualität und Tiefe auf der Strecke; in Familien ersetzen Computerspiele das «Eile mit Weile» am Wohnzimmertisch – die emotionale und soziale Seite

---

8  Schweiz. Bundesamt für Verkehr, BAV-Fact-Sheets, 2001, Wachsende Mobilität bringt mehr Verkehr: «Der Personenverkehr hat zwischen 1950 und 1999 ungefähr um das Siebenfache zugenommen. 1950 wurden in der Schweiz knapp 151 Millionen Personenkilometer im öffentlichen und motorisierten Individualverkehr zurückgelegt, 1999 hingegen rund 105 Milliarden....».

der familiären Gemeinschaft kommt zu kurz; im Gegensatz dazu kommunizieren Jugendliche dank ihrer Handys in noch nie dagewesenem Ausmass und vernachlässigen so gemeinsame (physische) Aktivitäten wie Sport und Spiel; Sprachwissenschafter klagen über die Verwilderung unseres Schriftverkehrs als Folge der E-Mail-(Un)kultur; das Arsenal an individuellen und kollektiven Verkehrsmitteln verführt zur Bewegungsarmut und beschert uns gravierende gesundheitliche Folgeschäden. Es sei auch nicht verschwiegen, dass sich kriminelle Elemente der Technik bemächtigen und diese in die Dienste ihrer Missetaten stellen: Computerbetrug, e-mail-bombing[9] oder gar Handel mit Kindern und Frauen via Internet sind neue Formen technikbasierter Kriminalität, mit denen sich unsere Gesellschaft konfrontiert sieht.

## 1.3.2 Technik als Arbeitsplatzkiller

Wer sich die Stufen der Arbeitsorganisation – von der Taylor'schen Arbeitsteilung[10] über CAM[11], LAN[12] bis hin zu CIM[13] – vor Augen führt, erkennt unschwer, dass jeder dieser Schritte mit einer Ersparnis an menschlicher Arbeitskraft einhergeht. Der kostspielige und pannenanfällige Faktor «Mensch» wird mehr und mehr durch die zuverlässige, mit immer gleichbleibender Qualität produzierende Maschine ersetzt. Und es scheint, dass – heute erst ansatzweise – die letzte Bastion des homo sapiens, das Denken und Lernen, durch neuronale Netzwerke konkurrenziert wird. Menschheit quo vadis? Doch nicht nur in der produzierenden Wirtschaft, sondern gerade auch in den Dienstleistungsbranchen ist der Rationalisierungseffekt der Technisierung unübersehbar; Banken, Versicherungen, die Reisebranche, Verkehrs-

---

9     Versenden von sog. Viren, d. h. von sich selbst mittels E-Mail vervielfältigenden Computerprogrammen zwecks Schädigung der Empfängerstationen.
10   TAYLOR FREDERICK WINSLOW (1856–1915), *The Principles of Scientific Management*, 1911, New York.
11   Computer Aided Manufacturing.
12   Local Area Network.
13   Computer Integrated Manufacturing.

unternehmen reduzieren laufend ihr Arbeitsplatzpotential unter gleichzeitiger Steigerung ihres Dienstleistungsangebots. Wer nicht über die nötige Flexibilität zur Umschulung, zur Assimilierung einer neuen Umgebung oder zur geographischen Veränderung verfügt, bleibt auf der Strecke. Jüngeren, mit weniger «Ballast» befrachteten Mitarbeitern wird der Vorzug gegeben, die älteren werden im Glücksfall frühpensioniert oder sind gezwungen, sich bis zum Pensionsalter mit Gelegenheitsjobs über Wasser zu halten.

# 2. Technik-Diskussion als Tummelplatz der Emotionen

Obwohl jedermann Technik benötigt und einsetzt, wird die Diskussion zwischen Technikbefürwortern und Technikgegnern selten emotionslos geführt. Trotz aller Selbstverständlichkeit, mit der wir die technischen Errungenschaften als Teil unseres Daseins akzeptieren, sind sie begleitet von Bewunderung und Skepsis, von Unbehagen und Zustimmung. Paradiesische Zustände und die Lösung aller Probleme verheissen die einen, Weltuntergang und Selbstvernichtung des Zauberlehrlings Mensch prophezeien die anderen; dazwischen steht die Mehrheit derer, die Technik als unverzichtbares Mittel zum Zweck in ihrem Alltag erleben und nicht mehr missen wollen.

## 2.1 Informationsnotstand

Technologiediktatur: Artifizielle Superhirne steuern künftig unser Dasein; der Mensch als Sklave des lernenden, denkenden und sprechenden neuronalen Netzwerks? Hochspezialisierte Klone verrichten anstelle der «Normalmenschen» die noch verbliebene Arbeit, derweilen sich Letztere zu Tode langweilen? Hundertfünfzigjährige Greise bestreiten elastisch und kämpferisch olympische Disziplinen; Alterung, Krankheiten und Seuchen sind besiegt? Schädlingsresistentes, mit diversen Heilmit-

154

teln angereichertes Getreide wird unser täglich Brot, gigantische Flugzeuge mit einem Fassungsvermögen von bis zu tausend Passagieren sorgen für immer mehr Mobilität ... So oder ähnlich spekuliert wohl jeder, der mit den entsprechenden Techniken und Technologien nicht vertraut ist. Unbekanntes ist aber unheimlich, ängstigt oder weckt – oft unrealistische – Hoffnungen. Nichtwissen wird substituiert durch Vermutung oder gar Glauben, bedeutet aber auch Anfälligkeit für Desinformationen aller Art, Emotionen und Dogmen, die dann verbittert verteidigt werden.

## 2.2   Technik als Politikum

Gerade dort, wo rationales Abwägen von Für und Wider angebracht wäre, nämlich im Umfeld politischer Entscheide über Entwicklung und Einsatz oder Moratorium und Verbot von neuen Technologien etwa im Bereich der Medizin, Ernährung, Biologie, Energie, gehen die Wogen der Emotionen hoch. Interessenvertreter verschiedenster Couleurs, Ideologen und Heilsprediger instrumentalisieren Hoffen und Bangen, Wissen und Unwissenheit über Entstehen, Funktionieren und Wirken der Technologien als Einfallstore für ihr jeweiliges Credo. Das die Gesamtheit unserer Werteskala – von gut bis böse – umfassende Politikum «Technik» darf nicht als Verpackung dazu missbraucht werden, sachfragenferne Ideologien in ein jeweiliges Paket hineinzuschmuggeln. Umsichtige und verantwortungsvolle Entscheidungen über hochdifferenzierte, schicksalsbestimmende und nachhaltig wirkende Technologien können nur durch rationales Abwägen der Vor- und Nachteile auf der Basis einer möglichst objektiven Information, in einem Klima von «Treu und Glauben»[14], gefällt werden. Polarisierungen, emotionaler Druck und Manipulationsversuche haben dabei nichts zu suchen!

---

14   Bundesverfassung der Schweizerischen Eidgenossenschaft, 1998, 1. Titel, Art. 5, Abs. 3.

# 3. Fazit

## 3.1 Unverzichtbarkeit der Technik

Als Produkt unserer grauen Zellen[15] ist Technik seit Jahrtausenden Teil unseres Daseins, und wir haben es verstanden, dieses Feld der Kreativität auf den heutigen Stand zu kultivieren. Unsichtbare Helfer erleichtern alle Bereiche unseres Wirkens: Verkehr, Landwirtschaft, Kommunikation, Administration, Bau, Haushalt, Wissenschaft; das ästhetische Paradestück der Technik, die Architektur, ergötzt unser Auge in schier unerschöpflicher Vielfalt; Weltraumtechnologie eröffnet uns unendliche Fernen, der Teilchenbeschleuniger führt uns in die Welt des Kleinsten; neue Materialien verleihen uns Schutz und Sicherheit; Telekommunikation befriedigt unsere Neugier und unseren Wissensdrang. Technik erleichtert, bereichert und vereinfacht unser Leben – sie ist unverzichtbar geworden!

## 3.2 Richtige Positionierung der Technik

Trotz der Tatsache, dass Technik auf den Menschen eine Wechselwirkung ausübt, indem das durch uns Geschaffene unser Verhalten und unsere Gewohnheiten nachhaltig beeinflusst, besteht kein Anlass, eine Versklavung unter das Diktat der Technik zu prognostizieren. Technik ist keine Naturgewalt, der wir hilflos ausgeliefert sind, sondern Technik ist Ausdruck des menschlichen Willens und subsumiert die Vielzahl der Fertigkeiten, welche die Qualität der physischen Seite unseres Lebens verbessern können. Allerdings: Der menschliche Erfindergeist bleibt nicht stehen. Technik als dessen Schöpfung hat – mitunter schwerwiegende – Veränderungen zum Gefolge, die in *bewusster Verantwortlichkeit* angegangen werden müssen, um der Technik den dienenden Platz zuzuweisen, der ihr zusteht.

---

15   Ein Menschenhirn verfügt über rund 10 Milliarden grauer Zellen.

### 3.3 Verbesserung der Information

Ungeachtet dessen, dass Information *auch* eine Holschuld darstellt, ist es unumgänglich, die Bevölkerung aus möglichst objektiven Quellen über den Stand neuer Erkenntnisse und Technologien auf dem Laufenden zu halten. Wie in allen Bereichen unserer Gesellschaft, sind es auch hier die Schulen, denen dabei eine wichtige Rolle zukommt. Die technikgewohnten Heranwachsenden unserer Tage haben ein Recht darauf, durchaus kritisch, doch *ideologiefrei*, über technische Entwicklungen, deren Sinn (oder Unsinn) und deren Folgen informiert zu werden. Die im Jahre 2001 in allen grossen Schweizer Städten durchgeführten Veranstaltungen der Stiftung «Science et Cité»[16] könnten als Anfangsimpuls für einen umfassenden Dialog zwischen Technologieschöpfern und Technologiekonsumenten genutzt werden.

### 3.4 Versachlichung der Diskussion

Wo Menschen agieren, sind Emotionen am Werk, werden Meinungen gebildet, Werturteile gefällt und gegenüber anderen vertreten. Besonders jene, die sich an der öffentlichen Diskussion über Technik und ihre Folgen beteiligen, sind aufgerufen, ihre Anschauungen im Hinblick auf ideologische Plaque zu durchforsten und ihre Aussagen hin und wieder aus kritischer Distanz zu überprüfen. Rechthaberei, Prophezeiung apokalyptischer Szenarien oder gar Verunglimpfung Andersdenkender sind die schlechtesten Ratgeber für diejenigen, die beispielsweise in einer Abstimmung über eine technologiebezogene Gesetzesvorlage zu befinden haben. Eine befriedigende Lösung von Sachfragen bedingt den Dialog mittels sachlicher Argumente.

---

16   Die 1998 gegründete Stiftung Science et Cité fördert die konstruktive Auseinandersetzung, das Verständnis und die Verständigung zwischen Wissenschaft und Gesellschaft. Mehr darüber unter www.science-et-cite.ch.

## 3.5 Verantwortungsvoller Umgang mit der bestehenden Technik

Leicht geht vergessen, dass das heute bereits vorhandene Potential an Technik der Menschheit als Ganzem noch nie dagewesene Vorteile verschafft: Dank Massenproduktion von Medikamenten und der dadurch erheblich verbesserten Lebensbedingungen steigt die Zahl der Weltbevölkerung kontinuierlich; das World Wide Web verbreitet Wissenswertes auch in entfernteste Winkel und kann so  Bewohner von Randregionen in die Völkergemeinschaft einbinden; satellitenüberwachte Verkehrswege zu Wasser, zu Land und in der Luft sind sicherer geworden – die Liste liesse sich beliebig erweitern. Zahllose Organisationen, Komitees und Kommissionen wachen bereits heute weitgehend «mit Zuckerbrot und Peitsche» über den Einsatz der Schlüsseltechnologien; Anreizsysteme für Wohlverhalten, empfindliche Bestrafung für Sünder werden langfristig ihre Wirkung nicht verfehlen. Parallel dazu muss durch vermehrte Aufklärung und Information das Verständnis für Technik geweckt werden; nur das breit verankerte Wissen um deren Funktionsweisen und Auswirkungen wird zu einem nachhaltig verantwortungsvollen Gebrauch der technischen Errungenschaften führen.

## 3.6 Selbstregulierung in Forschung und Entwicklung

Gewiss braucht es Instanzen und Systeme, welche sich der Überwachung technologischer Entwicklungen annehmen, gebiert doch die Allianz von Geist und Geld gerne Neues, vielfach ohne sich erkennbar der ethischen Nagelprobe unterzogen zu haben. Doch gerade der nicht zum Zirkel der Technologie-Insider gehörende «gewöhnliche» Bürger will darauf vertrauen können, dass die Protagonisten neuer Technologien in Respekt vor der Schöpfung ihren Aktionsradius  kompromisslos innerhalb *ethisch-moralischer Grenzen* abstecken; Selbstregulierung und Eigenverantwortung sind hier Imperativ!

Unter dieser Prämisse kann es gelingen, die technischen Künste als Ausdruck unseres spielerischen Wissensdranges und unserer schöpferischen Freude mit Lust weiterzuentwickeln und wieder ihrem ursprünglichen Zweck zuzuführen: der Verbesserung der Lebensbedingungen, Erweiterung der Erkenntnis, Bereicherung durch Ästhetik und der Freude am Spiel mit den noch lange nicht ausgeschöpften technischen Möglichkeiten.

# B. Empirische Erklärungsversuche im Bereich technologischer Machbarkeit, Wünschbarkeit und ethischer Verantwortung

# Technologie – Mensch – Telekommunikation

*JENS ALDER*

Wir leben oftmals ungesund, ja gar lebensgefährlich. Das ist eine Tatsache, die kaum jemand abstreiten wird. Zu dieser Realität gehört auch der Umstand, dass das Risikoportefeuille einer entwickelten Industriegesellschaft wie das der Schweiz sehr reichhaltig ist.

Die Diskussion rund um den Rindfleischkonsum und das Rauchen, die Auseinandersetzung mit der Kernenergie, dem Autofahren, der Fliegerei sowie dem Fluglärm und neuerdings der Mobilkommunikation sind allgegenwärtig. Medial und verbal präsent: die möglichen gesundheitlichen Risiken durch Autoabgase, Hochspannungsleitungen, Fernseh- und Mobilfunkantennen. Es sind nicht die Rinder, die Raucher und Flugzeuge, und auch nicht die Autos und Antennen, es sind vielmehr die Gefahren, die von diesen technologischen und hochkomplexen Innovationen ausgehen können. Das Nicht-Wissen-Drum ist unheimlich und beängstigend. Unterstützt wird diese Verunsicherung durch eine starke sensibilisierte Wahrnehmung von Umwelteinflüssen und Gesundheitsfragen.

Im Umgang mit diesen Risiken hat man sich auch mit den verschiedenen Rollen und Verantwortlichkeiten auseinander zu setzen. Da gibt es die Rolle des Individuums, die des Unternehmens und die Rolle der Politik. Diese drei Rollen sind mit verschiedenartigen Verantwortungen verbunden.

Die Rolle des Individuums definiert sich durch die Verantwortung über das eigene Risikoportefeuille, das nach den eigenen Wertmassstäben gesteuert wird. Diese Eigenverantwortung beinhaltet auch den Respekt vor den Risikoportefeuilles anderer Individuen. Kurzum, die Rolle und die Verantwortung des Individuums ist, das eigene Glück zu maximieren, aber auf keinen Fall zu Lasten der anderen Gesellschaftsteilnehmer.

Unternehmen spielen eine besondere Rolle im Umgang mit Technologien. Ein Unternehmen, welches nichts anderes ist als ein Kollektiv von Individuen, muss diese kollektive Wirkung der Risiken auf die Gesellschaft ausdrücklich berücksichtigen. So hat sich beispielsweise ein Autoproduzent der grundsätzlichen Gefahren des Autofahrens und der Abgase bewusst zu sein. Er ist gehalten, die vom Staat verordneten Normen als gesellschaftlich legitime Grenzen des eigenen wirtschaftlichen Handelns anzuerkennen, und hat sein unternehmerisches Wirken darauf auszurichten. Auch hier gilt: Das Unternehmen ist legitimiert, den unternehmerischen Erfolg zu maximieren, aber nicht zu Lasten der Gesellschaft.

Neben den Rollen des Individuums und des Unternehmens kommt der Politik eine ganz besondere Verantwortung zu. In einem demokratischen Prozess ist die Politik dafür verantwortlich, dass die individuellen Wertmassstäbe und die subjektive Beurteilung allfälliger Risiken gegeneinander abgewogen werden. Das Ergebnis kann schliesslich dazu führen, dass beispielsweise das Fliegen – obwohl mit Gefahren und Lärm verbunden – weiterhin zugelassen ist, allerdings mit einschränkenden Normen. Diese Normen müssen von der Politik genau definiert werden. Die Festlegung solcher Direktiven muss eine konsequente Durch- und Umsetzung nach sich ziehen. Mit anderen Worten, die Rolle der Politik besteht darin, die politischen Prozesse so zu steuern, dass die Güterabwägung zwischen dem wirtschaftlichen Erfolg oder Fortschritt einerseits und dem Technologierisiko andererseits demokratisch geführt wird.

Eine dieser Technologien ist die Kommunikationstechnologie. Und es stellt sich die Frage: Sind Telekommunikationstechnologien Risikotechnologien? Um diese Frage zu beantworten, ist eine differenzierte Betrachtungsweise notwendig:

Niemand bestreitet heute, dass der schwarze Apparat in Grossmutters Wohnung ungefährlich ist. Man kann ungefährdet mit diesem schwarzen Bakelitgerät telefonieren. Woher diese Gewissheit? Die rund hundert Jahre Erfahrung mit Grossmutters Telefon, sprich mit dieser Technologie, und keinem bekannten

Fall von Gesundheitsschäden sind der Beweis dafür, dass diese technische Errungenschaft risikofrei ist.

Die Informatik, eine weitere Telekommunikationstechnologie, ist – soweit bekannt – bezüglich körperlicher Schäden unbedenklich. Jahrzehntelange Erfahrungen im Umgang mit dieser Technologie bestätigen diese Annahme. Individuum, Unternehmen der Politik haben einen verantwortungsvollen Umgang mit diesen verschiedenen Kommunikationstechnologien gefunden.

Die technische Innovation der Mobilfunkantennen dagegen ist noch recht neu. Fragen, inwieweit von diesen Antennen Gefahren für die Gesundheit ausgehen, liegen auf der Hand. Gemäss heutigem Wissenstand ist dies – bei Einhaltung der strengen Normen – nicht der Fall. Abschliessend kann das jedoch nicht beantwortet werden. Fundierte und wissenschaftlich verifizierte Studien stehen nach wie vor aus. Es wird noch Jahre dauern, bis man in diesem Bereich über genügend Erfahrungen verfügt. Bis es so weit ist, bleiben Mobilfunkantennen unheimlich und umstritten.

Unternehmen, die auf dem Gebiet der Mobilfunktechnologie tätig sind – ob als Netzbetreiber oder als Produzent von Geräten und Einrichtungen –, dürfen die Ängste, die Unsicherheiten weiter Bevölkerungskreise nicht bagatellisieren. Ängste sind real, und Ängste verharmlosen würde heissen, Menschen, die Angst haben, nicht ernst zu nehmen. Das wäre von den Unternehmen unverantwortlich. Ängsten kann man nur mit Informationen begegnen. Und Information hat eine endliche Qualität, mit der die Individuen ihre Ängste besser einordnen können. Die Unternehmungen müssen dabei die Normen, die von der Politik verordnet werden, respektieren und diese als einschränkende Richtlinien des unternehmerischen Denkens und Handelns verstehen.

Mit der Norm der *Nichtionisierenden Strahlenverordnung*, kurz *NIS-Verordnung*, werden in der Schweiz die Abstrahlungsleistungen der Antennen begrenzt. Das ist eine staatlich verordnete Schranke. Es ist legitim, solche Richtlinien zu erlassen. Die Unternehmungen haben diese zu respektieren. Neben dem persönlichen und unternehmerischen Umgang mit der Mobilfunktechnologie gibt es auch eine politische Verantwortung. Es gehört zu den Aufgaben der Politik, die unterschiedlichsten Ängste zu sammeln und zu verdichten sowie die Chancen, die eine solche Technologie mit sich bringt, ebenfalls zu kollektivieren und dann gegeneinander abzuwägen. Die Normen, die aus diesem demokratischen Prozess entstehen, sind schliesslich die Einschränkungen für das wirtschaftliche und individuelle Handeln.

Apropos wirtschaftliche Interessen: Die Mobilkommunikation ist nicht nur ein dynamischer, sondern auch ein stark wachsender Wirtschaftssektor. Die Mobilfunkindustrie in der Schweiz beschäftigt nach Schätzungen mehr als 5'000 Menschen. Die drei Netzbetreiber erwirtschafteten allein im Jahr 1998/1999 4 Milliarden Schweizer Franken Umsatz und investieren jährlich mehrere Milliarden Schweizer Franken. Für das laufende Jahr rechnet die Branche mit einem Umsatz von rund 5 Milliarden Schweizer Franken. Mit 4,5 Millionen registrierten Mobilkommunikationskunden per Ende 2000 weist die Schweiz europaweit die höchste Penetrationsrate von rund 70% auf. Vor zehn Jahren waren knapp fünf Prozent der Schweizerinnen und Schweizer mobil im Telefonieren.

Warum hat die Mobiltelefonie in den letzten Jahren einen derart gewaltigen Aufschwung erlebt? Insbesondere, wenn man sich bewusst macht, dass das mobile Telefonieren kostspieliger ist als auf dem Festnetz? Es spricht alles dafür, dass die Mobilkommunikation deshalb ein attraktiver Dienst ist, weil es sich hier um eine Technologie der direkten Mensch-zu-Mensch-Kommunikation handelt. Ein Handy ist – im Gegensatz zum Fixnetztelefon – ein persönliches Gerät. Die Kommunikation erst am Anfang.

Wird die Mobilfunktechnologie gegenwärtig in erster Linie über den Sprachverkehr wahrgenommen, liegt die Zukunft in der Datenkommunikation. Bereits heute kann man von einem enormen Datenverkehr, Stichwort SMS – short messages services –, sprechen. Die SMS-Generation hebt sich durch ein neues und anderes Anwenderverhalten ab. Man ist orts- und zeitunabhängig am Sprechen und Schreiben, und das Potential ist bei weitem noch nicht ausgeschöpft. Diese Form der Kommunikation ist unterdessen ein fester Bestandteil unseres Alltages. Bereits heute gibt es zahlreiche Branchen, insbesondere das handwerkliche Gewerbe, die ohne Mobilkommunikation nicht mehr funktionieren könnten.

Wirtschaftliche und gesellschaftliche Interessen sowie die grosse Bedeutung der Mobilkommunikationsbranche für den Wirtschaftsstandort Schweiz dürfen nicht darüber hinwegtäuschen, dass die so genannte Antennendiskussion nach wie vor aktuell ist und die Meinungen diesbezüglich diametral auseinander gehen. Das Besondere an dieser Antennendebatte ist, dass sich einerseits eine Mehrheit der Bevölkerung für die Mobilkommunikation ausspricht und andererseits eine immer stärker werdende Minderheit gegen die Mobilfunkantennen protestiert. Gegenwärtig gibt es in der Schweiz rund 6'000 Mobilfunkantennen, meistens nicht sichtbar. Der gesellschaftliche Widerstand gegen neue und bestehende Antennen hat dazu geführt, dass sich der Antennenbau in der Schweiz drastisch verlangsamt hat. Swisscom hat in den letzten sechs Monaten einhundert Baugesuche für neue Antennen eingereicht, bislang wurde eine Bewilligung erteilt. Als führende Telekomanbieterin benötigen wir allein in diesem Jahr fünfhundert neue Antennen, um die gestiegene Nachfrage zu befriedigen.

In dieser Auseinandersetzung spielt die Politik eine ganz besondere Rolle: Sie muss den wirtschaftlichen und gesellschaftlichen Nutzen dieser Technologie und die berechtigten Ängste der Bevölkerung gegeneinander abwägen. Dieser Prozess hat mit der Verordnung über die *Nichtionisierende Strahlung*, die als Grundlage für das Erstellen neuer Antennen gilt, zu einer in der Schweiz gültigen Rechtsnorm geführt. Diese Norm ist rund zehnmal schärfer als vergleichbare Direktiven im europäischen Ausland. Mit anderen Worten, schweizerische Antennen dürfen zehnmal weniger strahlen als irgendeine Antenne in

Europa. Der politische Entscheid, diese strengen Normen einzuführen, resultiert aus einem Vorsichtsprinzip und ist das Ergebnis einer Güterabwägung. Darauf basierend kommen Rolle und Verantwortung der Unternehmen, die in diesem Markt tätig sind, zum Tragen: Die politische erlassene Rechtsnorm bezüglich *Nichtionisierende Strahlung* muss zum einen als Grenze des unternehmerischen Handels akzeptiert werden, und zum anderen haben die Unternehmen über die möglichen Risiken sachlich transparent zu informieren. Die Behörden ihrerseits müssen die bestehenden Normen konsequent umsetzen.

Obwohl die NIS-Verordnung in erster Linie zum Schutz der Bevölkerung erlassen wurde, hat die Verordnung seit Inkrafttreten – Februar 2000 – innerhalb der Bevölkerung eine zunehmende Verunsicherung und Irritation ausgelöst. Seitens des BUWAL wurde verpasst, klare Ausführungsbestimmungen zu erlassen: Die unvollständigen gesetzlichen Grundlagen haben in der Zwischenzeit dazu geführt, dass beispielsweise Genf als Bauvollzugsbehörde letztlich nach eigenem Gutdünken handelt. So hat das Genfer Parlament entschieden, keine Mobilfunkantennen auf öffentlichen Gebäuden zuzulassen. Mit anderen Worten, man nimmt durch den Abbau von Antennen in Kauf, dass das internationale Genf europaweit für die schlechteste Mobilfunkkommunikation in der Innenstadt bekannt sein wird.

Das BUWAL hat im Frühling einen Entwurf in die Vernehmlassung geschickt, der eine weitere Verschärfung der Abstrahlungsgrenze vorsieht. Sollte diese Messvorschrift Rechtskraft erlangen, hätte dies eine relativ einfache Konsequenz: 70% aller Antennen in diesem Land müssten abgebaut und an einem neuen Standort wieder aufgebaut werden, und es bräuchte 50% zusätzliche Antennen. Ob und wie schnell die notwendigen Baubewilligungen vorliegen würden, steht in den Sternen. Fazit: Eine solche Vorschrift würde bedeuten, dass grosse Flächen in der Schweiz – insbesondere Städte und Agglomerationen – nicht mehr mobilkommunikationsfähig wären und der geplante UMTS-Ausbau obsolet würde.

Politik, Unternehmen und Individuum stehen sich gegenseitig in der Verantwortung und haben sich um das Gleichgewicht der Kräfte zu bemühen. Zusammenfassend lässt sich also festhalten, dass ein verantwortungsvoller Umgang mit Technologien, in unserem Fall mit Kommunikationstechnologien, folgende Aspekte beinhalten muss:

- Politisch muss eine sorgfältige Güterabwägung zwischen Fortschritt und Risiko demokratisch stattfinden, und die Umsetzung der Direktiven muss konsequent verfolgt werden.
- Die Unternehmen haben die Pflicht, über Nutzen und Gefahren sachlich und transparent zu informieren.
- Jedes informierte Individuum beeinflusst sein persönliches Risikoportefeuille in Eigenverantwortung und nicht zu Lasten der Gesellschaft.

# La Suisse, une ville sur la carte mondiale du savoir!

*ERIC FUMEAUX et MADELEINE VON HOLZEN*

## Inhaltsverzeichnis

La formation et la recherche sont aujourd'hui deux domaines stratégiques pour le développement et le niveau de vie général de chaque pays dans le monde. L'affirmation est évidemment encore plus cruciale pour un pays comme la Suisse, en raison de son manque de ressources naturelles et de sa taille. Dans ce que l'on appelle communément actuellement la «société du savoir», l'enjeu des décennies à venir consistera à valoriser les savoirs et à élever le niveau de performance de nos systèmes de formation et de recherche. Savoirs et connaissances deviennent le sésame dont on attend tout à la fois:

– des réponses aux bouleversements qui affectent notre monde;
– une plus grande capacité d'innovation;
– des solutions aux questions de société qui se posent chaque jour;
– une aide pour penser notre monde complexe et ses enjeux.

Bref, nous vivons dans un contexte mondial dans lequel la course à l'innovation et à la connaissance prend tous les jours des dimensions nouvelles et où par conséquent, la formation, la recherche, les savoir-faire, la technologie … deviennent une priorité des instances décisionnelles.

Jusqu'ici, la Suisse a su bâtir un système de formation et de recherche proche des besoins de l'économie et de la société. Mais rien ne garantit qu'il en sera toujours ainsi automatiquement, si nous ne prenons pas conscience:

– des enjeux que représentent pour nous l'avènement de la société du savoir;
– des forces et des faiblesses de la Suisse dans cette évolution planétaire.

Ce sont ces questions dont nous devons débattre dans notre pays.

Ne pas les aborder aujourd'hui, c'est compromettre notre avenir, prétériter les générations futures et affaiblir les chances d'un développement durable, c'est-à-dire «la capacité à long terme d'une société à maintenir et accroître son bien-être». En d'autres termes, pécher par «démission».

# I. A l'échelle du monde, la Suisse est une ville...

Disons-le d'emblée, la Suisse a toutes ses chances dans la société du savoir (nombre d'entreprises novatrices, gros potentiel technologique, haute densité en scientifiques de renom)... si elle n'oublie pas, qu'à l'échelle de l'Europe et du monde, elle n'est qu'une ville de 7 millions d'habitants.

La Suisse, une ville? Oui, sur la carte européenne et mondiale de l'économie, de la recherche et de la formation, la Suisse est petite. La Suisse est une ville, dont Zurich, Fribourg ou encore le Tessin sont des quartiers. 7 millions d'habitants, c'est l'équivalent de Londres, mais c'est moins que les 8,2 millions d'habitants de Shanghai ou les 9,3 millions de l'agglomération parisienne, un peu plus que San Francisco où l'on dénombre 6,5 millions de personnes.

Ensemble, et seulement ensemble, nous avons le potentiel d'une ville de 7 mios d'habitants. C'est beaucoup et très peu à la fois. Prenez le secteur de la formation: les étudiants inscrits dans les hautes écoles suisses sont environ 120'000. Ce chiffre correspond à peu près au nombre d'étudiants immatriculés dans les universités de la seule ville de Rome.

# II. Quelle société du savoir?

Il y a la taille de la Suisse, mais aussi le contexte. Nous sommes entrés dans une société du savoir. Les progrès, le développement économique, les nouvelles technologies sont basées sur les connaissances, l'intelligence humaine, l'innovation. L'éducation et la recherche sont plus que jamais fondamentales. Pour la Suisse, c'est une chance et une menace. Une chance car dans une société du savoir, elle peut figurer parmi les meilleures, malgré sa petite taille et son manque de ressources naturelles. Une menace car dans une société du savoir, la Suisse court le risque de se trouver dépassée, justement à cause de sa taille et de son manque de stratégie.

Petite et sans ressources naturelles, la «ville Suisse» ne peut rester fermée sur elle-même. Elle doit tenir compte de la région qui l'entoure, des métropoles voisines ou concurrentes. Vu sa position centrale en Europe sur les routes Nord-Sud, la Suisse a toujours vécu d'échanges avec l'extérieur, d'exportations et de son commerce. Et elle a su faire des choix et prendre des risques.

Aujourd'hui, l'économie du savoir n'a pas de frontières. Aujourd'hui encore moins qu'hier, la Suisse ne peut vivre refermée sur elle-même. Même si elle le fait souvent à reculons, il faut qu'elle accepte de s'intégrer à d'autres mondes et d'être présente sur un plan international.

La Suisse est petite et elle doit s'ouvrir davantage. Que doit-elle faire pour assurer son avenir économique? Que doit-elle faire sur un plan éthique pour assurer le bien-être de la population? Quels sont les choix justes au plan économique et au plan moral?

Dans le contexte d'un marché international de la recherche, de l'innovation, des nouvelles technologies, la Suisse doit définir une stratégie claire.

– Faut-il promouvoir une formation et une éducation de pointe, permettant aux entreprises d'être ensuite les plus compétitives au niveau mondial, et par répercussion à la population d'atteindre – ou de maintenir – un haut niveau de vie?
– Ou faut-il au contraire favoriser une éducation large et pour tous, permettant à la population dans son ensemble et en moyenne d'être mieux formée et de se développer mieux dans le monde économique actuel?
– Peut-on viser ces deux objectifs à la fois?

174

# III. Innover et intégrer

La réponse à cette dernière question est simple. La Suisse doit réussir à atteindre ces deux objectifs, elle ne peut se concentrer sur l'un ou l'autre, elle n'a pas le choix. Elle a intérêt économiquement et éthiquement à concilier ces deux objectifs.

*Sur le plan économique,* l'innovation est la seule manière de survivre dans le monde d'aujourd'hui, quels que soient les types d'entreprises ou de secteurs économiques. Toutes les entreprises qui innovent ont deux points en commun. Elles portent une attention particulière:

- à la qualification de leur main-d'œuvre, donc à la formation professionnelle, aux expériences et à la formation continue de leurs collaborateurs;
- à leur intégration au sein de réseaux ultra compétitifs (réseaux d'entreprises, réseaux de recherche, réseaux de consommateurs et de «sous-traitants»).

C'est bien sûr le cas des entreprises actives dans les technologies de pointe comme la biotechnologie, la conquête de l'espace ou encore les technologies de l'information et de la communication.

Mais c'est aussi le cas des industries traditionnelles et des services qui innovent en intégrant les technologies de pointe dans leurs prestations et produits et en réorganisant leurs activités.

Exemple typique de cette évolution: l'industrie automobile et des transports routiers. Cette industrie a intégré les technologies de l'information et de la télécommunication. Aujourd'hui, les voitures intelligentes sont un nouveau produit, fusion de trois produits distincts qui avaient des fonctions bien spécifiques – le téléphone cellulaire, le système de navigation et l'automobile classique. Il en va de même dans l'industrie des machines-outils qui utilise la robotique et les nouveaux matériaux pour donner naissance, là aussi, à de nouveaux produits.

Le même phénomène s'observe dans le secteur des services: banques, assurances ou tourisme. Ainsi, le client attend aujourd'hui un service global: en matière touristique il veut bien plus qu'une offre de nuitées hôtelières. Ceci exige d'innover dans l'organisation de nouvelles formes de collaboration et de management entre les entreprises d'abord, puis entre celles-ci et les centres de recherche. La valeur ajoutée augmente grâce à l'intégration de multiples savoir-faire.

*Sur un plan éthique* la réponse est encore plus simple. Une nation ne peut pas décider volontairement d'abandonner une partie de ses citoyens, de les laisser sur le carreau et d'avancer uniquement avec ceux qui en ont les moyens.

Nous autres, Suisses, avons fondé notre existence et notre bien-être sur une réelle démocratie et une volonté d'intégration large. Contrairement aux Etats-Unis où à d'autres pays qui ont suivi ce même modèle, la Suisse s'est fixée des objectifs de haut niveau de vie pour la majorité. C'est ce qui a fait sa force et ce qui la fait aujourd'hui encore. Ceci ne doit pas et ne peut pas être changé.

Cette capacité d'intégration du plus grand nombre grâce au savoir est d'autant plus importante dans des sociétés complexes, globalisées et incertaines,

– dans lesquelles nos certitudes, nos repères et nos modèles de développement peuvent vaciller d'un jour à l'autre. Les événements de l'automne 2001 (attaque du World Trade Center, carnage au parlement cantonal zougois ou débâcle de Swissair) nous l'ont violemment démontré en nous forçant à nous interroger sur la société et l'économie que nous voulons demain;

– où nos capacités techniques nous confrontent chaque jour à des questions complexes (Oserons-nous développer de nouveaux matériaux qui remplaceront notre cœur défaillant? Voulons-nous investir dans une production alimentaire plus respectueuse de notre santé? Le clonage humain est-il une chance ou un risque pour l'humanité?).

Dans ce contexte, la formation, la recherche, les savoir-faire et la technologie jouent un rôle clef. Ils sont à la fois un risque mais aussi un espoir de résoudre des problèmes majeurs de la planète et d'améliorer notre vie quotidienne. Ils sont par ailleurs la clef permettant de débattre des futurs enjeux de notre société.

Pour continuer à se développer, la Suisse doit donc concilier les deux ambitions: innover et intégrer.

– Si elle abandonne l'idée de favoriser une formation et une recherche de pointe, elle court des risques importants. Elle risque de se laisser rattraper, puis dépasser par d'autres pays. Sans une minorité de chercheurs et de scientifiques disposant des conditions cadres et de l'environnement leur permettant de mener leurs recherches de manière comparable aux autres pays industrialisés (et aux meilleurs d'entre ceux-ci), la Suisse ne créera plus de haute valeur ajoutée. Elle ne sera plus capable d'innover, d'inventer dans les domaines de pointe. Elle ne découvrira plus rien, ne fera pas avancer les nouvelles technologies et ne pourra que suivre les avancées des autres. Ceci aurait des conséquences dramatiques: étant donné son manque de ressources naturelles, la Suisse ne peut valoriser qu'une seule matière première, sa matière grise. Sans innovation, le tissu industriel et économique ne peut se développer qu'en fonction des autres, ne peut que «sous-traiter» pour d'autres entreprises, d'autres scientifiques, d'autres pays. Et la vraie création de valeur est ailleurs. Ainsi que les bénéfices qui en découlent.

– Mais si la Suisse ne se concentrait que sur cet objectif, celui de développer une recherche et une formation sur les technologies de pointe, en négligeant une formation large et pour tous, une approche démocratique de l'éducation, visant à intégrer les personnes et les entreprises qui ne sont pas au centre de la dynamique technologique, les dangers seraient tout aussi grands. Les risques seraient alors de créer une société à deux vitesses, de s'orienter vers une structure où seule une minorité profite de l'innovation et des avancées technologiques et scientifiques, aux dépens précisément de la majorité. Or une société qui s'oriente vers ce schéma est une société qui vit mal. C'est une société qui tire un trait sur une catégorie de personnes et d'entreprises, qui favorise l'accroissement des inégalités et tous les maux qui y sont liés.

Croire que l'un peut aller sans l'autre est illusoire.

Pour pouvoir nourrir son économie intérieure, la Suisse a besoin d'exporter. Sans exportations, l'économie se porte mal et donc l'économie intérieure aussi. De la même manière, il faut une éducation et une recherche au plus haut niveau sur un plan international pour assurer suffisamment de moyens pour une éducation de qualité pour tous. L'éducation et la recherche peuvent se voir comme une pyramide à deux niveaux. Sans la pointe de la pyramide, l'innovation serait moindre, les retombées économiques plus faibles et du coup, le pot de miel auquel nous sommes habitués depuis 1950 se viderait tranquillement.

## IV. Forces et faiblesses de la formation et de la recherche en Suisse

Une fois cette équation posée, il faut établir un diagnostic sans complaisance sur notre situation.

La Suisse est traditionnellement un pays où l'effort de formation et de recherche est particulièrement important, y compris en comparaison internationale. Jugez plutôt:

– elle dispose avec la formation professionnelle d'un système dans lequel les entreprises jouent un rôle majeur et qui forme plus de deux-tiers des jeunes de notre pays. L'OCDE reconnaît les qualités de ce système, en particulier en faveur de l'intégration des jeunes dans le

monde économique et son rôle de bouclier contre le chômage;
- elle a mis en place depuis 1990 les bases d'un réseau de Hautes écoles regroupant les Ecoles polytechniques, les universités cantonales et plus récemment les Hautes écoles spécialisées (HES), réseau de Hautes écoles par lequel nous cherchons à renforcer la chaîne existant entre science fondamentale, science appliquée, entreprises, centres mondiaux d'excellence et tissus économiques régionaux;
- un effort particulier est fait pour favoriser le développement de la recherche appliquée à travers la Commission pour la technologie et de l'innovation (CTI). Un effort similaire se développe pour stimuler la transformation des savoirs universitaires en innovations marchandes (Parc scientifique de l'EPFL par exemple).

## V.    Pourtant l'orage menace ...

Le niveau de culture générale acquis lors de l'enseignement primaire et secondaire ne suffit plus. Conséquence, des carences se reportent sur les formations suivantes, qu'il s'agisse d'apprentissage, de collège ou de formations universitaires.

La formation professionnelle doit relever les défis des nouveaux métiers. Nous voyons apparaître aujourd'hui de nouveaux besoins en formations, de nouveaux modes d'organisation du travail (travailleurs à la carte), de nouveaux métiers du savoir dans des domaines cruciaux pour la société (services d'information, services aux entreprises, services financiers, services sociaux et médicaux, etc.) pour lesquels nos modes de formation et nos pratiques de recherche restent peu développés ou doivent évoluer avec rapidité. Exemple: le développement des professions de la santé, du social et des arts, tant au niveau de la formation professionnelle initiale que des HES est un projet d'une énorme complexité. La formation tout au long de la vie est aussi un défi crucial.

**Les moyens financiers sont encore importants, mais ils sont fort dilués.** Il n'est pas certain que nos finances publiques nous permettent à l'avenir de poursuivre cet effort, alors que les collectivités publiques dépensent déjà aujourd'hui chaque année près **de 21 milliards de francs suisses (OFS 1996) pour la formation et la recherche** et ce souvent pour maintenir de très petites unités décentralisées et sous-critiques. Ceci est d'autant plus préoccupant au moment où les Etats-Unis et plus récemment l'Europe font de ces investissements en faveur de «l'économie et de la société du savoir» leur cheval de bataille.

Le portefeuille technologique des entreprises formant le tissu économique intérieur s'affaiblit si l'on compare avec les principales nations industrielles du monde, parce qu'une part croissante des innovations commerciales des secteurs les plus porteurs se produisent hors du pays. Ces tendances risquent de se renforcer à l'avenir, vu:

- la propension des chercheurs à s'expatrier de manière définitive, vu la nécessité pour eux de s'insérer dans les meilleurs réseaux internationaux en matière de recherche de pointe;
- la discrétion de la recherche en Suisse dans des secteurs clefs de son économie comme le tourisme, les finances, la santé.

Enfin, le paysage suisse de l'éducation et de la recherche reste éclaté. Le réseau des Hautes écoles est encore embryonnaire. Il cumule un système universitaire fondé sur l'autonomie des cantons, deux écoles polytechniques fédérales et des Hautes écoles spécialisées. La collaboration entre toutes ces institutions se développe mais elle est encore faible. La stratégie n'est pas concertée. A chacun son royaume, à chacun son autonomie et sa liberté de recherche, d'enseignement. Mettre l'accent sur le développement de certaines compétences implique, si l'on considère un budget équivalent, de faire des choix et d'accepter des renoncements ailleurs. Or pour l'instant, rares sont les signes clairs de renoncements. Et l'intervention du monde politique dans la gestion des hautes écoles n'accélère pas toujours ce processus. De l'aveu même de professeurs de Hautes écoles, la gestion du système oscille en fait entre deux écueils: s'en remettre à un processus de décision purement «top-down» qui revient à admettre le risque que ceux qui commandent ignorent en grande partie les réalités du terrain universitaire; ou privilégier un processus «bottom-up» avec le risque de laisser se développer des recherches et survivre des groupes qui ronronnent dans leurs coins.

Enfin, la mobilité est encore faible entre les écoles, entre les universités elles-mêmes et avec les HES. Alors que le processus de Bologne va bientôt révolutionner l'Europe, la Suisse a encore du travail à faire chez elle. Comment parler d'échanges et de reconnaissance de diplômes avec les pays européens, alors que ces échanges et cette mobilité sont difficiles dans notre propre pays – ville ? Pour des raisons culturelles et sociales certes, mais aussi pour des raisons structurelles et systémiques.

## VI. La Suisse peut-elle prendre le risque de l'inertie?

Quels sont les risques de cette situation? La Suisse est en réaction. Sous pression. Peut-être que la solution, pour elle, vient toujours de l'extérieur. Peut-être que par nature, nous ne pouvons avancer ou changer que lorsque nous sommes contraints de le faire. A l'instar du processus de globalisation qui a touché bien des secteurs économiques en réaction à l'intégration européenne ou à l'affaire des fonds juifs, la Suisse changera lorsque les autres l'exigeront ou l'imposeront. Au lieu de préparer sa propre stratégie et de la mettre en place délibérément et de manière autonome.

Une telle attitude de réaction, si elle se maintenait, aurait un impact négatif d'abord pour les hommes, pour les entreprises et les régions que la nouvelle économie mondiale du savoir fragilise le plus, c'est-à-dire

- pour les jeunes qui n'ont pas les moyens d'aller étudier ailleurs;
- pour les entreprises qui n'ont pas accès aux responsables politiques ou aux meilleurs laboratoires de recherche du pays;
- ou encore pour les régions qui ne sont pas d'emblée des pôles d'attraction forts.

*En se comportant de manière réactive, les Suisses prennent donc un risque éthique:* celui de rendre plus difficile l'intégration à ceux qui ont déjà les plus grandes difficultés aujourd'hui, en prétéritant ainsi les prochaines générations.

Ils oublient aussi leur passé: quand ALFRED ESCHER eut l'idée de relier Bâle et Milan par le chemin de fer, il n'imaginait pas l'ampleur des difficultés techniques et humaines auxquelles il devrait faire face afin de réaliser son rêve. Mais il se mit au travail. Lorsqu'il constata les problèmes techniques et humains qui bloquaient l'avancement du projet, il fonda ce qui est aujourd'hui l'école polytechnique fédérale. Et quand le financement fit défaut, il se mit en quête de ce que l'on appelle aujourd'hui du «venture capital». Et il créa le Crédit suisse. C'était en 1856. Il est grand temps que les Suisses retrouvent cet esprit de pionnier.

Et il y a urgence. Si la situation donne encore l'impression d'être sous contrôle et si les choses se passent encore relativement bien, nous ne disposons plus des fondements permettant de voir sereinement l'avenir. Les indices sont suffisants pour comprendre qu'il y a urgence.

## VII. Ouvrir les yeux sur le monde qui change

La première urgence est de prendre acte du changement de contexte dans lequel nous nous mouvons.

Première modification: la vitesse. Attendre implique des risques parfois plus élevés lorsqu'il y a péril en la demeure. Ne rien faire est prendre un risque. Il faut aller plus vite. On peut le dire sous toutes ses formes: passer la vitesse supérieure, accélérer, changer de rythme…

C'est bien la première conclusion à tirer de la situation actuelle: la Suisse n'a plus le temps d'attendre ce que les autres vont faire, ils ont déjà fait bien des choses. L'Asie a rattrapé l'Amérique et l'Europe. Ce continent possède non seulement des ressources naturelles infinies, mais également une population bien formée, une élite qui figure parmi les meilleurs chercheurs dans certains domaines. Une élite mobile, ambitieuse, «travailleuse» qui a le monde devant elle. Et une élite de taille. On ne parle pas ici de quelques milliers de chercheurs ou de scientifiques.

Les Etats-Unis ont développé depuis plusieurs décennies un système dont on peut critiquer certains effets pervers, comme précisément celui de conduire à une société très inégalitaire, mais qui a le mérite de générer une part très importante de l'innovation dans le monde.

L'Europe encourage plus que jamais la recherche et s'est fixée comme objectif pour 2010 de devenir la «région» du monde «leader» en matière d'économie et de société du savoir.

Aller plus vite signifie donc prendre les initiatives, prendre des risques aussi (les deux choses sont corrélées), ne pas attendre de voir ce que les autres font, mais bien prendre des options. Tout investisseur le sait: un rendement plus élevé signifie toujours une prise de risque plus élevée. On ne peut vouloir à la fois sécurité et rendement. A l'échelle d'un pays, on ne peut pas rechercher la sécurité, toutes les garanties et simultanément, les résultats optimaux, le retour sur investissement le plus élevé. Vouloir atteindre plusieurs objectifs en même temps implique de prendre plus de risques.

# VIII. Garder les principes, changer les règles du jeu

Dans ces conditions, notre «ville suisse» doit garder les principes qui ont fait le succès de la Suisse ces cent cinquante dernières années, mais modifier en profondeur les règles du jeu.

Cela signifie par exemple, au niveau de la formation professionnelle, construire des passerelles entre les différents types de professions afin de permettre aux individus de passer d'un endroit à un autre, d'une profession à une autre, d'un niveau de qualification à un autre en fonction de leurs capacités et de leurs vitesse de développement.

Pour ce qui est de l'éducation et de la recherche dans les Hautes écoles, la Suisse se doit d'adapter à l'intérieur du pays sa structure de diplômes universitaires sans attendre que l'ensemble de l'Europe l'ait fait. Elle doit figurer parmi les pays qui participent le plus activement au processus de Bologne. Quelques universités ont déjà franchi ce pas: St-Gall a par exemple introduit en un temps record un système d'enseignement et de certifications des diplômes permettant aux étudiants d'être parfaitement mobiles, dans la mesure où leurs titres seront reconnus par des universités américaines et européennes. Bâle a amorcé la même réforme pour une partie de ses Facultés. Les Ecoles polytechniques et les HES sont elles aussi entrées dans ce processus. La Suisse participe le plus activement possible aux programmes cadres de recherche européens et intègre peu à peu les échanges scientifiques de même que le transfert de savoir et de technologie dans sa diplomatie.

Bien sûr, tout n'est pas parfait. Bien sûr, le modèle américain des B.A. et M.A. n'est pas la panacée. Mais en prenant ces options, les recteurs des Hautes Ecoles qui avancent font un pas dans la bonne direction, celle de l'avenir. Ils résoudront les nouveaux problèmes posés par leurs réformes ensuite. Ils ont accepté d'avancer avant que tout soit réglé, accepté par tous, idéal. Ils ont pris des risques. Et le rendement pourra être plus grand. Ils feront déjà partie du processus, pourront même le conduire et l'améliorer sur la base de leurs propres expériences, en fonction de leurs propres besoins. En étant actifs, ils sont par la force des choses davantage maîtres de leur destin.

## IX.  Oser faire des choix

Autre règle du jeu à changer: il faut faire des choix.

Pour maintenir les deux objectifs – l'élite et la majorité, l'innovation et l'intégration – il faut renoncer à certaines choses, d'un côté comme de l'autre. On ne peut pas vouloir être à la pointe dans tous les domaines. Si on veut viser l'objectif qualitatif et quantitatif à la fois, on ne peut pas être partout, dans le contexte d'une enveloppe budgétaire fermée en tout cas. De la même manière, la politique d'intégration visant à permettre au plus grand nombre de bénéficier des avancées des meilleurs, doit aussi se fixer des priorités.

Il faut aussi définir des objectifs clairs du côté de la politique de recherche et d'éducation supérieure. Quelles sont aujourd'hui les forces de la Suisse? Dans quels domaines est-elle à la pointe et l'investissement mérite-t-il d'être poursuivi? Où sera la plus grande valeur ajoutée pour le pays?

Définir des objectifs clairs revient aussi à poser la question de qui fait quoi? Quels sont les rôles et les missions des universités, des Hautes écoles spécialisées, des instituts de recherche? Quelles sont les relations entre elles ? A quel niveau intervient l'économie privée? Quels liens doivent se tisser entre les entreprises et le système institutionnel de recherche et d'éducation suisse?

## X.  Combattre la dilution des efforts en matière de formation et de recherche

Les différents acteurs du système doivent collaborer, avoir des missions et des objectifs complémentaires et non pas identiques ou encore moins antagonistes, évidemment. Pour atteindre les deux objectifs d'innovation et d'intégration, la Suisse doit offrir une filière de formation complète, perméable et ouverte sur l'international.

Les politiques en matière de formation, de recherche et de technologie ne peuvent plus simplement être optimisées au plan local ou cantonal. L'enjeu est de favoriser l'émergence en Suisse d'«ensembles universitaires régionaux» ayant à la fois:

- **grâce aux EPF et aux universités** les compétences de formation et de recherche fondamentale les plus reconnues sur le plan international;
- **et grâce aux HES** la force de frappe interdisciplinaire et de liaison avec le tissu économique des différentes régions ou «quartiers» formant la «ville suisse».

Un effort similaire est nécessaire en matière de formation professionnelle: l'effort doit se faire ici davantage au niveau structurel en regroupant les métiers dans des «champs professionnels» plus vastes.

Dans les deux cas, ce qui est en jeu, c'est la capacité de nos systèmes à créer des unités suffisamment grandes, capables de garantir «durablement» la qualité et de survivre dans un environnement compétitif sans pitié pour les cas particuliers.

Les masses critiques restent en effet difficiles à atteindre, on le voit notamment dans les HES où le total de 18'000 étudiants est inférieur à celui de la plus grande université suisse.

On le voit aussi dans l'apprentissage avec par exemple l'externalisation par la chimie bâloise de la formation de ses apprentis à une fondation privée.

## XI. Favoriser l'innovation

Le système doit être plus intégrateur au niveau de l'économie aussi. Il faut tout d'abord créer une véritable chaîne permettant à chaque maillon de tirer profit des bénéfices de la recherche et de l'innovation. Les grandes entreprises ont les moyens de collaborer avec les EPF ou les Universités cantonales, elles investissent

186

elles-mêmes fortement dans la recherche et le développement, et sont donc des partenaires parfaits pour les Hautes Ecoles. C'est moins facile pour les PME. C'est pour combler cette lacune que les HES ont été créées et qu'on leur demande de développer leur capacité de recherche appliquée et de développement.

Plus généralement, l'enjeu économique pour la Suisse et ses cantons est de faire de notre pays une ville apprenante, capable d'innovations et d'adaptations permanentes en encourageant les collaborations entre entreprises, régions, cantons, écoles et institutions fédérales.

Ceci implique de valoriser toute la filière de la formation professionnelle et surtout de combiner intelligemment les logiques complémentaires de la science et de l'économie.

En effet, l'observation des «best practices» internationales montre que:

– il n'y a pas d'acteur unique de l'innovation mais un système d'acteurs à mettre en réseau,
– une efficacité supplémentaire s'obtient si l'on sait combiner plusieurs logiques (privé, public, formation, politique scientifique et politique économique, recherche).

## XII. Gérer la Suisse comme on gère une ville

Et voici encore une règle du jeu à changer: nous devons gérer la Suisse comme on gère une ville. Parce que la Suisse est une ville, ses autorités politiques et académiques doivent raisonner comme s'ils dirigeaient une même et seule entité, et non un pays fait de 26 entités cantonales et de nombreuses institutions de recherche et d'enseignement.

Malgré sa prospérité, notre pays bénéficie de moyens limités. Il doit développer son centre ville et intégrer en même temps tous ses quartiers. Ne pas créer de ghetto, de zone urbaine défavorisée. Ne pas croire non plus qu'il y aura trois, quatre ou cinq centres ville.

Certes, il existe dans notre ville suisse, comme dans toutes les agglomérations du monde, des quartiers de vie, de dynamisme, d'attraction aux caractéristiques variées. C'est ce que l'on appelle en Suisse, depuis quelques années, les «grandes régions», chacune d'entre elles ayant un caractère spécifique en matière de technologie, de portefeuille d'activités, de ressources humaines et d'échanges commerciaux.

La région zurichoise «Greater Zurich Area» – réunit 1,2 milions de personnes autour des 340'000 habitants de la commune-ville de Zurich. L'espace Mittelland, autre grande région, compte 1,7 millions de personnes et le bassin lémanique (y compris le Valais) en compte 1,3 millions. Une autre partie de la Suisse, le Tessin, que l'architecte AURELIO GALFETTI appelle la «Città Ticino», fait partie d'une grande région reliant l'agglomération de Milan avec la Suisse italienne.

Les délimitations de ces grandes régions révèlent que lorsqu'elles innovent, elles deviennent des «régions apprenantes» et qu'elles ne recoupent pas forcément les entités politiques ou linguistiques, ce qui implique de nouvelles formes de collaboration et de gestion. C'est pourquoi, il nous paraît judicieux de défendre l'idée de créer de véritables zones supra-cantonales universitaires, des pôles de compétences autour desquels pourra ensuite se développer le tissu économique et social.

# XIII. Changer d'échelle

Toutes ces nouvelles règles du jeu pourraient se résumer en une nouvelle règle: **il faut changer d'échelle**. Précisément: se voir comme une ville et non plus un pays. Avec tous les inconvénients que cela peut avoir, mais aussi les avantages, pour autant que l'on soit prêt à avancer politiquement et à agir.

Les déboires rencontrés par Swissair ou par l'aéroport de Zurich au cours de l'automne 2001 montrent les difficultés croissantes qu'a la Suisse à jouer un rôle de premier plan dans la compétition internationale lorsqu'elle ignore sa condition d'agglomération unique de 7 milions d'habitants.

Ces difficultés s'aggravent chaque jour davantage du fait que, contrairement à Londres, Paris ou San Francisco, notre «ville suisse» de 7 millions ne se comporte pas, ne se vit pas et ne se gère pas comme une ville.

Pourtant, considérer la Suisse comme une agglomération unique n'est pas une idée tout à fait nouvelle: pensons par exemple au projet «Swissmétro» qui cherche à relier chaque extrémité de notre pays en 1 heure.

Pensons aussi que les parties habitables de cette agglomération de 7 millions d'habitants sont déjà étroitement interreliées entre elles, y compris les régions dites périphériques et ceci malgré la propension de chacun des «quartiers» de la «ville suisse» à se considérer comme une région tout à fait différente de ses voisines. Comme le disait voici bientôt 20 ans l'ethnologue BERNARD CRETTAZ: «la Suisse est une miniature qui aime construire des miniatures plus petites encore».

## XIV. Ouvrir d'urgence le débat

Vient la question finale: comment la Suisse, comment les décideurs et les différents acteurs de ce pays peuvent-ils avancer avec les citoyens, avec les structures actuelles et en tenant compte des nombreuses contraintes systémiques et structurelles de ce pays? En d'autres termes: comment transformer un pays fait de 26 cantons, basé sur un système politique fédéraliste avec une large décentralisation des compétences dans les domaines qui nous intéressent en une ville?

Fusionner le tout? Vous rigolez… Soit. On ne peut pas fusionner les cantons ct communes helvétiques comme ça, on ne va pas changer du jour au lendemain par le biais d'une votation populaire. Non.

Conséquence: la Suisse va souffrir de plus en plus jusqu'au jour où elle élaborera enfin une stratégie adaptée à sa dimension: celle d'une ville. Elle va devoir changer d'échelle. Les politiques de quartiers ne sont d'ores et déjà plus possibles dans de nombreux domaines tels que l'éducation, la santé, les transports, la sécurité, l'approvisionnement énergétique etc.

Bref, la Suisse devra en venir à de nouvelles formes de gestion de son territoire et à une concentration des forces (certains parlent de centralisation, d'autres préfèrent la notion de collaboration intercantonale systématique ou de fédéralisme coopératif...), si elle veut pouvoir gérer ses affaires à cette nouvelle échelle qui est celle du monde. Pour aller plus vite, prendre des risques, faire des choix, définir mieux les rôles respectifs des acteurs et les coordonner. Le seul et vrai problème, c'est qu'elle ne l'a pas encore compris.

Dans l'immédiat, avant qu'on ne gère la Suisse en une seule et même entité urbanisée, on peut au moins en parler.

On peut soumettre ouvertement ces questions au peuple. En débattre, courageusement, et sans objectifs électoralistes. Montrer les faits. Oser dire ce que l'on pense. Dire les risques que l'ensemble du pays court, si rien ne change. Ne pas prendre le peuple pour l'idiot du village. Lui donner la parole aussi, écouter, descendre dans l'arène. Argumenter, convaincre.

Quelques politiciens l'ont fait en proposant à la population une votation sur une fusion entre les cantons de Vaud et Genève. Au début, on les a pris pour des rigolos. Mais ils ont au moins eu le mérite de poser les questions et de stimuler le débat. Aujourd'hui, les rapprochements universitaires entre ces deux cantons paraissent logiques, à tel point que le projet triangulaire (Université + école polytechnique de Lausanne + Université de Genève) a été accepté.

Le débat permettra d'aborder les questions en public, de faire avancer la discussion. Il permettra ensuite aux décideurs d'expliquer leurs choix et de les commenter. Le but est de faire comprendre les enjeux: on parle de l'avenir de la Suisse, de sa capacité à rester compétitive et à intégrer l'ensemble de la population dans le processus. Regarder la réalité en face, ouvrir et promouvoir le débat sur ces questions avec franchise, accepter que les règles du jeu doivent changer et faire de vrais choix sont les seuls moyens d'atteindre ce but.

Evidemment, il reste une option. Décider que la «ville suisse» peut vivre en autarcie. Ne pas s'inquiéter du développement des métropoles plus ou moins lointaines et poursuivre son chemin tranquillement.

Mais dans ce cas, elle ne pourra un jour peut-être même plus faire valoir le statut de ville. Le risque est alors qu'elle se retrouve reléguée au rang de village sur la carte mondiale du savoir.

# Ziele und Grenzen der Forschung in der Gefässchirurgie

*J. LARGIADÈR und E. SCHNEIDER*

## Inhaltsverzeichnis

# I.  Einleitung

Die Gefässchirurgie beschäftigt sich mit der Therapie von
krankhaften Veränderungen der Arterien, der Venen und der
Lymphgefässe. Auf dem arteriellen Sektor bilden die verschiedenen Lokalisationen der Arteriosklerose den wichtigsten therapeutischen Schwerpunkt. Die Hauptmanifestationen dieser degenerativen Erkrankung, die mit dem Alter zunimmt und zu
Gefässverschlüssen führt, sind an den Halsschlagadern, den
Herzkranzgefässen, den Arterien der Beine und Arme sowie der
Arterien der inneren Organe (z.B. Nieren, Magen-Darm-Trakt)
zu finden. Die daraus resultierenden klinischen Folgen sind unterschiedlichen Schweregrades und auf das versorgte arterielle
Territorium bezogen. Einengungen und Verschlüsse im Bereich
der zuführenden Arterien des Gehirns können zu passageren
oder bleibenden neurologischen Ausfällen führen bis zum Voll-
bild des Schlaganfalles, der invalidisierend oder tödlich verlaufen kann. Verschlüsse oder Stenosen der Koronarien bewirken
das klinische Bild der Angina pectoris und/oder des Herzin-
farktes. Auch die Folgen der Obstruktionen der Becken-,
Beinarterien können unterschiedlichen Schweregrades sein: von
leichten belastungsabhängigen Muskelschmerzen (intermittie-
rendes Hinken, gleich Schaufensterkrankheit) bis zu minder-
durchblutungsbedingten quälenden Ruheschmerzen oder gar
Nekrose und Gangrän (Greisenbrand) von mehr oder weniger
ausgedehnten Teilen der Extremitäten. Letztere stellen eine Bedrohung der Extremität dar und können auch heute noch mehr
oder weniger ausgedehnte Amputationen erfordern. Einengungen oder Verschlüsse der Nierenarterien bewirken oftmals einen
so genannten renovaskulären Bluthochdruck oder führen zur
ischämischen Nephropathie mit Niereninsuffizienz unterschiedlichen Grades, bis hin zur Dialysepflichtigkeit.

Die Arteriosklerose kann nicht nur zu Verengungen, sondern auch zu Erweiterungen von Arterien führen, den so genannten Aneurysmen. Letztere neigen zu thromboembolischen
Komplikationen oder, bei grösseren Ausmassen, zu Rupturen

mit in der Regel tödlichem Ausgang, wenn sie nicht rechtzeitig diagnostiziert und notfallmässig behandelt werden.

Bei den allermeisten Patienten liegt eine generalisierte Atherosklerose vor mit klinischer Dominanz eines oder auch mehrerer arterieller Territorien, deren Berücksichtigung bei der Planung und für die Durchführbarkeit einer Revaskularisationsoperation von eminenter Bedeutung ist. Die Venenchirurgie verfügt über technische Massnahmen, die geeignet sind, die so genannte chronisch-venöse Insuffizienz zu verhindern oder zu behandeln (z.b. die venöse Thrombektomie kombiniert mit lokoregionaler Lyse, die Entfernung von Varizen und Ligatur von Perforansvenen, Klappentransplantationen und -rekonstruktionen). Besonders anspruchsvolle mikrochirurgische Techniken kommen in der Chirurgie der Lymphgefässe, zum Beispiel bei bestimmten Formen des Lymphödems, zur Anwendung.

## II.  Geschichtlicher Rückblick

Die Entwicklung der modernen Gefässchirurgie wurde erst möglich, nachdem der fokale Befall der Arterien durch die Atherosklerose erkannt und eine geeignete Methode der Sichtbarmachung dieser Veränderungen (die Arteriographie mit organischen Jodverbindungen) verfügbar war. Eine dritte, eminent wichtige Entdeckung war die des Heparins, das eine effiziente Hemmung der Gerinnung gewährleistete. Die Arteriographie ermöglichte nicht nur eine genaue anatomische Darstellung des arteriellen Systems, die Lokalisation und Ausdehnung der krankhaft veränderten Arteriensegmente, die einer chirurgischen Wiedereröffnung durch Ausschälung[1] oder einer Umgehungsoperation[2] zugänglich sind, sondern auch die  Beurteilung der Qualität des peripher gelegenen Arterienbettes, das für eine erfolgreiche Revaskularisationsoperation wichtig ist. Die Anwendung der Gerinnungshemmung durch Heparin verhinderte den

---

1    Thrombendarterektomie, CID DOS SANTONS 1947.
2    Bypass, KUNLIN 1949.

akuten Gefässverschluss intra- und perioperativ, der eine technisch noch so brillante Gefässoperation zum Scheitern verurteilt.

Entscheidende Beiträge zum Fortschritt der Gefässchirurgie brachten die Entwicklungen von wenig thrombogenen Gefässprothesen[3], die zum Teil die körpereigenen Venen als Graftmaterial ersetzten und auch in Regionen eingesetzt werden konnten, wo eigenes Venenmaterial ungeeignet ist[4].

In den 60er und 70er Jahren des letzten Jahrhunderts ist die Entwicklung von Gefässprothesen durch die produzierenden Firmen schnell vorangetrieben worden. Leider ist es bis heute nicht gelungen, ein mit den körpereigenen Venen gleichwertiges Produkt zu entwickeln. Für arterielle Rekonstruktionen im Unterschenkel- und Fussbereich sind Kunststoffprothesen ungeeignet, sie ergeben aber die besten Langzeitresultate nach Implantation im aorto-iliakalen Segment[5].

Aus historischer Sicht ist es erstaunlich, dass schon Jahrzehnte, bevor die oben erwähnten Prämissen für die moderne Gefässchirurgie geschaffen waren, die Techniken der Gefässnaht, des Gefässersatzes und sogar der Organtransplantation durch Alexis Carrell in allen Einzelheiten beschrieben und experimentell verifiziert waren. CARRELL erhielt 1912 für seine grundlegenden Arbeiten den Nobel-Preis, seine Arbeiten aber wurden komplett vergessen, da sie zu jener Zeit klinisch nicht verwendbar waren. Die meisten der heutigen Techniken mussten erneut erfunden werden! Heute sind die operativen Verfahren und Techniken weitgehend standardisiert und werden mit nur geringen lokalen Abweichungen und Abwandlungen an spezialisierten Zentren eingesetzt und gelehrt.

Etwa zur gleichen Zeit, als sich die Gefässchirurgie zu einem eigenständigen Fach aus der Allgemeinchirurgie loszulösen und zu etablieren begann, wurde eine weitere Therapiemöglichkeit für fokale arteriosklerotische Gefässobstruktionen von

---

3     Dacron, PTFE.
4     Z.B. im aorto-iliakalen Bereich als Y-Graft, um Verschlüsse oder Aneurysmen zu umgehen bzw. auszuschalten.
5     Durchgängigkeitsraten über 90% nach 5 Jahren.

CHARLES DOTTER (Portland 1964) beschrieben und von ANDREAS GRÜNTZIG (Zürich 1974) grundlegend modifiziert und adaptiert. Es ist die sogenannte perkutane transluminale Angioplastie (PTA), ein Katheterverfahren, bei dem verengte oder auch verschlossene Arteriensegmente mittels Ballonkathetern wieder durchgängig gemacht werden. Die Miniaturisierung des Instrumentariums erlaubte schon sehr bald die Dilatation verengter Herzkranzgefässe[6] sowie von Nierenarterien und viszeralen Gefässen. Die rapide Akzeptanz der wenig invasiven Eingriffsmöglichkeiten auch für chirurgisch aus allgemeininternistischen Gründen nicht geeignete Patienten hat das Therapieprofil der obliterierenden Atherosklerose in den letzten drei Jahrzehnten entscheidend mitgeprägt und auch die Entwicklung der Gefässchirurgie beeinflusst. Erst als sich die Einsicht durchsetzte, dass sich die perkutane transluminale Angioplastie und chirurgische Revaskularisationsverfahren ergänzen und nicht wie anfänglich gefürchtet, gegenseitig konkurrenzieren, wurden moderne Therapiekonzepte möglich, die beide Methoden integrieren.

Die PTA als alleiniges Verfahren ist ungeeignet zur Therapie akuter thrombotischer oder embolischer Arterienverschlüsse, die lange Zeit eine ausschliessliche Domäne der Gefässchirurgie waren. Die Einführung der lokalen Thrombolyse[7], bei der eine Fibrin auflösende Substanz[8] über einen Katheter in das thrombotisch verschlossene Arteriensegment eingebracht wird, und die Extraktion von Gerinnseln durch Aspiration über perkutan eingeführte Katheter[9] hat die therapeutischen Möglichkeiten weiter in Richtung Kathetertherapie verschoben, weg von der «klassischen» Gefässchirurgie. Die dem thrombotischen Ereignis zu Grunde liegende atherosklerotische Läsion kann zudem in gleicher Sitzung durch eine Angioplastie behoben werden. Die Technik ist auch bei Bypass-Verschlüssen anwend-

---

6    ANDREAS GRÜNTZIG, Zürich, September 1977.
7    HESS 1983.
8    Z.B. Streptokinase, Urokinase oder rt-PA.
9    E. SCHNEIDER, E. STARK 1983.

197

bar und stellt somit eine gute Ergänzung zur Gefässchirurgie dar, als «Service-Eingriff» zur Erhaltung funktionstüchtiger Bypässe.

Initial wurden die oben genannten Kathetereingriffe fast ausschliesslich von Angiologen und Radiologen durchgeführt. Heute sind die technischen Voraussetzungen oftmals auch in chirurgischen Operationsräumen gegeben, durch die Bestückung mit einer Angiographieeinheit. Dies ermöglicht einerseits dem in beiden Techniken ausgebildeten Chirurgen oder einem Team mit Angiologen/Radiologen die Durchführung kombinierter Verfahren, z.B. die Implantation von Endoprothesen zur Behandlung von aorto-iliakalen Aneurysmen.

Die Weiterentwicklung der kathetertechnischen Möglichkeiten hat auch die minimal invasive endovaskuläre Einbringung von aorto-iliakalen Graftprothesen ermöglicht. Dabei wird dem Patienten keine grosse Gefässoperation, sondern nur ein in lokaler Anästhesie durchgeführter Eingriff zugemutet.

Somit war die endovaskuläre Gefässchirurgie geboren, die eine noch engere zeitliche und räumliche Verflechtung chirurgischer und primär nicht chirurgischer Methoden möglich machte. Diese Entwicklung zeigt die enge, absolut notwendige interdisziplinäre Zusammenarbeit verschiedener Fächer der Gefässchirurgie, der Angiologie, der Radiologie in der Therapie von Patienten mit obliterierender Arteriosklerose. Dieser Leitsatz gilt auch für die Behandlung von Karotisstenosen zur Prävention zerebro-vaskulärer ischämischer Ereignisse bei der gefässchirurgische, in neuerer Zeit aber auch kathetertechnische Eingriffe zum Tragen kommen. Vorweggenommen sei hier die Notwendigkeit weiterer multizentrischer Studien zur genaueren Definition der für das eine oder andere Verfahren am besten geeigneten morphologischen Obstruktionsmuster.

Aus wissenschaftlicher Sicht, aber mit direkten klinischen Folgen, hat die Kathetertherapie durch die Induktion der Rezidivstenosen im behandelten arteriellen Segment, die in 20–60% der Fälle eintritt, indirekt eine enorme Beschleunigung der internationalen kardio-vaskulären Forschung ausgelöst. Das Substrat bildet eine Proliferation modifizierter glatter Muskelzellen am Ort der Behandlung, die ein primär oftmals bestechendes klinisch und hämodynamisches Ergebnis auf die Dauer kompromittiert. Die so entstehende wuchernde Narbenbildung führt zu einer erneuten Einengung der Gefässe. Dieses Phänomen, auch nach Gefässoperationen, vor allem an den Implantationsstellen[10] oder nach Thrombendarteriektomie bekannt, ist das wichtigste ungelöste Problem in der Therapie der obliterierenden Arteriosklerose. Heute sind die humoralen und zellbiologischen Mechanismen bekannt, die zur Restenose führen. Es ist aber zurzeit noch völlig ungeklärt, warum der Grossteil der Patienten keine myointimale Reaktion nach einer PTA entwickelt. Versuche, dem Problem durch die Implantation von Stents[11] mechanisch beizukommen, sind je nach Gefässterritorium und Stentmaterial erfolgreich[12] bis enttäuschend[13] verlaufen. Die Restenose bildet sich auch im gestenteten Segment, in vielen Fällen wird sie wahrscheinlich sogar durch den Stent induziert und beschleunigt.

Die Entwicklung der Stenttechnologie ist im vollem Gange, der Hauptakzent liegt aber nicht mehr auf der mechanischen Funktion allein und der biologisch neutralen Oberfläche, sondern viel mehr in der Kombination letzterer mit dem Freisetzen von Substanzen, mit denen die Stents beschichtet sind, mit dem Ziel, lokal in der Arterienwand die myointimale Proliferation zu hemmen. Klinische Studien mit Rapamycin beschichteten Stents in Koronargefässen haben viel versprechende Resultate gezeigt. Ob eine Bestrahlung mit Beta- oder Gamma-Strahlen des mittels Ballonkatheters dilatierten Arteriensegmentes gegen die Restenose wirksam ist, wird in zurzeit laufenden Studien untersucht.

Die moderne Gefässchirurgie mit ihrer nur kurzen Geschichte in einer Zeit der rapiden Entwicklung alternativer und

---

10 Anastomosen der Bypässe.
11 Gefässstützen, die durch die eigene radikale Kraft das geschaffene Gefässlumen offen halten.
12 Koronarien, Beckengefässe.
13 Femorale und krurale Gefässe.

ergänzender Revaskularisationsverfahren ist in einem kontinuierlichen Umwandlungsprozess vom rein chirurgischen zum
chirurgisch interventionellen Erscheinungsbild. Das führt
zwangsweise zu einer vermehrten und vertieften interdisziplinären Zusammenarbeit – zumal die neuen Entwicklungen nur zum
Teil aus der Chirurgie kommen – sowohl im klinischen Alltag
als auch in Lehre und Forschung. Es setzt aber auch die Bereitschaft voraus, von Seiten der Gefässchirurgen einen Teil des
kaum Etablierten schon wieder aufzugeben zu Gunsten neuerer,
weniger invasiver und somit weniger belastender Eingriffe.

## III.  Forschungsziele

Die Zielsetzung der medizinischen Forschung hat sich seit eh
und je an den «Hauptleiden» der jeweiligen betroffenen Bevölkerung orientiert. Es ist auch heute nicht anders: Die Hauptfor-
schungsgebiete sind in den entwickelten Industrieländern einerseits die Arteriosklerose, andererseits die Tumorleiden, somit die
beiden heute häufigsten Todesursachen. Es werden weltweit
enorme Summen für die Herz-Kreislauf-Forschung ausgegeben,
in der Hoffnung, die sehr komplexe Arteriogenese mit all ihren
Folgen zu verstehen und daraus wirksame Vorbeugungs- und
Behandlungsmassnahmen abzuleiten. So fördert der Schweizerische Nationalfonds zurzeit 55 laufende Projekte in der Herz-
und Kreislaufforschung mit einer Gesamtsumme von 15,58 Millionen Schweizer Franken. Es ist darunter nur eine sehr kleine
Anzahl von Projekten, die direkt als gefässchirurgische Themen
definiert sind. Die meisten Vorhaben betreffen molekular- und
zellbiologische Aspekte der Atherosklerose und sind der
Grundlagenforschung zuzuordnen mit besonderem Bezug zur
Kardiologie. Ein grosser Teil untersucht genetische und gen-
technologische Aspekte der Arteriosklerose, andere die komplexe Rolle des Endothels in der Arteriogenese.
Die Gefässchirurgie als solche kann dazu wenig direkt
beitragen, kann aber bei positiven Forschungsergebnissen als

unmittelbare Nutzniesserin gelten, da vom Fortschreiten oder vom Stillstand der Grundkrankheit oftmals die Langzeitergebnisse nach vaskulärer Operation direkt abhängen. Neben den öffentlichen Forschungsfonds investiert die medizin-technische und Pharmaindustrie riesige Summen in die eigenen Forschungsprojekte, die Therapie der Arteriosklerose betreffend.

In der westlichen Gesellschaft mit zunehmender Lebenserwartung und niedriger Geburtenrate kommt es unausweichlich zu einer zunehmenden Überalterung der Bevölkerung. Damit nehmen selbstverständlich auch die mit dem Alter fortschreitenden degenerativen Erkrankungen, zu deren die Arteriosklerose zählt, zu, und zwar nicht nur als Häufigkeit, sondern auch als Schweregrad und Multiorganbefall. So haben zum Beispiel Patienten mit schweren, extremitätenbedrohenden Durchblutungsstörungen der Beine in über 50% der Fälle auch einen Befall der Karotiden, und sind somit potenziell schlaganfallgefährdet, und in etwa 75% einen manifesten Befall der Koronarien mit Angina pectoris, Myokardinfarkt oder Herzinsuffizienz. Hinzu kommen häufig Erkrankungen der Atemwege als weiteres Risiko vor allem für die Intubationsnarkose. Das bedeutet also, dass die Patienten, die einen operativen Eingriff am dringendsten brauchen, auch mit dem höchsten Risiko behaftet sind. Weitere Risiken für grössere operative Eingriffe vor allem bei älteren Patienten lassen sich oftmals nicht mit den üblichen klinischen und apparativen Untersuchungsmethoden erfassen, sondern benötigen komplizierte humorale und eventuell gentechnische Tests, die aufwendig und teuer sind, aber immer noch viel billiger als die Behandlung unvorhergesehener Komplikationen.

Daraus ergeben sich zwei wichtige Forschungsziele:

1. die bestmögliche präoperative Risikoeinschätzung und

2. die weitere Verbesserung der Tolerabilität eines Ein griffes.

Zum zweiten Punkt können wahrscheinlich in Entwicklung befindliche Verfahren mit Hilfe der Robotik ebenso beitragen wie die Verfeinerung minimal invasiver Techniken[14] oder alternative Kathetermethoden.

Aus der Kombination der beiden Forschungsziele sollte sich eine rationale Behandlungsstrategie ableiten lassen, die für den individuellen Patienten unter Berücksichtigung seiner Lebenserwartung und -qualität aus dem maximal Machbaren das Sinnvollste anhand von gesicherten klinischen Kriterien wählen lässt. Es ist sinnlos, eine belastende, evtl. komplikationsträchtige und kostenintensive Revaskularisation zu wählen, deren Langzeitergebnisse die Lebenserwartung eines Patienten bei weitem überschreiten würde. Andererseits darf ein Verfahren, wenn es versagt, die Erfolgschancen einer anderen Technik nicht schmälern oder sie sogar verunmöglichen. Dieser Aspekt der Therapie ist leider noch nicht genügend untersucht und sollte in entsprechend angelegten klinischen Studien eingehend geklärt werden unter den Kautelen der «Good Clinical Practice» und den ethischen Prinzipien, wie sie in Helsinki 1964, Tokio 1975 und Hong Kong 1989 für klinische Studien festgelegt wurden.

## IV. Gefässchirurgische Forschung und sozio-ökonomisches Umfeld

Die moderne medizinische Forschung ganz allgemein findet statt unter den besonderen Bedingungen einer zunehmenden Überalterung der Gesellschaft. An diesem in der Geschichte erstmals entstandenen Phänomen hat der Fortschritt der Medizin in den letzten Jahrzehnten entscheidend mitgewirkt. Auf die dadurch entstandenen Probleme sozio-ökonomischer Natur waren die Schaltstellen der Gesellschaft nicht vorbereitet und deshalb stellt ihre Lösung eine vollkommen neue Herausforderung für die politischen Gremien dar, die wiederum die Medizin über das in einer grundlegenden Anpassung sich befindende Gesundheitssystem nachhaltig beeinflussen wird. Die damit unaus-

---

14    «Knopflochchirurgie».

202

weichlich verbundene Umverteilung der Ressourcen wird sich auch auf die medizinische Forschung auswirken. Auch wenn die Freiheit von Forschung und Wissenschaft gesetzlich garantiert ist, werden in Zukunft vermehrt (gesundheits-)politische Gesichtspunkte und Zwänge einen deutlichen Einfluss auf Forschungsrichtungen und Ziele ausüben. Der öffentliche Geldgeber wird auf die Forschungsplanung, gestützt auf den Rat und die Zusammenarbeit mit Experten auf den betreffenden Gebieten, Einfluss nehmen, z.b. durch die Einrichtung zentral koordinierter Forschungsschwerpunkte oder durch das Zusammenschliessen von Forschergruppen in Sonderbereichen usw. Das ist sicher sinnvoll zur Vermeidung kostspieliger Doppel- und Mehrspurigkeiten in der medizinischen Forschung, wie sie z.Z. noch besteht. Es ist vorstellbar, dass in Zukunft auch neue Kooperationsformen zwischen der universitären und der industriellen Forschung gesucht und erschlossen werden.

Dank der medizinischen Versorgung hat nicht nur die Lebenserwartung zugenommen, sondern auch der Gesundheitszustand der älteren Menschen ist deutlich besser geworden, d.h., dass sich auch die Lebensqualität durch die Linderung von Symptomen chronisch unheilbarer Krankheiten verbessert hat und vielen eine sinnvolle aktive Teilnahme in Würde am sozialen Leben bis ins hohe Alter ermöglicht. Wie weiter oben ausgeführt, ist die gefässchirurgische Forschung zum grossen Teil ausgerichtet auf die Prävention von Invalidität und Linderung von Symptomen, die durch die Arteriosklerose bei alten Menschen hervorgerufen werden.

Nehmen Patienten an klinischen Studien teil, prüft man m.a.W. Forschungsergebnisse an kranken Menschen auf ihre klinische Relevanz, darf dieses nur unter der Berücksichtigung der medizinischen Ethik erfolgen, d.h. der «systematischen Besinnung auf verantwortliches Handeln im Bereich der Gesundheitssorge im Hinblick auf seinen humanen Charakter»[15]. Das beinhaltet die Respektierung und Förderung der menschlichen

---

15    P. SPORKEN, 1986.

203

Grundwerte und der Würde des einzelnen Menschen auch unter den Bedingungen seiner Krankheit und seines Leidens. Vollkommen zu verwerfen sind daher «klinische Studien», die in Länder ausgelagert werden, in denen man die Prinzipien der medizinischen Ethik weniger exakt befolgt und wo deren rechtliche Verankerung ungenügend ist.

Das derzeitige Gesundheitswesen mit allen seinen Sparten verursacht hohe und weiter steigende Kosten. Das hängt auch mit einer zunehmend fordernden Erwartungshaltung vieler Menschen an die medizinische Versorgung zusammen: Nur maximale Leistungen genügen, und nur wenige sind noch bereit, sich mit gewissen Einschränkungen durch eine chronische Krankheit zu arrangieren, ohne sämtliche medizinischen Möglichkeiten vorher bemüht zu haben.

In einem gewissen Grade mag es auch damit zusammenhängen, dass die sog. Selbstverwirklichung des Individuums als höchstes anzustrebendes Gut verkündet wird und damit andere moralische Werte, wie z.B. Solidarität, durch zunehmenden Egoismus und Egozentrismus ersetzt. Es ist vorstellbar, dass damit der Ausgrenzung älterer, kranker Menschen Vorschub geleistet wird. Das kann durchaus auch deren medizinische Versorgung betreffen und die damit verbundene Forschung.

So könnten sich der Glaube an das unbegrenzt Machbare, abgeleitet vor allem aus technischen Entwicklungen und in die Medizin lediglich übertragen, und einschneidende Rationierungstendenzen zu Ungunsten derer, die sich am wenigsten dagegen wehren können – die Alten und Kranken – gegenüberstehen. Gedanken zur Rationierung von medizinischen Leistungen sind auch in wohlhabenden Gesellschaften heute nicht mehr unbegründet. An sich ist Rationierung nichts Unmoralisches oder Verwerfliches, sofern die gesamte Bevölkerung, die davon betroffen ist, die Normen und Kriterien dafür in einem vielschichtigen Meinungsbildungsprozess auch mitbestimmen kann und auch bereit ist, die Folgen zu tragen. Rationierung ist aber inakzeptabel, wenn andere als moralisch-ethische Grundsätze sie untermauern oder wenn sie einer Gruppe von Menschen aufgezwungen wird, indifferent von wem und nach welchen Kriterien auch immer. Je früher diese Meinungsbildung beginnt und je ernsthafter und breiter sie in der Gesellschaft betrieben und verankert wird, umso sicherer dürfte sich die krasse Benachteiligung oder Bevorzugung gewisser Schichten ausschliessen lassen.

# C. Auswirkungen von Information und Informationstransfer auf die Daseinsqualität

# Segen und Fluch der technologischen Optimierung des Informationstransfers

## Notwendigkeit der rechtlichen Verstärkung ethischer Imperative

*HANS GIGER*

## Inhaltsverzeichnis

«Wenn wir den Satz des Pythagoras beweisen, ahmen unsere
Gesten, unsere Gedanken und die auf die Schiefertafel oder in
den Sand gezeichneten Dreiecke ohne das geringste Zittern und
ohne die geringste Gefahr eines Irrtums jenen Beweis nach,
den einst die toten Hände der Geometer fernster Epochen geführt haben. Je strenger die Wahrheit, desto treuer die Überlieferung, so dass es eine Geschichte nur von der Geometrie gibt.
Oder kennen Sie eine andere Botschaft, die weniger von Rau-
schen gestört wäre und die also auf all den direkten oder endlo-
sen Wegen der Sprache, des Raumes und der Zeit von Ihnen zu
mir, von hier nach dort und vom Vorgestern zum Morgen un-
verzerrt überliefert werden würde? Die Menschheitsgeschichte
hat nie eine andere entdeckt oder erfunden.»

*Michel Serres*

# I.  Problemanalyse als Ausgangslage

Es zirkuliert eine Geschichte, deren Realitätsnähe nicht bekannt
ist. Vor einem Gericht vertritt der Kläger seinen Standpunkt mit
Überzeugungskraft. Der Richter hört aufmerksam zu, nickt zu-
stimmend und sagt: Sie haben Recht. Nun erteilt er dem Beklagten das Wort. Dieser vertritt aber einen völlig gegenteiligen
Standpunkt. Der Richter signalisiert jedoch auch hier wachsende
Zustimmung und verkündet: Sie haben Recht. Darauf wendet
sich der Kläger an den Richter und hält ihm vor: Aber Sie können doch nicht beiden Parteien Recht geben. Der Richter über-
legt lange und antwortet schliesslich: Da haben Sie auch wiederum Recht. Diese wohl fiktive Kolportage wie ebenfalls viele
andere wirklichkeitsgetreuere Beispiele verraten eine tief verwurzelte Unsicherheit. Worauf führt sie zurück? Unterschiedliche Deutungen analoger Tatbestände und Normen sowie man-
ches andere mehr sind Erfahrungswerte, denen der Mensch auf
seinem Lebensweg oft begegnet. Sie führen im Lauf der Zeit zu
einer Orientierungslosigkeit, die viele von uns als unabänderlich
hinnehmen. Muss eine solche Haltung als Resignation, als
Alarmzeichen im Sinne einer psychosozial signifikanten, mas-
senneurotischen Entwicklung in Richtung Anpassungsmanie

verstanden werden, oder begegnen wir dem Phänomen, das die Grenzen des Machbaren aufzeigt[1]? Ordnungssysteme[2] versuchen nun dem gefährlichen Trend kollektiver Verunsicherung durch Aufstellen von allgemeinen wie konkreten Richtlinien Einhalt zu gebieten und auf diese Weise Individuum und Kollektiv Schutz zu gewähren. Heute fragen sich viele, ob der Gesetzgeber die vorgenommenen Ziele erreicht hat, ob die Probleme beseitigt oder vielmehr gar vermehrt worden sind[3].

Das Recht ist nun aber nichts anderes als ein Ordnungssystem, das Richtlinien darüber aufstellt, wie reale oder virtuelle Interessenskollisionen jeder Art zu lösen sind. Der Vorteil besteht in seiner Ausrüstung mit einer durch Zwang verstärkten Macht. Indessen untersteht ebenfalls das Recht dem alles regulierenden Faktor der **Information** in all ihren funktionalen und inhaltlichen Ausrichtungen. Sie steht folglich im Mittelpunkt vorliegender Überlegungen.

## II. Information als universelle, allumfassende Drehscheibe

### A. Stellenwert der Information

Wer von «Information» spricht, betritt – so scheint es – die Arena der Banalitäten: Es ist dies ein Wort, dem man in allen Sprachkulturen primitivster wie elitärster Stufe, an allen Orten dieser Welt, in den verschiedensten Gruppierungen und Konstellationen begegnet. Ein jeder kann sich darunter etwas vorstellen. Nur wenn es darum geht, ihre begrifflichen Konturen nachzuzeichnen, ihre Bedeutung im Bereich menschlicher Beziehungen festzulegen, sich mit ihren Vorteilen wie Nachteilen vertraut zu machen, die Gefahren zu erkennen und gegen Aus-

---

1    GIGER, Begegnung von Psychologie und Recht in der Rechtsfindung 36 ff.
2    Moral, Sitte und Anstand, Treu und Glauben, Konvention, Bräuche, Gewohnheiten, Verkehrssitte, Usanzen, Gewohnheitsrecht und die Rechtsordnung; dazu GIGER, Begegnung von Psychologie und Recht in der Rechtsfindung 39 ff.
3    Dazu GIGER, Alte und neue Bestrebungen nach Rechtssicherheit 148 ff.

wüchse etwas zu unternehmen, herrscht betretenes Schweigen. Das mehr intuitive Erfassen führt nämlich über individuelle Erlebnisinhalte, über persönlichkeitsgebundene Erkenntnisquellen und ein dem ureigensten Erkenntnispotential angepasstes geistiges Fassungsvermögen. Daraus resultiert zwangsläufig eine variable Auffassung über das Phänomen «Information» und damit auch zu deren multifunktionalen Einsatz. Unser Zeitalter ist von Giganten der Infrastruktur gezeichnet: von Technik und Industrie, Handel und Wirtschaft sowie elektronischer Datenverarbeitung. Sie bemächtigen sich unserer Lebensweise mehr und mehr. Es erweist sich daher als unumgänglich, ausser den biologisch-physikalischen auch die **individual- und sozialpsychologischen wie ästhetischen Umweltprobleme** zu bewältigen. Sie entstehen vorab im Zusammenspiel von Ursache und Wirkung[4]: Der Prozess der Sozialisation des Menschen ist untrennbar mit dessen engerer und entfernterer Umwelt verknüpft. Sie gibt ihm nicht nur den Rahmen, sondern auch das spezifische Gepräge. Menschsein bedeutet Angeschlossensein am sozialen Kreislauf, Teilnahme am Umweltgeschehen, Kommunikation. Von einem bestimmten Niveau an funktioniert das alles nur durch das Mittel der Sprache. **Information** ist das Zauberwort, welches qualitativ und quantitativ den eigenen Stellenwert im Koordinatensystem mitmenschlicher Kontakte ausmacht; bestimmt sie doch wesentlich Erziehungs- wie Bildungsprogramm und damit indirekt auch die Formung der Persönlichkeit. Diese wenigen Hinweise wollen an die zentrale Bedeutung der Information erinnern. Sie ist für Selbst- und Umweltbild des Menschen verantwortlich und bestimmt ebenfalls seine Meinungsbildung – ein Faktor somit von weit reichenden Konsequenzen. Wer die Uranfänge von Informationstechnik und -übermittlung mit dem heutigen Stand vergleicht, darf ohne Übertreibung behaupten, dass Information die eigentliche Achse darstellt, um die sich unsere Welt dreht. Wer das Informationswesen kontrolliert, beeinflusst daher im

---

4    Ungünstige Umweltbelastungen bedingen sich und können – sich gegenseitig steigernd – zu einer Katastrophensituation führen.

Ausmass seiner Machtposition individuelle Geschicke bis zum Schicksal des Kollektivs selbst. Die Wirklichkeit setzt freilich Grenzen: Niemand beherrscht die Information in ihrer Gesamtheit. Es gibt graduelle Abstufungen, welche mit dem Skalawert null beginnen. Die Konkurrenz der Machtanteile führt zu einem bestimmten Grad von Gleichgewicht der Informationsinhalte, das einen bestimmten Grad an Manipulation verhindert und so einen Zustand schafft, der die Entwicklung von Eigeninitiative in noch lebenswertem Umfang gestattet[5]. Die soeben skizzierte Idealvorstellung von einer reibungslos funktionierenden Informationsverteilung scheint sich in der neuesten Zeit mehr und mehr von der Wirklichkeit zu entfernen. Sicher ist es so, dass die Informationskompetenzen je nach der politischen Struktur eines Landes unterschiedlich ausgestaltet sind und unterschiedliche Träger mit der entsprechenden Macht ausrüsten. Dort, wo die Ausbalancierung des erwähnten Gleichgewichts nicht dem freien Kräftespiel überlassen bleibt – wie dies in autoritativen Systemen geschieht –, fehlt die Ausgewogenheit. Sie fehlt – wie die Ereignisse der letzten Zeit veranschaulichten[6] – aber auch dort, wo die Machtausgleichung vollumfänglich dem ungebundenen Spiel der Marktbeteiligten überlassen bleibt. Die Wahl zwischen Zwang und Freiheit wird allerdings weitgehend von der Informationspolitik bestimmt.

## B.    Gegenstand und Inhalt der Information

Die ganzheitliche Erfassung des Begriffs «Information» verlangt insofern ein Umdenken, ja sogar eine Abkehr von den herkömmlichen Vorstellungen in Richtung einer inhaltlichen Einheitlichkeit der typisierenden Kernaussage. Zur «Information» wird das Gegenständliche nur durch den dynamischen Zusatz der Weitergabe. Das gegenständliche Aussageprogramm als

---

5    Selbstverständlich ist die Problematik des Informations-Kräfteparallelogramms sehr vielschichtig, was eine Aufschlüsselung des soeben umschriebenen Grundmodells aufzeigen würde.

6    Swissair-Debakel als Resultante einer eigentlichen Günstlingsherrschaft.

Grundstoff wird m.a.W. durch seine Weitergabe zur «Information». In diesem Sinn kann folglich die Gesamtheit aller ab-
strakten Möglichkeiten Gegenstand der Information bilden. Die
unerschöpfliche menschliche Innovationskraft erweitert den
Kreis vermittelbarer Informationsinhalte fortlaufend. Grenzen
sind nicht absehbar. Alles, was wir kommunizieren, führt über
die Information. Nur nicht mitgeteilte Gedanken in den Kata-
komben unserer geistigen Reservate teilen das Schicksal der
«Information» noch nicht. Inhalte von Informationen sind gewissermassen die Transportgüter in unserer Gesellschaft, die
Konflikte herbeiführen, aber auch beenden, die beurteilen, ver-
urteilen, Grenzen setzen, Freude oder Leid bereiten, beschweren
oder vernichten. Nur wenige erreichen uns aber in Form von
klaren Botschaften. Beinahe alle Signale sind erklärungsbedürf-
tig, und vielfach bedürfen die Informationsinhalte sogar einer
Wertungskontrolle. Schon hier können wir das ungeheure Potential an Missverständnismöglichkeiten erahnen, die den Weg
in eine etwas bessere Welt verbauen könnten.

## C.  Einflussbereich der Information

Die Weitergabe der Information und noch viel mehr deren Verbreitung können je nach deren Zweckausrichtung[7] unterschied-
lichste Auswirkungen nach sich ziehen. Das Beeinflussungspo-
tential hängt im Wesentlichen – was den eigentlichen funktio-
nellen wie inhaltlichen Vorgang betrifft – von der Infrastruktur
des als Einheit empfundenen Informationstransfers ab. Seine
Atomisierung in die einzelnen Anteile am Verständigungspro-
zess stellt ein kaum mit mathematischer Sicherheit abschätzba-
res Unterfangen dar.

---

7    Dazu hinten S. 229 ff.

## 1. Einfluss im Bereich des Informationsträgers

### a. Grundsätzliche Bemerkungen

Einen wichtigen Faktor im Beeinflussungsdiagramm beansprucht ohne weiteres der Informationsträger. Wer deshalb die Wirkungsbreite, Wirkungstiefe sowie die Wirkungsintensität und Nachhaltigkeit einer Informationsübermittlung beurteilen will, muss sich vergegenwärtigen, von wem sie ausgeht, wer die Verantwortung für ihre richtige Deutung trägt und wer den Kommunikationsablauf überwachen sollte. Informationsbewältigungsversuche stehen unter unterschiedlichen Prämissen, je nach dem, ob ein Einzelner, eine Gruppe, eine Organisation, eine politische Partei, staatliche Organe oder Massenmedien[8] verantwortlich zeichnen. Die Suggestivkraft des Einzelnen ist in der Regel geringer als der Gruppendruck oder gar der staatliche Zwang.

### b. Sonderstellung der Massenmedien

Eine Sonderstellung nehmen die **Medien** ein: Jeder Mensch bedarf zur Entfaltung seiner Persönlichkeit bestimmter Impulse aus seiner näheren und ferneren Umwelt. Die ihm gegebene Anlage schafft die geistig-seelische Dimension, innerhalb deren Grenzen das Leben Existenzminimum oder optimale Erfüllung bedeutet. Die Weichen werden durch unzählige, ihm bewusste oder unbewusste erzieherische Faktoren gestellt; dazu gehören vor allem die Massenmedien. Vielen erscheinen sie als irgendwie übergeordnete Instanz, als Autorität, als Ersatz der eigenen Entscheidung. In der Fachliteratur wird zwar gelegentlich die Auffassung vertreten, dass die Tiefenwirkung überschätzt werde. Tatsache ist aber, dass den Massenmedien eine in ihrer Gesamtheit nicht zu unterschätzende Suggestivkraft zukommt. Sicher

---

8    Dabei ist allerdings zu beachten, dass sich sowohl der Einzelne wie auch die Gruppe, Organisation, politische Parteien wie die staatlichen Organe durch Vermittlung der Medien vernehmen lassen können.

hängt der Beeinflussungsgrad von der Persönlichkeit des Einzelnen ab: je durchschlagskräftiger die konkurrierenden Erziehungsfaktoren, desto schwächer der charakterformende und meinungsbildende Zwang der Massenmedien. Als Regel muss angenommen werden, dass die Durchschnittsleser, -hörer oder -zuschauer kaum in der Lage sind, «die Wahrheit der mitgeteilten Nachrichten und die Richtigkeit der vorgetragenen Meinungen selbst nachzuprüfen»[9]. Vielmehr besteht die Neigung, alles kritiklos hinzunehmen. Die **öffentliche Meinung wird daher wesentlich durch die Massenmedien bestimmt.** Ihr Einflusspotential hat sich aber auch vom Inhaltlichen her vergrössert, indem sich der Aufgabenbereich über das rein Informatorische hinaus mehr und mehr auch auf Wertung und Kritik erstreckt. Das **schweizerische Bundesgericht** hatte ihn seinerzeit in einem grundlegenden Entscheid näher umschrieben und unter anderem festgestellt, dass es zu den Pflichten der Presse gehöre, «dem Leser bestimmte, die Allgemeinheit interessierende Tatsachen zur Kenntnis zu bringen, ihn über politische, ökonomische, wissenschaftliche, literarische und künstlerische Ereignisse aller Art zu orientieren, über die Fragen von öffentlichem Interesse einen öffentlichen Meinungsaustausch zu provozieren, in irgendeiner Richtung auf die praktische Lösung eines die Öffentlichkeit beschäftigenden Problems hinzuwirken, über die Staatsverwaltung und insbesondere über die Verwendung öffentlicher Gelder Aufschluss zu verlangen, allfällige Missbräuche im Gemeinwesen aufzudecken», die Wahl von Kandidaten politischer Ämter sowie die Rechtspflege zu überwachen und zu kritisieren und ganz generell zur Aufdeckung allgemeiner Missstände beizutragen[10]. Aus dieser Aufzählung sind die Möglichkeiten der Einflussnahme auf jeden Bereich des menschlichen Lebens, Individuum wie Kollektiv, ablesbar, dann aber auch die Gefahren, die mit einem eventuellen Missbrauch solcher Macht verbunden sein können. Im Einfluss auf das Kollektiv ist der über

---

9 HELLE, Der Schutz der Persönlichkeit, der Ehre und des wirtschaftlichen Rufes im Privatrecht 159.

10 BGE 37 I 377.

das Privatrecht hinauswirkende Faktor zu erblicken, der es rechtfertigt, die Massenmedien als Träger einer **öffentlichen Aufgabe** anzuerkennen. Es kann auch dem Rechtsstaat nicht gleichgültig sein, auf welche Weise diese Aufgabe erfüllt wird. Die Informationsadressaten der Massenmedien sind ja gleichzeitig seine Rechtsunterworfenen, und ihre Lenkung wird für ihn zur Schicksalsfrage. Darin liegt unverkennbar eine grosse Macht. Macht ruft aber nach Verantwortung, denn Macht ohne Verantwortung müsste zwangsläufig zur Vorherrschaft des Stärkeren, allenfalls zum Chaos und jedenfalls zur Zerstörung von Rechtsstaat und Individuum führen. Nicht immer bildet die Selbstveranwortlichkeit das notwendige Regulativ[11].

c.   Medienmacht und Politik

Im Lauf der evolutiven Tendenzen – nicht zuletzt als Resultante einer mehr und mehr entwickelten, technologisch geförderten Kommunikationsabwicklung – hat sich in jüngster Zeit ein symbiotisches Zusammenwirken von Politik und Medienpräsenz ergeben; ein Vorgang, der Staat und Bürgerschaft zu einer eigentlichen Mediengesellschaft verdichtete. Mit treffenden Worten hat ANDREAS DÖRNER den momentanen Stellenwert der Medienmacht analysiert und dabei den Schluss gezogen, dass das kommunikative Zentrum der politischen Öffentlichkeit in einer Demokratie bei den Talkshows liegt[12]. Die Welt der Tatsachen überzeugt uns, dass die Medien ein zwingendes System geschaffen haben, um das politische Schicksal der Nation wesentlich

---

11   PAPST PAUL VI 1967: «Man kann die Gefahr und den Schaden nicht verkennen, den die Massenkommunikationsmittel, wie edel sie in sich auch sein mögen, dem Einzelnen und der Gesellschaft bringen können, wenn sie nicht von Menschen mit Verantwortungsbewusstsein, mit ehrlichen Absichten und in Übereinstimmung mit den Richtlinien einer objektiven Moral eingesetzt werden.»

12   DÖRNER, Politainment. Politik in der medialen Erlebnisgesellschaft (Magdeburg 2001); ferner *ders.*, Politik vor dem «Auge Gottes». Wie Talkshows den politischen Diskurs in der Mediengesellschaft prägen, in NZZ Nr. 292 vom Samstag/Sonntag, den 15./16. Dezember 2001, 83.

bestimmen zu können: Sie sind gewissermassen am politischen Informationsnetzwerk direkt angeschlossen. Das versetzt sie zunächst einmal in die komfortable Lage, politische Zielsetzungen der Zukunft zu kennen, eine bestimmte Prioritätenordnung aufzustellen und die ihr im Hinblick auf den Unterhaltungswert geeignet erscheinenden Akteure auszuwählen. Gleichzeitig schaffen sie damit für die politische Elite ein Forum, das es ihnen gestattet, sich mit allen Mitteln der Debattier- und Darstellungskunst und einem gekonnten Rückgriff auf die Instrumente und Stilmittel der Unterhaltungskultur einen guten Rang für das Rennen um die Gunst der Wählerschaft zu sichern. Die Symbiose besteht folglich in einer wechselseitigen Abhängigkeit: einerseits der Möglichkeit, sich einen Platz an der Sonne politischer Anerkennung zu erwerben[13], andererseits Erfolg am massenmedialen Markt und Bedeutungssteigerung im Sinne der Medienomnipräsenz. Zu Recht hebt ANDREAS DÖRNER hervor, dass diese Selbstdarstellungsform für Öffentlichkeitsprofis auch einen bedrohlichen Charakter aufweist: Ein in der Öffentlichkeit ausgetragener Schaukampf verlangt Brillanz, und die Elite steht unter Dauerbeobachtung. Wer versagt, verliert einen «wichtigen Teil seiner öffentlich generierten Machtbasis»[14]. Hier zeigen sich allerdings nationale Eigenheiten. Insbesondere dominiert hierzulande die Mitleidfunktion weitgehend den Bewunderungsbonus: Wer unbeholfen wirkt, schliesst die Neidwirkung aus und geniesst aus einer vordergründig zur Schau gestellten Ritterlichkeit den Applaus. Politainment[15] ist heute zu einer eigentlichen Institution geworden, die u.a. die Vorteile des Einbezugs eines grösseren Publikums in die politische Diskussion bringt. Dies

---

13  Dazu DÖRNER, Politik vor dem «Auge Gottes» 83: «Politische Macht kann in der medialen Erlebnisgesellschaft mit ihrem demokratischen Massenmarkt nur generiert und auf Dauer gestellt werden, wenn sie medial wahrnehmbar ist.»
14  DÖRNER, Politik vor dem «Auge Gottes» 83.
15  DÖRNER bezeichnet damit «eine Form der öffentlichen Kommunikation, in der politische Themen, Akteure und Sinnentwürfe im Modus der Unterhaltung zu einer neuen Realität des Politischen montiert werden. Diese neue Realität bildet nunmehr den Erfahrungsraum, in dem Bürgern typischerweise Politik zugänglich gemacht wird» (S. 83).

alles wird aber dann bedenklich, wenn die Information etwa durch eine gelenkte Auswahl der Akteure, die einseitige Abgrenzung der Thematik, die Art und Weise der Akzentuierung durch den Gesprächsleiter in ihrem grundsätzlichen Aussagegehalt verändert wird. Trotzdem: Das Ideal einer unverfälschten Informationsverarbeitung und -übermittlung bleibt Postulat. Das darf aber nicht entmutigen. Nur konstantes Bemühen um Fortschritt verhindert Stillstand, der unweigerlich Rückschritt nach sich zieht. Entsprechende Aktivitäten dürfen sich nicht im heutzutage als pawlowschen Reflex eingependelten Jammern über den allgemeinen Niveauverlust, die spezifischen Unfähigkeiten und Unzulänglichkeiten erschöpfen. Allein eine unerbittliche Korrektur des in letzter Zeit mehr und mehr fehlgeleiteten Wertungs- und Verhaltensmusters des heutigen Menschen vermag Abhilfe zu schaffen. Das laute Geschrei nach Demontage unserer Leistungsgesellschaft sollte endlich verstummen. Intellektuelle Leistungen gehören nicht an den Pranger, sondern verdienen – wie etwa Erfolge der Unterhaltungsbranche – Auszeichnung. «Belohnung» bildet bekanntlich Ansporn zur Leistung. Deren Feinde sind negative menschliche Regungen wie Missgunst und Neid dem Erfolgreichen gegenüber[16] – gefährliche Störfaktoren einer lebensfähigen Kommunikation. Sie führen zu Vorurteilen, verdichten sich häufig zu einer eigentlichen Feindbildpsychose. Das Not leidende Verhältnis zwischen Wirtschaft und Presse wurde kürzlich in einer schweizerischen Zeitschrift analysiert, und es wurden dabei vorab die emotional bedingten Störungsfaktoren einer reibungslosen Kommunikation aufgelistet[17].

Wer sich den Ansprüchen einer geistigen Auseinandersetzung nicht gewachsen fühlt, weicht ihr aus, flüchtet in das Ghetto seiner Gruppen- bzw. Berufszugehörigkeit, verschanzt

---

16    BOLLER, Verhältnis zwischen Wirtschaft und Presse, 187: «Falsche Informationspraxis der Unternehmen und fehlende Transparenz auf der einen Seite, Missgunst und Neid gegenüber den Erfolgreichen, Sozialprestige und falsch verstandener Recherchierjournalismus ohne Tabus auf der andern Seite werden etwa angeführt, um diese Spannungen (Verf.: zwischen Wirtschaft und Presse) zu erklären.»

17    Dazu BOLLER, Verhältnis zwischen Wirtschaft und Presse, 187 ff.

220

sich hinter dem dort geltenden politischen Dogma. Er verzichtet von vorneherein auf eine eigene Überzeugung. Damit wird der echte Dialog verunmöglicht. Es gibt nur noch kategorienabhängige **Standpunkte**, die sich unversöhnlich gegenüberstehen, die durch keine Brücke verbunden sind. Das führt zu starren Fronten, die um ihrer blossen Existenz willen verteidigt werden müssen. Als Konsequenzen ergeben sich gegenseitige Verständnislosigkeit, Verketzerung und Dialogunfähigkeit. Eine solche Krisensituation kann man weitgehend nur über Mobilisierung und Kultivierung der geistigen Möglichkeiten und Reserven mit besserer Ausbildung aller in der Medienlandschaft Tätigen überwinden[18]. Wer – wie die Massenmedien – das Informationswesen kontrolliert, beeinflusst im Ausmass seiner Machtposition individuelle Geschicke bis zum Schicksal des Kollektivs selbst[19]. Ein solches Kollektiv stellt auch die **gesetzgebende Gewalt eines jeden Staates** dar.

## 2.  *Einfluss im Bereich des Informationsempfängers*

Der innere Dialog eines Menschen bestimmt seine Meinungsbildung auf Grund der gedanklichen Auseinandersetzung mit den zahllosen von aussen her auf ihn einwirkenden verbalen und anderweitigen Einflüssen. Am Steuerrad des Informationstransfers steht der Informationsträger. In der Vorstellung der Teilnehmer am Kommunikationsprozess übernimmt er eine aktive Rolle. Somit setzt sich beinahe jedermann mit den Problemen auseinander, die den Sender betreffen. Im Windschatten steht aber immer der Informationsempfänger, obwohl das Schicksal eines Informationstransfers und das gute Gelingen des Rückkoppelungsprozesses weitgehend auch durch ihn bestimmt wird:

---

18    BOLLER, Verhältnis zwischen Wirtschaft und Presse, 188: «Die journalistische Ausbildung bleibt nach wie vor ein Stiefkind in unserem Lande. Es fehlt an einer gesamtschweizerischen Ausbildung, die massgebliche Normen für den Beruf des Journalisten schaffen würde.»

19    Dazu auch GIGER, Massenmedien, in: ZSR **89** 1970 33 ff. und JZ **26** 1971 249 ff.

Er bedarf ebenso überzeugender sprachlicher Fähigkeiten wie der Sender, um die sprachtechnisch induzierten Rückübersetzungsschwierigkeiten zu bewältigen. Und es scheint, dass im Hinblick auf das intuitiv richtige Erfassen der intonierten Botschaft des Senders mehr Sensibilität für ein Erkennen der Andersartigkeit von Kommunikationsgewohnheiten notwendig sind, um eine gemeinsame Verständigungsphase für einen störungsfreien Informationsaustausch zu gewährleisten. Auch ist das unterschiedliche Vorverständnis von Sender und Empfänger in synchron wirkender Weise zu berücksichtigen. Wer für diese Fakten in einer Gesamtbilanz der Verständigungsmöglichkeiten und der mehr oder weniger realistischen Annäherung zwischen Aussage und Empfang das Angestrebte und das Erreichte in die Beurteilung eines Kommunikationsprozesses investiert, erkennt unschwer, wie sorgsam jeder an einem Übermittlungsvorgang von Nachrichten, Fakten u.a.m. Beteiligte mit Informationen umgehen muss. Es leuchtet ohne weiteres ein, dass dort, wo ein Kollektiv[20] für den Informationstransfer die Verantwortung zu tragen hat, die Verletzung der Maxime ihrer Unteilbarkeit zwangsläufig zu einer Auflösung der Disziplin bei der Weitergabe von Informationen führt. Dieser Mechanismus hat denn auch feststellbar zu einer wesentlichen Verschlechterung der Medienmoral und zu weitgehenden Eingriffen in das politische wie rechtliche Ordnungssystem beinahe aller Staaten geführt[21].

Der ehemalige Chefredaktor der «Schweizer Illustrierten»[22] hat sich am 4. Februar 2002 als Letzter einer dreiteiligen Vortragsreihe[23] selbstkritisch mit der Frage der «Ethik im Jour-

---

20    Privatrechtliche wie öffentlichrechtliche Gruppierungen und Organisationen, so etwa Parteien, staatliche Organe wie z.B. im Bereich der Rechtspflege und vor allem die Medien.

21    Vgl. statt vieler DÖRNER, Politainment. Politik in der medialen Erlebnisgesellschaft (Magdeburg 2001); MEYER, Kotau vor den Medien: Mutiert die Parteiendemokratie zur Mediokratie? in: NZZ Nr. 292 vom Samstag/Sonntag, den 15./16. Dezember 2001, 85; ders., Mediokratie. Die Kolonisierung der Politik durch die Medien (Dortmund 2001).

22    Peter Rothenbühler.

23    Vortragsreihe zum Thema «Ethik im 3. Jahrtausend».

nalismus» auseinandergesetzt. Vorweg bekannte er sich dazu, dass sich Journalismus «stets auf einem Minenfeld» abspiele. Sodann liess er keine Zweifel darüber aufkommen, dass ethische Spielregeln in der massenmedialen Praxis kaum eingehalten werden und die «Verstösse gegen Anstand und Ethik an der Tagesordnung» seien. Die Schuld erblickt er zunächst einmal in der «zurückhaltenden» Selbstkritik. So betrachtet er «einseitige Berichterstattung», die täglich vorkomme, als «moralisch verwerflich». Dabei müsse man berücksichtigen, dass die **freiwillige Selbstdeklaration** in erster Linie als Referenz – ohne Sanktionsandrohungen – diene. Als besonders häufig vorkommende Verstösse wertet er die Verletzung des Grundsatzes, «immer auch noch die andere Seite anzuhören». Zudem sollten angegriffene Personen die Gelegenheit eingeräumt bekommen, «einen Artikel zu berichtigen oder zu kommentieren». Ebenfalls gehöre die Regel zu den Grundfesten journalistischer Ethik, wonach «niemand lächerlich gemacht oder herabgesetzt werden dürfe». Erheblich beanstandungswürdig und gefährlich bezeichnete Rothenbühler sodann das Abstellen auf blosse Gerüchte, die fehlende Bereitschaft zur Korrektur von erkannten Fehlinformationen, die Unterdrückung wichtiger Aspekte für das richtige Verständnis und ganz generell das Spiel mit der Wahrheit[24].

## 3. Einfluss im Bereich des Informationsobjekts

### a. Ausgangslage

Inhalt und Gegenstand einer Information sind vielfältig. Der Innovationskraft des Menschen sind bekanntlich keine Grenzen gesetzt. Das bedeutet zunächst einmal, dass die in einer Botschaft enthaltene Aussage, der Gegenstand der Information, vom Sachlichen her bereits eine Selektion unter möglichen Adressaten trifft: So wird sie etwa zwangsläufig durch die Tatsache ge-

---

24  Vgl. zu den verschiedenen Zitaten die Berichterstattung von RUTZ über «Journalismus ‹stets auf einem Minenfeld›», in: Der Landbote, Winterthur, den 4. Februar 2002.

steuert, dass der Empfänger einer Kategorie angehören muss, deren Mitglieder befähigt sind, die übermittelten Nachrichten zu entschlüsseln und zu erkennen. Die Adressierung einer Botschaft an einen Empfänger, die von einem vom angepeilten Informationsgebiet völlig abweichenden Wissensbereich mit anderweitigem Erfahrungsinhalt stammt, wäre nutzlos, weil das informationsimmanente Element der Erkennbarkeit und Dekodierbarkeit der Mitteilung fehlt. Dazu kommt, dass Informationsinhalte unterschiedlichen Wissens- und Erfahrungsbereichen angehören und nur im Ghetto der eigenen Kategorie zur Geltung kommen und mithin ihren Einfluss ausüben können. Es muss genügen, hier die für unsere Gesellschaft wichtigsten Einflussbereiche aufzuzeichnen.

b.     Einflussbereiche

aa.     Einfluss der Information auf Ordnungssysteme

Alle Ordnungssysteme[25], die durch den Willen einer demokratischen Mehrheit geschaffen sind, tragen das Markenzeichen einer ganz bestimmten Mentalität, die als Resultat eines komplexen Meinungsbildungsprozesses erscheint. Das gilt insbesondere auch für das Recht[26]. Durch ein jahrzehntelang entwickeltes und gereiftes Konzept[27] glaubt man, ein praktikables[28] Modell zur

---

25    Moral, Gewohnheit, Sitte, Anstand, Usanzen, Ortsgebrauch u.a.m.

26    Vgl. GIGER, Überforderter Konsumentenschutz? Ein Beitrag zum Schutz des Schwächeren, in: Band 13 der Schriftenreihe zum Konsumentenschutzrecht über Wirtschaftsfreiheit und Konsumentenschutz (Zürich 1983), 18 f., über die unterschiedlichen Rechtssysteme. Nicht sämtliche Methoden optimaler Wahrheitsfindung waren von einer Ideologie beherrscht. So strebte namentlich die Naturrechtsperiode den Lückenlosigkeitseffekt über die Logik an.

27    Die Infrastruktur der direkten bzw. indirekten Demokratie: Durch das Medium der politischen Parteien werden Vertreter unterschiedlicher Ideologien in ein Gremium (Parlament) delegiert, das mit der Rechtsetzung betraut ist. In der Vielheit verschiedener Ansichten liegt die Objektivierung der kollektiven Ideologie und damit des Gesetzgebungsverfahrens.

28    Dass dies kein «unfehlbares Modell» sein kann, drängt sich als Erkenntnis aus den vielen in Kauf zu nehmenden Unzulänglichkeiten auf: Sie führen darauf zurück, dass eine zum «Volkswillen» personifizierte kollektive Meinungsäusserung nicht Produkt einer persönlichkeitsgebundenen, auf interne geistige

mehr oder weniger exakten, aber auf alle Fälle verbindlichen Vermittlung eines **kollektiven**[29] **Ideologiebekenntnisses**[30], oft charismatisch als sog. «Volkswille» empfunden und betitelt, gefunden zu haben. Es liegt in der Natur des demokratischen Prinzips, dass der effektive und der ermittelte «Volkswille» auseinander fallen können. Die Unvollkommenheit der menschlichen Erkenntnisfähigkeit zwingt uns, vom erkennbaren und nicht vom wirklichen Volkswillen auszugehen. Er liefert uns den Massstab zur Bestimmung der Ideologie unseres Rechts. Den bisherigen Überlegungen lässt sich entnehmen, dass die Ideologie mithin nichts anderes ist als das in einer Grundhaltung zusammengefasste Ergebnis einer lebenslangen Informationsverarbeitung. Ohne Information gibt es keine Ideologie. Der Informationsstrom reguliert nicht nur das Vorverständnis, sondern zementiert die Gesamteinstellung eines Menschen zur Wertehierarchie der wirtschaftlichen, gesellschaftlichen wie rechtlichen Ordnung.

Die bunte Vielfalt der informationsabhängigen ideologischen Wertungsmassstäbe beeinflusst zwangsläufig – analog zum Kapillarsystem – das Recht in seiner Totalität. Ideologie besitzt Fliessblattqualität. Sie erfasst allmählich alles und alle. Auch der Gesetzgeber bleibt von Ansteckung nicht verschont. Als Kollektiv setzt er sich aus einer Vielzahl von Individuen zusammen. Mit ihrer auf einer spezifischen Mentalität beruhenden Meinungsbildung bestimmen sie das Schicksal der **Gesetzgebungspolitik** und damit vor allem auch das Gleichgewicht oder Ungleichgewicht zwischen Freiheit und Zwang. Eine legislatorische Anpassung an Änderungen ideologischer Grundhaltungen durch Einwirken entsprechender Informationen erfolgt bekanntlich nur mit erheblicher zeitlicher Verzögerung.

---

Prozesse rückführbare, sondern eine durch **Mehrheitsberechnung** bestimmte Aussage darstellt.

29　Die individuelle Ideologie ist nicht das Ergebnis einer mathematischen Operation, sondern Ausdruck der Überzeugung.

30　Unter Ideologie versteht man die Gesamtheit der Wertvorstellungen der Bürger eines Staates für die Art und Weise, wie das menschliche Zusammenleben idealerweise geordnet werden soll.

Das führt auf die Zementierung gesetzgeberischer Überzeugungen in einem formellen Gesetzgebungsverfahren zurück, das eine gewisse Flexibilität und damit ein gewisses Mass an Rechtssicherheit gewährleisten soll. Das normative Netz unserer Rechtsordnung ist nämlich kein bloss kasuelles Aneinanderreihen von Lösungs- und Entscheidungsvarianten für konkrete Probleme. Es ist die sich einer ganz bestimmten Ideologie – vorab der Privatautonomie – verpflichtete Normenstruktur; legislatorische Anordnungen somit, die sich im Anwendungsmodell gegenseitig bedingen und beeinflussen.

bb.    Einfluss der Information auf Rechtsanwendung

Müssen Erörterungen zur Ideologie als rein akademische Spielereien gelten, oder kommt ihnen ein praktisch verwertbarer Nutzen zu? Das Letztere ist der Fall. Das Ideal des absolut Richtigen ist nur ein erstrebenswertes Ziel; gibt es doch keine wertungsfreien Strukturen und Systeme. Wo sich das «richtige Recht» nicht gleich den mathematischen Regeln anhand etwa von logischen Prinzipien denknotwendig ergibt, bestimmt gestützt auf das System unserer Rechtsordnung mit seiner Kombination von Generalklauseln in Verbindung mit konkretisierenden exemplifikativen Beispielen weitgehend die individuelle[31] bzw. kollektive[32] Ideologie das Schicksal der Rechtsfindung[33]. Vorab Grundsatznormen unserer Rechtsordnung treten nämlich oft im Gewande einer Blankettnorm mit Delegationscharakter auf. Immer wenn sich der Gesetzgeber einer Generalklausel bedient, delegiert er die Normsetzungsbefugnis für den unausgesprochenen Inhalt an den Richter. Solche Normen bilden Einfallstore für neues Rechtsdenken und legitimieren zur Rechtsfortbildung. Dieser weit gezogene Kompetenz- und Kognitionsbereich des Richters sowohl hinsichtlich seiner angestammten und nach dem

---

31    Zuständigkeit des Einzelrichters.
32    Zuständigkeit des Kollegialgerichts.
33    Die Veränderung ideologischer Wertmassstäbe beeinflusst zwangsläufig Gesetzgeber und Richter in ihren Tätigkeitsbereichen.

Prinzip der Gewaltentrennung zugeordneten Tätigkeit[34] wie auch mit Bezug auf die funktionsfremde, durch normative Ermächtigung[35] delegierte Rechtschöpfungsaufgabe[36] schafft einen beinah unbegrenzt grosszügigen Ermessensspielraum. Er bietet Platz für das Gute wie das Böse, für Fortschritt wie Rückschritt, für systemgerechte und systemwidrige Entscheide, für die Verwirklichung von Individualgerechtigkeit wie aber auch von Kollektivgerechtigkeit, für die Institutionalisierung des Gleichgewichtsanspruchs oder stattdessen der voraussetzungslosen Gleichschaltung. In dieser ungeheuren Dimension richterlicher Entscheidungsbefugnisse liegen Segen und Fluch. Die vom Gesetzgeber mit den Generalklauseln angestrebte Elastizität optimiert die Anpassungsfähigkeit des Rechts an veränderte Umstände und Umweltbedingungen. Sie birgt andererseits aber auch die Gefahr in sich, dass der Rechtsfindungsvorgang infolge der Verkoppelung der beiden durch das Gewaltenteilungsprinzip getrennten Aufgaben[37] ausser Kontrolle gerät[38]. An sich ist zwar das richterliche Ermessen nie völlig frei, sondern stets gebunden, und zwar an die Grundprinzipien der Rechtsstaatlichkeit. Das historisch gewachsene Vorverständnis über Gerechtigkeit, Gleichheit und Freiheit als Fundament der vom Volkswillen getragenen Ideologie muss oder müsste geschützt bleiben. An dieser Nahtstelle entsteht indessen ein nur schwer lösbarer Konflikt: Was geht vor? Hat das freiheitliche Grundsatzbekenntnis als unabänderliches Fundament jeder Normsetzung und damit auch der Rechtsprechung zu gelten, oder hat es gemäss dem Wandel der kollektiven Einstellung und dem darauf rückführbaren Korrekturbedürfnis zu weichen? Wenn ja, kann jede Grundsatzabweichung nur durch ein eigentliches Plebiszit oder aber ebenfalls auf dem Wege des mehr oder weniger unbemerkten

---

34  Rechtsanwendung, Subsumtion.
35  Art. 1 ZGB.
36  Der Richter als Gesetzgeber. Vgl. hierzu BK-MEIER-HAYOZ ZGB 1 N 15 ff.
37  Rechtsetzung und Rechtsprechung.
38  Die Willkürkontrolle funktioniert nur bei straff markierten Kompetenzabgrenzungen.

Anpassungsvorgangs richterlicher Ermessensentscheide erfolgen? Die Praxis entschloss sich – wenn auch behutsam – für die letztere Variante. Mithin ist davon auszugehen, dass sich eine im Lauf der Zeit gewandelte ideologische Grundhaltung allmählich nicht nur in einer Mutation der Normstrukturen, sondern auch in der Veränderung der Rechtsprechung niederschlägt.

### cc. Einfluss der Information auf Unternehmenspolitik

Wer die Allgegenwart, die meinungsbildende wie entscheidungsbestimmende Kraft der Information als Prämisse unseres Verhaltens erkennt, hat damit gleichzeitig auch die eigentlichen Schaltsysteme der Unternehmenspolitik aufgedeckt. Bekanntlich reguliert die Information nicht nur unsere intellektuelle und geistige Entwicklung, die berufliche Aus- und Weiterbildung, sondern sie erstellt ebenfalls das gesamte uns umgebende Koordinatennetz, das uns zwingt, mit einem bestimmten Handeln zu agieren und zu reagieren. Die Unterschiedlichkeiten des Verhaltens etwa bei den Unternehmern erklären sich aus dem individuellen und im Einzelnen abweichenden Informationsschicksal. Die Unternehmenspolitik wird ja weitgehend von einem individuell-konkreten wie einem generell-abstrakten Informationsprogramm gesteuert. Das letztere setzt sich aus faktischen[39] wie rechtlichen[40] Notwendigkeiten zusammen, die sich in ihrem Wirkungsbereich allerdings gegenseitig überschneiden und beeinflussen. Der normative Imperativ[41] übt zur Zeit auf die Unternehmenspolitik einen viel stärkeren Einfluss aus, als man geneigt ist zuzugeben.

---

39  Hier nur einige Stichworte: Mentalitätsänderungen, Umweltschutzanliegen, technische Neuerungen, ganz generell Erfindungen, wirtschaftliche Entwicklungen usw.

40  Neuerungen und Änderungen des normativen Instrumentariums.

41  Heute kann eine eigentliche Überproduktion von Gesetzen und Verordnungen festgestellt werden. Der Angst vor einer nicht mehr beherrschbaren «Normenflut» begegnet man laufend. Dazu GIGER, Normenflut als Zeitbombe. Bedeutung der Informationsbewältigung im Bereich von Recht und Rechtsprechung, in: SB über «Wirtschaft und Recht im Würgegriff der Regulierer», hrsg. von HANS GIGER (Zürich 1996), 19 ff. Vgl. ebenfalls die übrigen Aufsätze im genannten Sammelband.

## dd. Einfluss der Information auf Bildung und Ausbildung

Bildung war früher mehr noch als nur ein Statussymbol, eine von Generation zu Generation vererbliche Tradition – unentziehbarer Anspruch und Pflicht zugleich. Bildung wurde um ihrer selbst willen betrieben: Bildung war Selbstzweck. Sie diente der Befriedigung echter Bedürfnisse, dem Aufbau der Persönlichkeit, der Steuerung des Selbstwertgefühls, und sie entsprach auch standesbewusster Verantwortlichkeit. Im Lauf der Jahrhunderte erfuhr die Bildungsidee eine neue Dimension. Der Bildungsanspruch sprengte die Sittengebundenheit. Bildung als einstmaliges individualistisches Vorrecht wurde in wachsendem Ausmass dem Kollektiv zugänglich. Das Schicksal der menschlichen Gesellschaft und deren Infrastruktur wird weitgehend durch Stand und Funktionieren von Handel und Wirtschaft bestimmt, die wiederum mit dem Ausbildungsniveau der Bürger eines Staates stehen und fallen[42]. Angesichts der direkten Abhängigkeit des Wirtschaftswachstums der Industriegesellschaft vom Bildungs- und Ausbildungsniveau stellt die optimale Ausschöpfung aller schulungstechnischen Möglichkeiten und Ressourcen ebenfalls einen ökonomischen Imperativ dar. Neben Arbeit und Kapital spielt mithin die Bildung als dritter Wirtschaftsfaktor eine gleichwertige Rolle; sie ist ein gesellschaftspolitisches Anliegen von grösster Bedeutung. Mensch sein bedeutet angeschlossen sein am sozialen Kreislauf. Nicht nur Selbst- und Umweltbild, sondern vielmehr auch die Meinungsbildung wird durch Informationsvermittlung, Informationsverarbeitung und Informationsbewältigung geformt. Letztere bestimmen auch die Wahl der Bildungs-, Ausbildungs- und Weiterbildungsziele wie ebenfalls die Berufswahl und die positive oder negative Einstellung des Menschen zur Arbeit. Die Informationsflut im Bildungswesen verbaut aber vielen den Überblick und führt so zu erheblichen Sozialisationsschäden, vorab auch

---

42 Ein überdeutliches Signal für den Stellenwert von Bildung, Ausbildung und Weiterbildung offenbart der kürzliche Medienaufruhr um die Tatsache, dass der Schweizer im Vergleich zu anderen Staaten in einer internationalen Vergleichsstudie erbärmlich versagte.

deshalb, weil damit oft eine Fehlsteuerung bezüglich der Hierarchie der Werte verbunden ist: Brillanz ohne Substanz feiert Triumphe, Wichtiges wird bedeutungslos, Bedeutungsloses schicksalhaft. Es zählt in einem solchen Klima auch weniger die Bildung als vielmehr der Ausweis über ihre Absolvierung. Ohne strenge Leistungskontrolle lässt sich einer gefahrenträchtigen Niveausenkung langfristig betrachtet kein Einhalt gebieten. Das wirkt sich allerdings beinahe ausschliesslich im Mittelfeld aus. Warum? Es ist eine wissenschaftlich erhärtete Erfahrungstatsache, dass das grundsätzlich jedermann zugängliche Lernangebot die Aufnahmefähigkeit wie das Selektionsvermögen weitester Bevölkerungsgruppen übersteigt. Hier müsste – verglichen mit heute – eine effizientere Kanalisierungsinstanz die richtigen Weichen stellen. Das würde sich auf die Fruktifizierung des breiten Spektrums der Bildungsmöglichkeiten positiv auswirken. Decken sich nämlich die individuellen Fähigkeiten mit dem Tätigkeitsbereich, werden optimale Leistungen erzielt. Ausbildung, Weiterbildung und Berufswahl sollten aus Neigung, nicht auf Grund der gesellschaftsorientierten Wertschätzung erfolgen.

Der Mensch sieht sich einer Vielzahl von Reizen vorab der Massenmedien ausgesetzt, die seine Verarbeitungsfähigkeit oft überfordern. Hier müsste die Hilfe einsetzen, die ihn befähigt, die auf ihn einströmenden Informationen persönlichkeitsadäquat zu selektionieren und ihn für eine gekonntere Verarbeitung zu instrumentalisieren. Auch dieser Vorgang führt über das Medium der Informationsvermittlung.

## 4. Schneeballeffekt beim Informationstransfer

Missverständnisanfälligkeit und Informationsverfälschung mit Bezug auf ein und denselben Inhalt können für sich keineswegs stets Einmaligkeitscharakter beanspruchen. Die einmal versendete Information kann nämlich in falsche Hände geraten. Auch bleibt zunächst ungewiss, ob der richtige Adressat die erhaltene Nachricht nicht seinerseits weiterleitet, wobei sich die Irrtumsanfälligkeit noch steigert. Je häufiger eine Information in

Zirkulation gerät, desto gewisser wird die Tatsache, dass die ursprüngliche Botschaft mit an Sicherheit grenzender Wahrscheinlichkeit eine ganz bedeutungsvolle **Inhaltsveränderung** durchläuft[43]. Eine multiplizierte Gefahr besteht bei allen durch Massenmedien verbreiteten Nachrichten: Hier steht die «Maximierung eines anhaltenden Publikumsinteresses»[44] im Vordergrund, die eine reale Darstellung von Tatsachen noch mehr erschwert. Verheerend wirkt sich diese Konstellation aus, wenn – was zwar den Grundsätzen der Selbstregulierung der Medienjustiz widerspricht – nur die eine Seite, nicht aber der Betroffene über den verbreiteten Text orientiert war. Das führt zur Kundgebung einer – durch die Einseitigkeit der Informationsquelle – oft wirklichkeitsfeindlichen Darstellung. Dazu kommt, dass die Verbreitungsreichweite zumeist hunderttausende von Empfängern erfasst und eine nachträgliche Korrektur – etwa durch Gegendarstellung – den Schaden nicht wiedergutmachen kann, und dies nicht etwa nur deshalb, weil in jenem Zeitpunkt wiederum eine andere Leserschaft damit vertraut wird.

## D. Übertragung der Information

### 1. Technische Abwicklung

Die Weitergabe von Informationen entspricht sinnbildlich einem Transportmodell und unterliegt der gleichen Gefahr; der Gefahr,

---

43  In den USA hat man durch experimentelle psychologische Untersuchungen feststellen können, dass ein komplexer Informationsinhalt bei einem Durchlauf von rund zehn Personen nicht einmal fünf Prozent des ursprünglichen Aussagegehalts aufweist: Bei einem zweistündigen Kriegsfilm waren praktisch ausschliesslich nur Männer beteiligt. Ein einziges Mal trat für zwanzig Sekunden eine Frau auf. A gab die Story an B weiter, B an C usw. Der letzte der zehn Kandidaten reproduzierte eine Liebesgeschichte, die überhaupt nichts mehr mit Krieg zu tun hatte. Zur Erklärung sei darauf hingewiesen, dass bei einer ersten mündlichen Informationsvermittlung rund ein Drittel wegfällt, ein Drittel wird inhaltlich modifiziert und nur ein Drittel bleibt inhaltsgetreu. Das so vermittelte Gesamtbild geht an einen Zweiten, Dritten usw., und jedes Mal findet dieselbe Wirklichkeitsverdrängung und -verschiebung statt.

44  MEYER, Kotau vor den Medien, 85.

dass die Ware – hier die Information – auf dem Weg zum Adressaten «beschädigt» wird. In die Sprache der Kommunikationslehre übersetzt, bedeutet dies unbewusste oder bewusste Veränderung bzw. Verfälschung des Informationsinhalts[45]: Schon durch den blossen Übersetzungsvorgang – die Verbalisierung gedanklicher Operationen – kann sich die Information verändern. Sprachliches Ungenügen und fehlendes Ausdrucksvermögen des Senders verstärken die ebenso sprachtechnisch induzierten Rückübersetzungsschwierigkeiten des Empfängers. Der intonierte Austausch von Informationsinhalten stellt keineswegs einen selbstverständlichen Automatismus dar, sondern beruht auf einem höchst komplizierten Übertragungsverfahren: Zunächst einmal müssen die Ideen und Überlegungen des Senders in einem auch vom Empfänger zu verstehenden Kodierungssystem[46] weitervermittelt werden. Der Empfänger muss nun befähigt sein, die verbale Kundgebung des Senders so zu entschlüsseln[47], dass er sich in die Lage versetzt, den Informationsinhalt mittels seiner intellektuellen Fähigkeiten unverfälscht entgegenzunehmen und – was bedeutend wichtiger erscheint – in seine Vorstellungs- und Gefühlswelt mit analogen Bedeutungsinhalten zu übernehmen. Das führt im Wesentlichen dazu, dass nebst den rein sprachlich induzierten Ungenauigkeiten auch noch mit emotional und voluntativ bedingten Abweichungen oder gar Defekten gerechnet werden muss[48]. Sie führen auf die wissenschaftlich erhärtete Tatsache zurück, dass Informationsverarbeitung und Informationsübertragung individuelle Fähigkeiten sind, die sich jeder Typisierung entziehen. Das bedeutet, dass an sich identische Informationen unterschiedliche Signale auslösen, unterschiedliche Eindrücke hinterlassen und unterschiedliche Einstellungen wachrufen; beruhen sie doch auf un-

---

45  Dazu das grundlegende informationstheoretische Werk von WATZLA-WICK/BEAVIN/JACKSON, Menschliche Kommunikation (Bern 1969) mit weiterführenden Hinweisen.
46  Sprache.
47  Dekodieren.
48  Hierüber auch SCHULZ VON THUN, Psychologie der zwischenmenschlichen Kommunikation, 11 ff.

terschiedlichen Vorverständnissen[49]. Sie sind somit von der unauswechselbaren Individualität des menschlichen Lebens geformt. So krankt gewissermassen jeder Informationsübergang an der mit ihm zwangsläufig verbundenen Diskrepanz zwischen dem Angestrebten und Erreichten; je grösser der Verzerrungswinkel, desto grösser auch das Missverständnis. Damit sind die Tücken und Gefahren, welche der Information auf ihrem Weg zum Adressaten auflauern, nur angedeutet. Sie erzeugen oft eine vom Sender unbeabsichtigt informationsverfälschende Wirkung. Verheerender noch wirken allerdings die informationszersetzenden Steuerungsmöglichkeiten beim Willensbildungsprozess. Die Verfälschung ist hier nicht Folge eines Versagens, sondern Mittel zum Zweck: Angestrebt wird die bewusste Einflussnahme auf Willensbildung und damit Entscheidung des Informationsadressaten.

## 2. Zweck des Informationstransfers

### a. Normalbereich

Grundsätzlich muss man davon ausgehen, dass jede Übertragung von Informationen sowohl das Gute wie das Böse anstreben kann. Das schafft das Problem einer vernünftigen Abgrenzung zwischen Sollen, Dürfen, Müssen und Unterlassen. Gewiss spielt der **Inhalt** der Information eine beherrschende Rolle für die Einstufung der Botschaft in der Wertungsskala. Zwangsläufig beeinflusst er die Ausrichtung der angestrebten Ziele. Eine Auslegeordnung der **Motive** ist angesichts der Pluralität einer im Einzelnen nicht ausscheidbaren Zahl von Möglichkeiten ein aussichtsloses Unterfangen. Das gilt inbesondere auch deshalb, weil der Inhalt häufig mit Wahl und Form der Kommunikationsmittel in Einklang steht. Ausgangsbasis bildet die Tatsache, dass jeder Austausch von Informationen[50], aber auch jede Informationsab-

---

49   Schulz von Thun, Psychologie der zwischenmenschlichen Kommunikation, 25 ff.
50   Die Kommunikation.

233

gabe[51], stets mit einem mehr oder weniger präzisen Zweck verbunden sind. Diese Absichtshaltung bestimmt wiederum den Charakter und damit das Schicksal des Informationstransfers. Erfolg bzw. Misserfolg hängen nun aber ebenfalls von Form, Art und Ausgestaltung des Informationstransfers ab. Das gilt grundsätzlich für **jede** Form der gedanklichen Offenbarung, sei dies durch ein vom Empfänger entschlüsselbares Zeichensystem[52], sei es vermittels intonierter Verlautbarungen[53]. Indessen führen die in den zahllosen Möglichkeiten eines Informationstransfers liegenden objektiv gegebenen Unterschiedlichkeiten zu unterschiedlichen Erfolgs- bzw. Misserfolgssituationen, die sich im Hinblick auf die negativen Aspekte wohl in ihrer Krassheit durch die erlernbare Verfeinerung der Übermittlungstechnik etwas mildern lassen. So müssen wir von vorneherein in Kauf nehmen, dass jede über ein Zeichensystem erfolgende Mitteilung oder Kommunikation zementierte inhaltliche Botschaften enthält, die zuerst vom Adressaten in zeitlicher Distanz dekodiert werden müssen. Eine Berichtigung von irrtümlichen Aussagen bzw. Annahmen kann stets nur in Form einer **nachträglichen** Reaktion erfolgen. Im kontradiktorischen Verfahren verschafft die zeitliche Distanz zwischen Aktion und Reaktion zwangsläufig eine beachtliche Denkpause, die der Verhärtung einmal eingenommener Standpunkte entgegenkommt. Zudem entfällt der für jede Kommunikation so bedeutungsvolle Einsatz der Persönlichkeit mit all den damit verbundenen Möglichkeiten. Das emotionale Wirkungspotential ist zwar im Schriftverkehr nicht absolut ausgeschlossen. Es wirkt aber – wenn überhaupt – auf dem Umweg über den Verstand. Ein emotionaler Appell durch das Medium des geschriebenen Textes durchläuft letztlich in aller Regel die Kontrolle des Intellekts, es sei denn, dass er aus zwingenden Gründen auf eine entsprechende, emp-

---

51    Die blosse Informierung wie Mitteilungen, Nachrichten, Botschaften sowie
      andere Äusserungen, die keiner Reaktion bzw. Antwort bedürfen.
52    Sprache; schriftliche Erzeugnisse.
53    Gesprächssituationen.

fängnisbereite Einstellung trifft[54]. Eine völlig andersartige Lage schafft die **Gesprächssituation** durch die für sie charakteristische Unmittelbarkeit: Selbst der rein informative, sachliche Teil der gedanklichen Übertragung mit seinen tendenziell objektiven Sachverhaltsdarstellungen über Fakten und Zusammenhänge, der logischen Deduktionen und der gelegentlich auch bildhaften Anschaulichkeit kann durch das «lebendige» Wort an Überzeugungskraft gewinnen. Abgesehen vom spezifischen Gewicht der persönlichkeitsbezogenen Attribute stehen dem Informationsträger im Direktverkehr sämtliche Instrumentarien zur Verfügung, um seine Information nicht nur weiterzuleiten und damit dem Schicksal zu überlassen, sondern für ihren identitätsgetreuen Empfang zu sorgen sowie – wenn immer möglich – durch den Einsatz geeigneter Sprechtechniken, wirkungsvoller Mimik und Gestik sowie dynamischer Anpassungen[55] an das Gesprächsklima einen Identifikationsprozess einzuleiten.

Gewiss richten sich Art und Intensität des sprachinduzierten wie persönlichkeitseigenen Einsatzes nach der gewünschten eigenen **Zielsetzung** des Informationstransfers: Letzterer kann sich in der blossen Weitergabe, allenfalls der Verbreitung von Botschaften erschöpfen. Viel häufiger aber will der Sender durch den Informationstransfer eine Kommunikation einleiten mit dem Ziel, den Empfänger in seiner Meinungsbildung zu beeinflussen, ihn für eine bestimmte Haltung, ein bestimmtes Verhalten zu motivieren oder gar zu manipulieren. Damit ist das Problem der Grenzziehung zwischen erlaubt und unerlaubt, ethisch verantwortbar und nicht verantwortbar sowie irrtumsfrei und irrtumsanfällig angesprochen.

---

54  Etwa die eigene Betroffenheit.

55  Die äusseren Einflussfaktoren bestehen in optischen (Mimik, Gestik, Erscheinung, Haltung, Blick) wie akustischen (Sprechmodulation, Sprechtempo, Sprechrhythmik, Lautstärke und Pausen) Hilfsmitteln. Die persönlichkeitsimmanenten Methoden beziehen sich auf die Präsentation zur Sache: Inhalt, Argumente, Logik, Aufbau und Systematik der Darlegungen. Der Appell an das Gefühl erfasst schliesslich die ganze Skala emotionaler Möglichkeiten zur Einbindung des Angesprochenen in eine gemeinsame Überzeugung.

## b. Anomalien

Die bisherigen Überlegungen mögen signalisiert haben, dass die Information, ihre Weitergabe als Element der Kommunikation und letztlich ganz grundsätzlich Verstehen, Verständnisbereitschaft und Verständigung unentbehrliche Werte der Menschheit darstellen, ohne deren Existenz und Pflege, ja Durchsetzung nicht nur die Lebensqualität litte, sondern vielmehr ein eigentlicher Kollaps sämtlicher persönlichen, geschäftlichen, staatserhaltenden und ganz generell existenziellen Funktionen alles und jedes zum Stillstand brächte.

### aa. Ausgangslage

Aus der soeben skizzierten Sachlage resultiert als Idealvorstellung das Diktum einer möglichst unverfälschten Informationsverarbeitung und -übermittlung. Erreichbar bleibt aber aus bereits dargelegten Gründen stets nur ein richtungweisendes Resultat. Die damit ausgesprochene Erkenntnis führt auf die Tatsache zurück, dass Informationsverarbeitung, Informationsübertragung und Informationsbewältigung Fähigkeiten sind, die sich jeder Typisierung entziehen. Dies führt darauf zurück, dass an sich identische Informationen – wie bereits betont – unterschiedliche Signale auslösen, unterschiedliche Eindrücke hinterlassen und unterschiedliche Einstellungen wachrufen, beruhen sie doch auf unterschiedlichen Vorverständnissen[56]. Sie sind somit von der unauswechselbaren Individualität des menschlichen Lebens geformt. Das schafft zunächst einmal Verständnis für die vielen, rein technisch mit dem Übertragungsvorgang verbundenen Unzulänglichkeiten und Irrtümer, die einer reibungslos funktionierenden Verständigung im Wege stehen. Die moderne Entwicklung der Kommunikation versucht nun, hier einen positiven Beitrag insbesondere durch Beschleunigung des Informationsflusses zu leisten.

---

56  SCHULZ VON THUN, Psychologie der zwischenmenschlichen Kommunikation 25 ff.

## bb. Missverständnisanfälligkeit

### aaa. *Grundsätzlicher Aspekt*

Jedes System, das sich mit dem Transfer von Informationen befasst, ist zwangsläufig pannenanfällig: Auf dem Wege über die eigene Meinungsbildung, deren Codierung, Übertragung auf den Empfänger und unter Berücksichtigung des dortigen Prozesses der Entschlüsselung entstehen vermeidliche, aber auch unvermeidliche Ungenauigkeiten, die das in der Information bestehende Produkt verändern. Dazu tragen ebenfalls interne Vorgänge und Vorprogrammierungen[57] bei.

In aller Regel bekennt sich niemand dazu, dass seine Kundgebungen missverständlich waren bzw. sind oder interpretationsbedürftige Inhalte bei ihrer Decodierung Modifikationen erlitten bzw. erleiden, die ungewollte und unzutreffende Eindrücke vermitteln und damit die Meinungsbildung des Empfängers vorübergehend oder nachhaltig in eine ungewünschte Richtung beeinflussen. Jeder in einem Kommunikationsprozess nicht direkt Belastete verdrängt zwangsläufig eine die Wahrheit verfälschende Einwirkung auf Information, Informationsverarbeitung und Willensbildung. Die von jedermann leicht durchschaubare Wirklichkeit ist aber eine andere: Eher selten gelingt ein von Inhaltsveränderungen verschonter Informationstransfer. Der Mensch hat aber gelernt, mit dieser extern allerdings nicht zugegebenen Erkenntnis zu leben. Dazu gehört auch das Entstehen einer Konfliktskultur[58]. Am wirksamsten erweisen sich allerdings die prophylaktischen Möglichkeiten, die im direkten, persönlichen Informationsaustausch inter partes bestehen mit dem Ziel, allfällig entstandene oder im Entstehen begriffene Missverständnisse in einer dialogischen, allenfalls gruppendynamischen Auseinandersetzung zu bereinigen. Im – vorab

---

57  Das sich im Lauf der Entwicklung durch Internalisierung aufbauende Vorverständnis, vielfach auch aus diversen Gründen modifiziert zum sogenannten Vorurteil.

58  Ihr verdanken wir das weltumspannende Netz der regionalen, nationalen und internationalen Gerichtsbarkeit, zu der u.a. auch im weiteren Sinne die Institutionen der Ombudsmannstelle, Aufsichtsinstanzen und Schiedsgerichtsorganisationen zählen.

rechtlichen – Konfliktsbereich spricht man von **Mediation**, die sich in letzter Zeit mehr und mehr zu einem neuen, eigenständigen Berufsstand entwickelt.

*bbb. Konkrete Aspekte*
Die soeben spotlightartig anvisierten Gefahren für eine störungsfreie Kommunikation wollen zur Erkenntnis und damit zur Überzeugung beitragen, dass es wohl kaum für Pannen jeder Art anfälligere Kategorien menschlichen Versagens gibt als die unbewusste oder bewusste Veränderung bzw. Verfälschung des Informationsinhalts. Die allgegenwärtige, alles und jedes durchdringende Präsenz des Grundstoffs «Information» im gesamten privaten wie beruflichen Dasein aller Menschen macht Informationsvermittlung, Informationsverarbeitung wie Informationsbewältigung im Gesamtkontext einer auf Austausch von Gedanken und Ideen ausgerichteten Gesellschaft zu einem die Ganzheit des menschlichen Kosmos ausmachenden Faktor. Sie nimmt am kommunikativen Kreislauf teil, der die Gesamtheit aller vom Menschen beherrschbaren Funktionen erfasst. Diese Tatsache offenbart, wie extrem wichtig ein reibungslos funktionierendes Informationsübermittlungssystem für die Menschheit ist. Gewiss muss dabei auch die Unvollkommenheit der menschlichen Kreatur in Rechnung gestellt werden, gewiss lassen sich Fehler im Kommunikationsablauf nicht vermeiden, und ebenso gewiss ist es, dass jede Fehlsteuerung zu Anomalien, kleineren wie grösseren Katastrophen führen kann. Es scheint mir aber im Jahre 2002 der Zeitpunkt gereift zu sein, um unsere Gedanken und Anstrengungen der hier aufgezeigten Problematik zu widmen. Sie ging bisher und geht auch heute noch im Sumpf der sichtbaren, vordergründigen Konsequenzen unter, weil der Mensch von heute noch viel zu wenig für Erscheinungen der umschriebenen Art sensibilisiert ist, wenn – wie hier – Ursache und Wirkung allzu weit auseinanderliegen.

aaaa. Ursachen

Mit den voranstehenden Überlegungen ist die Legitimation dafür geschaffen, die Ursachen der Missverständnisanfälligkeit etwas eingehender zu betrachten: Zunächst einmal sei an die bereits erwähnten intellektuell wie emotional begründbaren Fehlerquellen jeder Kommunikation erinnert, die beinahe jedem Informationstransfer anhaften können. Im Zuge der technischen Evolutionen[59] hat sich eine Entwicklung angebahnt, die scheinbar nach zwei gegenläufigen Richtungen verläuft: Einerseits geht der Normalverbraucher – ohne zu hinterfragen – davon aus, dass die neu entwickelten technischen Möglichkeiten eines Informationstransfers zur Verbesserung und Vervollkommnung des Kommunikationsprozesses beitragen und damit die Irrtumsanfälligkeit abnimmt. Es drängt sich demgegenüber aber mehr und mehr die Erkenntnis und Befürchtung in den Vordergrund, dass die Missverständnisanfälligkeit mit der galaktisch gesteigerten Beschleunigung des Informationstransfers, der Vielfalt von Informationsträgern, der raschen universellen Erreichbarkeit der angepeilten Informationsempfänger rapid ansteigen könnte. Die Korrigierbarkeit von Fehlern ist zwar in ebenso speditivem Ausmass gewährleistet. Das allein führt aber noch lange nicht zu dem für ein Verständnis erforderlichen Akzept. Eine echte Kommunikation fehlt. **Sie ist durch das Medium der Technik ersetzt**, was zwangsläufig zu einer Entpersönlichung des Kommunikationsablaufs führt. Dazu kommt, dass uns die lawinenhaft anschwellende Informations- und Reglementierungsflut zu schaffen macht[60]. Der für eine normale und einwandfreie Verständigung erforderliche Überblick geht in der Überfülle von Informationen verloren. Eine sachgerechte Verarbeitung ist nicht mehr möglich. Der Empfänger sieht sich zu-

---

59    Dazu näheres hinten 251 ff. vorab 254 ff.
60    Dazu GIGER, Normenflut als Zeitbombe 19 ff.; PLEITNER, Deregulierung – wie
      wichtig für den Unternehmer? 99 ff; BÖSCH, Auswirkungen der Normenflut
      auf mittelständische Unternehmen 113 ff.

nehmend formell[61] wie materiell[62] nicht mehr in der Lage, den Rückkoppelungsprozess selbst vorzunehmen. Er ist auf die Hilfe einer Fachperson angewiesen.

### bbbb. Auswirkungen

#### aaaaa. Generelle Überlegungen

Jede in Umlauf gesetzte defekte bzw. deformierte Information löst zwangsläufig nicht gewollte, unerwünschte Effekte und Reaktionen in einer näheren oder auch ferneren Umwelt aus. Nicht immer lässt sich ein negatives Ereignis ohne weiteres der hierfür verantwortlichen Ursache zuordnen. Letztere ist allzu oft nicht als solche erkennbar, weil sie das erste Glied in einer langen Kette nachfolgender Ursachen bildet. Das darf aber nicht dazu verleiten, die Augen vor der Tatsache zu verschliessen, dass letztlich stets eine fehlerhafte oder fehlgeleitete Information der zumindest mittelbare Anlass für das eingetretene Desaster war. Das sind zwar punktuelle Ereignisse, die für alle Betroffenen schmerzhafte Empfindungen auslösen. Unter dem hier fokussierten Aspekt der Ethik fallen aber mehr die **langfristigen** Auswirkungen eines frivolen Umgangs mit Informationen ins Gewicht. Selbstverständlich erhalten sie das besondere Gepräge durch den spezifischen Stellenwert der subjekts-[63] und objektbezogenen[64] Einflussbereiche, die auf Informationsbewältigung und Informationstransfer einwirkten. Eine jahrzehntelang dauernde negative Beeinflussung des Kommunikationsablaufs in all seinen Stadien durch bewusste wie unbewusste Veränderung bzw. Verfälschung des Informationsinhalts über den Informationstransfer und die Informationsbearbeitung führt zu einer Informationsbewältigung, die sich in

---

61  Beherrschung der für einen Informationstransfer erforderlichen technischen Einrichtungen und Hilfsmittel.

62  Mit Bezug auf den Inhalt, den Gegenstand der Information.

63  Wer war Informationsträger, wer Informationsempfänger, worin bestand deren Zielsetzung bei der Weitergabe bzw. Verbreitung der Informationen u.a.m.?

64  Aus welchem Sachspektrum stammt die verwendete Information?

der Langzeitwirkung als zunehmende **Informationsver-schmutzung** etabliert. Der allgemeine Einfluss der Information auf die Meinungsbildung ist bekannt, ebenso ihre Manipulierbarkeit. «Meinung» ist demnach keine ein für allemal feststehende, sondern eine unter bestimmten Bedingungen in gewünschter Richtung beeinflussbare **variable** Grösse. Das bedeutet im Klartext, dass jede deformierte Information letztlich nicht nur die Meinungsbildung, sondern auch die vielen belanglosen, aber ebenso sehr die wichtigen, lebensentscheidenden und gesellschaftspolitisch weichenstellenden individuellen wie kollektiven Entscheidungen beeinflusst.

bbbbb. Exemplifikative Hinweise

Es besteht kein Zweifel: Die Wirklichkeit zeigt ein bereits fortgeschrittenes Stadium des vorab auf die Informationsverschmutzung rückführbaren **Kulturzerfalls**[65]: In einem jahrzehntelangen Vorgang sind bestandene Werte zertrümmert worden. Antiautoritäre Erziehungsideologien und -methoden führten in letzter Konsequenz zu einer zunehmenden egozentrischen Vergötterung des eigenen Nachwuchses und damit mehr und mehr zur Negation jeder Autorität. Die Autoritätsfeindlichkeit erreichte zum Teil sogar das Stadium der Institutionalisierung[66]. Die eigentlichen Totengräber gehören einer Generation an, die alle Ideale, alle Grundsätze zu opfern bereit waren, um die eigene Haut für den ihnen bemessenen Zeitabschnitt auf Erden zu retten. Das Wort «unpopulär», das in einer Demokratie, die weitgehend der

---

65    Diese Feststellung darf nicht darüber hinwegtäuschen, dass an dieser Stelle nur die negativen Aspekte aufgezählt werden, sodass sich eine Gesamtbilanz nicht ziehen lässt. Dazu kommt, dass ein umfassendes Werturteil die einzelnen Pro und Contras nicht massstabsgerecht ausbalancieren könnte.

66    Die vielen Katastrophen im Jahre 2001 scheinen allerdings weite Kreise zur Besinnung angeregt zu haben. Entsprechende Signale lassen sich nicht nur der Fachliteratur, sondern auch den massenmedialen Äusserungen entnehmen, die den aus den Zeiten humanistischer Bildung hochgehaltenen ethischen, moralischen und anderweitigen geistigen Werten wiederum etwas mehr Stellenwert zubilligen. Oder muss man darin ein verbales Psychopharmakon zur Beruhigung des Gewissens erblicken?

sozialen Kontrolle von Massenmedien[67] untersteht, zumindest politisch ein Todesurteil bedeutet, hängt als Damoklesschwert über ihren Häuptern und diktiert ihr Verhalten, ihre Entscheide. Die offenkundige Abhängigkeit vom Informationsträger lässt den heutigen Menschen einen Balanceakt zwischen den Erwartungen der Umwelt und dem Möglichen – und leider nicht etwa dem Verantwortbaren – durchführen. Er spielt eine Rolle. Letztere bietet ihm den Schutz der Anonymität, der Berufsgruppe oder eines anderen Kollektivs. Solange er sich nicht ausserhalb der Durchschnittserwartung, die ganz generell mit seiner Rolle verbunden ist, stellt und vom konformen Verhalten seiner Rollenpartner nicht abweicht, hat er nichts zu befürchten. Er braucht nicht viel Eigeninitiative, keine überragenden Fähigkeiten, keinen Mut zur kreativen Tat, keine Zivilcourage. Warum hat dann aber – so könnte man einwenden – die Brutalisierung unserer Welt[68] derart zugenommen? Steht ihr nicht die zunehmende Feigheit entgegen? In solchen Fragen offenbaren sich die Tücken der Vereinfachung. Brutalität hat mit Feigheit mehr zu tun als mit Mut; richtet sie sich doch in den meisten Fällen gegen den Schwächeren. **Zivilcourage** im wahren Sinne gibt es kaum mehr. Die Informationsinhalte haben gelehrt, dass diese einst und vielleicht andernorts noch als positiv bewertete Eigenschaft zu einem Negativum ersten Ranges konvertierte. Die Erfahrung zeigt nämlich, dass die Gesellschaft auf Äusserungen von Zivilcourage vielfach mit Sanktionen reagiert: Meidung, Vorenthalten der sachlich gerechtfertigten Anerkennung, Hinderung am beruflichen Aufstieg und vieles andere mehr. Das Bedürfnis

---

67  Dazu vorab MEYER, Mediokratie. Die Kolonisierung der Politik durch die Medien (Dortmund 2001).

68  Schon vor über dreissig Jahren hat die zunehmende Brutalisierung zahlreiche Autoren auf den Plan gerufen (statt vieler HACKER, Aggression. Die Brutalisierung der modernen Welt, 2.A. Wien/München/Zürich 1971 sowie zahlreiche Medienberichte). Nun sind Jahrzehnte vergangen. Eine Verbesserung ist – trotz der Verbalisierung ethischer Grundsätze, trotz der vielen ausserstaatlichen Institutionen mit ihrem Credo der Nächstenliebe, trotz den vielen Aktionen, die dem Frieden unter Menschen dienen sollen – nicht eingetreten, und wir mussten im vergangenen Jahr hilflos eine weitere Verschlechterung der zwischenmenschlichen Beziehungen jeder Kategorie miterleben.

nach der mutigen Tat erstickt im Ghetto der Gruppenzugehörigkeit und wendet sich nur in «unschädlicher» Form nach aussen; nämlich dann, wenn kein eigener Nachteil zu erwarten ist.

Wie grundlegend die Informationsverfälschung das Weltbild verändert, ist eine Erkenntnis, die vielfach aus der Vorstellungswelt des Menschen verdrängt wird. Verschiedene Faktoren sind am Kulturzerfall mitverantwortlich: Ein grosser Anteil darf für sich die permanente, von den Massenmedien installierte **Verzerrung der Wertrelationen** in Anspruch nehmen. Die geistigen wie moralischen Anstrengungen und Erfolge verkommen zusehends zu marginalen Erscheinungen. Als anbetungswürdige Götzen treten stattdessen der Mammon, die Vergnügungs- und Sportindustrie mit ihren «Stars» ins Rampenlicht. Ob, wie häufig und in welchem Zusammenhang jemand im Fernsehen, am Radio, in Journalen, in Tageszeitungen und ähnlichen, der Öffentlichkeit zugänglichen Medien Erwähnung findet, sich produziert, der Allgemeinheit stellt, entscheidet über seine Bedeutung[69]. Solange das Spiel mit der Macht letztlich private Interessen betrifft bzw. verletzt, hält sich das Schadenspotential noch ausserhalb der staatsschädigenden Zone. Ernsthaftere Bedenken melden sich dort an, wo eine Überlagerung der beiden Systeme «Politik» und «Medien» stattfindet, wie dies heute zunehmend und methodisch konsequent geschieht[70]. Es findet hier eine unheilige Allianz zwischen den beiden Lagern statt, wobei – beinahe unbemerkt – eine Machtverlagerung von

---

69  Entwicklungsgeschichtlich macht sich in jüngster Zeit eine vor Jahrzehnten einsetzende stärkere Professionalisierung der Marketingziele in Richtung Machtausübung im Journalismus breit. Zurecht spricht MEYER in seinem Aufsatz über «Kotau vor den Medien. Mutiert die Parteiendemokratie zur Mediokratie?» (NZZ Nr. 292 vom Samstag/Sonntag, den 15./16. Dezember 2001, S. 85) von einer Mediendemokratie und dem sich demzufolge in den Ländern Europas vollziehenden folgenreichen Rollenwechsel.

70  Ein instruktives Beispiel liefert in der Schweiz etwa die Sendung «Arena». Der zuständige Redaktor bestimmt hier, welche Themen diskutiert werden, welche Politiker in welcher Rangfolge an der Debatte teilnehmen dürfen, welche Teilnehmer zum Worte kommen und wie lange, wobei das Publikum als sog. weitere Öffentlichkeit zur Verstärkung der Konsensverteilung dient.

der Politik auf die Medien stattfindet[71]. Zunehmend – wenn auch zögernd – werden Stimmen laut, die einer solchen Entwicklung mit Sorge entgegenblicken[72] und auf die Gefahren der von den Medien im Rahmen der geplanten Gesetzgebung[73] vorgeschlagenen **Selbstregulierung** hinweisen[74]. Dass ein Appell an die Eigenverantwortung bisher ohne entsprechendes positives Echo blieb, ist eine Erfahrungstatsache, die nicht nur durch die gelebte Realität, sondern auch durch den verstärkten Ruf nach mehr Ethik[75] belegt wird.

Die «Verführung» zur Sache betrifft im wesentlichen den mit einem Informationstransfer verbundenen Zweck: Auch in diesem Zusammenhang kann man feststellen, dass der ursprüngliche Charakter der Informierung im Sinne einer sachlichen Orientierung, Vermittlung von Wissen, Bildung wie anspruchsvoller Unterhaltung sukzessive zugunsten von Übermittlungen mit Appell- und Darstellungsfunktionen in den Hintergrund gedrängt wird. Bild, Wort und Text werden emotionalisiert. Als Referenz an die Steigerung der Attraktivität werden

---

71 Dazu MEYER, Mutiert die Parteiendemokratie zur Mediokratie, S. 85: «In den Medien ist jede Darstellung des Politischen vom Wirken der beiden medialen Filtersysteme geprägt. Die Frage entsteht, ob solche Darstellung der Politik die Eigenlogik des Politischen noch in einem für die selbständige Urteilsbildung der Bürger angemessenen Masse erkennen lässt oder ob sie diese in den Regeln ihrer eigenen Logik auflöst. Auf Seiten der Politik führt die Schlüsselrolle des Mediensystems zur Vermehrung und zur Professionalisierung der Anstrengungen, ein Höchstmass an Kontrolle über die Darstellung der Politik im Mediensystem zurückzugewinnen. Zu diesem Zweck mediatisiert sie sich mit Energie und professionellem Rat aus Leibeskräften selbst: Sie wird zum Politainment.»

72 Dazu WEBER/DOERR, Wie wenig Kontrolle brauchen die Medien? Stärken und Schwächen der Selbstregulierung, in: NZZ Nr. 195 vom Freitag, den 24. August 2001, S. 75.

73 Entwürfe für ein neues Radio- und Fernsehgesetz (ERTVG).

74 So postuliert der Presserat in seiner Vernehmlassungsantwort anstelle der Fremdregulierung die in einem Ausbau der Qualitätssicherung bestehende Eigenkontrolle. Der Abbau der Medienjustiz durch staatlich bestellte Organe würde den betroffenen Bürger indessen gänzlich der Willkür massenmedialer Übergriffe ausliefern.

75 Vgl. statt vieler MÜLLER, Als das Mass verloren ging. Ruf nach mehr Ethik in der Gesellschaft, in: NZZ Nr. 277 vom Mittwoch, den 28. November 2001, S. 15.

vor allem öffentliche mit privaten Problemen vermischt. Vielfach tritt die Information im Gewande des über die Entwicklung der Dinge entrüsteten, mahnenden, belehrenden, anprangernden und «hinrichtenden» Pharisäers auf. «Herr Brandt, wie lange wollen Sie (um Beispiele aus der Vergangenheit zu wählen) nach Moskaus Pfeife tanzen?» (1972) «Kommt nach zehn Jahren die Katastrophe?» Entsprechendes Bildmaterial verhilft zur Unmittelbarkeit des Miterlebens: Verwüstungen, Flüchtlingselend, Hungersnot, Krankheit, Tod. Die «authentische» Wirklichkeit wird arrangiert[76]: Es sind dies zumeist Stimmungsbilder, die aufrütteln, empören sollen. In zwingender Perspektive werden weinende Kinder, grosse traurige Augen in ausgemergelten Gesichtern gezeigt. Wirkungsvoll über zwei Seiten in Farben ein Toter, darüber der anklagende Ausruf: «Was sollen die Menschen noch ertragen? Erst kam die Flut, dann der Bürgerkrieg, dann die Rache der Sieger (jetzt in dicken Balken) – und nun noch die Cholera!» Schliesslich: «Der Mann lag auf dem Rükken im Morast, die Beine gespreizt, den Kopf in einer Schlammpfütze. Nur seine Lippen bewegten sich noch ganz leicht. ‹Wasser›, murmelte er. ‹Wasser›. Neben ihm lag die Leiche seiner jungen Frau ...». Im Zeitraffer durch die Jahrzehnte erleben wir im Rückblick journalistischer Reproduktionen eine quantitative wie qualitative, kontinuierliche Steigerung in der Darstellung des Bösen, der Schattenseiten unseres Lebens: wochenlange Konfrontationen mit dem wohl folgenträchtigsten, die ganze Welt beschäftigenden Ereignis vom 11. September 2001 mit rund 4000 Toten, verursacht durch die Kamikazeeinsätze fundamentalistischer Selbstmordbrigaden in gekaperten Boeingflugzeugen mit dem Ziel der Zerstörung der Wahrzeichen von New York[77], der Feldzug von USA- und EU-Truppen in Afgha-

---

76    So WEBER/DOERR, Wie wenig Kontrolle brauchen die Medien?, S. 75.
77    World Trade Center, Pentagon. Vgl. dazu die instruktiven Ausführungen von DÖRNER, Politainment. Politik in der medialen Erlebnisgesellschaft (Magdeburg 2001), ferner ders., Politik vor dem «Auge Gottes». Wie Talkshows den politischen Diskurs in der Mediengesellschaft prägen, in: NZZ Nr. 292 vom Samstag/Sonntag, den 15./16. Dezember 2001, S. 83.

nistan mit dem am 12. November 2001 erreichten Ziel der Vernichtung der Talibantruppen, die durch Jugendliche verursachten existenzvernichtenden Grossbrände in Australien, der
Amoklauf von Fritz Leibacher am 27. September 2001 im Kan-
tonsratsaal in Zug[78], das Grounding der Swissair-Flotte vom
2. Oktober 2001 mit der wirtschaftlichen Vernichtung einer die
Schweiz seit Jahrzehnten prägenden Fluggesellschaft, die
Flammenhölle im Gotthard-Tunnel[79], der Absturz des Crossair-
Jets bei der Landung in Zürich-Kloten am 24. November 2001,
die Erschütterungen durch Bedrohung des staatsethischen Gewissens mittels extensiver Ausleuchtung des Privatlebens unseres Botschafters in Deutschland u.a.m., waren weitere, aus einer
Vielzahl ähnlicher Ereignisse ausgewählte Fixpunkte einer
Elendsbilanz. Was sollen die Menschen noch alles ertragen?[80]
Erschüttert blättert man um, «und schon hat man die angeneh-
men Seiten dieser Wirklichkeit wieder vor sich: ‹Hübsche Mäd-
chen, verpackt in einer verschossenen Fliegermontur. Auch gro-
be GI-Kluft kann sexy wirken›. Na also! Uns ist wenigstens zu
helfen!» Das Gefühl wird manipuliert, der Adressat in seinen
Wertvorstellungen verunsichert, hin- und hergerissen. «Rasen
Sie nicht, reisen Sie!», mahnt eine andere Illustrierte. Wie sollen
aber besonders die Labilen unter den so Angesprochenen gefe-
stigt werden, wenn einige Seiten danach das Gegenteil verkün-

---

78  Schweiz.
79  Schweiz am 24. Oktober 2001.
80  Signifikant wirken dazu die Zeilen des Chefredaktors der «Schweizer Illu-
    strierte» vom 24. November 2001 in seinem Editoral, S. 3: «Am Samstag um
    22.08 Uhr **stürzt ein Flugzeug der Crossair beim Anflug auf den Flugha-
    fen Zürich ab**. In einem Wald bei Bassersdorf ZH verlieren 24 Menschen ihr
    Leben. Der erste Gedanke: Nicht schon wieder! Nicht schon wieder eine Ka-
    tastrophe. Nicht schon wieder Tote, leidende Angehörige, unschuldige Opfer.
    Doch nach dem ersten, kurzen Moment des Entsetzens und der Ungläubigkeit,
    entscheiden wir sofort, die **Schweizer Illustrierte** umzustellen. Die ursprüng-
    lich und in unseren Inseraten angekündigte Titelgeschichte mit Miss Schweiz
    Jenny Gerber nehmen wir raus. Ersetzen eine Geschichte über pure Lebens-
    freude durch das Drama des Crossair-Absturzes. Und machen ein neues Titel-
    bild. Schon wieder mit einer Katastrophe. Schon wieder mit Todesopfern. Tod
    und Unglück gehören zum Leben. Sagt man. Doch daran gewöhnen werden
    wir uns alle nie.»

det wird: Dort wirbt eine Firma der Treibstoffbranche mit dem Slogan «Tiger im Tank» für Beschleunigung, vermehrte Geschwindigkeit: «Mehr Schub aus jedem Zylinder!» Und der staunende Leser erfährt weiterblätternd unter dem Titel «Familienauto oder Autobahn-Torpedo?», wie man das «scheinbar» Unvereinbare zu einer harmonischen Synthese verbindet. Er ist zufrieden. Unter dem Deckmantel der «guten Absicht» fallen die Schranken der faktischen oder rechtlichen Zensur: Alles (auch etwa die weinende Gattin neben der verstümmelten Leiche des Verunglückten) kann nun beschrieben, gezeigt, besprochen werden, **und zwar unbekümmert um die fatale Wirkung der Zerstörung allfälliger noch vorhandener gesunder Wertvorstellungen.** Wo nur mit Schlagworten und Effekten an Gefühle appelliert wird, verzichtet man zwingend auf Klärung und Erklärung, setzt man die eigene Urteilsfindung einem nicht mehr überlebensfähigen Klima aus und schafft in gefährlicher Weise eine Atmosphäre kritikloser Übernahme der gebotenen Information. Denkfaulheit wird gefördert, intellektuelle Eigeninitiative gestoppt und jedes Differenzierungsvermögen langsam aber sicher verödet[81].

Besonders verhängnisvoll ist die Tatsache, dass damit auch das Gefühl der eigenen Standortbestimmung in der Gesellschaft verlorengeht: Jeder fühlt sich universell und schrankenlos kompetent, überall mitzusprechen und mitzubestimmen. Die Grenzen seiner verwertbaren Fähigkeiten sind aufgehoben. Unter solchen Einflüssen droht die richtig verstandene Bescheidenheit aus dem Erziehungsprogramm zu verschwinden[82] und wird nicht selten als anachronistisches Phänomen belächelt. Die gegenseitige Belehrungsmanie triumphiert ohne Ansehen der

---

81 Selbstverständlich kann hier nur das Modell eines Entwicklungsprozesses aufgezeigt werden. Es ist klar, dass es immer Ausnahmen gibt und geben wird. Was aber das Schicksal unserer demokratisierten Welt entscheidet, ist nicht der Einzelne, sondern die Masse.

82 Solche Einstellung führt zu einem **ungesunden** Selbstgefühl, das später – wie PAUL SCHMID in seinem Aufsatz über das Generationsproblem zu bedenken gibt – «aus sozialen Gründen wieder *abgebaut* werden muss, ein Prozess, der *nicht ohne* Konflikte verläuft».

fachlichen Kompetenz. Jedem ist alles möglich. Jeder ist Arzt, Anwalt, Techniker, erteilt wirtschaftliche Ratschläge und stellt Prognosen. Er weiss es, er ist orientiert – vom Fernsehen, Radio, durch Zeitschriften und andere Massenmedien, nicht zuletzt auch vom Hörensagen, aus einer «Erfahrung», die auf einem Einzelfall beruht. Das sind die Resultate einer galoppierenden **Bildungsverschmutzung!** Sie äussert sich vorab auch im Züchten einer Kultur von Einheitsmeinungen. Diese sind es, die nun zu einer spezifischen Art von «Autorität», oder Autoritätsersatz, werden. Solche «Autorität» weckt keinen Neid, denn sie ist anonym und vermittelt den Stoff, aus dem sich der freie Mensch des ausgehenden zwanzigsten und beginnenden einundzwanzigsten Jahrhunderts sein Weltbild formt! Es ist dies zudem eine «Autorität», die nicht gibt, sondern fordert: Mitberechtigung, Mitbestimmung, ohne das mit der echten Autorität unlösbar verbundene Äquivalent: die Verantwortung. Deren Träger waren immer wieder angefeindet, wobei sich die Angriffe – wie die Geschichte vorab auch aus der historischen Vergangenheit lehrt – besonders gegen die Intelligenz richteten. Warum? Sozialpsychologische Untersuchungen in Amerika haben ergeben, dass Überlegenheit unbeliebt ist und daher die Mittelmässigkeit den Bereich der Macht beherrscht. Paradoxerweise geschieht dies erfahrungsgemäss gerade durch die geistige Unterstützung von Angehörigen der «unterliegenden» Gruppe, die sich aus ihrer Hilfe persönliche Vorteile erhoffen[83]. Diese Eskalation der geistigen und moralischen Verflachung hat gleichzeitig zu einem **Substanzverlust im Bereich der Ästhetik** geführt: Sicher lässt sich über den Geschmack streiten, aber auch hier gibt es eine Grenze, die nicht ohne Einbusse an objektiver Glaubwürdigkeit überschritten werden kann: Minimalerfordernisse, denen in einem weitgesteckten Rahmen durchaus Absolutheitscharakter zukommt. So ist unverkennbar, dass der grösste Teil dessen, was uns heute unter dem Namen «Kunst» angeboten wird, jen-

---

83   Die «Interessenvertretung» als umfassend verstandenes Instrument zur Lenkung der Massen in einem vom «Auftraggeber» gewünschten Sinn.

seits jener Toleranzgrenze liegt. Oft spricht man in diesem Zusammenhang vom «Mut zum Hässlichen». In Wirklichkeit ist es eine Flucht aus Unfähigkeit in das, was irreführend häufig als Produkt einer intuitiven künstlerischen Originalität erscheint, die sich einer Wertung entzieht. Bei solcher Interpretation steht jedem «Talent» der Weg in die «Kunst» offen, falls er jemanden kennt, der den Schalthebel der Informationsmaschinerie mitbetätigt. Manipulation, oft auch schlicht «Public Relation», ist auch hier das Mittel zur Anerkennung. Sonst könnte wohl kaum eine Bretterwand, bemalt in Herzform, an die alte, verschmutzte Handschuhe, ausgetretene Schuhe, aneinandergeknüpfte Socken u.a.m. angenagelt wurden, unter dem anspruchsvollen Titel «Kunst» bestehen. Diese anti-ästhetische Tendenz hat auch vor dem persönlichen Bereich nicht Halt gemacht: Mit langen ungepflegten Haaren, schmuddeliger Kleidung, «lässigem» Benehmen wollte noch vor dreissig Jahren Originalität bewiesen werden. Wo sie wirklich vorhanden ist, muss man sich keine Sorgen machen. Leider trifft aber häufig das Gegenteil zu. Es drückt sich dann darin eher eine phantasielose Uniformität aus, die mit der geistig-moralischen Gleichschaltung harmonisiert und eine ungesunde Selbstsicherheit verrät.

Mit diesem Prozess eng verbunden ist die **sukzessive faktische wie rechtliche Aufhebung des Gleichheitsprinzips**. Sonderbarerweise geschieht das gerade durch dessen Anrufung. Das liegt am Missverständnis über Sinn, Natur und Begriff: Es will nicht besagen, dass **alles gleich**, sondern nur **Gleiches gleich**, also Ungleiches ungleich, zu behandeln sei. Es gibt – und man sollte dafür dankbar sein –, was Charakter, Intelligenz, Bildung, Ausbildung usw. betrifft, von Individuum zu Individuum zahlreiche Unterschiede. Jede Gleichschaltung führt daher zwangsläufig zur Verletzung des Grundsatzes und so zur Gefährdung des Gleichgewichts der Infrastruktur eines Staates. Recht auf Bildung, Recht auf Eigentum, Recht auf Arbeit, Recht auf Wohnung, Recht auf gleiche Entlöhnung und vieles andere mehr sind Schlagworte unserer Zeit und leiten – falsch verstanden – unaufhaltsam den Untergang der abendländischen Kultur ein. Es seien nur zwei Überlegungen herausgegriffen: Ein Volk braucht nicht nur Akademiker, nur Händler, nur Unternehmer, nur Handwerker, sondern ein Zusammenwirken der unterschiedlichsten Fähigkeiten und Fertigkeiten. Es müsste der individuellen Veranlagung Rechnung getragen werden. Nur der richtige Mann bzw. die richtige Frau am richtigen Ort bringt Fortschritt. Wo ungeachtet allfälliger fehlender Talente «Recht auf Bildung» verlangt wird, erweist sich solches Begehren als Bumerang. Der Zulauf an unseren Universitäten nimmt weiterhin zu, da man Bildung oft weniger aus echtem persönlichem Bedürfnis, Interesse und Freude, als aus Prestige anstrebt. Wo das Studium nicht Statussymbol ist, gibt es wenigstens Gelegenheit, den Entscheid über den Broterwerb um einige Jahre hinauszuschieben. Wollte man deshalb das «Recht auf Bildung» verwirklichen, dürfte dies nur unter **strenger Leistungskontrolle** geschehen; eine Forderung, die bereits im Sumpf des Reformwettbewerbs weitgehend unterging. Die Kehrseite besteht dann darin, dass andere Berufe verwaisen oder lediglich dank ausländischen Arbeitskräften noch nicht aussterben. Man spricht so viel und achtlos immer wieder vom **Recht**, ohne an das notwendige Korrelat, die **Pflicht** zu denken! Unter missbräuchlicher Anrufung des Gleichheitsprinzips wird in letzter Zeit sodann eine «privilegierte» soziale Gruppe vermehrt und mit einigem Erfolg vehementen Angriffen ausgesetzt: der Eigentümer. Auch hier übersieht man, dass sich der grösste Teil durch spezifische Eigenschaften, harten Arbeitseinsatz, Verzicht auf Freizeit und Ferien, Übernahme von Verantwortung und Risiken die getadelten Vorteile erworben hat. Viele wollen eben die Früchte dieser Anstrengungen geniessen, ohne dafür die gleichen Entbehrungen zu erdulden. Neid und Missgunst dienen oft als uneingestandene Antriebe. **Die unvollständige Information verschafft solchen Wünschen in einer Demokratie gefährliche Verwirklichungsmöglichkeiten**. Sonst wäre etwa die Anstiftung zum Vertragsbruch im Schweizer Mietrecht nicht legalisiert worden. Man übersah bei allen Massnahmen zum Schutz des Mieters die übrigen wichtigen Glieder in der Kette der Ursachen, die zum Mietnotstand führten: den Landwirt, den Handwerker und die Banken. Warum unternimmt man nichts gegen den Bauer, der seinen Grund zu weit übersetzten Preisen verkauft und unsere Nation erst noch des vorab in Krisenzeiten so notwendigen urbaren Bodens beraubt? Warum geschieht nichts gegen die unheimliche Lohnspirale im Bauwesen? Und warum endlich passt man die Hypothekarzinsen nicht dem Überfluss an Geld an? All das sind offene Fragen, auf die es keine befriedigende Antwort geben kann. Die bestehenden Missbräuche hätten durchaus mit rechtsstaatlichen Mitteln bekämpft werden können. So aber droht die Gefahr eines permanenten Krieges zwischen Mietern und Vermietern. Selbstverständlich sind diese Zeilen nur als höchst fragmentarische Situationsschilderungen aufzufassen. Trotzdem beleuchten sie einen weiteren Aspekt der informationsbeeinflussten negativen Beeinträchtigung des geistig-moralischen Raumes: die **Zerstörung des Gerechtigkeitsgefühls**. Gerecht ist, was einem nützt, scheint die Devise zu sein. Das objektive Abwägen der Fakten gibt kaum mehr den Ausschlag für eine Entscheidung. Man darf sich daher über den Substanzverlust im Bereich der Rechtsstaatlichkeit nicht wundern. Die Konzentration auf das Wesentliche zwingt hier zur Auswahl: Sorge bereitet namentlich das **Missverhältnis von Macht und fachlicher Kompetenz**. Wo Entscheidungen gleich welcher Art getroffen werden, müssen sie von Personen ausgehen, die kraft Ausbildung befähigt sind, Situationen ihres Zuständigkeitsgebietes richtig einzuschätzen. Die übliche Delegation an einen Sachbearbeiter vermag nicht immer zu befriedigen, vor allem dann nicht, wenn dessen Aufgabe nur der Begründung des bereits gefällten Entscheids dient. Natürlich sind auch hier von der menschlichen Natur her Grenzen gesetzt. Man muss sich wohl damit abfinden, dass Talent, Eignung und Fähigkeit die Besetzung der wichtigsten Positionen unserer Gesellschaft kaum mehr bestimmen und ihnen neben den einer sachgerechten Auswahl entgegenstehenden Störungsfaktoren wie Neid, Missgunst, Manipulation, Protektion, Korruption mehr oder weniger marginale Bedeutung zukommt. Diese Entwicklung hat sich systemgerecht zu einer «messbaren» Grösse etabliert: dem allein bedeutungsbestimmenden Faktor **«Funktionalismus»**[84]. Es gehört zur Verteidigung des geistig-ethischen Lebensraumes, dafür zu sorgen, dass sich die Grenze nicht allzu stark vom Objektiven zum Subjektiven verschiebt. Das wäre dann der Fall, wenn die geistig-moralische Integrität durch eigentlichen Rufmord gefährdet würde. Dieses Mittel der Manipulation gewinnt zusehends an Macht, und das aus doppeltem Grund: Der Intrigant hat seine Entdeckung kaum zu befürchten, und sein Opfer erhält selten Gelegenheit, sich zu verteidigen. Der Grundsatz «audiatur et altera pars» wird aus Gutgläubigkeit, Bequemlichkeit, dem Beharrungsvermögen des ersten Eindrucks, der Tendenz, das Schlechte eher als das Gute anzunehmen und anderen Gründen mehr selbst von solchen, die es besser wissen sollten, oft verletzt. Dazu kommt, dass als «Opfer» oft Persönlichkeiten auserwählt werden, die durch ihr Wirken den Neid und die Missgunst anderer Gruppierungen auf sich gelenkt haben, sodass die Initianten mit einem Schneeballeffekt im zustimmenden oder sogar unterstützenden Sinne rechnen dürfen. Das Sprichwort «semper aliquid haeret» lässt den ungeheuren Schaden erahnen, der aus solchem Tun erwächst – die immaterielle Umweltverschmutzung hat hier wohl ihre verachtungswürdigste Ausdrucksform gefunden!

Warum – so fragt man sich angesichts dieser düsteren Bilanz – wurde solcher Entwicklung nicht Einhalt geboten? Vieles wird durch das Studium des Zusammenspiels von Frustration und Aggression verständlich. In nicht wenigen Fällen mögen das fehlende Unrechtsbewusstsein, die «vergessenen» Verhaltensmaximen wie die Absenz eines faktischen Zwangsregulativs dazu beigetragen haben.

cc.    Informationsverfälschung

Die Missverständnisanfälligkeit eines jeden Informationstransfers verursacht oft, allzu oft, eine verfehlte Meinungsbildung

---

84    Ein meinungsbestimmender Einfluss kommt daher heute nur einer Person zu, die in der Gesellschaft eine tragende **Funktion** ausübt.

und damit ein schädigendes Ereignis, das nicht nur den Einzelnen betrifft, sondern in der Langzeitwirkung und – geschaffen durch sich dauernd wiederholende analoge Vorgänge – unter Berücksichtigung des Multiplikationseffekts zu einer bestimmenden Umfunktionierung vorab der geschäftlichen, gesellschaftlichen und politischen Umwelt führt. Verheerender noch wirken die informationszersetzenden Steuerungsmöglichkeiten beim Willensbildungsprozess. Die Verfälschung ist hier nicht Folge eines Versagens, sondern Mittel zum Zweck: Angestrebt wird die bewusste Einflussnahme auf Willensbildung und damit Entscheidung des Informationsadressaten. Im funktionalen Resultat decken sich die Auswirkungen mit demjenigen der **unbeabsichtigt** erfolgenden Fehldeutung im Bereich des Informationstransfers. Was aber das Gefahrenpotential im Kommunikationsablauf ganz erheblich verschärft, ist die Tatsache, dass sich jede bewusste Falschinformierung als Manipulationsmittel im Meinungsbildungsprozess in der gewünschten Richtung einsetzen lässt.

## III. Stellenwert der technologischen Optimierung des Informationstransfers

### A.    Grundsätzliches zur Ausgangslage

Die Wissenschaft, aber vor allem auch die Massenmedien, haben – von der rein unterhaltungsorientierten Informierung abgesehen – zwei Lieblingskinder: Umwelt und vernetztes Denken sowie die Vorschläge zur rechtlichen Bewältigung der damit bewirkten Probleme[85]. Man kann deshalb kaum eine Zeitung aufschlagen, kaum einen Radio- oder Fernsehapparat anstellen, ohne mit ökologischen Forderungen – faktischer wie rechtlicher

---

85   In letzter Zeit gerät diese Thematik allerdings durch die prominenten Ereignisse des vergangenen Jahres etwas in den Hintergrund.

Art –, auch im Marketingbereich[86], konfrontiert zu werden. Das Verantwortungsgefühl für unsere Umwelt ist – zumeist allerdings eher verbal – allgegenwärtig[87]. Es lässt sich wohl kaum zweifelsfrei abklären, ob die Sorge um die umweltgefährdenden und -zerstörenden Aktivitäten des Menschen zur Lehre über «vernetztes Denken» führte oder vielmehr das vernetzte Denken zum verstärkten Einbezug der Umwelt in Anerkennung des Ganzheitlichkeitsanspruchs unseres Daseins einlud. Wer immer auch sich mit diesem Thema befasst, darf mit vollen Vortragssälen und Applaus rechnen: Eine Unternehmensführung etwa, die mit der Zeit geht, muss sich zwangsläufig mit den neuen Gedanken und Lösungsangeboten zumindest ernsthaft auseinandersetzen. In allen Bereichen aber bedienen unzweifelhaft die Information, der Informationstransfer und die Informationsbewältigung den Schalthebel der Macht und stellen unaufhaltsam die Weichen für den Weg in die weitere Zukunft.

## B. Informationsnotstand durch Informationsflut

Die immer weitere Ausdehnung der informationstauglichen Materie, die stets zunehmenden Möglichkeiten zum innovativen Ausleben der vermittelten Inhalte und der darin enthaltenen Ideen sowie die damit zwangsläufig provozierte Informationslawine haben eine **neue Problemkategorie** geschaffen: die Informationsflut, die – je nach Sachausrichtung – zu einem eigentlichen Informationsnotstand führte. Wer solche in ihrer Auswirkung folgenträchtigen Begriffe verwendet, muss dafür sorgen, dass bei deren Einsatz im Kommunikationsprozess möglichst keine Missverständnisse aufkommen. Begriffe müssen mit einem Wort plakativ zum Ausdruck bringen, was alles inhaltlich

---

86 Unter «Marketing» versteht man mehrheitlich die Ausrichtung der Strategien oder Instrumente einer Unternehmung auf einen optimalen Absatz der Produkte.

87 Dafür sorgen etwa in der Schweiz die über zweihundert Umweltschutzorganisationen, dann aber auch das Heer von Redaktoren und redaktionellen Mitarbeitern, denen Umweltschutz ein dringendes Anliegen bedeutet.

als erfasst gilt. Sie bestimmen den sachlichen Geltungsbereich, dienen ganz allgemein als Orientierungshilfe und besitzen Standardcharakter. Dazu kommt ganz generell, dass der verwendete Begriff durch Gebrauch in weiten Kreisen der Bevölkerung eine klare, eindeutige Bedeutung besitzt. Wo dies nicht der Fall ist, hat der Verwender zu signalisieren, was er darunter verstanden haben will. «Informationsflut» deutet an, dass die Fülle von Informationen in einem bestimmten Gebiet oder auch ganz generell einen Stand erreicht hat, der nicht mehr unter Kontrolle steht bzw. gehalten werden kann. Eine «Flut» droht alles und jedes zu überfluten, sodass jeder Überblick ausgeschlossen wird. Sie führt in das Chaos. Dort, wo sich die Extremmöglichkeiten realisieren, sprechen wir von **Informationsnotstand**.

## C.  Informationsbewältigung

Es liegt in der Natur des Menschen, dass er auch in Extremsituationen nicht einfach an Kapitulation denkt. Vielmehr setzt er reflexartig oder langfristig Abwehr- oder Problembewältigungsstrukturen durch, um unhaltbare Situationen in erträgliche Bahnen zu lenken. Verschiedene Möglichkeiten bieten sich dazu an: Zunächst einmal geht es darum, Sender und Empfänger von Informationen im Hinblick auf ihre Funktionen besser zu schulen. Der Sender muss seine Fähigkeit wie auch seine Bereitschaft zur identitätskonformen Übertragung von Botschaften kultivieren. Dazu gehört viel Selbstbeobachtung und Selbstkritik, sind doch nicht nur intellektuelle und sprachinduzierte Fähigkeiten und Talente, sondern auch charakterimmanente Eigenschaften erforderlich[88]. Aber auch den Empfänger treffen ganz erhebliche **Sorgfaltspflichten**, deren Missachtung krasse und für Dritte oft verhängnisvolle Konsequenzen nach sich ziehen: Er sollte nur Informationen als Basis seiner Meinungsbildung akzeptieren,

---

[88]  So etwa der Verzicht auf Beschönigungen oder aber negative Herabminderungen, selbstdarstellerische Präsentationen mit Deformierungen des Informationsinhalts, bewusst lückenhafte Entstellungen, vorurteilsbelastete Formulierungen, Verkoppelung von Tatsachen mit Hypothesen u.a.m.

wenn sie einen Inhalt, einen Gegenstand bzw. ein Gebiet betreffen, das ihm selbst vertraut ist. Jede kritiklose Entgegennahme trägt zur Deformierung der Wahrheit bei und degradiert den Empfänger zur blossen Marionette. Er muss daher die Botschaft in jeder Hinsicht gründlich überprüfen. Das bedeutet kritische Analyse des Inhalts, dann aber auch des näheren und ferneren Umfelds des Senders. Besondere Diligenzpflichten gelten aber für die **Massenmedien**[89]. Ein solches bewusstes, kontrolliertes Bewältigen von Informationen führt zwangsläufig zu einer Selektion im Rahmen der Informationsflut. Im formellen Bereich trägt selbstverständlich eine sukzessive, andauernde Förderung der individuellen Fähigkeit zur Unterscheidung zwischen Verwertbarem und Überflüssigem zu einer zeitsparenden Selektion des Informationsvolumens bei.

## D. Informationstechnologien

### 1. Auswirkungen

Die Technik hat in unserem Jahrhundert unbestreitbar überproportionale Fortschritte in sachlicher und zeitlicher Hinsicht gemacht. Mit der technischen Evolution – man könnte sogar von

---

89 Die Wichtigkeit einer solchen Eigenkontrolle demonstriert vor allem die Vergangenheit. Dazu AEGERTER, Vor 75 Jahren erschien Hitlers «Mein Kampf». Ein Machwerk und seine Wirkung im Spiegel der Zeit, in: NZZ Nr. 3 vom Samstag/Sonntag, den 5./6. Januar 2002, S. 9: «Aufschlussreich sind Hitlers Erörterungen zur Funktion der Propaganda. Im angestrebten Führerstaat soll sie die Menschen zu Untertanen machen, die keine relativierende und differenzierende Urteilsfähigkeit kennen. Jede Propaganda hatte daher volkstümlich zu sein und ihr geistiges Niveau einzustellen ‹nach der Aufnahmefähigkeit des beschränktesten unter denen, an die sie sich zu richten gedenkt. (...) Die Aufnahmefähigkeit der grossen Masse ist nur sehr beschränkt, das Verständnis klein, dafür jedoch die Vergesslichkeit gross. Aus diesen Tatsachen heraus hat sich jede wirkungsvolle Propaganda auf nur sehr wenige Punkte zu beschränken und diese schlagwortartig solange zu verwerten, bis auch bestimmt der Letzte unter einem solchen Worte das Gewollte sich vorzustellen vermag.› Hitlers Offenheit an dieser Stelle erstaunt – geschadet hat ihm die Beschreibung der grossen Massen des Volkes als dumm und einfältig jedenfalls nicht.»

einer nicht abreissbaren Kette von technischen Revolutionen
sprechen – veränderte sich auch die menschliche Gesellschaft.
Als besonders markantes Ereignis drängt sich die beinahe explosionsartige Entwicklung auf dem Gebiet der **Informationstechnologien** auf: Die Information ist – wie bereits erwähnt – das
Mark der Infrastruktur von Staat und Gesellschaft[90]. Früher war
ihr Transport vom Sender zum Empfänger zeitraubend, kompliziert und pannenanfällig. Die Modernisierung der telefonischen,
telegraphischen wie digitalen Kommunikation in jüngster Zeit,
das Aufkommen von Telefax, Videotext, Minitel, Electronic
Fund Transfer (EFT), Point of Sales (POS) und Internet haben
zu einer weltweiten informationstechnischen Vernetzung geführt. Die daraus resultierenden drastischen Änderungen in den
Arbeitsabläufen, vorab auch im Hinblick auf den Informationstransfer, beeinflussen nicht nur die strategische Ausrichtung
etwa der Unternehmenspolitik, sondern ebenfalls ihre Durchsetzung an der Front: Der Weg vom Sender zum Empfänger ist
extrem verkürzt. Ganze Vertragstexte, technische Darstellungen
u.a.m. können binnen Sekunden über Kontinente vermittelt werden. Die Informationsübermittlung hat m.a.W. nicht nur die
zeitliche Distanz verkürzt, sondern auch das Spektrum der
«transportfähigen» Informationen erweitert. Die Unternehmenspolitik, aber auch ganz allgemein alle informationsabhängigen
Sparten menschlicher Aktivitäten der Gegenwart und Zukunft
müssen sich noch intensiver auf die neue Situation ausrichten.
Die rasche Entwicklung völlig andersartiger Informationssyste-
me verlangt Anpassung der unternehmerischen und übrigen
Strategien, deren Kernstück in einer **Veränderung der Ent-
scheidungsstrukturen** besteht. Entscheide von wirtschaftlicher
Tragweite können sich aber nur auf der Grundlage einer mehr

---

90 Dazu SENN, Strategische Bedeutung von ökologieorientierten Informations-
systemen, in: OIKOS-Konferenz HSG über umweltorientierte Unternehmensführung (St. Gallen 1988) 1: Information ist neben Materie und Energie die
dritte Austauschkategorie eines Systems mit der Umwelt. Man kann Information als ‹Rohstoff› bezeichnen, aus dem sich die relevante Umwelt des Unternehmens konstituiert.»

oder weniger kontinuierlichen Verarbeitung spärlich fliessender Informationen entwickeln. Der Unternehmer, der Wissenschafter, Ingenieur, Gesetzgeber, Richter u.a. von heute sieht sich einer unablässigen Informationsflut mit immer weiteren Aspekten ausgesetzt. So hat er sich auf eine ganz neue Art der Stoffbewältigung einzustellen. Er muss die Fähigkeit kultivieren, eintreffende Informationen spezifisch zu selektionieren und nach betrieblichen oder anderweitigen Bedeutungsgraden zu gruppieren[91]. Aber auch an die Informationsverarbeitung sind höhere Anforderungen zu stellen. Je nach Art der Information sind besondere Verwertungsstrategien zu entwickeln und einzusetzen. Der Benützer hat einen permanenten Balanceakt zwischen Überflutung bzw. treffsicherer Selektion und optimalisierter Auswertung auszuführen.

## 2. Bewertung

Die neuen Technologien haben unbestreitbar unsere Gesellschaft sowohl im privaten wie im geschäftlichen Bereich nachhaltig verändert. Die soeben dargestellten erhöhten Anforderungen an Sender und Empfänger sind Tatsachen, die gewissermassen als ultimatives, obligatorisches Anforderungsprofil für alle am Informationskreislauf Beteiligten verbindlich sind. Was hat uns aber die Technisierung letztlich in positiver oder negativer Hinsicht gebracht? Wie sieht die Zwischenbilanz aus[92]?

### a. Mentalitätswandel

Die jüngste Vergangenheit offenbart unverkennbar eine im Wesentlichen auf die rasante Entwicklung der Informationsübermittlung rückführbare Veränderung des Konsumverhaltens. Al-

---

91   Unbrauchbar, brauchbar, wichtig, extrem bedeutungsvoll usw.
92   Ich denke dabei keineswegs an die vielen im Lauf des beschwerlichen Lernprozesses erlittenen Fehlschläge. Dazu GUGERLI, Steiniger Weg ins digitale Zeitalter. Helvetische Lehren aus einem missglückten Innovationsprojekt der PTT, in: NZZ Nr. 3 vom Samstag/Sonntag, den 5./6. Januar 2002, S. 25.

lerdings steht fest, dass keine eigentliche Trendwende vorliegt. Vielmehr haben sich nur bestehende Tendenzen intensiviert: Der Konsumgenuss hat den höchsten bisher denkbaren Stand erreicht und zur Entwicklung einer neuen Konsumethik[93] geführt. «Wie schlage ich die Zeit tot, und was kann ich mir noch wünschen, obwohl ich schon alles habe?» Mit diesem Zitat zeichnet OPASCHOWSKI das Bild einer «konsumneurotischen Jugend» (S. 22). Auf den Wogen des Wertewandels hat sich eine bisher noch nicht überall etablierte Konsummoral angekündigt; eine Konsummoral, die sich deutlich vom Geist der christlichen Ethik distanziert. Die kommende Generation verfügt über mehr Zeit, Geld, Bildung, Wohlstand als je zuvor.

Genuss ohne von Selbstvorwürfen geplagtes, schlechtes Gewissen steht hoch im Kurs[94]. Unter solcher Prämisse versteht man, dass der Bedarfsdeckungskonsum mehr und mehr durch Genussvarianten wie Geltungs-, Prestige-, Profilierungs- und Freizeitkonsum verdrängt wird. Geldausgeben verschafft Glücksgefühle[95]. Trotzdem: Viele können sich weder heute noch morgen alles leisten. So zeichnet sich die Tendenz zu einem **multiplen, scheinbar widersprüchlichen Konsumverhalten** ab[96]. Um sich einen teuren Sportwagen leisten zu können, verzichtet der Konsument auf luxuriöse Ferien. Billig und teuer schliessen sich nicht mehr gegenseitig aus. Alternativität ist Trumpf. Der Konsument des letzten Jahrhunderts hat viel gelernt: Er wird zum Finanzjongleur, der den Einsatz von Kreditaufnahmen in eine Gesamtplanung zwischen Verzicht und Luxuserwerb gekonnt einfügt. Eine Gefahr ist allerdings damit

---

93 Vgl. die Analyse zum Freizeitkonsum von morgen durch OPASCHOWSKI, S. 22 ff.

94 OPASCHOWSKI, Freizeitkonsum von morgen, S. 23: «Freude am Leben muss nicht mehr moralisch gerechtfertigt werden. Wir können und dürfen uns für moralisch halten, auch wenn wir Geld ausgeben, konsumieren und das Leben geniessen.»

95 OPASCHOWSKI, Freizeitkonsum von morgen, S. 23: «Der Verbraucher von morgen will ein Lebemensch sein und geniessen.»

96 OPASCHOWSKI, Freizeitkonsum von morgen, S. 24: «Der Verbraucher wird zur gespaltenen Persönlichkeit, der das Einsparen ebenso beherrscht wie das Verschwenden.»

verbunden: Das Aufkeimen eines sehr schwer dämpfbaren Optimismus, eine oft in Euphorie ausartende Mentalität, der die automatische Bremse der Vorsicht und Vorsorge fehlt, um eine Talfahrt in Zukunft zu verhindern. Nicht einmal das Gespenst einer drohenden Rezession vermöchte hier durch eine Verhaltensänderung Abhilfe zu schaffen.

b. Forschungserfolge

Wer das vergangene Jahr im Zeitraffer nach wissenschaftlichen Erkenntnissen und Erfolgen absucht, wird mit der Tatsache konfrontiert, dass in jedem Monat ein substantieller Fortschritt erzielt wurde. Ohne Rücksicht auf die vielen kleinen und mittleren Events im wissenschaftlichen Wettbewerb lassen sich Monat für Monat schicksalsbestimmende Ereignisse aufzählen: Im Januar gelang zwei US-Firmen erstmals die vollständige Entschlüsselung der Erbinformation einer Pflanze[97]. Am 12. Februar landete die US-Raumsonde «Near Shoemaker» auf dem Asteroiden «Eros» und sendete instruktive Bilder des Himmelskörpers zur Erde. Nach fünfzehn Betriebsjahren und 86'331 Erdumkreisungen verglühte die russische Raumstation «Mir» im Südpazifik. An Bord einer russischen «Sojus»-Raumkapsel fliegt der Amerikaner Dennis Tito als erster Tourist zur Weltraumstation ISS. Als Meilenstein in der Behandlung bestimmter Formen von Leukämie gilt das im Mai von Novartis eingeführte Krebsmedikament «Gleevec». Nicht unerwähnt bleiben darf die Verpflichtungszusage am UNO-Sitz in New York im Juni, für den Kampf gegen Aids Milliarden von Dollars zur Verfügung zu stellen. Einen ganz wesentlichen weltweiten Durchbruch im Bereich Klimaschutz wurde im Juli in den UNO-Konferenzen in Bonn und später in Marrakesch[98] erzielt. Im August startete die NASA das Genesis-Projekt mit dem Ziel, durch eine Sonde rund 20 Mikrogramm Sonnenwind für wissenschaftliche Untersuchun-

---

97    Reis.
98    Marokko.

260

gen einzufangen. Durch eine neuartige Immuntherapie gelang es im September US-Forschern, Mäuse gegen Krebs zu impfen. Im Oktober liess die NASA die Sonde «Mars Odyssey 2001» in eine Umlaufbahn mit dem Mars einschwenken. Erstmals klont der US-Forscher Robert Lanza im November einen menschlichen Embryo, um daraus Stammzellen zu gewinnen, und schliesslich wurde auf dem Mount Graham[99] das «Large Binocular Telescop» als leistungsfähigstes Teleskop der Welt installiert, das bezüglich Auflösung sogar das Hubble-Weltraumteleskop übertrifft. Es besteht kein Zweifel, dass solche Erfolge ohne die Errungenschaften der modernen Technologien, insbesondere auch der elektronischen Kommunikation, nicht möglich gewesen wären[100].

c.    Effekt der Omnipräsenz

Der hochtechnisierte Informationstransfer hat unsere Gesellschaft insbesondere durch **einen** Faktor in den Grundfesten verändert; eine Entwicklung, die sich in ihrem ganzen Ausmass noch lange nicht abschätzen lässt: Es ist der mit ihr verbundene Effekt der Omnipräsenz von Informationen: Örtliche Distanz spielt unter dem Regime des E-Commerce[101] keine Rolle mehr. Radio, Fernsehen und Internet öffnen jedermann, der über die erforderlichen Apparate, Einrichtungen und Kenntnisse verfügt, beinahe uneingeschränkt Einblicke in Wirtschaft, Politik, zum Teil in Wissenschaft, dann aber auch in Lebensgewohnheiten und Infrastrukturen ferner Länder. Auch das Privatleben zumin-

---

99    US-Staat Arizona.

100    COTTONE/EBERHARDT, Innovative Automatisierung im Materialfluss, in: Schweizerische Zeitschrift Technik Nr. 2 (Zürich 2001), S. 12: «Vor dem Hintergrund der Globalisierung und des E-Commerce ist die Automatisierung verschiedener Handhabungsfunktionen verstärkt ein Thema in Logistikunternehmen. E-Commerce ist in erster Linie ein neuer Vertriebsweg, beeinflusst jedoch sowohl die strategischen und administrativen als auch die operativen Logistikaktivitäten.»

101    Darunter wird jede Art geschäftlicher Transaktionen verstanden, bei denen die Beteiligten auf elektronischem Weg miteinander kommunizieren und nicht in direktem Kontakt stehen.

dest von «Personen der Zeitgeschichte» bleibt nicht verschont. Damit ist aber die Büchse der Pandora weit geöffnet: «Heiligsprechungen» wechseln mit Diffamierungen im Sinne des Jo-Jo-Effekts, die Kriegsgegner im fernen Afghanistan konnten sich vorab auch anhand des Fernsehens über geplante Angriffsziele, die Vorgehenspläne, Absichten u.a.m. orientieren und lernten ebenso die Befürchtungen und Ängste der westlichen Welt kennen. Auch hier wiederum sind Fluch und Segen der technologischen Fortschritte nahe beieinander. Dazu kommt, dass praktisch niemand, nicht einmal der direkt Betroffene, Quelle und Ausmass der Missverständnisse, Irrtümer und Täuschungen sowie die darauf rückführbaren Folgen abschätzen kann. **Die Information hat sich selbständig gemacht.** Sie kann – in entfesselter Form – zur gesellschaftlichen Atombombe im Kommunikationsprozess werden.

*3. Bewältigung von Umsetzungsschwierigkeiten*

Mit «Umsetzungsschwierigkeiten» wollen Hindernisse signalisiert werden, die sich einem möglichst reibungslosen Informationstransfer ohne Inhaltsveränderungen in den Weg stellen. Und gerade in diesem Zusammenhang müssen wir uns die schicksalshafte Frage gefallen lassen, ob die grossen Errungenschaften der Informationstechnologien mit ihren unbestreitbaren Vorteilen den Preis – trotz der zuvor skizzierten negativen Aspekte – wert sind? Wir können und dürfen auch der Frage nicht ausweichen, ob wir etwa ein aus der Würdigung aller positiven wie negativen Auswirkungen der modernen Technologien im Bereich des Informationstransfers resultierendes Bilanzdefizit reaktionslos hinnehmen sollen. Zugegeben: Fortschritte, zumal im technischen Bereich, lassen sich nicht mehr ungeschehen machen. Sie gelten als unverzichtbar und mithin als unabänderliche Tatsache. Gerade deshalb enthalten sie aber auch einen unablehnbaren Auftrag an die Gesellschaft, alle innovativen Kräfte zu mobilisieren, um die unerwünschten Begleiterscheinungen der Technisierung wenn immer möglich zu beseitigen, zu ver-

meiden oder wenigstens zu mildern. Das sind jedoch bisher un-
erhörte Anregungen geblieben, appellieren sie doch zunächst an
**Moral und Ethik**; Richtlinien somit, deren klar erkennbaren
Kern man gern übersieht, weil die Vagheit der Begriffe im Sinne
von kategorischen Imperativen einen leichten Ausweg schaffen.

## IV. Notwendigkeit einer rechtlichen Verstärkung ethischer Imperative

Es darf als eine sich aus den Logismen von unabänderlichen
Erfahrungswerten ableitbare Maxime gelten, dass man die Auswirkungen des sich mehr und mehr als gelenkter Informations-
fluss abspielender Kommunikationsablauf nur auf dem Weg
über den faktischen, letztlich jedoch normativen Zwang in ge-
sellschaftserträglichen Grenzen halten kann[102].

### A. Stellenwert ethischer Imperative

#### 1. *Grundsätzliche Standortbestimmung*

Zurecht haben die Herausgeber der Festgabe zum 70. Geburtstag
von HANS GIGER[103] in ihrem Vorwort festgehalten, dass die Auseinandersetzung darüber, was sittlich als «gut» oder «schlecht»
zu beurteilen ist, seit den Denkern des Altertums kein Ende gefunden hat. Und sie kann – und soll – auch kein Ende finden,
weil es sich um Geschichte handelt, die in die Zukunft hinein
offen bleibt und sich auf dem Boden eines freiheitlichen Ord-
nungsansatzes unablässig der Konkurrenz des Neuen und des
möglicherweise Besseren stellen muss. Der Strom der philosophischen Gedanken, von dem die Ethik bestimmt wird, fliesst
ufer- und endlos durch die Jahrhunderte. Damit haben Ge-

---

102 Es geht vorliegend nicht um eine auch nur annähernde Darstellung der ethisch
erforderlichen, normativen Zwangsmöglichkeiten. Vielmehr müssen wir uns
hier mit blossen Gedankenanstössen begnügen.

103 LARESE/LENDI/LINDER (Hrsg.), Ethik als Handlungsmaxime (Bern 2000).

schichte und reale Wirklichkeit den Menschen an seine Grenzen bezüglich Erkenntnisfähigkeit gemahnt: Alle Versuche, das Phänomen «Ethik» in Definitionen festzulegen, deren Sinngehalt in einer unanfechtbaren Formulierung ein für alle mal zu fixieren und ihren Standort wie Stellenwert im Koordinatennetz bestehender Grundsätze, Regeln sowie Ordnungssystemen zu bestimmen, sind Ansichten geblieben, die weiterhin der Kritik unterliegen und Anlass zu wissenschaftlichen wie anderweitigen Auseinandersetzungen geben werden[104]. Grundsätzlich besitzt «Ethik» Fliessblattqualität. Das gesamte Verhalten ist m.a.W. vom ethischen Imperativ erfasst. Die ethnischen, zeitbedingten und anderweitigen Unterschiedlichkeiten widerspiegeln sich nun zwangsläufig in der Vorstellung über das, was «ethisch anmutet». Bis zu einem gewissen Grad, bis zum **Kernbereich**, liegen die Variabilitäten im allgemeinen Toleranzbereich einer grundsätzlichen Akzeptanz. Es sind dies zumeist kulturabhängige Verhaltensweisen, die das Grundgut des «sittlich Guten» nicht tangieren. Wie ist das zu verstehen? Und warum gibt es eine Demarkationslinie zwischen ethisch akzeptiertem und nicht akzeptiertem Anderssein? Wie steht es mit dem Kannibalismus, den Euthanasievorschriften des Deutschen Reiches bezüglich der Vernichtung «lebensunwerten» Lebens? Gilt m.a.W. die ethische Verhaltensmaxime[105] durch solche **nationsgebundene** Bereiche bzw. gesetzgeberische Anordnungen als eingehalten? Hier sind wir an die Nahtstelle zum «Kernbereich» ethischer Verhaltensmaximen mit Absolutheits- und Unabdingbarkeitscharakter gelangt: Dort, wo – unabhängig von kulturellen und anderweitigen Unterschiedlichkeiten – die Grenze von Gut und Böse überschritten wird, beginnt der Absolutheitsanspruch der Ethik.

---

104 Ausführlich GIGER, Ethik als grenzenlos erweiterte Verantwortung. Gedanken zur Bedeutung der Ethik als Ordnungsprinzip und seine Verwirklichung im Recht, in: Festgabe zum 70. Geburtstag von Hans Giger (Bern 2000), S. 159 ff.

105 Kategorischer Imperativ: KANT, Metaphysische Anfangsgründe der Rechtslehre XXV: «Handle nach einer Maxime, welche zugleich als ein allgemeines Gesetz gelten kann.»

## 2. Stellenwert im Bereich des Informationstransfers

Ethik als Massstab für Regeln, Handeln, Unterlassen wie Situationen ist bekanntlich eine variable und keineswegs eine konstante, absolute Grösse. Es handelt sich dabei aber – was den **Anwendungsbereich** betrifft – um eine Verhaltensmaxime, die überall und in jedem Bereich Beachtung beansprucht; also auch mit Bezug auf den Informationstransfer. Auch er untersteht folglich dem Diktum: «Was Du nicht willst, das man Dir tu', füge auch keinem anderen zu» (THOMASIUS). Wer die Informationsgewohnheiten «ohne Ansehen der verantwortlichen Person» (Sender) unvoreingenommen prüft, muss eingestehen, dass die Ethik aus diesem Zuständigkeitsbereich beinahe völlig verbannt wurde. Informationen werden unbewusst, aber auch bewusst aus den verschiedensten Gründen übermittelt und sogar verbreitet, ohne auch nur den Wahrheitsgehalt in Ansätzen zu prüfen[106]. Es fehlt an Zeit, an gutem Willen, an den fehlenden Fähigkeiten und Eigenschaften. Dazu kommt, dass insbesondere die «professionelle» Verfälschung des Informationsinhalts wirkliche oder vermeintliche Bedürfnisse befriedigt und sogar Vorteile einbringt. Der «Nutzen» einer Irreführung liegt oft in der für den Sender positiven Differenz zwischen dem darauf beruhenden Fehlentscheid des Empfängers, der Neidbefriedigung beim Informationsadressaten[107] und der allenfalls schadenbringenden Reaktionen[108] für den Betroffenen. Trotz diesem Spiel zwischen

---

106  Dieser Vorwurf kann – wenn auch in unterschiedlichem Ausmass – ebenfalls den Massenmedien nicht erspart bleiben.

107  Hohe Einschaltquoten, grössere Auflage usw.

108  Dazu verschiedene Autoren, in: Neidökonomie. Wirtschaftspolitische Aspekte eines Lasters, hrsg. von GERHARD SCHWARZ und ROBERT NEF (Zürich 2000), S. 9 ff., 15 ff., 33 ff., 47 ff., 63 ff., 79 ff., 106 ff., 120 ff., 134 ff., 153 ff., 163 ff., 175 ff., 191 ff. Vgl. insbes. **Schoeck**, Der Mensch als Neider, in: SB über «Neidökonomie. Wirtschaftspolitische Aspekte eines Lasters» S. 33: «Der typische Neider vergleicht sich zwar mit dem Beneideten, glaubt aber nicht an eine Chance des Ausgleichs durch eigene Besserstellung im Wettbewerb, sondern erhofft sich ‹mehr Gerechtigkeit› durch dessen Schlechterstellung. Darauf beruhen die Destruktivität und Bedrohlichkeit des Neides für die Beneideten.»

Gewinn- und Verlustchancen stellen wir eine stete Zunahme der einer ethischen Grundhaltung entgegenstehenden Tendenz fest, nicht zuletzt deshalb, weil erfahrungsgemäss die Opferrolle durch die besondere Magie jeder negativen Aussage beinahe stets auf den Betroffenen fällt: Im geschäftlichen Bereich trifft es den Empfänger der Botschaft. Bei der massenmedialen Informationsverbreitung profitieren Sender **und** Empfänger gleichermassen zulasten des informationsbetroffenen Dritten, eine Konstellation, die nur der kurzfristigen Bedürfnisbefriedigung dient. Das ständige Pendeln zwischen Sieger und Verlierer führt zur Instabilität menschlicher Verhaltensmuster, die u.a. nachhaltige Entwicklungen stört. Die Auswechselbarkeit der im Wechselspiel zwischen Wert- und Unwerturteil am Pranger stehenden Personen führt zu einer ganz erheblichen, gegenseitigen Steigerung von Frustrationen und Aggressionen[109]. Gesamthaft betrachtet wird auf diese Weise eine gewaltige Menge an positiver Energie vernichtet, was erhebliche wirtschaftliche Einbussen mit sich bringt. Aus diesem Wechselbad zwischen Frustration und Aggression entstehen all die menschenunwürdigen, brutalen Übergriffe, im Extremfall kriegerische Auseinandersetzungen im eigenen Land, aber auch unter den Nationen.

## 3.  Problemlösungsdefizit

Wer sich ernsthaft mit den Gefahren der zunehmenden Informationsverschmutzung beschäftigt, erkennt ohne statistische Erhebungen und anderweitige wissenschaftliche Abklärungen, allein gestützt auf die Erfahrungen im Alltag, der gedanklichen Verarbeitung des täglich anfallenden Informationsstoffs und der philosophisch konsequenten Folgerung aus historischer Kenntnis und logischer Denknotwendigkeiten, dass der Zusammenbruch unserer Systeme mit all den damit verbundenen Konsequenzen –

---

109  DOLLARD/DOOB/MILLER/MOWRER/SEARS, Frustration and Aggression (14th ed. Yale University Press, New Haven/Conn. 1967).

ohne jegliche Gegenmassnahmen – nur eine Frage der Zeit sein kann.

## B. Notwendigkeit von Lösungskonzepte

Die soeben erfolgten fragmentarischen Hinweise auf die mit einem allzu sorglosen Informationstransfer verbundenen Gefahren wollen keineswegs ein Schreckensgespenst aufscheuchen. Der Verfasser möchte damit vielmehr nur den Stellenwert eines möglichst störungsfreien Funktionierens unserer Kommunikationssysteme unterstreichen und für das Verständnis und die Notwendigkeit von wirksamen Lösungskonzepten im Sinne einer Verbesserung des Status quo sensibilisieren.

### 1. Verbesserung der Informationsbewältigung durch Technologien

Gewiss stehen dem heutigen Menschen durch die kontinuierlich fortschreitende Technologisierung grundsätzlich bedeutend mehr Instrumente zur Verfügung, um seine Anliegen – ohne örtliche, zeitliche und sprachliche[110] Grenzen – einem Vertragspartner, einer Gruppe oder unbestimmt vielen zu unterbreiten. Fehler im sprachlichen Bereich werden zumeist automatisch behoben, und der allgegenwärtige Zugang erlaubt – etwa bei Missverständnissen – eine rasche Korrektur. Die Beherrschung dieser neuen Kommunikationsmodelle bedürfen allerdings einer alle Möglichkeiten erfassenden Schulung. Trotzdem gelingt es nicht, das persönliche Element in den Kommunikationsablauf in gleichem Masse wirkungsvoll einzubringen, wie dies in einem Gespräch möglich ist. Hier bleibt man auf die früher kultivierten Errungenschaften der sprachlichen und kommunikativen Fertigkeiten und Anlagen angewiesen. Nur die Fruktifizierung des Neuen zur **Ergänzung** des Bestandenen bringt den Vorteil einer besseren

---

110 Speditive Simultanübersetzungen in beinahe jede Sprache durch das Internet, heute allerdings noch sehr unvollkommen und daher verbesserungswürdig.

Kommunikation. Aber gerade in dieser so wichtigen Sparte jeder Verständigung haben die Bildungspolitiker und Ausbildungspraktiker versagt: Es ist eine offenkundige und mehrfach publizierte Tatsache, dass unserer Jugend das sprachliche Instrumentarium in erschreckendem Ausmass fehlt. Die differenzierte inhaltsorientierte und unzweideutige Ausdrucksweise hat weitgehend einer wenig nuancierten gruppenspezifischen «Stammelsprache» Platz gemacht. Das Heilmittel gegen einen solchen Zerfall besteht in der **Anforderung**. Das befrachtete Fächerarsenal etwa von Mittelschulen sagt über die Qualität der Bildungsangebote nichts aus. Solange abgeschrieben sowie in Gruppen gearbeitet werden darf und selbst eine grosse Anzahl von Fehlern noch zu guten Noten berechtigt, ändert sich an den beanstandeten Verhältnissen nichts. Qualitätsmindernd wirkt sich ebenfalls der unverhältnismässige Einfluss der Eltern auf Lehrer und andere Schulorgane aus. Nur eine konsequente Rückführung in bestimmte Gewohnheiten der früheren humanistischen Ausbildung vermöchte allmählich eine Verbesserung in der Kommunikation zu erzielen.

## 2. Verpflichtung der Massenmedien zur qualifizierten Verantwortlichkeit

Die weltgrössten Informationsvermittler sind ohne jeden Zweifel die Massenmedien. Ohne sich einer Übertreibung schuldig zu machen lässt sich behaupten, dass sie in dem hier angesprochenen Bereich eine Monopolstellung einnehmen[111]. In den letzten Jahrzehnten hat der über die Medien[112] verbreitete Informations-

---

111 Ausführlich vorn S. 214 ff.
112 Dazu gehört auch das Internet. Interessante Einblicke verschaffen die Überlegungen von STEFAN BETSCHON vorab im Hinblick auf den Überforderungscharakter durch permanente Innovationen («Schafft ein, zwei, viele Internets!» in: NZ Nr. 30 vom 6. Februar 2001 B1), wobei die kritische Haltung deutlich zum Ausdruck kommt. So etwa: «Überwältigt durch die Technik, überfordert durch permanente Innovation? In seinem im Januar erschienenen Buch ‹The Unfinished Revolution› beklagt sich der amerikanische Computerwissenschafter Michael Dertouzos darüber, dass der Computertechnik das

strom nicht nur quantitativ zugenommen. Letzterer bemächtigte sich mehr und mehr auch der Informationsobjekte, die nicht der vorwiegend unterhaltenden Branche angehören, sondern Gegenstand höchst bedeutungsvoller wissenschaftlicher oder gleichwertiger Anstrengungen bilden: Wer immer es wissen will, kann sich nun im Reich der massenmedialen Infrastruktur über medizinische, biologische, technologische, wirtschaftliche, rechtliche, soziologische, psychologische, kunstgeschichtliche, theologische, geographische, menschheitsgeschichtliche und anderweitige Kategorien orientieren lassen. Er kann Sprachen lernen, spezifische Kurse belegen, ja sogar in gewissen Zuständigkeitsbereichen Universitätsstudien absolvieren. Die Grenzen sind offen. Das aber bedeutet nicht nur Übersättigung, kaum mehr steuerbare Überforderung, ungenügende oder sogar fehlende Qualitätskontrolle, sondern – als geradezu apokalyptische Bedrohung – die beinah totale **Medienabhängigkeit der Meinungsbildung**. Zweifellos befassen sich in jedem Gebiet Sachverständige ernsthaft mit der zu ergründenden Materie, besonders intensiv mit deren Einzelproblematik. Letztlich beruht aber auch in diesen Gremien jeder Entscheid auf dem Mehrheitsprinzip, und dies bedeutet, dass das Entscheidungsschicksal von der Mehrzahl bestimmt wird, die ihre zumeist flüchtigen Informationen aus zweiter Hand, vorab über die Massenmedien, bezieht. Das gilt in besonderem Mass ebenfalls für Politik wie Gesetzge-

---

menschliche Mass verloren gegangen sei. Zuvor hatte etwa schon Alan Cooper in Buchform zu erklären versucht, ‹warum uns die Technik in den Wahnsinn treibt›. Mit dem neuen Jahr schien auch für zahlreiche Journalisten der Moment gekommen, mit der Technik, mit dem PC, der immer wieder abstürzt, mit dem Videorecorder, dessen ewig blinkende Zeitanzeige sich nur mit einem Hammer abstellen lässt, abzurechnen. ‹Newsweek› holte zum Rundumschlag aus: Die Technik habe uns Halbgott-ähnliche Macht versprochen, gebracht habe sie uns nur ‹Krämpfe oder Konfusion, Selbstzweifel und Wut›. Hierzulande erklärt wenig später die ‹Sonntags-Zeitung› die Hightech-Branche kurz und bündig zur ‹Ramsch GmbH›». Ferner: «Doch bereits heute ist das Internet kein homogenes Gewebe; es ist nicht ein Netzwerk, sondern ein Netzwerk von Netzwerken. Dieses Universum expandiert, Paralleluniversen koppeln sich ab. Es gibt nicht mehr nur einen Trend, sondern zu jedem Trend auch einen Gegentrend.»

bung: Qualität und Zuverlässigkeit der so vermittelten Fakten sind daher für eine echte demokratische Lösung richtunggebend. Das gilt noch vermehrt für jene Staaten, bei denen das letzte Stadium der Meinungsbildung im Entscheid des Volkes besteht. Der einzelne Bürger – auch in seiner Eigenschaft als Volksvertreter – muss sich seine Meinung weitgehend über das Medium von Presse, Radio und Fernsehen wie Internet bilden. Selbst dann, wenn scheinbar direkte Einflüsse von Bezugspersonen den Überzeugungsprozess zu lenken scheinen, findet er seine bestimmende Quelle in den Massenmedien. Es gibt erfahrungsgemäss nur verschwindend wenig Entscheidungsbefugte, die ihre Tätigkeit anhand von Primärinformationen ausüben können. Die meisten sind auf **indirekte** Übermittlung angewiesen und können kaum je erkennen, wieviele Informationsträger vom Ursprung bis zur Weiterleitung an sie dazwischengeschaltet waren. Aus einer solch weitreichenden Monopolstellung erwächst zwangsläufig eine entsprechende **Verantwortung**: Wer eine derart uneingeschränkte und in ihrem Ausmass von den wenigsten erkannte oder wahrgenommene Macht beansprucht, darf nicht einfach dem automatischen Trend des maximalen quantitativen Outputs erliegen, sondern muss sich als Referenz an die zeitlos gültige ethische Maxime halten, und dies erstreckt sich auf das ganze Gebiet der Informationsverschaffung wie der Informationsverbreitung: Die Medien trifft die Pflicht, zwischen vermittelbaren und nicht vermittelbaren Botschaften zu unterscheiden, sorgfältig zu recherchieren, sich über das Potential von individual- und gemeinschaftsschädlichen Auswirkungen von Veröffentlichungen Klarheit zu verschaffen sowie Art und Weise der Präsentation der Wirklichkeit und Wahrheit anzupassen. Damit ist das Gebiet der **Selbstkontrolle**[113] angesprochen. Es ist

---

113 Als Selbstregulierung bezeichnet man – wie sich ROLF WEBER und BIANKA DOER (Wie wenig Kontrolle brauchen die Medien? Stärken und Schwächen der Selbstregulierung, in: NZZ Nr. 195, S. 75) ausdrücken – «diejenigen Regeln beziehungsweise Normen, die von nichtstaatlichen Stellen autonom aufgestellt, organisiert und durchgesetzt werden. Das Besondere an der Selbstregulierung liegt darin, dass die entsprechenden Regeln aus der jeweiligen ge-

ein offenes Geheimnis, dass die Medienbranche seit ihrer Erstarkung zur vierten Gewalt im Staate für sich ein Höchstmass an Freiheit und Selbstverantwortung in Anspruch nimmt. Das hat sich auch im Lauf der Technologisierung vorab durch die elektronischen Medien nicht verändert. Im Gegenteil: Alle bisher brancheneigenen Kontrollorgane wie vor allem auch der Presserat haben sich gegen jede legislatorische wie justiziale Einmischung und dem damit angestrebten «Abbau der Medienjustiz durch staatlich bestellte Organe»[114] mit Nachdruck gewehrt. «Selbstregulierung» soll nach dem Presserat – wie WEBER/DOERR ausführen – keineswegs bedeuten, dass die Medienorgane die ausschliessliche Spruchkompetenz beanspruchen, keine öffentliche Rechenschaft ablegen müssen und jede Fremdeinmischung ablehnen. Wenn sie aber fordern, dass die Medienbranche selbst die Kontrollorgane bestimmt, Branchenangehörige am Beurteilungs- und Entscheidungsvorgang mitwirken und nur Personen mit besonderer Fachkompetenz akzeptiert werden, erreicht der Einfluss der Medien auf das Schicksal von allfälligen Fehlleistungen ein Mass, das eine effiziente, objektive Überprüfung zur Utopie werden lässt. Daran ändern auch die Konzessionen nichts, Ombudsleute zu bestimmen, einen Medienrat einzusetzen und die Entscheidungsrichtlinien an ein berufsethisches Existenzminimum zu binden. Unverkennbar sind mit der vorgeschlagenen Lösungsvariante leicht abschätzbare Nachteile und Gefahren verknüpft: Selbstregulierung bedeutet in der praktischen Wirklichkeit allzu oft nicht Schutz des Betroffenen, sondern vielmehr Protektion der eigenen Machtausübung. Wirksam wäre grundsätzlich nur die Anwendung rechtsstaatlicher Grundsätze[115] sowie entsprechende Möglichkeiten einer Überprüfung durch unabhängige richterliche Instanzen[116].

---

sellschaftlichen Gruppe heraus entstehen zum Erreichen einer höheren Akzeptanz.»

114  WEBER/DOERR, Wie wenig Kontrolle brauchen die Medien? in: NZZ Nr. 195 vom Freitag, den 24. August 2001, S. 75.

115  Gleichbehandlungsgebot, Willkürverbot usw.

116  Demnach sah der Entwurf des Bundesrats für ein neues Radio- und Fernsehgesetz vor, «dass Beschwerden gegen Sendeinhalte zuerst durch vom Bund

## 3. Aufgabe des Rechts als Zwangsordnung

### a. Ausgangslage

Wer auch immer über ein intaktes Immunsystem zur Abwehr unrealistischer Forderungen und unmöglicher Anliegen verfügt, braucht nicht darüber belehrt zu werden, dass jeder Appell an ethische Richtlinien und Regeln zur Kontrolle eigenen Verhaltens aus den verschiedensten Gründen zum Scheitern verurteilt ist. «Ethisch» sollen sich gefälligst die anderen verhalten. Ethik hat schliesslich ihren Preis: Sie muss sich werbepolitisch ausbeuten lassen, muss eigene Vorteile bringen und darf den ungestörten Ablauf traditioneller Abwicklungen im privaten wie geschäftlichen Bereich nicht stören. Das bedeutet im Klartext, dass sich «Gegeninformationen» im Prinzip nicht als Impfstoff gegen Informationsverfälschungen eignen[117]. Beteuerungen einer ethischen Grundhaltung als Verpflichtung, Befürworten einer effizienten Selbstkontrolle sind abstrakte Lippenbekenntnisse ohne jeden realistischen Bezug. Der Einzelfall bleibt auf der Strecke. Das Verfahren ist zu kostspielig, zu zeitaufwendig und verlangt einen unverhältnismässigen Einsatz; die Kosten- und Nutzenbilanz würde aus dem Gleichgewicht fallen. Es genügt demgemäss m.a.W. die blosse Installierung entsprechender Möglichkeiten.

---

eingesetzte Ombudsstellen und dann durch die Kommission für Fernmeldewesen und elektronische Medien (FEMKO) beurteilt werden. Die FEMKO ist eine Verschmelzung der bisherigen Unabhängigen Beschwerdeinstanz für Radio und Fernsehen (UBI), der Kommunikationskommission (COM-COM) und – im Sekretariatsbereich – des Bundesamts für Kommunikation (BAKOM). Entscheide der FEMKO sollen zuerst bei einer unabhängigen Rekurskommission des Departementes und danach mit Verwaltungsgerichtsbeschwerde beim Bundesgericht angefochten werden können.»

117 Das zeigt sich etwa am Beispiel der Gegendarstellung: Sie erreicht in aller Regel einen – verglichen mit den Adressaten der Fehlinformation – völlig anderen Kreis von Zuschauern bzw. Lesern. Als Folge der Vorgaben wird der Kreis der «Informierten» somit grösser, ohne dass die Möglichkeit besteht, Missverständnisse aufzuklären und böswillige Irreführungen zu demaskieren. Dazu kommt zumeist der für eine Klärung der Wahrheit symptomatische und die ethikfeindliche Haltung dokumentierende stereotypische Satz, wonach die Redaktion an der seinerzeitigen Darstellung festhält.

Damit sind aber die anvisierten Probleme in keiner Art und Weise gelöst.

## b. Gesetzgebung

Ändert sich der desolate Zustand durch Schaffung eines entsprechenden **normativen** Instrumentariums? Diese Frage lässt sich nicht ohne weiteres mit Ja oder Nein beantworten: Gewiss darf man einmal davon ausgehen, dass gesetzgeberische Anordnungen jedem System einer Selbstkontrolle einmal durch die Tatsache überlegen sind, dass sie ein bestimmtes Verhalten, Unterlassen sowie das Einhalten von allgemeinen wie speziellen Diligenz- und Sorgfaltspflichten vorschreiben und ein Zuwiderhandeln durch einen Katalog von Rechtsfolgen ahnden. Die rechtliche Auseinandersetzung erfolgt dann zwangsweise auf einer normativen Grundlage. Verfassung, Gesetze, Verordnungen, Reglemente bilden damit den Massstab, der dazu dient, die Stichhaltigkeit von Parteistandpunkten zu prüfen. Sie bzw. ihre Auslegung entscheiden letztlich über eine Streitfrage. Es leuchtet ein, dass sie ihre Funktionen umso besser erfüllen können, je unzweideutiger ihr Inhalt zum Ausdruck kommt. Die Klarheit einer Vorschrift ist dort gegeben, wo die ihr innewohnende gesetzgeberische Anordnung unmissverständlich zu erkennen gibt, was sie will[118]. Wertung und Urteil sind dann zwar nicht mehr ungebunden; sie hängen vielmehr von Richtlinien, von Normen des zuständigen Rechtsystems ab. Generalklauseln, vage Formulierungen, Mehrdeutigkeit von Ausdrücken, Widersprüche sind aber Einfallstore für die Rechtfertigung unterschiedlicher Lösungsvarianten. Das Recht wird so zum **variablen** Wertungsmassstab und die Suche nach der Wahrheit, der Gerechtigkeit zur Entscheidungslotterie. Dazu kommt, dass die zuvor besprochenen Probleme des Informationstransfers und der Informationsbewältigung, zusammen mit der Informationsüberflu-

---

118    Zur Analyse der rechtlichen Ordnungssysteme GIGER, Begegnung von Psychologie und Recht in der Rechtsfindung 40 ff.

tung massstabsgerecht auf die **Gesetzgebungssituation** übertragen werden, weil auch letztgenannte von der Informationszufuhr lebt. Die Auslegungsbedürftigkeit der normativen Anordungen können folglich die Missverständnisanfälligkeit nicht beheben, aber der dem Gesetz innewohnende Entscheidungszwang bringt den Vorteil der Chance einer etwas objektiveren Konfliktslösung.

In dem soeben angesprochenen Zusammenhang stellt sich die Frage, ob – insbesondere im Hinblick auf die massenmedialen Probleme – das vorhandene Normenangebot genügt oder allenfalls ergänzende Vorschriften einen Fortschritt bringen könnten[119]. Entscheidend ist in vorliegendem Zusammenhang die wieder und wieder vernachlässigte Tatsache, dass unsere Gesetzgebung[120] über ein äusserst dichtes Netz von allgemeinen wie besonderen Bestimmungen verfügt, die Lösungsansätze, Lösungskonzepte wie Konfliktslösungsprogramme für nachhaltige Problembereinigungen enthalten. Schon vor Jahrzehnten hatten die meisten modernen Presse- und Rundfunkgesetze Deutschlands einen **Katalog von Sorgfaltspflichten** aufgestellt. Als zentralste Forderung wird ausnahmslos die **Pflicht zur Wahrheit** anerkannt. So bestimmte bereits der auf einem gemeinsamen Modellentwurf zurückführende § 6 der damals neuen Landespressegesetze wörtlich: «Die Presse hat alle Nachrichten vor ihrer Verbreitung mit der nach den Umständen gebotenen Sorgfalt auf Wahrheit, Inhalt und Herkunft zu prüfen». Diese Formulierung enthält den Grundsatz und seine Schranken: Die Aufgabe von Presse und Rundfunk erschöpft sich in der **Prüfungspflicht**. Die darüber hinausgehende Forderung, nur über die objektiv richtige Wahrheit zu berichten, wird als unzumutbare Überspannung der Sorgfaltspflicht empfunden, weil es den Massenmedien unter dem Druck des (überschätzten!) Anspruchs auf Aktualität faktisch, dann aber auch sachlich gar nicht möglich

---

119    Eine eingehende Analyse all der damit zusammenhängenden Probleme könnte nur auf der Basis einer ausführlichen Abhandlung erfolgen. Es müssen in vorliegendem Rahmen ausbaufähige Hinweise genügen.

120    Wie auch diejenige unserer Nachbarstaaten.

wäre, einen absoluten Wahrheitsanspruch zu befriedigen. Darin aber liegt eine folgenträchtige Kapitulation vor der Macht des Faktischen und eine Verbannung ethischer Werte in das zweite und dritte Glied der Prioritäten. Als weitere Abschätzung muss sodann die Beschränkung der Prüfungspflicht auf das nach den Umständen gebotene Mass gewertet werden. Die einschlägige deutsche Doktrin hatte zwar diesen Begriff insofern objektiviert, als sie auf das **Durchschnittsverhalten von vernünftigen Vertretern der Massenmedien** abstellt; wiederum eine Utopie, mit der man sich begnügt, um das Gesicht zu wahren. Trotzdem machte sich in letzter Zeit das Unbehagen einer gefährlichen Rechtsunsicherheit bemerkbar. Dazu kam, dass durch die fehlende Sanktionierung von Verstössen eine allgemeine Resignation entstand und die vorgenommene Wertung der wahrheitsgemässen Unterrichtung der Öffentlichkeit als vornehmste Pflicht mehr programmatische Bedeutung besass. Recht ohne Macht ist aber Ohnmacht. Im schweizerischen Recht sucht man die Lösung über die Qualifizierung des Informationsbetrugs als Vertragsverletzung, als Verstoss gegen das Persönlichkeitsrecht sowie gegen allgemeine[121] wie besondere Vorschriften[122].

In der Rechtsprechung des Schweizerischen Bundesgerichts sind kürzlich[123] Ansätze zu einer Verbesserung des Schutzes von Betroffenen vor massenmedialen Verunglimpfungen bekannt geworden[124]. Ein Journalist war wegen Anstiftung zur Verletzung des Amtsgeheimnisses verurteilt worden, weil die zuständige Beamtin der Staatsanwaltschaft seine Frage nach allfälligen Vorstrafen von mutmasslichen Posträubern[125] beant-

---

121    Die Grundsätze von Treu und Glauben, Recht und Billigkeit usw.

122    Schutz der Persönlichkeit, Datenschutz u.a.m. Vgl. GIGER, Massenmedien, Informationsbetrug und Persönlichkeitsschutz als privatrechtliches Problem, in: Juristenzeitung **26** (Tübingen 1971), S. 249 ff., vorab 252 ff.

123    Urteil des Schweizerischen Bundesgerichts vom 1. Mai 2001, S. 49 ff. (Publikation vorgesehen).

124    Vgl. dazu «Die Journalistenfrage als Anstiftung», in: NZZ Nr. 127 vom Dienstag, den 5. Juni 2001, S. 43; ferner: «Vergesst nicht die Gnade des Vergessens. Zum Medienzorn über ein Bundesgerichtsurteil», in: NZZ Nr. 130 vom Freitag, den 8. Juni 2001, S. 77.

125    Jahrhundertraub in der Fraumünsterpost.

wortet hatte. Nach dieser neuesten höchstinstanzlichen Praxis sind selbst zeitlich zurückliegende Strafverfahren Informationen, die zur Geheimsphäre gehören. Der Medienzorn beherrschte in der Folge für einige Zeit sämtliche Publikationsorgane. Der Verband Zürcher Presse sprach von einem «skurrilen und unwürdigen Urteil» und der Zürcherische Presseverband forderte gar seine Mitglieder zum «zivilen Ungehorsam» auf. Eine negative Reaktion folgte ebenfalls durch den Präsidenten des Presserates, der das Bundesgerichtsurteil als «bedenklich» und «höchst befremdlich» qualifizierte[126]. Mit diesen Reaktionen zeigt sich eine tief verwurzelte Empfindlichkeit dort, wo es um die **eigene Betroffenheit** geht[127]. Allerdings keimen selbst beim Verfasser der NZZ-Berichterstattung «Zum Medienzorn» und dem darin enthaltenen Tadel gewisse Einsichten auf, die seine Kritik gleichzeitig und im selben Zusammenhang ganz wesentlich relativiert. Seine Überlegungen bedeuten nichts anderes als das **Bekenntnis zum bundesgerichtlichen Entscheid**[128]. Mit

---

126  Dazu NZZ Nr. 130, S. 77: «Wenn eine Gefährdung der Medienfreiheit erkannt wird, schliessen sich die Reihen unter den sonst zerstrittenen Konkurrenten reflexartig. Die Angreifer bekommen die geballte Medienmacht zu spüren. Eine Macht, über welche Branchenfremde nicht verfügen. Das dürfte sie wohl neidisch machen. Zweifellos verlangen staatliche Versuche, Maulkörbe zu verteilen, eine klare Abwehr. Und zweifellos ist dieses – vermutlich nicht einstimmig gefällte – Bundesgerichtsurteil fragwürdig, wie der untenstehende Artikel nochmals erläutert. Wer den Entscheid liest, nimmt überholte obrigkeitsstaatliche Allüren war.»

127  Dazu kürzlich im Blick: «Gut gesagt», der Chefredaktor SF DRS, Filippo Leutenegger: «Im Journalismus gibts fast nur Mimosen. Alle teilen gerne aus und niemand steckt gerne ein. Das gilt notabene auch für mich.»

128  So in der NZZ Nr. 130, S. 77: «Doch dem heiligen Medienzorn sind ein paar Relativierungen entgegenzuhalten. Auch Richtersprüche werden von einem gesellschaftlichen Umfeld geprägt. Dessen Zustand bestimmen wiederum die Medien wesentlich mit. Diese ernennen sich gerne gleich selber zum Richter, zerren Personen ins Rampenlicht, zerfleischen sie manchmal und fällen massive Urteile, ohne dass die Unschuldsvermutung noch richtig Gehör zu finden vermag. Die Folgen können für die Betroffenen verheerend sein. Wenn sie unschuldig verfolgt wurden, ist der Schaden meist kaum mehr gutzumachen. Und das Interesse an einer Wiedergutmachung entsprechend gering; und die Bereitschaft der Medien, Fehler einzugestehen, oft begrenzt. Hinzu kommt eine zunehmende Fokussierung der Medienaufmerksamkeit auf Personen bei gleichzeitiger Ausdehnung des publizistischen Raums, was den Bedarf an

diesem Grundsatzentscheid hat unsere höchste richterliche Instanz den richtigen Weg zum richtigen Ziel eingeschlagen: Der Schutz individueller Interessen vor Angriffen auf die persönliche Integrität eines Menschen mit dem Effekt einer Vorverurteilung besitzt Vorrang. Das gilt natürlich umso mehr dort, wo die Veröffentlichung auf nicht verifizierten, irreführenden Informationen beruht. Es besteht kein Zweifel, dass wir hier – leider – erst am Anfang einer Entwicklung stehen und die Minimalerfordernisse des ethischen Imperativs im Recht noch nicht genügend verwirklicht sind.

c.   Rechtsprechung

Das normative Instrumentarium ist – wie bereits erwähnt – keine absolute Grösse, deren Massstäbe für sich allein über gerecht und ungerecht sowie zulässig oder unzulässig endgültig entscheiden. Mit Rücksicht auf die unbewusste wie bewusste Dehnbarkeit und Variabilität der Anwendungsmodalitäten gesetzgeberischer Anordnungen[129] besteht bekanntlich ein weitgefasster Ermessensspielraum der rechtsanwendenden Organe. Es genügt daher nicht, wenn der Gesetzgeber ein ausreichend grosses Arsenal von normativen Waffen bereitstellt, um Informationsverfälschungen und deren Verbreitung wirksam zu bekämpfen bzw. zu verhindern. Vielmehr geht es darum, dass sich die richterlichen Behörden bei ihrer wertenden Tätigkeit vermehrt

---

ständig neuem ‹Menschenmaterial› erhöht. Dieses Medienmaterial muss überdies der immer lauteren Forderung nach dem gläsernen, moralisch stets korrekten Zeitgenossen genügen. Unter solchen Gesichtspunkten erscheinen die Wächter über die Wahrung von Geheimnissen in einem positiveren Licht. So haben, um auf den aktuellen Fall zurückzukommen, auch straffällig Gewordene nach dem Tilgen ihrer Schuld Anrecht auf die Gnade des Vergessens und auf einen entsprechenden Schutz vor der Öffentlichkeit. Dieses Recht wertete das Bundesgericht höher als das Interesse der Öffentlichkeit an weiteren Informationen über den Fraumünsterpostraub. Eine solche Gewichtung ist unter heutigen Medienbedingungen nicht einfach absurd ...».

129   Ein systemimmanentes Prinzip, das auf Elastizität und Anpassungsfähigkeit durch Verwenden von Generalklauseln, oder auch von interpretationsbedürftigen Begriffen und Gesetzeslücken, beruht.

auf **ethisch vertretbare Inhalte** festlegen und den Kampf gegen Fehlinformationen, Vorverurteilungen und beziehungsgebundene Einflüsse entschiedener aufnehmen. Bereits in seiner Antrittsrede an der Universität Zürich vom 7. Juli 1969 hatte der Verfasser zum Thema «Massenmedien, Informationsbezug und Persönlichkeitsschutz als privatrechtliches Problem»[130] im Sinne eines Postulates darauf hingewiesen, die Gerichte mögen weniger davor zurückschrecken, «das gesetzliche Instrumentarium im Kampf um den Schutz der Persönlichkeit voll ausschöpfen». Ein Lichtblick bildet der zuvor erwähnte Ansatz im Sinne eines Schutzes vor Informationsverbreitung von Inhalten aus der Vergangenheit. Ansonsten blieben noch viele Hoffnungen unerfüllt, die im Machtgerangel unterzugehen drohen.

## V.  Rechtswirklichkeit und Ausblick

Ein Vergleich zwischen einst und jetzt verliert sich im Spekulativen: Einerseits stellt man tendenziell klar und deutlich eine Zunahme von Rücksichtslosigkeit und Brutalität in unserer näheren und ferneren Umwelt fest, ein Umsichgreifen von Gleichgültigkeit, Interesselosigkeit im privaten Bereich für alles was sich nicht im Ghetto der eigenen Betroffenheit abspielt. Auch beunruhigt die Tatsache, dass weniger die positiven Eigenschaften[131] für die Wohlstandsprofilierung mit Machtanteil am Geschehen eine entscheidende Rolle spielen, als vielmehr die übermittelten oder erworbenen Beziehungsfelder. Diese negative Bilanz soll nicht demoralisieren, zumal die vielen erfreulichen Entwicklungen hier thematisch ausser Traktanden fallen müssen, sondern zur Mobilisierung und vermehrter Demonstration stillwirkender Kräfte in Richtung einer zunehmenden Ethisierung motivieren. Eine letzte Frage wird sich aufdrängen: Was haben die Überlegungen zum Informationstransfer mit dem immate-

---

130    GIGER, Massenmedien, in: JZ **26** (Tübingen 1971), S. 249 ff., vorab 254.
131    Charakterfestigkeit, Verantwortungsbewusstsein, Loyalität, Zuverlässigkeit, berufliches Können, Intelligenz u.a.m.

riellen Umweltschutz zu tun? Er steht bis heute noch im Windschatten der Popularität; geht es doch letztlich um ein **geistig-moralisches Rechtsgut** im Sinne des körperlich-seelischen Wohlbefindens des Menschen, das in keiner Art und Weise ein bloss persönliches Anliegen darstellt. Jeder strebt zwar dieses Ziel vorerst für sich selbst an, mit unterschiedlicher Intensität und individuell bestimmten Mitteln. Schon deshalb kann sich aber im Konflikt der oft gegenläufigen Interessen nur der Stärkere behaupten und das Wohlbefinden des einen nur auf Kosten des Wohlbefindens der andern erkämpft werden. Damit dieses Streben nach Glück und Befriedigung all der Bedürfnisse, welche den Weg hierzu säumen, nicht in rücksichtslose gewaltsame Durchsetzung des Eigennutzes ausarte, haben die Menschen Verhaltensmuster und -maximen geschaffen. Die Überlieferung hat das Netzwerk der in Ethik und Moral gründenden Normen für Gegenwart und Zukunft erhalten, sie stets neu gestaltend der menschheitsgeschichtlichen Entwicklung angepasst. Ihre Reichweite beschränkt sich allerdings im wesentlichen auf den Schutz der Persönlichkeit, wobei sich die rechtsanwendenden Organe – was die Durchsetzung betrifft – leider noch immer eine allzugrosse Zurückhaltung auferlegen. Durch die technische und industrielle Revolution mit der so häufig beklagten Vermassung unserer Gesellschaft, die Hochkonjunktur mit ihren kulturschädigenden, nivellierenden Auswirkungen und der konkurrenzträchtigen Jagd nach materiellen Gütern wurden die Konflikte vermehrt, die Spannungen erhöht, was zu kaum überbrückbaren Gegensätzen führte. Auf die Rolle der Informationsbewältigung in dem ewigen Kreislauf des Vergehens und Werdens hinzuweisen, schien mir im Rahmen dieses Sammelbandes unentbehrlich zu sein.

# Unaufhaltsame Informationsrevolution auf dem Weg in die E-Society?

*WERNER A. MEIER*

## Inhaltsverzeichnis

Fasziniert vom Anwendungspotential «revolutionärer» Technologien und Dienstleistungen am Arbeitsplatz und im Alltag wird seit rund 30 Jahren fast pathetisch verkündet, dass das Industriezeitalter zu Ende gehe und vom Informationszeitalter abgelöst werde. Wirtschaft, Staat, aber auch Demokratie und Kultur hätten sich unter dem Druck eines globalen und gleichzeitig digitalen Kapitalismus neu zu organisieren. Im Zentrum steht das Internet als Symbol der zunehmenden gesellschaftlichen Vernetzung, deren Potential die intellektuellen und kommerziellen Phantasien beflügelt: Elektronische Infrastrukturen entwickeln sich zu unendlich langen Einkaufsstrassen, zu gigantischen Universitäten sowie zu postmodernen Landsgemeinden und bilden die Basis für die zukünftige E-Society.

Der Medienrummel scheint allerdings den Zenith überschritten zu haben. Die Zeit ist günstig, dass auch die selbsternannten Protagonisten und Berufseuphoriker aus Wirtschaft, Politik und Wissenschaft sich daran machen, der Frage nachzugehen, warum dieser viel bemühte Gesellschaftswandel so langsam verläuft und welche neuen gesellschaftlichen Risiken allenfalls durch eine wirtschaftlich und politisch forcierte Etablierung von Informations-, Wissens- oder Netzgesellschaften geschaffen werden. Nach den vielen Marketingbeiträgen im Zusammenhang mit der «New Economy» oder «E-Society» sollten auch wieder nüchterne und differenzierende Sichtweisen Platz haben, die sich nicht in erster Linie damit begnügen, die technischen, kommerziellen und politischen Potentiale in den schönsten Farben zu beschreiben, sondern auch auf problematische und spannungsgeladene Folgen zunehmender Kommerzialisierung und Digitalisierung aufmerksam machen.

## I.  Das Konzept der Informationsgesellschaft

Gesellschaften, die einen grossen Teil ihrer Ressourcen in die Informations- und Kommunikationsaktivitäten stecken, weil sie von ununterbrochen produzierten und zur Verfügung stehenden Informations- und Wissensbeständen sowie leistungsfähigen

Informations- und Kommunikationsnetzwerken abhängig sind, werden als Informationsgesellschaften bezeichnet.

Das Konzept der Informationsgesellschaft basiert auf drei beobachtbaren Entwicklungen: a) der massenhaften Einrichtung und vernetzten Anwendung von Informations- und Kommunikationstechnologien (IKT) am Arbeitsplatz und im Haushalt, b) dem Anstieg der Beschäftigten im Informations-industriellen Sektor, c) einer ständig wachsenden Masse von zirkulierenden Daten, Informationen und Wissensbeständen (Stichworte: Informationsexplosion, Informationslawine). In der Folge wird die Güterökonomie durch die Informationsökonomie abgelöst. Die neuen strategischen Ressourcen eines Landes oder einer Volkswirtschaft sind Informationstechnologien und deren vielfältige Anwendungen. Nicht mehr Kapital und Arbeit, sondern das durch Gewinnung, Verarbeitung und Verwertung gesammelte, theoretische und anwendbare Wissen wird zum zentralen Produktionsfaktor.

Auch wenn dieser Erklärungsversuch plausibel erscheint, so stellen sich im Hinblick auf die Quantifizierbarkeit des eingetretenen Wandels dennoch einige Fragen: Wie hoch müssen die «Informationsberge» und wie gross und unwiderstehlich die Informationslawinen sein, damit wir von einer Informationsgesellschaft sprechen können? Wie intensiv müssen wir täglich die Medien und Kommunikationstechnologien nutzen und online sein, damit wir als «Informationsarbeiter» zur neuen Elite gezählt werden? Müssen mehr als 20%, 40% oder 50% der gesamten Bevölkerung mittels digitaler Infrastrukturen vernetzt sein, damit wir mit gutem Gewissen von einer elektronischen Informations- oder Kommunikationsgesellschaft sprechen können?

Eine lediglich statistisch eingeführte Informations-, Kommunikations-, Wissens- oder Netzwerkgesellschaft – alle Begriffe sind austauschbar – hätte geringe Folgen. Der soziologische Deutungsversuch bekommt allerdings gesellschaftspolitische Relevanz, weil die Beschreibung des gesellschaftlichen Wandels über Informationstechnologien, Netzwerke, Informati-

onsflüsse und intelligentes Wissen nicht nur ein wissenschaft-
lich-analytisches Unterfangen darstellt, sondern weil die Schaffung und Förderung des digitalen Kapitalismus in erster Linie
ein politisch-ökonomisches Projekt zur Sicherung bestehender
gesellschaftlicher Interessen darstellt und Folgen für Demokratie und Gerechtigkeit im globalen Rahmen nach sich ziehen.

## II.  Von der verkabelten Nation zur E-Society

Die Schaffung von «Informationsgesellschaften» ist ein natio-
nalstaatlich und wirtschaftspolitisch ausgerichtetes Projekt oder
Programm, das erstmals Ende der sechziger Jahre in Japan auf-
tauchte und seither von vielen Staaten mit unterschiedlichen
Schwerpunkten verfolgt und gefördert wird. Zu Beginn der 70er
Jahren wurde die Computerentwicklung zur «mikroelektroni-
schen Revolution» hochstilisiert. Kurz darauf zirkulierte in den
USA die Vision einer «wired nation», wo in den bestehenden
Koaxialkabelnetzen grossflächig Rückkanäle eingebaut werden
sollten. Die systematische Verkabelung von Städten und Agglomerationen sollte ein schier grenzenloses Anwendungspotential am Arbeitsplatz und zuhause ermöglichen. Um diese Vision zu konkretisieren, installierte die Warner Communications
– heute ist AOL Time Warner das umsatzstärkste multimediale
Unternehmen der Welt – 1977 in Columbus (Ohio) ein Netz mit
interaktiven Optionen. Dieses Experiment mit dem Namen QU-
BE erwies sich betriebswirtschaftlich als Flop, da es zu keinem
Zeitpunkt weder technisch noch kommerziell zu überzeugen
vermochte. Dennoch waren viele Trendforscher fasziniert von
den technologischen Möglichkeiten, von zuhause aus am gesellschaftlichen Leben teilzunehmen. Der bekannte Futurologe
ALVIN TOFFLER feierte den Rückkanal wie folgt: «...this is only
the first, most primitive indication of tomorrow's potential for
direct democracy. Using advanced computers, satellites, telephones, cable, polling techniques and other tools, an educated
citizenry can for the first time in history, begin making many of
its own political decisions (TOFFLER 1980, S. 439). Mit Hilfe

vielfältiger Telekommunikationsinfrastrukturen sollte dem einzelnen Bürger, Konsumenten und Werktätigen ein ganzes Bündel von Aktivitäten zur Einflussnahme und Effizienzsteigerung zur Verfügung stehen. Mit der Silbe «Tele» vor dem Wort Demokratie wurde ein tief greifender sozialer Wandel suggeriert. Das war noch nicht alles; neben denjenigen der Teledemokratie wurden vor allem die Vorzüge der Telearbeit, des Teleshoppings und des Telebankings betont. Trotz wenig verheissungsvollen Ergebnissen der amerikanischen Experimente folgten kurze Zeit später auch in Europa Versuche mit eingebautem Rückkanal. Im Rahmen der Diskussion um die «Kabeldemokratie» wurde der Rückkanal in Deutschland zum Mythos und zugleich zur Metapher, mit der sich kritische Wissenschaftler mit den euphorischen Verkabelungsplänen der Politiker zu versöhnen vermochten (KLEINSTEUBER 2001, S. 46). Die zu dieser Zeit von der schweizerischen PTT getragenen Versuche mit Modellgemeinden waren ebenfalls sehr technikzentriert konzipiert, vermochten aber das politische und wirtschaftliche Establishment nicht zu mobilisieren und versandeten.

In den 90er Jahren wurden neue Anläufe unternommen, mittels elektronischer Informationsinfrastrukturen einen gesellschaftlichen Umbruch herbeizuführen. Mit Hilfe der «digitalen Revolution» und eines «Information Superhighways» machten die USA deutlich, dass sie noch immer die Führungsrolle in der Informations- und Kommunikationstechnologie beanspruchten und vieles unternahmen, um allen noch nicht eingelösten kommerziellen und politischen Verheißungen der digitalen Revolution zum Durchbruch zu verhelfen. Was Bill Gates im Namen der Konzerne aussprach, zog konservative wie progressive Politiker gleichermassen in den Bann: «Wir stehen alle vor einer weiteren grossen Reise. Auch diesmal wissen wir nicht genau, wohin sie uns führen wird, aber ich bin sicher, dass diese Revolution das Leben von noch mehr Menschen verändern wird (...).» Der PC – seine Hardware, die kommerziellen Anwendungen, die Online-Systeme, die Internet-Verbindungen, E-Mail und Spiele – bildet die Grundlage für die nächste Revolution.

Die Marketingabteilungen der Konzerne setzen diesmal auf das Wort «electronic» und sprechen von E-Business, E-Commerce, E-Cash, E-Banking und E-Shopping. Die neue Ökonomie und der elektronische Handel als Rückgrat der E-Society.

## III. E-Europe und E-Switzerland auf dem Vormarsch

In Europa hat die EU in den 90er Jahren die Führungsrolle übernommen zusammen mit wissens- und informationsbasierten Technologie- und Kommunikationsunternehmen. Alle wollen von den zukünftigen Segnungen profitieren. Der für den Europäischen Rat verfasste Bangemann-Report 1994 verkündete, die digitale Revolution eröffne der menschlichen Intelligenz riesige neue Kapazitäten und verfüge über das notwendige Potential, um die Effizienz unserer Gesellschaft und Wirtschaft zu verbessern sowie den europäischen Zusammenhalt zu stärken. Alle europäischen Regierungen begannen, die Errungenschaften und Vorteile von IKT – diesmal in Form von digitalen Netzwerken – für die nationalen Volkswirtschaften herauszustreichen. Die Beweggründe sind offensichtlich. Die Informations- und Kommunikationstechnologien sollen für globalisierte Volkswirtschaften zusätzliche Produktivitätsgewinne und Standortvorteile abwerfen sowie die Wettbewerbsfähigkeit ihrer Länder und Unternehmen verbessern. Für die Mehrzahl der Politiker in Europa steht ausser Zweifel, dass die Entwicklung der digitalen Marktwirtschaft mehr Lebensqualität für die Bürger und Bürgerinnen bringt. Politik, Staat und Wirtschaft haben die Gesellschaft systematisch miteinbezogen. E-Europe und sogar E-Switzerland stellen die politökonomische Perspektive der E-Society dar.

Auch wenn die Schweiz sich weniger begeistert ins Zeug legte und das Wettrennen um Standortvorteile an eine interdepartementale Koordinationsgruppe delegierte, so hat der Bundesrat in seiner 1998 verabschiedeten Strategie zur Förderung und Umsetzung der Informationsgesellschaft dennoch zwei ambitionierte Ziele gesetzt: Der «Zugang aller» zum Internet und die «Befähigung aller» in den Netzen soll der schweizerischen Bevölkerung als Grundrecht anerkannt werden, ohne dass Klarheit über das Wie besteht. Während die EU noch 1994 die Schaffung der Informationsgesellschaft in Europa ausschliesslich dem Privatsektor und den Marktkräften überlassen wollte, will die Kommission jedoch bei der Umsetzung von E-Europe 2002 federführend sein. In der Schweiz hingegen wollen die Behörden lediglich gewisse Koordinationsaufgaben mit Vorbildcharakter übernehmen. Dennoch: Ist es Aufgabe des Staates, der Kantone und Gemeinden, der Zivilgesellschaft die Segnungen der Informationstechnologien schmackhaft zu machen? Ist es Aufgabe der Verwaltung, die Verbreitung und Nutzung von E-Commerce durch E-Government, E-Administration, E-Census, E-Voting zu fördern? Schliesslich: Kann der öffentliche Sektor durch E-Government das Demokratiepotential der Zivilgesellschaft tatsächlich vergrössern, oder fragmentiert er dadurch die Gesellschaft noch stärker und schafft tendenziell diejenige Demokratie ab, die er zu fördern vorgibt? Besteht nicht ein erhöhtes Risiko, dass sich dadurch die digitale Spaltung («digital and social divide») sowohl innerhalb als auch zwischen den Gesellschaften noch verschärft?

## IV. Der dominante Diskurs über die Informationsgesellschaft

Bevor versucht wird, die treibenden Kräfte der gegenwärtigen Gesellschaftsentwicklung mit ihren erhofften und unerwünschten Folgen zu thematisieren, sollen die Charakteristiken des gesellschaftlich dominanten Diskurses rund um die Informations- und Kommunikationstechnologien analysiert werden.

Nicht alle Sozialwissenschafter und Trendforscher akzeptieren die Konzeptualisierung der E-Society als modische Form der Informations-, Medien- und Wissensgesellschaft. Sie haben eigene Begriffe geprägt, um herausragende Strukturmerkmale unserer Gegenwartsgesellschaft besonders zu betonen. Doch ihre Etiketten erweisen sich in der Regel als kurzlebig, wenn es ihnen nicht gelingt, mächtige wirtschaftliche und gesellschaftliche Interessen dafür zu mobilisieren. Das gilt vor allem für die Wegwerfgesellschaft, die Bürgergesellschaft, die Risikogesellschaft, die Multioptionsgesellschaft, die Arbeitsgesellschaft, die Verantwortungsgesellschaft oder die Weltgesellschaft. Die Bezeichnungen Dienstleistungsgesellschaft, Mobilitätsgesellschaft, Freizeitgesellschaft, Mediengesellschaft, Erlebnisgesellschaft, Spass- und Spottgesellschaft oder Marktgesellschaft hingegen können ebenfalls auf die Unterstützung von wichtigen Wirtschaftsbranchen oder der Wirtschaft insgesamt zählen. Wie zufällig und instabil solche Etikettierungen allerdings sind, kann an den Folgen der Ereignisse in Genua, New York, Zug und Zürich im Sommer und Herbst 2001 abgelesen werden. Vor dem Hintergrund wirtschaftlicher, kriegerischer und terroristischer Wahnsinnstaten sind sowohl die postmoderne Spass- und Spottgesellschaft als auch der globale neoliberale Marktradikalismus im Zentrum der Wirtschaftsgesellschaft mindestens temporär unter Druck geraten. Dem weit verbreiteten technologiezentrierten Diskurs bei der Informations-, Medien- und Wissensgesellschaft hingegen haben solche Tagesaktualitäten bis heute wenig anhaben können.

Analysiert man die öffentliche Debatte der Protagonisten aus Wirtschaft und Politik etwas distanzierter, so zeigen sich folgende Merkmale: Der Gesellschaftswandel von der Industrie- zur Informationsgesellschaft wird vor allem durch vielfältige Marketing-Bemühungen der Anbieter neuer Technologien und Dienstleistungen ständig herbeigeredet. Dabei dienen moderne Push-Technologien als Metapher zur Beeinflussung der öffentlichen Meinung und zur Erhöhung der Akzeptanz für die Verfolgung unternehmerischer und politischer Interessen. Unternehmerische Chancen werden hervorgehoben, während gesellschaftliche Risiken heruntergespielt, verniedlicht oder gar nicht thematisiert werden.

Der dominante Diskurs zeichnet sich durch Optimismus und Technologiegläubigkeit aus. Die Technologie steht im Zentrum und bewegt: «The Medium is the Massage», wie es

MARSCHALL MACLUHAN bildhaft ausdrückte. Vor allem die Technik – und eben weniger die Inhalte – beeinflussen die menschliche und gesellschaftliche Entwicklung. Technologische Innovationen und Umbrüche bestimmen den sozialen Wandel. Informations-, Kommunikations- und Medientechnologien sind per se fortschrittsfördernd und emanzipatorisch. Der Mensch und der Staat hingegen sind eher Risikofaktoren, insbesondere dann, wenn mit medienpolitischen Regulierungsversuchen in den Entfaltungs- und Ausdifferenzierungsprozess einzugreifen versucht wird. Der amerikanische Politik- und Kommunikationswissenschafter ITHIEL DE SOLA POOL hat in seinem berühmten Buch «Technologies of Freedom» diese fast grenzenlos optimistische Sichtweise schon vor 20 Jahren sehr schön zum Ausdruck gebracht: *«A panoply of electronic devices puts at everyone's capacities far beyond anything that the printing press could offer. Machines that think, that bring great libraries into anybody's study, that allow discourse among persons a half-world apart, are expanders of human culture... The danger is not of an electronic nightmare, but of human error. It is not computers but policy that threatens freedom... The regulation of electronic communication is likewise not entailed in its technology but is a reaction to it. Computers telephones, radio, and satellites are technologies of freedom, as much as was the printing press.»* (DE SOLA POOL 1983, S. 226). Während der dominante Diskurs die Technologie geradezu verherrlicht, wird in der gemässigten Variante argumentiert, dass die Technologie in einem gewissen Sinne offen und neutral sei und sich nicht notwendigerweise immer an den Interessen und Bedürfnissen mächtiger Akteure orientiere und damit sich als eher konservative, den Status quo anstrebende Kraft entpuppt. Die skeptische Sichtweise hingegen vermag keine revolutionäre Kraft in den Informations- und Kommunikationstechnologien zu sehen, sondern betrachtet diese lediglich als eine Antwort oder Lösung auf bestimmte wirtschaftliche und gesellschaftliche Problemlagen. Die pessimistische Sichtweise der Informationstechnologie, die als oppositioneller Diskurs wenig Öffentlichkeit zu beanspruchen vermag, betont vor allem das Machtmissbrauchspotential der Medien und Informationstechnologien. Medien bedrohen die Freiheit, entpuppen sich als gigantische Überwachungsmaschinerie und ermöglichen totalitären Regimes den Aufstieg zu Herrschaft. Aus dieser Sicht würden Informations- und Kommunikationstechnologien die Demokratie eher bedrohen als fördern, die Zivilgesellschaft eher versklaven, statt sie zu befreien, die Politik eher abschaffen, statt die Bürger und Bürgerinnen partizipieren zu lassen. Kurz: Im pessimistischen Diskurs spielen die Informationstechnologien und die Medienkonzerne eine Helferrolle für die mächtigen gesellschaftlichen und wirtschaftlichen Akteure, statt dass jene sie verstärkt zur Rechtfertigung ihrer Macht und Herrschaft zwingen und gleichzeitig gesellschaftliche Gegenkräfte zu mobilisieren versuchen.

Der dominante Diskurs im Rahmen von Informations- und Kommunikationstechnologien (IKT) basiert auf einem modernisierungstheoretisch konstruierten Gesellschaftsentwurf und ist demnach spekulativ, zyklisch, hypertechnologisch, aber auch mystifizierend.

Spekulativ, weil ständig durch optimistische Prognosen die Zukunft vorweggenommen wird, ohne dass man sich über die tatsächliche Entwicklung in der Vergangenheit Rechenschaft ablegt. Dadurch entzieht man sich einer empirischen Überprüfung. Wissenschaft, die ständig die Zukunft herbeischreibt, ohne sich mit der Vergangenheit ausführlich zu beschäftigen, verliert zwar ihre interne Akzeptanz, aber nicht ihre Attraktivität für Zukunft- und Trendforschung. Durch eine sehr selektive Wahl der Indikatoren können zwar Plausibilitäten gesteigert und soziale Vorstellungen entwickelt werden. Aber die oft sehr vereinfachten «neuen» Gesellschaftskonstruktionen wirken gegenüber den faktisch äusserst komplexen Vergesellschaftungsprozessen eigentümlich plakativ.

Zyklisch, weil immer im Gefolge von Einführungen und Ausbreitung neuer Technologien und Medien davon die Rede ist, dass dadurch tief greifender gesellschaftlicher Wandel ausgelöst werde. In Anlehnung an MARSHALL MC LUHANS berühmten Ausspruch scheint die Parole der Stunde zu sein: The Internet is the Message!

Hypertechnologisch, weil zwei reduktionistische Annahmen diskursiv vorherrschen: der technologische Determinismus und der technologische Imperativ. Während der technologische Determinismus davon ausgeht, dass technologische Durchbrüche oder Fortschritte die Richtung des sozialen Wandels bestimmen und dabei eine unaufhaltsame, von der Technik ausgehende Eigengesetzlichkeit entwickeln, besteht beim technologischen Imperativ der Zwang zur Anpassung von Seiten der Politik und Gesellschaft. Es wird der Eindruck zu vermitteln versucht, die «Informationsrevolution» entfalte und setze sich gemäss einer inneren technischen Logik durch – unaufhaltsam, unabänderlich wie die industrielle Revolution. Wirtschaftliche und gesellschaftliche Interessen, kulturelle und politische Bedingungen könnten dagegen nur sehr wenig ausrichten.

Mystifizierend, weil der Anschein erweckt wird, die Informationstechnik und die Kommunikationsnetze bzw. deren emanzipatorischer Gebrauch vergrössere die Chancen der Bürger auf politische Teilhabe. «Das Internet sorgt dafür, dass Diktatoren Informationen künftig nicht mehr kontrollieren können. Informationen werden über das Internet allen und jedem zugänglich. Und es erlaubt den Nutzern, ihre Meinungen auch ausserhalb der organisierten Machtstrukturen einer Gesellschaft auszutauschen und zu bilden» (MAGAZINER 2000, S. 68). Unklar jedenfalls bleibt, was mit dieser Form «digitaler Demokratie» zu bewerkstelligen ist: Online-Gegenöffentlichkeiten, libertäre Dauerplebiszite oder esoterische Deliberation? Ist das nach HABERMAS räsonierende Publikum aus den Tiefen der Kaffeehäuser, der republikanischen Clubs und der vornehmen Tischgesellschaften des 18. Jahrhunderts auferstanden und feiert in den digitalen Öffentlichkeiten ein Comeback?

Verklärend auch deshalb, weil verschwiegen wird, dass sich in der Regel die führenden Medien- und Technologiekonzerne auch unter neuen Wertschöpfungsprozessen im digitalen Kapitalismus durchzusetzen verstehen. Denn vor allem sie besitzen ausreichend Kapital, unternehmerisches Know-how und die Fähigkeit, die neuen Netzwerke für ihre Zwecke zu strukturieren und kommerziell einzusetzen. So verlieren im immer noch als chaotisch und anarchisch gefeierten Cyberspace die «Netizens» ständig an Definitionsmacht über Inhalte, Strukturen und Nutzung. Ihre Bedeutung als Informations- und Kulturproduzenten schwindet, während sich globale Monopole wie Microsoft oder AOL Time Warner etablieren und ihre Vorherrschaft noch ausbauen.

Schliesslich wird der Mythos vom grenzenlosen Wachstum der Information, der Informationstechnologie und der Medien weiterhin gepflegt. Obwohl sich gegenwärtig bei den IKT ein eigentlicher Investitionsstopp vollzieht und in den Unternehmen die Frage gestellt wird, ob diese Investitionen sich je kapitalisieren lassen, wird weiterhin sehnsüchtig an der nächsten Vision gebastelt, vielleicht wird es das mobile Internet. Die Beschleunigung der Zyklen setzt sich allerdings auch in die andere Richtung fort. Wo vor einem halben Jahr hochfliegende Wachstumsziele angepeilt und Überstunden geleistet wurden, sind heute schon wegen Überinvestitionen Entlassungen im Gange (just in time!!), und entsprechende Gewinnwarnungen werden den Aktionären kommuniziert! Der IKT-Investitionsrausch hat zu massiven Kostensparprogrammen geführt. Daran glauben müssen die vor kurzem noch hoch gelobten Webmaster, Content Provider und Online-Redaktoren. Die Entlassungszahlen der Dotcoms sind vergleichsweise gering, aber der Einbruch in der gesamten Wirtschaft ist markant, weil die IKT und Medienbranche für einen Grossteil des Wachstums verantwortlich scheinen. «Etwa 40% des realen Wachstums in den USA lassen sich direkt auf den Ausbau des Internets zurückführen» (MAGAZINER 2000, S. 67). «Die vier Faktoren Technologie, Geld, die Tradition von Venture Capital und die marktorientierte Politik haben die Internet-Revolution in den USA ermöglicht und unsere Wirtschaft nach vorne katapultiert (MAGAZINER 2000, S. 68). Die Kommerzialisierung der Inhalte, Medien, Netze und Netzwerkgesellschaften ist in vollem Gange.

# V. Kommerzialisierung und Digitalisierung als Motoren der Medien- und Technologieentwicklung

Nicht nur die Diskurse, sondern auch die fortschreitende Kommerzialisierung, Digitalisierung und Vernetzung beeinflussen unser Denken und Handeln, mithin die gesellschaftliche Entwicklung.

Beginnen wir mit den – zugegebenermassen – oberflächlichen Erscheinungsformen der Kommerzialisierung im Medien- und Telekommunikationssektor. Die Produkte- und Imagewerbung hat den öffentlichen und privaten Raum schon längst in Besitz genommen. Die Werbeplattformen scheinen sich unaufhaltsam zu vermehren, ohne dass die Zivilgesellschaft rebelliert. Kein Ereignis, kein Medium, kein Platz, kein Gebäude, nicht einmal Felsen, Wasser und Luft werden als Projektionsfläche für Werbebotschaften verschont, geschweige denn der eigene Briefkasten. Werbung ist Kommunikation und dominiert fast alle Kommunikationsformen. Aber werden lediglich die Werbebotschaften immer umfangreicher, immer pervasiver im Alltag?

Die allgegenwärtige Etablierung und Ausweitung der Marktwirtschaft im Medienbereich befördert nicht nur die Werbung, sondern auch das Gewinnstreben der Verlagsunternehmen und Medienkonzerne. Allerdings ist Kommerzialisierung kein neues Phänomen. Die markt- und werbewirtschaftlichen Prinzipien haben sich seit dem Aufkommen aktueller Massenmedien im 18. Jahrhundert etabliert und beeinflussen die journalistischen Produktionsverhältnisse seither massgeblich. Trotz einer vergleichsweise vielfältigen Parteien- und Gesinnungspresse haben die Tageszeitungen in der Schweiz die kaufmännischen Zielsetzungen keineswegs vernachlässigt. Jedenfalls hat die ständige Suche nach gewinnmaximierenden Einnahmen für die Deckung der bei der Medienproduktion und -distribution anfallenden Kosten die Medienentwicklung massiv beschleunigt. Eine Mediengeschichte kann nicht nur über technische Innovationen, sondern auch über die Ausdifferenzierung und Verfeinerung von Business-Modellen erstellt werden. Die Entwicklung des Fernsehens in Europa und in Nordamerika in den vergangenen 40 Jahren kann als eine Abfolge direkter und indirekter Kommerzialisierungsschübe aufgefasst werden, die in einer nicht mehr zu erfassenden Zahl von neuen Kanälen, Plattformen und Angeboten noch nicht einmal den Höhepunkt erreicht haben. Die wachsende Tendenz, kurzfristige Gewinne auch im Mediengeschäft anzustreben, führt zu einer Beschleunigung und Ausweitung der medialen Wertschöpfungsketten. Primär geht es um die Vermarktungsoptimierung von Inhalten, das heisst der Software. Von der Tatsache ausgehend, dass Inhalte in der Regel teuer zu produzieren, aber immer billiger zu kopieren sind, geht es darum, die für das Original aufgebrachten Herstellungskosten in möglichst grossen Mengen von Kopien, möglichst lang auf möglichst vielen und unterschiedlichen Plattformen und Abspielgeräten wieder hereinzuholen. Dieser – durch die Renditeerwartungen verstärkte – ökonomische Vermarktungszwang führt zu einer ausserordentlichen Vermehrung von Informationen, Programmen und Wissensbeständen. Mit steigender Zahl von Verkäufen in möglichst verschiedenen Plattformen (Zeitungen, Zeitschriften, Radio, Fernsehen, Kino, Online-Medien etc.) werden die Produkte im Übrigen billiger und damit noch besser verkäuflich, bis – im Extremfall – zur Gratisabgabe für die Endverbraucher. Informationen zum Nulltarif. Pendlerzeitungen, kommerzielles Radio und Fernsehen werden ausschliesslich via Werbeerträge indirekt finanziert und garantieren zu einem gewissen Grad eine Massenverbreitung, aber noch keine ausreichenden Einnahmen.

Im Irrglauben, die ganz grosse mediale Revolution beginne, investierte die Medienbranche so viel Geld wie noch nie, ohne auch nur eine praktikable Idee zu haben, wie es refinanziert werden könnte. Auch sechs Jahre nach dem Start der ersten Webseiten haben es nur die wenigsten Unternehmen geschafft, mit ihren Internet-Aktivitäten Geld zu verdienen. Der durchgehende 24-Stunden-Betrieb bei Radio und Fernsehen und den Online-Medien führt allerdings zu einem steigenden Wettbe-

werb zwischen den Medienanbietern, Veranstaltern und Inhalteproduzenten um Zeit und Aufmerksamkeit der Endverbraucher.
Dies wiederum beschleunigt die Hektik bei den Produzenten.
Einerseits wird das auf den Märkten Erfolgreiche in möglichst
vielen Varianten immer wieder und immer schneller produziert,
was einer Vervielfachung des Gleichen zur Folge hat. Andererseits müssen aber auch neue Plattformen geschaffen werden, um
die zunehmende Fragmentierung der Endverbraucher zu kompensieren. Der Vermarktung von Hardware und Infrastruktur
sind allerdings wegen der Kostenfolge für die Endverbraucher
Grenzen gesetzt. Netzanschlüsse können weder staatlich diktiert
noch finanziert werden. Gegenwärtig scheitert die flächendeckende Durchsetzung des digitalen Fernsehens und der Breit-
bandverkabelung in Europa – oder geht zumindest viel langsamer vor sich als von der Medien- und Telekommunikationsindu-
strie erhofft. Die anfallenden Kosten stehen in der Regel in keinem Verhältnis zu den «neuen» Inhalten. In der Not haben Ka-
belgesellschaften begonnen, wenigstens die notwendigen Mo-
dems für den digitalen Empfang verbilligt oder sogar gratis ab-
zugeben, um auf zusätzlichen Plattformen die Inhalte verkaufen
zu können.

Einerseits treibt der verstärkte Kommerzialisierungsdruck
zu einer Förderung der Digitalisierung, umgekehrt führt die verstärkte Digitalisierung zu einer verstärkten Netzbildung der
Unternehmensstrukturen, Märkte und der Wertschöpfung in der
Medienbranche. Die Digitalisierung verkleinert und verbilligt
nicht nur die Hardware, sondern beschleunigt auch die Vervielfachung und Distribution von Informationen aller Art. Da mit
steigender Zahl für die in Hard- und Software voll kompatiblen
Teilnehmer der Nutzen, die Qualität und die Leistungen in der
Regel steigen, sind die Content- und Programmhersteller an
einer wachsenden Vernetzung interessiert. Je höher der Vernet-
zungsgrad, desto vielfältiger wird das Leistungsangebot und
desto geringer werden die Kosten für die Informationssuche und
Abwicklung von Transaktionen aller Art, insbesondere im Internet: Literatur auswählen, Recherchen durchführen, Meldungen

verbreiten, für Produkte und Dienstleistungen werben, die Firma vorstellen, zu privaten oder geschäftlichen Zwecken einkaufen und verkaufen, nach Arbeit Ausschau halten, mit Gleichgesinnten Gedanken austauschen, Kundenkontakte herstellen, über Sachgeschäfte abstimmen, Prospekte anfordern, sich an einem Wettbewerb beteiligen, wetten, Bankgeschäfte erledigen, Billette bestellen, Reise buchen, Steuerformular ausfüllen, Software herunterladen, Bücher reservieren. Das Leistungspotenzial scheint unbegrenzt und der Nutzen für alle Vernetzten fast unbestritten.

## VI. Medien und Plattformen als Instrumente von Macht und Herrschaft

Die vorgezeichnete Entwicklung ist allerdings erst in Umrissen erkennbar, und Korrekturen durch kleinere und grössere Interessenskonflikte sind wahrscheinlich. Gegenwärtig befördern Kommerzialisierung und Digitalisierung die Etablierung des digitalen Netzwerkapitalismus als neue Stufe des Kapitalismus. Alle Arten von Software, von Ideen und Geschichten mutieren zur kommerziell wichtigen Ressource, elektronische Märkte und Netzwerke werden zum dominierenden Steuerungsinstrument. Diese Dynamik führt zu Wachstumsstrategien in der Medien- und Telekommunikationsbranche, gleichzeitig aber auch zu vielfältigen Konzentrationsprozessen, da unternehmerische Grösse und führende Marktpositionen überdurchschnittliche Gewinne erwarten lassen. Zusätzlich greifen branchenfremde Händler in den Wettbewerb ein. Damit steigen die Chancen, dass Produkte, Dienstleistungen und Plattformen in allen digitalisierten Formen (Text, Ton, Video, Musik und Daten) mit ihren sich ausdifferenzierenden Verwertungs- und Vermarktungssystemen in erster Linie unter kommerziellen Markt- und Machtaspekten etabliert werden. Der ungleiche Zugang, die asymmetrische Strukturbildung der Netzwerke und die anbieterorientierten Inhalte dominanter Wirtschaftsakteure stellen eine zentrale Herausforderung für die Politik dar.

Aus politökonomischer Perspektive wird zu Recht davon ausgegangen, dass die mächtigsten Akteure der grossen Konzerne der Hard- und Software-Branche in der Lage sind, die Strukturen und Inhalte, aber auch die Art des Zugang zu den Plattformen massgeblich zu beeinflussen. Wenige international oder sogar global agierende Medien-, Unterhaltungs- und Dienstleistungskonzerne aus Nordamerika und Europa sind in der Lage, die Industrialisierung und Kommerzialisierung der Medienproduktion auf regionaler und nationaler Ebene massgeblich zu strukturieren sowie gleichzeitig die Entstehung einer globalen kapitalistischen Netzwerkgesellschaft zu modellieren (vgl. CASTELLS 1996).

Wenn die Medien-, Plattform- und Netzstrukturen in der Regel die Interessen dieser Medien- und Infrastruktureigentümer und Inhalteproduzenten reflektieren, so werden nicht nur die ökonomischen Aktivitäten, sondern auch die publizistischen zu Instrumenten der Kontrolle und der Ausübung von Macht und Herrschaft. Wenn beim Auf- und Ausbau von Netzwerk- und Medienstrukturen grosse Teile der Zivilgesellschaft ausgeschlossen werden, ja sogar durch machtbasierte Systemarchitektur marginalisiert und «enteignet» werden, bleiben demokratische Erfordernisse auf der Strecke.

Besonders die Markt- und Machtkonzentration in der Content- und Softwareindustrie werden als Ursachen und Gründe einer zunehmenden Entdemokratisierung von Gesellschaften betrachtet. Um im Online-Business Fuss fassen zu können, müssen die traditionellen Verlage allerdings nicht nur ein neues Selbstverständnis finden, sondern auch viel Geld riskieren. Es wird ihnen geraten, ihr bisheriges, primär journalistisch-kulturell geprägtes Selbstverständnis im Online-Business zu revidieren und durch ein Dienstleistungsverständnis zu ersetzen, das eher dem Wesen eines Brokers von Informationen und Dienstleistungen entspricht. Dieses neue Geschäftsmodell ist bereits im Multimediakonzern der Tribune Company in Chicago umgesetzt. Das neuartige Betriebsmodell, das als Prototyp zu verstehen ist, kann als eine einzige riesige «Informationsver-

wurstungsmaschine» bezeichnet werden. Die multimedial ausgebildeten Journalisten kennen keinen Redaktionsschluss. Sie
verfassen am Morgen einen Artikel zu einem bestimmten Thema für eine Konzern-Webseite, treten am Mittag mit einem ak-
tualisierten Thema im konzerneigenen Newssender auf und
stellen schliesslich am späten Nachmittag den entsprechenden
Artikel für die konzerneigene Zeitung vom kommenden Tag
fertig. Investigative Storys fallen unter den Tisch, da der Zeit-
druck zu gross ist, während Zielgruppen-, Marketing-, Wer-
beumfeld- und PR-Journalismus auf raffinierte Weise gepflegt
werden (MEIER/JARREN 2001). Der Journalismus scheint sich
verstärkt den Kundenbedürfnissen anzupassen und dabei fall-
weise die gesellschaftlichen Notwendigkeiten und Aufgaben aus
den Augen zu verlieren. Der Widerspruch zwischen ökonomischen Zwängen und gesellschaftlichen Erwartungen und demokratischen Funktionen des Journalismus wird sich verstärken.

Durch Kommerzialisierung und Digitalisierung scheinen
vor allem «Wirtschaftsgesellschaften» zu entstehen, die sich
dadurch auszeichnen, dass sich der Kommerzialismus in allen
Arbeits- und Lebensbereichen bis hin zum zwischenmenschlichen Verhalten ausdehnt. Mit dem zweifelhaften Ergebnis, dass
unternehmerische und politische Kosten-Nutzen-Kalküle sozial-
ethische Normen überlagern und marginalisieren. Dieser
Wertezerfall als Ausdruck postmoderner Existenz ist mit Bestimmtheit nicht folgenlos, denn er öffnet den Weg für wirtschaftliche Problemlösungen mit der Logik der Netzökonomie
und des Netzkapitals. Der sich ausbreitende eindimensionale
Kommerzialismus zerstört nachhaltig das Privileg der Medien,
nicht nur ein Gewerbe sein zu müssen, sondern schafft mit der
«digitalen und gesellschaftlichen Spaltung» auch ein weiteres
aktuelles Demokratieproblem.

# VII. Soziale und digitale Spaltung als Folge des Netzwerkkapitalismus?

Der Staat als Förderer von Schlüsseltechnologien darf nicht einseitig die kommerziell-technokratische Sichtweise übernehmen und die Akzeptanz einer Gesellschaftsentwicklung fördern, deren Strukturen und Regeln nicht demokratisch ausgehandelt wurden. Der starke Staat hat in erster Linie solche gesellschaftlichen Prozesse zu verstärken, die allen Menschen die Möglichkeit eröffnen, ihre Vorstellungen, Wünsche und Bedürfnisse zu verwirklichen. Der Staat als Moderator und Koordinator, als Gestalter von Rahmenbedingungen kann sich nicht damit begnügen, offene Märkte zu schaffen und die Standortvorteile von Technologie- und Medienunternehmen zu verbessern. Vielmehr muss er auch die unterschiedlichen Interessen und sozialen Folgen bei der Implementierung von netzwerkbasierten Technologien, Arbeits- und Organisationsformen für alle Teile der Gesellschaft öffentlich zur Sprache bringen. Dazu gehört vor allem die Auseinandersetzung mit dem Schlagwort der digitalen Spaltung.

Auch hier ist eine Debatte zwischen den Optimisten, den Skeptikern und den Pessimisten im Gange: Die Optimisten sehen vor allem die positive Rolle des Internets und der Digitalisierung, die den Entwicklungsländern einen Sprung nach vorne ermöglichen wird. Die Skeptiker glauben, dass die Technologie für sich allein fast nichts bewegen kann, und die Pessimisten sind der Ansicht, die vereinzelte oder flächendeckende Anwendung der Technologie führe noch zu einer größeren Disparität.

Während die Netzwerkfundis das Internet als anarchisches Medium und Plattform begreifen, wo jegliche Zensur, Hierarchie, Herrschaft, Regulierung und Zensur ausgeschaltet ist und Egalität sich breit macht, befürchten die Realos durch die Digitalisierung und Kommerzialisierung der technischen und gesellschaftlichen Vernetzung das zunehmende Auseinanderdriften von Klassen innerhalb und zwischen Gesellschaften. In dieser Debatte stehen drei unterschiedliche Aspekte im Vordergrund:

Befürchtet wird eine verstärkte globale, soziale und demokratische Spaltung im Weltmassstab.

Die globale Dimension der Spaltung bezieht sich auf die unterschiedlichen technischen und inhaltlichen Zugangsmöglichkeiten zum Internet zwischen Industrie-, Transformations-, Schwellen- und Entwicklungsländern. Die soziale Dimension der Spaltung fokussiert die unterschiedlichen technischen und inhaltlichen Zugangsmöglichkeiten zum Internet für bestimmte gesellschaftliche Institutionen, für bestimmte soziale Klassen und für wirtschaftliche, politische und kulturelle Organisationen. Die demokratische Dimension der Spaltung meint die wachsende globale und soziale Kluft, welche Auswirkungen auf politische Prozesse zur Folge hat. Je stärker die Teilnahmemöglichkeiten an politischen Entscheidungsprozessen von Digitalisierung, finanziellen Ressourcen und dem Zugang zu netzwerkbasierten Wissensbestandteilen abhängen, desto stärker kommt es zu gesellschaftlichen Spannungen und zu einer Legitimationskrise der Demokratie, der Netzdemokratie und des Netzwerkkapitalismus. Die Möglichkeit aller, die Vielfalt digitaler Ressourcen in Anspruch zu nehmen, um sich zu engagieren, zu mobilisieren und am öffentlichen Leben teilzunehmen, werden durch zunehmende Digitalisierung und Vernetzung zusätzlich erschwert. Bestehende Ungleichheiten werden damit nicht reduziert, sondern eher zementiert.

Wenn Netzwerke vor allem eine kritische Masse brauchen, um ihre Produkte und Dienstleistungen erfolgreich vermarkten zu können, und wenn Netzwerke gleichzeitig als Instrumente von Kontrolle, Macht und Herrschaft angelegt sind, so wird sich die technische Zugangsproblematik eher entschärfen als verschärfen. Die Zahl der Computer am Arbeitsplatz und in den Haushalten in den westlichen «Informationsgesellschaften» nimmt ständig zu und erreicht über die Hälfte der arbeitenden Bevölkerung. In den USA sind die meisten Schulen schon am Netz, und auch in Europa und der Schweiz werden entsprechende Anstrengungen unternommen. Während das Geschlecht seinen Einfluss auf den technischen Zugang verliert, entfalten Einkommen, Bildung und Alter nach wie vor eine akzelerierende bzw. retardierende Wirkung auf die Anschlussgeschwindigkeit. Die Steigerungsraten bei der Internetnutzung ist bei Bessergebildeten immer noch wesentlich höher als bei Personen ohne Schulabschluss. Besonders «randständige» Bevölkerungsgruppen (Senioren in ländlichen Gebieten, arbeitslose Ausländer, Sozialhilfeempfänger etc.) werden ausgegrenzt. Allerdings werden auch mit dem technischen Anschluss die Gräben kaum zugeschüttet, weil durch macht- und interessensgeleitete Strukturbildung der Netzwerke selbst, durch mangelnde Qualifikation des Umgangs und durch unangepasste und fehlende Inhalte und Dienstleistungen die Klassenspaltung weiter voranschreiten.

Viel wichtiger als der technische Anschluss ist, was die Nutzer mit dem ihnen zur Verfügung stehenden Potential anzufangen verstehen und anwenden können. «Die Nutzer des Internets müssen zur gezielten Suche, zu abwägender Selektion und zur kritischen Bewertung der Quellen sowie zur Synthese neuer Information mit schon vorhandenem Wissen befähigt werden» (BONFADELLI 2001, S. 31). Speziell die Kompetenz muss erlernt werden, wie man die massenhaft zur Verfügung gestellten Informationshäppchen evaluiert und wie man die gezielte Suche nach bestimmten wertvollen Information verbessert. «How to find what you really need» wird zur zentralen Aufgabe – gerade auch in der Forschung. Allerdings, viele für die Forschung nützlichen und wertvollen Informationen finden sich auch im Internet nicht, und viele Informationen stehen nur einem ausgewählten Benützerkreis in den Intra- und Extranets zur Verfügung. Die alles überragende Frage aber lautet: Können die Nutzer durch die Inhalte und Dienstleistungen ihr Schicksal vermehrt in die eigenen Hände nehmen und ihre unmittelbaren Lebensbedingungen entscheidend verbessern?

Aus der globalen Perspektive ist der Ausblick wenig verheissungsvoll. Lediglich 6% der Weltbevölkerung sind am Netz, die Hälfte der Weltbevölkerung hat noch nie einen Telefonanruf bekommen! Indien, das durch seine Computer-Fachleute und IT-Industrie hierzulande bekannt ist, verfügt noch immer über weniger Nutzer als die kleine Schweiz. Weniger als 1% der Bevölkerung kann sich als «User» bezeichnen, die grosse Masse bleibt als «Loser» auf der Strecke. Die Bedingungen für die Diffusion sind so ausgestaltet, dass lediglich eine schmale, einkommensstarke Elite in städtischen Zentren den Zugang schafft. Im Übrigen warten Organisationen wie Finanzinstitute, Ableger von multinationalen Konzernen, Medien, hohe Regierungsstellen, das Militär, Hotelketten und Transportunternehmen nicht auf den Aufbau von nationalen Telekommunikationsinfrastrukturen, sondern gehen von gut ausgebauten lokalen Netzen über Satelliten ins globale Netz. Sie befreien sich so von den Imponderabilien regionaler und nationaler Netzwerke. Gleichzeitig steigen die Kosten und die Abhängigkeit von amerikanischen und europäischen Internet backbones. Das Internet-Potential und die Leistungsfähigkeit wird von den amerikanischen und europäischen Infrastrukturen, den professionellen Content-Providern in den westlichen, urbanen Zentren massgeblich beeinflusst, was gleichzeitig die Nützlichkeit und Angemessenheit für die grosse Mehrheit der Weltbevölkerung schwer beeinträchtigt. Sogar ein Verfechter der Netzwerkgesellschaft und einer der führenden Soziologen, MANUEL CASTELLS, kommt in seinem neusten Buch zu einer eher skeptischen Einschätzung bezüglich des «digital divide»: «The use of the internet, both in school and in professional life, could amplifiy the social differences rooted in class, education, gender, and ethnicity». (CASTELLS 2001, S. 260). Jedenfalls sind Staat, Wirtschaft und Gesellschaft gefordert, wollen sie vermeiden, dass die Chancen der Informations- und Netzwerkgesellschaft zur Demokratisierung, zur Emanzipation und zur wirtschaftlichen und kulturellen Entwicklung aller lediglich als Versprechungen in die Zukunft wahrgenommen werden.

# Zur Überwindung der Kluft zwischen Technologie und Gesellschaft

## Public Relations – Last oder Lust?

MICHAEL KOHN

## Inhaltsverzeichnis

# I. Gebot der Neuzeit: Dialog mit der Öffentlichkeit

Mensch und Technik sind Antinomien, die sich permanent in einem Spannungsfeld befinden, solange es technischen Fortschritt gibt. Wird dieser jedoch virulent und stürmisch und nehmen hocheffiziente Grosstechnik und moderne Spitzentechnologien wie gerade gegenwärtig überhand, wird der Mensch ängstlich, misstrauisch und ablehnend. Handkehrum nutzt er gerne die Vorteile der zunehmend technisierten Welt. Er gerät dabei in einen Widerspruch. Er will die Produkte, lehnt aber die Produktion ab. Er will Strom, aber keine Kraftwerke. Er will fliegen, aber keine Flugplätze. Er will mobil telephonieren, aber keine Antennen. Um diese Gegensätze zu lindern, braucht es Transparenz und Kommunikation. Wissenschaft und Wirtschaft, Ingenieure und Techniker sind aufgerufen, den Dialog mit der Öffentlichkeit zu pflegen.

Der Dialog mit der Öffentlichkeit, ein höchst anspruchsvolles Programm, soll dazu beitragen, Akzeptanz zu fördern. Patentrezepte auf dem Weg zur Akzeptanz gibt es keine. Doch gibt es professionelle Aspekte der modernen Öffentlichkeitsarbeit. Getragen von theoretischen Überlegungen und vor allem von praktischen Erfahrungen im Widerstreit zwischen Mensch und Technik, zwischen moderner Technologie und Industriefeindlichkeit, soll in diesem Beitrag versucht werden, einige Verhaltensregeln im Umgang mit der Öffentlichkeit aufzuzeigen.

# II. Eigenheiten der modernen Gesellschaft

Bevor auf praktische Massnahmen im Verkehr zwischen Technik und Publikum eingegangen werden kann, soll vorerst stichwortartig die mentale Verfassung der heutigen Gesellschaft skizziert werden.

Die moderne Gesellschaft will, zumindest in ihrer Mehrheit, soziale Sicherheit und Wohlstand. Das bedingt den Einsatz hocheffizienter Grosstechnik, moderner Spitzentechnologien und hochrationalisierter Organisation, die ihrerseits aber äusserst spezialisiert und komplex sind, mithin einen Abstraktionsgrad haben, der sich jedem Verstehen und damit Verständnis des Nichtfachmanns, des Bürgers, verschliesst. Der Mensch versteht die sich zunehmend technisierende Welt, von der er auch zunehmend abhängig wird, nicht mehr. Sie wird ihm fremd und unheimlich. Er traut ihr nicht, weil er sie nicht begreift, mithin auch nicht mehr kontrollieren kann. Der Industriebürger geht auf Distanz zur Industrie.

Der Mensch in modernen Gesellschaften gerät in einen ihm selbst nicht bewussten Widerspruch. Er steht der zunehmend technisierten Welt eher ablehnend gegenüber, nutzt aber gerne ihre Vorteile. Solange dieser Widerspruch im öffentlichen Bewusstsein nicht reflektiert wird und in das Selbstverständnis des Einzelnen eingeht, wird es keine Disposition geben für notwendige Einsichten oder ebenso notwendige Verzichte.

Die Vertrauenskrise und ihre Widersprüche werden häufig auf Informationsdefizite zurückgeführt. Diese Deutung geht von der Annahme aus, der Mensch sei unbeschränkt fähig, Informationen zu verarbeiten, und werde ausserdem, wenn er sie verarbeitet hat, verstehen und akzeptieren. Also wird versucht, die Akzeptanzfrage durch intensive Information zu lösen. Das Bemühen um immer mehr Information führt aber dazu, dass der Mensch immer weniger versteht. Der Bürger erhält mehr Informationen, als er sinnvoll in sein Leben einzuordnen vermag. Dass jedoch Überinformation Stress erzeugt, ist bekannt; und in einem Akt geistiger Gesunderhaltung zieht sich dann der Bürger auf seine bewährten Vorurteile zurück. Jetzt bildet er sich seine Meinung nicht mehr aufgrund einer Information, sondern seine Meinung, die er schon hat, entscheidet darüber, was als Information zu werten ist: Nur das ist Information, was seine Meinung bestätigt. Abweichende Informationen sind interessenverdächtige Manipulationen oder werden verdrängt. So verlässt aber die Sachinformation, das eigentliche Argument, die Szene der öffentlichen Auseinandersetzungen und wird quantitativ.

So hat nicht nur der hohe Abstraktionsgrad moderner Technik, sondern auch die Überinformation den Bürger zutiefst verunsichert und misstrauisch gemacht. Ein Übriges tut dann die beschwichtigende Desinformation. Sie geht von der irrigen Ansicht aus, die öffentliche Behandlung und ungeschminkte Beschreibung der technischen und sozialen Risiken unserer Gesellschaft könnten den Bürger beunruhigen, ihm nicht zugemutet werden, er gerate nur in Panik und verstünde ja ohnehin nur die Hälfte. Mit einer solchen Informationspolitik, die durch Infantilisierung des Menschen die Akzeptanz der Technik und der Industrie herbeiführen will, wächst das Misstrauen. Heute hilft es oft nicht einmal mehr, die Wahrheit zu sagen.

Aus diesem Misstrauen, aus dieser Verunsicherung ist jene Angst gewachsen, die zur Grundstimmung unserer Gesellschaft geworden ist. Es ist eine diffuse, objektlose Angst, die sich ihr Objekt sucht, um sich durch Bekämpfung dieses Objektes psychologisch zu entlasten. Inzwischen hat sich diese Angst etabliert als verbindendes Gefühl der Zusammengehörigkeit. Sie wird wohlig erlebt und hilft dem sich schutzlos der Technik ausgelieferten Menschen tatsächlich.

Die positive Aufnahmebereitschaft unserer Gesellschaft für negative Nachrichten hängt mit dieser Angst zusammen. Jede Horrormeldung ist eine Bestätigung eines bisher nur vagen Verdachtes, der Welt der Technik, der Welt der Industrie, der Welt der Wissenschaft sei nicht zu trauen. Dass der Industrie und ihren Technikern vielleicht tatsächlich nicht immer zu trauen ist und Misstrauen auch eine höchst verständliche Haltung sein kann, sei hier nur der Vollständigkeit erwähnt.

Die Aufnahmebereitschaft für das Negative wird durch auflagesüchtige Medien verstärkt. Sie bringen unsere Stimmungen auf den Begriff und ins Bild. Dem gedruckten Wort kommt für die Meinungsbildung die entscheidende Bedeutung zu. Stimmung macht das Fernsehen. Es emotionalisiert in besonderer Weise. Es löst uns aus dem vertrauten Leben heraus, und die

Suggestivkraft der Bilder übermannt uns. Was ein Mensch sieht und was er hört, beschäftigt ihn. Jedenfalls ist im Auge zu behalten, dass die Medien eine entscheidende Rolle bei der Herstellung von Akzeptanz spielen können.

Aber noch wesentlicher sind der Geist, die Philosophie, die hinter der Kommunikation stecken und sie leiten. Die moderne Kommunikation muss schonungslos sein. Sie hat der Öffentlichkeit zu sagen, was ist, und sich nicht zu fragen, wie sie auf die Öffentlichkeit wirken wird. Vermutungen, wie das Publikum wohl auf ein bestimmtes industrielles und technisches Risiko reagieren wird, sind besser zu unterlassen. Die Menschen wollen das Positive hören. Sie wollen auch das Negative hören, und sie wollen vor allem hören, welchen Grund es für sie geben sollte, sich einem bestimmten Risiko auszusetzen oder nicht auszusetzen. Das kann Unruhe auslösen, die Diskussion komplizieren, ja Chaos produzieren. Der kürzlich verstorbene Prof. HANS-CHRISTIAN RÖGLIN, ein bekannter Sozialpsychologe, der sich durch die oben beschriebene Analyse einen Namen gemacht hat und von der Nuklearwirtschaft öfters als Referent zugezogen wurde, meinte, «dass Kommunikation der chaotische Weg zur Vernunft» sei, dass also echte Unruhe zu schaffen ist, um die Antinomie zwischen Wissenschaft/Technik und Gesellschaft zu überwinden.

## III. Wege zur Akzeptanz

Nachstehend soll versucht werden, einige praktische Überlegungen anzustellen, wie Akzeptanz verbessert werden kann – Akzeptanz im doppelten Sinn: Verständnis der Wissenschaft und Industrie für die Belange des Publikums, Einsicht des Publikums in die Arbeits- und Wirkungsweise von Wissenschaft und Technik.

Folgende 10 Postulate können dazu beitragen, den Weg zur Akzeptanz zu ebnen:

# 1. Öffentlichkeitsarbeit: Müssen oder Wollen?

Der Bedarf an Public Relations (PR) nimmt in der mediatisierten Demokratie, in der pluralistischen Gesellschaft zu. Der technische Fortschritt muss von einer systematischen Öffentlichkeitsarbeit begleitet werden. Der technologische Wandel gehört nicht nur ins Labor, das neue Projekt nicht nur auf den Zeichen- oder Verhandlungstisch; sie gehören hinaus ins Publikum. Besonders die Elektrizitätswirtschaft hat wegen ihrer umstrittenen Vorhaben lernen müssen, ihr Tun und Lassen zu erklären.

Dass PR ein Muss ist, hat sich mittlerweile herumgesprochen. Aber man hat manchmal das Gefühl, dass für die wissenschaftliche Avantgarde und die Manager die Aufgabe eine Last bedeutet – eine Last, Fragesteller befriedigen, Journalisten empfangen zu müssen. Wer weiss, ob man dabei nicht «flach» herauskommt! Betreibt man aber Public Relations «contre coeur», bleibt die Wirkung limitiert. Public Relations betreiben muss man wollen. Dazu braucht es eine innere Disposition. Öffentlichkeitsarbeit ist ein Job; aber sie ist auch eine Attitüde, sich mitteilen zu wollen, den Mitmenschen in seine Überlegungen einzubeziehen, den Partner für eine Idee zu gewinnen.

Öffentlichkeitsarbeit kommt von «offen», sie lebt von der Transparenz. Public Relations sind keine Geheimwissenschaft. Sie setzen voraus, dass man einen verkrusteten Führungsstil überwindet. Statt zu warten, bis der recherchierende Journalist etwas erfährt, teilt man es ihm besser vorher mit: mit selbstgewählten Worten, im selbstgewählten Zeitpunkt. Öffentlichkeitsarbeit soll Aktion, nicht Reaktion sein, es kann sogar Antizipation sein. Dazu ein lehrreiches Beispiel aus der Amtszeit des Referenten als Präsident des Verwaltungsrats der Kernkraftwerk Gösgen-Däniken AG:

Das Kernkraftwerk Gösgen hat einen Kühlturm, aus dem Dampfschwaden austreten: reiner Wasserdampf. Wenn die Anlage läuft, entwickelt sich eine Dampffahne; wenn sie stillsteht, gibt es keine. Das Kernkraftwerk wurde Anfang 1979 in Betrieb genommen. Dabei wird üblicherweise während einer Versuchsperiode das Werk angefahren und wieder abgestellt, um die üblichen, übrigens harmlosen, Kinderkrankheiten auszumerzen. Traten Dampfschwaden auf, dann wusste die Bevölkerung in der

Umgebung, dass der Reaktor in Betrieb war, fielen sie aus, so wusste sie, dass er stillstand. Ruhiger war die Bevölkerung mit Rücksicht auf Meldungen über Havarien in anderen Reaktoren jeweils, wenn die Anlage in Betrieb und die Dampffahne sichtbar waren. Es gibt nichts Beruhigenderes als die Normalität.

Im März 1979 fand der Reaktorstörfall in Harrisburg (USA) statt. Die Sicherheitsbehörden ordneten eine genaue Analyse des Unfalls an, bevor sie die Fortführung der Inbetriebsetzungsarbeiten bei Gösgen bewilligten. Als es dann soweit war, ergaben sich im Rahmen des vorgezeichneten, intermittierenden Stillstands- und Anfahrprozesses Tage mit und solche ohne Dampffahne. Unter dem Eindruck des Harrisburg-Ereignisses hielt es der «Blick» für angebracht, das jeweilige Verschwinden der Dampffahne in Gösgen mit grossen Lettern so zu melden: «Gösgen ausser Betrieb!» oder «Neue Panne in Gösgen?» oder «Harrisburg in Gösgen?» Begleitet waren diese Schlagzeilen von häufigen Anfragen seitens der Redaktion bei der Betriebsleitung oder gar beim Verwaltungsratspräsidenten, was nun wieder los sei. Das Bombardement von Fragen setzte jeweils 10 oder 15 Minuten nach dem Verschwinden der Dampffahne ein. Offenbar mussten Leute aus der Umgebung dem «Blick» jeweils Bericht erstattet haben, wie man hörte, mit Belohnung.

Eines Tages wurde es der Kraftwerksleitung und besonders dem Verwaltungsratspräsidenten zu bunt. Statt ständig bedrängt zu werden, entschlossen sie sich, der Redaktion **als Erste** zu melden, dass und wann die Anlage demnächst ausser Betrieb gesetzt würde. Von da an waren die Meldungen weniger dramatisch, bis sie ganz verschwanden. Das war auch nicht verwunderlich: Es ist für eine nach heissen «News» suchende Redaktion nicht mehr spannend, wenn die Unternehmung selbst ein antizipatives Verhalten an den Tag legt und ihre nächsten Schritte offen begründet. Da stösst der Enthüllungsjournalismus ins Leere. Von jener Erfahrung ausgehend, werden jetzt von den Betriebsleitungen in Gösgen wie auch den anderen Werken Abschaltungen, bevorstehende Revisionen usw. automatisch der Presse gemeldet. Sie erscheinen oft in «Petit» auf unauffälligen Zeitungsseiten – wenn überhaupt.

Aktiv und vorausschauend gehandhabt, muss Öffentlichkeitsarbeit nicht nur eine Last, sondern kann eine Lust sein – Lust am Dialog und positiver Einstellung zu den Vertretern der Medien. Diese sollte man nicht in erster Linie als Widersacher betrachten, gegen die man sich zur Wehr setzen muss, sondern als Bundesgenossen und Mitspieler, mit denen zusammen man der Öffentlichkeit eine gute, anregende Information vermitteln will. Man muss die Medien in die Managertätigkeit einbeziehen, sie am Geschehen teilhaben lassen. Öffentlichkeitsarbeit: Last, Lust oder gar List?

## 2.    Wer hat Angst vor Virginia Wolf?

Wenn aber Öffentlichkeitsarbeit so zeitgemäss und vielversprechend ist, wieso wird sie so zögernd, so lustlos betrieben? Warum die Verkrampfung und wovor die Angst? Angst vor Virginia Wolf oder vor den Wölfen im Medienwald? Hier einige Gründe für die Zurückhaltung der «Manager» im öffentlichen Auftritt:

Einmal hat jeder Manager auch seine schlechten Erfahrungen gemacht. Public Relations kann nicht nur Freud, sondern auch Leid sein. Es gibt Medienschaffende, die eine Tendenz haben oder gehabt haben, Misserfolge der Unternehmungen genüsslich auszubreiten, vor allem nach Fehlleistungen des Managements zu recherchieren und niederzureissen, statt konstruktive Kritik zu üben. Kommt hinzu, dass ein natürlicher Interessenkonflikt zwischen den Managern und den Journalisten besteht, indem die einen die wichtigen Entscheide erst gackern möchten, wenn das Ei gelegt, die Sache reif und die Konkurrenz überrundet ist. Sie vertreten den Grundsatz: Alles, was gedruckt wird, muss wahr sein, aber nicht alles Wahre muss gedruckt sein. Die Medienvertreter haben anderseits das eminente Interesse, möglichst frühzeitig an die Information heranzukommen. Die einen haben die unternehmerische Sicht, die andern die mediale. Das führt zu Spannungen. Über solche systemimmanenten Konflikte kann nur gegenseitiges Vertrauen, mit Vorzug ein «off-the-record»-Gespräch hinweghelfen.

Zweitens besteht seitens der Manager eine gewisse Zurückhaltung, sich öffentlich zu exponieren, weil man auf dem oft spiegelglatten Parkett nicht gern ausrutschen, sich keine Blösse geben möchte, vor allem dann, wenn beim Manager das Gefühl vorherrscht, er werde nicht fair behandelt. Da muss auch seitens der Medien darauf geachtet werden, dass Vertrauen eine Zweiweg-Strasse ist.

Schliesslich ist, zumindest bei der älteren Managergeneration, eine Reserve zu verspüren, in Zeitungen herumgeschleppt zu werden, die nicht als «fein» gelten: z.B. in der Boulevardpresse, möglicherweise neben nackten Miezen. In der Zwischenzeit ist diese Barriere überwunden. Prof. ZINKERNAGEL gab ein Beispiel dafür, die Gentechnik im «Blick» zu erläutern. Immerhin ist das eine Zeitung mit einer Million Leser! Wie will man denn den Bürger, den Stimmbürger sonst erreichen?

Zusammenfassend kann gesagt werden, dass gute Öffentlichkeitsarbeit einmal Kontinuität braucht. Weder genügt die Schönwetterpublizität, bei der ein Unternehmen nur dann mitteilsam ist, wenn es ihm gut geht, noch ist eine Regenschirmmentalität gefragt, bei der eine Institution bloss dann an die Medien appelliert, wenn es ihr schlecht geht. In der Öffentlichkeitsarbeit ist ständige Präsenz vonnöten.

### 3. Die Güte des Produkts

Wenn die technische Qualität des Produkts, wenn die Verlässlichkeit der wissenschaftlichen Leistung fehlt, so findet die Diskussion um die Akzeptanz schon gar nicht statt, weil das Produkt obsolet ist. Technik, gute Technik, oder eine seriöse, solide Wissenschaft müssen auf jeden Fall sein. Eine Seilbahn muss mit starken Windstössen rechnen, eine Staumauer mit Erdbeben, eine Brücke mit Schwingungen im Resonanzbereich; Ingenieure und Techniker müssen ihr Metier gut beherrschen. Eine gute fachliche Ausbildung ist das A und O – sonst kann die Akzeptanz von vornherein abgeschrieben werden. Eine gute Ausführung, eine Leistung, die sich bewährt, erhöht den Glauben an Wissenschaft und Technik.

### 4. Mehrdimensionales Denken

Technische und wissenschaftliche Qualität sind wichtig. Aber solange die Diskussion auf der rein physikalisch-technischen Ebene stattfindet, wird sie ein «dialogue des sourds» sein. Für die einen ist die Technik sicher, für die andern doch nicht. Viele Vertreter der Technik erschöpfen sich in der technischen Argumentation, als käme es allein auf diese an.

Will man die Diskussion weiterbringen, so müssen die umstrittenen Technologien in einen wirtschaftlichen und sogar in einen ökologischen und gesellschaftspolitischen Gesamtzusammenhang gestellt werden. Das Pro und Contra der Kernenergie muss mit Vor- und Nachteilen der Alternativen verglichen werden. Die Gentechnik muss die Frage behandeln, wenn nicht, was dann. Nur im Vergleich mit andern Lösungen kann die Frage der Einführung, Beibehaltung oder Abschaffung einer umstrittenen Technik ausdiskutiert werden. Einmal durch den Vergleich auf wirtschaftlicher Ebene: gesundheitlicher Nutzen und Schäden, Ressourcen-Verzehr, Entsorgungsfragen im Vergleich mit andern, konkurrierenden Lösungen. Dann geht es um Fragen der Umweltverträglichkeit. Schliesslich spielen auch Fragen des Wertsystems eine Rolle: Brauchen wir überhaupt mehr Wachstum, mehr Energie, mehr Hochtechnologie? Was für einen Lebensstil, welche Lebensformen wollen wir? Es geht also letztlich auch um die gesellschaftliche Ebene.

Eine Akzeptanzdiskussion muss demnach mehrgleisig und ganzheitlich geführt werden. Dem Ingenieur, Techniker und Wissenschafter fehlen in vielen Fällen das Rüstzeug. Hier ist einiges nachzuholen. Und doch spielen sich auf diesem Gebiet die grossen politischen Entscheidungen ab. Der ahnungslose und wohlmeinende Fachmann wird hier mit Fragen konfrontiert, die er in seinem Studium nicht behandelt hat und die er durch ihren oft irrationalen Charakter nicht erfassen kann. Er muss sich auf einem Glatteis bewegen, auf dem auch Unfassbares zugelassen scheint. Mit seiner Art, die Dinge rational, analytisch, mathematisch korrekt und logisch zu sehen, sieht er sich einer Welt gegenüber, die für ihn undefinierbar, unfassbar und irrational ist. Da soll einer das Hin und Her in der Energiepolitik noch verstehen! Gesellschaftspolitisches Verständnis und den Umgang mit dem Unwägbaren zu fördern ist deshalb ein Postulat, das bei der Ausbildung und im Beruf stärker beachtet werden muss.

## 5. Das Allgemeinwissen

Das führt zur Forderung nach mehr Allgemeinwissen. Der Fachmann muss nicht nur ein guter Fachtechniker sein, sondern eine breit abgestützte Ingenieurpersönlichkeit. Allfällige Stoffdefizite können mit Vorteil auf dem Weg des Nachdiplomstudiums wettgemacht werden. Es braucht nicht nur Spezialisten, sondern auch Generalisten. Mit einem breiteren technischen Wissen und mit besserer Ausbildung in Geistes- und Sozialwissenschaften soll das erreicht werden, was Professor FRANCESCO DE SANCTIS, einer der Gründer der Eidg. Technischen Hochschule Zürich, vor fast 150 Jahren den Ingenieuren und Technikern zugerufen hat: «Bevor ihr Ingenieure seid, seid ihr Menschen.»

## 6. Die Sprache

Es braucht heute eine verständliche Sprache und eine einfache Ausdrucksweise. Was den Bürger abschreckt, ist der elitäre Jargon, die gestelzte Sprache, die Divergenz und nicht Konvergenz schafft. Wer komplexere Sachverhalte nicht mit einfachen Sätzen, die sich auf das Wesentliche konzentrieren, erläutern kann, wer ein gestörtes Verhältnis zum sprachlichen Ausdruck hat, gehört nicht an die Front. Der Philosoph LUDWIG WITTGENSTEIN sagte: «Die Grenzen meiner Sprache sind die Grenzen meiner Welt».

## 7. Das Medienverständnis

In der Frage der Akzeptanz von Technik und Wissenschaft spielen heute die Medien eine hervorragende Rolle. Ob sie der komplexen Aufgabe gerecht werden, soll hier nicht untersucht werden. Tatsache ist, dass das Spannungsfeld zwischen Technik und Gesellschaft von den Medien nicht geschaffen, aber beeinflusst wird. Wir brauchen die Medien; Akzeptanz kann nur dort erreicht werden, wo der Bürger informiert ist. Die Gesellschaft ist eine informierte Gesellschaft. Und die Medien transportieren Nachrichten und begleiten sie mit Meinungen. In ihrer Tendenz zur Dramatisierung fachen allerdings manche Medien die Probleme oft so stark an, dass sie eine ganz andere Amplitude erhalten.

Diese Erkenntnis bedingt einmal die Förderung des verantwortungsvollen, auf Sorgfalt bedachten Journalismus. Nötig ist seitens der Wirtschaft und Wissenschaft auch ein enger Kontakt mit den Medien aller Arten und Stufen und ein gutes Verständnis für die Öffentlichkeitsarbeit. Dazu gehört aber die Einsicht, dass auf lange Sicht gesehen nur Offenheit, Dialogbereitschaft, überhaupt die Transparenz des eigenen Tuns und Lassens jenes Klima schafft, auf das die Verbesserung der Akzeptanz letztlich angewiesen ist. Öffentlichkeitsarbeit, auf Qualität und Dauer ausgerichtet, ist keine Arbeit, sondern eine Haltung.

## 8.  Der Einbezug der Frau

Lange Zeit war Öffentlichkeitsarbeit eine Männersache. Heute muss sie auf die Frau ausgedehnt werden. Frauen sind oft massgebender in Akzeptanzfragen als Männer. Die Frauen zu vernachlässigen wäre aus den verschiedensten Gründen ein fundamentaler Mangel. Sie sind heutzutage bewährte Sprecherinnen und Vermittlerinnen. Sie gehen die Problematik oft in einer anderen Tonlage an, einerseits engagiert und kritisch, anderseits tolerant und entkrampft.

## 9.  Transparenz und Liberalität

Vieles in dieser Welt ist von Menschen und Mehrheiten akzeptiert worden, obwohl es eigentlich nicht akzeptabel war, und vieles wird heute nicht akzeptiert, obwohl es akzeptabel ist. Den Fakten stehen Werte und Wertungen gegenüber. Öffentlichkeitsarbeit hat die Fakten transparent zu machen, zu rationalem Abwägen aufzubereiten, einen Entscheidungsprozess vorzubereiten. Sie hat aber die Entscheidung nicht vorwegzunehmen, etwa in der arroganten Annahme, im Besitz der Wahrheit zu sein. Aufforderungen an den skeptischen Bürger wie «Sie können mir glauben, ich bin Fachmann» oder «Wir wissen das besser» stossen ins Leere, bewirken Abwehrreaktionen. Wer einem Menschen den Denkprozess abnehmen will, wirkt manipulatorisch. Hier ist Liberalität gefragt. «Wer Akzeptanz will, darf sie nicht (erzwingen) wollen».

## 10.  Glaubwürdigkeit

All die genannten Qualitäten werden dazu beitragen, das Verständnis für die Technik zu fördern, die Akzeptanz zu verbessern. Über allem aber steht bei der Frage «Wie verhält sich der Politiker, Wissenschaftler und Techniker gegenüber seiner Umwelt?» jene Qualität, die unabdingbar ist: die menschliche *Glaubwürdigkeit*.

Die Kontroversen der Neuzeit sind zur Glaubenssache geworden. Wem soll der Bürger glauben? Er glaubt dem, der glaubwürdiger auftritt. Die Menschen verspüren das Bedürfnis, von Personen informiert und geleitet zu werden, deren Integrität und Verantwortungssinn über jeden Zweifel erhaben sind. Es geht nicht mehr nur darum, wer faktisch Recht hat, sondern auch darum, wer vertrauenswürdiger wirkt. Das Publikum will auch keine Anonymität mehr. Man will Gesichter sehen, nicht Fassaden. Die Leute fragen nicht mehr nur *was*, (Was hat er gesagt?), sondern *wer* (Wer hat es gesagt?).

Um diese Glaubwürdigkeit muss der Mensch, der Politiker wie auch der Wissenschafter, ringen. Um sie zu erreichen und zu erhalten, muss er sich engagieren, muss er eine Linie haben, muss er zu seiner Überzeugung stehen. Mit der Zeit wird die Einsicht wachsen, dass die Einbettung der modernen Technik in die menschliche Gesellschaft viel weniger mit Technik und viel mehr mit dem Menschen zu tun hat.

# Kommunikation im Medium der Schrift

## Sozialität im Internet

*BETTINA HEINTZ*

## Inhaltsverzeichnis

Für die Soziologie an Mündlichkeit gebunden – an die Interaktion unter Anwesenden. Die mündliche Interaktion ist gewissermassen der «Stoff», aus dem das Soziale gemacht ist. Schriftlichkeit wird dagegen oft als ein abgeleitetes Phänomen betrachtet mit potentiell «de-sozialisierendem» Effekt. Diese Auffassung hat allerdings eine grundlegende Schwäche: Sie verwechselt Mündlichkeit mit kommunikativer Nähe und identifiziert Schriftlichkeit mit sozialer Distanz. Mündlichkeit impliziert jedoch nicht automatisch Nähe und Vertrautheit – man denke an eine Gerichtsverhandlung oder an ein Bewerbungsgespräch –, und umgekehrt ist Schriftlichkeit nicht gleichbedeutend mit Formalität. Beide Dimensionen sind analytisch zu trennen (vgl. dazu KOCH 1997). Während sich die *mediale* Dimension auf die materielle Realisierung sprachlicher Äusserungen bezieht (phonisch vs. graphisch), verweist die *soziale* Dimension auf den Modus der Interaktion: Unabhängig von ihrer medialen Realisierungsform können sprachliche Äusserungen kommunikative Distanz indizieren. Genau darauf macht die – verschriftlichte – virtuelle Kommunikation aufmerksam. Virtuelle Kommunikation ist eine Kommunikation im Medium der Schrift. Der mediale Träger ist zwar das geschriebene Wort, der Interaktionsmodus ist jedoch oft mündlich: Virtuelle Kommunikation ist in vielen Fällen informell, zeitlich simultan und umfasst im Gegensatz zu anderen Formen schriftlicher Kommunikation gleichzeitig mehrere Teilnehmer. Wer chattet, tut dies zwar schriftlich, das Format und der Duktus der Interaktion ist jedoch dem mündlichen Gespräch nachgebildet.

Der folgende Beitrag geht der Frage nach, worin sich mündliche Interaktion von einer Interaktion im Medium der Schrift unterscheidet und welche Konsequenzen sich daraus für die Entwicklung von Sozialität im Internet ergeben. In einem ersten Teil werde ich kurz auf den «linguistic turn» in der Soziologie eingehen und anschliessend einige Grundmerkmale mündlicher Interaktion beschreiben. Virtuelle Interaktion unterscheidet sich in wesentlichen Punkten von einer Interaktion «von Angesicht zu Angesicht». Darauf gehe ich in einem zweiten Teil ein. Im dritten Teil präsentiere ich einige Ergebnisse aus einer Studie, die anhand einer Erhebung der persönlichen Netzwerke von Personen, die die Kommunikationsdienste des Internet intensiv nutzen, der Frage nachgegangen ist, inwieweit es im Internets zu eigenständigen Vergemeinschaftungsformen kommt.

## 1.  Interaktion «von Angesicht zu Angesicht»

Die Sozial- und Geisteswissenschaften haben in den letzten Jahrzehnten eine Reihe von Wendepunkten durchgemacht, die alle, wenn auch auf verschiedene Weise, die Frage der Repräsentation von Erkenntnis berühren: Man spricht von einem «linguistic turn», von einer «medientheoretischen Wende» und neuerdings auch von einem «pictorial turn». Während im «linguistic turn» die Sprache gegenüber dem Geist in ihr Recht gesetzt wurde, thematisiert die «medientheoretische Wende» die medialen und materiellen Träger von Sprache (vgl. KOCH/KRÄMER 1997). Vereinfacht formuliert veränderte sich das Denken über den Geist in zwei Phasen: Zunächst, in der sog. «sprachtheoretischen Wende», wird der Geist in gewissem Sinne «versprachlicht»: Die Behandlung erkenntnistheoretischer Fragen nimmt von nun an in weiten Teilen der Philosophie den Weg über die Sprachanalyse. Sprachliche Ausdrücke – und nicht mehr die nur über Introspektion zugänglichen Bewusstseinsphänomene – bilden den Gegenstand der Philosophie. In der Folge erfasst der «linguistic turn» auch die anderen Disziplinen. Kommunikation wird zum theoretischen Leitbegriff und ersetzt den früheren Basisbegriff des Wissens bzw. Bewusstseins. Bezugspunkt ist die Sprach*verwendung*, d.h. es geht um Sprechen, nicht um Schreiben, allerdings um ein stummes und körperloses Sprechen, d.h. Sprache und Kommunikation werden medienneutral konzipiert (KRÄMER 1998).

In einer zweiten Phase, die oft als «medientheoretische Wende» bezeichnet wird, rückt eine neue Dimension in den

Mittelpunkt: die Medialität von Kommunikation. Sprache kann phonisch oder graphisch realisiert sein, d.h. sich in Lauten äussern oder in Schrift. Damit wird die ursprüngliche Schrift- und Lautvergessenheit des «linguistic turn» partiell korrigiert. Schriftlichkeit erscheint nicht mehr als ein Sekundarphänomen, sondern wird als eine alternative Form der Materialisierung von Sprache behandelt. Gleichzeitig öffnet die medientheoretische Wende den Blick auf Kommunikationsmedien, die keine sprachliche Form haben: auf das Medium der Körpersprache, aber auch auf graphische Systeme, die jenseits von Sprache liegen, auf Bilder, Ziffern und Formeln (vgl. HEINTZ/HUBER 2001). Die Differenz Schriftlichkeit vs. Mündlichkeit wird damit zu einer Kategorie unter mehreren, um menschliche Kommunikation zu beschreiben (KOCH 1997).

Diese Entwicklungen haben auch in der Soziologie ihre Spuren hinterlassen. Der Schlüsselbegriff des Wissens wird auch hier durch den Begriff der Kommunikation ersetzt: «Von der Bewusstseinsphilosophie zur Kommunikationstheorie» nennt JÜRGEN HABERMAS diese Entwicklung, die am konsequentesten von NIKLAS LUHMANN vertreten wird[1]. Was Menschen denken, äussert sich in ihrem Sprechen, und entsprechend gewinnen kommunikationsanalytische Verfahren auch im Methodenbereich an Bedeutung. Das Bezugsmodell ist die mündliche Sprache, teilweise ergänzt um das Medium der Körpersprache und die Modulationen der Stimme. Mündliche Interaktion ist für die Soziologie gewissermassen der «Urstoff» von Sozialität – in face-to-face-Interaktionen werden, wie es GEORG SIMMEL formulierte, die «zarten Fäden» gesponnen, die Menschen miteinander verweben (SIMMEL 1908: 35). Demgegenüber wird Schriftlichkeit als eine Erscheinung behandelt, die der

---

1 NIKLAS LUHMANN ist der einzige Theoretiker, dessen Kommunikationsbegriff im Prinzip sprachunabhängig definiert ist und der Kommunikation nicht von vornherein als Face-to-face-Interaktion konzipiert. Insofern bricht LUHMANN mit dem «interaktionistischen Vorurteil» (KIESERLING 1999: 28) der Soziologie und schafft, wie CORNELIA BOHN 1999 in ihrer interessanten Arbeit zeigt, die Voraussetzungen für eine symmetrische Behandlung von Mündlichkeit und Schriftlichkeit.

Mündlichkeit nachgeschaltet ist, historisch und in ihrer sozialitätskonstitutiven Funktion. Wo die Schrift dominiert, hat Sozialität nichts mehr zu suchen. Im Zuge der Modernisierung, so die herrschende Auffassung, wird die Sphäre interaktiver Sozialität überlagert und zersetzt von Organisationen, in denen das formale Verfahren das Gespräch ersetzt. HABERMAS' berühmte These einer «Kolonialisierung der Lebenswelt» hat dieses Verständnis auf eine knappe Formel gebracht[2].

Es ist vor allem das Verdienst von ERVING GOFFMAN, Face-to-face-Interaktion als eigenständigen sozialen Bereich entdeckt zu haben (u.a. GOFFMAN 1967). In den 50er- und 60er-Jahren, als GOFFMAN seine wichtigen Arbeiten schrieb, gab es noch keine virtuelle Kommunikation. Der Gegenstandsbereich, an dem er seinen für die Soziologie auch heute noch gültigen Begriff der Interaktion entwickelte, war die Situation der gemeinsamen Anwesenheit: die Begegnung auf der Strasse, das Gespräch im Bus, das gemeinsame Warten in einer Schlange, eine Gerichtsverhandlung oder das Arzt–Patientengespräch. Diese Form von Interaktion – die Interaktion «von Angesicht zu Angesicht» – zeichnet sich durch eine Reihe von Merkmalen aus, die im Falle «virtueller» Kommunikation teilweise suspendiert sind.

Interaktion wird von GOFFMAN durch «Kopräsenz» definiert, d.h. durch gemeinsame Anwesenheit. Die Interaktionspartner nehmen sich gegenseitig wahr und befinden sich im selben Wahrnehmungsfeld. Mündliche Interaktion ist m.a.W. ein Akt wechselseitigen Sehens und Hörens. Sie hat eine Reihe von Implikationen, die für die Unterscheidung von face-to-face-

---

2   KIESERLING 1999 unterscheidet zu Recht zwischen zwei Bedeutungsvarianten von Interaktion, die sich hinsichtlich ihrer Gegenbegriffe unterscheiden: Interaktion als Gegenbegriff zu Kommunikationsformen, die keine gemeinsame Anwesenheit voraussetzen (Schrift, virtuelle Kommunikation) und – in der systemtheoretischen Variante – Interaktion als eigenständiges Sozialsystem, das sich von anderen Typen sozialer Ordnung (Gesellschaft, Organisation, Gruppe) unterscheidet. Während virtuelle Kommunikation in der ersten Variante nicht als «Interaktion» qualifiziert werden kann, lässt sie sich in der zweiten Variante durchaus unter den Interaktionsbegriff subsumieren.

Interaktion und virtueller Kommunikation folgenreich sind. Zum einen sind face-to-face-Interaktionen nur zum Teil sprachlicher Natur, mindestens ebenso wichtig ist die non-verbale Kommunikation – Informationen und Mitteilungen, die wir durch unsere Körpersprache und durch unsere Körperinsignien, z.B. Hautfarbe, Alter und Kleidung, vermitteln. Insofern ist Interaktion immer auch ein Vorgang stummer gegenseitiger Wahrnehmung, auf der die Sprache gewissermassen «schwimmt» (vgl. dazu die schöne ethnographische Studie zum Liftfahren von HIRSCHAUER 1999). Es wird gesehen, nicht bloss gesprochen, und um gesehen zu werden, wird dargestellt. Was gesagt wird, kann durch die Sprache unseres Körpers bestätigt, aber auch konterkariert werden. GOFFMAN spricht in diesem Zusammenhang von «given off information» – von jener Information, die wir durch die Zeichen unseres Körpers unbeabsichtigt weitergeben. Der Körper und die Modulationen der Stimme «sagen», was die Stimme verschweigt (KRÄMER 1998: 245).

Anwesenheit bedeutet weiter, dass sich die Interaktionspartner in einem gemeinsamen Umfeld befinden. Das gemeinsame Wahrnehmungsfeld kann kommentiert, braucht aber nicht beschrieben zu werden. Gleichzeitig ermöglicht Sprache – und dies ist der entscheidende Unterschied zur lautlosen Situation blosser gegenseitiger Wahrnehmung –, dass auch Nicht-Wahrgenommenes thematisiert werden kann. Vieles, was in der schriftlichen Kommunikation erläutert werden muss, kann im Rahmen von face-to-face-Interaktionen vorausgesetzt, d.h. implizit bleiben. Die Tatsache, dass sich die Interaktionspartner in einem gemeinsamen Wahrnehmungsfeld befinden, bedeutet gleichzeitig auch, dass die Interaktion von aussen irritiert werden kann und dadurch u.U. eine ganz andere Richtung annimmt (LUHMANN 1984: 562). Anwesenheit ist dabei keine physische Kategorie, sondern ein Effekt der Interaktion selbst. Es sind die Interaktionspartner, die bestimmen, wer dazu gehört. Der Dienstbote, der die Teller reicht, ist nicht automatisch Teil des Interaktionssystems – man kann über ihn sprechen, als ob er nicht anwesend wäre.

Interaktionen sind zeitlich begrenzt, und wenn sie wiederholt werden, sind sie nicht mehr dieselben. Face-to-face-Interaktionen sind m.a.W. flüchtig, sie beginnen und hören wieder auf und vor allem haben sie kein Gedächtnis. Dies unterscheidet die mündliche Interaktion von der Schrift.

Face-to-face-Interaktionen sind schliesslich durch eine Präferenz für Übereinstimmung charakterisiert. Die durch die Sprache gegebene Möglichkeit zur Negation wird im Falle mündlicher Interaktion in vielen Fällen partiell sistiert oder höchstens indirekt und nonverbal indiziert – durch einen fragenden Blick, eine zögernde Antwort oder durch Veränderung der stimmlichen Modulation. Abgesehen von Interaktionskonstellationen, die explizit auf Argumentation ausgerichtet sind, das wissenschaftliche Gespräch zum Beispiel, ist Kritik sozial oft riskant. Offen geäusserter Widerspruch stellt in vielen Fällen eine Verletzung der Interaktionsordnung dar, die in der Regel geahndet wird, sei es verbal oder gestisch. Dies trifft besonders auf Interaktionen zu, die über punktuelle Kontakte hinausgehen, d.h. auf berufliche und private Beziehungen: Auch wenn die Meinungen faktisch auseinander gehen, wird in der Interaktion der Schein von Konsens gewahrt. Anwesenheit, so LUHMANN, «steigert die Gefährlichkeit, aber auch die Domestizierbarkeit der Individuen» (LUHMANN 1991: 31).

## 2.  Interaktion im Medium der Schrift

Im Falle schriftlicher Kommunikation – man mag hier an Briefe denken, aber auch an Gesetzestexte und Publikationen – entfallen einige Merkmale, die für die mündliche Interaktion konstitutiv sind. Der Hauptunterschied besteht im Fehlen eines gemeinsamen Wahrnehmungsfeldes. Schriftliche Kommunikation ist eine Kommunikation unter Abwesenden. Die in der mündlichen Kommunikation gegebene Koexistenz von Zeit, Raum und Sprecher/Hörer wird im Falle schriftlicher Kommunikation auseinander gezogen. Der Vorgang des Schreibens und Lesens findet in unterschiedlichen Räumen und zu unterschiedlichen Zeiten statt. Dies hat zur Folge, dass die für die Kommunikation notwendige Einheit von Mitteilung, Information und Verstehen (vgl. dazu LUHMANN 1984: Kap. 4) zeitlich auseinander fällt.

Das Fehlen eines gemeinsamen Wahrnehmungsfeldes hat Folgen für das Verstehen und die Verständigung. Schriftliche Kommunikation kann weder auf nonverbale Zeichen noch auf ostentative Gesten zurückgreifen, um sich verständlich zu machen. Texte haben sich m.a.W. selbst zu erklären, ohne Rekursmöglichkeit auf ein gemeinsames Wahrnehmungsfeld. Wie insbesondere die Entwicklung der wissenschaftlichen Schrift-Sprache zeigt, stellt dies neue und höhere Anforderungen an die Präzision der Kommunikation. Was nicht gesehen werden kann, muss in seinem Ablauf genau und für ein heterogenes Publikum verständlich beschrieben werden. Seit dem späten 18. Jahrhundert sind wissenschaftliche Texte nicht mehr Simulationen eines mündlichen Gesprächs, sondern entwickeln eigenständige Stilmittel, die auf Unpersönlichkeit und Exaktheit ausgerichtet sind. Die persönliche Anrede wird durch Sprachformen ersetzt, die den Autor und seine Adressaten zurücktreten lassen zugunsten einer entpersonalisierten Beschreibung von Sachverhalten (HEINTZ 2000a: Kap. 7).

Mit dem Auseinanderfallen von Mitteilung/Information und Verstehen erhöht sich gleichzeitig auch das Dissensrisiko. Im Gegensatz zu face-to-face-Interaktionen ist Widerspruch relativ risikolos und in vielen Fällen sogar erwünscht, allerdings nur temporär und in institutionell begrenzter Form. Angesichts der Tatsache, dass die direkte Verhaltenskontrolle entfällt, müssen andere Mechanismen entwickelt werden, um Konsens zu sichern. An diesem Punkt schliesst LUHMANNS Konzept der symbolisch generalisierten Kommunikationsmedien an. Symbolisch generalisierte Kommunikationsmedien haben die Funktion, die Akzeptanz von Kommunikationen zu fördern, und sie tun dies, indem die «Konditionierung der Selektion zu einem Motivationsfaktor» gemacht wird (LUHMANN 1997: 321), d.h. indem sie signalisieren, dass die Kommunikation unter spezifischen

Bedingungen und unter Beachtung institutionell anerkannter Verfahren zu Stande kam. Ein augenfälliges Beispiel für die Funktion symbolisch generalisierter Kommunikationsmedien ist die Formalisierung der wissenschaftlichen Sprache, wie sie exemplarisch die Mathematik realisiert (vgl. HEINTZ 2000a).

*Virtuelle* Kommunikation teilt einige Merkmale schriftlicher Kommunikation, weist darüber hinaus aber zusätzliche Besonderheiten auf, die die konventionelle Unterscheidung zwischen Mündlichkeit und Schriftlichkeit unterlaufen[3]. Von den für die elementare Interaktion zentralen Komponenten des Ausdruckshandelns – Anwesenheit, persönliche Erscheinung, Gestik und Sprache – ist nur die Schrift-Sprache geblieben, und zwar in extrem reduzierter Form[4]. Die Differenz zwischen virtueller und face-to-face-Interaktion lässt sich an fünf Merkmalen festmachen:

1. Virtuelle Kommunikation ist eine Interaktion im Medium der Schrift. Während jedoch die «klassische» schriftliche Kommunikation zeitverschoben erfolgt, findet die virtuelle Kommunikation zum gleichen Zeitpunkt, wenn auch nicht am gleichen Ort statt. Dies gilt zumindest für Chats und MUDs, d.h. für synchron operierende Kommunikationsdienste. Ähnlich wie in der mündlichen Interaktion kann (und muss) auf eine Äusserung unmittelbar reagiert werden – Schweigen, d.h. das Ausbleiben einer Antwort, ist interpretationswürdig. Damit nimmt die synchrone virtuelle Kommunikation eine Zwischenposition zwischen mündlicher und schriftlicher Kommunikation ein. Die Kommunizieren-

---

3    Ich beziehe mich im Folgenden auf die virtuelle Interaktion im *privaten* Bereich, zum betrieblichen Bereich vgl. u.a. KLEINBERGER GÜNTHER/THIMM 2000; WELLMANN u.a. 1996.

4    Die mediale Eindimensionalität computervermittelter Kommunikation kann je nach kulturellem Kontext unterschiedliche Auswirkungen haben. So vermutet AOKI (1994), dass die Durchsetzung computervermittelter Kommunikation in Kulturen wie der japanischen, wo nichtsprachliche Zeichen für die Kommunikation eine grössere Rolle spielen als im Westen, auf besondere Schwierigkeiten stösst.

den befinden sich zwar nicht im selben Wahrnehmungsfeld, sie nehmen jedoch zum gleichen Zeitpunkt
am Gespräch teil. Die durch das Internet eröffnete
technische Möglichkeit, gleichzeitig und multilateral
miteinander – schriftlich – zu kommunizieren, stellt für
die Soziologie eine theoretische Herausforderung dar:
Sie macht deutlich, dass Gleichzeitigkeit und Multilate-
ralität kein Spezifikum mündlicher Kommunikation
sind. Angesichts der Besonderheit virtueller Kommunikation braucht es andere Kriterien, um Schriftlichkeit
und Mündlichkeit voneinander abzugrenzen.

2. Es gibt kaum Hinweise auf die soziale Verortung der
Teilnehmer. Was im Falle mündlicher Interaktion gesehen wird oder erschlossen werden kann – sozialer
Status, Alter oder Geschlecht –, muss explizit gemacht
oder über indirekte Verfahren indiziert werden.

3. Es fehlen die üblichen nonverbalen Ausdrucksmittel –
die Sprache des Körpers und die Modulationen der
Stimme –, um die eigene Position und die Argumentation zu akzentuieren. Das Gesagte ist gleichbedeutend
mit dem Geschriebenen. Zudem gibt es keine gemeinsame Aussenwelt, auf die man sich bei Verständi-
gungsschwierigkeiten beziehen könnte. Dieses Fehlen
einer gemeinsamen Welt ausserhalb der Textwelt des
Internets ist mit ein Grund dafür, weshalb Wahrheitsfindung und Vertrauensbildung zu einem Problem werden können. Es gibt keine Aussenwelt, an der sich die
Äusserungen der Teilnehmenden über sich und ihre
Umwelt überprüfen liessen. Angesichts der Hinfälligkeit eines Korrespondenzkriteriums muss auf andere
Verfahren zurückgegriffen werden, um die Wahrheit
einer Aussage zu beurteilen[5].

---

5   Ein wichtiges Kriterium ist Konsistenz: Es ist die Stimmigkeit der Geschichte,
    die zum Kriterium dafür wird, ob jemand die Wahrheit sagt. Vgl. dazu
    PERROLLE (1991) und exemplarisch die in Internetkreisen berühmte Ge-
    schichte des Psychiaters, der auf überzeugende – und das heisst eben: konsi-

4. Im Gegensatz zur Situation der Kopräsenz, in der Verhaltenskontrolle via «korrektiven Austausch» (GOFF-MAN 1982) erfolgt, kann die Reaktion auf eine Äusserung nicht über nonverbale oder paraverbale Zeichen erschlossen werden. Dies erschwert das Verstehen und erhöht das Dissensrisiko.

5. Im Falle virtueller Interaktion bleiben die Interaktionspartner füreinander in vielen Fällen anonym. Wer sich hinter dem Nickname verbirgt, ist oft nicht auszumachen. Es kann ein Mensch sein oder ein sog. «Agent», und wenn es ein Mensch ist, kennt man nur seine Persona, nicht aber seine Person. Dies führt dazu, dass Handlungen nicht zurechenbar sind und Sanktionen nicht greifen bzw. vorwiegend symbolischen Charakter haben. Mit dem *ban*- oder *kill*-Befehl wird nur die Persona exkludiert, nicht die Person, die unter einem anderen Nickname problemlos wieder auftauchen kann (anschaulich DIBBELL 1993). Das heisst: Unter der Bedingung von Anonymität sind die meisten traditionellen Verfahren sozialer Kontrolle ausser Kraft gesetzt. Dies hat zur Folge, dass Dissens und soziales Fehlverhalten – das sog. «flaming» – im Netz endemisch sind.

Ist unter diesen Bedingungen «Vergemeinschaftung» – die Entstehung virtueller Sozialität – überhaupt möglich? Von vielen Internetforschern wird diese Frage vorbehaltlos bejaht. Hundert Jahre, nachdem die Klassiker der Soziologie die irreversible Versachlichung persönlicher Beziehungen prognostiziert hatten, diagnostizieren die an ihnen geschulten Soziologen die Entstehung traditioneller Gemeinschaftsformen, sei es auch nur im virtuellen Raum. Das Internet wird zur ultimativen Rettung vor den Folgeproblemen der Moderne – es ermöglicht Heimatgefühl trotz zunehmender Anonymisierung, Lokalität im Dickicht der Städte, persönliche Bindungen trotz Zunahme indirekter Bezie-

---

stente – Weise die Rolle einer behinderten Frau annahm (VAN GELDER 1991; STONE 1995: Kap. 3.)

hungen und es überschreitet soziale und kulturelle Grenzen, indem es die Seelen der Menschen in dem einen weltumspannenden «globalen Dorf» zusammenführt. Die Grundlage dieser Gemeinschaftsrhetorik ist theoretisch unbedarft und empirisch nicht sonderlich fundiert. Theoretisch beruht sie auf einer überholten Gemeinschafts-/Gesellschaftsdichtomie und empirisch auf Fallstudien zu einzelnen virtuellen Gruppen, die trotz globalem Anspruch vor allem in den USA verankert sind.

Demgegenüber vertrete ich die Auffassung, dass die Strukturspezifika virtueller Kommunikation die Entstehung von stabilen Vergemeinschaftsformen im Internet eher unwahrscheinlich erscheinen lassen (vgl. dazu ausführlicher HEINTZ 2000b). Weshalb sollten sich Menschen, die einander nie gesehen haben, über kulturelle Grenzen hinweg zusammenschliessen und mit dem alleinigen Hilfsmittel einer extrem reduzierten schriftlichen Sprache persönliche Beziehungen und eine gemeinsame Identität aufbauen, zumal es in vielen Fällen keineswegs klar ist, wer sich hinter dem Nickname verbirgt und ob der Gesprächspartner überhaupt ein Mensch ist? Die Tatsache, dass die sozialen Hürden im Internet höher sind als in der «Realwelt», bedeutet allerdings nicht, dass virtuelle Sozialität nicht möglich ist. Die entscheidende Frage ist, welche Gegenmechanismen entwickelt werden, um die strukturellen Defizite einer rein schriftbasierten Interaktion auszugleichen. Eine Reihe von Strukturmerkmalen und Innovationen der Internet-Szene lassen sich vor diesem Hintergrund interpretieren: die relativ hohe kulturelle Homogenität der Gesprächszirkel, die durch die Teilnahme an lokal verankerten Gruppen noch verstärkt wird; die Bildung virtueller Gruppen entlang gemeinsamer Interessen; die Entwicklung eines netzspezifischen Normen- und Sanktionssystems (MACKINNON 1997; DÖRING/SCHESTAK 2000); die Tendenz, Online-Kommunikation durch Offline-Kontakte zu ergänzen; und die Ausbildung einer netzspezifischen Sprache und neuer graphematischer Markierungen, von denen die sog. Smileys nur eine Variante sind.

# 3. Online- und Offline-Beziehungen im Vergleich

Die Vermutung, dass virtuelle Sozialität ein sozial voraussetzungsvolles Phänomen ist, wurde in einer Studie bestätigt, in der die realweltlichen und virtuellen Beziehungsnetze von Internet-Nutzern miteinander verglichen wurden[6]. Die Studie wurde in der Schweiz durchgeführt und beruht auf einer Erhebung der persönlichen Netzwerke von Personen, die die Kommunikationsdienste des Internet intensiv nutzen (n = 101)[7]. Das Sampling erfolgte über ein zweistufiges Verfahren. In einem ersten Schritt wurde ermittelt, welche der in der Schweiz präsenten Foren überhaupt aktiv sind und kontinuierlich genutzt werden. Aus den ermittelten aktiven Foren wurden für die Untersuchung zwei Newsgruppen (ch.talk, ch.comp) und drei Chatgruppen (SWIX-Chat, SFDRS-Chat, MICS-Chat) ausgewählt. Um blosse Gelegenheitsnutzer auszuschliessen, wurden in einem zweiten Schritt für jede Gruppe die Nutzungsfrequenzen erhoben (Anzahl Beiträge bzw. Logins während eines bestimmten Zeitraums). Aus den aktiven Nutzern wurde für jede Gruppe eine Zufallsstichprobe gezogen. Im Falle der Newsgruppen erfolgte die Kontaktierung über die angegebenen E-Mail-Adressen, bei den Chats wurden die Personen direkt angesprochen. Die Interviews wurden Offline durchgeführt.

Das Durchschnittsalter der Befragten betrug rund 23 Jahre, die Jüngsten sind 14, die Ältesten über 50. Über die Hälfte befindet sich noch in Ausbildung. Die grosse Mehrheit (85%) ist nicht verheiratet, und insbesondere die Chatter wohnen in der

---

6  Ich danke Christoph Müller, der die Daten erhoben und die Berechnungen, die diesem Abschnitt zugrunde liegen, durchgeführt hat.

7  Die Netzwerkanalyse hat sie sich einerseits aus der kulturanthropologischen Forschung, andererseits aus der Sozialpsychologie entwickelt. Methodisch wird zwischen egozentrierten (oder persönlichen) und Gesamtnetzwerken unterschieden (vgl. als Überblick JANSEN 1999). Persönliche Netzwerke erfassen die Beziehungen einer Person (Ego), Gesamtnetzwerke die Beziehungen zwischen Akteuren innerhalb einer abgrenzbaren sozialen Einheit. Für die hier interessierende Frage sind vor allem die persönlichen Netzwerke relevant.

Regel noch zuhause. Der Bildungsstatus ist vergleichsweise hoch: Über ein Viertel besucht eine Universität oder eine Hochschule oder hat eine solche besucht, ein weiteres Viertel ein Gymnasium. Ein Drittel der Befragten arbeitet in einem informatiknahen Beruf oder absolviert eine entsprechende Ausbildung. Auffallend sind die Unterschiede zwischen den Chattern und den Nutzern von Newsgruppen: Die Nutzer von Newsgruppen sind häufiger bereits berufstätig, eher verheiratet oder leben alleine bzw. in einer Partnerschaft. Chats ziehen umgekehrt mehr Jugendliche, aber auch mehr Frauen an (11% vs. 7%).

Im Durchschnitt verbringen die Befragten 18 Stunden pro Woche im Internet. Beinahe alle Befragten nutzen E-Mail (99%) und das World Wide Web (97%), 78% halten sich regelmässig in Chats auf, 58% lesen oder schreiben in Newsgruppen und ebenso viele, 58%, wenden ICQ an[8]. Die Nutzung von MUDs ist demgegenüber vergleichsweise selten (19%). Chatter verbringen rund fünf Mal mehr Zeit in virtuellen Gruppen als die Nutzer von Newsgruppen. Während bei diesen die Information im Mittelpunkt steht, überwiesen bei den Chattern soziale Motive: Es geht darum, neue Leute kennen zu lernen oder einfach zu plaudern. Das in der Internet-Literatur häufig beschriebene Spiel mit verschiedenen Identitäten, allem voran das *gender-switching*, kam in unserer Stichprobe kaum vor.

Die persönlichen Netzwerke der Befragten wurden über sog. «Namensgeneratoren» erhoben. Namensgeneratoren sind Fragen, die dazu dienen, über spezifische Stimuli die Namen der für die Befragungsperson relevanten *Alteri* zu ermitteln. Da vor allem die virtuellen Netzwerke interessierten, enthielt der Fragebogen eine Reihe von Namensgeneratoren, die sich spezifisch

---

8  ICQ (i.e. «I seek you») ist ein von der Firma Mirabilis entwickelter *messenger service*. In Europa und in der Schweiz setzte im Frühjahr 1998 ein eigentlicher «ICQ-Boom» ein, also genau zu Beginn unserer Untersuchung. Aus diesem Grund konnte ICQ nur am Rand in die Befragung aufgenommen werden. Obwohl ICQ im Prinzip auch synchrone Chat-Funktionen mit mehreren gleichzeitig anwesenden Nutzern erlaubt, wird der Dienst vorwiegend für bilaterale Kontakte eingesetzt, ähnlich wie der SMS-Dienst über Mobiltelefone.

auf mögliche online-Alteri bezogen[9]. Insgesamt wurden 13 Namensgeneratoren verwendet, drei wurden bei der Auswertung nicht berücksichtigt. Von den verbleibenden zehn Namensgeneratoren bezog sich einer ausschliesslich auf offline-Kontakte (Verbringen der Freizeit), drei Namensgeneratoren waren unspezifisch (Bsp. Diskussion persönlicher Beziehungen)[10], vier bezogen sich ausschliesslich auf online-Kontakte (Bsp. «Wer steht auf Ihrer ICQ-Liste»?) und über zwei Namensgeneratoren wurde erhoben, welche online-Personen der Interviewte auch offline kennt. Die Befragten gaben teilweise sehr viele Personen an; die durchschnittliche Netzgrösse lag bei 21 Nennungen[11]. Wie in den meisten netzwerk-analytischen Untersuchungen üblich, wurde der Kreis auf ein kleineres Netz – in unserem Fall auf maximal 20 Personen – reduziert, zu denen über sog. «Namensinterpretatoren» weitere Informationen erhoben wurden. Nach dieser Reduktion lag die durchschnittliche Netzgrösse bei 16 Personen.

Die meisten Befragten gaben eine relativ hohe Anzahl von online-Alteri an. Ausschliesslich virtuelle Beziehungen sind jedoch ebenso selten wie exklusiv realweltliche: Von den genannten Alteri sind nur knapp ein Viertel (25% bzw. 26%) ausschliesslich online- bzw. offline-Bekanntschaften. Sehr viel häufiger finden die Kontakte sowohl offline wie auch online statt, d.h. man trifft sich in beiden Welten: zu 67% der Alteri, die Ego als wichtigste online-Partner angibt, bestehen auch offline-Kontakte. Im Gegensatz zu den klassischen Kommunikationsmitteln wie z.B. dem Telefon gehen offline-Kontakte den on-

---

9    Bislang hat sich bei der Erhebung persönlicher Netzwerke keine verbindliche Operationalisierung durchgesetzt. Je nach Fragestellung werden andere und unterschiedliche viele Namensgeneratoren verwendet, was die Vergleichbarkeit der einzelnen Studien erschwert.

10   Bei Kontakten, die in beiden Welten möglich sind (z.B. die Diskussion persönlicher Probleme), wurde nachgefragt, ob es sich um online- oder offline-Beziehungen handelt.

11   Im Vergleich zu anderen Untersuchungen sind das sehr grosse Netze. Dies liegt teilweise an den verwendeten Namensgeneratoren und teilweise an der spezifischen Stichprobe.

line-Beziehungen nicht notwendigerweise voraus. In vielen Fällen ist die Reihenfolge genau umgekehrt: Wer sich im Netz kennen gelernt hat, wird sich früher oder später auch «real» treffen (vgl. ähnlich auch PARKS/FLOYD 1996). Das Netz ist m.a.W. eine hervorragende Option, um den Kreis möglicher Beziehungen über den unmittelbaren sozialen und geographischen Raum hinaus zu erweitern. Es ermöglicht Begegnungen, die realweltlich kaum zustande gekommen wären.

In vielen Fällen gehen diese «sekundären» offline-Kontakte über punktuelle Treffen hinaus und nehmen die Form von relativ engen Beziehungen an, jedenfalls gemessen an der Häufigkeit, mit der man sich trifft. Gut 30% der Personen, mit denen die Befragten mindestens einmal pro Woche im Netz Kontakt haben, treffen sich in ähnlicher Frequenz auch offline. So gesehen ist die Frage, welche Beziehungsform wichtiger ist, falsch gestellt: online-Vertrautheit und offline-Kontakte stützen sich gegenseitig und tragen gegenseitig zur Intensivierung von Beziehungen bei.

Die realweltlichen Netze weisen in der Regel allerdings eine andere Qualität auf als online-Beziehungen: Sie sind enger, multiplexer und sozial homogener. Fast die Hälfte der Personen, die die Befragten vorwiegend oder ausschliesslich offline treffen, werden als persönlich nahe stehend bezeichnet, bei den online-Kontakten sind es nur 11%. «Strong ties» sind im virtuellen Raum m.a.W. selten. Dies heisst aber nicht, dass es im Netz keine persönlichen Gespräche gibt und sich die Diskussionen ausschliesslich auf belanglose Konversation oder Informationsaustausch beschränken. Von den Alteri, mit denen über Persönliches gesprochen wird, sind immerhin 10% primär virtuelle Kommunikationspartner, und mit 40% haben die Befragten ebenso häufig online- wie offline-Kontakt. Zudem haben die online-Beziehungen zumindest im Chat-Bereich eine relativ hohe Stabilität: Über 80% der Chatter geben an, immer mit denselben Personen Kontakt zu haben. Bei den News-Nutzern wechseln die Gesprächspartner dagegen häufiger.

Die online-Kontakte sind nicht nur distanzierter, sie sind auch spezialisierter. Während realweltliche Partner verschiedene Bereiche abdecken, sind Netzbeziehungen eher auf bestimmte Funktionen beschränkt. Hier gibt es allerdings deutliche Unterschiede zwischen den News- und den Chatgruppen: Die online-Beziehungen von Chattern sind multiplexer, d.h. weniger spezialisiert als jene der Newsgruppen-Nutzer[12]. Die beiden Netze unterscheiden sich auch hinsichtlich ihrer sozialen Homogenität. In der Realwelt haben die Befragten vor allem mit Personen Kontakt, deren Lebenssituation ähnlich ist, die, um eine typische Konstellation zu erwähnen, am gleichen Ort wohnen (64%), gleich alt (65%) und ebenfalls in Ausbildung sind (78% ), noch zuhause leben (82%) und keine Kinder haben (84%). Homosoziale Beziehungen überwiegen zwar auch im Netz, doch kommt es etwas häufiger zu Kontakten mit Personen, die in einer anderen beruflichen und familiären Situation leben. Die verbreitete These, dass online-Kommunikation die Tendenz zur sozialen Enklavenbildung verstärkt (vgl. etwa CALHOUN 1998), kann auf der Basis unserer Daten nicht bestätigt werden.

Auch wenn die online-Beziehungen in einigen Fällen durchaus engen Charakter haben, entstehen daraus nicht automatisch Sozialitätsformen, die über bilaterale Beziehungen hinausreichen. Am verbreitetsten sind virtuelle Beziehungen, in denen die Befragten zu verschiedenen Personen Kontakt haben, ohne dass sich diese untereinander kennen. Davon abzugrenzen sind Netzwerke, in denen die Alteri auch untereinander Kontakt haben, ohne sich jedoch als eine Gruppe zu verstehen. Die Kommunikationsforen haben in diesem Fall eine ähnliche

---

12    Uni-/Mutliplexität wurde darüber erhoben, in wie vielen verschiedenen Zusammenhängen, d.h. bei wie vielen Namensgeneratoren die jeweiligen Alteri genant wurden. Dabei wurde zusätzlich zwischen Online- und Offline-Beziehungen unterschieden. In beiden Bereichen konnten die Alteri maximal je vier Funktionen abdecken (Bsp. für den offline-Bereich: Verbringen der Freizeit, Diskussion persönlicher Probleme, Geben bzw. Nehmen von Computerhilfe). Als uniplex wurden Beziehungen charakterisiert, in denen Alteri in nur einem Zusammenhang erwähnt wurden, ansonsten wurden sie als multiplex eingestuft.

Funktion wie die Kneipe in der Nachbarschaft. Sie sind ein Ort, an dem man Leute trifft, ohne selbst ein eigenständiges soziales System zu sein. Die Bildung «echter» Gruppen mit klaren Grenzen gegen aussen und einer eigenen Identität ist gewissermassen die letzte Stufe, die entgegen der in der Internet-Literatur verbreiteten Perspektive ein eher marginales Phänomen zu sein scheint. Entsprechend selten ist eine virtuelle Vergemeinschaftung, die die Form einer starken Gruppenbindung annimmt.

Zusammengefasst zeigen die Ergebnisse, dass die Befragten durchaus über virtuelle Netzwerke verfügen, diese aber häufig realweltlich abgestützt sind. Interaktion im Medium der Schrift kann zwar durchaus persönlichen und informellen Charakter annehmen, in gleichem Masse sozialitätsstiftend wie die Interaktion «von Angesicht zu Angesicht» ist sie aber nicht. Online-Beziehungen treten nicht an die Stelle realweltlicher Beziehungsnetze, sondern ergänzen sie. Insofern ist die Annahme, dass computervermittelte Kommunikation zu Isolation führt, ähnlich verfehlt wie die Vorstellung eines unwiederbringlichen Gemeinschaftsverlusts. Sie ist nichts weiter als eine Neuauflage der alten These einer zunehmenden Vereinzelung im Zuge der Modernisierung. Das Internet führt weder zu einer Rückkehr von Gemeinschaft noch zu deren endgültiger Zerstörung, sondern ermöglicht eine neue Form von Beziehungen – allerdings nur dann, wenn diese über realweltliche Kontakte abgestützt sind. Die Tatsache, dass ausschliesslich virtuelle Beziehungen relativ selten sind, weist darauf hin, dass die beschriebenen strukturellen Defizite computervermittelter Kommunikation über offline-Kontakte ausgeglichen werden bzw. ausgeglichen werden müssen. Das heisst: Gemeinschaft ohne Nähe scheint es auch im Internet kaum zu geben, zumindest nicht in einem kleinräumigen Kontext wie der Schweiz, wo es problemlos möglich ist, sich auch «real» zu treffen.

# Web oder weg – Internet für alle?

*CLAUS LEGGEWIE*

## I.

Zwei von drei Deutschen benutzen das *World Wide Web* nie und wollen das nach eigenem Bekunden auch in Zukunft nicht tun. Ein Problem sind diese Internet-Muffel erst einmal nur für die *dot.coms*, die Werbestrategen der neuen Ökonomie, die ihre Felle davonschwimmen sehen. Zu kompliziert, zu teuer, zu langsam befindet das Gros der Deutschen die neuen Medien: Sie telefonieren wie gewohnt (oder mit dem Handy), schreiben sich unverdrossen «Kriechpost», lesen immer noch gedruckte Zeitungen, schauen ganz altmodisch fern. Und Waren kaufen sie, wo man sie sehen und anfassen kann, höchstens wird mal was beim Versandhandel bestellt, per Postkarte. Solche Renitenz (oder ist es «Konsumentensouveränität»?) ärgert natürlich den elektronischen Handel, dem sich, in einer Mischung aus Sachzwang und Herdentrieb, mittlerweile auch Unternehmer anschliessen, die vom Internet wenig wissen und noch weniger halten.

Gleichwohl wird sich bald kein Unternehmensvorstand und auch kein Bundeskanzler mehr erlauben können, mit digitaler Unkenntnis zu kokettieren. Das Netz webt sich in rasantem Tempo weiter, und längst nutzen Bildschirmarbeiter den PC ein gutes Stück ihrer Arbeitszeit für private Zwecke. E-Mailen und Surfen werden so allmählich zum Volkssport, die weitgehende Vernetzung der Nation wird für etwa 2003 anvisiert, wenn die «Internet-Durchdringung» amerikanische siebzig Prozent erreichen soll. In einem Zehn-Punkte-Programm, das Bundeskanzler

Gerhard Schröder kürzlich auf der EXPO vorstellte, wird die «Beherrschung des Internets» bereits jetzt als Allgemeinbildung postuliert. *Internet für alle*: Dazu werden Schulen mit Computern ausgerüstet, bieten Büchereien und Bildungsstätten kostenlos Zugang zum Netz und händigen Arbeitsämter Internetführerscheine aus. Die nötige Soft- und Hardware stellen, nicht ganz uneigennützig, Industriesponsoren wie *AOL, T-Online* oder *SEL-Alcatel* bereit, weshalb die einschlägige Initiative «D 21» als Paradebeispiel gilt für die erhofften Synergien zwischen dem «aktivierenden Staat» (Schröder) und der Telekommunikationswirtschaft. Ihr signalisierte der Kanzler persönlich, dass die private Nutzung des Internets am Arbeitsplatz nicht besteuert wird.

Elektronisch vernetzen werden sich auch (und beispielgebend) die Verwaltungen. Nach dem Motto «Die Daten sollen laufen und nicht die Bürger» werden Arbeitssuche, Gesundheitsversorgung und Sozialverwaltung online vonstatten gehen. Viel Formularkram wird so zu erledigen sein, selbst Klagen kann man auf digitalem Wege einreichen und irgendwann auch elektronisch wählen – Bürgernähe durch Vernetzung. Der Staat zeigt nicht mehr nur symbolisch Flagge. Leitlinie der Multimediapolitik bleibt, in Amerikas Welt, die Deregulierung, elektronischer Handel und virtuelle Unternehmen sollen nicht nur steuerlich entlastet werden.

Ihrem Gedeihen steht nun ein großes Problem entgegen: die digitale Wissenskluft. Eine neue Spaltung der Gesellschaft zu vermeiden und jedermann Zugang zu den neuen Informations- und Kommunikationstechnologien zu garantieren, ist für den Kanzler ein «Gebot gesellschaftlicher Gerechtigkeit und ökonomischer Vernunft». Lassen sich beide Zielsetzungen miteinander vereinbaren? Die rasante Zunahme der Nutzer spricht dafür. Das Internet ist auf dem Weg, wenn nicht zum Massenmedium, so doch zu einem Medium, das die Massen nützen. Billigtarife, PC-Geschenke, Breitband, UMTS und dergleichen werden diesen Trend beschleunigen.

Mit der Wissenskluft (neudeutsch: *digital divide*) verhält es sich ähnlich wie mit dem Ozonloch: Man ahnt, dass es da ist und wächst, weiss aber nicht so genau, wie schnell – und was dagegen zu tun ist. Besserverdienende und Höhergebildete nutzen neue Medien häufiger und intensiver, Frauen bleiben trotz jüngster Fortschritte (und anders als etwa in den USA) zurück, ebenso, anders als etwa in Skandinavien, das flache Land, und die Schere zwischen jungen Vielnutzern und Älteren, die sich keinesfalls einzuklicken gedenken, hat sich im jüngsten Internet-Boom noch weiter geöffnet. Zwanzig Prozent der Vernetzten sind 14 bis 19-Jährige, deren Anteil an der Gesamtbevölkerung nur bei neun Prozent liegt, während nur drei Prozent der über 60-Jährigen drin und dabei sind, obwohl sie 16 Prozent stellen.

Bedenklicher ist, dass Hauptschulen weniger Zugänge als Gymnasien haben und ländliche Gebiete eine schlechtere Versorgung aufweisen als städtische Regionen, und eine US-Studie («Falling Through the Net») lässt weitere Schwachstellen des Netzes bei uns erahnen, vor allem bei Alleinerziehenden und Minderheiten. Schon diese wenigen Rohdaten (genauere hat man hierzulande bisher kaum) lassen erkennen, dass die digitale Kluft eine *abgeleitete* Entwicklung ist, also eher ein Symptom: Sie zeigt soziale Spaltungen an, die ohnehin bestehen und andere Mittel der Information (etwa Printmedien) nicht minder betreffen. Und würde man, gängiger Rhetorik entsprechend, das Gefälle etwa zwischen Amerika und Afrika einbeziehen (oder auch nur das zwischen Frankfurt, Minsk und Ankara), niemand dürfte noch von Globalisierung reden, ohne rot zu werden.

Dass Einkommenshöhe, Stadt-Land-Gefälle und Bildungsniveau derartig ins Gewicht fallen, verbietet eine bloss technische und finanzielle Senkung der Zugangsschwelle, wenn man die Wissenskluft wirklich verringern will. Es geht, wie noch zu zeigen ist, vorrangig um die *Inhalte* von Information und Kommunikation. Aber noch einmal: Wen stört es überhaupt, ausser den Promotoren elektronischen Handels, nicht «drin» zu sein? Es soll ja heute noch Leute geben, die glücklich sind, kein Telefon zu besitzen oder wenigstens stundenweise unerreichbar zu sein... Mit dieser Kommunikationsverweigerung kommt heute niemand mehr davon: Die Werbephrase «Web oder weg» kann sich bitter bewahrheiten, wenn sich das Internet unter dem Druck mächtiger Wirtschaftsinteressen zu einem exklusiven Gut mausert, dessen Besitz die so genannte «Infoelite» privilegiert und dessen Nicht-Verfügbarkeit eine neue Sorte von Habenichtsen und Ausgeschlossenen hervorbringt. Unter diesem Gesichtspunkt *sozialer* Chancen ist es entweder snobistisch oder ignorant, sich den neuen Medien ganz zu verweigern. Wenn das www nämlich, wie die Cyber-Gurus prophezeien, lebensnotwendig wird wie heute Strom aus der Steckdose, dann muss freier, gleicher und allgemeiner Zugang geradezu als Grundrecht etabliert werden. Schon jetzt erwarten Arbeitgeber von potentiellen Mitarbeitern Internet-Fertigkeit auch bei entfernten Berufsfeldern, bieten Unternehmen und Verwaltungen bestimmte Funktionen demnächst nicht mehr «über den Schalter» an und verlangt man von Studierenden selbstredend virtuelle Welterfahrung.

## II.

«Internet für alle» heisst dann nicht: alle müssen mailen und surfen, sondern Recht auf Zugang, also bei Bedarf nicht ausgeschlossen zu werden. Die Messlatte jeder Multimediapolitik ist demnach weniger, wie weit sich das Netz spannt oder wie viele Gigabytes über die «Datenautobahn» rasen, immer gemessen am amerikanischen Klassenprimus. Zu fragen ist vielmehr, welchen kommunikativen Mehrwert neue, interaktive Medien bieten und ob damit die kulturelle Gesamtbilanz verbessert wird. Dafür hat niemand probate Massstäbe und Indikatoren parat, aber ohne ein solches Gütesiegel bleibt das Netz reiner Selbstzweck und die Rede von der digitalen Spaltung eine Werbeanimation. Technologie-Runden wie D 21 dürfen sich deshalb nicht länger auf Logistik und Infrastruktur allein kaprizieren. Gewiss beugt man einer Wissenskluft auch vor, indem an möglichst vielen Orten für möglichst jedermann Netz-Anschlüsse bereitstehen, gewiss auch kann und soll das Internet einfacher, billiger und schneller werden. Bedienungsfreundliche Oberflächen, intelligente Navigationshilfen und offene Codierung sind Merkmale jedes Massenmediums und Voraussetzungen seiner Demokratietauglichkeit.

Aber die Attraktivität des Netzes hängt, wie gesagt, wesentlich von den Inhalten (neudeutsch: content) ab, die «ins Netz gestellt» werden, und hier wendet sich mancher gutwillige Neueinsteiger mit Grausen von der globalen Quasselbude ab. Doch leider fehlen an den runden Technologietischen die grossen «Content-Provider», die Unterhaltungskonzerne und die Verantwortlichen der neuen Medienkonglomerate aus Computerunternehmen, Telekommunikationsfirmen und Fernsehstationen. Obwohl sie allesamt sehr spät eingestiegen sind, besetzen sie heute mit strategischen Fusionen und massiver Programmierung die Portale des Cyberspace und verfügen damit über die Mittel, mit denen sich die Menschen demnächst überwiegend ausdrücken und miteinander kommunizieren *müssen*, ob sie wollen oder nicht. Dieser kulturökonomische Komplex, von weniger als einem Dutzend Weltfirmen angeführt, diktiert mit anderen Worten die Bedingungen unseres Zugangs zur Kultur der Gesellschaft.

Dabei wirkt er auf eine Konvergenz von alten und neuen Medien hin, womit das Internet dem Vorbild des Fernsehens nachgebildet wird und auch jener «Mainstream» erreichbar wird, der bislang noch, gewaltigen Überzeugungs- und Investitionsanstrengungen trotzend, durchs weitmaschige Netz fällt. Man kann nicht oft genug hervorheben, dass die interaktiven Potenziale der neuen Medien dabei untergehen und das Internet als weiteres «push-Medium» unter Wert gehandelt wird. Aber Fernsehen, für viele offenbar noch immer ein «neues Medium» und gewissermassen die Krönung der Medienevolution, prägt offenbar auch ihre nächste Stufe, wie die mittlerweile gängigen Präsentationsformate im Netz belegen.

«Mehr vom selben» gilt somit leider auch für die Inhalte und Usancen politischer Kommunikation. Mögen Fernsehgewaltige die anschwellende Kritik an der Entpolitisierung auch beleidigt zurückweisen: Wenn am Ende einer langen Strecke politischer Sozialisation durchs Fernsehen Infotainment und Boulevardisierung stehen, dann bleibt dieses Medium keineswegs hinter seinen Möglichkeiten zurück. Es hat vielmehr sein Bestes gegeben, nämlich Massenunterhaltung für die Zuschauerdemokratie. Fernsehen war nie speziell für politische Kommunikation gebaut, es wurde dafür tauglich gemacht und hat das politische Interesse und Wissen der Massen in der Tat befördert – von diesem unbestreitbaren Dienst an der Demokratie sollte sich gerade der öffentlich-rechtliche Rundfunk nicht abbringen lassen. Privatisierung und Kommerzialisierung haben eindeutig andere Reize bevorzugt und so eine alte Wissenskluft verbreitert, die einem (wachsenden) Teil des Publikums die Abwanderung in politikferne oder -freie Programmzonen erlaubte, einem anderen (wohl ebenso gewachsenen) Segment «gut informierter Bürger» hingegen bessere Informationsangebote von globaler Reichweite an die Hand gab.

Politische Information wird somit voraussetzungsreicher, mit dem Effekt, dass das Fernsehen als politisches Massenmedium im strikten Sinne allmählich abdanken wird. Was gern den neuen Medien angelastet wird, nämlich die Zerstreuung von Öffentlichkeit, ist bereits der exzessiven Pluralisierung der Fernsehprogramme und der Aufsplitterung von Wahrnehmung in Sparten geschuldet, darunter einer Sparte namens Politik. Was manche Programmgestalter neuerdings unter dem vermeintlichen Gebot einer «Ökonomie der Aufmerksamkeit» an Politklamauk und Prominententalk veranstalten, um eher Desinteressierte bei der Stange zu halten, vermehrt doch nur deren Verdruss – und stösst politisch und kulturell Anspruchsvollere vor den Kopf.

## III.

Demokratien geben, anders als autoritäre Systeme, auch ein Recht auf Desinteresse und Nichtbeteiligung. Doch bleibt zu fragen, was die Bürgerschaft zur Bildung ihrer Meinung und Schulung ihres Urteils vorfinden wird, sollten sich drei Tendenzen zum *worst case* verbinden: Wenn klassische Informationsagenturen der politischen Bildung, namentlich Schulen, Parteien und Akademien ihre Zielgruppen verfehlen, wenn ferner das öffentlich-rechtliche Fernsehen im ruinösen Quoten-Wettbewerb mit privaten Anbietern seinen Informationsauftrag aufgibt, wenn schliesslich kommerzielle Unterhaltungsanbieter politische Information überwiegend als «pay-politics» im Breitbandangebot mitliefern. Sind dann die neuen Medien eine Alternative?

Auch das Internet war nie zu Zwecken politischer Kommunikation erdacht, es war ein eher ungewolltes Resultat der Verwandlung einer akademisch-militärischen Anarchie in einen virtuellen Markt- und Spielplatz, auf dem der *homo oeconomicus* und der *homo ludens* nun zusammenwirken und -wachsen und das zoon politikon als Spassverderber links liegen gelassen wird. Doch wird im Netz auch die politische *Eliten*kommunikation, wie sich bereits abzeichnet, intensiver, insofern sie sich lokal in «digitalen Rathäusern» verdichten und über nationale Räume politischer Öffentlichkeit hinausgreifen kann. Auch soziale Protestbewegungen und Nichtregierungs-Organisationen bedienen sich der neuen Medien, die der Demokratie, als Informationsdienste zur Verbreitung unterbliebener Nachrichten, schon Sternstunden beschert haben. Woran es bisher jedoch mangelt, sind Konzepte und Proben eines «Cyberpublic» im weiteren Sinne, einer individualisierten *Massen*kommunikation also, welche die Fragmenthaftigkeit von Öffentlichkeit aufgreift und gestaltet.

Stattdessen driften, parallel zu fortgesetzter sozialer Ungleichheit und zur neu aufgerissenen Wissenskluft, «kritische Bürger» und Politikverdrossene auseinander. Spätestens hier zeigt sich dann, wie wichtig eine politisch gesteuerte Offenhaltung des Netzes ist, wogegen neoliberale Propaganda und libertäre Träumer lange Sturm gelaufen sind. Ein Minimum an Gemeinsinn und Gemeinschaftsinteressen kann jedoch nur erhalten bleiben, wenn gerade bei politischer Information eine

echte Grundversorgung gegeben bleibt und im übrigen Gemein-
eigentum an öffentlich generiertem und relevantem Wissen nicht
schon als Idee diskreditiert wird, wie dies in der Neuen Ökonomie und weiten Teil der Wissenschaft der Fall ist. Das Politische
muss sozusagen «open source» bleiben, seine Autonomie wahren und sich nötigenfalls auch gegen Markt und Technokratie in
Stellung bringen.

Danach sieht es gegenwärtig nicht aus. Mit kosmetischem
«Verbraucherschutz», wie ihn das erwähnte Zehn-Punkte-
Programm andeutet (und dabei im Wesentlichen auf Sexseiten
und Netzextremisten zielt), ist es nicht getan, und überhaupt ist
es fatal, wenn Bürger notorisch als blosse «User» eingestuft
werden, denen man Unappetitliches und Unerfreuliches wegfil-
tern muss. Mit solchen Muskelspielen suggerieren die Staaten
Kontrollmöglichkeiten, die sie im globalisierten Telekommuni-
kationsbereich und vor allem gegenüber den grossen Medien-
konzernen längst freiwillig aufgegeben haben. Soziale Gleichheit und ökonomische Vernunft stehen auch in der Multimediapolitik nicht per se im Einklang, Marktkräfte und Technikoffen-
sive an sich können die öffentliche Brache nicht rekultivieren.
Der Zusammenhang von ökonomischer Entwicklung und Demokratisierung, für den historisch einiges spricht, muss politisch
hergestellt werden, nun auf noch schwierigerem transnationalen
Terrain.

Hinter «informationeller Grundversorgung», wie Juristen
das Internet für alle bezeichnen, verbergen sich eine demokratische Herausforderung und konkrete Forderungen: Medienpolitik
muss sich von ihrer Fixierung auf das Fernsehen lösen, auch
werkeln fast schon zu viele private und öffentliche Internet-
Initiativen auf europäischer, Bundes- und Landesebene ohne
präzise Zielvorgabe und Erfolgskontrolle neben- und gegeneinander her, so dass Lehrer und mittelständische Unternehmer,
Senioren und allein erziehende Mütter, die sich um Internet-
Zugang bemühen, vor lauter Bäumen den Wald nicht mehr sehen. Partnerschaften zwischen Schulen und Gemeinden, Unternehmen und Nachbarschaften, nach Art der amerikanischen

*Community Technology Centers*, können helfen, das ehrgeizige Ziel «Internet für alle» zu erreichen. Aber auch politische Führung und Koordination sind geboten – und vor allem politische Phantasie und Eigeninitiative der Netzbürger.

# D. Stellenwert der Politik im Bereich technologischer Machbarkeit, Wünschbarkeit und ethischer Verantwortung

# Humanitärer und ökologischer Umweltschutz als Auftrag für die staatliche und internationale Ordnung

*HERBERT SCHAMBECK*

Der Umweltschutz drückt das Bemühen aus, **die natürlichen Lebensbedingungen der Menschen** zu sichern, deren Schädigung zu verhindern und Vorsorge gegen deren künftige Gefährdungen zu treffen.

Der Umweltschutz kann einen zweifachen Zweck erfüllen, nämlich anthropozentrisch im Interesse des Menschen wie auch ökozentrisch im Dienste des Schutzes der Natur selbst stehen.

Der Umweltschutz bezieht sich auf die Grundlagen des individuellen und sozialen Lebens der Menschen. Zu diesen Lebensgrundlagen gehören vor allem Boden, Luft und Wasser, sie beziehen sich auf die Tier- und Pflanzenwelt und schliessen Energie sowie Rohstoffe mit ein. Der Umweltschutz will auch vor Lärmbelästigung schützen.

Diese Lebensbedingungen sind auf gesundheitliche, kulturelle, soziale und wirtschaftliche Umstände bezogen, deren Erkenntnisse und Folgerungen auch Emotionen, nämlich Gefühlsbewegungen auslösen, welche in der Pluralität der heutigen Demokratien mit ihren mehr ideologie- und weltanschauungsorientierten politischen Parteien sowie den auf die Repräsentation organisierter Sozial- und Wirtschaftsinteressen ausgerichteten Verbänden in den so genannten «Grünbewegungen» neue Repräsentanten gefunden haben. Diese anfangs plebiszitäre und teils auch jakobinerhafte Bewegung hat sich in einzelnen Staaten in den traditionellen Formen der politischen Parteien organisiert, d.h. sie sind von der plebiszitären in die repräsentative Form der Demokratie übergegangen. Auf diese Weise wurde die Grünbewegung Teil des traditionellen Parteienstaates mit allen damit verbundenen Konsequenzen, wie Klubdisziplin und Koalitionsmöglichkeiten in Parlament und Regierung.

Es wäre aber **falsch**, in der heutigen politischen Situation und Parteienlandschaft den Umweltschutz **nur als Aufgabe der Grünparteien anzusehen**; er stellt sich im öffentlichen Leben allen Personen und Institutionen sowie den Funktionen des Staates und der internationalen Ordnung.

# I.

**Der heutige Staat** ist von einer **Mehrzweckeverwendung** gekennzeichnet. War er vor allem bis ins 19. Jahrhundert mit einem limitierten Staatszweck bloss um die Herstellung und Aufrechterhaltung von Ruhe, Ordnung und Sicherheit bemüht und damit auf den Recht- und Machtzweck beschränkt, so ist er in der Gegenwart von einem expansiven Staatszweck gekennzeichnet und zusätzlich auf den Kultur- und Wohfahrtszweck ausgerichtet, d.h. er strebt auch kulturellen Fortschritt, wirtschaftliches Wachstum und soziale Sicherheit an. Dieser Mehrfachverpflichtung kann der Mehrzweckestaat nur mit Mehrfachverwendung nachkommen. Das hat auch eine vermehrte Nutzung und Strapazierung der natürlichen Lebensgrundlagen, die Technisierung der Industrie und den verschiedenen Gebrauch des privaten und staatlichen Eigentums zur Folge gehabt. Auf diese Weise ist es zu einer immer deutlicher gewordenen Konfrontation von Individual- und Sozialinteressen sowie von verschiedenen Lebensbereichen gekommen.

Im Zusammenhang mit dieser Notwendigkeit des Umweltschutzes und der Problematik ihrer Gewährung ist auch **die Beziehung von Natur und Technik einerseits sowie Recht andererseits** verbunden.

Die Natur erweist sich, besonders den gläubigen Menschen, als Schöpfungsordnung, eine entstandene und sich entwickelnde Ordnung von Seinsgegebenheiten, die aber in ihrer Existenz und deren Sicherung vom Verhalten der Menschen abhängig ist, das zur Umweltsicherung, aber auch zur Umweltgefährdung führen kann.

Das Recht kann zum Schutz dieser in der Umwelt zu Tage tretenden Schöpfungsordnung beitragen. Es ist durch das sie kennzeichnende Streben nach Statik der durch sie angestrebten Sicherheit geprägt, die Natur und Technik aber durch Dynamik. Das Recht ist geschichtlich, die Natur und Technik aber nicht. Die Natur ist entelechial bestimmt, in der Technik bestimmt der Zweck, während im Recht davon ausgegangen wird, dass der Zweck sich nach der Erlaubtheit zu richten hat. Die Natur zeigt das Mögliche, die Technik identifiziert das Können mit dem Dürfen, während das Recht es scheidet.

Natur, Technik und Recht haben aber eines gemeinsam, nämlich dass sie der Mensch als Subjekt oder Objekt erlebt.

Vielleicht ist erst durch die Gefährdung der Umwelt dem Menschen die Bedeutung der Natur sowie seine Berührung durch die Technik und das Recht wieder besonders bewusst geworden. Die Freiheit der technischen Entwicklung hat in vielen Fällen durch die Gefährdung der Umwelt auch die der Persönlichkeitsentfaltung des Einzelnen herbeigeführt.

**Der Umweltschutz** ist **als Ordnungsproblem** ein **Anliegen der Rechtsordnung** geworden, nicht zuletzt dadurch, dass der Umweltschutz als eine Voraussetzung für das biologische Überleben der Menschen erkannt wird und der Mensch für diesen Schutz der Umwelt den Staat verantwortlich macht, dessen Rechtsgrundlage das Verfassungsrecht ist.

**Das Verfassungsrecht** ist die normative Grundlage des Staates. Das Verfassungsrecht ist die Summe der auf qualifizierte Weise, nämlich mit besonderem Präsenz- und Konsensquorum zustande gekommenen und als Verfassungsbestimmung veröffentlichten Rechtsnormen. Das Verfassungsrecht als Verfassung im formellen Sinn ist für die Verfassung im materiellen Sinn offen. Diese ist die politische Grundordnung des Staates. Sie ist das Ergebnis der Verfassungsgesetzgebung und diese kodifizierte Politik, die in der Form des Verfassungsrechtssatzes für jeglichen Inhalt offen ist. In seiner klassischen Form, welche wesentlich durch die nordamerikanische Verfassungsentwicklung, die von den Kronkolonien Englands im 18. Jahrhundert zu der Verfassung der USA geführt hat, geprägt wurde, besteht eine Verfassungsrechtsordnung aus der Regelung der Staatsorganisation, nämlich der Ausübung der Staatsgewalt in den drei Staatsfunktionen der Gesetzgebung, Gerichtsbarkeit und Verwaltung sowie der Regelung des Verhältnisses des Einzelnen zum Staat in den Grundrechten. Je mehr der Staat in den letzten Jahrzehnten einer Mehrzweckeverwendung zugeführt wurde, verlangte diese im Hinblick auf das Gebot der Verfassungs- und Gesetzesbindung jeglichen Staatshandelns auch eine Mehrzweckgesetzgebung! Auf diese Weise **stellt sich** das **Bedürfnis und** die **Notwendigkeit des Umweltschutzes** der **Gesetzgebung und** durch diese dem **Verfassungsrecht**.

Damit ein Begriff in das Verfassungsrecht aufgenommen werden kann, bedarf dieser einer Klarstellung. Der Begriff Umwelt bezieht sich auf die belebte und unbelebte Natur, welche Existenzbedingung des Menschen ist. Die Umwelt hat daher eine existentielle Bedeutung für den Menschen, die aber gleichzeitig ein raum- und funktionsbezogenes Verständnis verlangt und in jedem Staat eine trotz seiner Grenzen überschreitenden Bedeutung ihrer spezifischen Erfassung sowie Entsprechung erfährt.

## II.

Nachdem der Umweltschutz von verschiedenen Faktoren und Umständen bestimmt wird, bedarf er zu seiner Wahrung der umfassenden Erfassung sowie auch Definition. Dies geschieht z.B. in **Österreich** im **Bundesverfassungsgesetz** vom 27.11. 1984, BGBl. Nr. 491 **über den umfassenden Umweltschutz**, es enthält sehr klar eine auf alle Ebenen des österreichischen Föderalismus bezogene Verpflichtungserklärung, nämlich im «§ 1 (1) Die Republik Österreich (Bund, Länder und Gemeinden) bekennt sich zum umfassenden Umweltschutz». Im 2. Absatz dieses Verfassungsparagraphen ist dieser umfassende Umweltschutz definiert: «(2) Umfassender Umweltschutz ist die Bewahrung der natürlichen Umwelt als Lebensgrundlage des Menschen vor schädlichen Einwirkungen. Der umfassende Umweltschutz besteht insbesondere in Maßnahmen zur Reinhaltung der Luft, des Wassers und des Bodens sowie zur Vermeidung von Störungen durch Lärm.» Diese genannte Aufzählung von Elementen und Faktoren des umfassenden Umweltschutzes verdeutlicht die Vielzahl an Aufgaben und Problemen des Umweltschutzes, sie ist nicht erschöpfend, also nicht taxativ zu verstehen, sondern demonstrativ.

Mit der **Aufnahme des Umweltschutzes in das Verfassungsrecht**, gleich welchen Inhalts und in welcher Form, wird eine Wertaussage getroffen und auf ein Erfordernis aufmerksam gemacht. Auf diese Weise wird das Verfassungsrecht **von der Ordnung der Rechtswege auch zur Empfehlung der Sozialgestaltung**.

Die **Erwähnung des Umweltschutzes** kann **in verschiedenen Beziehungen im Verfassungsrecht** erfolgen, zumeist ist es im Grundrechtsteil, wie z.B. in der koordinierten **Verfassung Belgiens** 1994, zuletzt geändert 1999, im «Titel II – Die Belgier und ihre Rechte» Art. 23 «Jeder hat das Recht, ein menschenwürdiges Leben zu führen ... Diese Rechte umfassen insbesondere: ... 4. Das Recht auf den Schutz einer gesunden Umwelt.»

**Finnlands Grundgesetz** 1999 sieht im «2. Kapitel Grundfreiheiten und Grundrechte» «§ 20 Verantwortung für die Umwelt» vor. «Jeder trägt Verantwortung für die Natur und ihre Mannigfaltigkeit sowie für die Umwelt und das Kulturerbe. Das Gemeinwesen wirkt darauf hin, daß für alle eine gesunde Umwelt gesichert wird und daß jeder die Möglichkeit hat, auf Entscheidungen in Angelegenheiten, die die eigene Lebensumwelt betreffen, Einfluß zu nehmen.» In «Zweiter Teil – Individuelle und soziale Rechte» sieht die **Verfassung Griechenlands** 1975, zuletzt geändert 1986, im Art. 24 vor: «(1) Der Schutz der natürlichen und der kulturellen Umwelt ist Pflicht des Staates. Der Staat ist verpflichtet, besondere vorbeugende oder hemmende

Maßnahmen zu deren Bewahrung zu treffen. Das Nähere zum Schutze der Wälder und der sonstigen bewaldeten Flächen regelt ein Gesetz. Die Zweckentfremdung öffentlicher Wälder und öffentlicher bewaldeter Flächen ist verboten, es sei denn, deren landwirtschaftliche Nutzung oder eine andere im öffentlichen Interesse gebotene Nutzung ist volkswirtschaftlich erforderlich.»

Auch im Grundrechtsteil, nämlich im «Kapitel 1 – Grundrechte» stellt die **Verfassung der Niederlande** 1983, zuletzt geändert 1995, fest: «Art. 21 Die Sorge des Staates und der anderen öffentlich-rechtlichen Körperschaften gilt der Bewohnbarkeit des Landes sowie dem Schutz und der Verbesserung der Umwelt.» Die **Verfassung Portugals** 1976, zuletzt geändert 1997, hat auch im Grundrechtsteil, nämlich im «Kapitel III – Wirtschaftliche, soziale und kulturelle Rechte und Pflichten», «Abschnitt I – Wirtschaftliche Rechte und Pflichten» festgehalten: «Art. 66 (1) Jeder hat das Recht auf eine menschenwürdige, gesunde und ökologisch ausgewogene Umwelt und ist verpflichtet für ihre Erhaltung Sorge zu tragen. (2) Es ist die Aufgabe des Staates, zur Gewährleistung des Rechts auf den Schutz der Umwelt im Rahmen einer nachhaltigen Entwicklung durch geeignete Organe und durch die Appellierung an und die Unterstützung von Initiativen der Bevölkerung: a) der Umweltverschmutzung und ihren Auswirkungen sowie den schädlichen Formen der Erosion vorzubeugen und sie zu kontrollieren; b) die Raumordnung unter Beachtung einer korrekten Bestimmung von Standorten, einer ausgeglichenen sozio-ökonomischen Entwicklung und biologisch ausgeglichener Landschaften durchzuführen und zu fördern; c) Naturschutzgebiete, Natur- und Erholungsparks zu schaffen und auszubauen sowie Landschaften und Orte je nach ihrer Schutzbedürftigkeit zu klassifizieren, um auf diese Weise die Erhaltung der Natur und die Wahrung kultureller Werte von historischem oder künstlerischem Interesse zu gewährleisten; d) eine wirtschaftliche Nutzung der natürlichen Ressourcen zu fördern, die deren Regenerationsfähigkeit und das ökologische Gleichgewicht sicherstellt;

e) in Zusammenarbeit mit den örtlichen Selbstverwaltungskör-
perschaften, die Qualität der Umwelt der Siedlungen und des
städtischen Lebens sowie den Schutz historischer Gebiete zu
fördern; f) die Berücksichtigung umweltpolitischer Zielsetzungen im Rahmen der unterschiedlichen politischen Vorhaben zu
fördern; g) die Erziehung zu umweltgerechtem Verhalten und
die Achtung der Umwelt zu fördern; h) sicherzustellen, daß die
Fiskalpolitik die wirtschaftliche Entwicklung auf den Schutz der
Umwelt und der Lebensqualität abstimmt.»

Neben der **Aufnahme des Umweltschutzes** in den
Grundrechtsteil gibt es auch eine solche **in der Kompetenzver-
teilung eines Bundesstaates**, so im **Grundgesetz für die Bundesrepublik Deutschland** 1949, aufgenommen 1994, im
«Art. 20a (Schutz der natürlichen Lebensgrundlagen) Der Staat
schützt auch in Verantwortung für die künftigen Generationen
die natürlichen Lebensgrundlagen im Rahmen der verfassungsmäßigen Ordnung durch die Gesetzgebung und nach Maßgabe
von Gesetz und Recht durch die vollziehende Gewalt und die
Rechtsprechung» sowie im Art. 74 der **Bundesverfassung der
Schweizerischen Eidgenossenschaft** 2000, in der im Kapitel
«Zuständigkeiten» innerhalb des dritten Titels unter zehn Ab-
schnitten als Viertes genannt ist: «Umwelt und Raumplanung».
«(1) Der Bund erläßt Vorschriften über den Schutz des Menschen und seiner natürlichen Umwelt vor schädlichen oder läs-
tigen Einwirkungen. (2) Er sorgt dafür, daß solche Einwirkungen vermieden werden. Die Kosten der Vermeidung und Beseitigung tragen die Verursacher. (3) Für den Vollzug der Vorschriften sind die Kantone zuständig, soweit das Gesetz ihn
nicht dem Bund vorbehält.»

Weder im Grundrechtsteil noch in den Zuständigkeitsre-
gelungen, sondern im Kapitel «**Grundprinzipien**» gleich zu
Beginn, enthält die **Verfassung Italiens** 1947, zuletzt geändert
2000, im Art. 9 die Feststellung: «Die Republik fördert die kulturelle Entwicklung sowie die wissenschaftliche und technische
Forschung. Sie schützt die Landschaft und das historische und
künstlerische Erbe der Nation.»

# III.

Betrachtet man diese den **Umweltschutz** betreffend beispielsweise genannten Verfassungsbestimmungen, so enthalten sie auch im Grundrechtsteil **keine von Einzelmenschen einklagbare subjektive öffentliche Rechte**, die sie bei einem Gerichtshof öffentlichen Rechts, wie dem Verfassungsgerichtshof einklagen könnten; sie **sind** vielmehr **an den Staat** mit seinen Funktionen, nämlich an die Gesetzgebung, Gerichtsbarkeit und Verwaltung **gerichtete Sozialgestaltungsempfehlungen**. Im Wortlaut des Art. 20a des Grundgesetzes Deutschlands wird dieser Auftrag sogar «im Rahmen der verfassungsmäßigen Ordnung durch die Gesetzgebung und nach Maßgabe von Gesetz und Recht durch die vollziehende Gewalt und die Rechtsprechung» besonders deutlich. Hervorhebenswert ist auch die **im deutschen Verfassungsrecht** getroffene Feststellung der Bindung «nach Maßgabe von Gesetz und Recht», weil damit die **Bezogenheit** in gleicher Weise **auf das positive und präpositive Recht** gegeben ist, d.h. **zum Schutz der Naturordnung** wird in diesem Fall des Deutschen Verfassungsrechts **auch das Naturrecht herangezogen**, womit die Grenze des normativrechtlich Erfassbaren überschritten wird.

Wie immer der **Umweltschutz** formuliert ist, wird auch die vielfältigste **Aufzählung der Gebiete nicht erschöpfend, sondern** nur **beispielgebend** sein; er wird sich vor allem vital auf den Schutz der Pflanzen und Tiere, medial auf den Schutz des Bodens, des Wassers, der Luft und der Ruhe sowie kausal auf das Eindringen von gefährlichen Schadstoffen in den natürlichen Kreislauf beziehen. In den letztgenannten Zusammenhang gehört auch der Strahlenschutz sowie u.a. die Abwasser-, Abfall- und Altölentsorgung; Probleme, welche der Mensch im Alltag erlebt und als bedrohlich empfindet.

Der Umweltschutz betrifft **im Verwaltungsrecht** mehrere Materien neben- und miteinander, er zählt daher zu den so genannten **Querschnittsmaterien**; als Beispiele seien u.a. die umfassende Landesverteidigung, das Energierecht, der Katastrophen- und Lärmschutz, die Wirtschaftslenkung, das Gewerberecht, insbesondere im Hinblick auf Betriebsanlagegenehmigung, sowie die Raumordnung genannt. Bei der Regelung einer Materie sind immer auch andere und deren Kompetenzen mitzubedenken! Alle diese Bereiche zeigen, dass diese alle nicht Probleme von Einzelmenschen, sondern auch vielmehr der Allgemeinheit betreffen; für sie alle ist der Umweltschutz von lebenswichtiger Bedeutung.

Je mehr der Mensch in seinem Dasein durch ein früher nicht gekanntes Mass an Beeinträchtigung der Umwelt gefährdet wurde, desto stärker strebt er nach der Sicherung seiner existentiellen Rechte. Dadurch ist **bei den Menschen** ein **neues Sicherheits- und Schutzbedürfnis entstanden**, mit welchem sich die Gesetze und der Staat auseinander zu setzen haben. Auf diese Weise entsteht ein **neuer Typ** von Grundrechten, die der Verfasser schon vor dreissig Jahren, als der Umweltschutz als Notwendigkeit entstand, als **existentielle Grundrechte** bezeichnet hat.


## IV.

Der **Umweltschutz in einem Grundrechtskatalog** ist **nicht problemlos**. Es stellen sich hier ähnliche Probleme wie bei der Aufnahme von Sozialrechten in den Grundrechtskatalog. Waren nämlich die liberalen Grundrechte, wie die Gleichheit vor dem Gesetz, die Freiheit der Person, des Eigentums, der Glaubens- und Gewissensfreiheit, der Forschung und ihrer Lehre, der Pressefreiheit, der Freizügigkeit und der Freiheit der Erwerbsbetätigung auf eine Freiheit vom Staat und als politische oder demokratische Grundrechte wie das Wahlrecht, die Vereins- und Versammlungsfreiheit sowie das Petitionsrecht auf eine Freiheit im Staat gerichtet, drücken sie in dieser ihrer klassischen Form eine Unterscheidung des Einzelnen und der Gesellschaft vom Staat aus; sie waren am Beginn der Grundrechtsentwicklung überhaupt **Abwehrrechte des Einzelnen gegenüber dem Staat**. In der Zwischenzeit hat der Einzelmensch seine Angst vor dem Staat abgelegt und den Staat sogar in verschiedenen Bereichen des sozialen Lebens um Hilfe gerufen. Derartige soziale Grundrechte sind u.a. das Recht auf Arbeit, auf menschenwürdige Arbeitsbedingungen, auf ein gerechtes Arbeitsentgelt, auf Kollektivvertragsverhandlungen, der Kinder und Jugendlichen auf Schutz, auf Berufsberatung, Berufsausbildung, auf Gesundheit, Fürsorge und soziale Sicherheit!

In ähnlicher Weise bedarf auch der Umweltschutz des Staates und wie die sozialen Grundrechte würden auch die **auf den Umweltschutz gerichteten existentiellen Grundrechte** auf keine staatsfreie Sphäre, sondern im Gegenteil auf sein Tun gerichtet sein. Solche existentiellen Grundrechte sind dann aber keine Defensivrechte, sondern vielmehr **Leistungsverpflichtungen**! So wie das Nebeneinander von klassischen wie liberalen und politischen Grundrechten in einer Verfassungsrechtsordnung mit den sozialen Grundrechten notwendig ist und in den verschiedenen Grundrechtsformen, nämlich als subjektiv öffentliches Recht, Programmsatz, Organisationsvorschrift oder Einrichtungsgarantie die einzelnen Grundrechtswerte angepasst werden müssen, gilt dies auch für den Umweltschutz. Auch sie benötigen die Aktivhaltung des Staates, die im Hinblick auf das auf Freiheit und Würde des Einzelnen abgestellte abendländische Menschenbild nicht zu einer freiheitsgefährdenden Ausdehnung des Staatseinflusses und damit einer vermehrten Verstaatlichung der Gesellschaft sowie letztlich der Gefährdung der klassischen Grundrechte führen darf.

Gleich den Sozialrechten muss auch der Umweltschutz neu in das Verfassungssystem aufgenommen werden, d.h. **zur Wahrung des gemeinsamen Menschenbildes** einerseits für den entsprechenden Grundrechtswert **die angepasste Grundrechtsform** gefunden und andererseits die verschiedenen Grundrechte einander zugeordnet positiviert, aktualisiert und konkretisiert werden, damit sie sich nicht gegeneinander reiben. Oft sind nämlich mit Umweltschutzmassnahmen Eingriffe in die Grundrechte von Umweltbelastern verbunden, wie den Gleichheitsgrundsatz, die Erwerbsfreiheit und das Eigentumsrecht. Dazu übersehe man auch nicht, daß manch klassisches Grundrecht, wie die Grundrechte der Meinungs-, Versammlungs- und Vereinigungsfreiheit sowie des Petitionsrechts dem Einzelnen verfassungsmässige Wege zur Geltendmachung seiner Umweltschutzinteressen weisen.

Der **Umweltschutz verlangt** eine **Form des Sozialverständnisses** und berührt damit auch das Prinzip der Solidarität im Allgemeinen und der Sozialstaatlichkeit im Besonderen.

Die Weiterentwicklung des Grundrechtssystems im Sinne von Leistungsansprüchen im System des demokratischen Verfassungsstaates müsste im Dienste einer Weiterentwicklung des den Grundrechten schon immer immanenten Anspruches auf Ausgleich von Freiheit und Sicherheit stehen.


## V.

So schwierig es ist, gleich den übrigen Grundrechten auch die auf den Umweltschutz bezogenen existentiellen Grundrechte in das Verfassungsrechtssystem aufzunehmen, so sehr sollte es aber gleichzeitig verständlich sein, daß **der Umweltschutz die Voraussetzung für alle Verfassungsrechte und besonders Grundrechte** ist, denn die **Freiheit kann nur der nutzen und** seine **Würde Anerkennung finden, der lebt und dessen Gesundheit gegeben ist!** Daher ist auch **das Recht auf Leben**, beginnend mit dem Schutz des zwar gezeugten, aber noch ungeborenen Lebens bis zur Ablehnung der aktiven Sterbehilfe, ein **präpositives und existentiellstes Grundrecht!**

Die für rechtlich zulässig erklärte Abtreibung, gleichgültig in welchem Monat der Schwangerschaft, ist moralisch eine Tötung, da, medizinisch nachgewiesen, ab der Zeugung menschliches Leben entsteht! Das menschliche Leben verlangt daher einen umfassenden, auch rechtlichen Schutz ab der Empfängnis! Diesen Schutzanspruch verlangt die menschliche Würde von der Zeugung bis zum Tod.

Während die **direkte Sterbehilfe als Tötung abzulehnen** ist, kann die **indirekte oder passive Sterbehilfe ethisch akzeptiert** werden, **wenn** sie **mit Schmerzlinderung verbunden** ist. Es muss auch zwischen der notwendigen Schmerzlinderung und der möglichen Lebensverkürzung ein ausgewogenes Verhältnis bestehen und die Lebensverkürzung nur eine nicht gewollte Nebenfolge sein. Eine solche passive Sterbehilfe ist ethisch erlaubt, wenn die unterlassenen lebensverlängernden Massnahmen ein für den Sterbenden subjektiv nicht mehr zu ertragendes Leiden in sinnloser Weise nur verlängern würden, das dann zu erwartende Dasein menschenunwürdig wäre und der Sterbende selbst eine Lebensverlängerung nicht wünscht, dieses Verlangen aber vernünftigerweise selbst nicht mehr stellen kann. Die **Abgrenzung zwischen notwendigem Lebensschutz und nicht mehr gerechtfertigter Lebensverlängerung ist** allerdings **nur sehr schwer zu ziehen**; sie verlangt vom Arzt eine Gewissensentscheidung, die ihm niemand abnehmen kann. Die **Problematik** der Sterbehilfe liegt in **der fliessenden Grenze**, die **zwischen** der **Hilfe beim Sterben und** der **Hilfe zum Sterben** liegt; durch die zunehmende medizinisch-technische Möglichkeit, den Tod künstlich hinauszuzögern, wird diese Grenze noch unsicherer.

So sehr die Sterbehilfe im Sinne einer auf Abwägung von Schmerzlinderung und Lebensdauer berührenden Hilfe zu einem möglichst menschenwürdigen Tod der Entscheidung des helfenden Arztes überlassen werden muss, so wenig ist damit ein «Recht zum Töten», die Zulässigkeit direkter aktiver **Euthanasie** verbunden. Diese Form der Tötung **hat nichts mit der eigentlichen Sterbehilfe zu tun**!

Es ist sehr bedauernswert, dass Menschen, die sich um den Natur- und Umweltschutz bemühen, insofern nicht einmal im gleichen Ausmass den Schutz des menschlichen Lebens, vor allem auch der Ungeborenen, gewähren wollen. Es wäre auch ein **Gebot der Achtung der natürlichen Lebensordnung**, das **menschliche Leben an** seinem **Anfang und** an seinem **Ende** zu schützen und auch **gentechnische Manipulationen von Men-**

**schen zu verbieten!** «Verbrauchende Embryonenforschung» ist daher nicht zu fördern, sondern zu verbieten. Die Anerkennung des Grundwerts des menschlichen Lebens, von dem die Wissenschaft nachgewiesen hat, dass es sich schon bei einem menschlichen Embryo um ein Individuum handle, das ab dem Moment der Zeugung eine eigene Identität besitzt, verlangt auch den Rechtsschutz für Embryonen. PAPST JOHANNES PAUL II. hat dementsprechend in seiner Ansprache vom 4.2.2002 diese Forderung erneut erhoben, es sei nämlich eine logische Forderung, dass diese Identität auch rechtlich anerkannt werden müsse, vor allem was das Recht auf Leben betreffe.

# VI.

Die Vielfalt des Lebens in seinem Werden, seiner Entfaltung und seinem Vergehen wird auch begleitet von ihren Gefährdungen, welche im Rahmen des Möglichen, und das Recht ist ein wesentlicher Teil desselben, einen Schutz gegenüber all den denkbaren Verfügbarmachungen des Menschen verlangen, der Umweltschutz ist ein Teil desselben. Die Schwierigkeit der rechtlichen Erfassung des Umweltschutzes ist vielfältig.

Wie bereits gezeigt, sind die Gefahren für die Umwelt zahlreich; sie betreffen viele Gebiete und dabei sowohl Einzelmenschen wie die Allgemeinheit, oft auch beide. Der Umweltschutz ist für das Zusammenleben der Menschen von einer so existentiellen Bedeutung, dass er auch über die Erfassung in Einzelgesetzen des Verwaltungsrechts seinen Ausdruck im Verfassungsrecht finden sollte, um als Auftrag an Staat und Gesellschaft festgehalten zu sein. Bei der Ausführung dieses Auftrags muss aber beachtet werden, es sei wiederholt, dass **Umweltschutz** kompetenzrechtlich eine **Querschnittsmaterie** ist und die Ausführung oft **mehrere Ressort- und oft auch Territorialgrenzen überschreitet**, welche aber bei bestimmten Bereichen wie Abfallbeseitigung, Luftreinhaltung und Abwehr gefährlicher Immissionen eine Konzentration dieser zentralen

Aufgaben bei einem Föderalstaat verlangt. Dazu kommt noch die **Eigenart des Umweltschutzes**, dass er nämlich für **seine rechtliche Durchführung nicht normativ gesetzter Umweltstandards bedarf**. All dies ist zu beachten, wenn es den Umweltschutz auf der Ebene des Verfassungsrechtes und damit der normativen Grundordnung des Staates zu erfassen gilt. Als Rechtsformen für eine solche Aufnahme des Umweltschutzes im Verfassungsrecht sind denkbar das subjektiv öffentliche Recht des Einzelnen auf das erforderliche Verhalten eines Mitmenschen – wenn eine auch mittelbare Drittwirkung gegeben ist – oder des Staates, weiter aber eine objektive Rechtsnorm wie Einrichtungs- bzw. Bestandsgarantie und Staatszielbestimmung sowie nicht zuletzt die Form eines Programmsatzes, der allgemein gehalten ist.

## VII.

**In Österreich** hatte sich der Verfassungsgesetzgeber (BGBl. Nr. 491/1984) **bei der Formulierung umfassender Umweltschutzmassnahmen** für die **Normierung einer rechtsverbindlichen Staatszielbestimmung** entschieden. Diese wurde aber nicht in die Hauptquelle des österreichischen Verfassungsrechtes, nämlich in das Bundes-Verfassungsgesetz (B-VG) aufgenommen, sondern daneben in einem eigenen Bundesverfassungsgesetz festgehalten. Dies ist in Österreich deshalb möglich, weil es im österreichischen Staatsrecht kein Inkorporationsgebot gibt! Dazu ist es bemerkenswert, dass im gleichen Zeitraum der österreichische Verfassungsgesetzgeber die umfassende Landesverteidigung nicht in einem derartigen bundesverfassungsrechtlichen Nebengesetz, sondern in einem zusätzlichen Artikel im Hauptgesetz, nämlich im B-VG i.d.g.F. als Art. 9a positiviert hatte.

**In** dieser beispielsweise genannten **österreichischen Verfassungsbestimmung** zeigt sich deutlich die vom Verfassungsgesetzgeber in allgemein gehaltener Formulierung ausgedrückte

Weite des Umweltschutzes, die aber gleichzeitig **keinen subjektiven Rechtsanspruch gleich einem Grundrecht** beinhaltet. Diese Form verfassungsrechtlicher Aufnahme des Umweltschutzes als Verfassungsprinzip gibt aber **eine Sozialgestaltungsempfehlung** für Grundsätze und Richtlinien staatlichen Handelns, die im österreichischen Beispiel in der betreffenden Verfassungsbestimmung auf Sachgebiete des Umweltschutzes bezogen sind, welche, wie es im Text dieses Bundesverfassungsgesetzes heisst, auf «die Bewahrung der natürlichen Umwelt als Lebensgrundlage des Menschen vor schädlichen Einwirkungen» gerichtet sind und sich auf Sachgebiete beziehen, die nur beispielsweise, also nicht erschöpfend, genannt sind.

Der **Umweltschutz** ist **allumfassend, aber nicht ausreichend bestimmbar** und wo er es ist, **bedarf** er **des Abwägens und des Ausgleichs von Interessen.** Er bewegt sich zwischen den Notwendigkeiten im Rahmen des Möglichen, um einerseits die Lebensbedingungen des Menschen zu sichern und andererseits **keine Erwartungen** zu erzeugen, **die sich als irreale Utopien erweisen und** auf diese Weise bei einzelnen Menschen oder Teilen der Gesellschaft **zu Unzufriedenheit führen**, zumal auf normative Weise, in welcher Form auch immer, **nicht jede Form der Gefährdung der Umwelt im Vorhinein verhindert werden kann.**

Der **Umweltschutz als Staatszielbestimmung** kann im politischen Bereich die Willensübereinstimmung einer qualifizierten Mehrheit von Verantwortungsträgern des Staates ausdrücken, die Umwelt umfassend zu schützen und für das Rechtsleben in Rechtssetzung und Rechtsvollziehung eine normative Grundlage zu geben, die aber in Normen der Gesetzgebung und Rechtsakten der Verwaltung und Gerichtsbarkeit der Ausführung bedarf. Dabei dient der Umweltschutz als Staatszielbestimmung auch als **Auslegungsmassstab für Verwaltung und Gerichtsbarkeit.**

Als Massstab bzw. Gesichtspunkt kann **das Staatsziel Umweltschutz eine Entscheidungshilfe** bei der Ermessensausübung und bei unbestimmten Gesetzesbegriffen, vor allem auch bei der Raumplanung sein.

Eine solche Staatszielbestimmung Umweltschutz **verpflichtet** daher **auf allen Ebenen** und in allen Funktionen, die **Umwelt zu schützen und** diesen **Umweltschutz weiter zu entwickeln.** Das gilt sowohl für das formelle wie materielle Recht, einschliesslich das Verfahrensrecht.

**Das Verfahren beim Umweltschutz** verlangt für die Betroffenen eine entsprechende Mitwirkungsmöglichkeit und für Experten die Teilnahmemöglichkeit in Gremien der Beratung, Kontrolle und letztlich der Entscheidung. Ein solches auf den Umweltschutz bezogenes Verfahren muss **zukunftsorientiert, folgenbewusst** sowie **sach- und ortsgebietsübergreifend** sein. Der Umweltschutz verlangt in gleicher Weise **Grundsatzdenken und Toleranz**; Ersteres nicht als Rechthaberei und Letzteres nicht als Gleichgültigkeit, sondern als ein Bemühen um Abwägung und gegenseitiges Verstehen!

Dieses Abwägen verlangt in einem demokratischen Verfassungsstaat mit einem freien Wirtschaftssystem ein **verständnisvolles Zusammenwirken von Marktwirtschaft, Sozialverantwortung und Umweltschutz**. Der frühere österreichische Vizekanzler und Landwirtschaftsminister JOSEF RIEGLER hat hierfür den anschaulichen Begriff «**ökosoziale Marktwirtschaft**» geprägt und sprach sich für ein Miteinander von Ökonomie, Ökologie und Sozialem aus. Das setzt vom Staat, mit einer Sozial- und Wirtschaftspartnerschaft der Interessenverbände vorbereitet und begleitet, entsprechendes politisches Verstehen und rechtliche Rahmenbedingungen voraus. Sie könnten ein Mittel für eine neue Harmonie zwischen Mensch und Umwelt werden. Sie geben die Möglichkeit, an die Stelle der Konfrontation von Ökonomie und Ökologie die Integration beider mit einem sozialen Gesamtnutzen treten zu lassen! Dies verlangt vor allem beim Konsumenten, der den Markt wesentlich mitbestimmt, ein umweltbewusstes Kaufverhalten, weiter Umweltstandards für Produktion und Entsorgung sowie soziale Mindeststandards für Arbeitnehmer. Auf diese Weise könnte die ökosoziale Marktwirtschaft zu einem neuen Wertedenken in Staat und Gesellschaft sowie zu einem neuen Verantwortungsbewusstsein bei einzelnen Menschen führen; seine Umwelt ist ja seine Existenzbedingung, ihr Schutz trägt zu seiner Lebenssicherung bei!

# VIII.

**Der Umweltschutz als Staatsziel** ist **ein positivrechtlicher Wertmassstab**. Es bleibt aber dem Ermessen des Gesetzgebers überlassen, in welcher Weise er diesem Wert Umweltschutz gerecht wird und diesem Staatsziel entspricht. In dieser Sicht kann festgestellt werden, daß der Umweltschutz als Staatsziel in der Verfassung vorgeschrieben, dem einfachen Gesetzgeber wohl das Ob, nicht aber das Wie für den Umweltschutz vorschreibt. Es gibt kaum ein Rechtsgebiet, welches in einem derartigen Ausmass über den normativen Bereich hinaus auch vor allem in einem Staat, also nicht bloss vom Normsetzer, sondern von allen Normadressaten, ob sie direkt Betroffene einer Umweltschutzbestimmung sind oder nicht, **Verständnis** verlangt; nämlich für die Notwendigkeit des Umweltschutzes sowie für das Gemeinwohl und damit konkret **für** ein Mass an **Sozialverträglichkeit und Solidarität.**

Diese **Notwendigkeit an Solidarität** betrifft die **Direktbetroffenen** einer Umweltgefährdung, etwa durch Lärm, Luftverunreinigung, Bau- und Raumplanung, aber **nicht** mehr oder weniger **Aussenstehende, welche** ein Umweltproblem zum blossen **Demonstrieren und Randalieren** nutzen, um damit eine Art **Alternativszene** zu konstruieren und aktivieren.

Der **Umweltschutz verlangt** ein **neues Staats- und Rechtsdenken, aber auch** ein **neues Verantwortungsbewusstsein der Menschen.** Das Erstere verlangt bei Wahrung der Subsidiarität ein Kooperieren von Orten, Regionen, Ländern, Staaten und in der Völkergemeinschaft. Letztgenanntes bedarf der menschlichen Rücksichtnahme, des gegenseitigen

Verstehens und des Wissens um das einander Zumutbare. Auf diese Weise könnten Umweltgefährdungen vermieden werden und, wenn sie auftreten, deren Lasten nach Möglichkeit sachgerecht verteilt werden.

**Das Gebot des Umweltschutzes** lässt sich nicht auf die einzelnen Staaten beschränken, es ist im wahrsten Sinne des Wortes grenzüberschreitend. Dies gilt **in der Staatengemeinschaft sowohl für die Europa- wie auch für die Weltebene.** So sieht Art. 130r des Vertrages zur Gründung der Europäischen Wirtschaftsgemeinschaft vor, dass die Erfordernisse des Umweltschutzes Bestandteil der übrigen Politik der Gemeinschaft sind, wobei das Subsidiaritätsprinzip zu beachten ist. Um aber keine Verzerrungen im Wettbewerb be- und entstehen zu lassen, ist es wichtig darauf hinzuwirken, dass die in der EU-Gesetzgebung bereits festgelegten europäischen Umweltstandards in allen Mitgliedstaaten tatsächlich verwirklicht werden. Wichtige **Beschlüsse zur Verbesserung des Umweltschutzes in Europa** wurden **1998 auf der 4. Europäischen Umweltministerkonferenz in Arhus** gefasst. Sie bezogen sich insbesondere auf die Senkung des Ausstosses von persistenten organischen Stoffen und Schwermetallen sowie auf einen europaweiten Verzicht auf bleihaltiges Benzin. Daneben wurde auch dem Umweltschutz in den Nachfolgestaaten der Sowjetunion besondere Aufmerksamkeit gewidmet, da dort eine deutliche Verschlechterung der Umweltsituation festzustellen ist. Um diesen Staaten, welche auch den internationalen Klima- und Gewässerschutz gefährden, zu helfen, sind vor allem die Weltbank, die Europäische Bank für Wiederaufbau und Entwicklung sowie die Europäische Investitionsbank gefordert, gemeinsam mit westlichen Geberländern angepasste Finanzierungsmöglichkeiten zu entwickeln und zu ermöglichen.

Auf weltweiter Ebene ist es von Wichtigkeit, dass das **1997 in Kyoto verabschiedete Protokoll** umgesetzt wird, nämlich dass die industrialisierten Staaten ihre gemeinsamen Treibhausemissionen innerhalb des Zeitraumes von 2008 bis

2012 um mindestens 5 Prozent gegenüber dem Niveau von 1990 reduzieren.

Ziel der Staatengemeinschaft ist es, das Kyoto-Protokoll rechtzeitig zur Weltkonferenz im September 2002 in Johannesburg in Kraft treten zu lassen. Das verlangt aber, daß 55 Staaten das Protokoll ratifiziert haben, wobei auf diese mindestens 55 Prozent der $CO^2$-Emissionen der Industrieländer entfallen müssen.

# IX.

Ein besonderes Problem stellen in diesem Zusammenhang Technologien dar, deren Einsatz das **Restrisiko einer grenzüberschreitenden Umweltschädigung** einschliesst, die – wie bei Störfällen in Nuklearanlagen – beträchtliche Ausmasse annehmen können, wobei es auch nicht darauf ankommt, ob es sich um eine militärische oder eine friedliche Nutzung der Kernenergie handelt. Dabei kann zwischen der allgemeinvölkerrechtlichen und der speziell-europarechtlichen Seite des Problems unterschieden werden.

Aus völkerrechtlicher Sicht ist anzumerken, dass die Staatengemeinschaft – wie Art. 2 Ziff. 1 der UN-Charta formuliert – auf der souveränen Gleichheit aller ihrer Mitglieder beruht, welche unabhängige Staaten sind, die auf ihrem Territorium und in dem darüber befindlichen Luftraum die ausschliessliche Territorial- und Personalhoheit haben. Staaten sind daher grundsätzlich innerhalb der Grenzen ihres Territoriums in ihren Handlungen frei. Das Recht der Staaten, auf ihrem Gebiet zu tun was sie wollen, gilt jedoch nicht unbeschränkt. Da die Freiheit des einen nur so weit reicht, als dadurch nicht die Freiheit des anderen eingeschränkt wird, muss es trotz Souveränität der Staaten zu einer Ablehnung schrankenloser Freiheit des Handelns auf eigenem Staatsgebiet kommen.

**Das zwischenstaatliche Nachbarrecht** will die nachbarstaatlichen Kompetenzen und deren ungehinderte Ausübung ausschliesslich gegen sekundäre, durch die reine Nachbarschaft zu einem anderen Staatsgebiet bedingten Einwirkungen von aussen schützen. Inhaltlich können nachbarrechtliche Normen ein Dulden, Unterlassen oder ein positives Tun fordern. Dazu gehören auch materielle Immissionen, das sind solche, die auf das materielle Verfügungsrecht des Staates über den eigenen Land-, Wasser- und Luftraum einwirken. Darunter fallen neben Immissionen im staatlichen Landgebiet, Immissionen im staatlichen Wassergebiet und auch Immissionen im staatlichen Luftgebiet, wonach kein Staat berechtigt ist, auf seinem Gebiet eine Tätigkeit auszuüben oder zu dulden, die wegen Veränderung des Luftzustandes durch Rauch oder Gase wesentlich und schädlich auf das Gebiet des Nachbarstaates einwirkt.

**Kernkraftwerke an der Grenze** stellen eine auch dem Völkerrecht bekannte «ultra-hazardous activity» dar. Die Einrichtung und der Betrieb besonders gefährlicher Unternehmen sind zwar grundsätzlich völkerrechtlich nicht verboten; anders kann die Rechtslage aber bei solchen Einrichtungen sein, wo ein Störfall geeignet ist, einen katastrophalen Schaden zu einem erheblichen, zum gleichen oder etwa wegen der besonderen geographischen Verhältnisse sogar zum überwiegenden Teil auf dem Gebiet des Nachbarstaates mit sich zu bringen. Dies gilt auch für den Fall, dass noch keine unmittelbaren, direkten Schäden hervorgerufen sind. Man spricht in diesem Zusammenhang auch von **ideellen Immissionen**, bei denen bereits die Kenntnis von der sich möglicherweise einmal realisierenden Gefahr im Nachbarstaat eine Bewusstseinslage hervorruft, welche die Benutzung des eigenen Staatsgebietes beeinträchtigt.

Wo eine solche Anlage schon errichtet ist und nach dem Probebetrieb ordentlich in Betrieb gehen soll, stellt sich **die Frage nach der völkerrechtlichen Verantwortlichkeit des Staates für Schäden, welche durch die Verletzung der völkerrechtlichen Unterlassungspflichten eingetreten sind. Die Haftungsprinzipien des innerstaatlichen Kernenergierechts** sind für eine Anzahl von Staaten durch völkerrechtliche Verträge international vereinheitlicht. Darunter fallen die Pariser Konvention über die Haftpflicht auf dem Gebiet der Kernenergie vom 29. Juli 1960, das Brüsseler Zusatzabkommen zur Pariser Konvention vom 31. Jänner 1963, die Wiener Konvention über die zivilrechtliche Haftung für Kernenergieschäden vom 21. Mai 1963 und die Brüsseler Konvention über die Haftung für Schäden aus dem Betrieb von Atomschiffen vom 25. Mai 1962. Allen diesen Konventionen ist immanent, dass sie für den Grundsatz «risks of an exceptional character» eine Gefährdungshaftung normieren. Obwohl diese Konventionen nur die zivilrechtliche Haftung für Kernenergieschäden im Auge haben, sind sie doch für die Herausbildung eines allgemeinen Rechtsgrundsatzes i.S. des Art. 38 Abs. 1 lit. c IG-Statut, nämlich der **Verantwortlichkeit für grenzüberschreitende Schäden aus dem Betrieb eines Kernkraftwerkes** von Bedeutung. Diese Ansicht findet auch im Schiedsspruch im Fall der Trail Smelter als auch im Urteil des Internationalen Gerichtshofes im Korfu-Kanal-Fall Stützung. Wie im Trail Smelter-Fall entschieden, trifft den Staat die Verpflichtung, Ersatz für Schäden zu leisten, die in fremdem Staatsgebiet durch von eigenem Gebiet ausgehende Rauchentwicklung verursacht worden sind und ausserdem eine Verpflichtung des Staates, Vorkehrungen zur Verhinderung solcher Schäden zu treffen. Beide Verpflichtungen wurden bejaht für den Fall, dass es sich um ernsthafte Schäden handle und der Tatbestand der Rechtsverletzung eindeutig bewiesen sei.

Was die speziell-europarechtliche Seite anlangt, so wurde im März 1993 von der Europäischen Kommission ein Grünbuch über die Verantwortlichkeit für Umweltschäden vorgelegt. Ausserdem gab die Kommission Studien in Auftrag, nämlich zum einen über die ökonomischen Auswirkungen der Umwelthaftung, zum anderen über bestehende Umwelthaftungssysteme in den einzelnen Mitgliedstaaten sowie anderen europäischen Staaten und der USA. Im April 1994 forderte das Europäische Parlament die Kommission auf, einen Entwurf für eine Umwelthaftungsrichtlinie zu erarbeiten.

Nach Auffassung eines Teiles, allerdings nicht aller Mitgliedstaaten sollte es eine langfristige, aber konsequente Position sein, **jeden Ausstieg eines Landes aus der Kernenergie zu unterstützen** und gleichzeitig auf europäischer Ebene auch die **Initiativen zur Schaffung einheitlicher und hoher Sicherheitsstandards für noch in Betrieb befindliche Kernkraftwerke fortzusetzen.** Dieses letztere Ziel wurde bereits beim Europäischen Rat von Laeken erreicht, als der Europäische Rat zusagte, in der Europäischen Union ein hohes Mass an nuklearer Sicherheit zu gewährleisten. Auch in einem Bericht über die nukleare Sicherheit im Kontext der Erweiterung vom 27. Mai 2001 wird zwar darauf hingewiesen, dass es auch innerhalb der EU zahlreiche unterschiedliche Bauarten von Kernkraftwerken gibt, jedoch die Sicherheitsziele, die einen «hohen Sicherheitsstandard im Nuklearbereich» ausmachen, auf unterschiedliche Weise erreicht werden können. Der Bericht unterscheidet zwischen Empfehlungen der Kategorie I, welche für die Beitrittsverhandlungen höchste Priorität haben und daher im Rahmen der Erweiterung in einem vorgegebenen, befristeten Zeitrahmen zu verwirklichen sind und jenen Empfehlungen der Kategorie II, welche von den Beitrittsländern durchgeführt werden sollten, allerdings innerhalb eines flexibleren Zeitrahmens.

Als Beispiel für ein brauchbares **Massnahmenpaket** kann jenes gelten, welches im November 2001 in Brüssel **zwischen Tschechien und Österreich** ausgehandelt wurde. Es umfasst Punkte wie die Installierung einer Informations-Hotline für Störfälle (sie wurde bereits im vergangenen Dezember in Betrieb genommen), weiter die Einrichtung eines Frühwarnsystems, wobei eine österreichische Messstelle in Budweis kurz vor der Inbetriebnahme steht, dann ein Abkommen zwischen Österreich und Tschechien über eine Energie-Partnerschaft mit dem Ziel der Förderung erneuerbarer Energien sowie die Absprache in Sicherheitsfragen zwischen Tschechien, Österreich und der EU und schliesslich eine umfassende Umweltverträglichkeitsprüfung (UVP) für das AKW Temelin mit «Assistenzdiensten» der EU-Kommission. Eine UVP für das gesamte Kraftwerk soll erstellt werden und zwar auf Basis der EU-Richtlinie für UVPs (Richtlinie 2001/42/EG des Europäischen Parlaments und des Rates vom 27. Juni 2001 über die Prüfung der Umweltauswirkungen bestimmter Pläne und Programme ABl L 197/2001, 30). Dieser Entwurf soll weiter Gegenstand von Gesprächen zwischen Österreich und Tschechien sein mit dem Endziel einer umfassenden UVP. Mit den Erklärungen des tschechischen Vizepremiers und Aussenministers JAN KAVAN und der österreichischen Bundesministerin für auswärtige Angelegenheiten, BENITA FERRERO-WALDNER wurde die Verbindlichkeit dieser Vereinbarung für beide Seiten nochmals unterstrichen. Ausserdem soll die Vereinbarung in den Beitrittsvertrag aufgenommen oder diesem beigeschlossen werden.

**Problematisch** ist es freilich, wenn zwischen den beteiligten Nachbarstaaten eine **Diskrepanz betreffend die Auffassung hinsichtlich der Haftungslimits für Unfallschäden** besteht. So hält – um bei unserem Beispiel zu bleiben – Österreich an den nationalen Haftungsbestimmungen fest, während die Tschechische Republik als Partei eines völkerrechtlichen Vertrages mit Haftungslimits von jenen ausgeht. Internationale Verträge über die Haftung für nukleare Schäden gibt es seit Beginn der 60er-Jahre. Auf regionaler Ebene kann das Pariser Übereinkommen von 1960 über die Haftung gegenüber Dritten auf dem Gebiet der Kernenergie (zuletzt 1982 geändert) und das Brüsseler Zusatzübereinkommen von 1963 i.d.F. 1983 genannt werden. Auf globaler Ebene wurde 1963 das Wiener Übereinkommen über die zivilrechtliche Haftung für nukleare Schäden beschlossen. Dieses harmonisierte Atomhaftungsrecht galt lange Zeit als geeignetes Instrument, bis der Unfall von Tschernobyl die Notwendigkeit einer Neukonzeption deutlich machte. Die damalige Sowjetunion war nämlich keinem der Übereinkommen beigetreten und hat daher auch keinem Anrainerstaat Schadenersatz bezahlt. Im September 1997 wurde das Wiener Übereinkommen von 1963 durch ein Protokoll ergänzt, welches sich von der Fassung 1963 dadurch unterscheidet, dass jene zwar eine unbegrenzte Haftung vorsah, welche jedoch durch nationale Gesetzgebung auf einen geringen Betrag begrenzt werden konnte und das Protokoll 1997 nunmehr eine fixe Mindesthaftungssumme von 300 Mio. Sonderziehungsrechten des Internationalen Währungsfonds vorsieht. Auch die Revision des Pariser Übereinkommens brachte mit sich, dass dieses nunmehr **keine Höchst-, sondern Minimumbeiträge für die Haftung** vorsieht. Da jedoch Österreich nicht Vertragspartei dieses Übereinkommens ist, wäre dieses Abkommen im Falle eines Atomunfalles in Temelin zwischen Österreich und Tschechien nicht anwendbar!

# X.

Wer die Umwelt gefährdet, verschmutzt und beschädigt, sollte wohl **nach dem Verursacherprinzip** für den herbeigeführten **Schaden aufzukommen** haben, vor allem wenn er dies bewusst und mutwillig tut. Das Verursacherprinzip ist der **Ansatzpunkt für die Kostenbelastung**, daneben wird aber, wie auf wenig anderen Gebieten, die Verteilung der Lasten beim Umweltschutz eine gesamtstaatliche und damit politische Aufgabe **im Dienst der Sicherung der natürlichen Lebensgrundlagen** sein. Dies verlangt ein Zusammenwirken der Funktionäre des Staates mit den Repräsentanten der Gesellschaft, vor allem nach Möglichkeit in wirtschaftlicher und sozialer Partnerschaft der Interessenverbände, sowie eine solidarische Umweltverantwortung jedes einzelnen Menschen. Auf diese Weise kann sich der **Umweltschutz nicht im blossen Staatsauftrag erschöpfen,** sondern **bedarf überdies des Solidarbewusstseins aller,** und dies eben über die Gegenwart hinaus, denn er besteht auch für Staat, Gesellschaft und Einzelnen in einer **Generationenverpflichtung.** Umweltschutz dient daher nicht allein der Sicherung der Natur und Gesundheit von heute, sondern auch für morgen! Er ist ein Ziel **für die Staaten und die Völkergemeinschaft**, gleichzeitig aber auch ein **Erziehungsziel** über das öffentliche Leben hinaus für jeden einzelnen Menschen und damit eine **rechtliche und pädagogische Aufgabe, welche den rechtsnormativen Bereich überschreitet.**

# Forschungspolitik im Spannungsfeld von Forschungsfreiheit und Zukunftsverantwortung

*Annemarie Huber-Hotz*

## Inhaltsverzeichnis

# I. Einleitung

Von Dädalus bis Piccard, von Archimedes über Leonardo da Vinci bis Marie Curie, Einstein oder Steven Hawking – die Geschichte der Menschheit liesse sich auch darstellen als eine unendliche Kette von Versuchen des Menschen, sich selbst und die Natur zu erforschen und seine eigenen Grenzen zu sprengen.

Dieses faustische Prinzip gehört zum Wesen des Menschen, es macht seine besondere Stellung in der Schöpfung aus. Es treibt den Menschen immer wieder zu ganz ausserordentlichen Leistungen an – und es ist unglaublich erfolgreich: Mit dem Erfolg, mit dem ständig tieferen Vordringen in das, was die Welt im Innersten zusammenhält, wächst die Wirkung der Forschung weit über die Forscherin oder den Forscher und über die Forschungsgemeinschaft hinaus, und zwar im Guten wie im Bösen. Die Forschung hat Ergebnisse gebracht, die das Überleben und die Weiterentwicklung der Menschheit und – wenn auch nicht weltweit – den Wohlstand ermöglichen. Gleichzeitig aber auch andere Ergebnisse, durch welche die Existenzgrundlage des Menschen zerstört werden könnte. Bisher hat die Wissenschaft immer von Fehlern lernen können. Heute sind aber Fehler möglich, aus denen man nicht mehr lernen kann.

Die Erschliessung und der Umgang mit diesem ungeheuren Potenzial bergen angesichts der Unsicherheit unseres Wissens grosse Gefahren in sich und lösen Ängste aus. Unser Wissen ist tatsächlich nicht sicher, und alles Wissen, das wir uns erwerben, vergrössert unser Nichtwissen. So ist es denn nicht erstaunlich, dass Phänomene wie die Klimaerwärmung, das Ozonloch oder Vorstellungen wie die Züchtung von Lebewesen ohne Kopf, Organsäcke sozusagen, die als Ersatzteillager für die Transplantationsmedizin dienen könnten, die Forscher in den Geruch von Zauberlehrlingen gebracht haben, die in Töpfen rühren, deren explosive Inhalte sie nicht mehr beherrschen können. Die Frage nach der Forschungsfreiheit und nach der Forschungsverantwortung stellt sich immer dringender.

Freiheit ist für die Forschung der Sauerstoff zum Atmen. Ohne Freiheit stirbt jede Kreativität. Forschung kann aber nicht in einem geschlossenen, abgeschotteten Raum stattfinden. Vielmehr muss sie sich mit dem Umfeld, d.h. mit der Gesellschaft, von der sie getragen wird, auseinander setzen – und sie muss Mass an den Werten dieser Gesellschaft nehmen.

## II. Gesellschaftliche Verantwortung für Forschung und Entwicklung

Die Sage von Dädalus und Ikarus zeigt eindrücklich das Dilemma der Forschung. Der Erfolg beflügelt und spornt zu weiteren Erfolgen an. Fliegen genügt sehr schnell nicht mehr, weil das Höherfliegen reizt. Der Absturz des Ikarus kam fast zwangsläufig. Wer Grenzen verschiebt, entscheidet sich für das Risiko. Das ist nichts Schlechtes, denn in gewissen Situationen ist es das allergrösste Risiko, kein Risiko einzugehen. Risiko eingehen aber bedeutet **Verantwortung** übernehmen. Und hier stellt sich die Frage: Kann die Verantwortung für Handlungen und Entscheide, die sich in ungeahntem Mass auf das Leben späterer Generationen auswirken können, allein der Forschung anheim gestellt werden? Diese Frage muss m.E. mit Nein beantwortet werden. Es braucht eine *Demokratisierung der gesellschaftlichen Verantwortung von Forschung und Entwicklung*.

Nach einer gängigen Vorstellung ist die wissenschaftliche Gemeinschaft einem «*Ethos epistemischer Rationalität*» verpflichtet, wie der Ethiker JULIAN NIDA-RÜMELIN es nennt. Dieses Ethos verlangt zum Beispiel den «Gemeinbesitz wissenschaftlichen Wissens». Mit anderen Worten: Wissenschaftliche Theorien sollen sozusagen auf dem Marktplatz der Wissenschaft entwickelt, begründet, geprüft, kritisch hinterfragt und eben auch widerlegt werden. Wissenschaft wäre demnach ein autonomes gesellschaftliches Subsystem, das in sich stimmig ist und nach eigenen Kommunikationsregeln funktioniert, die innerhalb der wissenschaftlichen Gemeinschaft allgemein anerkannt sind.

Diese Form der Selbstkontrolle genügt heute aber nicht mehr. In der modernen wissenschaftlich-technischen Industriegesellschaft ist die Wissenschaft von einem weitgehend individualisierten Unternehmen zu einem weltweit verflochtenen, politisch, wirtschaftlich und gesellschaftlich bedeutenden Subsystem geworden. Charakteristisch für diese Entwicklung ist, dass wissenschaftliche Forschung auf Drängen und mit Unterstützung der Wirtschaft zunehmend auf konkrete technische Umsetzung ausgerichtet wird. Dies hat zur Folge, dass die Wissenschaft und diejenigen, die sie betreiben, sich immer mehr herausgefordert sehen durch Fragen der politischen Praxis. Ich nenne bloss drei Beispiele: die «militärische Nutzung wissenschaftlichen Sachverstandes» (Stichwort Atombombe), die elektromagnetische Belastung des Menschen durch totale Vernetzung und die zunehmende Zerstörung der Umwelt, die alle das menschliche Leben gefährden können.

Wenn die Wissenschaft ihrer Rolle in der modernen Industriegesellschaft gerecht werden will, muss sie deshalb **gesamtgesellschaftliche Verantwortung** übernehmen. Eine solche Verantwortung muss sie zunächst einmal dort übernehmen, wo sie «Handlungscharakter» hat – etwa bei Experimenten an Tieren oder erst recht bei Versuchen an Menschen, aber zum Beispiel auch bei Freilandversuchen mit gentechnisch veränderten Pflanzen.

## III. Notwendigkeit des öffentlichen Diskurses

Gesamtgesellschaftliche Verantwortung heisst aber auch, dass die Wissenschaftlerinnen und Wissenschaftler es der Gesellschaft ermöglichen müssen, wissenschaftliche Projekte und Alternativen dazu in ihrer Tragweite zu überprüfen:

- Die Wissenschaft muss bereit sein, gegenüber einer breiteren Öffentlichkeit über eigene Forschungen oder über den Stand der wissenschaftlichen Diskussion im eigenen Fach zu berichten.

- Verantwortung übernehmen heisst auch, eigene Fähigkeiten und Kenntnisse ausserhalb der Wissenschaft, etwa in der Politikberatung oder in der politischen Praxis, zur Verfügung zu stellen. Die Wissenschaftsgemeinschaft darf ihre Autonomie, die sie unbedingt braucht, nicht als eine «splendid isolation» verstehen.

Die Teilnahme der Wissenschaft am gesamtgesellschaftlichen Dialog ist umso notwendiger, als ja auch die Gesellschaft alles andere als eine unveränderliche Grösse darstellt. Die Diskussionen um Gentechnologie, Schwangerschaftsabbruch oder Sterbehilfe zeigen, dass gesellschaftliche Werte, die noch vor kurzem als unverrückbar galten, heute an Plausibilität eingebüsst haben. Viele dieser Werte sind nicht mehr unverrückbar vorgegeben. Gerade deshalb ist es wichtig, dass sich die Gesellschaft im öffentlichen Gespräch jener Werte immer wieder neu vergewissert, an denen sie festzuhalten gedenkt. An dieser Auseinandersetzung müssen sich in besonderem Masse auch die Wissenschafterinnen und Wissenschafter beteiligen.

In den öffentlichen Diskurs miteinbezogen werden müsste auch noch ein weiteres Problem: Mir scheint, dass wir einen riesigen Aufwand betreiben, um mit den Mitteln hochentwickelter Technologien unsere Gesundheit aufrechtzuerhalten und unser Leben zu verlängern, dass wir aber beinahe verlernt haben, mit dem uns allen bevorstehenden Tod umzugehen – die «ars moriendi» ist uns abhanden gekommen. Der Machbarkeitsgestus, den uns z.B. die Medizin vermittelt, birgt die Gefahr, dass unsere Perspektive sich nur noch auf rettende medizinische Massnahmen verengt und wir darob das eigentliche Leben verpassen. Besteht hier nicht ein Missverhältnis zwischen technologischem Aufwand und «seelischem Aufwand», um das einmal so zu nennen? Bezeichnenderweise nennen wir denn auch diejenigen Wissenschaften, die auf die Erforschung der biologischen Aspekte des Lebens ausgerichtet sind, «Lebenswissenschaften», «Life Sciences» – als wäre unsere geistige, unsere seelische Wirklichkeit nicht auch ein ganz wesentlicher Teil des Lebens!

## IV. Die Rolle der Politik

Wir haben uns mit der Verantwortung der Wissenschaft befasst. Welche Verantwortung und Aufgabe kommt nun der Politik zu? Ich sehe *fünf Aufgaben*:

- Zunächst einmal gilt es, im Rahmen der herkömmlichen Forschungspolitik gute allgemeine Rahmenbedingungen für Forschung und Entwicklung zu schaffen. Die Politik hat hier auch ausgleichend zu wirken, das heisst dort Gegengewichte zu setzen, wo wichtige Themen in der Logik privat finanzierter Forschung zu kurz kommen. Sei es nun in der **Grundlagen-** oder in der **angewandten Forschung.** Der Staat muss seine Forschungsschwerpunkte immer wieder überprüfen, so auch bei der Festlegung der Nationalen Forschungsschwerpunkte. Es ist zu begrüssen, dass eine Arbeitsgruppe unter der Leitung des Direktors des Bundesamtes für Bildung und Wissenschaft die jüngst festgelegten Forschungsschwerpunkte nochmals prüft, um im Bereich der «Lebenswissenschaften» auch die andere «Lebenshälfte» der Forschung zugänglich zu machen!

- Die Politik hat die Aufgabe, der Forschungsfreiheit ethische Leitplanken aufzustellen. Diese sind als verfassungsmässige Grundprinzipien in unserer neuen Bundesverfassung nun auch ausdrücklich festgeschrieben:
  - «Verantwortung gegenüber der Schöpfung» (Präambel)
  - «Würde des Menschen» (Art. 8 und 119)
  - «Würde der Kreatur» (Art. 120)
  - «nachhaltige Entwicklung», dauerhafte Erhaltung der natürlichen Lebensgrundlagen und «Verantwortung gegenüber den künftigen Generationen» (Präambel, Art. 2, Art. 73 u.a.)

Damit diese Prinzipien nicht nur schöne Worte bleiben, braucht es konkrete Leitlinien und Vorgaben für das Handeln und Entscheiden, und es braucht eben den angesprochenen gesellschaftlichen Diskurs über die Wertbegriffe, braucht es die angesprochene Demokratisierung der Verantwortung. Und hier liegt eine dritte wichtige Aufgabe der Politik:

- Es gilt, diesen gesellschaftlichen Diskurs einerseits in den staatlichen Institutionen, v.a. dem Parlament, zu vertiefen. Andererseits ist er weiter zu *demokratisieren*, zu *institutionalisieren* und zu *organisieren*, etwa in Ethikkommissionen und Publiforen. Die Ethikkommissionen müssen personell umsichtig bestellt werden und im politischen Entscheidverfahren ihren festen Platz erhalten. Ganz wichtig scheint mir, dass in Ethikkommissionen immer auch einige Laien mitwirken. Und schliesslich müssen Ethikkommissionen mit einem professionell gestalteten Informations- und Kommunikationskonzept ausgestattet und von den Medien gut begleitet werden. Das heisst auch: Die Tätigkeit der Ethikkommissionen muss transparent und weitgehend öffentlich sein. Ihre Wirksamkeit kann dadurch nur gewinnen.

Angesprochen ist auch der *Wissenschaftsjournalismus*: Ihm kommt in der Gestaltung der öffentlichen Diskussion eine ganz wichtige Rolle zu. Wir brauchen fähige Leute, die ein wissenschaftliches Studium absolviert haben und journalistisch begabt sind. Sie haben die schwierige Aufgabe, den Laien Forschungsvorhaben und mögliche Alternativen dazu in allgemein verständlicher Sprache zu vermitteln. Und umgekehrt müssen sie in der Lage sein, mit feinsten Antennen auf die Menschen zu hören und ihre echten Bedürfnisse und Sorgen so zu formulieren, dass auch Wissenschaftler sie verstehen. Wissenschaftler, auch Ethiker, unterschätzen Laien oft nur allzu leicht, weil diese sich eben nicht auf die Sprache epistemischer Rationalität einengen. Instinktive Reaktionen müssen nicht Launen des Augenblicks sein, denn in ihnen sind jahrtausendealte Erfahrungen verdichtet.

Neben Ethikkommissionen und Publiforen müssen wir auch *neue Diskussionsformen* finden und entwickeln, in denen Wissenschaftler und Laien einander begegnen und sich austauschen können. Ich denke dabei nicht etwa an «Arenas», sondern vielmehr an Diskussionen, in denen diejenigen grösstes Ansehen geniessen, die zuhören und sich andern Argumenten öffnen können.

- Die Politik hat ihren Einfluss auf die Ausbildung der heranwachsenden Generationen wahrzunehmen. Durch den Abbau von starren Fächergrenzen, durch die Entwicklung transdisziplinärer Frage- und Themenstellungen, durch die Integration von sozialen, geschichtlichen und ethischen Aspekten in scheinbar wertfreie theoretische oder praktische Disziplinen ist von der Primarschule an und hinauf bis in die Hochschulen darauf hinzuwirken, dass unser Bildungssystem hochqualifizierte Fachleute, aber nicht Fachidioten hervorbringt, also nicht Menschen, die bloss *von immer weniger immer mehr wissen*, sondern Menschen, die zugleich fähig und bereit sind, dieses Wissen mit anderem Wissen zu vernetzen und es in seinem gesellschaftlichen Wert und seinem Verwertungspotenzial zu hinterfragen. Das bedeutet auch, dass wir an unseren Idealbildern vom Fachmann, von der Forscherin, vom Techniker arbeiten müssen. Um es in einem alten Begriffspaar in der deutschen Sprache zu sagen: Zur guten *Ausbildung* muss wieder mehr *Bildung* hinzutreten.

- Die Politik muss sich auch mit den Problemen der sogenannten Wissensgesellschaft auseinander setzen. Ich habe gesagt, dass unsere heutigen Expertinnen und

Experten Gefahr laufen, *von immer weniger immer mehr zu wissen.* Sie bauen mit immer grösserem Tempo an den Gebäuden des Wissens, die sich gleichsam auf immer kleinerer Grundfläche zu immer höheren Wolkenkratzern emportürmen. Für die Abschätzung der Folgen wissenschaftlicher und technischer Entwicklungen und für die Wahrnehmung der Verantwortung ist es aber immer dringender geboten, an den *Verbindungen zwischen diesen Wissenstürmen* zu bauen. Zudem brauchen wir auch mehr Kommunikation zwischen den wissenschaftlichen und technischen Wissenstürmen auf der einen Seite und der Lebenswelt der so genannten Laien auf der andern Seite. Deren Problem in der Wissensgesellschaft ist nicht, dass sie von immer weniger immer mehr wissen, sondern dass sie umgekehrt *von immer mehr immer weniger wissen*: Ihr Problem ist die Bewältigung einer atemberaubend anwachsenden Flut von Wissen, angesichts derer das, was der Einzelne noch bewältigen kann, rapide kleiner wird. «Das Wissen wächst, aber die mögliche Teilnahme an Wissen nimmt ab.» (LUDWIG JÄGER, Sprachwissenschaftler) Das kann in Angst oder Ablehnung gegenüber den Wissenschaften und Technologien, es kann in Gleichgültigkeit, es kann aber auch in blinde Gläubigkeit und Allmachtserwartungen umschlagen, in jedem Fall aber in ein ungutes Verhältnis. Forschung und Technik sind heute mehr denn je aufgerufen, sich in der medialen Öffentlichkeit zu Wort zu melden und Stellung zu beziehen. Wissenschaftlerinnen und Wissenschaftler, die das tun, sollten an wissenschaftlichem Ansehen nicht verlieren, sondern gewinnen.

# V.  Wünsche der Politik an die Wissenschaft

Einen ganz wichtigen Stellenwert in der Meinungsbildung wird die Wissenschaft haben. Gestatten Sie mir deshalb, einige Wünsche bekannt zu geben:

- Die Wissenschaft sollte den lebendigen Austausch mit der Öffentlichkeit über die Werte, die uns wichtig sind, ins Zentrum stellen.
- Sie sollte hochkompetente, unabhängige, starke Ethikkommissionen fordern, mit starker Beteiligung von Laien, einer möglichst weitgehenden Öffentlichkeit der Sitzungen, einem guten Informationskonzept und einer guten Begleitung durch die Medien.
- Sie sollte darauf hinweisen, dass auch die Geistes-, Sozial- und Rechtswissenschaften Lebenswissenschaften sind, deren Beitrag wichtig ist, damit wir ob aller Sorge um Technik und biologisches Leben die Seele nicht verkümmern lassen.

# VI.  Schluss

Meine Ausführungen zielen nicht darauf hin, Misstrauen und Skepsis gegen die Forschung zu erregen. Ich vertraue der Forschung, aber ich vertraue ihr nicht blind, und mein Vertrauen ist umso stärker, je besser sie mich an ihren Fragestellungen und Lösungsversuchen teilhaben lässt. Fortschritt und Glück werden in unserer Zeit fast wie Synonyme gehandelt. Lassen Sie mich deshalb zum Schluss etwas vom Glück sagen: Ich sehe ein Bild aus einem Kurzfilm von ALEXANDER MEDWEKIN mit dem Titel «Le Bonheur» vor mir. Ein armer Bauer bringt sein Pferd zum ständigen Laufen, indem er ihm ein an einem Stecken baumelndes Bündelchen Heu vor die Nase hängt, sodass das Tier vergeblich, aber stetig hinter dem Bündel herrennt. Was, wenn das arme Pferd sich von der Seite hätte sehen können? Ich meine, wir sollten, wenn wir hinter dem Fortschritt oder dem Glück herjagen, uns immer wieder eine Auszeit gönnen, damit wir uns selbst und unser Tun aus einer anderen Perspektive sehen können und damit nicht MEDWEKINS Pferd zum Sinnbild unserer Zeit wird.

# E. Nachhaltigkeit als Schranke einer unkontrollierten Entwicklung und Fortschrittseuphorie

# Nachhaltigkeit – ein Auftrag der neuen Bundesverfassung

## – als Problemstellung für Ingenieure, das Ingenieurwesen und das Engineering

*MARTIN LENDI*

## Inhaltsverzeichnis

Es bedarf keiner drastischen Bilder zur Zukunft der Menschheit, um die Verantwortung für das politische, wirtschaftliche, gesellschaftliche und ökologische Geschehen – in Raum und Zeit! – zu unterstreichen. Die Fakten sprechen für sich. Auch wenn die Zukunft ungewiss und voller offener Fragen ist, wir wissen dennoch, dass wir handeln müssen. Das Gewissen, in Sorge um die Zukunftsfähigkeit, aber unabhängig von Prinzipien, mahnt uns.

Eine wesentliche Stütze des Angehens offener Fragen bildet das Ingenieurwesen. Es ist auf Problemlösung angelegt. Sich mit ihm einzulassen, ist allein schon deshalb spannend, weil Ingenieure Aufgaben anpacken und nicht bei Deklamationen und Proklamationen stehen bleiben. Das Prinzip der Nachhaltigkeit, von dem die neue Bundesverfassung prononciert deutlich handelt, mag für sie zunächst eine Worthülse sein. Es verliert aber den negativen Beigeschmack, sobald dessen sachliche Relevanz und rechtliche Verbindlichkeit für die Problemmeisterung erkannt werden.

## I. Zugriff der Nachhaltigkeit auf Ingenieurleistungen?

Technik, Technikfolgen, Auseinandersetzung mit der Natur und ihren Gesetzen/Kräften, Kenntnisse der gesellschaftlichen Wirklichkeit, Ausbildung und Bildung als Voraussetzung des Standes des Ingenieurwesens – diese und weitere Themata sind mit dem Prinzip der Nachhaltigkeit vermeintlich nur am Rande konfrontiert. Auf alle Fälle wurden sie bis anhin ohne Rückbezug auf eben diese Nachhaltigkeit diskutiert. Die Hauptbereiche ingenieurmässiger Aufgabenfelder liegen, so übliche Formulierungen, in den Bedürfnissen der Menschen und in deren optimalen und gleichzeitig zweckmässigen wie auch ökonomischen Befriedigung sowie im Spannungsfeld zur Natur, zur Landschaft, ganz allgemein zum Lebensraum. Dennoch ist die Nachhaltigkeit für die Technik und damit für das Ingenieurwesen mit Einschluss des Engineerings relevant. Sie berührt als Nachdenken über längerfristig zu erwartende Wirkungen und Auswirkungen just die erwähnten Absteckungen, darüber hinaus sogar die breit angelegten Tätigkeitsfelder der Ingenieure. Das Prinzip der Nachhaltigkeit fordert jedenfalls die Ingenieure und das Ingenieurwesen allein schon mit Blick auf die Zeitachse und das konkrete Geschehen im Raum heraus. Es ist deshalb auf seine Bedeutung hin anzusehen und zu würdigen.

Für eine erste Annäherung gilt: Nachhaltigkeit hat viel mit dem Lebensraum und dem Schutz der Umwelt zu tun, doch spiegeln diese öffentlichen Aufgabenfelder nur zwei der zahlreichen Lebensbereiche und Handlungsfelder. Dass der Wald erhalten und nicht übernutzt werden soll, ist Allgemeingut-Wissen. Dass mit dem Wasser und dem Boden haushälterisch umzugehen sei, das liegt auf der Hand. Vergleichbares ist zur Energieproduktion und zum Energieverbrauch zu sagen. Mobilität, das gesamte Bauwesen für Wohnen, Dienstleistungen, die Produktion von Gütern, Transporte usw. sind gleich mitzuerfassen, sind sie doch in einer Art anzugehen, die Schäden vermeidet. Auch wird von der Landwirtschaft nicht eine maximale, sondern eine auch übermorgen Gewähr auf bleibende Erträge bietende Produktion verlangt. Sogar von einem staatlichen Budget wird erwartet, es habe auf Dauer das Gleichgewicht von Ausgaben und Einnahmen zu wahren. Ganz allgemein: *Nachhaltigkeit tangiert den Lebensraum, die Wirtschaft, die Gesellschaft, die Natur und überdies die Politik,* auf alle Fälle spricht sie als allgemeines Postulat die Menschen an und verlangt von ihnen, wie auch immer sie sich definiert, ein Verhalten, das sich positiv auf das wirtschaftliche, gesellschaftliche und ökologische Gesamtgeschehen – über die Zeiten hinweg – auswirkt.

In all diese Belange hinein sind die *Ingenieure* einbezogen, nicht am Rande, sondern als Berührte, Betroffene und gleich auch als Problemlöser. Es ist eben nicht gleichgültig, welche Menge Brennstoff ein Auto verbraucht, es ist nicht einerlei, welchem Energiestandard ein Bürohaus zuzurechnen, wie mit dem Abfall umgegangen und wie er entsorgt wird, wie das

Wasser genutzt, in welchem Mass mit welchen Schadstoffen die Luft belastet wird, wo und für welche Nutzungsintensität welche Fläche für eine Freizeitanlage der modernen Unterhaltungsindustrie erschlossen werden muss, wo und mit welcher Linienführung Infrastrukturanlagen in die Landschaft gesetzt werden, wie der Verkehr innerhalb und ausserhalb der urbanen Räume geführt wird, wie viele Parkplätze welche Flächen versiegeln und wie Produktions- und Arbeitsprozesse organisiert werden.

Um nicht in allgemeine Thesen zur Nähe von Ingenieurwesen und Nachhaltigkeit abzuschweifen, versuchen wir in dieser Abhandlung, von der rechtlichen und davon abgeleitet von der politischen Seite her an das Begegnungsfeld von Nachhaltigkeit und gesellschaftlicher Wirklichkeit – vor dem Hintergrund der Problemlösungskapazität der Ingenieure – heranzutreten. Dazu besteht aktueller Anlass, nicht allein wegen der internationalen Rechtsentwicklung seit der *Erklärung von Rio im Jahre 1992*, der Neufassung des Vertrages über die *Europäische Union*, die in Art. 2 Abs.1 EUV (wie auch in Art. 2 EGV) von einer ausgewogenen und nachhaltigen Entwicklung spricht, sondern vorweg und vor allem aufgrund der nun geltenden *Bundesverfassung der Schweizerischen Eidgenossenschaft*, die sich betont dem Prinzip der Nachhaltigkeit öffnet.

Wir beschränken uns in diesem Aufsatz auf einen *juristischen Ansatz* und konzentrieren uns dabei auf die Stufe der Verfassung. Dies lohnt sich allein schon deshalb, weil die Schweiz über eine Verfassung verfügt, die der aktuellen und künftigen modernen Welt zu begegnen versucht. Sie prägt als solche die national-international verwobene Rechtsordnung und durch diese die Rechtsetzung, Rechtsanwendung und Rechtsdurchsetzung, vor allem aber das äussere Verhalten der Menschen unter sich und in ihrem Verhältnis zu Raum und Zeit, kurzum gegenüber dem Staat, dem Lebensraum, der Wirtschaft, der Gesellschaft und der Natur, gegenwärtig und morgen. Dadurch erfasst sie auch das Ingenieurwesen und die Ingenieure, die aktiv am Zeitgeschehen beteiligt sind. Auf der andern Seite werden die Ingenieure mit der Verfassung und ihren Anforderungen konfrontiert. Sicherlich, das ingenieurmässige Denken und das Selbstverständnis dieser so wichtigen Berufsgruppe werden nicht nur rechtlich gefordert. Die Begegnung mit dem Recht hilft aber, die Position in der rechtlich verfassten Gesellschaft zu finden und gleichzeitig zu erkennen, wie sehr das Recht letztlich nicht die durchnormierte Gesellschaft sucht, sondern der freien – in der Regel spricht man von der offenen – das Wort redet. Dies ist jene Gesellschaft, in der wichtige Probleme nicht durch den Staat, sondern durch sie selbst gemeistert werden und in der klar definiert wird, welche Aufgaben der Staat zu erfüllen hat.

## II.  Die neue Bundesverfassung

Die *Bundesverfassung der Schweizerischen Eidgenossenschaft (BV) vom 18. April 1999, in Kraft seit 1. Januar 2000*, nahtlos aus der Verfassung von 1874 (aBV) mit kleineren Ergänzungen und auf der Basis gefestigter Lehre und Rechtsprechung entwickelt, überrascht. Die sachliche Weite der Regelung ist ausholender, die *Aussagedichte* grösser als erwartet. Sie berührt vielfältige, modern wirkende Lebensbereiche. Als junges Werk auf tradierter, aber laufend nachgeführter, stets demokratisch legitimierter Basis – die nun novellierte Verfassung von 1874 wurde im Lauf der Zeit über 130 Mal teilrevidiert – spürt sie den Puls der Zeit besonders deutlich. Sie ist mit andern rechtsstaatlichen Verfassungen – weltweit – nicht nur rechtstheoretisch vergleichbar, sondern eine zeitgemässe Referenzbasis für die Rechtsrelevanz des heutigen und morgigen Lebens.

Angekündigt als formelle Totalrevision mit sanften materiellen Änderungen brachte sie *zahlreiche materielle Neuerungen* von nicht zu unterschätzender Tragweite. Diese wurden – im Verlauf der parlamentarischen Beratungen eher heruntergespielt – teilweise erst bei der wissenschaftlichen Aufarbeitung voll erkannt. Zu verweisen ist beispielsweise auf die eindrückliche Auflistung der Grundrechte (Art. 7 ff. BV) und die Betonung von Sozialzielen (Art. 41 BV), auf die Umschreibung der

Auswärtigen Angelegenheiten (Art. 54 BV), die Hervorhebung der Sicherheit des Landes und damit der Sicherheitspolitik (Art. 57 ff. BV), auf die Systematisierung der öffentlichen Aufgaben (Art. 54 ff. BV), dann aber auch auf die Form der Erlasse der Bundesversammlung (Art.163 ff. BV) mit einem Akzent auf den rechtsetzenden Bestimmungen, auf die Regelung des Verhältnisses von internationalem und nationalem Recht (Art. 5 Abs.4, 139 Abs. 3, 140 Abs. 1, 141 Abs. 1, 184, 190, 193 Abs. 4, 194 Abs. 4 BV) usw. Nicht unwichtig sind sodann Aussagen, die der alten Verfassung dem Geist zwar immanent waren, die nun aber akzentuiert werden, so die explizite Erwähnung der individuellen und gesellschaftlichen Verantwortung: «Jede Person nimmt Verantwortung für sich selber wahr und trägt nach ihren Kräften zur Bewältigung der Aufgaben in Staat und Gesellschaft bei.» (Art. 6 BV) Eine der zentralen Neuerungen bildet das gleich mehrfach, wenn auch in unterschiedlichen Formulierungen erwähnte Prinzip der Nachhaltigkeit (u.a. Art. 73 BV).

Die *öffentlichen Aufgaben*, die dem Staat durch die Rechtsordnung zugewiesen werden, treten in der neuen Verfassung (Art. 54 ff. BV) deutlicher hervor als jene, die durch die sog. Zivilgesellschaft, also die Wirtschaft und die Gesellschaft, als individuelle und gesellschaftlich relevante Leistungen erbracht werden. Diese Neigung hat ihren Grund in der «Staatsnähe der Verfassung» und diese in der Funktion, sich mit den staatlichen Belangen im Ordnungs-, Leistungs-, Interventions- und Abgabenbereich zu befassen, geht es doch darum, diese beim Namen zu nennen, die erforderlichen Kompetenzen zuzuordnen und sie gleichzeitig aus rechtsstaatlichen Gründen zu beschränken. Dies führt beinahe zwangsläufig zu einem intensiven Auseinandersetzen mit den öffentlichen Aufgaben. Folglich kommen, gemessen an einem gesamtgesellschaftlichen Bild, die letztlich bedeutsameren gesellschaftlichen und wirtschaftlichen Bereiche jenseits der Staatsquote, für welche die Wirtschaft, die sozialen Gruppierungen und die Einzelnen selbst verantwortlich sind, im Verfassungstext zu kurz. Dies darf als fragwürdig bezeichnet werden, vor allem deshalb, weil der äusserliche Eindruck, der Staat befasse sich mit allen wichtigen Problemen und löse diese, nicht stimmen kann und nicht stimmt.

Immerhin: Die Grundrechte (Art.7 ff. BV), und hier insbesondere die Freiheitsrechte, setzen einen markanten Kontrapunkt zum Staatlichen. Durch die intensive Ansprache in der neuen Verfassung wird der vom Staat zu beachtende *Freiraum*, wenn nicht der Sache nach, so doch rechtlich deutlich, gerade auch durch den ausdrücklichen Hinweis, die Grundrechte müssten in der ganzen Rechtsordnung zur Geltung kommen (Art. 35 Abs. 1 BV). Vereinfacht kann gesagt werden, die Gesetzgebung ist freiheitlich anzulegen. Zudem unterstellt die Verfassung die Wirtschaftsordnung dem *Grundsatz der Wirtschaftsfreiheit* und verschafft ihr die nötigen Aktivitätsräume, in Unabhängigkeit staatlicher Vorgaben (Art. 94 BV). Dennoch kann man sich fragen, ob es der Verfassung nicht anstehen würde, die Bedeutung der privaten – gesellschaftlich und wirtschaftlich wie auch politisch relevanten – Problemlösungskapazität für die freie Gesellschaft und sogar für die Bewältigung der öffentlichen Aufgaben stärker zu betonen, die Privatautonomie ausdrücklich zu erwähnen, im Rahmen der Grundsätze der Wirtschaftsordnung die Aussage über günstigen Rahmenbedingungen für die private Wirtschaft markanter hervortreten zu lassen und gleichzeitig den Staat zu mahnen, seine Aufgabenfülle samt Abgabenerhebung nicht ohne Not auszudehnen, resp. laufend zu prüfen, ob sie nicht zurückgenommen werden müsste. Würde dies geschehen, so würde die innere Strukturierung der Gesellschaft durch die Verfassung – samt Akzentsetzungen – deutlicher, insbesondere auch für Nicht-Juristen.

Ihrem duktus nach versucht die Verfassung, die inmitten der offenen Gesellschaft anfallenden Probleme in der ihr eigenen Art anzugehen. Sie vertraut einmal dem freien Diskurs und der demokratischen Gesetzgebung, setzt sodann auf rechtliche Regelungen und zwar auf drei Arten, nämlich auf konditionale, finale und relationale Vorgaben, die ersten ausgelegt als Gebote und Verbote (beispielsweise Polizeirecht), die zweiten durch Umschreibung von Zielen (beispielsweise die Planungsgrundsätze im Bundesgesetz über die Raumplanung) und die dritten verstanden als Rahmen für Absprachen und Regelungen durch Private resp. zwischen dem Gemeinwesen und Privaten (bekannt durch das Privatrecht mit seiner Privatautonomie und der korrespondierenden Vertragsfreiheit). Vor allem durch die *autonom getätigten Rechtsgeschäfte*, zu denen Aufträge, Kauf- und Werkverträge zählen, ereignet sich jene auf der Verfassungsstufe wenig sichtbare Welt der Problemmeisterung ausserhalb der öffentlichen Aufgaben.

Die eher normenorientierte, eher juristisch angelegte Sicht der Verfassung unterdrückt für den Nicht-Juristen den Ausblick auf deren Aktualität. Sie entwirft, wenn auch indirekt, durch die Rechtssätze hindurch – für viele Leser unerwartet – ein buntes Bild unserer *Zeit im Wandel* – gleichzeitig ein Bild des aktuellen öffentlichen Problembewusstseins, gestützt durch Referenden und Initiativen der Demokratie der Verfassungsgesetzgebung, also durch Volksabstimmungen und mithin durch die öffentliche Meinungsbildung. Dafür stehen exemplarisch die folgenden, gleichsam modernen öffentlichen Aufgaben: Raumordnung/ Umweltschutz (Art. 73 ff. BV), Verlagerung des Transitverkehrs von der Strasse auf die Schiene (Art. 84 BV), Raumfahrt (Art. 87 BV), Energie (Art.89 BV), Geld- und Währungspolitik (Art. 99 BV), Konjunkturpolitik (Art. 100 BV), Kommunikation (Art. 92 f. BV), Schutz der Gesundheit (Art. 118 BV), Fortpflanzungsmedizin (Art. 119 BV), Gentechnologie (Art. 119 BV), Transplantationsmedizin (Art. 119a BV), Gentechnologie im Ausserhumanbereich (Art. 120 BV). Die klassischen verfassungsrechtlichen Aussagen zur Organisation des Staates, zum Verhältnis von Bund/Kantonen/Gemeinden resp. von Staat–Einzelner, zu den Grundsätzen des rechtsstaatlichen Handelns usw. nehmen sich demgegenüber eher als bestandsichernd aus.

Aber auch das durchaus zeitgemäss wirkende Bild einer lebensnahen Verfassung mit ihren hochaktuellen öffentlichen Aufgaben bleibt, gemessen an der Fülle und der Vielfalt der Aufgabenbewältigung durch die Wirtschaft und die Problemlösung durch fachkundige Problemlöser, unvollständig. Das wahre

Gesicht der modernen Welt verharrt im Hintergrund. Die Verfassung setzt neben der Hervorhebung der durch den Staat zu erfüllenden Aufgaben lediglich Rahmenbedingungen für das zivile Geschehen, innerhalb derer sich das vielfältige Leben in Wirtschaft und Gesellschaft entfaltet; diese tragen nicht auf. Selbst wenn man sich ein abgerundeteres Bild wünschen möchte, die Kernaufgabe der Verfassung besteht eben gerade nicht im Entwurf einer durchdachten und geplanten Gesellschaft. Die vorsorgende, das Dasein schlechthin regelnde Verfassung wäre denn auch mehr als fragwürdig, zumal sich die Gesellschaft im freiheitlichen Rahmen des Rechts und herwärts der öffentlichen Aufgaben frei entfalten soll.

## III. Der «vergessene» Ingenieur

Die Ingenieure, von denen wir gesagt haben, sie seien Repräsentanten des Willens und der Fähigkeit zur Problemlösung, bleiben *durch die Verfassung unerwähnt.* Auch als Experten des Spannungsfeldes von Natur–Technik–Gesellschaft und als Träger der für das tatsächliche Leben notwendigen Forschungen, Entwicklungen und Einrichtungen werden sie durch die Verfassungsurkunde verschwiegen. Sie sind eben nicht Staatsorgane und nicht öffentliche Unternehmer. Sie sind aber, wie alle andern Berufe, vor allem als sog. freie – stillschweigend – vorausgesetzt, sei es zur Meisterung öffentlicher Aufgaben, sei es zum Bewältigen der in Wirtschaft und Gesellschaft anfallenden privatwirtschaftlichen und privaten Anliegen. Dabei kommt den Ingenieuren eine doppelte Aufgabe zu. Es geht sowohl um die für Staat, Wirtschaft und Gesellschaft so grundlegende Funktion des kritisch auf die Notwendigkeit des Sachverstandes hinweisenden, technisch und gleichzeitig naturwissenschaftlich sowie gesellschaftlich orientierten Experten als auch um jene des das Fachwissen mobilisierenden und Probleme angehenden Sachkönners. Diese beiden Eigenschaften – *Experte und Meister* – machen des Ingenieurs charakteristische Merkmale aus; auf sie zählen die Wirtschaft, die Gesellschaf, der Staat und insgesamt, wenn auch indirekt, sogar die Verfassung.

Dass Ingenieure – ungeachtet des verfassungsrechtlichen Schweigens – nicht nur in der Wirtschaft, sondern auch in der Verwaltung und hier vor allem in den mit Infrastrukturaufgaben und Problemen des Verkehrs, der Kommunikations- und Informationstechnologien betrauten staatlichen Ämtern vertreten sind, das versteht sich. Allerdings kann man sich fragen, ob in angemessener Zahl, so in den Spitzenpositionen bis hinein in die Universitäten und Hochschulen, dann aber auch in den Direktionen der Unternehmungen des Service public, aber auch in jenen Ämtern, die vermeintlich technikfern sind, aber wiederkehrend vor systemischen und Management-Problemen stehen. Noch vor wenigen Jahrzehnten war ihre Präsenz an der Spitze von Bundesämtern (beispielsweise in den ehemaligen Bundesämtern für Strassen- und Flussbau, Bundesamt für Wasserwirtschaft, Bundesamt für Wohnungswesen) selbstverständlich, was heute offenkundig weniger ausgeprägt der Fall ist.

Über Verbände (STV, SIA usw.) und ihre Akademie (SATW) vermögen sich die nicht in die Verwaltung integrierten Ingenieure von aussen her über Vernehmlassungsverfahren an Gesetzesvorhaben zu beteiligen und sich zu Leitbildern, Szenarien, Konzepten, Sachplänen, Richtplänen usw. des Gemeinwesens zu äussern. Auch können sie in Expertenkommissionen berufen oder mit Expertisen betraut werden. Die Politikberatung ist ihnen dadurch eröffnet. Auf diese Weise die so wichtige Funktion der kritischen Politikberatung wahrzunehmen. Ansonsten sind sie auf die Rolle des Bürgers resp. der Bürgerin zurückverwiesen. Es bleibt aber dabei: Des Ingenieurs Funktion für die Gesellschaft ist *verfassungsrechtlich insgesamt eher unterbewertet.* Im Vergleich zu Ökonomen und Juristen melden sie sich überdies – leider – relativ wenig zum Wort und werden selten genug gehört. Auch im Parlament sind Ingenieure nicht in jener Zahl vertreten, wie dies ihrer Bedeutung für das öffentliche Geschehen entsprechen würde. Abgesehen von der Abgrenzungstendenz zum Privaten könnte ganz allgemein die Scheu vor dem

Elitären und Zurückhaltung gegenüber dem Können eine Rolle spielen. Die Demokratie befasst sich eben in erster Dringlichkeit mit der öffentlichen Meinungsbildung und den Entscheiden des Souveräns, verstanden als Volk, und nicht mit den Problemlösern. Sie verkennt darüber die Bedeutung der «Elite» für die Öffentlichkeit, für den Staat, für die Wirtschaft und die Gesellschaft. Wenigstens unter diesem Titel müsste sich der Staat überlegen, wie er Menschen mit gesellschaftsrelevanten Fähigkeiten in seine Aufgabenbewältigung bewusst einbindet.

Im übrigen kann und muss sich der Ingenieur damit trösten, dass auch andere Berufsgruppen, wie die Juristen, Mediziner und auch die Ökonomen, durch die Verfassung nicht besonders hervorgehoben werden, obwohl sie letztlich die Last des Problemlösens im öffentlichen und privaten Bereich in hohem Masse mitzutragen haben. Um so wichtiger ist, dass die Verfassung Akzente zur Berufsbildung und zu den Hochschulen (Art. 63 BV) wie auch zur Forschung (Art. 64 BV) setzt und auf diesem Weg die Ausbildung der beruflich herausragenden Menschen begünstigt.

## IV. Nachhaltigkeit als Prinzip der Verfassungsstufe

Es wurde bereits erwähnt: Eines der Kernstücke der novellierten Verfassung bildet das Nachhaltigkeitsprinzip. Seine rechtliche Aussagekraft ist allerdings noch nicht hinreichend umrissen. Die Rechtswissenschaft tut sich schwer: Sind Prinzipien Rechtssätze oder Auslegungshilfen? Dennoch ist dem Prinzip der Nachhaltigkeit ein Innovationspotential eigen, das es durch den Gesetzgeber, die exekutiven Organe und die Rechtsprechung zu nutzen gilt. Fest steht auf alle Fälle, dass das Prinzip als verfassungsrechtliches verbindlich vorgegeben ist. Der Rückgriff auf die Nachhaltigkeit ist mithin vorgeschrieben, d.h., von Rechts wegen sind ihre immanenten Ziele und sind die eingeschlossenen Verhaltensvorgaben zu beachten. Ein elementares Problem bleibt jedoch mit ihm verbunden: *Das Prinzip der Nachhaltigkeit erklärt sich nicht selbst.*

Der Verfassung von 1874 war das Prinzip der Nachhaltigkeit, ungeachtet der zahlreichen Teilrevisionen, nicht vertraut. Neu wird es gleich an mehreren Stellen der Verfassungsurkunde von 1999 erwähnt, explizit in Art. 73 BV, daselbst dem Abschnitt über Umwelt und Raumplanung vorangestellt. Ausserdem spricht die Präambel in sinnnahen Wendungen von der Verantwortung vor der Schöpfung und gegenüber den künftigen Generationen. Im Zweckartikel (Art. 2 BV) wird sowohl die nachhaltige Entwicklung im Sinne eines Förderungszieles hervorgehoben als auch die dauerhafte Erhaltung der natürlichen Lebensgrundlagen als Vorgabe unterstrichen. Die Bestimmung über die Auswärtigen Angelegenheit (Art. 54 BV) mahnt zur Erhaltung der natürlichen Lebensgrundlagen. In verwandten Formulierungen wird bei der Raumplanung die haushälterische Nutzung des Bodens (Art. 75 BV) betont, im Artikel über das Wasser geht es um dessen haushälterische Nutzung (Art. 76 BV), und die Grundlegung der Energiepolitik verweist ihrerseits auf die Notwendigkeit des sparsamen und rationellen Energieverbrauchs (Art. 89 BV). Der Schutz des Menschen und seiner natürlichen Umwelt (Art. 74 BV) steht ebenfalls unter dem Gebot der Nachhaltigkeit, wird doch das Vermeiden von negativen Einwirkungen im Sinne der Vorsorge unterstrichen. Die Förderung der Erhaltung des Waldes erinnert an das mit der Waldnutzung seit Jahrzehnten verbundene Nachhaltigkeitsanliegen (Art.77 BV). Nicht zuletzt wird im Rahmen der Regelung der Landwirtschaft dem Bund auferlegt, eine nachhaltige Produktion zu pflegen (Art. 104 BV), welche Auswirkungen bis und mit der Humanernährung einerseits und der Fruchtbarkeit der Böden anderseits haben wird. Nicht minder bedeutsam sind das Betonen der Würde der Kreatur (Art. 120 Abs. 2 BV) und das Erwähnen der Artenvielfalt (Art. 79 BV). Abseits oder nicht abseits: Von der Haushaltführung im Kontext der staatlichen Finanzordnung wird verlangt, Ausgaben und Einnahmen seien auf Dauer im Gleichgewicht zu halten (Art. 126 BV), auch dies eine Formulierung aus dem Kreis der Anliegen der Nachhaltigkeit, mit nicht unerheblichen, wenn auch indirekten Reflexen auf die Wirtschaft und die Gesellschaft.

An dieser Auflistung erheischt ein erster Aspekt Aufmerksamkeit: Der *verfassungsrechtliche Verzicht auf eine alles umfassende Legaldefinition der Nachhaltigkeit.* Die Verfassung übernimmt nicht eine der in der wissenschaftlichen Literatur und in politischen Erklärungen üblich gewordenen Begriffsbestimmungen, mal mit der Betonung auf dem Ökologischen, mal mit dem Akzent auf der intergenerationellen Verantwortung, mal mit dem Einbezug von Wirtschaft, Gesellschaft und Ökologie. Aufgrund der Begriffsbestimmung der World Commission on Environment and Development (1987) «Sustainable development is development that meets the needs of present generations without compromising the ability of future generations» könnte in der Bundesverfassung beispielsweise definiert sein: Nachhaltigkeit verlangt nach intergenerationeller Gerechtigkeit im Umgang mit knappen (begrenzt erneuerbaren und nicht erneuerbaren) Gütern. Dem ist aber nicht so. Wohl klingt in Art. 73 BV mit dem Marginale «Nachhaltigkeit» eine gesetzliche Definition an, indem sie vom auf Dauer ausgewogenen Verhältnis zwischen der Natur und ihrer Erneuerungsfähigkeit einerseits und ihrer Beanspruchung durch den Menschen anderseits handelt, doch ist diese Umschreibung relativ eng (wenn auch gewichtig), zumal sie dem Wortlaut nach zu einseitig Rücksicht auf die Erneuerungsfähigkeit der Natur gebietet und den Blick auf die nicht erneuerbaren Ressourcen vernachlässigt. Weil Präambel, Zweckartikel und alle weiteren zitierten Bestimmungen mit Äusserungen zur Nachhaltigkeit weitere Facetten – so die intergenerationelle Verantwortung, den haushälterischen Umgang mit den nicht erneuerbaren Ressourcen – berühren, darf die unter dem Marginale «Nachhaltigkeit» stehende Regelung des Art. 73 BV nicht als abschliessende verfassungsrechtliche Begriffsbestimmung gewichtet werden. Mit der Absage gegenüber einer Legaldefinition eröffnet die Verfassung einen schöpferischen Umgang mit dem Prinzip. Sie erlaubt im Übrigen, zum Vorteil der Nachhaltigkeit, sach- und zeitgerechte Handlungsmaximen gegenüber einer sich laufend ändernden Wirklichkeit zu entwickeln. Auf sie soll – unbeeinflusst von einer einengenden Legaldefinition – zugegangen werden. Das Recht ist nicht Selbstzweck, sondern bewährt sich im Umgang mit den tatsächlichen Verhältnissen. Dies gilt auch für das rechtlich erfasste Nachhaltigkeitsprinzip, das in der Auseinandersetzung mit den Fakten, die sich ändern, Konturen gewinnt.

Einen zweiten Aspekt gilt es zu würdigen. Die Nachhaltigkeit wird just durch ihre unterschiedlichen Dimensionen und Aussagen zu einer *dauernden Aufgabe*, zu einem Prozess. Nachhaltigkeit ist zwar eine rechtlich, sogar verfassungsrechtlich, gefasste Vorgabe, aber doch die Vorgabe, sich auf einen Vorgang einzulassen. Nachhaltigkeit ist anzustreben, wiederkehrend, laufend, unter bewusst geförderter Mehrung der Erkenntnisse und Kenntnisse. Dabei wird rasch einmal erfahrbar, wie sehr Nachhaltigkeit nach vielen Seiten vernetzt ist, nämlich hinein in das Gedeihen der Wirtschaft samt ihren konjunkturellen und strukturellen Veränderungen, in gesellschaftliche Harmonien und Disharmonien sowie in das Anvisieren ökologischer Stabilität im Sinne eines Gleichgewichts, das nie gegeben, stets aber bestmöglich zu verfolgen ist. Es genügt deshalb nicht, Nachhaltigkeit allein unter Umweltschutzgesichtspunkten anzugehen. Vielmehr zielt sie in die Richtung der Gleichzeitigkeit von Nachhaltigkeit in den Bereichen der Wirtschaft, der Gesellschaft und der Ökologie, je für sich und unter sich verwoben, hin zu einem Ganzen, ohne Nachlassen, selbst dann, wenn die erstrebte Optimierung nicht erreicht wird und wohl nie erreichbar ist. Dieses Prozessartige stellt an die Adressaten der Nachhaltigkeit erhebliche Anforderungen, sei es hinsichtlich des Durchhaltevermögens, sei es hinsichtlich des Aufdatierens. Besonders herausfordernd trifft dies die Demokratie. Sie neigt als Staatsform dazu, sich in einzelnen Schritten über Wahlen und Abstimmungen auf der Basis gesicherten Wissens zu bewegen. Die Nachhaltigkeit ruft demgegenüber zu einem anhaltenden, in sich nachhaltig angelegten *Lernprozess* über lange Zeit, mithin zu einem dauernden Gespräch zwischen der Bürgerschaft und den Behörden bei wachsendem Wissen und Gewissen. Um diese Elemente zu formen und anzureichern genügt es nicht, in einem besonderen Akt einen Rat für nachhaltige Entwicklung zu wählen, ein einzigartiges Konzept über nachhaltige Entwicklung zu verabschieden. Vielmehr geht es um *Strategien*, überprüft und vorangetrieben in iterativen Phasen des Planens, Entscheidens, des Implementierens und des kritischen Infragestellens sowie des entsprechenden Neubeginns – wiederkehrend, ausgesetzt einem anhaltenden Lernprozess, wie ihn keine andere Gesellschaft besser wahrnehmen kann als die offene der Demokratie, sofern sie die Hürden des Verharrens beim Institutionellen überspringt.

Der dritte Aspekte gilt der Frage nach dem gemeinsamen Nenner der vielfältigen Nachhaltigkeitsabsteckungen. Er ist in der konsequenten *Zukunftsorientierung* zu sehen. Nachhaltigkeit hat ihre Kernsubstanz in der Verantwortung für das wirtschaftliche, gesellschaftliche und natürliche Leben in Zukunft, das eben nur gewährleistet werden kann, wenn die Freiheit der aktuellen Generationen mit jener der kommenden verknüpft wird und wenn daraus Verantwortung entsteht. Die Präambel der Verfassung fasst diesen Gedanken zusammen in die Verantwortung gegenüber den künftigen Generationen. Diese ist ethischer Natur, zunächst jenseits des Rechts, also auf Seiten der Moral, der Tugendlehre, dann aber gleichzeitig als Wertorientierung rechtsimmanent, sogar, wie aufgrund der einzelnen Verfassungsbestimmungen – vorab aber durch die Präambel – ausgewiesen, verfassungsimmanent und dies mit den Elementen der Freiheit der Generationen und der Gerechtigkeit gegenüber den kommenden Generationen. Deshalb ist die intergenerationelle Freiheit und Gerechtigkeit bei allen Interpretationen der verfassungsrechtlich stark nuancierten Aussagen zur Nachhaltigkeit in jedem Fall mitzunehmen. Nachhaltig wird der Umgang mit dem Boden, mit dem Geld, mit der Energie, mit der Luft, mit dem Wasser, mit der Mobilität, aber auch mit dem politischen Konsens, immer erst dann, wenn dabei an die kommenden Generationen gedacht und auf diese Rücksicht genommen wird. Noch mehr: Selbst dort, wo die Verfassung weder direkt noch indirekt von Nachhaltigkeit spricht, ist die Verantwortung für die Menschen von morgen wahrzunehmen. Die Zeitachse in die Zukunft hinein gehört eben unabdingbar zum unendlich vielgestaltigen politischen, wirtschaftlichen und sozialen Leben in Raum und Zeit.

Für die Rechtswissenschaft ist das normative Einordnen des Prinzips, wie bereits angetönt, überaus diffizil. Es handelt sich kaum um einen in sich vollständigen Rechtssatz, auch nicht um den geschlossenen Teil des Tatbestandes resp. der Rechtsfolge als Elemente des Rechtssatzes. Mal finden sich zielorientierte Tatbestandselemente von Rechtssätzen (Art. 54, 75, 76, 89 BV), mal Ansätze zu Formen unvollständiger Legaldefinitionen (Art. 73 BV), mal Vorgaben für die Auslegung ohne Rechtssatzcharakter, wie sie für die Präambel und die Zweckbestimmung (Art. 2) typisch sind. *So besehen ist es nicht falsch, von der Nachhaltigkeit als einem verfassungsrechtlichen Prinzip zu sprechen*, das – cum grano salis – als allgemeine Vorgabe und gleichzeitig als zielorientierte Tatbestandselemente gleich mehrerer Rechtssätze wahrgenommen wird. Der Prinzipiencharakter liegt in dieser nicht festgefügten, nicht einseitig der Rechtsstruktur folgenden Einbindung. Auf der andern Seite darf die Benennung als Prinzip nicht zur rechtlichen Verharmlosung Anlass geben. Es steckt immerhin eine zusätzliche Dimension der Gerechtigkeit – intergenerationelle Gerechtigkeit – dahinter. Und nach vielen Seiten verpflichtet es den Gesetzgeber, dem Inhalt der Gesetze die akzentuierte Ausrichtung des Haushaltens und der Zukunftsorientierung beizumessen.

Insgesamt kann dem Prinzip der verfassungsrechtliche Auftrag entnommen resp. zugeordnet werden, in Rechtssetzung und Rechtsanwendung wie auch Rechtsdurchsetzung die Zukunftsdimension zu beachten und im Bereich des Ermessens die rechtsethisch begründete Verantwortung gegenüber den künftigen Generationen wahrzunehmen, in jedem Fall mit knappen Gütern – vom Wasser bis zum politischen Konsens – haushälterisch umzugehen; auch die kommenden Generationen sollen über die Chance verfügen, in Freiheit ihr Leben gewissenhaft zu gestalten und zwar im Spannungsfeld des Zieldreiecks von leistungsfähiger Wirtschaft, solidarischer Gesellschaft und natürliches Gleichgewicht suchender Ökologie.

## V.  Konkretisierung – Beispiele aufgrund und anhand der Verfassung

Die Verfassung lässt es nach dem Gesagten nicht bei einem überhöhten, allgemein gehaltenen Prinzip der Nachhaltigkeit bewenden. Vielmehr drängt sie die Nachhaltigkeit in konkrete öffentliche und private Aufgaben hinein und dringt sogar in sie ein. Dies soll an einigen Beispielen, die für den Ingenieur besonders interessant sind, erläutert sein. Die Auflistung ist nicht vollständig, das Gedankengebäude nicht gerundet, es ist alles bewusst exemplarisch gehalten. Zu bedenken ist aber allemal: *Das Prinzip der Nachhaltigkeit ist als verfassungsrechtliches Prinzip das Vorzeichen zur Klammer um alle relevanten öffentlichen Aufgaben von politischer, wirtschaftlicher, gesellschaftlicher und ökologischer Relevanz.* Der besondere Art. 73 BV, der ausdrücklich von der Nachhaltigkeit handelt, steht in diesem Sinne lediglich als Pars pro toto vor den besonders auf Nachhaltigkeit auszurichtenden Aufgaben der Raumplanung, des Umweltschutzes, der Wasserwirtschaft, der Walderhaltung usw.

Wie die Nachhaltigkeit den Gesetzgeber in Pflicht nimmt und wie sich also das Prinzip auf die Gesetzesstufe auswirkt, dies kann hier nicht weiter verfolgt werden, weil dies die gewählte Fragestellung auf verfassungsrechtlicher Ebene sprengen würde. Dennoch darf festgestellt werden: Die nachgeordnete Gesetzgebung achtet auf das Prinzip; sie wird aber gleichzeitig durch die Fakten zu verästelnden Regelungen genötigt. Nachvollziehbar ist dies an der ausufernden Umweltschutzgesetzgebung und an den Konflikten, welche die Raumplanung abwägend und koordinierend in Raum und Zeit zu meistern hat, beispielsweise beim Bauen ausserhalb des Siedlungsgebietes und bei der Einbindung von Einkaufszentren. Evident ist dies auch bei der Verkehrsgesetzgebung, welche Fragen von der auf Dauer tragbaren Mobilität bis zu verkehrsfreien Innenstädten und neuen strassen- und schienenseitigen Leistungsangeboten in Agglomerationen zu behandeln hat. Um so wichtiger ist es, das verfassungsrechtliche Prinzip im Auge zu behalten.

Die nachfolgend ausgewählten Beispiele – sie folgen vorweg dem Abschnitt über Umwelt und Raumplanung in der Verfassung (Art. 73 ff. BV) – sind möglicherweise äusserlich zu akzentuiert in Richtung sektoriell tätiger Ingenieure, Raumplaner, Architekten usw. gewählt, doch ist an die Untrennbarkeit von Bau und Betrieb, von Infrastruktur und Landschaft, von Leistungserbringung und Nachfrage, von Handeln und Nebenwirkungen, von Management und Volkswirtschaft zu denken, was letztlich den Ingenieur auch dort herausfordert, wo er von seinem Problemlösungsansatz gegenüber konkreten Einzelfragen her vermeintlich nicht zuständig ist. Immer aber stehen hier öffentliche Aufgaben, also Aufgaben des Staates, welche öffentliche Interessen berühren, im Vordergrund. Die rein privaten, die nicht in den Raum öffentlicher Verantwortung hineinreichen, werden hier nicht erwähnt, doch bleibt bemerkenswert, wie auch sie schnell einmal in jene Bereiche vorstossen, wo öffentliche Aspekte berührt werden: Bereits die Errichtung eines Einfamilienhauses sieht sich mit Fragen der Zonierung und der Erschliessung konfrontiert; der übergrosse Plakatanschlag im Sichtfeld des Autofahrers tangiert die polizeilich bedachte Sicherheit des Strassenverkehrs; die Wartung von Heizanlagen liegt im Interesse der Luftreinhaltung und die Verwendung leicht entflammbarer Baumaterialien würde die feuerpolizeiliche Sicherheit verletzen.

## 1.  Raumplanung

Gegenstand der Raumplanung (Art. 75 BV) bildet der Lebensraum in seiner Gegebenheit und in seiner Entwicklung unter Berücksichtigung stimmiger und abgestimmter Landschaft-, Siedlungs- und Transport-/Versorgungsstrukturen sowie ausgerichtet auf das wirtschaftliche und soziale Geschehen. Zentrales Anliegen ist dabei der Respekt vor dem Leben und dessen persönlichkeitsstarke Entfaltung in Staat, Wirtschaft und Gesellschaft vor dem Hintergrund der Vielfalt des natürlichen Lebens in Fauna und Flora. Ob die Raumplanung als Kommunal-, Regional-, Landes- oder gar Staaten erfassende und staatenübergreifende Planung, als gestaltende Stadtplanung oder als Planung des nicht urbanen Raumes betrieben wird, immer geht es darum, sich mit der Zukunft auseinander zu setzen, nicht um sie zu machen, sondern um das Leben zu allen Zeiten und über die Zeiten hinweg unter geordneten Verhältnissen im gegebenen Raum leben zu können und die Entscheidungen dabei so zu treffen, dass die Lebensqualität gewährleistet ist und bleibt – und dies bei gutem Gewissen gegenüber den kommenden Generationen.

Für den Ingenieur als Gesamt- und Teilplaner steht die Gesamtsicht, verbunden mit der Wahrnehmung der Veränderungen des Bestehenden und der mutierenden Anforderungen unter wechselnden Bedingungen der voranschreitenden Zeiten, im Vordergrund. Geht es um die Verkehrs- oder die Erschliessungsplanung – verstanden als Versorgungs- und Entsorgungsplanung – dann haben die planenden und ausführenden Ingenieure ihre Planungen mit den Aussagen der Raumplanung zur Landschafts-, zur Siedlungs- und zur Transport- und Versorgungsstruktur des massgebenden Raumes abzustimmen. Gleichzeitig ist der Ingenieur in seiner Verantwortung für jede einzelne konkrete Aufgabe angewiesen, auf das räumliche Geschehen und dessen Anforderungen Rücksicht zu nehmen – von der Planung und Realisierung einer Umfahrungsstrasse bis und mit der «Just in time»-Produktion in einem Industriebetrieb mit ihrem spezifischen Verkehrsaufkommen.

Art. 75 BV, also die Bestimmung, die von der Raumplanung handelt, drückt dies alles materiell mit dem Hinweis auf den Raum, die zweckmässige und haushälterische Nutzung des Bodens sowie die geordnete Besiedlung des Landes aus, doch bringt die Rückkoppelung zur Nachhaltigkeit den Zeitfaktor akzentuiert ins Spiel, wie sie auch das Abstimmen von wirt-schaftlichen, gesellschaftlichen und ökologischen Belangen in Raum und Zeit forciert.

Insgesamt erweist sich die Raumplanung als ein bedeut-sames Gefäss für die Umsetzung der Nachhaltigkeit in Raum und Zeit. Ihr erster Vorteil ist der direkte Rückbezug zu den konkreten Gegebenheiten des gegebenen Lebensraumes. Sie lädt den Ingenieur ein, seine Planungsfähigkeiten einzubringen und seine fachspezifischen Planungen, vom Brückenbau bis zum Verkehrsplan, von der Steuerung von Abläufen bis zur Ausle-gung von Produktionsprozessen, auf die räumlichen abzustim-men. Ihr zweiter liegt in der Erfahrung im Umgang mit wirt-schaftlichen, gesellschaftlichen und ökologischen Konflikten, wie sie im Raum, konkret im Lebensraum, nun einmal anfallen. Und ihr dritter Vorteil liegt im Ausgriff auf die Zukunft.

## 2. Umweltschutz

Stellt man auf den Wortlaut des Verfassungsartikels zum Um-weltschutz (Art. 74 BV) ab, so kann er als Immissionsabwehr (vorweg gegenüber Luftverunreinigungen, Lärm, Erschütterun-gen) zugunsten des Menschen und seiner natürlichen Umwelt verstanden werden. Diese Sicht wurde – zu Recht – bald einmal als zu eng erkannt, vor allem unter dem Einfluss einer ganzheit-lichen Betrachtungsweise. Umweltgefährdende Stoffe, ebenso Organismen, Abfälle, Belastungen des Bodens usw. mussten einbezogen werden. Gleichzeitig wurde der Bogen zum Land-schaftsschutz, zur Walderhaltung, zum Gewässer- und Strahlen-schutz geschlagen, auch wenn die Verfassung für jeden sektoral bezeichneten Bereich – äusserlich – eigene Gesetze zulässt. Technische Risiken erfasst der Umweltschutz in der Art und in dem Masse, wie diese die Umwelt, also jenseits der polizeili-chen und arbeitsrechtlichen Sicherheit, belasten könnten.

Das Prinzip Nachhaltigkeit, das mit dem Vorsorgeprinzip konkurriert, letztlich aber andere Akzente verfolgt, legt zusätz-lich nahe, die künftige Entwicklung einzubeziehen, insofern eine zukunftsorientierte Umweltplanung aufzubauen und diese mit der Raumplanung und der politischen Planung abzustimmen. Die Lehre spricht von der Ergänzung des objektbezogenen Umweltschutzes durch eine strategische Umweltplanung. Letztlich ist nicht entscheidend, ob der Lebensraum unter dem Titel der räumlichen Planung oder des Umweltschutzes erfasst wird, notwendig ist aber nach dem Prinzip der Nachhaltigkeit, dass nicht einseitig Umweltschutz betrieben, sondern gleichzeitig die Hinwendung zur Wirtschaft und zur Gesellschaft gesucht wird, stets unter dem Gesichtspunkt der Verantwortung gegenüber den kommenden Generationen. In diesem Sinne darf der Lebensraum nicht nur geschützt, er muss auch gestaltet werden und zwar im Kontext der politischen, wirtschaftlichen und gesellschaftlichen Entwicklung – indirekt ein Hinweis auf die enge und gleichzeitig nicht einseitige Verbindung von Raumplanung und Umweltschutz.

Der Ingenieur muss unter dem Titel des Umweltschutzes in Verbindung mit der Raumplanung und unter Beachtung des Prinzips der Nachhaltigkeit neu bedenken, wie die Zukunftstauglichkeit der Menschheit, lokal, regional, landes- und weltweit, erhalten werden kann – eine Herausforderung, vor die er sich bis vor wenigen Jahrzehnten noch nicht gestellt sah. Die Verfassung spricht diese Dimension nicht direkt an, doch folgt sie indirekt aus den eben erwähnten öffentlichen Aufgaben. Sein Denken weitet sich über das objektbezogene aus. Die Stärke des Ingenieurs liegt dabei im Umgang mit Sicherheit und Risiken, im Ermitteln von Massstäben der Sicherheit und im Abwägen von Risiken, aber auch im Errechnen von Reserven an Ressourcen und im Aufzeigen, wie mit ihnen über die Zeiten hinweg in die Zukunft hinein zu haushalten ist. Der kritische und heikle Punkt dürfte für das Ingenieurwesen wohl im Entwickeln von Indikatoren liegen, also von inhaltlichen Massstäben und Warnleuchten einerseits des Handelns und anderseits des Verzichts auf Handlungen. Diese Aufgabe setzt interdisziplinäre Fähigkeiten, insbesondere zu den Naturwissenschaften, den Informatik- und zu den Geistes- und Sozialwissenschaften voraus, überdies die Bereitschaft, über die eigene Sicht hinaus – gemessen an der sozialen Wirklichkeit – individuelle und soziale Verantwortung wahrzunehmen.

Die besonders zu akzentuierende Herausforderung für den nachhaltigen Umweltschutz bricht dort auf, wo er einerseits das ökologische Gleichgewicht verfolgen und anderseits die Ausbalancierung mit der wirtschaftlichen Leistungsfähigkeit und der gesellschaftlichen Solidarität wagen muss. Dafür gibt die Verfassung keine expliziten Massstäbe vor. Dies alles bedingt für den Ingenieur eine breite Sicht in zahlreichen Bereichen des politischen, wirtschaftlichen, sozialen und ökologischen Geschehens.

## 3.  Forstwirtschaft

Die Bundesverfassung widmet dem Wald und damit indirekt dem Forstingenieurwesen einen besonderen Artikel (Art.77 BV). Darin wird von den Schutz-, den Nutz- und den Wohlfahrtsfunktionen des Waldes gesprochen; auch wird dem Schutz des Waldes und seiner Erhaltung das Wort geredet. Sinngemäss geht es für den Verfassungsgesetzgeber um die Erhaltung des Waldes und zwar nach seiner Fläche und seiner Lage sowie gleichzeitig um die Mehrung der Qualität, wobei die Nutz- die andern Waldfunktionen nicht einseitig dominieren soll. Dass dabei die Nachhaltigkeit, die traditionellerweise mit dem Forstwesen als Verbot der Übernutzung verbunden ist, nicht ausdrücklich erwähnt wird, hängt einzig mit dem Voranstellen der Nachhaltigkeit (Art. 73 BV) im Abschnitt über Umwelt und Raumplanung (Art. 73 ff. BV), in dem sich der Artikel über den Wald befindet, zusammen. Die dortige Formulierung des Prinzips der Nachhaltigkeit deckt sich im Übrigen mit derjenigen, wie sie für den Wald seit rund einem Jahrhundert als selbstverständlich angesehen wird.

Da die Waldfläche einen erheblichen Teil des Raumes ausmacht und zur Landschaftsgestaltung des Nicht-Siedlungsgebietes beiträgt, darf das Bezugsfeld zur Raumplanung nicht ausser Acht gelassen werden. Rechtlich folgt dies aus der systematischen Nähe im gleichen Abschnitt der Verfassungsurkunde. Sachlich gilt dies auch unter dem Gesichtspunkt der Belastungen des Raumes durch Ausdehnungen des Siedlungsgebietes, durch Neuerrichtung von Infrastrukturanlagen, durch Freizeitaktivitäten, die insgesamt vor Waldflächen nicht Halt machen. Die ökologische Komponente der Wälder bedingt im übrigen Interaktionen mit dem Umweltschutz. Mit der Integration der Bestimmung über den Wald in den systematischen Kontext von Raumplanung und Umweltschutz dürfte der Gesetzgeber angewiesen sein, die bis anhin relativ isolierte, selbständige Gesetzgebung über den Wald materiell und formell noch näher an diese Rechtsgebiete heranzuführen und für eine koordinierte Anwendung der massgebenden Gesetze besorgt zu sein. Daraus könnte früher oder später eine Raum-/Umweltplanung entstehen, welche die «Waldplanung» einbezieht. Bei Bannwäldern des Erosions- und Lawinenschutzes, deren Erhaltung für die Siedlungen unabdingbar ist, ist dies evidenterweise vorgegebenen: Die Siedlungs- und die Waldplanung bedingen sich gegenseitig.

Für den planenden und letztlich auch bauenden und sogar Anlagen betreibenden Ingenieur ist der sachliche Konnex einer gesamträumlichen Würdigung in jedem einzelnen Fall zu beachten, geht es doch letztlich bei Bauten und Anlagen immer um die Einbindung in die Landschaft, die den Wald einschliesst. Der Wald ist sogar Teil des Landschaftsbildes, das erhaltens- und/oder gestaltungswürdig sein kann. Bei der Wahl von Linienführung für Verkehrsachsen des Strassen- und Schienenverkehrs, sei es in der offenen Landschaft des Mittellandes, sei es in den Alpen, wird dies offenkundig.

## 4.  Wasserwirtschaft

Der Umgang mit dem Wasser wird durch die Verfassung in einem einzigen Artikel zusammengeführt. Wasservorkommen, Wasserbau, qualitativer und quantitativer Gewässerschutz und die Wassernutzung (Verbrauch, Kühlung, Kraftnutzung usw.), gleichsam die gesamte Wasserwirtschaft, werden in einen sich rundenden sachlichen Zusammenhang gestellt (Art.76 BV). Der sachliche Geltungsbereich reicht bis zur Sicherheit der Stauanlagen und zur Beeinflussung der Niederschläge. Massgebend ist aber vor allem die gesamtwasserwirtschaftliche Sicht, doch bleibt sie dank des Rückbezuges zur Raumplanung und zum Umweltschutz nicht bei einer sektoralen Betrachtung stehen. Vielmehr sucht sie die übergreifenden sachlichen Zusammenhänge, erkennbar dort, wo es um Aspekte der Versorgung und Entsorgung, um die Wasserreinhaltung zugunsten der Unterlieger, den Schutz von Grundwasservorkommen und die Verbindung zur offenen Landschaft und das Verhältnis von Stauseen, Restwassermengen usw. und Landschaftsschutz geht.

Das Prinzip der Nachhaltigkeit bringt zusätzlich die Akzentuierung der haushälterischen Wassernutzung mit sich und verlangt überdies nach einer gesamtwasserwirtschaftlichen Planung, welche die langfristige Klimaentwicklung einbezieht. Die haushälterische Nutzung des Wassers ist in Art. 76 Abs. 1 BV ausdrücklich erwähnt. Die grossräumigen und örtlichen Wasserversorgungen können ohne die Siedlungsstruktur und ohne die Abschätzung der wirtschaftlichen und gesellschaftlichen wie auch der demographischen Entwicklung nicht geplant werden, wobei die Raumplanung sowohl mit Angaben zum tatsächlichen und räumlich interpretierbaren Bedürfnis als auch nach der örtlichen resp. regionalen Verfügbarkeit zur Seite stehen kann. Der Wasserbau, der während Jahrzehnten eine dominierende Rolle spielte, später aber eher vernachlässigt wurde, erlebte in der jüngsten Zeit aufgrund des Postulates der Revitalisierung kanalisierter Fluss- und Bauläufe erhöhte Beachtung, erfordert aber allein schon deshalb eine Neubewertung, weil sich die Siedlungen in die Gefahrenzonen von potenziellen Überschwemmungsgebieten hinein auszudehnen beginnen, was unter intergenerationellen Gesichtspunkten die Überprüfung der baulichen Massnahmen sowie der Gefahrenzonen aufdrängt, selbstredend nicht ohne Rücksicht auf die Erfordernisse des Naturschutzes.

Besonders heikel dürfte die Aufgabe für den Ingenieur sein, sowohl die technischen Fährten zu verfolgen als auch die Brücken zum menschlichen Verhalten zu schlagen, das erfahrungsgemäss realisierte Gefahren tosender Wildbäche und eingetretener Überschwemmungen auf Zeit überschätzt, potenzielle eher verdrängt, wie dies auch in andern Gefahrenbereichen der Fall zu sein scheint.

## 5. Bauwesen

Der Bauwirtschaft und der Bauplanung sowie dem Bauwesen widmet die Verfassung vermeintlich kein Wort; dies erstaunt, zumal die Bauwirtschaft einen herausragenden Platz in der Binnenwirtschaft einnimmt. Sie ist wirtschafts- und sozialrelevant.

Allerdings sind zahlreiche Vorschriften auszumachen, welche die Bauwirtschaft berühren, so jene über die Wohnbauförderung (Art. 108 BV), das Mietwesen (Art. 109 BV), den Verbrauch von Energie bei Gebäuden (Art. 89 BV) und über die haushälterische Bodennutzung (Art. 75 BV). Weitere Aspekte der Ordnung des Bauens sind, wenn auch indirekt, in den Verfassungsbestimmungen über das Zivilrecht (Art. 122 BV), über die Eigentumsgarantie (Art. 26 BV), die Raumplanung (Art. 75 BV), die öffentlichen Werke und den Verkehr (Art. 81 ff. BV), über die Wirtschaftsverfassung (Art. 94 ff. BV), über die Unfallversicherung (Art. 117 BV) usw. enthalten. Selbst das Umweltschutzrecht (Art. 74 BV) äussert sich auf der Gesetzes- und Verordnungsstufe zu nicht unwesentlichen Aspekten des Bauens und der Bauten, vor allem im Zusammenhang mit dem Lärm und den Luftbelastungen, dann aber auch im Hinblick auf den Schutz vor technischen, die Umwelt belastenden Risiken und hinsichtlich der Beseitigung der Altlasten in Böden.

Dieses Regeln von verschiedenen Seiten her hat damit zu tun, dass das Baurecht im engeren Sinne zum kantonalen Recht gezählt und aus der Bundesverfassung gleichsam ausgeklammert wird. Kurzum, das Bauwesen ist zwar einerseits durch das kantonale Planungs- und Baurecht bestimmt, wird aber zunehmend auf Bundesebene durch das eidgenössische Wirtschafts-, das Zivil-, das Umwelt-, das Energie- und das Unfallversicherungsrecht sowie die Grundsätze der Raumplanungsgesetzgebung geprägt.

Das Prinzip der Nachhaltigkeit verlangt auch hier vorweg und vor allem nach einem direkten Bezug zur Raumplanung, da die Zukunftsaspekte, soweit sie über einzelne Bauten hinausreichen, von ihr erfasst werden. Die Beschränkung der räumlichen Ausdehnung des Siedlungsgebietes bezweckt nebenher eine haushälterische Bodennutzung und eine ökonomische Denkweise im Bereich der öffentlichen Aufwendungen für die Versorgung und Entsorgung. Vor allem aber nimmt die Bundesverfassung unter dem Gesichtspunkt der Nachhaltigkeit den Verbrauch von Energie in Gebäuden ins Visier. Die Tatsache, dass Bauten und Anlagen ein überdurchschnittliche Lebensdauer aufweisen, macht es unumgänglich, bei bestehenden und neu zu errichtenden den Energieverbrauch zu minimalisieren. Sie war dem Verfassungsgesetzgeber von so grosser Bedeutung, dass er sich nicht scheute, eine kantonale Zuständigkeit – Energieverbrauch in Gebäuden – auf der Ebene der Bundesverfassung zu betonen, um damit die materielle Verpflichtung zum sparsamen und rationellen Energieverbrauch zu verknüpfen (Art. 89 Abs. 4 BV in Verbindung mit den Abs. 1– 3 leg. cit.). Sie ist für die Ingenieure von besonderer Relevanz, geht es doch darum, eine der ergiebigsten Quellen für die Reduktion des Energieverbrauchs in den Griff zu bekommen. Dabei sind nicht nur die Bauingenieure, sondern auch die Elektroingenieure (nebenbei: auch die Architekten!) usw. gefordert.

## 6. Infrastrukturplanung

Da die Verfassung nicht nach rein logischen Gesichtspunkten aufgebaut ist, darf es nicht verwundern, dass der Begriff der Infrastruktur ihr nicht eigen ist. Er wäre wohl auch schwer zu definieren, umfasst aber in etwa jene lebensnotwendigen Einrichtungen, die seitens der Allgemeinheit zur Verfügung gestellt sein müssen, damit das wirtschaftliche und soziale Leben gedeihen können. Die Verfassungsurkunde spricht – positiv – von öffentlichen Werken und vom Verkehr (Art. 81 ff. BV), hier besonders deutlich von den Nationalstrassen (Art. 83 BV), den Eisenbahnen (Art. 87 BV) und den Eisenbahngrossprojekten (Art. 196 Ziff.3 Übest. BV), dann vom Transport von Energie (Art. 91 BV) und von der Grundversorgung mit Post- und Fernmeldediensten (Art. 92 BV), von der bereits erwähnten Wasserversorgung (Art. 76 in Verbindung mit Art. 75 BV) usw.

Dem verfassungsrechtlichen Denken der nun novellierten Verfassung von 1874 war, wenn auch unausgesprochen, die Auffassung eigen, die Verantwortung für die Errichtung und den Unterhalt der Infrastruktur liege letztlich beim Gemeinwesen, evident im Strassenwesen. Selbst dort, wo der Staat über Monopolkonzessionen die Errichtung und den Betrieb der Infrastruktur Dritten überband, nahm er stets Aufsichtsfunktionen wahr, die Gewähr für den Bestand der Infrastruktur gaben. Diese Grundauffassung ist geblieben, nicht zuletzt mit dem von Seiten der EG her entwickelten Ansatz, Infrastruktur und Benützung derselben zu trennen, was zulässt, dass die Verantwortung für die Infrastruktur bei der öffentlichen Hand bleibt, während die Benützung bei sog. «free access» Dritten überlassen bleibt. Diese Trennung bringt es allerdings mit sich, dass die Grundversorgung (service public) mit Infrastruktur und entsprechenden Dienstleistungen durch den Gesetzgeber näher ausgeführt werden muss.

Das Prinzip der Nachhaltigkeit führt aus sich heraus, gleichsam per se, nicht zu einer andern Art von Infrastrukturplanung, sie bringt aber die räumliche Entwicklung und den Umweltschutz und die Infrastrukturanlagen wie auch die Definition der Leistungsaufträge an die Leistungserbringer in einen sachlichen, räumlichen und vor allem auch zeitlichen Zusammenhang, wobei der Akzent der Zukunftsverantwortung gegenüber den aktuellen und künftigen Anspruchshaltungen im Vordergrund steht. Auch hier erweist sich die Raumplanung als ein Gefäss, das erlaubt, wirtschaftliche und gesellschaftliche wie auch ökologische Anforderungen zusammenzuführen, gemeinsam zu bewerten und in der Folge abzustimmen. Auf alle Fälle kann eine Infrastrukturplanung auf kommunale, regionale und auch landesweite, raumbezogene Erkenntnisse zur wirtschaftlichen wie auch gesellschaftlichen und ökologischen Entwicklung nicht verzichten, denn nur sie erlauben einen verantwortungsvollen Blick in die Zukunft.

Weil die Leistungserbringer öffentlicher Dienstleistungen, welche früher die Infrastruktur gebaut, unterhalten und betrieben haben, sich immer mehr aufgrund von Privatisierung und Deregulierung dem staatlichen Einfluss entziehen, wird die Infrastrukturplanung, auf die der Staat Einfluss nimmt, unter dem Gesichtspunkt der Nachhaltigkeit sogar wichtiger, insbesondere im Verbund mit der Raumplanung und diese mit dem Umweltschutz. Dass dabei der Bodenverbrauch bescheiden zu halten ist, dass mittels der Technik Steuerungs- und Lenkungschancen, welche den Zwang zum ziellosen Ausbau der Infrastruktur reduzieren, wahrgenommen werden sollen, das versteht sich von selbst.

## 7. Verkehrwesen

Die Verkehrsverfassung – innerhalb der Bundesverfassung – ist wenig konzis gefasst. Sie entwirft kein geschlossenes Bild der öffentlichen Anforderungen an den Verkehr und damit der Ausrichtung der Verkehrspolitik. Sie handelt im wesentlichen vom Strassenverkehr (Art. 82 BV), von den Nationalstrassen (Art. 83 BV) und von den Eisenbahnen samt weiteren Verkehrsträgern (Art. 87 BV). Ferner spricht sie die Finanzierung des Strassenverkehrs und der damit im Zusammenhang stehenden Aufwendungen an (Art. 85 und Art. 86 BV). Einen Akzent setzt sie zugunsten der Verlagerung des Gütertransitverkehrs von der Strasse auf die Schiene (Art. 84 BV). Separat erfasst sind das Post- und Fernmeldewesen (Art. 92 BV) und die Rohrleitungsanlagen (Art. 91 Abs. 2 BV). Das Prinzip der Nachhaltigkeit gibt der Verkehrsverfassung insofern eine neue Ausrichtung, als es sich einer Überbewertung des Verkehrs widersetzt und darauf achtet, dass Wirtschaft, Gesellschaft und ökologisches Gleichgewicht in ihrem Werden auf weite Sicht hinaus je für sich haushaltend vorankommen und sich nicht gegenseitig gefährden.

Am Verkehrswesen, umfassend den materiellen und den immateriellen Verkehr, muss den Ingenieur nicht nur die Infrastruktur, sondern das Angebot an Verkehrsleistungen sowie die Nachfrage darnach interessieren – und dies alles örtlich und zeitlich sowie nach den wirtschaftlichen und sozialen Gründen und hinsichtlich der ökologischen Auswirkungen. Die Verfassung ist in diesem Punkt vermeintlich wenig luzid, äussert sie sich doch nicht in klaren Worten zur Mobilität, zur Verkehrswirtschaft, zur Wahl der Verkehrsmittel, auch wenn sie die freie Wahl der Verkehrsmittel – eine Folge des verfassungsrechtlich vorausgesetzten Wettbewerbs zwischen den Verkehrträgern – und letztlich auch die Mobilität von Personen und für Güter voraussetzt sowie die Wirtschaftsfreiheit für die Verkehrsunternehmungen anvisiert, indem sie den Wettbewerb in den Verkehrsmarkt hineinträgt (Art. 81 ff. und Art. 92 BV). Vor allem setzt die Verfassung keinen äusserlich sichtbaren Link zum immateriellen Verkehr (aufgrund des Fernmeldewesens gemäss Art. 92 BV), der für die langfristige Verkehrsplanung von wachsender Bedeutung wird.

Um so klarer sind die Aussagen zur Raumplanung und zum Umweltschutz (Art. 75 und 74 BV); sie stellen Anforderungen an die Verkehrsplanung und an die Projektierung der Infrastruktur und des Betriebes. Nebenbei: Die Verkehrsgesetzgebung äussert sich kaum zur Verkehrsplanung; sie überlässt dies weitgehend der Raumplanung, die denn auch nicht zögert, auf kommunaler, regionaler und kantonaler Ebene «Teilpläne» des Verkehrs aufzustellen. Auch auf Bundesebene sind Sachpläne zum Verkehr auszumachen. Weder Raumplanung noch Umweltschutz dürfen die freie Wahl des Verkehrsmittels und den Bau von Nationalstrassen, Eisenbahneinrichtungen usw. grundsätzlich in Frage stellen, zumal Strassen resp. Eisenbahnen und Luftverkehr usw. wie auch Raumplanung und Umweltschutz öffentliche Aufgaben derselben Rechtsstufe, eben der Verfassung, sind. Interessanterweise enthält die Verfassung keine prägende Aussage zur Förderung des öffentlichen Verkehrs, auch wenn sie in den Übergangsbestimmungen, wie erwähnt, Akzente zugunsten von Eisenbahngrossprojekten setzt (Art. 196 Ziff. 3 Übest. BV). Es darf deshalb von den jüngeren Bestimmungen über den alpenquerenden Transitverkehr und die Schwerverkehrsabgaben sowie die Eisenbahngrossprojekte nicht auf eine allgemeine verfassungsrechtliche Vorgabe zugunsten des öffentlichen und wider den privaten Verkehr geschlossen werden. Die Verfassung äussert sich zu beiden Bereichen des Verkehrs, sowohl zum öffentlichen als auch zum privaten, positiv.

Im Übrigen sind Brücken zur Energiepolitik (Art.89 BV) geschlagen, die ihrerseits eng mit dem Nachhaltigkeitsprinzip verbunden ist, zumal sie nach einem sparsamen und rationellen Energieverbrauch ruft, gerade auch für den Verkehrsbereich ruft (Art. 89 Abs.2 BV): Sparsamer und rationeller Energieverbrauch im Verkehrswesen. Dies muss die Ingenieure – und zu alledem nicht nur sachlich, sondern sogar verfassungsrechtlich – herausfordern! Dabei werden die technischen Anforderungen an Fahrzeuge, Anlagen und Geräte, aber auch die Substituierung des materiellen Verkehrs durch den immateriellen, die Siedlungsstruktur und dadurch die Raumplanung, das menschliche Verhalten in Raum und Zeit sowie seine Beeinflussbarkeit zum Thema. Darüber hinaus sind die ethischen und sozialen Grenzen der Mobilität im Hinblick auf «eine auf Dauer tragbare Mobilität» angesprochen.

## 8.    Schutz der Gesundheit

Dass sich Ingenieure mit dem Gesundheitswesen befassen können und möglicherweise sogar sollen, ist nicht allgemein bekannt. Zwar gibt es von den Gesundheitsökonomen über die Mediziner bis zu den Versicherungsmathematikern eine grosse Zahl von Spezialisten, doch fehlt es an Problemlösern, welche die gesamte Palette auf der Basis interdisziplinär beigebrachter Aussagen zu bearbeiten wissen. Dazu könnten Ingenieure als

Ingenieure berufen sein, sofern sie bereit sind, diese Thematik aufzunehmen.

In Art. 118 BV findet sich eine Bestimmung über die Gesundheit. Auch wenn in diesem Artikel in erster Linie Fragen der Humanernährung berührt werden, so schlägt er doch den Bogen zu den Chemikalien und Gegenständen, welche die Gesundheit gefährden können. In einem umfassenderen Sinne kann gesagt werden, dass die Verfassung im Zusammenhang mit dem Sozialversicherungswerken (Art. 111 ff. BV), dann aber auch unter dem Titel des Umweltschutzes (Art. 74 BV) wie auch mit den Sozialzielen (Art. 41 BV) und dem Recht auf Leben (Art. 10 BV) dem Faktor Gesundheit einen hohen Stellenwert beimisst, der bei der Erfüllung aller öffentlichen Aufgaben zu berücksichtigen ist. Gefahren für Leib und Leben sind dem Geist der Verfassung entsprechend zu minimieren, zu vermeiden, auch wenn der Text der Urkunde dies nicht so ausdrückt.

Obwohl die Verfassung kein Grundrecht auf Gesundheit kennt – so wenig wie ein solches auf eine heile Umwelt! – ist ihr die Gesundheit ein Anliegen, sei es im forschungsmässigen Kontext von Technik–Naturwissenschaften–Humanmedizin, sei es bei der Entwicklung von Produkten, sei es bei Arbeitsprozessen und betrieblichen Abläufen, sei es bei der Errichtung von Bauten und Anlagen. Der Beitrag der Ingenieure – von den Materialwissenschaften über die Elektrotechnik und die Robotik bis zu den Informationstechnologien und Systemwissenschaften – mag in einer ersten Phase den inneren Bereich des Konnexes von Technik–Naturwissenschaften–kurative Medizin – von der Diagnostik über die Operationstechniken bis zur Pharmazie – beschlagen, in einer zweiten geht es um das Gesundheitswesen in allen seinen Facetten. In diesem weiten Sinne haben die Ingenieure als Problemlöser im Gesundheitswesen einen Gegenstand vor sich, der nach ganzheitlichen Problemlösungen geradezu drängt, sogar dringend.

Was Nachhaltigkeit im Gesundheitswesen bedeutet, ist erst noch zu bedenken. Auf alle Fälle sind wirtschaftliche Leistungsfähigkeit und gesellschaftliche Solidarität wichtige Faktoren für eine Genesung des in sich, gemessen an den finanziellen Belastungen, eher «kranken» Gesundheitswesens. Ob die Nachhaltigkeit einen Beitrag an die Selbstverantwortung der Menschen sich und den kommenden Generationen gegenüber zu leisten vermöchte? – Eine von vielen der offenen Problemstellungen, die dringend zu meistern sind, dürfen doch die Kosten des Gesundheitswesens nicht als Damoklesschwert über den kommenden Generationen hängen.

## 9.    Sicherheit

Eine Verfassungsbestimmung (Art. 57 BV) handelt nach ihrem Marginale explizit von der Sicherheit – jedoch nicht in einem allgemeinen Sinn, und schon gar nicht von der technischen. Die Bestimmung visiert vorweg und vor allem die militärische und polizeiliche Sicherheit des Landes sowie den polizeilichen, feuerwehrtechnischen und sanitätsmässigen Schutz der Bevölkerung an. Es geht also bei der fraglichen Bestimmung nicht um die Sicherheit von Anlagen und Bauten sowie die Sicherheit beim Bauen, nicht um die Sicherheit gegenüber Naturgewalten und auch nicht um die Sicherheit in sozialen, wirtschaftlichen, ökologischen Belangen, vor allem auch nicht um die Sozialversicherungen. Solche Aspekte werden anderweitig durch die Verfassung hinreichend und ausführlich, wenn auch eher indirekt, hervorgehoben (Art. 74, 98, 99, 100, 102, 111 ff. BV), so beispielsweise hinsichtlich des Arbeitsmarktes im Artikel über die Konjunkturpolitik mit ihren Zielen der Verhütung von Arbeitslosigkeit und Teuerung (Art. 100 BV). Die soziale Sicherheit, der neben der militärischen und polizeilichen eine erhöhte Bedeutung zukommt, wird über die Sozialziele (Art. 41 BV) anvisiert. Der Begriff selbst erscheint immerhin im Abschnittstitel zu Art. 108 ff. BV. Die wohl wichtigste Sicherheit, die vom Gemeinwesen zu gewährleisten ist und konsequent gehandhabt werden muss, ist die Rechtssicherheit. Die Verfassung spricht sie nur indirekt an, doch folgt sie aus der Rechtsstaatlichkeit der Verfassung. Sie ergänzt das materielle Rechtsanliegen der Gerechtigkeit (und der Zweckmässigkeit?). Nach dieser besonderen Art verfasster Rechtsstaatlichkeit hebt sie sich von der polizeilichen, wirtschaftlichen und sozialen Sicherheit ab. Sie überragt diese.

Die ausdrückliche Erwähnung der Sicherheit in einem sehr allgemeinen Sinn mag sich für den Verfassungsgesetzgeber angesichts der Vielfalt der Aspekte, die mit der Sicherheit einhergehen, erübrigt haben. Dem ist gut so, zumal Sicherheit weder durch den Staat noch durch die Gesellschaft und auch nicht durch einzelne Wissenschaften und Berufe gewährleistet werden kann. Sicherheit ist letztlich ein Ziel und betrifft eine optimierte Reduktion von Gefahren, die der gesellschaftlichen Billigung und der demokratischen Legitimierung bedarf. Es ist eine der Aufgaben der Ingenieure, Sicherheit auf dem höchstmöglichen Stand des Wissens unter sorgfältigem Abwägen von akuten und potenziellen Gefahren anzustreben, ohne darüber das politische, wirtschaftliche und gesellschaftliche Leben in Ketten zu legen. Das Sicherheitsstreben darf die Kräfte, die im Spannungsfeld von Sicherheit und Risiko liegen, nicht zum Erlahmen bringen. Festzuhalten ist: Sicherheit stellt kein Grundrecht dar; auch als soziale Sicherheit ist sie als eine Summe von Zielen zu verstehen (Art. 41 BV).

Auffallend ist aber doch: Die neue Bundesverfassung betont den Aspekt der Sicherheit stärker als die abgelöste von 1874 und mit den Verknüpfungen von ordentlichen und ausserordentlichen Lagen, von äusserer und innerer Sicherheit, von durch die Gesetzgebung und die Rechtsadressaten wie auch durch die Polizei zu gewährleistender Ordnung und nicht zuletzt von Kosten und Nutzen baulicher, technischer und umweltbezogener, dann aber auch von sozialer und wirtschaftlicher Absicherung ruft sie geradezu nach «ingenieurmässig» bedachten Vorgehensweisen zur Problemlösung. Sie betreffen über Einzelanlagen hinaus Konzeptionen der materiellen Sicherheit in allen erwähnten Bereichen genau so wie das notwendige und also geplante, formell organisierte Ineinanderwirken aller in Sicherheitsbelangen beteiligter Organe und Organträger.

Sicherheit, so facettenreich sie ist, bleibt letztlich als gesellschaftliches Bedürfnisphänomen für morgen und übermorgen unteilbar; es schliesst, wo, in welcher Art und wann immer es sich offenbart, politische, wirtschaftliche, gesellschaftliche, ökologische und technische Aspekte ein und antizipiert Künftiges. Damit ist die Frage nach der Sicherheit wesensmässig in den Nachhaltigkeitsprozess involviert. Dieser hält die Debatte um die polizeiliche, die militärische, die wirtschaftliche und die soziale wie auch die ökologische Sicherheit an, in die Zukunft zu schauen und mit den anvertrauten Ressourcen und Potenzialen bewusst zu haushalten.

## 10.  Energie

Es genügt ein kurzer Hinweis. Die Energie ist in ihrer Nachhaltigkeitsdimension in andern Zusammenhängen bereits ausreichend erwähnt. Die Verfassung widmet jedoch der Energiepolitik Sätze, die eindrücklich aufzeigen, um was es bei der Nachhaltigkeit geht, beispielsweise in Art. 89 BV:

«Bund und Kantone setzen sich im Rahmen ihrer Zuständigkeiten ein für eine ausreichende, breit gefächerte, sichere, wirtschaftliche und umweltverträgliche Energieversorgung sowie für einen sparsamen und rationellen Energieverbrauch.

Der Bund legt Grundsätze fest über die Nutzung einheimischer und erneuerbarer Energien und über den sparsamen und rationellen Energieverbrauch.

Der Bund erlässt Vorschriften über den Energieverbrauch von Anlagen, Fahrzeugen und Geräten. Er fördert die Entwicklung von Energietechniken, insbesondere in den Bereichen des Energiesparens und der erneuerbaren Energien.

Für Massnahmen, die den Verbrauch von Energie in Gebäuden betreffen, sind vor allem die Kantone zuständig.

Der Bund trägt in seiner Energiepolitik den Anstrengungen der Kantone und Gemeinden sowie der Wirtschaft Rechnung; er berücksichtigt die Verhältnisse in den einzelnen Landesgegenden und die wirtschaftliche Tragbarkeit.»

## 11. Systemtechniken, Systemplanung

Die für Ingenieure so wichtigen Begriffe der Systemtechniken und Systemplanungen erscheinen nicht in der Verfassung, was verständlich ist, zumal sie sich nicht zu Methoden äussert, was zweifellos richtig ist, zumal Methoden ändern und weil nur die Methodenfreiheit und Methodenvielfalt die Annäherung an bessere Resultate erlauben. Sie weisen aber hinüber zu Bereichen der «ingenieurmässigen» Inter- und Transdisziplinarität, konkreter auf das Zusammenwirken von Elektroingenieuren, Informatikern, Maschineningenieuren, Materialwissenschaften usw. bis hinüber zur kurativen Medizin, zu den Naturwissenschaften mit Einschluss der Genforschung usw., was immer eben die zu bearbeitenden komplexen Aufgaben resp. Problemstellungen erfordern. Spannend daran, dass in aller Regel auch die Geistes- und Sozialwissenschaften involviert sind. Geht es beispielsweise um den Betrieb von Verkehrseinrichtungen, so kommt sehr viel auf das menschliche Verhalten und auf die ökonomischen und rechtlichen Randbedingungen an, die in der Regel mehr sind als förmliche Bedingungen am Rande, da sie auf den Inhalt und hier bis auf die realistisch realisierbaren Möglichkeiten durchschlagen. Ähnliche Überlegungen gelten für die Sicherheitspolitik, dann auch für die Gesundheitspolitik, nicht minder für die Landwirtschafts- und sogar für die Konjunkturpolitik.

Befragt man nun die Verfassung, so handelt diese zwar nicht von ganzheitlichem und vom systemorientierten Denken, doch wendet sie sich nicht nur nicht dagegen, sondern sie sucht, wenn auch nicht expressis verbis, aus sich heraus die ganzheitliche Rechtsanwendung und von dort her die zweckmässige, abgestimmte Erfüllung öffentlicher Aufgaben. Dies mag erstaunen, zumal sie sich äusserlich an sektoralen Belangen orientiert – von den Nationalstrassen (Art. 83 BV) bis zur Unterstützung Bedürftiger (Art. 115 BV). Da aber die Verfassung als grundlegende Normstufe die Einheit der Rechtsordnung vorformiert, verlangt sie geradezu – auch gegenüber einzelnen, eher sektoralen Problembereichen, sicherlich aber gegenüber komplexen

Sachverhalten – nach einer ganzheitlichen Sicht und von dort nach einem Einkreisen und Zuordnen offener Fragen. Sie tut dies als Rechtsordnung mit dem unausgesprochenen Hinweis auf die Unabdingbarkeit einer formell und materiell koordinierten Rechtsanwendung, über die sie den tieferen Sinn, die ratio, zur Geltung bringt und Rechtssicherheit fördert.

Diese rechtliche Basis begünstigt das systemische Arbeiten und bezieht also die Ingenieure mit ihren Systemtechniken in das Erfassen und Durchdringen von Problemen ein. Es ist – verfassungsrechtlich betrachtet – primär die Einheit der Rechtsordnung, welche das Zusammenführen gebietet, sekundär ist es auch das Nachhaltigkeitsprinzip, das sich über die intergenerationelle Verantwortung und über das Zusammenführen von politischer Redlichkeit, wirtschaftlicher Leistungsfähigkeit, gesellschaftlicher Solidarität und ökologischem Gleichgewicht dem Zersplittern von Aufgaben entgegensetzt, um die Zukunftsverantwortung überhaupt wahrnehmen zu können. Darauf können die Ingenieure aufbauen; sie können einen substanziellen Beitrag leisten – gerade auch über ihre Methoden der Problemerfassung und Problemdurchdringung.

## 12. Managementmethoden

Dass sich Ingenieure mit Managementmethoden befassen und befassen müssen, ist nicht näher zu erläutern. Errichtung und Betrieb eines Flughafens – beispielsweise – bedingen nicht nur technische Planungen, sondern Realisierungsschritte bis und mit dem Aufbau von Betriebserfahrungen. Das Entwickeln von Vorgängen, von Produktions- und Arbeitsprozessen wird sodann vor allem im Umfeld des Engineerings bewusst. Das Bedenken und das Vermeiden resp. Nutzbarmachen von beabsichtigten und auch der nicht vorhergesehenen Wirkungen gehört zudem zum Auftrag jeder ingenieurmässigen Problemlösung. Die Feststellung, dass die Verfassung die Anwendung von solchen Vorgehensweisen nicht vorschreibt, aber auch nicht behindert, dürfte nach dem bereits früher Gesagten nicht überraschen.

Indirekt spricht das «Grundgesetz» insofern von Managementmethoden, als sie für den Verwaltungsbereich die politische Planung (Art. 180 Abs. 1 BV) anspricht, die Budgetierung hervorhebt (Art.126, 167, 183 BV) und vom Parlament die Wirkungskontrolle (Art. 170 BV) verlangt, was indirekt auch die Regierung zu dieser anhält. Ob damit der heute geläufig gewordene Begriff des New Public Management (NPM) abgedeckt ist, bleibt eine Definitionsfrage, wichtig ist allein, dass die Verfassung für die öffentlichen Belange – innerhalb der Zentralverwaltung und gegenüber der ausgelagerten Verwaltung, teilweise sogar gegenüber privatisierten Unternehmungen, die öffentliche Aufgaben erfüllen – so genannte Managementmethoden ins Spiel bringt, die auch von Ingenieuren betreut werden können, sicherlich bei grossen Beschaffungen, bei Bauten und Anlagen (beispielsweise Bahn 2000, NEAT), Sozialversicherungswerken usw.

Dies lässt den Schluss auf eine verfassungsrechtliche Öffnung gegenüber der Verwendung wissenschaftlich entwickelter administrativer, betriebswirtschaftlicher, sozial-empirischer usw. Methoden zu. Das Prinzip der Nachhaltigkeit handelt zwar nicht davon, doch ruft es nach einem Denken, Planen und Handeln, das in die Zukunft weist und Wirkungen des initiierten Tuns misst sowie bewertet. Gefragt sind nicht nur Methoden des Realisierens, sondern auch solche der Auseinandersetzung mit der Zukunft. Sie reichen über das Management hinaus und führen in die Nähe von Bildern möglicher zukünftiger Entwicklungen oder gar von Prognosen. Sie stehen alle im Dienst des Prinzips der Nachhaltigkeit, sofern und soweit sie die Verantwortungswahrnehmung gegenüber den künftigen Generationen begünstigen.

## 13.  Mediationsverfahren in eigener Sache

Die neue Verfassung äussert sich selbstverständlich zum Rechtsschutz und zu Rechtsschutzverfahren (Art. 29 und 29a BV, Art. 122, Art. 188 ff. BV). Hingegen erwähnt sie nicht die im Rahmen von Unstimmigkeiten zunehmend häufiger angewandten Streitschlichtungsverfahren auf der Basis sich verstehender und die Sache darlegender Vermittlungen. Es geht um Schiedsgerichte, dann aber auch um sog. Mediationsverfahren des vermittelnden Aufeinanderzugehens ausserhalb der Gerichtsbarkeit. Die Verfassung schliesst sie nicht aus, auch wenn sie sich deutlich genug für die staatliche Gerichtsbarkeit engagiert, welche die so wichtige, weil Qualitäten sichernde und weiterführende Pflege des Rechts einschliesst.

Im Bereich der Ingenieurtätigkeiten drängen sich, abgesehen von staatlichen Gerichts- und Schiedsgerichtsverfahren, aus praktischen Gründen solche der Mediation geradezu auf, zumal, so die Erfahrung, die meisten Divergenzen zwischen Beteiligten auf Verständnisschwierigkeiten beruhen, sei es zum Stand des Wissens, sei es hinsichtlich der anzuwendenden Methoden, sei es bezüglich der Berücksichtigung im Verlauf der Arbeiten anfallender neuer Erkenntnisse und sachlicher Notwendigkeiten, sei es zum Aufwand und der Verhältnismässigkeit der erbrachten oder zu erbringenden Leistungen. Häufig sind solche Meinungsdifferenzen im Bauwesen, was mit dem Bauen als einem Vorgang mit einer grossen Zahl Beteiligter zusammenhängt. Die Mediation kann helfen, solche Schwierigkeiten aus dem Weg zu räumen und ein Klima aufzubauen, das künftiges Zusammenarbeiten nicht erschwert, sondern erleichtert. Sachkundige Ingenieure können solche Verfahren in Belangen, die ihnen nahe stehen, als Vermittler leiten. Sie lernen dabei, mit Fehlern umzugehen und Fehlerquellen zu diagnostizieren.

Nicht zu behandeln sind hier die Fragen des Verhältnisses zwischen Mediations- und Gerichts- bzw. Schiedsgerichtsverfahren. Wohl aber gilt es festzuhalten, dass die Mediation einen fundamentalen Fehler macht, wenn sie allgemeingültige Prinzipien, insbesondere auch Rechtsprinzipien, ausser Acht lassen würde. Die Mediation dispensiert nicht vom zwingenden Privatrecht und selbstredend auch nicht von der Anwendung des öffentlichen Rechts. In diesem Sinne ist selbst in Verfahren der Mediation das Prinzip der Nachhaltigkeit als allgemeine rechtliche Vorgabe zu akzeptieren und umzusetzen.

# VI. Schöpferischer Umgang mit der Nachhaltigkeit – durch Ingenieure

Ob es heute noch zeitgemäss sei, elementare Fragen der Gesellschaft, wie die Nachhaltigkeit, von der rechtlichen Seite her zu diskutieren, kann und darf gestellt werden. Ökonomisches Denken, soziologische Hinweise, philosophisches Hinterfragen und das Verweilen in allgemeinen Plausibilitäten dominieren. Der rechtliche Aspekt lässt zögern, weil der Verbindlichkeitsanspruch in einer Zeit des dominant Unverbindlichen befremdet. Das Recht aber wäre missverstanden, wenn es als höhere Vorgabe gedeutet würde. Es wird nur dann richtig verstanden, wenn es sowohl als kreative Kulturleistung der Rechtsschöpfung als auch als verbindliche Ordnung erkannt wird. Es geht eben beim Recht immer um beides, nämlich um die Rechtsetzung und die Beachtung des geltenden Rechts. Insofern berührt das Nachdenken über die neue Verfassung das geltende Recht und das Phänomen, dass eben dieses geltende Recht gesetzt wurde (Art.118 ff. aBV) und als positives Recht jederzeit ganz oder teilweise revidiert werden kann (Art. 192 Abs. 1 BV). Dies ist erstaunlich genug: Menschen geben sich eine Rechtsordnung, an die sie sich halten –, und sie sind bereit, eben diese verbindliche Rechtsordnung zu ändern, wenn die Massstäbe des Rechts und die Faktenlage, gegenseitig konfrontiert, dies als angezeigt erscheinen lassen.

Das was hier an Überlegungen ausgebreitet ist, darf nicht als abschliessende, gültige Aussage missdeutet werden. Die neue Verfassung der Schweizerischen Eidgenossenschaft ist jung, mindestens im Bereich der Nachhaltigkeit. Das Prinzip hat – selbst in der Verfassung – noch keine festen Konturen, sogar glücklicherweise, weil dies erlaubt, sich mit ihm auseinander zu setzen. Die Rechtswissenschaft sowie die Gesetzgebung wie auch die Rechtsanwendung sind in diesem Sinne eingeladen, nicht zu früh mit fertigen rechtssatzmässigen Aussagen nachgeordneter Gesetzesstufen und definierenden Entscheiden/Urteilen zum Verständnis der Nachhaltigkeit aufzuwarten. Ein sorgfältiges Herantasten an die Interpretation des Prinzips der Nachhaltigkeit ist angezeigt, während präjudizierende leading cases in einer ersten Phase eher vermieden werden sollten.

Diese Vorgabe für die Rechtswissenschaft sollte mit Vorteil auch auf die andern Disziplinen, die sich zur Nachhaltigkeit zu äussern haben, übertragen werden. Auch sie seien davor gewarnt, das Prinzip zu vereinnahmen und reduzierend festzuschreiben. Festgehalten aber werden kann: Das Prinzip adressiert sich nicht nur an die staatlichen Behörden, sondern als Rechtsprinzip, das der Rechtsordnung als solcher zugrunde liegt, wendet es sich an alle Problemlöser, insbesondere auch an jene der Zivilgesellschaft und mithin an die Ingenieure.

Gleichzeitig ist damit die Einladung an die Ingenieure verbunden, sich Gedanken darüber zu machen, was die relativ offene verfassungsrechtliche Vorgabe der Nachhaltigkeit für die einzelnen Aufgabenbereiche im öffentlichen und privaten Bereich bedeuten mag. Dass es dabei die Verfassung als solche wahrzunehmen gilt, das versteht sich. Sie erweist sich als eine Fundgrube der Orientierung, u.a. auch der rechtsethischen. Ihre Verbindlichkeit darf nicht abschrecken. Es gehört nun einmal zum Wesen des Rechts, dass es auf Durchsetzung angelegt ist und im Interesse des Rechtsfriedens und der Rechtssicherheit rechtgemässes äusseres Verhalten gebietet, wobei es allerdings aufgrund seiner materiellen Fülle – Werte der Gerechtigkeit, der Freiheit, der politischen Mündigkeit – auch die Gewissensprägung belebt. Diese Spannweite von verbindlicher Ordnung des äusseren Verhaltens und rechtsethischer Gewissensstütze macht das Recht und mit ihm das in die Verfassung hineingenommene Rechtsprinzip der Nachhaltigkeit so aufregend – auch für Ingenieure. Sie sind als Problemlöser im Spannungsfeld von Technik–Naturwissenschaften–Sozialwissenschaften mit dem Hintergrund von Politik, Wirtschaft, Gesellschaft und Ökologie angesprochen, sich der neuen Verfassung vom 18. April 1999 in ihrer Tragweite für die aktuelle und die morgige Gesellschaft bewusst zu werden.

424

# Ethische Aspekte einer nachhaltigen Ressourcen- und Energiepolitik

*Bruno Fritsch*

## Inhaltsverzeichnis

«Nachhaltige Entwicklung» ist kein wissenschaftlich exakter Begriff. Jeder kann sich darunter etwas anderes vorstellen. Streng genommen ist in der belebten Natur – und auch in grossen Teilen der unbelebten (natürliche Zerfallsreihen [Isotope] ) – *nichts* nachhaltig. Was ist gemeint? Die Konstanz eines Gesamtsystems? Oder die Konstanz eines Bewegungsmusters (solitäre Wellen bzw. Solitone)? Oder die Konstanz eines komplexen evolutorischen Musters? Panta rhei – alles fließt, womöglich in einem sich wiederholenden Muster? Die Gesetze der Evolution gehören sicherlich zu den nachhaltigsten Veränderungs*mustern*, die es auf unserem Planeten gibt. Vermutlich ist es diese Unbestimmtheit, die dem Begriff «Nachhaltige Entwicklung» eine gewisse Attraktivität verleiht.

Unscharfe Begriffe eignen sich für politische Zwecke hervorragend, und auch für die Wissenschaft ergeben sich daraus viele Herausforderungen. Während der letzten zehn Jahre sind auf dem Gebiet der nachhaltigen Entwicklung zahlreiche fachübergreifende Kooperationen entstanden, (z.B. die Alliance for Sustainability zwischen der ETH Zürich, dem MIT und der University of Tokyo), die sonst nicht zustande gekommen wären. Nachhaltigkeit erfreut sich in und auch ausserhalb der Wissenschaft nachhaltigen Interesses.

Man muss sich jedoch darüber im Klaren sein, dass Probleme der Nachhaltigkeit vor allem in Ländern thematisiert werden, die bereits ein gewisses wirtschaftliches Niveau erreicht haben und es sich leisten können, über die Folgen ihres wirtschaftlichen Tuns nachzudenken. In vielen Entwicklungsländern ist man – wie bei uns im Lande vor rund 150 Jahren – noch von Hunger geplagt und kämpft ums Überleben. Von Menschen mit einer Lebenserwartung von 50 oder weniger Jahren kann man nicht erwarten, dass sie ihr Leben zum Wohle künftiger Generationen einschränken. Ihr Tun konzentriert sich auf das tägliche Überleben und die Absicherung im frühen Alter.

In den armen Ländern – sie umfassen die Mehrheit der Weltbevölkerung – steht deshalb nicht die Umwelt bzw. die Nachhaltigkeit und die Sorge um künftige Generationen im

Vordergrund, sondern das Überleben in der *Gegenwart*. Die *biologische* Antwort auf die Sicherung des eigenen Lebens ist paradoxerweise *Kinderreichtum*.

Daraus folgt: so lange die Weltbevölkerung – wie dies jetzt der Fall ist – um jährlich rund 95 Millionen Menschen zunimmt, ist an eine weltweite Realisierung nachhaltiger Entwicklung – in welcher Definition auch immer – nicht zu denken. Vorbedingung nachhaltiger Entwicklung ist die Eliminierung von Armut. Um dies zu erreichen, bedarf es einer massiven wirtschaftlichen Entwicklung, wodurch in den ersten Entwicklungsphasen der Bedarf an Energie überproportional zunimmt. Nachhaltigkeitsorientierte Energiesysteme sind teuer und verlangen technisches know how.

Nachhaltige Entwicklung kann weltweit also nicht durch weniger Energie und weniger Wirtschaftswachstum erreicht werden, sondern nur durch mehr Wirtschaftswachstum mit *effizientem* Energieeinsatz. Erst dann wird die Wachstumsrate der Bevölkerung zurückgehen; ein Vorgang der – wie das Beispiel Indien zeigt – auch in bevölkerungsreichen (nichtislamischen) Ländern bereits seit Jahren stattfindet. Entscheidend ist nicht so sehr die Höhe, auf welcher sich die Bevölkerung stabilisiert, sondern *dass* und *wie schnell* eine Stabilisierung stattfindet.

## I.   Intertemporale Ausweitung des Ethikproblems

Der Begriff «nachhaltige Entwicklung» gelangte in den allgemeinen Sprachgebrauch durch den 1987 veröffentlichten Bericht der «Brundtland-Kommission» über «Our Common Future». In diesem nach der norwegischen Ministerpräsidentin HARLEM BRUNDTLAND benannten Bericht wird jene Entwicklung als nachhaltig bezeichnet, die «die Bedürfnisse der gegenwärtigen Generation ohne Beeinträchtigung der Bedürfnisse der zukünftigen Generationen abdeckt».

Der Philosoph HANS JONAS hat bereits 1979 in seinem Buch «Das Prinzip Verantwortung – Versuch einer Ethik für die technologische Zivilisation» dieses Grundprinzip wie folgt formuliert:

«Handle so, dass die Wirkungen deiner Handlung verträglich sind mit dem dauerhaften Weiterbestehen echten menschlichen Lebens auf Erden.»

JONAS hat damit den KANT'schen kategorischen Imperativ «Handle so, dass die Maxime deines Willens jederzeit zugleich als Prinzip einer allgemeinen Gesetzgebung gelten könne»

im Sinne einer intertemporalen «Fernethik» ausgeweitet. Weder bei JONAS noch bei BRUNDTLAND wird jedoch dargelegt, worauf es bei der Gewährleistung der Lebensgrundlagen künftiger Generationen *konkret* ankommt. Es wird offengelassen, in welchem Masse dies durch die Schaffung von *Humankapital,* wie z.B. durch den Erwerb von Wissen, Bildung bzw. durch technischen Fortschritt oder durch materielles, *physisches Kapital* erfolgen soll. Diese Offenheit des Brundtland'schen Begriffs der «Sustainability» ist deshalb wichtig, weil sich seit der Veröffentlichung des Brundtland-Berichts eine Einengung des Nachhaltigkeitskriteriums auf die Ressourcen- und Schadstoffproblematik abzeichnet. Nach dieser (engeren) Definition dürfen pro Zeiteinheit nur so viele erneuerbare Ressourcen verbraucht werden, als wieder nachwachsen. «Nicht-erneuerbare Ressourcen, wie z.B. «fossile Energieträger oder Grundwasser, dürfen nicht rascher abgebaut werden als gleichzeitig neue regenerierbare Quellen für deren Ersatz bereitgestellt werden können. Emissionen von Schadstoffen dürfen nur so hoch sein, dass der Abbau und die Umwandlung dieser Stoffe in ungiftige Substanzen von der Natur bewältigt werden können» (Vgl. E. BASLER (1994) Schritte zu einer nachhaltigen Wirtschaft, S. 8. Ferner: FRITSCH/SEIFRITZ (1995) Nachhaltige Entwicklung: Wissenschaftliches Konzept oder Schlagwort? In: SKA bulletin März/April 1995).

Unter dem Eindruck der sich schnell globalisierenden Umweltproblematik fand einerseits eine Ausdehnung des Gerechtigkeitsgedankens auf zukünftige Generationen statt und parallel dazu andererseits eine Konkretisierung der allgemeinen ethischen Prinzipien des Kant'schen kategorischen Imperativs im praktischen Umgang mit der Umwelt. In der Wissenschaft spricht man von einer *intertemporalen Internalisierung externer Kostren zwischen Generationen.* Die kommenden Generationen dürften gemäss dieser Maxime nicht weniger nichterneuerbare Ressourcen vorfinden als uns zur Verfügung standen, und wir dürften diesen Generationen auch keinen Kostensockel von Altlasten hinterlassen. Unser Umgang mit der Umwelt ist zum Bindeglied zwischen uns und den künftigen Generationen geworden.

## II. Systemare Dimension des Umweltproblems

Die Weltbevölkerung hat sich seit Ende des Zweiten Weltkrieges verdreifacht und der Pro-Kopf-Energieverbrauch ca. versechsfacht. Daraus ergibt sich eine Zunahme des globalen, anthropogen verursachten Stoffdurchsatzes im Interaktionsbereich von Hydro-, Litho-und Atmosphäre um den Faktor 18. Wahrscheinlicher ist, dass sich dieser Durchsatz in der evolutionshistorisch kurzen Zeit von 55 Jahren sogar um den Faktor 20 erhöht hat. Bei solchen Grössenordnungen und der Schnelligkeit ihres Auftretens (Impulscharakter) kann der anthropogene Faktor im Prozess der Evolution nicht mehr vernachlässigt werden. Es kommt hinzu, dass die Subsysteme des Wirkungsgefüges Mensch–Umwelt–Wissen intertemporär verschränkt sind.

Infolge der Zeitverschränkungen von Systemen unterschiedlicher Zeitkonstanten ist es schwierig, eine klare Zuordnung von Ursache und Wirkung vorzunehmen sowie zukünftige Entwicklungen abzuschätzen. JOHN W. ZILLMAN (2000) hat auf der Grundlage aller bisher veröffentlichten Klimamodelle gezeigt, dass die Prognosen grosse Unterscheide aufweisen. Gemäss heutigem Wissensstand weisen Prognosen über die von 2000 bis 2100 zu erwartende Erhöhung der Temperaturen sowie des Anstiegs des Meeresspiegels einen Streubereich von 1:5 (bei Temperaturen) bzw. 1:7 (beim Meeresspiegel) auf. Es liegt auf der Hand, dass bei solchen Unsicherheiten Politiker in demokratischen Staaten keine Mehrheiten für einschneidende Umweltmassnahmen gewinnen können. Wegen der großen Komplexität der Klimamodelle (einige Modelle umfassen mehr als 50'000 [!] Gleichungen) ist es unmöglich, die Auswirkungen einer Massnahme ohne die Hilfe von Computern zu ermitteln. Erschwerend kommt hinzu, dass wegen der hohen Nichtlinearität des «Gesamtsystems Klima» schon geringfügige Änderungen der Anfangsbedingungen zu völlig anderen Resultaten führen. Das betrifft vor allem die Bestimmung des Zeitpunkts von Phasenübergängen wie z.b. das «Umkippen» des Klimas in eine neue Phase, wie wir es in der Klimageschichte der letzten Jahrtausende oft beobachten. Es sind also folgende Faktoren, die eine Akzeptanz und damit die politische Umsetzung wissenschaftlich gewonnener Erkenntnisse erschweren: (1) Die *Unsicherheit* der Prognosen (grosse Streuung), (2) die *Sensitivität* der Resultate gegenüber Ausgangsbedingungen (Nichtlinearität), sowie (3) die *Unvorhersagbarkeit* des Zeiteintritts von Phasenübergängen. Das International Panel on Climate Change (IPCC) hat verschiedentlich auf diese Probleme hingewiesen.

Angesichts dieser Situation liegt es nahe, sich auf die Strategie des «least regret» zu konzentrieren, d.h., zunächst die Zunahme des Stoffdurchsatzes zwischen Anthroposphäre und den übrigen genannten Sphären zu reduzieren. Jede Reduktion – auch die der Wachstumsraten – (von einer absoluten Reduktion ganz zu schweigen) impliziert schwierige Verteilungsprobleme. Vermutlich ist dies der Hauptgrund für die fehlende Akzeptanz des an der Vertragsparteienkonferenz der Klimakonvention 1997 in Kyoto verabschiedeten Kyoto-Protokolls.

# III. Die Verfügbarkeit von Ressourcen

Entgegen landläufiger Ansicht haben wir hinsichtlich der materiellen Verfügbarkeit von Energieressourcen mittel- und langfristig kein grundsätzliches Problem. Dies gilt übrigens für die meisten Rohstoffe. Kurzfristig können – wie immer wieder geschehen – Engpässe entstehen, doch dies ist vor allem eine Folge von zu langsamen Anpassungen der Märkte und der sie beherrschenden Institutionen. GOELLER und WEINBERG (1978) haben schon vor mehr als zwanzig Jahren darauf hingewiesen, dass Ressourcen lediglich zufallsbedingte Zustandsweisen von Materie sind, von welchen wir je nach Stand unseres Wissens und je nach Bedarf Gebrauch machen.

Für das, was wir «Ressourcen» nennen, gilt generell: Wenn eine Ressource nicht mehr zur Verfügung steht, dann heisst dies, dass die jeweils gewünschte Zusammensetzung von bestimmten Stoffen oder ein Stoff als solcher, z.B. ein Metall, zum gegebenen *Zeitpunkt* nicht am richtigen *Ort*  und in der gebrauchten *Zusammensetzung* bzw. *Konzentration* vorhanden ist. Alle vier Zustandskriterien lassen sich mit der schon heute verfügbaren Technik herstellen. Voraussetzung ist die Verfügbarkeit von frei verfügbarer Energie (Exergie)  sowie ein grosses Spektrum von Energiedichten.

Jeder Energieverbrauch stellt bekanntlich eine Umwandlung von frei verfügbarer «nützlicher» Energie in eine weniger «ergiebige» Nutzungsform, d.h. in Richtung niedrigerer Energiedichte (ausgedrückt in MJ/kg), dar. Wenn hohe Energiedichten z.B. in Form von Kernenergie zur Verfügung stehen, lassen sich Dissipationen in fast allen für den Menchen lebenswichtigen Teilsystemen vermeiden, sodass am Schluss das Gesamtsystem «Planet–Mensch» nur noch Abwärme ins All abstrahlt.

Da sich das in die Atmosphäre gelangte $CO_2$ nur sehr langsam abbaut, wirkt die Atmosphäre wie eine «Senke» – mit den bekannten Folgen. Das gilt selbstverständlich auch für andere Treibhausgase wie Methan (Landwirtschaft) oder Lachgas.

Bisher hat sich die Aufmerksamkeit in Bezug auf die Treibhausgase fast ausschliesslich auf Ge- und Verbote gerichtet. Erst rund zehn Jahre nach dem sog. Erdgipfel (1992 in Rio) scheint man – wenn auch nur zögerlich – neben dem bis jetzt dominierenden Konzept der Ge- und Verbote auch die von der Wissenschaft schon seit Jahrzehnten untersuchten technischen Methoden der *Dekarbonisierung des fossilen Zyklus* in die Überlegungen einzubeziehen. Zu dieser Einsicht brauchte man rund zehn Jahre... (seit 1992). Seit kurzem sind auch in den Kyoto-Konferenzen z.B. die Einrichtung von Aerrestrischen Senken für $CO_2$ oder die Sequestierung von $CO_2$ (Rückführung in unterirdische Kavernen) sowie die Aufforstung als Mittel der $CO_2$-Resorbtion keine Tabuthemen mehr. Es ist unschwer vorauszusehen, dass die technischen Massnahmen der Dekarbonisierung um so mehr an Bedeutung gewinnen werden, je deutlicher es wird, dass die Kyoto-Ziele – selbst wenn sie erreicht werden sollten – keine signifikante Auswirkung auf die Klimasituation haben können. Über die breite Palette der schon heute verfügbaren Techniken gibt u.a. ein soeben erschienener Konferenzbericht Auskunft. Vgl. die Proceedings der 5th International Conference on Greenhouse Gas Control Technologies (GHGT-5), Cairns August 13–16 2000 Cairns Queensland, Australia.

## IV.  Elemente einer nachhaltigen Energiewirtschaft

*Technisch* hat die Energienutzung sowohl hinsichtlich der Entwicklung von neuen Systemen als auch bezüglich steigender Effizienzen grosse Fortschritte gemacht. Neue Kraftwerktypen mit hohen Wirkungsgraden sind entwickelt worden, und neue Energiequellen wurden erschlossen. Besonders wichtig ist in diesem Zusammenhang die Entwicklung der Kernenergie. Sie ist die Quelle mit der höchsten Energiedichte, über die der Mensch heute verfügt. Ihre Nutzung verursacht nicht nur keine $CO_2$-Emissionen, sondern sie kann auch als exogene Energiequelle bei der Abspaltung des C-Atoms vom Sauerstoffatom wesentlich zur Dekarbonisierung des fossilen Zyklus beitragen. Der Kernenergie kommt im Prozess der nachhaltigen Entwicklung eine Schlüsselrolle zu. Das Nachhaltigkeitspotential der Kernenergie ist noch lange nicht voll ausgeschöpft. Aus diesem Grunde stehen wir heute – entgegen allgemein verbreiteter Meinung – nicht am Ende, sondern wahrscheinlich am *Anfang einer neuen Entwicklungsphase der Kernenergie*. Nicht ohne Grund nimmt die Kernenergie im Konzept der neuen Energiepolitik der USA einen wichtigen Platz ein.

In diesem Kontext kommt der *Verfügbarkeit von Elektrizität* eine Schlüsselrolle zu. Je mehr preiswerte Elektrizität zur Verfügung steht, um so grösser die Möglichkeiten, Stoffströme zu schließen und hohe Energieeffizienzen zu erreichen. Es ist eine bewiesene Tatsache, dass Länder mit einem hohen Anteil von Elektrizität an der Gesamtnutzung von Energie auch diejenigen sind, die die höchste Energieeffizienz aufweisen, d.h., pro Einheit Sozialprodukt am wenigsten Energie brauchen. *Elektrizität ist deshalb eine wichtige Quelle des Energiesparens.*

Insgesamt darf man bezüglich der technischen und auch energiewirtschaftlichen Aspekte der nachhaltigen Entwicklung zuversichtlich sein. An der Nutzung des Wasserstoffs wird vor allem in der Automobilbranche intensiv gearbeitet. Dabei kommt es darauf an, den jeweils richtigen Mix zur rechten Zeit zu realisieren. Der vermehrte Einsatz von Methanol stellt parallel mit der Weiterentwicklung der Brennstoffzelle einen wichtigeren (ersten) Schritt in Richtung auf eine wasserstoffbasierte Energiewirtschaft dar. Die schrittweise Herausnahme des C-Atoms aus dem Stoffkreislauf hat nunmehr begonnen. Allerdings darf man sich keine zu grossen Illusionen bezüglich der Schnelligkeit des Fortschritts machen. Bis zur vollständigen Realisierung einer auf Wasserstoff beruhenden Energiewirtschaft werden noch Jahrzehnte vergehen. Selbst bei günstigen technischen und ökonomischen Randbedingungen dürfte eine solche Umstellung kaum vor Ende dieses Jahrhunderts vollzogen sein.

Wichtig ist in diesem Zusammenhang die richtige Kombination von ökonomischen und ökologischen Kriterien. Ein Instrument dazu bildet die sog. *Lebensweganalyse* (oft auch als Life Cycle Analysis [LCA] bezeichnet). Bei der LCA handelt es sich im wesentlichen darum, die bei der Produktion eines Energienutzungssystems (z.B. eines Solar-, Wind-, oder Kernkraftwerkes) auf allen Produktionsstufen entstandenen Emissionen mit den «Einsparungen» an umweltbelastenden Emissionen zu vergleichen, die während der Lebenszeit des betreffenden Systems (Solarenergie, Windenergie) erzielt werden können. Die Vergleiche zeigen deutlich, dass der Rohstoffaufwand für die Erzeugung von Energie bei den sog. regenerierbaren Energiequellen wie der Photovoltaik, der Wasserkraft und der Windkraft im Vergleich zu fossilen Energieträgern oder der Kernenergie hoch ist.

VOß (2000) hat den Energie- sowie den Ressourcenaufwand für unterschiedliche Energieträger berechnet und ist zum Ergebnis gelangt, dass die Kernenergie sowohl in Bezug auf den kumulierten Primärenergieaufwand (gemessen in $kWh_{prim}/kWh_{el}$ ) als auch in Bezug auf den Ressourcenaufwand (gemessen in $kg/10^6\ kWh_{el}$ ) um Faktoren günstiger liegt als z.B. die Photovoltaik, Windkraft bzw. Wasserkraft. Bei der heute politisch so favorisierten Windkraft liegt der Ressourcenaufwand (Eisenerz) zwischen 5'155 und 10'798 $kg/10^6\ kWh_{el}$ Für die Kernenergie liegt dieser Wert bei 501. VOß errechnet den Aufwand von Eisenerz, Kupfererz und Bauxit für insgesamt sieben Energiequellen: Photovoltaik, Wasserkraft, Windkraft, Steinkohle, Braunkohle Erdgas und Kernkraft. Das Ergebnis ist eindeutig: bei allen Energiequellen schneidet bezüglich des Ressourcenaufwands pro Leistungserbringung (el) die Kernenergie weitaus am besten ab. Das gleiche gilt auch für den kumulierten Primärenergieaufwand und die energetischen Amortisationszeiten. Letztere betragen für die Kernenergie gemäss VOß 3 Monate. Bei der Windkraft liegt dieser Wert zwischen 8 und 13 Monaten.

Diese Resultate sind nicht überraschend, reflektieren sie doch nichts anderes als den oben erwähnten Unterschied in den Energiedichten von Massen-, Molekular- und Kernkräften. Sie zeigen aber auch, wie unklug es ist, sog. alternative Energien zu subventionieren. Subventioniert man selektiv einzelne Energiesysteme wie z.B. solche, die auf der Nutzung sog. regenerativer Energiequellen beruhen, läuft man Gefahr, dass dabei über den gesamten Lebenszyklus gerechnet mehr $CO_2$-Emissionen entstehen als dies ohne Subventionierung der Fall wäre. Generell gilt: Jeder Verzicht auf Nutzung von vorhandenen Potentialen zur effizienten Bereitstellung von Exergie, z.B. durch Subventionierung der sog. alternativen Energien, bedeutet für die Energiewirtschaft und damit für die Gesamtwirtschaft einen Verlust an Nachhaltigkeit.

Nun sind Ressourcenaufwand und Primärenergieaufwand zwar wichtige Indikatoren, jedoch nicht die einzigen. Bei der Auswahl von Energiesystemen kommen noch weitere Indikatoren wie Unfallrisiko, Landbeanspruchung, ästhetische Auswirkungen auf die Landschaft, Versorgungssicherheit etc. hinzu. Ein umfassendes Indikatorsystem für Energiesysteme hat KRÖGER (1999) vorgelegt.

## V. Die Bedeutung der Entwicklungsländer

Um in den Ländern der Dritten Welt den Einsatz von Ressourcen und die Nutzung von Energiesystemen effizienter zu gestalten, müssen effiziente und technisch fortgeschrittene Technologien sowie moderne Managementmethoden in diese Länder transferiert werden.

Der erste Schritt besteht darin, die Wirkungsgrade der technisch veralteten Kraftwerke z.B. in China oder Indien zu erhöhen und massgeschneiderte, die lokalen Bedingungen berücksichtigende Energiesysteme zu initiieren. Das erfordert einen grossen Kapital- und Ausbildungsaufwand. Die aus den alten in die neuen Bundesländer nach der Wiedervereinigung transferierten Mittel geben einen Vorgeschmack darauf, wieviel die Angleichung unterschiedlicher Wirtschafts- und Umweltstandards kostet. Wenn, wie heute überall gefordert, die Kluft zwischen den Entwicklungsländern und den reichen Industrieländern verkleinert werden soll, dann ist dies mit dem heutigen Konzept der Entwicklungshilfe nicht zu bewerkstelligen.

Wird das Wirtschaftswachstum und der Energieverbrauch in den Industrieländern durch zahllose bürokratische Reglementierungen behindert, sinkt die Effizienz aller Umwandlungsprozesse. Infolgedessen sinkt die ökonomische Allokationseffizienz, und es stehen weniger Mittel für die Finanzierung nachhaltiger Energiesysteme in den Entwicklungsländern zur Verfügung. Jede Tonne $CO_2$-Reduktion in den Industrieländern kostet rund 20 Mal mehr als eine Tonne $CO_2$-Reduktion in der Dritten Welt .

Schon heute gehören Indien und China zu den grossen $CO_2$-Emitenten. Spätestens in 20 Jahren wird der grösste Teil des Weltenergieverbrauchs auf die heutigen Schwellenländer entfallen. Da die Wertschöpfung in den entwickelten Industrieländern auch in Zukunft vor allem auf Informationstechnologien beruhen wird, werden in diesen Ländern die Energie*elastizitäten* weiterhin fallen, was zu einer weiteren Senkung der Energie*intensität* des Sozialprodukts führen wird.[1] Demgegenüber wird der Energieverbrauch in den Entwicklungsländern stark zunehmen. Das hat u.a. folgende Ursachen:

> Der Anteil des statistisch erfassten (kommerziellen) Dienstleistungssektors an der Wertschöpfung ist nach wie vor geringer als der Anteil des Primär- und Sekundärsektors (Landwirtschaft und Industrie).

> Die relative Ausweitung des Industriesektors in den Schwellenländern erfolgt zunächst in energieintensiven Segmenten und mit Technologien, deren energetische Wirkungsgrade gering sind. Energieeffiziente Technologien, z.B. Kraft-

---

1 Die Energieelastizität ist definiert als das Verhältnis der prozentualen Veränderung des Sozialprodukts zu der prozentualen Veränderung des im gleichen Zeitraum stattgefundenen Energieverbrauchs.

werke mit hohen Wirkungsgraden, sind für diese Länder in ihrer jetzigen Entwicklungsphase noch zu teuer und erfordern ein modernes Management, das nicht überall zur Verfügung steht.

> Die nach wie vor stattfindende Bevölkerungszunahme schlägt sich deshalb voll in einer entsprechenden Zunahme des Energiebedarfs nieder.

> Es wird nach heutiger Einschätzung rund fünfzig Jahre dauern, bis die Bevölkerungen dieser Länder nicht mehr wachsen und ihre Volkswirtschaften jene Energieeffizienzen erreichen haben werden, die bei uns bereits realisiert sind.

Obwohl immer deutlicher wird, dass bei der Formulierung der Kyoto-Ziele das technische Reduktionspotential der Informationstechnologien in den Industrieländern *unterschätzt* und die Möglichkeiten der Entwicklungsländer hingegen *überschätzt* worden sind, dürfte es realistisch sein, mit einer Verdoppelung des atmosphärischen $CO_2$-Gehalts von heute 360 ppm(v) auf ca. 700 ppm(v) zu rechnen, und zwar auch dann, wenn die heutigen Industrieländer die Kyoto-Ziele erreicht haben sollten.

Wie richten wir uns darauf ein? Wie gross werden die Druckgradienten in der Atmosphäre sein? Welche Windgeschwindigkeiten sind zu erwarten? Werden die Sturmschäden zunehmen? Wer zahlt? Haben die Entwicklungsländer einen Anspruch auf Kompensation? Wird Entwicklungshilfe zur Reparationszahlung? (z.B. durch Sammelklagen gegen einzelne Industrieländer nach dem Muster der USA?) Wieviel haben die Schwellenländer von den Industrieländern profitiert, d.h., wieweit sind *auch sie* Nutzniesser der heute ausschliesslich den klassischen Industrieländern angelasteten Erhöhung des $CO_2$-Gehaltes der Atmosphäre? Das sind nur einige nicht nur technische, sondern auch ethische Fragen, die sich schon heute stellen.

Die von der Umweltökonomik geforderte Internalisierung externer Effekte nach dem Verursacherprinzip bewirkt zunächst nur die rechtsverbindliche (kausale) Zuordnung der externalisierten Kosten zu einem ganz bestimmten Verursacher. Sie verhindert jedoch als solche noch nicht die Dissipation von

Stoffen. Dies ist erst dann der Fall, wenn die Internalisierung solcher Kosten auch eine Reduktion der Schadstoffemissionen beim Verursacher bewirkt.

Steuerliche Belastungen oder Subventionierungen von bestimmten Energieträgern führen zu Wettbewerbsverzerrungen und können zur Auslagerung von energieintensiven Industrien in Länder mit niedrigerer Steuerbelastung führen, während zugleich viel Geld in die Förderung von sog. alternativen Energiequellen fließt, die wegen ihrer geringen Energiedichte – also aus physikalischen Gründen – keinen namhaften Beitrag zur Deckung des gesamten Energiebedarfs leisten *können*. Der Kampf gegen die Naturgesetze kommt immer teuer zu stehen. Offenbar können wir es uns (noch) leisten.

Der durch eine überzogene Umweltpolitik verursachte Rückgang frei verfügbarer Energie (Exergie) erhöht die Kosten für die Schliessung von Stoffströmen, was zu Lasten des Nachhaltigkeitszieles gehen kann. Deshalb ist in offenen Wirtschaftssystemen nationale Umweltpolitik nicht immer vereinbar mit den globalen Zielen der Nachhaltigkeit. Das heisst: Wenn sich die Lenkungsmassnahmen ausschliesslich auf den Energieverbrauch richten, ohne die Effizienz der Energiesysteme und die Produktivität der Exergienutzung zu beachten, sind Ineffizienzen und damit Energieverschwendungen die Folge.

# VI. Ausblick

Das Konzept «Nachhaltige Entwicklung» wird sich vermutlich von der Energiepolitik auf die Produktion von Wissen und dessen Nutzung verlagern. Eine lebenserhaltende Umwelt kann nicht nur genutzt und «verbraucht», sondern – wie jedes andere Gut – auch erzeugt werden. Das können vor allem solche Gesellschaften, die die *Produktion von Wissen durch Wissen* am besten beherrschen. Nicht ohne Grund ist die Umwelt in den Entwicklungsländern stärker geschädigt als bei uns. Es werden weltweit «centers of excellence» entstehen – nicht nur nach dem

Vorbild des Silicon Valley – aber ähnlich. Solche Zentren wirken infolge von Synergien und Skaleneffekten wie Attraktoren. Dieser Prozess ist bereits heute in vollem Gang und beschleunigt sich zusehends. Obwohl die Versorgung mit materiellen Gütern in vielen Ländern immer noch sehr schlecht ist, liegt das eigentliche Problem der sozialen Destabilisierung auf mittlere Sicht nicht bei der Versorgung mit materiellen Gütern, sondern auf dem Gebiet des *Wissenserwerbs* und der *Umsetzung des Wissens* in technische Anwendungen. Dieser Umsetzungsprozess beschleunigt sich und wird komplexer. Denjenigen, die diese sehr schnell ablaufenden, komplizierten Vorgänge der Wissenserlangung und -umsetzung am besten und schnellsten beherrschen, gehört die Zukunft.

Daraus folgt: Das Konzept der Nachhaltigkeit des Gesamtsystems «Erde–Mensch» kann infolge der fortlaufenden Bildung von Attraktoren weltweit nicht homogen verwirklicht werden. Die heute verfügbaren Informationstechnologien (z.B. das Internet) sind nicht nur weltweit ungleich verteilt, sondern auch innerhalb einzelner Nationalstaaten und Regionen bei weitem nicht allen gleichermassen zugänglich. Technisch gibt es bei uns zwar eine beinahe flächendeckende Versorgung mit Informationen, doch ihr Abruf und ihre Nutzung sind ungleich verteilt. Auf der Ebene der Umsetzung von Information in Wissen sind die Ungleichheiten noch grösser.

Statt sich Sorgen darüber zu machen, ob wir den künftigen Generationen genügend fossile Energieträger und andere Ressourcen hinterlassen, sollten wir unsere Aufmerksamkeit auf die Gewährleistung von Bedingungen konzentrieren, die eine kontinuierliche und schnelle Erlangung von Wissen und dessen Umsetzung in die *Gestaltung von selbstbestimmten Lebensstilen* erlauben. Effiziente Energiesysteme bleiben weiterhin eine notwendige, wenn auch nicht hinreichende Bedingung für die Erhaltung einer intakten Umwelt. Es gilt jedoch zu bedenken: Die *Wissensproduktion* ist das «A» und «O» der Entfaltung des Menschen. Erst ein wissenschaftlich fundiertes und *breit vermittelbares Wissen* kann zu einer nachvollziehbaren

Abwägung der Chancen und Risiken unterschiedlicher Energiepfade führen und *politisch realisierbare* wie auch *ethisch verantwortbare* Wege zur Nachhaltigkeit anbieten. Es sind also nicht in erster Linie technische, sondern vor allem politische Probleme, die es zu lösen gilt.

Ungleichheiten im technischen Fortschritt erzeugen Spannungen zwischen Regionen, Ländern bzw. Ländergruppen. Deswegen ist die Umwelt- und insbesondere die Energiepolitik starken irrationalen, oft ideologischen Strömungen ausgesetzt. Technische Lösungen werden als technokratisch disqualifiziert und der Handel mit Emissionszertifikaten wird als Ausdruck einer unethischen Ökonomisierung verurteilt, obwohl dieses Verfahren wahrscheinlich auch im Sinne des Gerechtigkeitsprinzips die beste Lösung wäre.

Die Demonstrationen in Seattle, Washington, Prag und vielen anderen Konferenzorten zeigen das Ausmass der angestauten Wut gegen die für diese Ungleichheiten verantwortlich gemachten Institutionen wie die Weltbank, den IWF und die WTO. Paradoxerweise sind es gerade diese Institutionen, die sich mit den Ursachen und Folgen solcher Ungleichheiten befassen und dagegen auch viel unternehmen.

Das Hauptproblem liegt in der internationalen *Koordination der Politikbereiche* (Sozialsysteme, Steuersysteme, Versicherungssysteme etc.) Daraus ergeben sich schwerwiegende *Verteilungsprobleme* zwischen den Staaten und den Regionen. Die wirtschaftlichen Vorteile der Nutzung des Internets in den technisch fortgeschrittenen Ländern sind um Faktoren grösser als in den Entwicklungsländern. Der durch die elektronischen Medien mögliche Vergleich von virtuellen Wohlstandsbildern mit der real gelebten Armut erweckt unrealistische Erwartungen. So entsteht ein explosives Gemisch von Fehlinformation, Begehrlichkeit, Mobilität und Ideologien, teilweise gestützt durch klassenkämpferische Ideen, die in den armen Ländern noch als treffende Beschreibung der eigenen Lebenssituation erlebt werden.

Die explosionsartige Erhöhung von Effizienz und damit Produktivität in den Ländern der sog. «New Economy» (ein sehr zwielichtiger Begriff) kann zu einer sozialen und damit auch ökologischen Destabilisierung des Gesamtsystems «Welt» führen. Die Dringlichkeit der Schaffung von implementierbaren internationalen Regeln nimmt zu, die Bereitschaft und Fähigkeit der Nationalstaaten, sich auf eine «Weltinnenpolitik» einzulassen, nehmen hingegen ab. Das wird vermutlich zu einem Anstieg der bewaffneten Konflikte führen – was bereits zu beobachten ist. Gibt es ein Konzept für nachhaltige Entwicklung, das praktisch umsetzbar ist und von möglichst vielen Menschen akzeptiert wird? Ausgeschlossen ist es nicht, aber auch nicht sehr wahrscheinlich.

Seit der Veröffentlichung des Brundtlandberichts hat sich die Diskussion um die Kriterien der nachhaltigen Entwicklung auf die Ebene der internationalen Politik verlagert und von materiellen Begrenzungen gelöst. Wir können nicht wissen, was künftige Generationen dereinst nötig haben werden und welche/n Lebensstil/e sie bevorzugen werden. Unter diesen Umständen ist es wenig sinnvoll, unsere Aufmerksamkeit auf die Konservierung solcher Stoffe zu lenken, die für uns *heute* wichtig sind. Vielmehr müssen wir uns in der Nachhaltigkeitsdebatte auf die Erhaltung jener Bedingungen konzentrieren, die eine *kontinuierliche Wissenserlangung* in der Gegenwart und vor allem in der Zukunft garantieren. Im Klartext: Erhaltung der Meinungsvielfalt, Förderung von Ausbildung und Forschung. In Analogie zum Sprachgebrauch der Thermodynamik könnte man formulieren: *Nachhaltigkeit ist nicht eine Sache der Erhaltung von materiellen Ressourcen, sondern ein Prozess selbstorganisierter Hervorbringung verhaltensrelevanter kognitiver Exergie.*

# Stellenwert der «Schnelligkeit» im Koordinatennetz verschiedener Wertmassstäbe

*MAX FRIEDLI*

## Inhaltsverzeichnis

# 1. Immer schneller

**Eine zentrale Devise** unserer Zeit lautet: Alles muss immer schneller gehen.
- Faxen statt Briefe schreiben, mailen statt faxen.
- Fahren statt gehen, fliegen statt fahren.
- «Mach schnell» ist die am meisten gebrauchte Formel von Eltern gegenüber ihren Kindern – und Ärger kommt auf, wenn's irgendwo und irgendwann mal langsamer geht, als man dies erwartet hat.
- Zur Zeit der französischen Revolution dauerte es ganze acht Tage, bis die Nachricht vom Fall der Bastille in Wien eintraf. Heute sind dank des Internets die neuesten Nachrichten sofort und überall auf der Welt abrufbar.
- Und die NEAT, die neue Eisenbahnalpentransversale, bauen wir, damit wir in Zukunft mit 200 Stundenkilometern unter den Alpen hindurchsausen können.

Eine wichtige Ursache dieser steten Beschleunigung ist der Wettbewerb: «Schneller zu sein als» erhöht die **Wettbewerbsfähigkeit**.

Im Bereich der Wirtschaft gilt: Erfolgreich ist jenes Produkt, das zuerst auf dem Markt ist. Mit anderen Worten: «Time is money». Mit dieser Formel hat BENJAMIN FRANKLIN vor mehr als 200 Jahren seine Ermahnungen zum Zeitsparen und zur Zeitkontrolle quasi mathematisch begründet.

Aber auch im politischen Wettstreit erhöht die schnelle Reaktionsfähigkeit den Marktwert eines Politikers: Derjenige erscheint als kompetent und sofort handelnd und ist von öffentlichem Interesse, der nach einem Ereignis sogleich irgendwelche mutige Massnahmen ankündigt, auch wenn dann nie etwas geschieht. Derjenige aber, der dann tatsächlich etwas tut, wird kaum mehr wahrgenommen. Die Konsequenz: Die Politik mutiert zur Ankündigungspolitik. Das Problem dabei: Uneingelöste Erwartungen können Politikverdrossenheit bewirken.

Aus der Perspektive der Wettbewerbsfähigkeit erscheint es nur folgerichtig, immer schneller zu werden: schneller zu produzieren, schneller zu konsumieren, schneller zu lernen, schneller zu kommunizieren, sich schneller zu bewegen, schneller zu essen, ja sogar schneller zu schlafen. Die Deutsche Bahn AG hat mit diesem Slogan «Schneller schlafen» vor drei Jahren für ihre neue Schlafwagengeneration geworben.

Doch was ist gut an dieser steten Beschleunigung? PLATON definierte «gut» als das, was gerecht ist und damit allen Menschen nützt. Für den klassischen Liberalismus (JOHN STUART MILL) ist genau dies der Massstab für den Fortschritt: Der Nutzen, den der Fortschritt den schwächsten Gliedern der Gesellschaft bringt.

Führen also die stete Beschleunigung und der Zwang, «schneller zu sein als», auch dazu, dass unsere Gesellschaft in diesem Sinne besser wird?

## 2. Das «Immer-Schneller» und die Mobilität

Auch für den Verkehrsbereich gilt: Wer schneller ist, hat Wettbewerbsvorteile. Dies zeigt sich exemplarisch anhand des **alpenquerenden Güterverkehrs**:

Die wichtigste Ursache für die Zunahme des alpenquerenden Güterverkehrs auf Strasse und Schiene ist die Liberalisierung des Europäischen Binnenmarktes. Dieser führte zu einer enormen Zunahme der Güterverkehrströme auf europäischer Ebene und damit auch zu einer Zunahme des alpenquerenden Güterverkehrs. Der hohe Anteil des Transitverkehrs am gesamten alpenquerenden Güterverkehr – ca. 75 Prozent – zeigt auch, dass die verkehrlichen Rahmenbedingungen auf europäischer Ebene eine zentrale Ursache dafür sind, dass der Güterverkehr auf der Strasse viel stärker zugenommen hat als derjenige mit der Bahn: Die Strasse ist schneller und billiger.

Die erste Konsequenz dieser Rahmenbedingungen ist also die Verschiebung hin zur Strasse: Der alpenquerende Güterverkehr auf der Strasse hat seit 1980 um jährlich durchschnittlich 8 Prozent zugenommen, derjenige mit der Bahn während der gleichen Zeitspanne aber gesamthaft lediglich um ca. 18 Prozent.

Eine zweite Folge dieser Rahmenbedingungen sind die immer längeren Transportdistanzen auf der Strasse: Die Tomaten, die in Agadir angepflanzt, auf dem Markt in Perpignan verkauft und zum Konsum wieder nach Südspanien transportiert werden, sind nur ein Beispiel.

Dieser Blick auf Europa zeigt auch, wo wir ansetzen müssen, um eine Verlagerung von der Strasse auf die Bahn erreichen zu können: Der Bahnverkehr muss schneller und der Strassenverkehr verteuert werden. Die Massnahmen, mit denen wir dies in der Schweiz erreichen wollen, sind die Investitionen in die Bahninfrastruktur (NEAT, Anschluss an das europäische Bahnhochgeschwindigkeitsnetz) und die kostengerechte Besteuerung des Strassengüterverkehrs (LSVA). Entsprechend der europäischen Dimension der Verkehrsströme müssen wir uns bewusst sein, dass diese nur auf europäischer Ebene wirklich gelöst werden können.

Geschwindigkeit und Preise sind auch im Wettbewerb zwischen der **Luft** und der Bahn die zentralen Bedingungen, die es zu beachten gilt: Der Luftverkehr ist verhältnismässig schneller und billiger als die Bahn und verfügt damit über Wettbewerbsvorteile. Auch hier gilt: Eine Verlagerung im grenzüberschreitenden Personenverkehr auf die Bahn können wir nur dann erreichen, wenn die Bahn schneller und qualitativ besser wird. Die Förderung der Bahn erreichen wir durch die Anschlüsse an das europäische Bahnhochgeschwindigkeitsnetz. Gemäss heutigen Fahrplan sollten die entsprechenden Bundesbeschlüsse bis Ende 2004 unter Dach und Fach sein. Flankiert werden sollten diese Infrastrukturinvestitionen durch die kostengerechte Besteuerung des Luftverkehrs, um so auch einen ökonomischen Anreiz zu schaffen, auf die Bahn umzusteigen.

Die Geschwindigkeit hat – wie bereits angedeutet – noch eine zweite Bedeutung für die Mobilität: Weil wir immer schneller fahren, fahren wir auch immer weiter.

Dies zeigt sich unter anderem in den **Agglomerationen**: Das Auto ermöglichte es, grössere Distanzen innerhalb kürzerer Zeit zurückzulegen. Dies führte zur klassischen Raumstruktur der Agglomerationen, die wiederum den Gebrauch des Autos fördert: Gewohnt wird in den Vororten, gearbeitet in den städtischen Zentren.

Die grössten Verkehrsprobleme haben wir heute ganz klar in den Agglomerationen. Das sind insbesondere die Umfahrung Zürich, der Gubrist- und der Baregg-Tunnel, die Verzweigung Härkingen und die Strecke Lausanne–Genf. Auf diesen Strecken haben wir regelmässig Stau – nicht am Gotthard, hier stauen sich die Fahrzeuge an Ostern und Pfingsten. Am Gotthard haben wir pro Tag 20'000 Fahrzeuge, am Gubrist hingegen 80'000.

Eine verantwortungsbewusste Verkehrspolitik setzt deshalb auf die Lösung der tatsächlichen Verkehrsprobleme. Unsere Prioritäten für die Zukunft gelten denn auch dem Agglomerationsverkehr. Das Ziel ist auch hier die Verschiebung des Modal Split zu Gunsten des öffentlichen Verkehrs.

## 3. Überlegungen zur Verkehrspolitik

Wettbewerb führt in der Regel dazu, dass ein entsprechendes Produkt zu einem Konsumartikel wird. Dies zeigt sich exemplarisch in den Preisen für ein Luftticket und den Zuwachsraten im Luftverkehr sowie den Preisen für einen LKW-Transport – in der Europäischen Union ist es heute billiger, mit einem 40-t-LKW zu fahren, als mit einem Taxi – und der Zunahme des Schwerverkehrs auf der Strasse. Diese Entwicklungen stossen heute auf wachsenden Widerstand. Was also ist zu tun? Sollen wir eine Verkehrspolitik betreiben, die den Verkehrsmarkt als Ganzes betrachtet und entsprechend die einzelnen Verkehrsträger dort fördert, wo diese über komparative Vorteile verfügen? Oder sollen wir eine sektorielle Verkehrspolitik betreiben? Eine Verkehrspolitik also, die versucht, den jeweiligen Verkehrsunternehmen innerhalb ihres Marktsegments optimale Rahmenbedingungen zu schaffen?

Die Antwort auf diese Fragen ist klar: Die Planung der verschiedenen Verkehrsträger muss aufeinander abgestimmt erfolgen.

Im Güterverkehr ist dieser Grundsatz verwirklicht. Das Kernstück ist die leistungsabhängige Schwerverkehrsabgabe. Diese wird ihre Verlagerungswirkung aber erst dann voll entfalten, wenn der maximale Satz erhoben werden kann und auch unsere Nachbarländer nachziehen. Eine weitere Möglichkeit, den internationalen Güterverkehr auf der Bahn zu fördern, wäre, dem Güterverkehr auf gewissen Korridoren Priorität vor dem Reiseverkehr einzuräumen. Ideal wäre natürlich, wenn der Güterverkehr auf einer eigenen Infrastruktur betrieben werden könnte. Holland baut mit der 160 km langen Betuwelinie eine reine Güterbahn von Rotterdam zur deutschen Grenze.

Für den Luftverkehr aber ist der Grundsatz der verkehrsträgerübergreifenden Planung noch keineswegs realisiert. Bis anhin war die Luftverkehrspolitik darauf ausgerichtet, die Rahmenbedingungen für die Schweizer Luftfahrtunternehmen zu optimieren. Wie also kann der Luftverkehr in den gesamten Verkehrsmarkt integriert werden? Man könnte sich vorstellen, den Luftverkehr auf internationaler oder europäischer Ebene zu koordinieren, um diesem unbegrenzten Wachstum entgegenzuwirken. Dies könnte so aussehen, dass bestimmte Flughäfen zu so genannten Mega-Hubs deklariert würden, während die Flugbewegungen der anderen Flughäfen plafoniert würden. Ob der Flughafen Zürich auch zu den Mega-Hubs gehören würde, müsste dann natürlich diskutiert werden.

Die Frage, wie es mit dem Luftverkehr und den Luftfahrtunternehmen weitergeht, stellt sich tatsächlich. Was die Swissair betrifft, möchte ich nur so viel sagen: Ein entsprechendes Desaster bei der Verwaltung würde bei den vom Swissair-Debakel betroffenen Parteien mehr als nur helles Empören auslösen. Die

Verantwortlichen hätten unweigerlich mit einer PUK zu rechnen, und sie hätten nicht das Privileg, mit einem goldenen Fallschirm auf die Strasse gestellt zu werden.

## 4.   Geschwindigkeit und Effizienz

Das Tempodiktat nistet sich mit der Forderung nach einem effizienteren Staat auch in den staatlichen Institutionen ein. Wir müssen mit beschränkten personellen und finanziellen Ressourcen in einer komplexer werdenden Umwelt zusätzliche und bessere Leistungen erbringen. Vor diesem Hintergrund war und ist die Forderung nach einem effizienteren Staat unüberhörbar. Dabei wird entsprechend den beschränkten Ressourcen und der Forderung nach mehr und besseren Leistungen unter **Effizienz** primär «schneller» und billiger bei gleichbleibender bzw. besserer Qualität verstanden.

Die so verstandene Effizienz wurde entweder mit verschiedenen Massnahmen explizit gefördert. Beispiele sind die Reduktion der staatlichen Subventionen im Regionalverkehr oder auch die Liberalisierung verschiedener Bereiche (z.B. Telekom, Post, Güterverkehr, Regionalverkehr). Oder aber die realisierten Massnahmen hatten implizit zur Folge, dass die Verwaltung im erwähnten Sinn effizienter werden musste. Zu nennen ist insbesondere der Stellenstop bei der Bundesverwaltung.

Diese Definition von Effizienz aber ist sowohl willkürlich, wie ein Blick auf die Etymologie zeigt, als auch sehr problematisch, wie uns die Wissenschaft lehrt. Effizienz kommt vom lateinischen Wort «efficere» und heisst: Ein Ziel erreichen, das, was einen Effekt produziert. Mit anderen Worten: Effizienz definiert sich auf Grund des gesetzten Ziels. Je nachdem, welches Ziel erreicht werden soll, hat Effizienz also eine ganz andere Bedeutung, ist ein anderes Zeitmanagement, eine andere Organisationsstruktur etc. effizient. Und: Eine spezifische Definition von Effizienz verweist auf das gesetzte Ziel.

Auf welches Ziel also verweist die Forderung nach einem schnelleren und billigeren Staat? Diese sieht die primäre **Funktion des Staates** darin, der Wirtschaft optimale Rahmenbedingungen zur Verfügung zu stellen. Diese erscheinen dann als optimiert, wenn die Dienstleistungen gut sind und der Staat billig ist und damit die Wirtschaft wenig kostet und so einen höheren Gewinn ermöglicht.

Der Staat aber hat auch noch andere Ziele sicherzustellen bzw. Funktionen wahrzunehmen: zum Beispiel den sozialen und politischen Zusammenhalt. Von zentraler Bedeutung in diesem Zusammenhang ist der demokratische Prozess der Konsensfindung. Dieser Prozess aber, in dessen Verlauf die Akteure – Politik, Behörden, Medien, Parteien und Verbände – in einen Diskurs zueinander treten und Kompromisse schliessen, lässt sich nicht beliebig beschleunigen. Die Zeiten der Politik können nicht nach wirtschaftlichen Effizienzkriterien organisiert werden. Die Zeit, die in der Schweiz gebraucht wird, um ein politisches Projekt zu realisieren, dauert etwas länger als im Ausland. Aber mit Blick auf den sozialen und politischen Zusammenhalt ist der politische Entscheidungsprozess der Schweiz äusserst effizient.

Ein zweiter wichtiger Grundsatz staatlichen Handelns ist die Berechenbarkeit. Schnellschüsse, wie wir es bei der Gleisüberbauung Eurogate erlebt haben, dürfen wir uns nicht erlauben. Noch im Dezember 2000 war zu hören, dass dieses Projekt nicht am BAV scheitern dürfe. Bereits im Januar des nächsten Jahres wurde dann offensichtlich, dass der «return on invest» nicht den gesetzten Zielen entsprechen würde.

Welcher Staat also ist effizient: Der gemächliche oder der schnelle?

Um diese Frage zu beantworten, muss zuerst die Frage nach dem Ziel beantwortet werden: Welches ist der wichtigere Standortfaktor – der soziale und politische Zusammenhalt oder im erwähnten Sinne optimale Rahmenbedingungen für die Wirtschaft? Bei der Beantwortung dieser Frage will ich natürlich nicht einfach ins Blaue hinaus philosophieren, sondern mich an die harten Fakten der Wissenschaft halten. Verschiedene von der Universität St. Gallen publizierte Studien zeigen folgendes Bild[1]:

- Als Stärken des Standortes Schweiz gelten die hohe soziale und politische Stabilität, das hohe Ausbildungsniveau, die niedrige Steuerbelastung, die Kundennähe (zentrale Lage in Europa) sowie die tiefen Zinsen.

- Wie werden diese Stärken des Wirtschaftsstandortes Schweiz von den Unternehmern – für ein Verbleiben in der Schweiz – beurteilt? Den höchsten Stellenwert nimmt das gute Ausbildungsniveau der Arbeitskräfte ein, gefolgt von der hohen Arbeitsproduktivität und dem sozialen Frieden (Arbeitsfrieden). Erst an vierter und fünfter Stelle werden steuerliche Überlegungen sowie weitere Kostenüberlegungen genannt.

- Die politische und soziale Stabilität wird von vielen Unternehmern explizit als ein zentraler Standortvorteil der Schweiz genannt. Während Lohnkosten und andere vom «Populärwissen» als wichtig erachtete Faktoren (z.B. steuerliche Belastung) in der öffentlichen Diskussion offensichtlich eindeutig überbewertet werden.

Die Antwort auf die Frage nach der Priorität ist also klar: Politischer und sozialer Zusammenhalt gehen vor Kostenfaktoren. Daraus folgt: Der gemächliche Staat ist effizienter als der schnelle – selbst mit Blick auf den Wirtschaftsstandort Schweiz.

---

1 HENNEBERGER, FRED / KAMM, MARCEL (1996): «Direktinvestitionen, Standortwettbewerb und Arbeitslosigkeit.» Diskussionspapier #40 des Forschungsinstitutes für Arbeit und Arbeitsrecht an der Universität St. Gallen.
HENNEBERGER, FRED / KAMM, MARCEL (1997): «Die Maschinen-, Elektro- und Metallindustrie am Standort Schweiz im Zeichen der Globalisierung der Märkte.» VSM-Beiträge zu Wirtschaft, Recht und Politik, Vol. 1 (Mai 1997).
HENNEBERGER, FRED / VOCKE, MATTHIAS / ZIEGLER, ALEXANDRE (1997): «Auslandsinvestitionen und Beschäftigungseffekte in der schweizerischen Maschinenindustrie.» Diskussionspapier #50 des Forschungsinstitutes für Arbeit und Arbeitsrecht an der Universität St. Gallen.

Vor dem Hintergrund, dass Schnelligkeit die Wettbewerbsfähigkeit erhöht, erscheint es nur folgerichtig, auch immer schneller zu lernen.

Von Seiten der Wirtschaft ist in letzter Zeit oft die Forderung zu hören gewesen, dass die jungen Erwachsenen jünger und besser ausgebildet in das Arbeitsleben übertreten sollten. Das **Schulsystem** müsse in diesem Sinne effizienter werden, also schneller und besser. Die Schüler hätten entsprechend innerhalb weniger Zeit mehr zu lernen. In der Diskussion, wie diese Forderungen umzusetzen seien, wurde primär davon gesprochen, die Fächer stärker auf die kognitiven Fähigkeiten auszurichten, während andere Fächer (musische und handwerkliche Fächer, Turnen, Hauswirtschaft etc.) gestrichen werden sollten.

Eine in diesem Sinne reformierte Schule würde die Aufgabe der Schule primär aus dem Blickwinkel der Wirtschaft definieren und dadurch auch zu einer Funktionsänderung der Schule führen. Denn die eigentliche Aufgabe der Schule ist, «ein Kind seinen Fähigkeiten entsprechend zu fördern». Hier steht ganz klar das Kind als solches und nicht das Kind aus dem Blick der Wirtschaft im Mittelpunkt. Diese Ansätze vertreten einen viel weitergehenden Lehrplan, der neben den traditionellen Werten (klassische Schulbildung) auch die so genannt neuen Werte propagiert wie Kreativität, Selbstbewusstsein, Dialogfähigkeit und Solidarität, Urteils-, Kritik- und Teamfähigkeit etc. Werte, die von immer grösserer Bedeutung sind, um auf dem Arbeitsmarkt bestehen zu können. Würde also die Wirtschaft davon nicht viel mehr profitieren? Und zeigt sich nicht auch hier, dass die als Beschleunigung verstandene Effizienz offenbar ungeeignet ist, das gesetzte Ziel zu erreichen, weil gerade Lernprozesse nur sehr beschränkt beschleunigt werden können?

Sparmassnahmen im Bildungsbereich sind in jeglicher Hinsicht das falsche Instrument:

- Erstens sind die Fächer, die gestrichen oder reduziert werden sollen, oftmals für die schwächeren Schüler von grosser Wichtigkeit für ihre eigene Entwicklung. Die Konsequenz ist, dass es diesen Schülern später

schwerer fällt, sich auf dem Arbeitsmarkt zurechtzufinden, was zu mehr Fürsorgeabhängigen und damit zu
höheren Kosten auch für die Wirtschaft führt.
– Und zweitens bergen Sparmassnahmen die Gefahr eines Zweiklassensystems in sich. Die USA, die von
vielen Wirtschaftsführern auf Grund ihrer tiefen
Staatsquote oftmals als Modellfall gelobt werden, zeigen die Schattenseiten einer zu tiefen Staatsquote:
Schlechte öffentliche und gute private Schulen. Das ist
nicht, was wir wollen und der Schweiz entspricht.

Und wie sieht es bei der **Wirtschaft** aus? Der Effizienz-
begriff «schneller und billiger» gilt natürlich auch für die Wirtschaft, und zwar in verstärktem Masse. Das Ziel, das damit erreicht werden soll, ist klar: Die Profitmaximierung. Unternehmen sowie konkrete Waren oder Dienstleistungen dienen dann
lediglich als Mittel, um dieses Ziel zu erreichen.

Aber auch hier stellt sich die Frage: Haben Unternehmen
nicht auch noch andere Ziele? Zum Beispiel die Sicherstellung
des langfristigen Bestehens? Und ist die Effizienz, die auf die
Profitmaximierung ausgerichtet ist, auch geeignet, um dieses
Ziel zu erreichen? Hat das Unternehmen, das vergass, die Ölspu-
ren aus seinen künstlichen Hüftgelenken zu entfernen, den Fi-
nanzmärkten zu viel Gehör geschenkt und dann ein solches
Tempo angeschlagen, dass die Qualität darunter zu leiden hatte?
Wie dem auch sei – das Problem dabei ist: Ein Unternehmen,
das die Qualität seiner Produkte nicht sicherstellen kann, sieht
auch die eigene Zukunft gefährdet.

Welches Unternehmen also ist effizient: Dasjenige, das
seine Strategie auf den schnellen Gewinn ausrichtet, oder dasjenige, das vielmehr zuerst die eigene Zukunft sicherstellt? Auch
diese Frage kann nur beantwortet werden, wenn wir einen Blick
auf die Ziele werfen. Die Antwort liegt auf der Hand: Nur das
Unternehmen, das überhaupt besteht, kann einen Gewinn abwerfen.

Daraus folgt: Effizient ist dasjenige Unternehmen, das etwas Tempo herausnimmt und so die Qualität der eigenen Produkte und damit das Bestehen auch in der Zukunft sicherstellt.

## 5. Der Staat als Vorbild in Sachen Effizienz

Was also ist gut an dieser Beschleunigung, wenn
- diese die Politik zum Palaver degradiert und
- die Ursache zahlreicher Probleme im Verkehrsbereich ist,
- wenn sich der effiziente Staat nicht durch sein Tempo, sondern durch die Sicherstellung des sozialen und politischen Zusammenhalts auszeichnet,
- wenn wir unseren wichtigsten Standortfaktor, das hohe Ausbildungsniveau, nur dann sicherstellen und weiter verbessern können, wenn wir der Jugend die entsprechende Zeit lassen
- und offensichtlich auch in der Wirtschaft der Bestand eines Unternehmen Vorrang hat vor dem schnellen Gewinn?

Was also ist gut daran? Zwei Antworten liegen auf der Hand: Entweder es ist gar nicht gut und wir bezeichnen als effizient etwas, was vielmehr total ineffizient ist. Oder aber diese stete Hektik raubt uns die Zeit, um zu reflektieren und zu denken. Die Konsequenz: Wir vergessen die philosophischen Grundlagen unseres liberalen Staates und übersehen dabei die so banale und doch so wichtige Frage: Was ist gut daran?

All diese Beispiele – Verkehr, Politik, Schule, Wirtschaft – zeigen, dass wir die Ziele nur dann erreichen, wenn wir nicht kurzfristigen Trends folgen, sondern langfristig planen und damit auch die Berechenbarkeit sicherstellen. In der Verkehrspolitik ist dies exemplarisch umgesetzt: Die Massnahmen, um das Verlagerungsziel zu erreichen, sind langfristig angelegt, und das Ziel ist nicht von heute auf morgen erreichbar.

Der Staat kann also durchaus Vorbild sein in Sachen Effizienz – wenngleich nicht immer auf den ersten Blick.

454

# F. Technologie als Hilfe zur Darstellung ökonomischer Vorgänge und Probleme

# Wake-up Call for General Management: It's Technology Time

*Hugo Tschirky*

## Indices

# I.  Closing the Perilous gap between Management Theory and Technology Reality

## 1.  Technology is Altering the Global Landscape

Accelerated technological change has become a fact and will continue to challenge industrial and societal development into the next century. That all areas of life and the economy are increasingly affected by technology is undisputed. Nearly every day, without really noticing it, we benefit from innovations which not long ago were inconceivable. For example, by merely touching a keyboard in Zurich it has become quite possible, via satellite, to steer a computer in Tokyo which transmits English translations of Japanese texts back to Switzerland. Groupware and communication networks such as the Internet, facilitate real time availability of knowledge and thereby reshape business processes fundamentally. With the help of stereo-lithography, CAD data can transform a work specimen into a prototype within hours. Thanks to consistent process management the production time for locomotives has been reduced from months to weeks at ABB. Banks have more than doubled their internal productivity by means of optic al character reading. The Sojourner rover made on July 4 1997 a perfect landing on Mars and started to send high resolution pictures to the earth from a distance of 55 million km (Figure 1) reflecting extraordinary achievements in mechatronics and telecommunications which obviously influence our everyday technology as well.

458

Figure 1: Pathfinder mission: The Sojourner rover (left) is taking high resolution pictures from the Mars i.e. from the "little Matterhorn" (right).

Gene technology and analyzing the recently available complete information of the human genom harbors a potential for yet incalculable changes in biological and pharmaceutical research and production. Endoscopy allows complex medical operations to be performed without surgery. On July 30 2001 the implantation of an artificial silicon retinal chip into the eyes of three people blinded by retinal desease was announced (Figure 2).

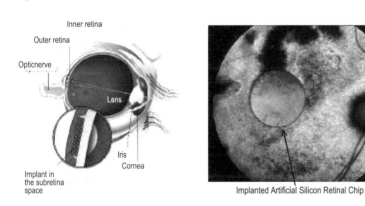

Figure 2: Artificial silicon retinal chip implanted into the eyes of three people blinded by retinal desease.

Finally, nanotechnology (Figure 3) is opening the door to innovations which will revolutionize industry in the 21st century, such as tera-bit memories. The use of tera-bit memories will allow storage of the entire classical music of all time on one single CD. Or all-carbon nanotubes which are promising applications ranging from new structural materials that are stronger and lighter weight to electronic components for new super-computers to drug delivery systems.

Figure 3: Nanotechnology allows to identify single atoms and influence their location; nanotubes will be the basis for new materials, new electronic component and advanced drug delivery systems.

## 2. Typical company problems and open questions facing technological change

On 31 July 1998 Siemens announced the closure of its 16-megabyte chip works in British North Tyneside. This closure, on the grounds of falling prices in the chip market, affected around 1,100 employees. It also affected Siemens' yearly accounts for 1998 by around 1 billion DM. The factory had only been opened in May 1997; up to its closure Siemens had invested some 1.7 billion DM in plant and operation. The closure took place during the start-up phase *(Neue Zürcher Zeitung,* 1.9.98). On 5 September of the same year, Siemens announced that it was making its semiconductor business independent and listing it on the stock exchange *(Financial Times,* 5.11.98). Matsushita, one of the largest Japanese electronics manufacturers, similarly announced on 9 September the closure of its 4-megabyte chip production plant in Pyallup, Washington, planned for December. Similar restructuring measures had been announced the previous week by Fujitsu and Hitachi *(Financial Times, 10.9.98)*. – *What management instruments might have lowered the risks of such investments? What other possibilities might have been explored by these firms, in view of their responsibility for the social effects of employee dismissal?*

The Esec Group is a middle-sized manufacturer of production systems for the semiconductor industry. On 29 October 1998 it made public massive first quarter losses. Simultaneously it was announced that the pharmaceutical concern Roche would make a substantial temporary investment in Esec *(NZZ, 30.10.98)*. – *Against what technological and economic background did Roche evaluate its engagement?* The European Laboratory for Particle Physics (CERN) is presently, for budget reasons, being forced to make cuts *(NZZ, 5.7.98)*. While in 1980 3,800 people were employed there, today the number is 2,800, and in the year 2005 it will be 2,000. In order to fulfil the current demand for technologies in spite of this restructuring, industry has been called in to cooperate in development projects under an initiative entitled "Call for Technology". According to this cooperative model CERN will provide its accumulated technological and scientific expertise, while its industrial partners deliver specific development know-how and personnel and material resources. Already several firms of various sizes have made use of this opportunity for technology transfer. In many cases a major attraction of the arrangement is the possibility of obtaining new technological expertise and using it to launch new products on the traditional market. A typical example is the firm Lema SA in Ecublens, which specializes in electronic plugs. For CERN Lemo has for some time been developing a miniaturized plug for co-axial cables. A world standard has emerged from this development, and today the company has a product range of over 40 models, in use not just in particle physics but also in telecommunications and medical electronics *(NZZ, 5.7.98)*. –

*What were the main so-called Make-or-Buy decision-making factors for CERN and Lemo SA? What structures and rules-of-the-game in communication can be decisive for successful technology transfer? Which competences need to be built up for large or small firms to become competitive in new, future technology markets as well as in traditional ones?*

Early in 1997 the firm Deloitte Touche Tohmatsu International conducted a study among the 1,000 leading companies in Germany, France, Great Britain and the Netherlands as to which decision-making factors were considered by the top management of these to be the most important to activate as we enter the next century. The effects of technological change were accorded the greatest significance; in second place came the introduction of a single currency neck and neck with the recruiting of qualified staff (Deloitte Touch Tohmatsu International, 1997). – *What are the specialist and personnel prerequisites for the making of far-reaching, first-hand technology decisions at the highest management levels (board of directors, company management)? Can this type of technology decision be delegated at all?*

The questions posed above reflect typical challenges which are increasingly becoming facets of companies everyday realities. They lead directly to the basic question as to the availability of answers to these questions from management approaches which suitably take into account today's technology-driven business reality.

## 3.    Are we prepared? – The European paradox

In 1995 the European Commission presented a report titled "Green Paper on Innovation" (EC: 1995). Its main message focuses on the challenges of innovation for Europe against a background of globalisation and rapid technological change. In the Commission's opinion, Europe's research and industrial base is suffering from a paradoxical series of weaknesses, the greatest being the comparatively limited capacity to convert scientific breakthroughs and technological achievements into industrial and commercial successes. Anlaysis reveals that compared with the scientific performance of its principal competitors, that of the EUis excellent but over the last fifteen years its technological and commercial performance in high-technology sectors such as electronics and information technology has deteriorated. Among the factors explaning the American and Japanese successes emphasis is placed on: a generally higher R&D effort measured by the percentage of total R&D expenditure as a share of GDP (Europe: 2%, US: 2.7%, Japan: 2.8%), a larger proportion of engineers and scientists in the active population, closer university/industry collaborations, cultural tradition favourable to risk taking and to entrepreneurial spirit and a strong social acceptation of innovation (US), a culture favorable to the application of technologies and the ongoing improvement andreduced lead times for firms creation and limited red tape.

Based on this evaluation numerous suggestions for improving Europe's unfavourable situation are made and thirteen routes of actions are presented. Among them it is strongly recommended to foster and develop technology and innovation management since these disciplines of management "… are not yet adequately used in the European Union."

Was this serious "warning" of any significant consequence?

Not really. Surprisingly, six years later a study covering exactly the same subject but originating from an entirely different source came out: in 2000 the Union of Industrial and Employer's Confederations of Europe (UNICE, 2000) published the Benchmarking Report under the title "Stimulating Creativity and Innovation in Europe". This time the comparison focused primarily on the US. The UNICE evaluation culminates with the following assessment: "Although there are many European success stories, taken overall, companies based in Europe have failed to match the performance of innovative companies based in the USA." Again almost identical reasons are mentioned in order to explain the situation. Interestingly, as an additional negative factor, education level is stressed: "European education systems are less successful than those in many other countries in equipping its citizens with key skills, in area such as mathematics, science, technology, ICT (Information and Communications Technologies) and management."

Finally, UNICE published a further benchmarking report "The reNewed Economy – Business for a dynamic Europe" in March 2001. Again it is insistently suggested that "… if Europe is to catch up with the USA, governments must provide companies and individuals with stronger incentives to innovate, and to adopt and adapt innovations made by others. Entrepreneurs must be better rewarded for risk-taking. Employees must be more motivated to update their knowledge and skills continually …".

Is there a lesson learnt? Obviously the sequence of such repetitive evaluations over a long period of time does not shed a bright light on Europe's learning curve. It seems that institutional messages alone are not strong enough to initiate major changes. Moreover Europe's situation does not seem to contradict Pecchei, the former founding member of the Club of Rome (Peccei, 1979). Reflecting the human innovative behavior over times he came to the conclusion, that mankind primarily follows the pattern "learning after shock" which may have been a workable attitude in the past. However since today mankind is in the position to self-initiate fatal shocks, following this principle has certainly become questionable.

Therefore the preferred vision for the new century would more likely be "learning before shock" which means an anticipatory attitude towards change. Building up such a capability is primarily up to individuals and in particular to individuals with influence on others that in management. In this sense it is the main purpose of this publication to provide a basis for responsible management representatives to self initiate innovative management improvements in coping with technological change.

## 4.    Moreover: The Technology Management Paradox

Challenged by the accelerated exposure of companies to technological change technology andinnovation management has experienced in the recent past extraordinary although paradoxical attention. Technology management as such is focused in its core on the creative deployment of technology. The managed creation and deployment of technology is directed towards the development and maintenance of products and the corresponding production and administrative processes. Moreover it also includes the company's technology required to operate its infrastructure. The total of a company's deployed technology represents the *technology potential* being subjected to technology management.

Early significant impulses for today's technology management concept came from the USA at a time of threatening progress from Japanese technology. A report edited in 1987 by the US National Research Council recognizes that "… to an ever-increasing extent, advanced technologies are a pervasive and crucial factor in the success of private corporations, the effectiveness of many government operations, and the well-being of national economies" (NRC 1987: 1). Credit is also given to some, at that time, practiced strategies of technology management "… to devote more resources to research and development (R&D) than less." However it is added, that "… guidelines for allocating those resources among projects are vague, schedules are necessarily imprecise, and results can be unpredictable." And "… as technology changes, the tools of management will also need to change, but the process of determining what those new tools should be is in its infancy" (NRC 1987: 6). Facing this unsatisfactory situation it is concluded that a lasting improvement in a situation assessed as threatening could only be made by building up effective technology management as "The Key to America's Competitive Future" – in research, teaching and management practice. In this context "Technology Management" is perceived as follows: *"Management of Technology links engi-*

*neering, science, and management disciplines to plan, develop, and implement technological capabilites to shape and accomplish the strategic and operational objectives of an organization"* (NRC 1987: 9) (Figure 4).

Figure 4: Technology management: "the missing link" (NRC 1987: 11)

As key elements of technology management in practice the following are identified (NRC 1987: 9):
- identification and evaluation of technological options;
- management of R&D itself, including project feasibility;
- integration of technology into the company's overall operations;
- implementation of new technologies in a product and/or process; and
- obsolescence and replacement.

In addition eight primary industry needs in Management of Technology are emphasized (NRC 1987:19):

(1) *How to integrate technology into the overall strategic objectives of the firm.* This area includes the allocation of corporate resources to and within RDE&O (Research, Development, Engineering & Operations), planning for technology development or acquisition programs, and other near– and longterm strategy questions.

(2) *How to get into and out of technologies faster and more efficiently.* This area includes the selection of new technologies, their prioritization, and the timing of their introduction and discontinuation, as well as assessing possible alternatives to new technology investments.

466

(3) *How to assess/evaluate technology more efficiently*. This area includes evaluating the current and future competitiveness of a company's technology, the relative risk of in-house development versus acquisition, the pace of future changes in technology and potential markets, and potential return on investment in financial as well as strategic terms.

(4) *How best to accomplish technology transfer*. At the corporate level, two basic areas of technology transfer need attention: (a) transferring R&D results efficiently into design and manufacturing and (b) assimilating externally developed technology and research results into the company's internal RDE&O activities.

(5) *How to reduce new product development time*. How can the links among design, engineering, and manufacturing be improved? Greater coordination of these functions and parallel efforts could greatly reduce the lag between product conception and market delivery.

(6) *How to manage large, complex, and interdisciplinary or interorganizational projects/systems*. This is the traditional area of "project management" but with the new dimensions of complexity wrought by many of today's product/process technologies and business practices (diversification, joint ventures, etc.). The key problem is recognizing the interrelationship of functions in the total system and managing the organization as a system to meet budget, schedule, and performance goals.

(7) *How to manage the organization's internal use of technology*. This area includes the smooth introduction and management of operations technologies (e.g. design/ manufacturing automation), and operations-support technologies such as management information systems, automated banking systems, etc.

(8) *How to leverage the effectiveness of technical professionals*. This area deals with the unique managerial needs of the technical professional – division of technical work, functional organization and staffing, professional development, and so on. It includes topics such as motivation, measurement, training,

supervision, obsolescence, etc. This area has received the largest amount of research attention and industry interest, yet the many separate topics studied are not well integrated.

Since 1987 there has indeed been a significant growth in the popularity of, e. g, literature on technology management (see Figure 5, below). Correspondingly the number of programs on technology management offered by universities worldwide has increased at a fast pace as well (see Figure 5, base).

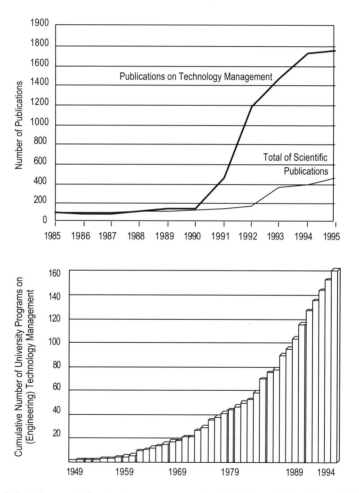

Figure 5: Development of technology management publications (KOCAOGLU, 1996: 1) and university programs on technology management (PFUND, 1997: 2)

468

This development as such, is positive since it mirrors the certainly well justified concern of academia to actively contribute in developing the competence of coping with technological change. *However – and this is the above mentioned astonishing paradox – the general management literature is curiously silent on issues of technology and innovation management.* Typically, reference to the significance of technology is restricted to its non-binding inclusion in the list of factors influencing the enterprise. Whereas the enterprise functions such as marketing, finance and sometimes legal and economical aspects are traditionally well represented in concepts of general management, equally useful managerial references on how to handle with best practice the acquisition, development and deployment are not provided. Here some typical examples:

In the comprehensive publication "Introduction to General Business Economics Theory" by WÖHE (1996), the view is expressed at the outset that the task of business economics theory is "the explanation of real interrelationships and courses of events (cause-effect relationships)" (WÖHE 1996: 19). Despite this emphasis on "real interrelationships", *the problem presented by technological change is dealt with (in the section on* "Instruments of Turonover Policy") *in just two sentences[1] concerning the task of research and development* (WÖHE 1996: 638, 643). In the in 2000 published latest edition this situation remains unchanged (WÖHE 2000). More concrete statements concerning general management tasks are found in KOTTER (1982), but here central aspects, such as those of technological change and its sociotechnical implications for every type of enterprise, are not addressed. Similar gaps are found in MINTZBERG (1989), a work which presents the management task with vivid illustrations of cases from practice.

---

1     WÖHE (1996, 638): "Every supplier must try via the best possible achievements in internal research and development to remain at the forefront of technological progress." WÖHE (1996, 643): "Product development in the technical sense: prototype, taste sample."

A similar picture is presented in the "Handbook of Management" edited by CRAINER (1995), with contributions from over eighty authors. The actual technology sensitivity of companies is granted only a marginal position. The theme of "technology" is reduced to aspects of information technology, and the treatment of research and development is limited to confirming the growing consciousness that R&D tasks should be actively included as part of company events.

The discussion of such examples could be continued almost endlessly referring to publications by authors such as ULRICH (1970), BUSSE VON COLBE & LASSMANN (1991), KOGUT & ZANDER (1992), RÜHLI (1996) and EISENFÜHR (1998). Even the extensive and often visionary works of DRUCKER – often referred to as being the dean of management – have to be mentioned in this context. They present numerous facts of company management and its interaction with society in a plausible and highly practice-related way. However the chosen level of investigation and conceptual depth are placing DRUCKER'S work rather as a basic complement to methodology-oriented textbooks on companies and their management. The latestpublication "The Essential Drucker" (2001) is a further illustrative example.

## 5.    Facing the technology gap: what's next?

A juxtaposition of current enterprise and enterprise management concepts with the company problems as illustrated above reflects a noticeable gap between the received picture of company reality and what actually goes on there. *No substantial impetus towards the practical solution of company problems is found in any of the approaches and theories discussed.* In other words: Answers to the above raised and in many respect existentially crucial questions, cannot be given from the approaches which notabene claim to deal with companies' reality.

One reason for this critical gap between management theory and technology reality may be that theories in business administration have their roots in the mercantile education which per se has been focused in the past on non-technological issues. This may also explain why various technology university institutions, because of their technology culture and competence, began only lately to engage in research and teaching in the area of technology management.

The existence of this gap has, firstly, generated the attitude on the part of upper-echelon management that technology is an issue for lower-level management; and led to the (directly linked) low attention accorded to both the opportunities and the perils of technology deployment, despite the risk that these may be embedded in initial upper management and administrative decisions. Secondly, it is uncertain whether, or how, isolated aspect-wise management statements may feasibly apply to the process of management decision-making. Thirdly, education taught with current literature on general management is giving students a distorted and unrealistic picture of current company's corporate reality. And finally the discussed quite uncomplete content of publications on general management does certainly not lower the widespread ivory tower prejudice against academia.

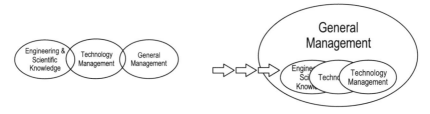

Figure 6: Technology and its management being integrated parts of general management.

Facing this paradoxical discrepancy is inferring a basically new understanding of technology's enterpreneurial role. It's implications are of such consequences that referring to a paradigm shift is justified. This means in essence that at first the metaphor of technology management being the missing link between engineering and science and general management has to be revised. Rather than being a missing link and thus an activity "outside" general management, technology management ought to be considered as being an integrated part "inside" general management. This thought is visualized in Figure 6.

What does this paradigm shift imply? It implies that all activities directed towards technology-related issues are not isolated and merely function-focused activities but rather elementary parts of management activities on all levels of company management. This includes in particular, a thorough technology knowledge competence in the upper level of management represented by the top management group and the board of directors. This is in essence the core of the guiding thought "Bringing Technology to the Boardroom" which will be illustrated through more details in Part II.

## II.  Bringing Technology to the Boardroom: What Does it Mean?

### 6.  Understanding technology as an ordinary unit of general management

It is common to consider monetary units as basic units of management. Cost, expenditure, assets, investments and finally bottom lines are expressed in dollars, pounds, lira, marks, rubels and soon in euros. Time is another such unit. Working and operation times are measured in hours, project completion times are planned in months and sometimes strategic planning horizons are depicted in years. Technologies are de facto similarly manageable entities. Technology constitutes specific knowledge, abilities, methods and equipment facilitating deployment of scientific and engineering knowledge. As a basis of competitiveness, each company is mastering a countable number of technologies with four purposes: They enable researchers and engineers to develop new products and services, they allow products to perform specific functions, they serve manufacturing to produce products and finally they put the company into position to operate its administrative processes and infrastructure. The total of a company's deployed technology represents the technology potential being subjected to technology management.

*Product technologies* on the one hand deploy scientific or engineering principles (e.g. from optics, electronics, nuclear physics, aerodynamics,etc) dealing with a specific effect and determine how an effect occurs. This effect allows the fulfillment of a specific product function (eg. "detecting fire") which – from the point of view of the market – is oriented towards expected customer needs (eg. "protection from fire damage") (Figure 7).

R&D faces the challenging task of making a reasoned choice between various technologies – both those existing and those to be developed – representing variables in order to realize product functions.

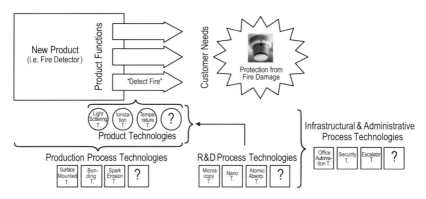

Figure 7: Product and process technologies constituting product creation (Example: Development of fire detection sensor device)

Examples of product technologies: In the above case of detecting fire a choice exists, for example, between ionization and light scattering technology. *Ionization technology* (Figure 8, below) is based on the physical principle that in the presence of a radioactive source (e.g. Am 241) the surrounding air is separated into positively and negatively charged ions. Under the influence of an electric potential (E1-E2) the ions move towards the electrodes and thereby produce an electric current I1. In the case of a fire aerosoles are carried into the detector chamber. They attach themselves to the ions and therefore slowing them down. As a result a reduced current I2 is produced. The relation I1/I2 can be measured and be interpreted as a fire signal to release an alarm at the central station of a fire brigade.

The principle of *light scattering technology* is entirely different (Figure 8, base). Its basis is determined by an active light source which is directed towards a receiver but covered up by a shield. In this state the receiver does not receive any signal. In the case of fire again aerosoles enter the detector chamber and are exposed to the light source. The labyrinth design of the chamber is such that the light scattered by the smoke particles can be detected by the receiver. As a result the receiver becomes active and the corresponding signal serves as a fire signal to release an alarm.

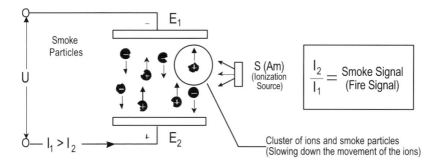

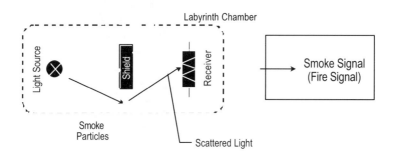

Figure 8: Principles of fire detection technologies (Examples: Ionization & light scattering product technologies)

*Process technologies* (Figure 7) on the other hand deploy the *effects* of an existing product technology. R&D process technologies are used in order to perform research and development activities and may include technologies such as microscopy, nano and atomic absorption technology. Typical production process technologies include casting, milling, galvanizing, soldering and surface mounted technology (SMT). They also consist of logistics and qualitiy assurance technologies. Administrative process technologies usually comprise office automation technologies and, finally, infrastructural process technologies typically may comprise security, elevator, escalator and air conditioning technologies.

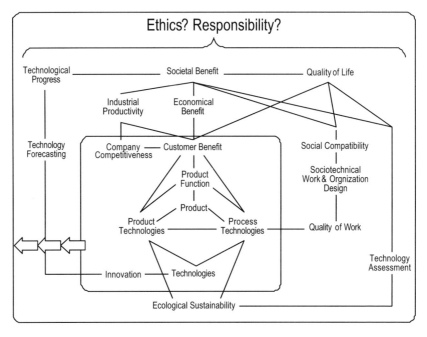

Figure 9: Holistic understanding of technology

The above refers to an understanding of technology in the *limited domain* of product and market. As technological change permeates many social and economic domains, a further-reaching, *holistic* understanding of technology must also be developed. This extends beyond the domain of product and market and encompasses higher concepts of technology progress, quality of life and the social efficacy of technology.

Figure 9 illustrates this network of interrelatedness: Significant relationships beyond the product/market domains are apparent, firstly, in environmental quality. Both product and process technologies are crucial to the latter. Product technology determines the environmental sustainability of a product in its use and disposal. Process technologies affect environmental quality more directly with their operational impact on the environment. Also production process technologies have a strong influence on the quality of work a theme which is dealt with more in details in Section 4.

## 7. Which general management?

With the vision in mind to conceive technology management as part of general management immediately the question comes up: which is an appropriate framework of general management to constitute a meaningful shell for technology management issues? Attempting to answer this question becomes obvious that the number of available suitable frameworks is limited. Among them the concepts of "Potential and Process Approach to the Enterprise" and "Integrated Management" appear to suit the aimed for purposes:

The *enterprise* can be conceived of as an organization which is transforming inputs (such as components, products and services) from suppliers and partners into outputs (such as products, systems and services) to customers and partners. The enterprise has at its disposal certain competences and equipment, the combined and focused use of which allows for the build up of competitiveness in specific markets and a long-term viability of the enterprise. Under this aspect the enterprise can be viewed as an entity containing a number of specific and mostly overlapping competence potentials the activation of which occur by way of performing distinct processes (Figure 10). An enterprise finally is existentially dependent on its succeeded integration into the environment within which social, ecological, technological and economical spheres can be distinguished.

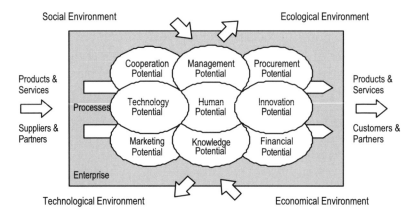

Figure 10: Potential and process approach to the enterprise

With respect to concepts of *enterprise management* it is widely accepted to consider tasks on the *strategic* and subsequently on the *operational level* as undispensable requisites of general management. For the management of the technology enterprise, however, a restriction to these two levels is not satisfactory since decisive, so-to-speak "over-strategic" factors play a role. Primary among these are company policy, company culture and original enterprise structures, neither of which can be expressed in "strategic" language. This deficiency is taken into account in so-called "Integrated Management" concepts[2] in which the strategic and operational levels are grouped under a higher *normative level* of management (Figure 11).

Firstly, on the *normative* level, primary decisions must be made according to the long-term goals of the enterprise. This requires the development of a consistent *company policy*. At the same time an awareness of the culture permeating the company is essential. Company culture includes the values held collectively by its employees, which is expressed, for example, in how employees identify with company goals and in the company's behaviour towards the environment, and manifest themselves in the company's ability to change and innovate. On the normative

---

2    ULRICH H. (1984): Management, Dylliyk Th. & Probst G. (ed.), Bern: Haupt; BLEICHER K. (1991): Konzept Integriertes Management, Frankfurt: Campus.

level it is not only the *making* of long-term decisions which is vital for the company's future. Just as essential is *who makes these decisions.* This question involves the upper decision-making structures of the company. The far-reaching nature of technology decisions requires that technology expertise be applied to the decision-making process from the outset. The guiding principle for the normative level is the *principle of meaningfulness.*

Figure 11: Three constituting levels of general management

On the *strategic level* it is essential that company policy be transposed into comprehensible strategies. Strategies lay middle-term emphasis on the selection of those technologies necessary for the development and production of present and future products and services. In particular, decisions are made as to whether these technologies will be developed in-house or in conjunction with other firms, or whether they will be purchased completely from other companies. Relevant trends in strategic technology management indicate that strategic alliances, process management and innovative and innovation-boosting structures are taking on increasing significance, as is technology scanning and monitoring, i.e. the comprehensive and systematic collection and accumulation of information concerning existing and developing technologies. This "early warning function" is often referred to as *technology intelligence* being part of an overall business intelligence system. A further focus involves concepts of socio-technical systems design which postulate the quality of work-oriented deployment of technology *and* work. On the strategic level the *principle of efficacy* – meaning "doing the right things" – is prime.

Finally, on the *operational level* of management responsibility is taken for transforming strategies into practice in the context of short-term goals. Operational management expresses itself, for example, in concrete R&D projects in which the necessary personnel, financial and instrumental resources are deployed according to a plan. Here the pointer is "doing things right", implying accordingly the *principle of efficiency.*

*According to this view technology management can be conceived of as an integrated function of general management which is focused on the design, direction and development of the technology and innovation potential and* directed t*owards the normative, strategic and operational objectives of an enterprise.* (Figure 43).

This concept of technology and innovation management shall be exemplified in details in the following section.

## 8. Technology and innovation management as integrated part of general management: practical examples

*a.* *Technology and innovation management on the normative level*

### Example 1: Expressing technology and innovation values in visions, policies and mission statements

The longest-term decisions taken by company management are expressed in documents like *company vision, company policy, and mission statements*. As a rule these kinds of statements are held on a general level which nevertheless aims at verbalizing the company's uniqueness. The content usually covers long-term objectives, main areas of activities, geographical dimensions of businesses, major resources and competences, innovative ambitions, strived for relations to customers, attitude towards societal and ecological expectations, the role and development of human capital and the values which determine communication and collaboration.

For company's relying on technology it is indispensable to clearly stress this dependence within such normative statements, because they represent strong signals inside and outside the company. In particular in times of increasingly flattened hierarchies such signals are gaining importance as guiding ties around decentralized responsibilities and competencies.

The following examples illustrate normative statements which mirror the technology dependence of companies (Figure 12).

## Compaq's Vision

Inspiration Technology
As an industry we talk a lot about speeds and feeds, and that's fine. Performance matters. But the real power of technology is not the machine; it's in the inspiration. The web was not a product of technology. It was one part technology and three part inspiration. The decoding of the human genom was less a technological achievement than a human inspired achievement, enabled by technology. At Compaq we look at it this way: People enabled by great technology can achieve great things .

Michael Capellas CEO, Compaq

### President's Message

We are used to seeing technological development as a help to improve our standards of living.

Today, we are increasingly alert to their impact as to sustainability, efficient use of energy and environmental protection - for all our tomorrows.

We in ABB - as leaders in several key industrial areas - are at the very center of these challenges.

With our leadership role comes the responsibility to secure real and practical innovations.

Every year we invest a significant amount of our resources in research and development (R&D) in order to ensure that we remain a leader in our industry.

Our aim: to sustain growth and profitability through meaningful innovation.

That is the thought behind our ABB group slogan "Ingenuity at Work".

Göran Lindal
President and Chief Executive Officer, ABB

Figure 12: Examples of normative statements of technology-based companies

481

*Example 2: Taking into account the vital link between technology & innovation strategy and company culture*

The distinct uniqueness of each single enterprise is primarily given by its *organizational culture*. Understanding the organizational culture is an indispensable prerequisite for successful leadership of an enterprise under rapidly changing environmental conditions. Only cultural characteristics finally can explain, why a new strategy has been implemented satisfactorily or not. Or vice versa: Working on a new strategy must aim at reaching a "cultural fit", i.e. correspondence has to exist between the behavioral pattern under which a strategy can be implemented effectively and the given culture determining current enterprise behavior. Achieving such a cultural fit can mean, intentionally changing the organizational culture as a proactive alternative to adapting a strategy to a given culture. This has been the case for example at ABB after the merger between BBC and ASEA (Figure 13):

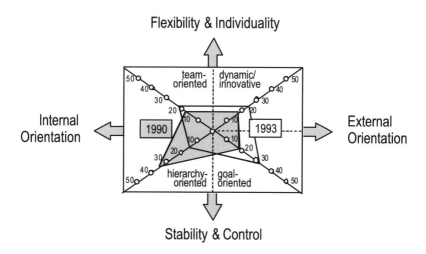

Figure 13: Examples of normative statements of technology-based companies

After the merger on January 5 1988 ABB was challenged by enormous managerial problems. They included the organiza-

482

tional integration of companies in more than 50 countries, the creation of 3500 profit centers, the execution of programs to increase productivity, the realization of numerous strategic alliances, and despite cost reductions to maintain a high level of innovation capability. The main challenge consisted of implementing the new decentralization strategy "think global – act local". These fundamental changes wereaccompanied by investigations as to what extent the company culture is responding to these changes. To this end a concept of company culture was developed as shown in Figure 13. Two main dimensions of cultural orientation were identified, which are internal orientation vs. external orientation and stability/control vs. flexibility/individuality. The results of the study are interesting: Where as in 1990 the company culture had a focus on internal orientation and stability/control, a distinct shift towards external orientation and flexibility/individuality could be observed in 1993.

*Example 3: Equipping top management decision bodies with technology competence*

As a consequence of technology change and its inherent – often existential – opportunity and risk potential a well balanced representation of technological and non-technological competences to make business decisions is required. In this context, the composition of the board of directors and the top management group is of prime importance. This criteria is for example for Intel a key point of the regulations of corporate governance (Figure 14 below).

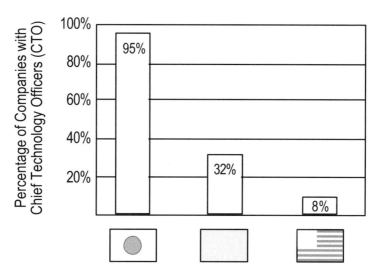

Figure 14: Competence structure of boards of directors and top management groups

An often chosen solution is to nominate a Chief Technology Officer (CTO) as a member of the top management group.
According to a study completed by Roberts from MIT in 1999
this solution is realized in 95% of Japanese companies, the corresponding figures for Europe and the US are 32% and 8% respectively (Figure 14 base).

484

*b.* *Technology and innovation management on the strategic level*

### Example 4: Keeping the scope of technology strategic options wide open

Let's first ask the question: What are technology strategies? The answer often refers to leader or follower strategies. This may be correct but the useful content of strategies goes much further. In general, strategies are mid-term decisions on business activities and allocated or to be built-up resources. It can be useful to differentiate strategic statements between statements on "what will be reached?" (goal statements) and "how shall we reach the goals?" (path statements). This idea is expressed in Figure 15, below.

In terms of technology strategies this means that on the one side "goal statements" focus for example on decisions on core technologies, standard technologies, support technologies and obsolete technologies. Often decisions are taken on the level of strategic technology fields, which represent knowledge competence groups around selected core technologies. On the other "path statements" reflect decisions taken on being a leader or a follower in reaching the goals and on pursuing cooperation strategies, make or buy strategies or other selected strategies.

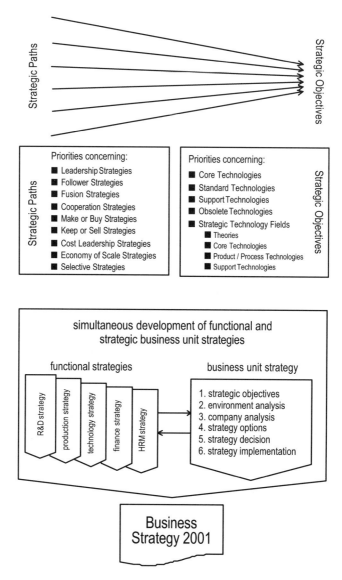

Figure 15: Content of technology strategies as a result of simultaneous development of functional and strategic business unit strategies

486

### *Example 5: Developing integrated technology strategies*

The development of technology strategies is not an isolated activity but rather ought to occur within a joint and simultaneous collaboration between those responsible for functional and strategic business unit strategies (Figure 15, base).

The pattern of such a collaboration could for example consist of a stepwise and iterative integration of technology issues into the typical steps of strategic planning such as setting strategic objectives, analyzing the environment, analyzing the company, elaborating strategic options, taking strategic decisions, implementing the strategy (Figure 16). This means for example, when setting strategic business goals such as market shares and ROE-goals, matching strategic technology objectives are simultaneously set such as innovation rate, quantitative quality goals (i.e. six sigma) and patent position.

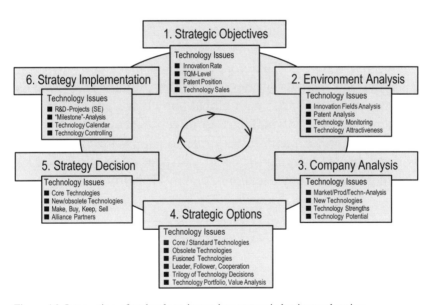

Figure 16: Integration of technology issues into strategic business planning

In other words: Pursuing such a procedure means exemplarily and consequently closing "technology gaps" which are often observed in strategic business planning. These gaps are typically informational and are apparent in the following areas: technology objectives (see above), technology forecasting and assessment; technology networks relating technology and business units or relating product technologies to process technologies; market-product-technology analysis; defining technology potential; identifying the strategic technology position portfolio; specifying strategic technologies and, correspondingly technology strategies; defining technology projects consisting of R&D projects to develop product and process technologies; and, finally, the technology calendar, which represents a schedule for technology introduction.

### Example 6: Provide for adequate influx of relevant information

The literally explosive knowledge creation worldwide means for technology-based companies an enormous challenge. No longer can provision with relevant information be left to individual company members, even in companies with elaborate gatekeeper networks. Therefore companies make great efforts to build systems, called (business) technology intelligence systems, in order to keep abreast with global knowledge production. The challenge consists of building up effective scouting, screening and distribution capabilities in order to supply the organization with up-to-date information as an indispensable basis for taking (business) technology decisions (Figure 17, below).

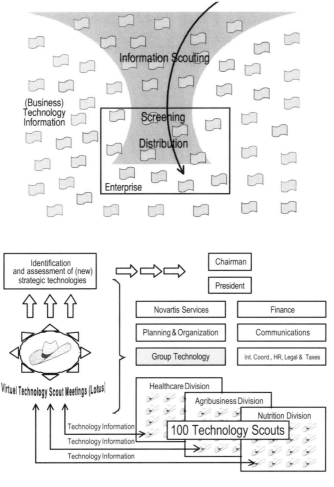

Figure 17: Main functions of (business) technology intelligence systems and a practical solution (pharma company)

For example, a pharmaceutical company has built up the technology intelligence system called "Future Watch" (Figure 17). It consists on the one side of 100 nominated "Technology Scouts" who are assigned to monitor carefully the global knowledge creation in their respective field of research and development. On the other by aid of using Lotus groupware a virtuel conferencing system has been established. Periodically Technology Scout Meetings are held with the main purpose to identify cutting edge product and process technologies.

The subject of Technology Intelligence shall be dealt with more in details in section YY below.

When taking strategic technology decisions, the following management tools can be of help:

*Example 7: Analyzing carefully the current and prospective innovation rate*

To be innovative is undisputedly a well justified recommendation for all business activities. Being innovative however is a quality which still characterizes a limited number of companies. Among them, certainly 3M is a good example. In the latest annual report 2000 the new president W. James McNerney Jr. proudly reports the fact that, $5.6 billion or nearly 35 percent of total sales has been generated from products introduced during the past four years, with over $1.5 billion of sales coming from products introduced in 2000. A closer look at the company's management practice makes it easy to explain this impressive achievement, since above all, taking every measure to keep the company culture open and creative is obviously an outstanding leadership competence.

Becoming innovative may start with the analysis of the innovation rate, which is recording the amount of annual sales from new products. To this end, at first criteria for "new products" has to be established which in the case of 3M means market introduction over the past four years. Further steps focus on analyzing the innovation rate for the past few years and comparing the values with estimated values from competitors. Then, a decision has to be taken on how the innovation rate ought to develop in the years ahead. As a rule it would be most unrealistic to assume that the long-range innovation rate will not rise. Whatever assumption is made the natural question comes up of how well the company is prepared to meet the prospective innovation requirements. It is in other words the question on the appropriate content of the often cited "pipe line". A first answer to

490

this question can be obtained relatively easily from the following analysis (Figure 18):

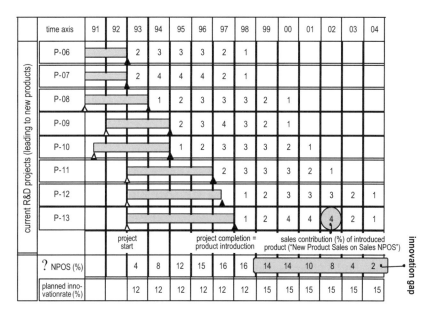

Figure 18: Analysis of the past and prospective innovation rate

Using a suitable matrix form at first, all the ongoing R&D-projects are listed according to their starting and completion times. Then for all the projects, individually planned prospective sales contributions are "translated" into percentage values equaling "new product sales on sale" NPOS. As a next step the NPOS values are calculated vertically for each year. Comparing these yearly values with the planned innovation rate allows a first estimate on how well the future innovation target will be met.

In the fictitious case in Figure 18 the company is facing a considerable innovation gap over the next few years which can be quantified in terms of percentage of sales. In this case the next steps are evident. They will have to focus on additional "innovation contributors" which may include increased buying-in of components and technologies, increasing market attractiveness of products in development, extending life cycles of existing products, setting-up research collaborations or planning additional R&D projects aiming at attractive new products.

***Example 8: Optimizing technology knowledge resources: trilogy of technology decisions***

Strategic technology planning as part of business strategy planning implies making three basically different but mutually complementing decisions: A *first decision* ("Which Technologies?") originates from an extensive analysis of current and future products with respect to the major technologies determining the product performance and the process technologies required for product production and infrastructure operation. This analysis is based on so-called technology intelligence activities which include branch-overlapping search of current technology, technology forecasting and technology assessment. Based on this overview a decision has then to be made as to which of the available and yet-to-be developed technologies are required for the continuous development of the enterprise. In total their conjunction will represent the mentioned *technology potential* of the company. The *second decision* ("Make or Buy?") is concerned with the question as to whether the required technologies are to be made available through acquisition, collaboration with other companies or through in-house development. The *third decision* ("Keep or Sell?") deals with whether available technologies are to be applied exclusively for company purposes or can – or even must – be made available to other companies.

These three decisions are tightly interdependent and together represent the "trilogy of strategic technology decisions" (Figure 19).

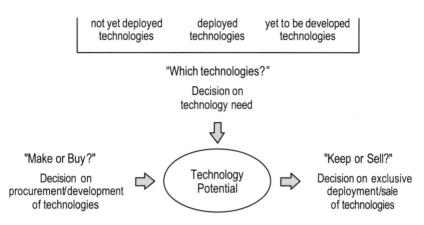

Figure 19: Trilogy of strategic technology decisions

Having this trilogy in mind and working on the three decisions quasi-simultaneously offers various advantages. Above all it allows productive use of information since all three decisions rely on mostly identical information concerning technology performance, technology application, technology forecasting, technology assessment, technology users, and technology providers. Then, an increased coherence of the three answers is to be expected which certainly contributes to the quality of strategic technology planning. Finally the trilogy concept leads to innovative structural solution. It consists of combining the buy- and sell-activities of technologies within an organizational element which can be called „Technology Intelligence Centre". Its basic task to work on the trilogy of strategic decisions can be enriched, for example, with the establishment and operation of a company specific technology early warning system, with the actual execution of buy and sell negotiations of technologies and finally with the elaboration of proposals for technology strategy decisions. This concept, is in sharp contrast to classical company organization, where the procurement department and the marketing units are usually widely separated entities.

This so-called functional integration might manifest itself in practice as a central unit bringing together – partly temporarily and partly permanently – representatives from R&D, pro-

493

duction, marketing and finance and carrying joint responsibility for periodic elaboration of strategic technology decisions. Such a solution is shown in Figure 20.

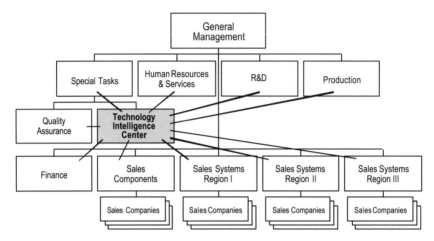

Figure 20: Company organization including the functional integration unit "Technology Intelligence Center"

Working on the trilogy concept leads further to the hypothesis that in future technology-intensive companies will need to position themselves in two quite different market domains: the traditional supplier-consumer market and the technology supplier-technology user market (Figure 21). This yet visionary concept of technology marketing has to be investigated further under the assumption that its systematic implementation will contribute considerably to successful technology management.

Figure 21: Prospective two-level market activities to be mastered by technology-based companies

494

*Example 9: Overviewing technology strategic positions completely*

One instrument of technology management in particular has been seen to gain relatively wide acceptance early on: the strategic technology position portfolio (Figure 22, left).

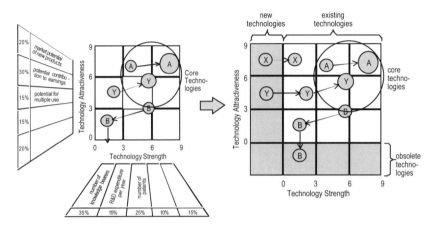

Figure 22: From the traditional to the dynamic technology portfolio

It is a tool in matrix form which aims at providing an easily interpreted and communicated overview of current and future technology positions. Its popularity is certainly due to the fact that thinking in this type of portfolios is basic for strategic business planning, where strategic product and business positions are in the fore front.

This portfolio rates and positions all major technologies according to their "Technology Attractiveness" with respect to their innovation and market potential, and their corresponding "Technology Strength", ie. the resources currently available within the company.

This rating can be carried out in several ways. One, a theoretical approach, consists of making extensive assessments of the numerous factors which determine the two dimensions of the portfolio, such as market potential of new products, potential contribution to earnings and potential for multiple use (for tech-

495

nology attractiveness) and number of knowledge bearers, R&D expenditure per year and number of patents (for technology strength). Another, practice-oriented but nevertheless useful, consists of independently inviting experts from inside and possibly from outside the company to express their opinions on the attractiveness and competitive strength of various technologies. This procedure leads relatively quickly to the data required to draft the portfolio. This second approach has been successfully implemented recently by several Swiss companies from the mechanical, electrical and even the pharmaceutical industry. Once the portfolio has been developed its strategic evaluation can take place. This focuses on setting priorities as to the promotion or reduction of technology development resources or even the phasing-out of aging technologies. The latter decision usually follows particularly intensive internal discussions. In particular consensus has to be reached on core technologies. They constitute strategic knowledge assets of companies and are usually developed in-house with high priority (see next example).

The main merit of technology portfolio lies in its high degree of condensation of strategic information and at the same in its ease in communicating strategic decisions. In addition, a successfully finalized technology portfolio reflects completion of a constructive collaboration between experts from R&D, production and marketing which is a valuable goal on its own.

Despite the undisputed popularity of technology portfolios it is still lacking essential strategic information. In its traditional form the portfolio visualizes the positions of technologies, which are currently being used by the enterprise and therefore their corresponding technology strength can be identified. It does not represent however, technologies which are attractive despite the lack of company resources. This information is significant, because the future promotion of new technologies will use company resources as well as the promotion of existing technologies. In order to include this information also within the technology portfolio it is suggested to use the "Dynamic Technology Portfolio" (Figure 22, right) instead. In addition to the traditional portfolio it is extended by the column "New Technologies" and at the same time by the line "Obsolete Technologies" which allows to compile information also on technologies which once had been part of the company's technology activities.

***Example 10: Core technologies as strategic backbone of technology and innovation management***
In recent years the notion of "core competencies" has become a widely accepted concept of general management. More precisely is a strategic notion which aims at explaining a company's competitive strength. Earlier competitive positions were related to available resources, such as capital, human resources and logistics potential. In contrast to company resources which can be got or "bought", core competences describe capabilities that result from organizational learning over years. They are therefore more inherent, more genuine to the company and certainly less "purchasable" than resources. A typical core competence of Sony for example is miniaturization. Honda's distinct core competence is mastering "high revolution engines" which started being built-up when in the early days Honda produced high revolution scooters and mowing machines. Based on this core competence Honda was able to successfully enter the Formula-1 competition at an amazing early stage compared with its competitors.

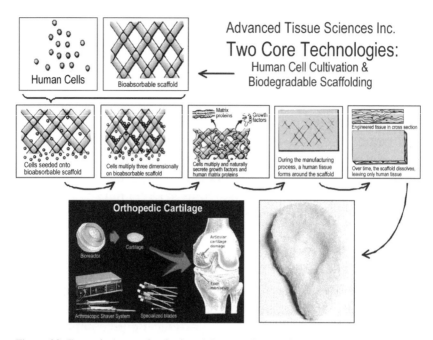

Figure 23: Example core technologies: Advances tissue sciences Inc. (2000)

Core technologies fall into the category of core competences. They are usually key technologies which put the company into the position to gain unique competitive advantages. As mentioned core technologies are preferably original technologies developed with priority funds within the company. Whereas companies depending on their size have to master hundreds or up to thousands of technologies, the number of core technologies is limited and may amount to one or a few percent of all technologies. The ionization technology described above has been a core technology for Cerberus, the leading fire security company, for over twenty years. A final example refers to Advance Issue Sciences Inc. This company's renown is based on its capability to produce human tissues. In essence this capability is based on mastering two core technologies (Figure 23): Cultivating human cells and building biodegradable scaffoldings. Combining these two core technologies the company is in the position to manufacture two- and three-dimensional tissues.

First products, artificial skin in various configurations are on sale. Next products will consist of orthopedic cartilages and ears.

Core technologies play a central role in strategic technology planning. Often they constitute the core of so-called strategic technology fields (STF) which as a structure can be used to reduce the complexity of usually the large number of technologies to be handled. STF's are the counterpart to Strategic Business Areas (SBA) which assemble knowledge on specific markets and their relevant customer needs/benefits, product functions, products and services.

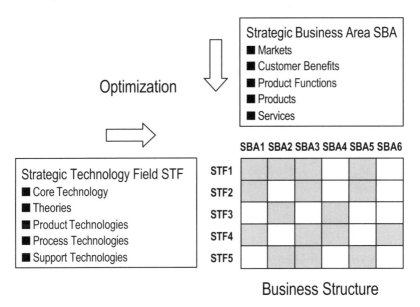

Figure 24: Optimizing core technology penetration in the strategic business areas SBA (Tschirky 1996: 80)

Within STF's in addition to core technologies, relevant theories, product, process and support technologies are grouped which as a whole represent strategic entity suitable for setting strategic priorities. Optimizing the technology potential for example means first to reduce the number of STF's to an economically and strategically justified minimum. At the same time penetration of STF's throughout the SBA is strived for (Figure 24).

### Example 11: Visualizing core technology forecasting effectively using technology roadmaps

Technology roadmaps are widely used strategic technology and business management tools which depict comprehensively the assumed development of essential technologies over time. They result from extensive research on available information on technology intelligence combined with concise company internal evaluation of technological in-house development. The following examples may illustrate this technique along development of wafer and stepper technology assumed by Canon (Figure 25):

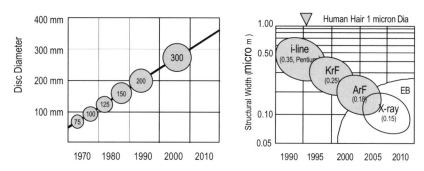

Figure 25: Technology roadmaps visualizing the assumed development of wafer (left) and stepper (right) technology (CANON, 2000)

### Example 12: Verifying the business strategy relevance of R&D-projects

Once the business and technology strategic decisions have been taken its implementation comes to the fore. According to all lessons learnt from past experience, this is a most challenging and often underestimated phase of strategic management. A useful tool for strategy implementation is the so-called strategic project. This is an action-oriented tool with a major strategic objective, for example establishing a new generation of wireless

500

fire detectors. And being a tool with project status, it is – under competent project management – guaranteed that the deployment of resources and reaching the planned completion time is kept under control. The responsibility for strategic projects is usually taken on by members of the top management group.

Although the main focus of strategic projects are usually related to a specific business unit, they consist of elements of other business and functional strategies as well. In the case of building the new generation of wireless fire detectors this means for example, that the development of wireless signal transmission technologies is not only in the interest of the fire protection division but also of the intrusion protection division as well. And certainly the human resources department is involved too, since building up new competences will be an indispensable issue of the project. Under this view strategic projects not only fulfill the need for tightly managed strategy implementation but also the need for appropriate integration of separately developed business unit strategies. The following tool may contribute to this need for integration from the standpoint of technology management (Figure 26).

At its core this tool aims at providing a complete overview of all the current and planned R&D-projects firstly, with their relevance for the strategic business and strategic resources units. Secondly, it is distinguished between R&D projects which are directed towards developing product technologies and projects which focus on developing or improving process technologies. This double aspect mirrors a basic principle of technology management which strongly suggests the simultaneous development of product and process technologies. Thirdly, this overview allows to credit to oneself the proper and meaningful development of the company's technology potential consisting of the total of all product and process technologies to be mastered. It goes without saying that the notion "R&D project" in this tool does not only refer to in-house development but includes all other options of technology acquisition as well.

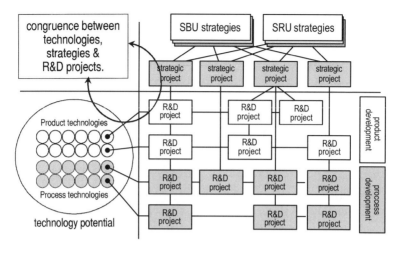

SBU: strategic business unit
SRU: strategic resources unit (HRM, finance, technology management)

Figure 26: Verifying the business strategy relevance of R&D Projects

## *Example 13: Relating the value of technology strategies directly to the company's value.*

A further strong link between technology issues and the general management perspective consists of evaluating technology strategies in such a way that allows for directly relating the value of technology strategies to the company's value. In the past so-called investment and pay-back calculations have been applied in order to financially justify technology strategies or single R&D-projects. Approving or disapproving of project proposals was usually based on minimal rates of return (i.e. 15%) or maximum pay-back periods (i.e. 3 years). Using the discounted free cash flow analysis according to RAPPAPORT (1986) is possible to establish strategy and project values in terms of Net Present Values NPV (Figure 27) which represent numerical values referring to increases or decreases of the total company value. It is evident that through this procedure the interest of top management in technology strategies and R&D projects is much higher than in financial project data which only express a "local view" from the R&D department.

502

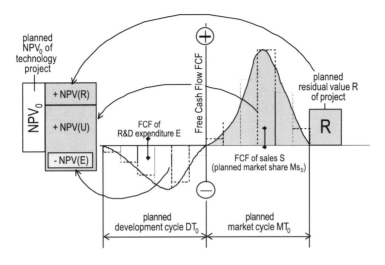

Figure 27: Establishing R&D Projects Net Present Values NPV

### *Example 14: Creating lean technology and innovation management structures*

In the past various management concepts have been brought up with the expectation to create separate management structures for their implementation. Typical examples are risk management and quality management. Such a solution has the advantage of creating a focused awareness of the significance of the concept and its transfer into the organization. On the other side however this solution bears the risk of isolating the new discipline and delegating the responsibility for its implementation to a few people rather than to the majority or even all members of the organization. With technology management, similar efforts were made initially. As a result companies hesitated to adopt the new concept pointing out that increasing the complexity of the organization was not considered to be appropriate.

For this reason an alternative approach provided higher rates of success. Following the vision "Establishing Technology Management as Integrated Part of General Management" the prime goal ought not to be to create a fully developed technology management hierarchy equipped with separate management instruments but rather to close the obvious "technology gaps" within the structures and instruments of general management. A first example – the postulated introduction of the CTO – has been given above. Other examples of typical gaps to be closed are company policies without proper reference to the importance to technology; strategic planning procedures without taking into account essential cross-relations between product and technology planning; controlling reports which focus only on financial and marketing issues; restricting business intelligence to economic information and not including technology-related data. A typical example of an appropriate technology management structure is given below in section X.

***Example 15: Technology calendar: documenting interdisciplinary consensus***

This technology management tool is of a high integrative value. It provides an overview of all product and process technologies with respect to their timely introduction in existing and new products and in the production process respectively (Figure 28). The elaboration of the technology calendar requires mastering a high degree of interdisciplinary collaboration since it summarizes planning result from marketing, R&D, production and financial points of view. Therefore in addition to being a useful management tool its completion at the same time is documenting an above average level of internal communication quality.

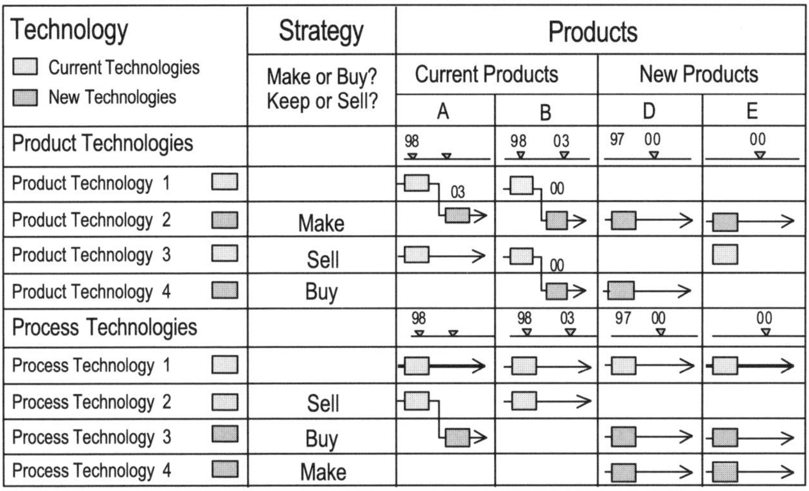

| Technology | Strategy | Products | | | |
|---|---|---|---|---|---|
| ☐ Current Technologies<br>▨ New Technologies | Make or Buy?<br>Keep or Sell? | Current Products | | New Products | |
| | | A | B | D | E |
| Product Technologies | | 98 ▽ ▽ | 98 03 ▽ ▽ | 97 00 ▽ | 00 ▽ |
| Product Technology 1 ☐ | | ⊡⌐ 03 | ⊣☐⌐ 00 | | |
| Product Technology 2 ▨ | Make | ⌐▨▷ | ⌐▨▷ | ⊣▨⟶ | ⊣▨⟶ |
| Product Technology 3 ☐ | Sell | ⊣☐⟶ | ⊣☐⌐ 00 | | ☐ |
| Product Technology 4 ▨ | Buy | | ⌐▨▷ | ⊣▨⟶ | |
| Process Technologies | | 98 ▽ ▽ | 98 03 ▽ ▽ | 97 00 ▽ | 00 ▽ |
| Process Technology 1 ☐ | | ⊣☐⟶ | ⊣☐⟶ | ⊣☐⟶ | ⊣☐⟶ |
| Process Technology 2 ☐ | Sell | ⊣☐⌐ | ⊣☐⟶ | | |
| Process Technology 3 ▨ | Buy | ⌐▨▷ | | ⊣▨⟶ | ⊣▨⟶ |
| Process Technology 4 ☐ | Make | | | ⊣▨⟶ | ⊣▨⟶ |

Figure 28: Technology calendar

## c. Technology and innovation management on the operational level

### Example 16: Setting market related R&D projects objectives using the Target Costing approach

It is not uncommon to start R&D projects based on the technological attractiveness of ideas and on relatively vague market information. As a rule production cost result with law of nature like probability which is not acceptable from a marketing standpoint. And usually, posterior adaptations of technology development is not only time consuming but above all people demotivating procedure as well. With the aid of so-called target costing it is possible to largely avoid such unnecessary and costly frictions. The principle of target costing is as follows (Figure 29): As a first step the existing products and those from competition are visualized in a chart which relates product sales price and product performance.

Based on this overview a mainly marketing dominated decision has to be taken on the positioning of the new product with respect to sales price and performance. From this decision the

505

new total production cost are calculated which usually are well below the old cost. Reductions of 40 to 50% are not unusual.

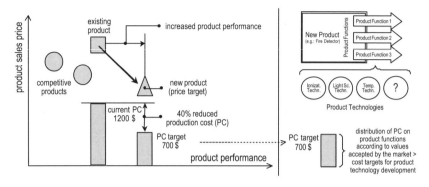

Figure 29: The target costing approach

This new production cost now represents the new overall cost target for the product to be developed. Since as a rule several technologies have to be developed which means that several R&D projects have to be initiated, this overall cost target is not yet precise enough. Therefore as a next step the various product functions are investigated with respect to their individual market values as perceived by the customers. This is usually done in terms of percentages of sales price or production cost respectively. Having established these "function prices" in monetary units, these units are taken as firm cost targets for R&D projects which have now to be initiated in order to develop suitable technologies fulfilling the various product functions. In other words: R&D projects aimed at developing technologies which enable product functions are started only after having established the precise cost targets for the to be developed technology production cost.

***Example 17: Gaining time to market using Simultaneous Engineering***

Given the accelerated pace of technological change the main focus of R&D management has shifted from keeping project costs under control to being on time for product introduction.

506

According to an often cited investigation by Siemens (Figure 30), a project cost overrun by 50% causes reduced earning in the order of 5%, However if the project duration of planned five years is exceeded by only six months the earnings are reduced by 30%.

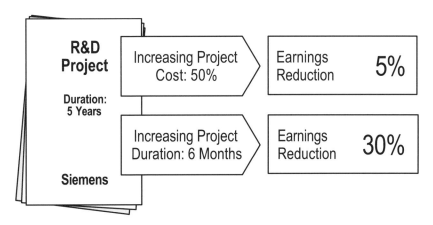

Figure 30: Project Completion Time: its Leverage on Earnings (TSCHIRKY 1996: 95)

Similar results have been reported by Smith & Reinertsen already in 1991 (). They distinguish four main factors of R&D project control: development speed, product cost, product performance and development expense. Based on comparative calculations they established values for equally significant shortfalls of these factors: being six months late is equivalent to losing 10% of sales or exceeding product cost by 10% or exceeding development expense by 50%.

Figure 31: Main Factors of R&D Project Management Control and Their Equally Significant Shortfalls (SMITH & REINERTSEN 1991: 19)

One way to reduce project completion time is so-called simultaneous engineering (SE; Figure 32, below):

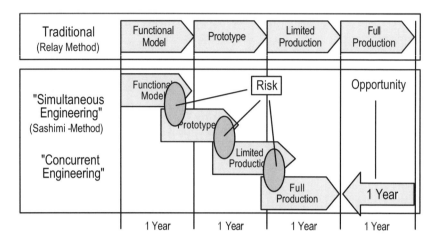

### Simultaneous Engineering für Theodolit

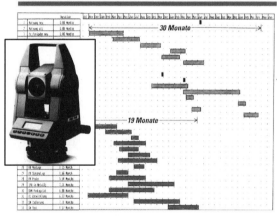

Figure 32: Project management by way of simultaneous engineering; Case from practice (development of leica theodolite) (TSCHIRKY 1996: 101)

This project management concept converts the traditional procedure of completing the individual phases of product development (functional model, prototype, limited production, full production) in series to a procedure in which the phases are

508

partly overlapping. This means on the one side to take risks, since essential project information may be uncertain during times of overlaps. On the other, however, valuable project time can be gained to the benefit of shortened R&D cycles and accelerated market entry. Concurrent Engineering is often used as synonym to SE. In practical cases time reductions of 30% and more are not unrealistic. In the Leica case a theodolite has been developed using simultaneous engineering which resulted in a reduction of the project time from 30 months to 19 months (Figure 32, base).

### Example 18: Placing R&D projects into the company context

Whereas the NPV evaluation has been described in example 13 above mainly in terms of evaluation technology strategies the same procedure can be applied for individual R&D projects. As a result project sheets can be complemented by a NPV which makes the researcher aware of his role and responsibility to directly contribute to increasing the company value (Figure 33).

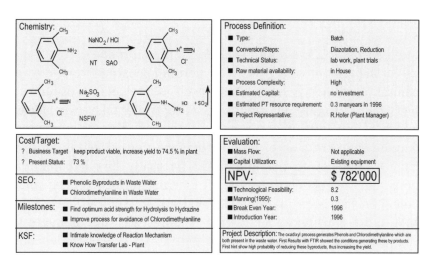

Figure 33: Net present values as constituting part of R&D Project management (example: Pharmaceutical project) (TSCHIRKY 1996: 91)

*Example 19: Establishing practical "rules of thumb" to promote time and cost awareness*

SMITH & REINERTSEN have suggested a further application of their four-factor-concept. It consists of "translating" the financial R&D project data into practical "rules of thumb" which relate directly to the everyday work environment and may therefore be suitable to create effective time and cost awareness of researchers and engineers (Figure 34).

> "$ 470'000 lost earnings per month delay in product introduction."
>
> "$ 55'000 lost earnings per percent development cost overrun."
>
> "$ 160'000 lost earnings per percent unit sales decrease."
>
> "$ 104'000 lost earnings per percent product cost overrun."

Figure 34: "Rules of Thumb" for creating time and cost awareness of researchers and engineers (after SMITH & REINERTSEN 1991: 40)

*Example 20: Coping with the NIH syndrom*

The "Not invented Here" syndrom appears to be almost a natural phenomenon. It manifests itself as a reluctance of human individuals usually in groups to accept and take over ideas which come from others in external groups. This phenomenon may be an expression of group dynamics since coherent groups have a tendency to overemphasize internally directed interactions and shield themselves from external influence. The phenomenon has been investigated by Katz & Allen (1985) from MIT quite a while ago but their findings are still of interest. They focused on the performance of research groups in dependence on a variety of parameters. One of them was the mean tenure of group members (Figure 35, left). This dependency shows a highly non-linear characteristic with a peak value around

510

3 years. The explanation (Figure 35, right) is twofold: Newly founded groups do not highly perform right from the beginning. They typically undergo phases of "forming" (initial phase), "storming" (phase of uncertainty), "norming" (phase of establishing behavioral rules as group norms) until they reach the productive phase of "performing". This is the "team-building" part of the explanation. On the other hand well established group have a tendency to overemphasize internally directed interactions and shield themselves from external influence and thus clearly reduce outside directed communication. Obviously in parallel is the experience that being innovative is heavily dependent on communicative inputs from the environment. This is the "NIH-component" of the explanation.

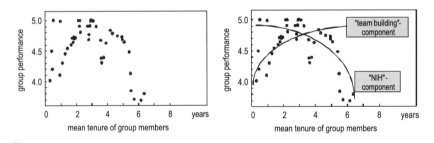

Figure 35: The NIH syndrom and its explanation (KATZ & ALLEN 1985: 7)

What conclusions can be drawn for practical management purposes? Working groups which are expected to be creative and innovative need changes in their composition over time. This way communication patterns do not "freeze" keeping the group open to other and new opinions. In retrospect this practice appears to be a main success factor for a highly competent research group which was established at Cerberus in the eighties. Cerberus is a world leading manufacturer of security systems. In a time when major patents had expired the company was obliged to rapidly speed up the development of new products and systems. To this end a group of applied physics was recruited with six carefully selected and highly qualified researchers from leading research organizations from Europe and the US. The interdisciplinarity of the group covered the scientific areas of physics (2), mathematics, chemistry and electrical engineering (2). Search criteria were not only professional excellence but also social competence which was tested using specialized assessment centers. The research mission of the group was focused on innovative sensing technologies in the areas of fire and intrusion detection.

Measures were taken on the one hand to make sure that the entire company was aware of the high expectations into the group and thus have it enjoy wide internal and external attention. In this context the president would often refer to this group in his public speeches and he used to speak of "our leathernecks" referring to the well known US marine elites. On the other hand care was taken not to isolate the group in a ivory tower. To this end an agreed upon scheme of renovating the groups composition was practiced: Whenever the group came up with a new technology, the mainly responsible researcher would be transferred to the corresponding divisional development department in order to directly and personally bring the new technology into the product development process. This way, new group members could be brought in on the average twice a year which prevented the group from developing a NIH-behavior. Thanks to this group the company regained its technology leadership in the field. Tangible achievements for example included a new generation of fire detectors called "Algorex" equipped with neuronal networks and fuzzy logic technology which allowed a quantum leap in quality and reliability. As a matter of fact, this detection system is used worldwide and the only one which is shipped with a warranty against false alarms.

*Example 21: Being aware of intracultural barriers and ways to overcome them*

Recently one of the major players of the pharmaceutical industry expressed concern about the faltering collaboration between R&D and marketing. Typical for this situation was for example the existence of prejudices of members of the two

512

groups against each other: Marketing would consider R&D to be "narrow-minded, too specialized, not aware of 'real-word'-problems, too slow, and not cost conscious." And the R&D were of the opinion that marketing was "impatient, incapable of understanding technical problems, exclusively interested in short-term problems, unreliable with respect to confidential R&D-information."

Further investigations focused on the "interface" between marketing and R&D (Figure 36, base) and came to the conclusion that this situation was not the result of any "badwill" of the people concerned but rather the natural consequence of the fact that cultural determinants of the two groups were fundamentally different (Figure 36, base).

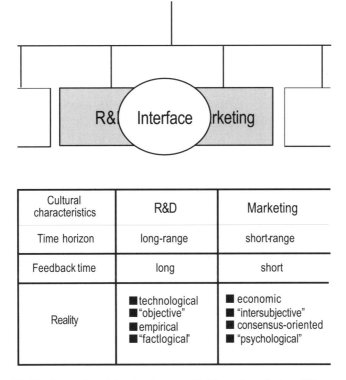

| Cultural characteristics | R&D | Marketing |
|---|---|---|
| Time horizon | long-range | short-range |
| Feedback time | long | short |
| Reality | ■ technological<br>■ "objective"<br>■ empirical<br>■ "factlogical" | ■ economic<br>■ "intersubjective"<br>■ consensus-oriented<br>■ "psychological" |

Figure 36: The intracultural barrier between R&D and marketing (WIEBECKE et al 1987: 5)

Subsequent research concentrated therefore on the question of how to overcome such company internal cultural barriers. The answer was threefold:

1. building procedural bridges: joint planning of all aspects of R&D-programs: research, technology, product & process development, joint staffing of projects, pre- and post transfers, common proposals, including product specifications, jointly established criteria for project discontinuance, common base of information;

2. building structural bridges: physical proximity, "organizational" proximity, integrators, process management, specialized transfer groups, internal multidisciplinary venture groups, simultaneous (concurrent) engineering project work;

3. building human bridges: people movement, both upstream and downstream (most effective of all bridging approaches), improve: formal information and meetings, promote: informal contacts, rotation programs, "liaison" personnel, joint problem solving sessions, common training, create: interface awareness and atmosphere of mutual trust.

***Example 22: "Gatekeepers": usually anonymous carriers of informal communication***

One of the rare full-scale investigations in technology management which got an extraordinarily wide acceptance is about the "Gatekeeper"-phenomenon. They have been carried out by TOM ALLEN from MIT in the eighties and reveal a valuable insight in the dynamics of knowledge transfer in R&D organizations. Main findings emphasize the dominance of communication and the key role which relatively few people play as carriers of communication processes. A typical result of the investigations says that the frequency of internal and external and communications is a determining factor for project success (Figure 37).

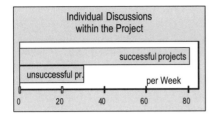 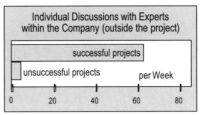

Figure 37: Internal and external communications of successful and unsuccessful R&D projects (ALLEN 1986: 112, 114)

Not surprisingly the contributions from the individual researchers and engineers to this frequency are unevenly distributed. In typical communication networks of R&D organizations which visualize the communication intensity during a given time period (i.e. one month) usually a small number of people attract attention as being "communication nodes" of the network (Figure 38, below). At first these people were called "communication stars". Since detailed analysis of their daily activities showed that in addition to being preferred discussion partners within the company they also were perceptibly above average in fostering external communication and literature study (Figure 38, base).

515

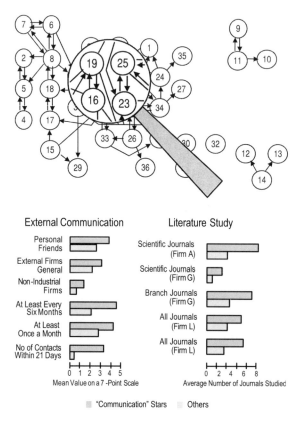

Figure 38: "Communication Stars" (Gatekeepers) within communication networks of R&D Structures (ALLEN 1986: 146, 147)

Based on these findings the "communication stars" were baptized "Gatekeepers" since these people obviously functioned as gates for channeling external information and its internal distribution (Figure 39). In other words: Information flow and thus knowledge transfer into companies is occurring at the first stage mainly through the gatekeepers who in the second stage are also responsible for the dissemination of the incoming knowledge.

The answer to the question "who are the gatekeepers?" revealed that naturally they were at above average competence in their professional field, they were members of lower management and their company membership was neither the shortest

516

nor the longest as compared to their colleagues. And most surprising: the gatekeepers were unknown to the company management as carriers of roles crucial for the company's survival.

Sometimes when discussing the gatekeeper phenomenon in management seminars it is suggested to introduce something like a "gatekeeper management" in order obtain maximum results from the communication networks. This may not be a good idea. This is because informal communication processes which constitute the underlying theme of the gatekeeper phenomenon are not so much tightly manageable as loosely but effectively supported, for example through generously supporting business travel and attending conferences.

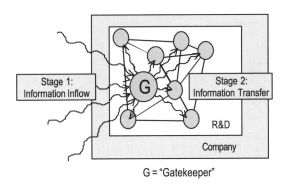

G = "Gatekeeper"

Figure 39: Dominant role of gatekeepers in the two-stage process of information in-flow (after ALLEN 1986: 162)

### Example 23: Effective overall project time control

Being responsible for several projects at the same time runs the risk of loosing control over essential project parameters of the various projects. The following management tool "Project Milestone Trend Chart" (Figure 40) can provide an effective support in this respect. Its core consists of a triangular grid with identical time sequences on both rectangular sides of the triangle.

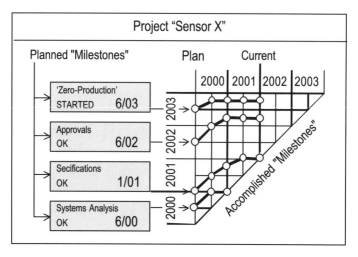

Figure 40: Project Management: Milestone Trend Analysis (after RIEDL, 1990: 161)

To operate the tool, the planned milestones of the project are entered on the left hand side. The horizontal time sequence above corresponds to various points in time of project review. In the case where the projectis running perfectly well on time, the follow-up entries per milestone in the triangle follow a horizontal line and hit the diagonal line as being accomplished milestones. In the usual case the follow-up lines shift upwards until the project is on time again and can follow a horizontal direction. The advantages of using this chart are as follows:

1. at every project review meeting, the project's past history is also visible which allows a better estimation of the time ahead;

2. the individual project managers have to report not only about the progress of the current project phase; they are also challenged at each meeting to make estimates on the course of milestones ahead;

3. the analysis of past projects along this chart allows for drawing conclusions on the quality of the planning work;

4. for key projects this chart can be enlarged and hung up on the wall of the main meeting room in order to make everyone at anytime be aware of the project progress.

***Example 24: Optimizing work and technology***
Quality of work is a central theme of work psychology and organizational behaviour. Postulating a high quality of work means setting a distinct counterpoint to Taylor's philosophy of maximizing machines and people's productivity as being the determining criteria for organizational design. Today's views of quality of work typically suggest a threefold integrity: physical integrity, psychological integrity and social integrity (Figure 41 , below).

In this context establishing semi-autonomous working groups plays a central role, since this setting allows the group members a high degree of self-organization in terms of span of decision and control, autonomy in terms of interacting with up-stream and down-stream partners and internal work organization (Figure 41, base).

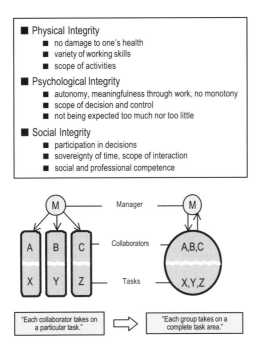

Figure 41: Criteria for "Quality of Work" (left, after WEBER, 1989) and concept of semi-autonomous working groups (right, after ULICH et al., 1983: 21).

Another postulate is "optimizing technology and work". It means that development of technologies of any kind and especially process technologies ought to include among the binding design criteria those which are focused on improving the quality of work. Both principles are addressed in particular to activities of technology management which reflects once more that technology management means more than "just managing technology".

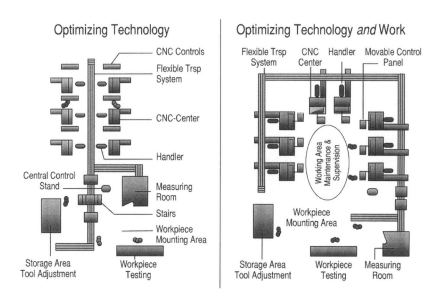

Figure 42: Optimizing technology and work (KUARK, 1988, ULICH 1992: 69)

An illustrative example is the following layout of a flexible manufacturing system (Figure 42). Optimizing technology alone would suggest a streamlined and linear arrangement of the production system (Figure 42, left). This solution however does not consider the workers situation and their need for social contacts since through the linear design any practical possibility for rewarding interactions is reliably prevented. Choosing a "horseshoe"-type arrangement changes the situation fundamentally (Figure 42, right). Since this solution allows establishing in the center a free space for group-oriented interactions. Especially it

520

offers ideal prerequisites for introducing a semi-autonomous working group with integral responsibility for the availability and output performance of the entire system. This includes in particular the group internal work organization, the processes of quality control, the contacts with the parts suppliers and internal customers and the relation to the producer of the manufacturing system.

### d.    Overall framework of integrated technology and innovation management

The examples given above can be summarized into the framework of "Integrated Technology and Innovation Management" (Figure 43):

This framework on the one hand unifies the two concepts of general management referring to company's potential and process structure and its management (Figure 10 and Figure 11). On the other hand it introduces further details; it shows, that on each of the management levels structural, objective-related and behavioural aspects can be distinguished. Then it emphasizes that any framework of management cannot be static but rather a dynamic set-up. In this case the dynamics which places general management as well as technology and innovation management at any time into a unique situation to be mastered is twofold.

Firstly, the "enterprise development" symbolizes the "biography" of the company which may have started by a pioneer emphasizing product technology. Then market-orientation may become primarily relevant with challenges to process technology, mass production and increased market needs. In a subsequent phase the company may have to become diversified operation with the need to divisionalize the structure and basically reorganize R&D, followed by extending its scope of activities by strategic alliances posing problems of buying and selling technologies. Finally the company may become a globally oriented being challenged to reorganize its structures and to build up new competences.

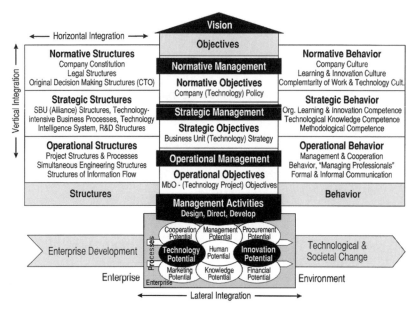

Figure 43: Framework of integrated technology and innovation management (TSCHIRKY 1998: 270)

Secondly, technological and societal change create a continued demand for experienced management skills on its own. In particular mastering technological change is not isolated from coping with societal change. Finally a holistic attitude has to characterize management activities meaning that the manifold aspects of management have to be integrated as well as possible horizontally, vertically and laterally.

## 9. Symbiotic correlation between technology management and innovation management

At first glance this combination appears to be not entirely logical, since technology management, firstly, focuses clearly on technology and its deployment, this includes, besides the routine mastery of technology, innovative activities and results. Innovation management, on the other hand, extends beyond the scope of technology deployment in products and processes, and also

522

comprises social innovations which may involve, for example, new structures, processes and management approaches.

Nevertheless, linking the two disciplines may in fact be justified, as most innovations, whether they be product, process or of social inspiration, involve the deployment of technology. This view can be visualized, as follows, using Porter's Value Chain: According to this widely known concept of general management, two different kinds of activities may be distinguished. On the one hand are those primary activities directly involved in the value creation phases of a firm's product generation and marketing processes. On the other are those contributing indirectly to value generation (Figure 44):

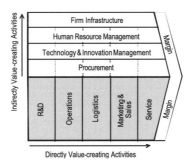

Figure 44: Value chain of the enterprise (after PORTER, 1985: 37)

Within the Value Chain concept the activities and tasks of Technology Management may be positioned as follows (Figure 45, left): On the one hand, technology is deployed along the value chain via primary activities in the areas of product technology development and through logistics, production and service process technologies for products being manufactured or serviced. On the other, technology is deployed in indirect value-creating activities, i.e. infrastructural and R&D process technologies which make possible the development of product technology. The common denominator in both types of technology deployment is technology-oriented knowledge, expertise and experience.

523

A similar picture may be presented with respect to inno-vation management (Figure 45, middle). Innovation manage-ment covers all primary activities, including innovations which facilitate new ways of directly increasing product value. It also extends over all indirect value-creating activities, including technological as well as social or business innovations. Both these aspects share the corporate characteristics of innovative attitude and the capability to change and to accept change.

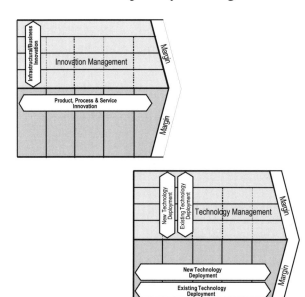

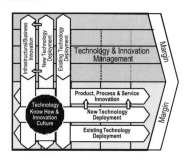

Figure 45: Scope of technology and innovation management within the Value Chain Concept (TSCHIRKY, 1998: 266)

The link between Technology and Innovation Management involves the fact that, in the majority of cases, innovations involve technology deployment, and technology deployment simultaneously involves, to a large extent, innovative creations. The scope of technology and innovation management may therefore be visualized as shown in Figure 45, right.

## 10.    A model case of technology and innovation management

The following case example (Figure 46) of the Human Tissues Corporation Inc. (HTC) demonstrates the structures and tools of technology management which were chosen in order to build up a strong competitive market position.

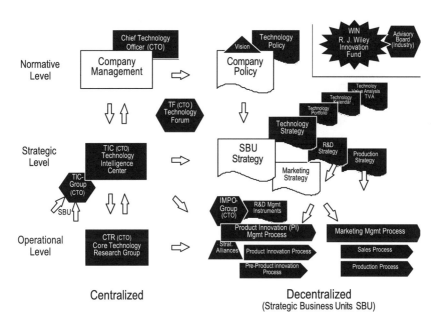

Figure 46: Elements of technology and innovation management of the Human Tissues Corporation Inc. (HTC)

The technology management of HTC contains a few centralized and a larger number of decentralized elements which are associated with the normative, strategic and operational level of management. A *first element* is the CTO-function established at the top management level. The *second element* is the vision "Technology for Quality of Life" which had been developed to express dominating values as a long-term orientation ("polar star"-function) of the enterprise. The *third element* is a technology policy which had been elaborated in conjunction with an analysis of the enterprise culture in order to reach agreement-between the long-term technology goals and the basic enterprise behavior. The analysis led to measures aimed at increasing the flexibility and external orientation of the enterprise.The *fourth element* is the Technology Intelligence Center (TIC) reporting to the CTO. It represents the technology information pool of the enterprise. Its tasks comprise the worldwide oriented collection of technology-sensitive information, the establishment of relations to relevant technology users and suppliers inside and outside the medical branch, the preparation of make-or-buy and keep-or-sell decisions, the strategic evaluation of key and pacemaker technologies and negotiations on technology collaboration of any sort including the legal work. TIC is also in the position to perform patent analyses and to handle patent application procedures. In collaboration with the SBUs the technology portfolio's are brought up-to-date periodically and support is provided to the SBUs for elaborating the technology calendars which determine the sequence of introducing new and/or obsolete matured technologies. The TIC-tasks are handled by three people including one patent lawyer. The *fifth element* is the interdisciplinary TIC-Group which consists of SBU-representatives from R&D, marketing and production and the manager of the Core Technology Research Group (CTR). Under the guidance of the CTO this group meets bimonthly. Main agenda issues are news from technology intelligence, ongoing and future alliances, patent situation and licensing businesses. The *sixth element* consists of the Core Technology Research

Group also reporting to the CTO. It is focused on the evaluation and development of strategically significant technologies. It entertains close relations to universities and institutes of technology such as Caltech, Stanford and MIT. The *seventh element* represents the technology strategy which constitutes an integrated part of the SBU business strategies. Main planning instruments include technology portfolios, technology calendars and technology value analysis (TVA) which allows relating the business value of a technology project to the enterprise value based on the free cash flow methodology by Rapoport. From the technology policy SBU specific R&D and production strategies are derived. The *eighth element* reflects the process orientation and consists of three operational SBU processes, the product & process innovation (PPI) process, the pre-product & process innovation process and the production process. The PPI process is focused on known technologies in order to keep the development time risks low. The same holds true for the production process which is coupled with the sales process. New product and process technologies are evaluated within the Pre-PPI process. This task is closely related to CTR. The *ninth element* represents two management processes. The PPI management process takes responsibility for the PPI and Pre-PPI processes. This assignment is based on a close collaboration with TIC. The marketing management process is in charge of the sales and production processes. The *tenth element* is the innovation management process owner group (IMPO). It brings together the responsibles of the PPI management processes and enhances the exchange of experience, the coordination technology alliances and the development of suitable R&D management instruments (such as target costing, project management tools, etc.). The TIC and IMPO groups meet 3–4 times yearly in order to discuss basic questions of technology competitiveness. The *eleventh element* is the technology forum (TF). Under the lead of the CTO it takes place twice a year and is addressed primarily to the non-technical management responsibles of HTC. The main subjects presented include the current technology situation of HTC, the progress of strategic technology projects and technology alliances and aim at promoting the technology understanding across functional boundaries. The *twelfth element* finally is the J.R. Wiley Innovation fund (WIN). It had been established with the intention of the enterprise founder to increase the chances for acceptance of attractive innovation projects. This way within HTC two entirely separated routes exist to apply for innovation project funds, namely the ordinary procedure within the SBUs and the extraordinary path leading directly to WIN. The evaluation of WIN-proposals is done by an external committee consisting of representatives from industry and academia.

## 11. Does actively practicing technology management pay off?

As always when attempting to relate business success to specific variables such as strategy, company culture, leadership or even entire management concepts, it is inherently difficult to come to unequivocal conclusions. A research study carried out at the Swiss Federal Institute of Technology on the "technology management intensity" of 60 SME's belonging to branches of different technology levels, identified a group of obviously innovative and financially successful enterprises which are practicing technology management proactively on all management levels and another group of non-innovative and unsuccessful firms in which technology issues are at best marginally integrated into processes of general management (KOHLER, 1994).

In addition an individual in-depth study of renowned technology enterprises as ABB, Siemens, 3M, Canon, NEC, Hewlett Packard, Honda, Hilti, Novartis, Monsanto, Roche and others revealed a high awareness of technology and innovation management issues in manifold forms. Of particular interest is the fact that these companies do not take a singular but rather an integral approach to managing technology. They all simultaneously manage on the normative level in terms of explicit technology policy and innovative organizational culture, on the strategic level in terms of a clear focus on core technologies and at the sametime on a high intensity of strategic technology alliances, and finally on the operational level in terms of up-to-date management instruments such as target costing, concurrent engineering project management, process management and the promotion of informal communication. No crystal ball is required to predict a significantly increasing need for management awareness of technology and its management, as we face the unprecedented challenges of the next millennium. There are "good" and "bad" ways to go about this using the frameworks outlined above as well as others. The sequel to this article describes the key pitfalls to avoid and how in fact to develop an integrated approach to technology management in a broad general management context. It also provides specific action points for senior managers to consider.

# Zur Verständigung zwischen Ökonomie und Ingenieurwissenschaften

*STEPHAN BIERI*

## Inhaltsverzeichnis

# 1. Knapper dogmenhistorischer Rückblick

Verschiedene Berufsbilder und praktische Tätigkeiten gehen heute ineinander über. In einer Zeit des Wandels und der Innovation ist es schwierig, dauerhaft Kernwissen auszumachen und berufliche Anforderungen präzis zu umschreiben. Was wir in diesem Sinn im Alltag erleben, entspricht auch einer wissenschaftlichen Erfahrung. Immer weniger können wir uns auf konkrete disziplinäre Kenntnisse verlassen – immer mehr scheint der Fortschritt in Grenzzonen oder überlappenden Gebieten aufzutreten. Ich betrachte diese Situation als die Folge eines historischen Prozesses, der essentiell mit der industriellen Revolution eingeleitet wurde. Mit ihr sind, sehr vereinfachend dargestellt, drei wichtige Funktionalitäten aufeinander abgestimmt worden[1]:

– die Rechtsordnung, welche den Rahmen für die verschiedenen Formen des Wettbewerbs setzt;
– die Unternehmung, in welcher die Produktionsfaktoren kombiniert werden;
– die Technik, welche in der Tradition der Aufklärung naturwissenschaftliche Erkenntnisse nützlich umsetzt.

Im Laufe des 19. Jahrhunderts waren Juristen und Ingenieure die treibenden Kräfte des gesellschaftlichen und technisch-naturwissenschaftlichen Fortschritts. Die Ökonomen versuchten vorwiegend zu verstehen, zu analysieren und eine normative Position zur Marktwirtschaft einzunehmen. Die um 1870 anhebende so genannte Methodendiskussion[2] scheidet die Geister mehr bezüglich der Frage des sozialen Ausgleichs als bezüg-

---

1    Vgl. JÜRG NIEHANS, 1994, A History of Economic Theory, Baltimore / London: The Johns Hopkins University Press, pp. 73–85.

2    Überdies muss man beachten, dass die Historische Schule gerade die ingenieurwissenschaftlichen Elemente des technischen Fortschritts zu wenig sorgfältig untersuchte, weshalb sie auch nicht in der Lage war, die besondere Tragweite der industriellen Revolution richtig zu deuten. Vgl. EDGAR SALIN, 1967, Politische Ökonomie, 5. Aufl., Tübingen / Zürich: J.C.B. Mohr und Polygraphischer Verlag, sowie GRAEME D. SNOOKS (ed.), 1994, Was the Industrial Revolution Necessary?, London / New York: Routledge.

lich des «richtigen» wissenschaftlichen Vorgehens. Erst um die Jahrhundertwende entwickelt sich, komplementär zum Grand Design der klassischen Ökonomie, das, was im deutschen Sprachraum Betriebswirtschaftslehre genannt wird[3]. Mit dieser Kunstlehre, die sich an der unternehmerischen Praxis orientiert, bahnt sich eine Verständigung zwischen Ökonomie und Ingenieurwissenschaften an, die nun aber in anderer Hinsicht beschränkt bleibt; Volks- und Betriebswirtschaftslehre nehmen von nun an eine eigene Entwicklung. Namentlich in Kontinentaleuropa entsteht ein gewisses methodisches Schisma, das erst nach dem Zweiten Weltkrieg, mit dem starken Vordringen angelsächsischer Einflüsse, korrigiert werden kann. Ökonomie und Ingenieurwissenschaften definieren mit der Organisationstheorie[4] ein besonderes Spielfeld, welches noch zu betrachten sein wird.

Der französische Klassiker Jean-Baptiste Say setzte sich auf den Standpunkt, jedes Angebot schaffe seine Nachfrage. Diese mikroökonomisch pointierte Aussage widerspiegelt nicht bloss eine dem 19. Jahrhundert eigene makroökonomische Harmonievorstellung, sondern ist Ausdruck eines bestimmten Modelldenkens. Konjunkturelle Schwankungen, Unter- oder Übernachfrage, kann es nicht geben, wenn die Märkte richtig funktionieren und sich die Akteure rational verhalten: «...que les produits ne s'achètent que par le moyen d'autres produits»[5]. ADAM SMITH, DAVID RICARDO und, in einem gewissen Masse, THOMAS MALTHUS argumentierten so. Sie nahmen an, dass das

---

3   Vgl. die immer noch treffende Analyse von WALDEMAR WITTMANN, 1977, Art. Betriebswirtschaftslehre, Handwörterbuch der Wirtschaftswissenschaft, Bd. 1, Stuttgart / New York / Tübingen / Göttingen / Zürich: G. Fischer, J.C.B. Mohr, Vandenhoeck & Ruprecht, pp. 585–609.

4   Zu denken ist hier natürlich an die oft erwähnten (aber wenig gelesenen) Arbeiten von Frederick W. Taylor und Henri Fayol; für mich im Vordergrund steht jedoch HENRY R. TOWNE, 1886, The Engineer as Economist, Transactions of the American Society of Mechanical Engineers, in: Jay M. Shafritz, J. Steven Ott (ed.), 1996, Classics of Organizational Theory, 4th ed., Fort Worth / Philadelphia: Harcourt Brace College Publishers, pp. 48–51.

5   JEAN-BAPTISTE Say, 1820, Lettres à A. M. Malthus sur différents sujets d'économie politique, Paris: Deterville, p. 3.

Bevölkerungswachstum und die gesamtwirtschaftliche Produktivitätsentwicklung miteinander gekoppelt seien. Für mehrere Jahrzehnte sollten sich Optimisten und Pessimisten dadurch unterscheiden, ob sie dem technischen Fortschritt zutrauten, dass er Ressourcenengpässe («Gesetz der abnehmenden Grenzerträge») und Bevölkerungswachstum kompensieren könne. Die Wirtschaftspolitik des 19. Jahrhunderts setzte deshalb, bewusst und unbewusst, alles daran, Kapitalbildung und technischen Fortschritt möglichst im Gleichschritt zu halten. Industriepioniere wie Brown und Boveri, Siemens und Halske, Tobler (der Schokoladentechnologe) oder Zurlinden (der Zementkapitalist) versuchten in der Regel, beide Seiten zu kontrollieren; im Sinne von Say dominierten ihre innovativen Angebote für lange Zeit auch die Nachfrage.

Ausgehend von der Weltwirtschaftskrise nach 1930 nahmen verschiedene Autoren, insbesondere aber JOHN MAYNARD KEYNES[6], die gesamtwirtschaftlichen Beziehungen zwischen der Einkommensbildung und der Einkommensverwendung unter die Lupe. Die Budgetpolitik des Staates und die Geldversorgung seitens der Notenbank rückten in den Mittelpunkt des Interesses. Nach dem Zweiten Weltkrieg wurden diese Erkenntnisse in eine neoklassische Synthese eingebracht, die sich ganz besonders mit Wachstumsphänomenen auseinander setzte. Entsprechend der fortschreitenden internationalen Arbeitsteilung rückte nun der Wettbewerb unter den Volkswirtschaften in den Vordergrund. Für viele scheint dabei die Konkurrenzfähigkeit direkt von den hervorgebrachten Innovationen abzuhängen[7].

---

6     JOHN M. KEYNES, 1936, The Theory of Employment, Interest and Money, London: Macmillan.

7     Die fundamentale Arbeit dazu leistete JÜRG NIEHANS, 1962, Strukturwandlungen als Wachstumsprobleme, in: Schriften des Vereins für Sozialpolitik, NF 50/1, Berlin: Duncker & Humbolt, pp. 18–45. Zu den neueren Entwicklungen und zur Verbindung zwischen Technik und Institutionen vgl. ROLF WEDER, HERBERT GRUBEL, 1993, The New Growth Theory in the Age of Coasean Economics: Institutions to Capture Externalities, Weltwirtschaftliches Archiv, Bd. 149, J.C.B. Mohr, pp. 488–513.

Produkt- und Prozessinnovationen sind das Ergebnis komplexer, interdisziplinärer Vorgänge. Nicht nur die Tendenz zur Tertialisierung (Übergang vom klassischen Industriegut zum Dienstleistungs- und Systemangebot), sondern auch veränderte Managementauffassungen gewichten den technisch-naturwissenschaftlichen Fortschritt neu. Die Ingenieurwissenschaften leisten dazu einen Beitrag, aber ihr prinzipiell angebotsseitiges, funktionales Denken scheint in den letzten Jahren etwas aus der Mode gekommen zu sein.

## 2. Strukturwandel und Innovation

Man kann sich darüber streiten, ob die Globalisierung tatsächlich ein neues Thema sei. Die früher erwähnten Klassiker waren ebenso kosmopolitisch ausgerichtet wie die heutigen Vertreter einer arbeitsteiligen Weltwirtschaft. Und bezüglich Technologieängsten, kulturellen Vorbehalten und Ressourcenproblemen hat sich im Grunde seit der industriellen Revolution nicht viel geändert. Allerdings glaubte man Mitte des 19. Jahrhunderts überwiegend an einen «stationären Zustand», der am Ende einer hoch integrierten, konkurrenzorientierten Weltwirtschaft erreicht werden müsse[8]. Hier, so scheint mir, besteht theoretisch und empirisch der wesentliche Unterschied.

Die Auseinandersetzung mit der Wirtschaftsgeschichte der letzten 50 Jahre hat uns die Bedeutung des Strukturwandels gelehrt. Im Rahmen der ökonomischen Entwicklung verändert sich das Gewicht der einzelnen Branchen, Unternehmungsgrössen und Regionen laufend. Inflation und Deflation kennen ihre spezifischen Opfer, und nach einer stürmischen Entwicklung, wie sie etwa zwischen 1980 und 1990 auftrat, haben sich die Wert-

---

8   Vgl. JOHN HICKS, SAMUEL HOLLANDER, 1977, Mr. Ricardo and the Moderns, The Quarterly Journal of Economics, vol. XCI, New York: John Wiley & Sons, pp. 351–369 und E. A. WRIGLEY, 1994, The Classical Economists, the Stationary State, and the Industrial Revolution, in: Graeme D. Snooks (ed.), Was the Industrial Revolution Necessary?, London / New York: Routledge, pp. 27–42.

schöpfungspotentiale auf der Stufe der Unternehmung, der Nation und der Weltwirtschaft grundlegend verändert. Wachstum bedeutet Strukturwandel und setzt gleichzeitig einen solchen voraus.

Ökonomen hatten bisher viel Erfolg im Umgang mit den Konsequenzen des technisch-naturwissenschaftlichen Fortschritts (als einer Ursache des Strukturwandels). Weniger erfolgreich und weniger einig waren sie sich bezüglich seiner Determinanten[9].

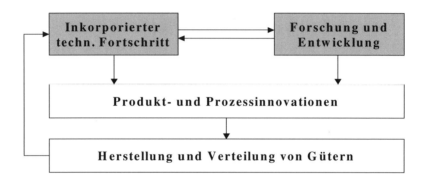

Abb. 1: Innovationsprozess

Abbildung 1 stellt den Innovationsprozess in einfacher Form dar[10]. Auf dieser Grundlage versuche ich, stark gerafft und durchaus selektiv, wichtige Zusammenhänge zwischen Innovation und Strukturwandel zu erfassen:

· **a.** Innovationen (wie übrigens auch Imitationen) hängen in hohem Masse von institutionellen Gegebenheiten ab; gesetzliche Vereinheitlichungen, Normierung und Urbanisierung be-

9   NATHAN ROSENBERG, 1985, Inside the Black Box: Technology and Economics, Cambridge (UK) / London / New York: Cambridge University Press, p. 143.
10  STEPHAN BIERI, 1990, Technologietransfer und Forschungszusammenarbeit: Liberale Alternativen, in: Bodo B. Gemper (ed.), Internationale Koordination und Kooperation, Hamburg: Verlag Weltarchiv, pp. 65–75.

günstigen eine internationale Diffusion, doch sind branchenbezogen, national und kulturell immer wieder erhebliche Hindernisse auszumachen.

**b.** Makroökonomisch stellt die Abhängigkeit der Produktivitätsentwicklung von den F+E-Anstrengungen eine Knacknuss dar; es gibt empirisch erhebliche Unterschiede zwischen kleinen und grossen Volkswirtschaften, wobei in der Regel Impulse aus dem Ausland intensiver sind als jene aus dem Inland[11].

**c.** Die Bedeutung des so genannten inkorporierten technischen Fortschritts (Innovationen aufgrund der Fähigkeiten der Arbeitskräfte und des vorhandenen Kapitalstocks) wird oft unterschätzt, weil dieser nur indirekt, über bestimmte Effekte (z.b. Auslandinvestitionen) gemessen werden kann; erfolgreiche regionale und sektorale Cluster leben vom inkorporierten technischen Fortschritt[12].

**d.** Unternehmungen investieren letztlich nur in F+E, wenn sie einen entsprechenden Ertrag erzielen, was Bemühungen zu Marktschliessungen (z.b. bezüglich des geistigen Eigentums) erklärt; in den letzten 10 bis 15 Jahren hat sich der wissenschaftliche Standortwettbewerb dadurch verschärft, dass Hochschulen und Regierungen eigene Förderkonzepte einbringen, die wettbewerbs- und strukturpolitisch keineswegs neutral sind.

Strukturwandel entsteht durch ein komplexes Zusammenwirken endogener und exogener Faktoren. Die oben erwähnten, für den Innovationsprozess besonders wichtigen Elemente unterstreichen die Bedeutung nationaler und internationaler Wettbewerbspolitik. Dazu gehören nicht nur das Fusions- und Kartellrecht, sondern ebenso die direkten und indirekten Wirkungen

---

11  DIRK FRANTZEN, 1998, R&D, International Technical Diffusion and Total Factor Productivity, Kyklos, vol. 51, Basel: Helbling & Lichtenhahn, pp. 489–508.

12  Eine neue Untersuchung aus den USA zeigt die Bedeutung der regionalen Rahmenbedingungen, auf die im Kapitel 3 noch im Zusammenhang mit dem Outsourcing kurz eingegangen wird: PETER V. SCHAEFFER, SCOTT LOVERIDGE (ed.), 2000, Small Town and Rural Economic Development, A Case Studies Approach, Westport / London: Praeger.

staatlicher Tätigkeiten, namentlich in den Bereichen von Lehre und Forschung und bezüglich der Neugründung von Unternehmungen (Start-up, Versorgung mit Wagniskapital usw.)[13]. Nicht zu übersehen ist, dass moderne Staaten und Staatengemeinschaften wohlmeinend in den Innovationsprozess eingreifen wollen und dabei durch Subventionen, Ausgleichsmassnahmen und Prestigeinvestitionen in ein planwirtschaftliches Schlamassel gelangen können[14].

## 3. Postindustrielle Übertreibungen

Der in den letzten 50 Jahren eingetretene Strukturwandel hat sowohl die Art der Unternehmungsführung als auch die betriebswirtschaftliche Theoriebildung beeinflusst – beeinflussen müssen. Ich will hier nicht der schwierigen Frage nachgehen, ob zuerst das Ei (eine neue Theorie) oder aber das Huhn (die unternehmerischen Ansprüche in einer veränderten Umwelt) gewesen sei. Sicher ist, dass sich in dieser Zeit auch die Rollen von Ökonomie und Ingenieurwissenschaften wesentlich gewandelt haben.

Die weltwirtschaftliche Öffnung mit ihrer Tendenz zu Deregulierung und Liberalisierung fand auf der unternehmerischen Ebene ihre Entsprechung in einem Trend der umfassenden Flexibilisierung. Diese meint geographische Mobilität, betriebliche Beweglichkeit, Aufgabe traditioneller Rollenbilder und – zumindest im Ansatz – Interdisziplinarität. In schönen Zyklen entstanden laufend neue Rezepte (z.B. Reengineering, Creating Value) oder neue Instrumente (z.B. Balanced Scorecard), mit denen die Herausforderung des Strukturwandels besser gepackt werden sollte... Sorgfältigere, tiefer schürfende Arbeiten haben

---

13   Umfassend dargestellt bei JOSEPH E. STIGLITZ, 1994, Whither Socialism? Cambridge (Mass.) / London: MIT Press, pp. 109–152.

14   Instrumentalisierung und Machbarkeitsglaube gefährden letztlich die Autonomie der Hochschule; vgl. dazu STEPHAN BIERI, 2000, Wissenschaftliche Führung: Management, Gestaltung und Ordnungspoltik, Gaia, 2000/1, Baden-Baden: Nomos Verlag, pp. 8–12.

sich allerdings nicht nur auf offensichtliche «Best Practices» verlassen, sondern die Dynamik der Zeit auch theoretisch hinterfragt[15].

Vor dem Hintergrund meines Themas, der Verständigung zwischen Ökonomie und Ingenieurwissenschaften, möchte ich hier vier postindustrielle Übertreibungen – vielleicht sind es sogar Fehlentwicklungen – aufgreifen:

## a. Unterschätzung der Infrastruktur

Mit der Privatisierung öffentlicher Einrichtungen, prototypisch im Falle des Eisenbahnnetzes oder leitungsgebundener Energieträger, werden oft Fehler bei der Abgeltung langfristiger externer Effekte begangen[16]. Nicht die Marktöffnung und die Einführung privater Kapitalgeber, sondern die langfristig adäquate Verantwortung für den Overhead bedürfen einer sorgfältigen Regelung, was ohne wettbewerbspolitische Kompromisse nicht denkbar ist. Ähnliches gilt im übertragenen Sinn für einen Teil des unternehmerischen Overhead, etwa für die logistische Infrastruktur. Die Beispiele von Amazon.com und Webvan zeigen, dass auch in der Welt der New Economy infrastrukturelle Fehleinschätzungen existenzbedrohend sein können.

---

15    Ich verzichte hier darauf, eine Auseinandersetzung mit der New Economy zu versuchen, teile im Theoretischen die skeptische Haltung, die der Economist frühzeitig artikuliert hat (vgl. z.B. den Artikel «Internet Economics, A thinkers' Guide», The Economist, April 1st 2000, London, pp. 70–72). Sorgfältigere Ansätze, die wieder in Richtung Systemanalyse führen, finden sich schon bei FRANCIS J. GOUILLART, JAMES N. KELLY, 1996, Transforming the Organization, New York: McGraw-Hill.

16    Vgl. neuerdings ELLIOT D. SCLAR, 2000, You Don't Always Get What You Pay For, Ithaca / London: Cornell University Press.

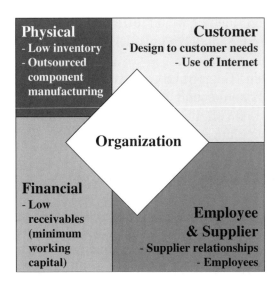

Abb. 2:   Ist Organisation alles?
*Quelle*: Richard E. S. Boulton, Barry D. Libert, Steve M. Samaek. 2000[17].

## b.   Überschätzung der Transaktionskosten

Seit 1937 Ronald Coase seinen auf den Transaktionskosten basierenden Ansatz der Unternehmungsorganisation präsentierte, reisst die Diskussion um die Bedeutung der Produktionskosten (und damit auch um Elemente der physischen Transformation) nicht ab. Unabhängig von theoretischen Strohfeuern im Zusammenhang mit der New Economy und unabhängig von der unbestrittenen Erscheinung der Miniaturisierung gibt es gute Gründe, sich theoretisch und praktisch wieder stärker mit dem Prozess der Produktion auseinander zu setzen[18]. Die Potenziale

---

17   Cracking the Value Code, New York: Harper Business. Die Annahme, dass interne und externe Kapazitäten besser genutzt werden könnten, ist für den Erfolg jedes Reengineering und für jede «Wertschöpfungsstrategie» fundamental; offen ist, wie dauerhaft die erreichten Resultate sind.

18   RICHARD N. LANGLOIS, NICOLAI J. FOSS, 1999, Capabilities and Governance: The Rebirth of Production in the Theory of Economic Organization, Kyklos, Vol. 52, Basel: Helbling & Lichtenhahn, pp. 201–218.

der Life Sciences sowie die Möglichkeiten der Mikro- und Nanotechnologien sind Anlass genug, das betriebliche Geschehen wieder in den Mittelpunkt zu setzen. Der mit der Total-Quality-Management-Bewegung verbreitete Glaube, diese Prozesse seien leicht, routinemässig kontrollierbar, trifft gerade für komplexe, intelligente Produkte nicht zu.

## c. Zerstörung von Grundlagen inkorporierten technischen Fortschritts

Der Umbau traditioneller, technikgetriebener Grossunternehmungen unter dem Schlagwort der Kundenorientierung war, namentlich zur Kapazitätsanpassung, ein notwendiger Schritt. Prinzipiell stellt sich heute allerdings die Frage, wie weit die seit den 80er-Jahren in kurzen Intervallen immer wieder durchgeführten Reorganisationen und Neuausrichtungen wirklich nötig und sinnvoll waren. Bezogen auf das Change Management einiger grosser Industriegruppen, deren ursprünglicher Reorganisationsbedarf unbestritten bleibt, fühlt man sich mehr und mehr an das Beispiel vom Hans im Glück erinnert, bröckeln doch nicht nur die Aktienkurse ab, sondern geht eben auch viel originäre Substanz verloren. Solange redundante Forschungskapazitäten, kraftstrotzende Entwicklungsabteilungen und konkurrierende Vertriebskanäle bestehen, kann mit Schneiden viel erreicht werden. Aber wie steht es, wenn die Wissensbasis schwankt, und wenn auch die Rekrutierungssituation auf dem Arbeitsmarkt, namentlich zur Gewinnung von Hochschulabsolventen, ungünstig wird?

## d. Überschätzung des Ausgliederungspotentials

Ein beliebter Reflex im Zusammenhang mit der Befolgung des Rezepts der Konzentration auf das Kerngeschäft ist die Ausgliederung betrieblicher Funktionen, beispielsweise im Zusammenhang mit F+E oder Logistik. Einzelne früher erwähnte Punkte besitzen hier einen direkten Einfluss. Der theoretische Ansatz ist simpel, die praktische Umsetzung erweist sich indessen als dornenvoll[19]. Das optimale Mass der vertikalen Integration ist bekanntlich von der Marktform, von Branchenbedingungen und den Möglichkeiten einer regionalen Abstützung abhängig. So wird beispielsweise der Erfolg des oft empfohlenen Supply Side Management von diffizilen regionalen und kulturellen Faktoren beeinflusst. Falsch eingeschätzte Ausgliederungspotenziale schwächen eine Institution. Eine zum Skelett abgemagerte Unternehmung mit «Leistungslöchern» kann dann immer weniger die ursprünglich anvisierte Revitalisierung erreichen. Dies gilt auch für F+E, wo kurzfristige Strategien der Abwälzung und des «Insourcing» zumindest die Entwicklung der Basiswissenschaften nicht unterstützen[20].

Die hier geübte Kritik betrifft letztlich eine Kurzfristigkeit des Denkens, die in Modellsätzen, staatlichen Politiken und unternehmerischem Handeln zum Ausdruck kommt. Leider hat die in den letzten Jahrzehnten zu beobachtende Dominanz des Ökonomischen kaum zu vertieften Einsichten darüber geführt, was die Leistungsfähigkeit der postindustriellen Gesellschaft und insbesondere die Beherrschung von Technologie verlangen.

## 4.  Rolle der Hochschulen[21]

Hochschulen sind im Strukturwandel sowohl treibende als auch getriebene Akteure. Sie bereiten Produkt- und Prozessinnovationen vor, erhalten aber auch durch vielfältige Rückkoppelungen in Lehre, Forschung und wissenschaftlichen Dienstleistungen

---

19  Vgl. PETER MARSH, 2001, A Sharp Sense of the Limits to Outsourcing, Financial Times, 2001–07–31, London, p. 14.

20  Vgl. DONALD KENNEDY, 2000, Reshaping Basic Research, Science, Vol. 290, No. 5491, p. 451, sowie STEPHAN BIERI, 1990, Technologietransfer und Forschungszusammenarbeit: Liberale Alternativen, in: Bodo B. Gemper (ed.), Internationale Koordination und Kooperation, Hamburg: Verlag Weltarchiv, pp. 65–75.

21  Grundlegend: PETER SCOTT, 1997, The Changing Role of the University in the Production of New Knowledge, Tertiary Education and Management, Vol. 3, Dordrecht: Kluwer Academic Publishers, pp. 5–14.

Impulse für die Anpassung ihrer Tätigkeiten. Blickt man heute in die Praxis, bestehen eine Reihe von Schwierigkeiten und Hindernissen, die es zu überwinden gilt. Da ist einerseits die dringend notwendige Erneuerung überkommener Berufsbilder, lieb gewordener Forschungsgebiete und einträglicher Dienstleistungen. Und da sind andererseits die in rascher Folge zu verarbeitenden neuen Erkenntnisse aus den Grundlagenwissenschaften, von der Mathematik über die Physik bis zu den Life Sciences. Weder Ökonomie noch Ingenieurwissenschaften können von längerfristig stabilen, gesicherten Grundlagen ausgehen. Vielleicht ist diese Bedrohung, diese fundamentale Ungewissheit der wichtigste Zwang zu einer Verständigung und gleichzeitig zur Ablehnung oberflächlicher Studienreformen, welche nur Skills aus beiden Disziplinen marktgängig mischen wollen.

Es ist schon viel über die Bedeutung der neuen Informations- und Kommunikationstechnologien (IKT) für die Veränderung der Hochschullandschaft geschrieben worden. Ich stimme ohne weiteres mit der vorherrschenden Meinung überein, dass «Distant Learning» und – noch mehr – «Interactive Learning» einen qualitativen Wandel herbeiführen, der über eine Erhöhung der Arbeitsproduktivität an den Hochschulen hinausgeht. Besondere Erwartungen bestehen meines Erachtens gegenüber den Computational Sciences, also der spezifischen Durchdringung einzelner Disziplinen auf Grund der explosiv gewachsenen Möglichkeiten der Computerunterstützung, vor allem auch des High Performance Computing (HPC). Ein neues Gleichgewicht zwischen Theoriebildung und empirischer Forschung, zwischen Arbeit am Objekt und Simulation ist zu finden[22]. Meine Beurteilung ist, dass sich dadurch die Disziplinen generell näher kommen und dass speziell Ökonomie und Ingenieurwissenschaften eine methodische Angleichung erfahren. Der enge Zusammenhang zwischen Lehre und Forschung ist dadurch weiter

---

22   Vgl. F.J. RADERMACHER, 1998, Challenges for Operations Research as a Scientific Discipline at the Beginning of the 21$^{st}$ Century, in: P. Kall, H.-J. Lüthi (ed.), Operations Research Proceedings 1998, Berlin / Heidelberg: Springer, pp. 3–20.

verstärkt worden; die «IKT-Revolution» darf in ihrer Auswirkung keineswegs auf die plakative Formel des E-Learning reduziert werden.

Ökonomie und Ingenieurwissenschaften sehen sich, zusammenfassend dargestellt, mit drei wesentlichen Forderungen konfrontiert:

- Abkehr vom wissenschaftlichen Taylorismus[23],
- Ausbalancierung zwischen bewährtem Erfahrungswissen und Offenheit für spontane, risikoreiche Innovationen, namentlich in Grenzflächen zwischen den Disziplinen,
- Profilierung der eigenen Angebote in einem internationalen Kontext.

Für die Profilierung der Lehre sind der Ausbau der Graduiertenstufe und die Förderung des Doktoratsstudiums entscheidend. In den Ingenieurwissenschaften darf das Doktorat als Innovations- und Transfermechanismus nicht weiter vernachlässigt werden; die interessierte Wirtschaft, die weit über die traditionelle Industrie hinausgeht, muss sich diesen Zugang durch direkte und indirekte Massnahmen, namentlich auch zur Behebung der früher erwähnten Negativwirkungen von Reorganisationen, sichern.

Der Ausbau der Graduiertenstufe setzt, unabhängig vom Bologna-Prozess, eine Reform der Grundausbildung voraus. Hier steht der erwähnte Abbau der Spezialisierung, der Kampf wider den Taylorismus im Vordergrund. Im Falle der Ingenieurwissenschaften wird das ökonomische Basiswissen ebenso zu fördern sein wie die klassischen Naturwissenschaften und die Mathematik. Eine besonders wertvolle Rolle kann dabei das Operations Research spielen durch die Fokussierung auf Modellbildung und Simulation.

---

23 Die Ökonomie kann dazu auch insofern einen Beitrag leisten, als sie breit anwendbare Optimierungsverfahren offeriert; vgl. dazu STEPHAN BIERI, 2001, Komplexitätsreduktion verlangt Modellbildung im Makrobereich, Gaia, 2001/3, München: Ökom Verlag, in press.

| | Unterstützung durch Operations Research |
|---|---|
| **Lehre** | **Schulung von Skills, Hands-on, "Werkzeugkasten"** |
| **Forschung** | **Modellbildung, Simulation, Bezug zu HPC** |
| **Dienstleistung** | **Moderation, Auseinandersetzung mit spezifischen Problemen (z.B. Risk Management)** |

Abb. 3: Die Rolle des Operations Research innerhalb der heutigen Hochschulen

Ich habe mich bisher nicht zum wichtigen, teilweise stark wachsenden Gebiet der Programm- und Ressortforschung geäussert. Dieses bietet heute vielfältige Chancen der problembezogenen Verständigung zwischen Ökonomie und Ingenieurwissenschaften. Es ist durchaus rational, wenn sich die Hochschulen als Innovations- und Technologietransferagenturen für «Gesamtlösungen» einrichten. Die teilweise verkannten Risiken einer solch schnittigen Haltung liegen einerseits bei einer Vernachlässigung der Grundlagenforschung, andererseits bei einem zunehmenden Einfluss politisch-bürokratischer Gremien auf die wissenschaftlichen Institutionen. Dieser letzte Punkt besitzt eine hochgradig ordnungspolitische Dimension, für die die Ökonomie eigentlich gut gerüstet sein sollte...

## 5. Praxisbezogene Schlussfolgerungen

Mit meinen Ausführungen habe ich versucht, in groben Strichen die ökonomische Dogmengeschichte nachzuzeichnen und dabei auf die spezielle Rolle der Ingenieurwissenschaften hinzuweisen. Ihre traditionelle Funktion ist die einer Brücke zwischen den naturwissenschaftlichen Grundlagen und der problemlösenden Anwendung von Technik. Beeinflusst von kulturellen und wissenschaftspolitischen Veränderungen haben sich die Ingenieurwissenschaften geöffnet, und es fehlt nicht an wichtigen Schnittstellen zur Ökonomie. Diese hat ihrerseits mit dem neuen Selbstverständnis zu kämpfen, namentlich hinsichtlich der Relevanz ihres Theoriegebäudes[24]. *Überall dort, wo Ökonomie und Ingenieurwissenschaften neben den gemeinsamen Problemen auch verbindende Methoden eingesetzt haben, scheint eine wirklich erfolgreiche Verständigung möglich zu sein.* Die positiven Beispiele reichen vom Financial Engineering über die Kommunikationswissenschaften bis zur Systemanalyse.

Für die zukünftige Hochschulpolitik ziehe ich aus dem Gesagten vier Schlussfolgerungen:

**a.** Ökonomie und Ingenieurwissenschaften besitzen sowohl bezüglich des Untersuchungsobjektes als auch bezüglich einzelner Verfahren so wichtige Gemeinsamkeiten, dass Lehre und Forschung möglichst in einem verbindenden Rahmen stattfinden sollten.

**b.** Die Phänomene des Strukturwandels und die Beherrschung von Innovationsprozessen verlangen eine weitere wissenschaftliche Vertiefung, die nicht disziplinär, im einen oder andern Gebiet, zu schaffen ist.

**c.** Die Schweiz als kleine, offene Volkswirtschaft muss sich bezüglich Ökonomie und Ingenieurwissenschaften international positionieren: Lehre und Forschung an allen Hochschulen (also auch an den Fachhochschulen) dürfen nicht durch binnenwirtschaftliche Rücksichtnahmen eingeengt werden.

**d.** Diese letzte Forderung bedeutet allerdings nicht, dass von den besonderen Vorteilen des Standorts Schweiz (Berufs-

---

24    Vgl. EDGAR SALIN, 1967, Politische Ökonomie, 5. Aufl., Tübingen / Zürich: J.C.B. Mohr und Polygraphischer Verlag, pp. 189–193.

bildung, fähige technisch-handwerkliche Kader, bewegliche KMU) zu abstrahieren wäre; eine weder ökonomisch noch ingenieurwissenschaftlich genügend untersuchte Dimension des Innovationsprozesses ist der bei uns noch reichlich vorhandene inkorporierte technische Fortschritt.

Die Verständigung zwischen Ökonomie und Ingenieurwissenschaften ist keine Moderationsaufgabe für die Bürokratie oder elitäre Zirkel. Die Betroffenen selbst und, sekundär, eine aufgeschlossene unternehmerische Seite müssen sich dazu finden. Auf der Ebene der Hochschule bedarf es neben der Exzellenz der Köpfe spezifischer, kaum planbarer Zonen der Verständigung. Hier liegen denn auch die Chancen und Risiken jeder strategischen Hochschulplanung.

# G. Fachübergreifende Überlegungen im Zusammenspiel der Wissenschaften

# Genomforschung und die Würde des Lebens

*GOTTFRIED SCHATZ*

Am 26. Juni 2000 verkündeten Präsident Bill Clinton und Premierminister Tony Blair in einem gemeinsamen Fernsehauftritt, die chemische Struktur des gesamten menschlichen Genoms sei aufgeklärt. Ein Genom ist die Gesamtheit aller Erbanlagen einer Zelle, also alle ihre Gene, die in den fadenförmigen DNS-Molekülen niedergeschrieben sind. So ganz stimmte die Ankündigung von Clinton und Blair nicht, denn die Aufklärung des menschlichen Genoms ist bis heute noch nicht ganz beendet, und zumindest einen Teil des verbleibenden Restes werden wir mit den heutigen Methoden gar nicht präzise analysieren können. Doch im Wesentlichen ist das Rennen beendet.

Die chemische Strukturaufklärung des menschlichen Genoms ist nicht nur eine wissenschaftliche Grosstat, sondern auch ein philosophisches Ereignis, das ohne die Werkzeuge der modernen Gentechnologie undenkbar wäre. Gentechnologie kann uns also nicht nur neue Medikamente, bessere Nahrungsmittel und grösseren Reichtum bescheren, sondern auch ein tieferes Wissen um uns selbst. Ich möchte Ihnen heute erzählen, wie die Biologie mit gentechnologischen Methoden in den vergangenen drei Jahrzehnten präzise Teilantworten auf uralte Fragen des Menschen gefunden hat. Fragen wie *«Was ist Leben?»* oder *«Worin liegt die Würde eines Lebewesens?»*

Biologen haben gefunden, dass belebte Materie unendlich viel komplexer als unbelebte Materie ist. Der Unterschied ist zwar nur *quantitativ*, aber so gewaltig, dass er im Prinzip die grundlegenden *qualitativen* Unterschiede zwischen unbelebter und belebter Materie erklären kann. Lebende Zellen sind die komplexeste Materie, die wir bisher im Weltall gefunden haben. Die «Komplexität» eines Objektes ist ein Mass für die Menge an Information, die für eine vollständige Beschreibung des Objekts nötig ist. Um die chemische Zusammensetzung eines einfachen Minerals in gedruckter Form zu beschreiben, braucht es vielleicht eine Buchseite. Die Information zur Beschreibung einer lebenden Zelle ist je nach Zelltyp tausend- bis millionenmal grösser.

Die Menge an Information, mit der das Leben arbeitet, ist schwindelerregend. Beginnen wir mit einfachen Viren, die an der Grenze zwischen unbelebter und belebter Materie stehen. Sie haben keinen Stoffwechsel und sind deshalb keine Lebewesen, sondern im Wesentlichen wandernde Gene, die in lebende Zellen eindringen und sich in diesen vermehren können. Das Genom der einfachsten Viren ist gewöhnlich auf einem einzigen kleinen DNS-Ringmolekül gespeichert, enthält etwa zehn Gene und hätte in gedruckter Form auf einigen Buchseiten Platz. Ein Gen trägt normalerweise den Bauplan für ein bestimmtes Eiweiss, auch Protein genannt. Einfache Viren können also etwa 10 verschiedene Proteine produzieren.

Die einfachsten wirklichen Lebewesen sind primitive Bakterien, die nur als Parasiten im Inneren höher entwickelter Zellen existieren. Einer dieser Parasiten ist *Mycoplasma genitalium*. Sein Genom besteht aus 580'700 Buchstaben, entsprechend einem ganzen Buch. Dieses Buch beschreibt etwa 500 Gene, was bedeutet, dass dieser primitive Parasit etwa 500 verschiedene Proteine machen kann. Das ist nahe an der untersten theoretischen Grenze, denn die einfachste lebende Zelle, die wir uns aufgrund unseres biochemischen Wissens vorstellen können, sollte mit etwa 250 verschiedenen Proteinen auskommen können. Eine solche «Minimalzelle» haben wir in der Natur noch nicht gefunden. Biologen versuchen aber, eine solche Zelle durch Modifizierung von *Mycoplasma genitalium* zu konstruieren. Wegen seiner geringen biologischen Information kann *Mycoplasma genitalium* viele seiner eigenen Zellbausteine nicht selbst fabrizieren und deshalb nicht frei leben. Selbst wenn es im Inneren anderer Zellen lebt, braucht es stets alle seine eigenen Erbanlagen. Deshalb sind bei diesem einfachen Parasiten alle Zellen einer Population, wenn wir von seltenen Mutanten absehen, völlig identisch. Es gibt weder genetische Freiheitsgrade noch Individualität.

Auf der nächsthöheren Stufe des Lebens treffen wir frei lebende Bakterien. Deren Genom besteht aus etwa 4 Millionen Buchstaben, entsprechend 10 Büchern, in denen etwa 5000 Gene niedergeschrieben sind. Frei lebende Bakterien können also etwa 5000 verschiedene Proteine machen. Da einige dieser Proteine nachträglich noch durch Abspaltung einzelner Regionen oder durch Anheftung von Zuckern, Fettsäuren oder anderen chemischen Gruppierungen modifiziert werden können, ist die Zahl der verschiedenen Proteine in einer Bakterienzelle höher als die Zahl der Gene. Wie gross diese Diskrepanz zwischen Zahl der Gene und Zahl der verschiedenen Proteine ist, wissen wir noch nicht genau, doch hält sie sich wahrscheinlich in Grenzen. Wenn die Diskrepanz z.B. 20% wäre, könnten frei lebende Bakterien etwa 6000 verschiedene Proteine machen. Für ein unabhängiges Leben reicht selbst diese Information nur knapp aus, so dass auch bei frei lebenden Bakterien alle Zellen einer Population meist identisch sind. Aber nicht immer: Freilebende Bakterien haben bereits einige Proteine, die sie nur unter bestimmten Bedingungen brauchen und die sie durch chemische Veränderung an- oder abschalten können. Dies ermöglicht ihnen einfache Ja-/Nein-Entscheide. So können diese Bakterien z.B. zu einem Nahrungsstoff hin- oder von einem Giftstoff wegschwimmen. Die molekularen Mechanismen dieser einfachen Entscheidungsprozesse ähneln in vieler Weise den viel komplexeren Schaltprozessen in unserem Gehirn. Bei frei lebenden Bakterien finden wir also bereits erste Anzeichen von Individualität.

Wenn wir jetzt den grossen Sprung von Bakterien zu uns selbst wagen, dann stehen wir geblendet vor dem Reichtum unseres biologischen Erbes. Unser Genom besteht aus nicht weniger als 3 Milliarden Buchstaben, entsprechend einer 100 Meter langen Bücherreihe. Es ist also tausendmal grösser als das Genom von Bakterien. Aber es ist auch viel rätselhafter. Wir können in ihm nur etwa 30'000 bis 40'000 Gene erkennen, also nur etwa zehnmal mehr als im tausendmal kleineren Genom von Bakterien. Zwischen unseren 30'000 bis 40'000 Genen erstrecken sich endlos lange DNS-Abschnitte, die keine erkennbare Erbinformation tragen und mehr als 95% unseres Genoms ausmachen. Doch dies ist noch nicht alles. Jede unserer Körperzellen enthält zwei Exemplare dieser 100 Meter langen Bücherreihe, ein Exemplar von der Mutter und eines vom Vater. Wie dies bei so vielen Büchern nicht anders zu erwarten ist, unterscheiden sich diese zwei homologen Bibliotheken durch Zehntausende oder Hunderttausende von kleinen Schreibvarianten und Druckfehlern, den so genannten Mutationen. Jede dieser Mutationen kann entweder die Eigenschaften oder die Menge eines Eiweisses verändern. Von vielen Eiweissen haben wir also gleichzeitig zwei Varianten, eine mütterliche Variante und eine väterliche Variante.

Da auch in menschlichen Zellen die meisten Gene der Bauplan für ein bestimmtes Protein sind, erhöht sich die Zahl der verschiedenen Proteine, die unsere Körperzellen theoretisch machen kann, auf etwa 70'000 bis 80'000. Doch unsere Zellen können mehr. Sie können bei vielen Genen die Information auf verschiedene Arten abrufen: Sie können an verschiedenen Orten im Gen zu lesen beginnen, nur einzelne Stücke des Gens lesen oder die abgelesene Information nachträglich verändern. In vielen Fällen dürften dabei die scheinbar sinnlosen Regionen beteiligt sein, die zwischen den typischen Genen liegen und diese meist auch noch im Inneren unterbrechen. Durch diese Tricks können unsere Zellen von *einem* Gen bis zu einem Dutzend verschiedene Proteine machen. Dazu kommt noch die Möglichkeit, dass sie, ebenso wie Bakterienzellen, diese Proteine durch Abspaltung oder Anheften chemischer Gruppen verändern können. In unseren Zellen gibt es mindestens 1000 Proteine, die keine andere Aufgabe haben, als andere Proteine durch Anheften von Phosphorsäuregruppen zu verändern! Die meisten dieser Veränderungen können wir trotz der vorhandenen Information über unser Genom noch nicht mit Sicherheit vorhersagen. Mit anderen Worten: Wir können unser Genom zwar lesen, verstehen aber den grössten Teil des Gelesenen noch nicht. Obwohl wir die chemische Struktur unseres Genoms kennen, wissen wir deshalb noch nicht, wie viele verschiedene Proteine unsere Zellen theoretisch machen können. Wahrscheinlich sind es mehrere Hunderttausend, vielleicht sogar über eine Million. Und dabei berücksichtigen wir noch gar nicht die enorme Zahl verschiedener Antikörperproteine, welche die Zellen unseres Immunsystems machen, indem sie Teile des Genoms in schier unendlichen Variationen neu kombinieren oder auf andere Art verändern. Der Reichtum unseres Genoms liegt also nicht nur in seiner Grösse, sondern ebenso sehr in der Virtuosität, mit der unsere Zellen dieses Genom in vielen Variationen lesen können. Unsere Zellen ähneln dabei einem Musiker des 17. und 18. Jahrhunderts, der dank seiner Phantasie aus *einem* vorgegebenen Generalbass viele verschiedenartige Musikstücke hervorzaubern kann. Die Grösse eines Genoms ist also kein verlässliches Mass für den biologischen Informationsgehalt. Einige Pflanzen und Amphibien haben Genome mit wesentlich mehr Buchstaben als wir, haben aber trotzdem nicht mehr, sondern sehr wahrscheinlich weniger genetische Information als wir. In diesen extrem grossen Genomen sind entweder lange Abschnitte dupliziert, oder bis zu 99% der DNS ohne erkennbare genetische Information, oder eine Zelle speichert bis zu 6 Exemplare ihres ganzen Genoms.

Es kommt aber noch mehr. Wenn wir vom menschlichen Genom sprechen, meinen wir fast immer nur das Genom, das in unserem Zellkern ist. Als junger Forscher half ich aber an der Entdeckung mit, dass wir noch ein zweites Genom besitzen, das nicht im Zellkern ist, sondern in den Verbrennungsmaschinen unserer Zellen, den so genannten Mitochondrien. Jede unserer Zellen enthält in ihrem Inneren Hunderte bis Tausende dieser kleinen membranumhüllten Mitochondrien, die unsere Nahrung verbrennen, dabei Energie produzieren und so als Kraftwerke unserer Zellen wirken. Im Gegensatz zum Genom des Zellkerns erben wir unser Mitochondrien-Genom nicht von beiden Eltern, sondern nur von der Mutter. Es hat zwar nur etwa 16'000 Buchstaben. Da aber eine Zelle bis zu tausend Mitochondrien haben kann, und jedes Mitochondrion bis zu 50 Kopien dieses kleinen Genoms, kann eine Zelle viele Tausende Mitochondrien-Genome beherbergen. Wir wissen noch sehr wenig darüber, wie die Erbanlagen unserer Mitochondrien mit denen unseres Zellkerns zusammenspielen, aber es ist sicher, dass dieses Zusammenspiel unendlich viele Kombinationen ermöglicht.

Die in unserem Genom niedergelegte Information ist so gross, dass unsere Zellen nur einen kleinen Teil davon zum nackten Überleben brauchen. Obwohl alle unsere Zellen das gleiche grosse Genom haben und theoretisch bis zu $10^6$ verschiedene Proteine machen könnten, produziert jede nur ein für sie typisches Spektrum von etwa 10'000 verschiedenen Proteinen. Deshalb unterscheiden sich unsere Körperzellen voneinander, sie sind, wie Biologen sagen, *differenziert*. Eine Leberzelle hat ein anderes Protein-Spektrum, verwendet also ein anderes Spektrum ihrer Erbanlagen als eine Hautzelle. Erst diese Differenzierung erlaubt die Entwicklung von Lebewesen wie wir, die aus vielen verschiedenartigen Zelltypen aufgebaut sind.

Unsere Gehirnzellen produzieren eine immense Zahl verschiedener Eiweisse, die als neurologische Schalter wirken. Umwelteinflüsse wie Training oder Wechselwirkung mit anderen Menschen scheinen die Anheftung von Phosphorsäuregruppen an diese Proteine, oder auch die Produkte dieser Proteine, zu beeinflussen. Das Variationspotential unserer Zellen steigt damit ins Unermessliche, so dass jeder von uns ein unverwechselbares Individuum ist. Dies gilt selbst für eineiige Zwillinge. Ein eineiiger Zwillingsbruder von Boris Becker würde zwar Boris ähnlich sehen, könnte aber ohne weiteres ein miserabler Tennisspieler sein. Der Informationsreichtum unseres Genoms ist die Gnade, die jedem von uns Einmaligkeit schenkt.

Der Informationsgehalt des Genoms bestimmt die Stellung eines Lebewesens in der Hierarchie des Lebens. Nichts ist unerbittlicher als die Tyrannei des kleinen Genoms. Es verbietet jede biologische Freiheit, jede Individualität. Je informationsreicher ein Genom, desto grösser die Freiheit, desto grösser die Mög-

556

lichkeit zur Individualität. Für mich ist der Reichtum des Genoms ein wichtiges Mass für die *Würde* eines Lebewesens.

Kein uns bekanntes Lebewesen trägt mehr genetische Information als wir Menschen. Der Reichtum unserer biologischen Information begründet unsere biologische Würde. Dieser Reichtum ist auch Auftrag, diese Würde zu rechtfertigen, denn unsere Zellen «wissen» mehr als die anderer Lebewesen.

Die Informationsfülle unseres Genoms hat hohe philosophische Brisanz. Sie zwingt uns, erneut darüber nachzudenken, wie unsere Individualität, Entscheidungsfreiheit und Würde mit der Tatsache vereinbar sind, dass jeder von uns letztlich eine biochemische Maschine ist. Diese Frage hat viele grosse Denker beschäftigt bis hinauf zu Henri Bergson. Die Überlegungen dieser Denker haben heute viel von ihrer Überzeugungskraft verloren, denn keiner von ihnen konnte ahnen, wie komplex die Materie ist, aus der wir bestehen. Alle uns bekannten Naturgesetze gelten nur innerhalb bestimmter Grenzen; ausserhalb dieser Grenzen versagen sie. Newtons mechanische Gesetze, die Gesetze der Thermodynamik, und selbst das Axiom der Kausalität versagen in der Welt subatomarer Teilchen oder im Bereich der Lichtgeschwindigkeit. Warum sollte Ähnliches nicht für unsere Zellen gelten, deren Komplexität so viel grösser ist als alles, was wir kennen? Es könnte durchaus sein, dass wir beim quantitativen Studium unserer Zellen neue Gesetze entdecken, die nur für hochkomplexe Systeme gelten. Die heutigen Ansätze zur Chaostheorie sind sicher nur ein Anfang. Wer weiss, wohin uns die Chaostheorien der kommenden Jahrhunderte noch führen werden? Unsere Zellen sind so komplex, dass wir sie als Gesamtsystem mit unseren heutigen Methoden noch nicht präzise analysieren können. Wir Biologen stehen vor einer neuen verschlossenen Tür und keiner von uns weiss, was diese verbirgt.

Unsere Zellen tragen auch Informationen, die weder im Genom des Zellkerns noch im Genom der Mitochondrien zu finden ist. Diese Information ist nicht in DNS-Fäden niedergeschrieben, sondern in den Strukturen der Zelle, wie z.B. den Mitochondrien. Man kann diese Informationen nur verstehen, wenn man die Geschichte des Lebens auf unserer Erde kennt. Begleiten Sie mich jetzt deshalb zum Abschluss auf eine Reise in die Frühzeit des Lebens auf unserer Erde.

Meine Damen und Herren, seien Sie herzlich willkommen im Jahre 4000 Millionen vor Christus, und blicken Sie um sich. Unsere Erde ist erst 600–700 Millionen Jahre alt und deshalb noch viel aktiver und dramatischer als heute. Sie hat sich bereits genügend abgekühlt, so dass sich die ersten Meere gebildet haben, aber diese Meere sind noch viel wärmer als unsere heutigen. Die Atmosphäre hat noch kein Sauerstoffgas. Deshalb kann sich auch keine Ozonschicht bilden, welche die Erdoberfläche vor den Ultraviolettstrahlen der Sonne abschirmt. Durch die hohe Temperatur, durch die intensiven Ultraviolettstrahlen, durch die vielen aktiven Vulkane und durch gewaltige und häufige Gewitter haben sich während der vorausgegangenen Hunderten von Millionen Jahren aus Mineralstoffen, aus Wasser und aus den Gasen der Atmosphäre organische Substanzen gebildet und in den Meeren angereichert. Heute würden diese organischen Stoffe sehr schnell wieder durch Sauerstoff oder durch Bakterien und andere Lebewesen abgebaut werden. Aber wir sind im Jahr 4000 Millionen vor Christus, und es gibt auf unserer Erde weder Sauerstoffgas noch Leben. Die im Meer gelösten organischen Stoffe reagieren chemisch miteinander und bilden immer komplizierte Substanzen.

Nach etwa 200 Millionen Jahren bilden sich dann aus diesen komplizierten Substanzen die ersten lebenden Zellen. Wie dies geschah, werden wir wohl nie mit Sicherheit wissen. Aber wir sind ziemlich sicher, dass sich diese ersten primitiven Lebewesen von den organischen Stoffen ernährten, die es bereits in den Meeren gab. Der Stoffwechsel dieser ersten Lebewesen war wohl ähnlich wie der von heutigen Hefezellen, die in einem Weinfass Zucker zu Alkohol abbauen. Ebenso wie Hefezellen im Weinfass brauchten diese ersten Lebewesen kein Sauerstoffgas. Das war richtig, den es gab ja noch keines.

Als sich das Leben immer mehr ausbreitete, verbrauchte es die im Meer gelösten organischen Stoffe. Das noch junge

Leben musste mit einer gewaltigen Energiekrise kämpfen. Wir wissen nicht genau, wann diese Krise eintrat, aber sehr wahrscheinlich starb ein grosser Teil der damaligen Lebewesen wieder aus.

Doch dann entwickelte sich ein Lebewesen, welches Sonnenlicht als Energiequelle verwenden konnte. Dies war wohl das wichtigste Ereignis in der Entwicklung des Lebens auf unserer Erde. Zum ersten Mal hatten lebende Zellen eine unbegrenzte Energiequelle zur Verfügung. Diese neuen Lebewesen vermehrten sich fast ungehemmt und überwucherten den Erdball. Noch heute, nach 3000 Millionen Jahren, finden wir ihre Spuren als gewaltige versteinerte Hügel in unseren Meeren.

Doch die nächste Katastrophe folgte bald. Die Verwendung von Sonnenlicht als Energiequelle setzte als Abfallprodukt Sauerstoffgas aus dem Meerwasser frei. Dieses Sauerstoffgas entwich aus dem Wasser in die Atmosphäre und reicherte sich dort langsam, aber stetig an. Sauerstoffgas ist aber für lebende Zellen ein Gift, weil es viele wichtige Zellbestandteile durch Oxidation zerstört. Durch diese globale Umweltverschmutzung mit giftigem Sauerstoffgas gab es wiederum eine ökologische Katastrophe: Die meisten Lebewesen, vielleicht mehr als 99% aller Arten, starben aus.

Einige wenige Lebewesen entwickelten jedoch Schutzmechanismen gegen Sauerstoffgas und konnten sich in der neuen Atmosphäre vermehren. Viele dieser Mechanismen schützen unsere Zellen noch heute, vor allem die Zellen in unserer Lunge. Das Leben erholte sich wieder und setzt seinen Siegeszug auf der Erde fort. Die Erdoberfläche war nun wieder voll von lebenden Zellen und von organischen Stoffen, die beim Tode dieser Zellen wieder freigesetzt wurden. Bald bestand ein Fünftel der Atmosphäre aus Sauerstoffgas, das zur Gänze von lebenden Zellen stammte.

Schliesslich entwickelten sich Zellen, die organische Stoffe mit Sauerstoffgas verbrannten und die dabei frei werdende Energie zum Leben verwendeten. Die ersten atmenden Zellen waren entstanden! Diese atmenden Zellen waren also Parasiten, die vom organischen Abfall anderer Zellen lebten. Sie waren aber sehr erfolgreich, denn sie konnten auch in der Nacht wachsen und sich dort vermehren, wo es kein Sonnenlicht gab.

Vor 2000 bis 3000 Millionen Jahren gab es also auf unserer Erde drei Hauptarten von Lebewesen. Alle drei Arten waren das, was wir heute Bakterien nennen: Sie hatten nur ein kleines Genom und konnten sich schnell vermehren, hatten aber weder Individualität noch die Möglichkeit, komplizierte vielzellige Organismen zu bilden. Die erste Art dieser Lebewesen gewann Energie aus dem Sonnenlicht. Die zweite Art verbrannte, oder, wie wir sagen, veratmete die Überreste dieser Lebewesen. Und die dritte Art konnte weder das eine noch das andere, sondern baute wie die ursprünglichen primitiven Lebewesen organische Stoffe ab, ohne dafür Sauerstoffgas zu benötigen. Diese dritte Art war wahrscheinlich zunächst wenig erfolgreich, weil sie eine veraltete Energieproduktion verwendete.

Doch gerade diesen rückschrittlichen Zellen der dritten Art gelang dann vor etwa 1500 Millionen Jahren ein Meisterstück: Sie fingen sich atmende Bakterien ein und hielten diese in ihrem Inneren gefangen. Die eingefangenen Bakterien produzierten nun für die Wirtszelle Energie durch Atmung. Als Gegenleistung bot die Wirtszelle den eingefangenen Bakterien eine schützende Umgebung. Diese Symbiose war offenbar für beide Partner von Vorteil. Der neue Zelltyp, der durch Verschmelzung zweier Lebewesen entstanden war und deshalb zwei Genome besass, vermehrte sich und konnte zum ersten Mal komplizierte vielzellige Pflanzen und Tiere bilden. Im Verlauf der vergangenen 1500 Millionen Jahre gewöhnten sich die eingefangenen atmenden Bakterien an ihre schützende Umgebung und gaben den grössten Teil ihres Genoms an das Genom der Wirtszelle ab. Deshalb konnten sie bald nicht mehr ausserhalb dieser Wirtszelle leben. Sie wurden zu den Verbrennungsmaschinen unserer Körperzellen, den Mitochondrien.

Jede unserer Körperzellen ist also durch die Verschmelzung zweier unabhängiger Lebewesen entstanden. Das kleine Genom unserer Mitochondrien ist der Rest, der vom Genom der einst frei lebenden und dann eingefangenen Bakterien noch übrig ist.

Als wir das kleine Genom der Mitochondrien entdeckten, fragten wir uns, warum es überhaupt existiert. Es gibt in der Tat keinen *logischen* Grund dafür. Heute wissen wir, dass der Grund *geschichtlich* ist. Eine rein zufällige Symbiose zweier Lebewesen war vor 1½ Milliarden Jahren erfolgreich und hat sich in modifizierter Form bis zum heutigen Tag erhalten.

Jetzt können Sie verstehen, weshalb unsere Mitochondrien auch genetische Informationen tragen, die nicht in der DNS ihres Genoms gespeichert sind. Die Mitochondrien unserer Zellen entstehen immer noch, ebenso wie ihre Bakterienvorfahren, nur durch Wachstum und Teilung bereits vorhandener Mitochondrien. Die Mitochondrien-Bausteine werden zwar in unserer Zelle aufgrund von Informationen produziert, die im Genom des Zellkerns und der Mitochondrien niedergeschrieben sind. Diese Bausteine können aber nur an einem bereits vorhandenen Mitochondrion korrekt zusammengebaut werden. Jedes Mitochondrion ist also eine Schablone oder Matrize. Ohne diese Matrize werden die Mitochondrien-Bausteine zwar fabriziert, irren aber ziellos in der Zelle herum und werden schliesslich zerstört. Sollte also eine Zelle alle ihre Mitochondrien verlieren, könnte sie keine neuen mehr bilden und würde sterben. Da jedes Mitochondrion eine Schablone oder Matrize ist, repräsentiert es strukturelle Information, die nicht in der DNS unserer Genome niedergeschrieben ist. Diese Schablonen-Information muss von Generation zu Generation vererbt werden, ist also genetische Information. Wieviel Schablonen-Information in den Strukturen der Mitochondrien liegt, ist schwer abzuschätzen. Die Information ist aber für das Leben unserer Zellen genauso notwendig wie die, welche in den DNS-Fäden unserer beiden Genome gespeichert ist.

Nichts ist am Menschen grossartiger als sein Wissen um die eigene Geschichte. Nie zuvor konnten wir so weit in diese zurückblicken wie jetzt. Was uns die magischen Augen der Genomforschung zeigen, ist Grund zu Stolz und Demut zugleich.

Stolz, weil uns der Reichtum unseres Genoms Individualität schenkt; und Demut, weil wir aus zwei Lebewesen entstanden sind und trotz unserer Individualität nur Teil eines viel grösseren Ganzen sind.

# Transplantation von Organen und Stammzellen – Hoffnungsträger und Problemfall zugleich

*Ewald R. Weibel*

## Inhaltsverzeichnis

Einer der grossen Fortschritte der Medizin im vergangenen Jahrhundert – die Transplantation eines Herzens oder einer Niere von einem Menschen auf einen anderen – wirft zugleich grundsätzliche Fragen auf, welche die medizinische Wissenschaft nicht allein, sondern nur im gesellschaftlichen Konsens unter Beachtung der Wertvorstellungen in unserer Gesellschaft lösen kann. Der dazu erforderliche Diskurs braucht neben dem medizinischen Sachverstand auch jenen der Ethik und des Rechts. Er muss schliesslich zu rechtlichen Normen führen, wie dies mit dem neuen Gesetz zur Transplantationsmedizin beabsichtigt wird. Doch kaum hat sich mit Bezug auf die Transplantation von Organen ein gesellschaftlicher Konsens entwickelt, da tauchen am medizinischen Sternenhimmel neue Optionen auf wie die Xenotransplantation oder die Verwendung humaner embryonaler Stammzellen für die Transplantation, was neue Probleme aufwirft.

Einem schwer kranken Menschen durch die Einpflanzung eines Organs das Leben zu retten und ihn zu guter Lebensqualität zurückzuführen, ist eine bestechende Chance der modernen Medizin. Man denke an die Nierentransplantation, die tausenden von oft jungen Menschen mit Nierenversagen die Abhängigkeit von der belastenden Dialyse erspart und sie zu einem aktiven Leben zurückgeführt hat – was langfristig erst noch erhebliche Sozialkosten spart. Man denke auch an die Hornhauttransplantation, die Erblindeten das Augenlicht wiedergeben kann. Wir verdanken dies intensiver medizinischer Forschung, die zur Verfeinerung der Operationstechniken und verbesserten Methoden der Organpräservation geführt hat. Hinzu kamen neue Methoden der Immunsuppression, welche die Abstossung des fremden Organs verhindern, wie das Cyclosporin A, eine Pionierleistung der Schweizer Pharmaindustrie. Die Transplantation von Organen und Geweben ist heute ein wohl kaum mehr wegzudenkendes Verfahren zur Linderung menschlichen Leidens.

# I. Ethische Fragen: toter Mensch – lebende Organe

Seit der Einführung von Organtransplantationen ergaben sich auch schwierige ethische Probleme wie das Abwägen der widersprüchlichen Interessen von Organempfänger und Organspender. Das Dilemma liegt darin, dass einerseits einem Empfänger nur gedient ist, wenn ihm ein lebendes Organ eingepflanzt wird, dass anderseits dieses Organ aber erst nach dem Tod des Spenders entnommen werden kann. Dieser Zwiespalt ist insofern lösbar, als das Sterben kein punktueller Prozess ist: auch wenn der Körper als Ganzes tot ist, leben Zellen und Gewebe, ja sogar einzelne Organe noch eine Weile weiter, allerdings nicht sehr lange. Das Problem liegt also darin festzustellen, wann ein Mensch tot ist, ohne dass alle seine Zellen aufgehört haben zu leben.

Es ist allerdings hier darauf hinzuweisen, dass diese Probleme entfallen, wenn ein zu transplantierendes Organ einem lebenden Spender entnommen werden kann. Dies wird heute vor allem bezüglich der Nierentransplantation praktiziert. Ein gesunder Mensch kann ohne Beeinträchtigung seiner Gesundheit mit nur einer Niere leben, sodass die 2. Niere einem Patienten mit vollständigem Nierenversagen gespendet werden kann. Weitere Anwendungsgebiete sind die Knochenmarkstransplantation, weil das Knochenmark sich beim Gesunden leicht regeneriert. Auch Teile der Leber können einem gesunden Spender entnommen werden; die restliche Leber wird sich rasch wieder zur vollen Grösse des Organes ausbauen. Trotz dieser Möglichkeiten der so genannten Lebendspende wird nach wie vor der überwiegende Teil von Organtransplantationen durch die Einpflanzung von Organen verstorbener Menschen vorgenommen.

Das Problem, den Tod eines Menschen zuverlässig festzustellen, stellte sich der Ärzteschaft eigentlich erst in den 60er Jahren in vordringlicher Weise, als die ersten Transplantationszentren aufgebaut wurden. Die Schweizerische Akademie der Medizinischen Wissenschaften (SAMW) hat daraufhin in Zusammenarbeit mit Ärzten, Ethikern und Juristen *Richtlinien für die Feststellung des Todes* erarbeitet, die 1969 veröffentlicht wurden. Der rasche wissenschaftliche Fortschritt machte wiederholte Revisionen dieser Richtlinien erforderlich, zum ersten Mal 1983 und die letzte im Jahr 1996. Diese Richtlinien behandelten die Definition des Todeszeitpunktes und waren als Hilfe für diejenigen Ärzte konzipiert, die den Transplantationszentren bei der Beschaffung vitaler menschlicher Organe behilflich sein sollten. Bei den ersten Nierentransplantationen bildeten Verstorbene mit Herz-Kreislaufstillstand die grösste Gruppe der Organspender. Für Herztransplantationen ist dieses Vorgehen aber ungeeignet, und es setzte sich bald das Konzept des Hirntodes durch. Das allerdings brachte neue Probleme. Die sichere Feststellung des Todes ist beim irreversiblen Herzversagen einfacher als beim so genannten *Hirntod*, wie er durch eine massive Hirnblutung oder durch ein schweres Trauma bei Verkehrsunfällen verursacht wird. Beim Hirntod kann das Herz noch für eine gewisse Zeit weiterschlagen, und damit kann die Blutversorgung der Organe durch künstliche Beatmung aufrechterhalten werden, was die Voraussetzungen für die Organtransplantation verbessert. Entscheidend ist hier aber der Schutz des potentiellen Organspenders. Es muss zweifelsfrei festgestellt werden können, dass die Funktionen des gesamten Gehirns einschliesslich des Hirnstamms vollständig und irreversibel ausgefallen sind. Diese Feststellung muss auch unter oft schwierigen klinischen Bedingungen zweifelsfrei möglich sein. Die entscheidenden Kriterien müssen deshalb stets dem neuesten Stand der medizinischen Wissenschaft angepasst werden können. Aus diesem Grund hat die Schweizerische Akademie der Medizinischen Wissenschaften im Jahre 2000 erneut die Überarbeitung ihrer Richtlinien zur Definition und Feststellung des Todes in Auftrag gegeben. Dabei ist zu beachten, dass die Feststellung des Todes nicht nur in der Transplantationsmedizin, sondern auch in der Intensiv- und Reanimationsmedizin gravierende Probleme aufwirft.

## II. Transplantationsgesetz

Der Bundesrat hat im September 2001 den Entwurf für ein Bundesgesetz über die Transplantation von Organen, Geweben und Zellen verabschiedet und an das Parlament überwiesen. Es war zuvor einem ausführlichen Vernehmlassungsverfahren unterzogen worden. In diesem Gesetz wird die Entnahme von Organen zum Zwecke der Transplantation bei Verstorbenen von der eindeutigen Feststellung des Hirntodes abhängig gemacht. Als weitere Voraussetzung für die Entnahme von Organen, Geweben oder Zellen bei einer verstorbenen Person gilt, dass sie vor ihrem Tod einer Entnahme zugestimmt haben muss. Das Gesetz lockert diese Auflage aber im Sinne der so genannten «erweiterten Zustimmungslösung». Wenn keine dokumentierte Zustimmung oder Ablehnung der verstorbenen Person vorliegt, so können die nächsten Angehörigen einer Entnahme zustimmen. Diese Regelungen sind insofern von grosser Bedeutung, als in der Schweiz ein grosser Mangel an transplantierbaren Organen besteht. Aus diesem Grunde war auch gefordert worden, im Gesetz die sogenannte Widerspruchslösung festzuschreiben, gemäss welcher Organe einer verstorbenen Person entnommen werden dürfen, wenn weder diese noch ihre Angehörigen einer Entnahme widersprochen haben. Die vom Bundesrat vorgeschlagene «erweiterte Zustimmungslösung» ist aber wohl besser geeignet, die Würde verstorbener Personen zu achten.

Eine bedeutende Schwierigkeit liegt auch bei der Zuteilung von Organen an die potentiellen Empfänger, gerade weil die Anzahl der verfügbaren Organe nicht ausreicht, um den Bedarf vollumfänglich zu befriedigen. Es sterben deshalb jährlich immer noch viele Leute, während sie auf ein geeignetes Organ warten. Die Zuteilung muss zunächst aufgrund medizinischer Kriterien erfolgen, insbesondere aufgrund der immunologischen Kompatibilität, um die Gefahr der Abstossung des transplantierten Organs durch das Abwehrsystem des Empfängers möglichst klein zu halten. Im Übrigen legt das Gesetz aber fest, dass bei der Zuteilung eines Organes niemand diskriminiert werden darf. Die Mechanismen der Zuteilung der anfallenden Organe, die derzeit von der Stiftung Swisstransplant erfolgreich durchgeführt wird, werden noch so lange ein heisser Diskussionspunkt bleiben, als ein Organmangel weiterbesteht. Neue und schwierige Erwägungen werden wohl auch zu führen sein, wenn sich die Frage stellt, ob die Organzuteilung auch innerhalb des europäischen Netzwerkes von Eurotransplant geschehen könnte. Das hätte verschiedene medizinische Vorteile, indem es eher möglich wäre, zu einem Spenderorgan einen passenden Empfänger zu finden, es könnte aber auch zusätzliche Schwierigkeiten bringen.

## III. Xenotransplantation: Möglichkeit zur Überwindung des Organmangels?

Die Hoffnungen, welche schwer kranke Menschen in eine Heilung durch Organtransplantation setzen, wird oft dadurch enttäuscht, dass einer grossen Nachfrage nach Organen ein erheblicher Mangel an Spenderorganen gegenübersteht. Die Wartelisten der Transplantationszentren verlängern sich, und eine gewisse Zahl von Patienten, denen durch eine Organtransplantation geholfen werden könnte, sterben, bevor ein geeignetes Organ zur Verfügung steht. Bei der Suche nach Alternativen zur Transplantation von Mensch zu Mensch erscheint die sogenannte Xenotransplantation, das heisst die Verpflanzung lebender Zellen, Gewebe oder Organen von einer Spezies in den Organismus einer anderen Spezies, als erfolgverheissende Möglichkeit. Die Erfahrungen der letzten Jahre sind allerdings ernüchternd. Alle bis heute durchgeführten experimentellen Xenotransplantationen erwiesen sich über kürzere oder mittlere Zeiträume als Misserfolge. Die Abstossungsreaktionen können besonders stark sein. Hinzu kommen komplexe Probleme, wenn die Organe verschiedener Spezies physiologisch nicht gut übereinstimmen. Und als weitere Schwierigkeit sind Infektionsrisiken zu erwähnen. Die

Erfolgsaussichten der Übertragung von Organen vom Tier auf den Menschen sind deshalb heute eher pessimistisch zu beurteilen. Dennoch kann diese neue Biotechnologie nicht gänzlich verworfen werden, sodass es angebracht ist sich zu überlegen, welche ethischen Probleme zu erwägen sind. Die SAMW hat deshalb mit medizinisch-ethischen Grundsätzen zur Xenotransplantation 2000 zu diesen Fragen Stellung genommen. Zwei Aspekte müssen dabei im Vordergrund stehen: die Achtung vor der Würde und Persönlichkeit des Menschen und die Fragen der biologischen Sicherheit. In Bezug zum Letzteren geht es darum, die Risiken einer Infektionsübertragung so klein wie möglich zu halten, denn sie würde nicht nur die Empfänger der Organe, sondern auch die mit ihnen in Kontakt stehenden Personen gefährden. Da im Hinblick auf die Xenotransplantation Tiere auf neue Art zum Wohl des Menschen instrumentalisiert werden, sind auch die Aspekte des Tierschutzes besonders zu beachten.

Bei der Xenotransplantation sind neben der Transplantation von Organen auch solche von Geweben und von Zellen zu erwägen. Bei Geweben und Zellen stellen sich die medizinischen und die ethischen Probleme in abgestufter Weise. In allen Fällen ist aber insbesondere die Frage der biologischen Sicherheit sehr gründlich zu prüfen.

Bei der Xenotransplantation ist zudem die gesundheitspolitisch schwerwiegende Kostenfrage zu stellen, denn tierische Organe werden – im Gegensatz zu menschlichen Spenderorganen – nicht gratis zu haben, sondern im Gegenteil sehr teuer sein, weil die Einhaltung von Sicherheitskriterien kostspielig sein wird. Zudem wird die Mengenbegrenzung durch ein beschränktes Angebot entfallen. Die Xenotransplantation könnte sich deshalb als ein äusserst kostspieliges Unternehmen darstellen.

Es bleibt noch zu erwähnen, dass die rechtlichen Aspekte der Xenotransplantation im Rahmen der Blutverordnung geregelt sind. Im Rahmen des neuen Transplantationsgesetzes ist der Xenotransplantation ein eigenes Kapitel gewidmet.

# IV. Biotechnologische Zukunftsperspektiven

Die Suche nach der Überwindung der zahlreichen Probleme, welche die Organtransplantation der Medizin stellt, hat in den letzten Jahren neue Impulse erhalten durch Forschungsergebnisse aus dem Bereich der Zell- und Entwicklungsbiologie. Es war schon lange bekannt, dass alle Zellen des Körpers, die eine bestimmte Funktion ausüben, die, wie man sagt, «differenziert» sind, aus so genannten undifferenzierten Stammzellen hervorgehen. Wenn differenzierte Zellen verloren gehen oder wenn ein höherer Bedarf an der von ihnen geleisteten Funktion entsteht, dann kommt ein Nachschub neuer differenzierter Zellen aus dieser Stammzellpopulation. Dies ist sehr wohl bekannt für die blutbildenden Zellen im Knochenmark oder für Darmepithelzellen, wo ein grosser Nachschubbedarf besteht. Aber es gibt sie auch in den Muskeln, ja sogar im Gehirn.

Vor etwa 10 Jahren wurde entdeckt, dass sich solche Stammzellen unter gegebenen Umständen in verschiedene Richtungen differenzieren können. Das Differenzierungsspektrum hängt vor allem einmal von der Entwicklungsstufe der Zellen ab. So haben Stammzellen aus Feten ein breiteres Differenzierungspotential als solche von Erwachsenen. Das grösste Differenzierungspotential haben embryonale Stammzellen. Knapp 2 Wochen nach der Befruchtung der Eizelle besteht der Embryo aus einem unstrukturierten Zellhaufen, der von einer blasenförmigen Hülle eingeschlossen ist. Aus der Hülle wird die Plazenta entstehen, aus dem Zellhaufen der Embryo. Das sind die embryonalen Stammzellen, die man als pluripotent bezeichnet, weil aus ihnen alle Zelltypen und Gewebe hervorgehen können. Bedeutende Erkenntnisse über embryonale Stammzellen sind in den letzten Jahren vor allem an Mäuseembryonen gewonnen worden. Seit 1998 ist es aber auch möglich, Stammzellen aus menschlichen Embryonen in der Zellkultur sich entwickeln zu lassen.

Es ist verständlich, dass die Entdeckung dieses Entwicklungs- und Differenzierungspotentials von humanen embryonalen Stammzellen zu aussergewöhnlichen Hoffnungen Anlass gibt. So stellt man sich vor, dass man solche Stammzellen dazu bringen kann, in kontrollierter Weise Insulin oder Dopamin zu produzieren, jene Stoffe, die einerseits beim Diabetes und andererseits bei der Parkinsonschen Krankheit ungenügend sind oder fehlen. Die Implantation solcher Zellen am geeigneten Ort könnte solche Mangelerscheinungen ausgleichen. Das sind tatsächlich sehr interessante Perspektiven, es muss aber sofort gesagt werden, dass sie heute noch weitgehend der Vorstellungskraft der Forscher entstammen. Damit diese Hoffnungen auch tatsächlich erfüllt werden können, ist noch sehr viel Forschung zu leisten.

Hier kommen nun Schwierigkeiten auf, weil die Schweizerische Bundesverfassung im Artikel 119 sowie das darauf fussende Fortpflanzungsmedizingesetz Regeln setzen, die die Forschung an menschlichen embryonalen Stammzellen wenn nicht gerade verbieten, so doch ausserordentlich stark einzuschränken scheinen.

Zunächst legt der Verfassungsartikel zwei Verbote fest: Es dürfen keine Embryonen zu Forschungszwecken erzeugt werden, und es dürfen bei der In-vitro-Fertilisation (IVF) nur so viele Eizellen befruchtet werden, wie der hilfesuchenden Frau eingepflanzt werden können. Diese Verbote sind richtig und nicht zu bestreiten. Hingegen fallen immer wieder aus den verschiedensten Gründen Embryonen an, die entweder überzählig oder verwaist sind, weil sie der Mutter nicht eingepflanzt werden können. Die Anzahl solcher überzähliger Embryonen wird in der Schweiz auf mehrere Hundert pro Jahr geschätzt. Gemäss der heutigen Rechtslage müssen sie vernichtet werden.

Aus solchen überzähligen Embryonen müssten pluripotente Stammzellen abgeleitet werden, um sie zu Transplantationszwecken in eine geeignete Differenzierung zu führen. Bevor dies aber in der Schweiz möglich wird, müssen verschiedene ethische und rechtliche Hürden genommen werden. In dieser Beziehung hat die SAMW vor kurzem ein Positionspapier zu Gewinnung von und Forschung an menschlichen Stammzellen veröffentlicht. Der Bundesrat hat gleichzeitig beschlossen, die Vorbereitung eines Bundesgesetzes in Auftrag zu geben, das die Probleme um die Forschung an menschlichen Embryonen und ihren Stammzellen zu regeln vermöchte.

Die Stammzellforschung ist aus der Sicht der medizinischen Wissenschaften ein gutes Beispiel, um die Komplexität des Forschungsvorganges von der Grundlagenforschung bis zur Anwendung aufzuzeigen. Es ist ebenfalls ein gutes Beispiel um darzulegen, wie komplexe ethische Probleme überwunden werden können.

Erstens ist festzuhalten, dass die verschiedenen Stammzelltypen verschiedenen Bedenklichkeitsstufen zuzuordnen sind. So sind zum Beispiel adulte Stammzellen ethisch eher unbedenklich, weil ihre Gewinnung von einem erwachsenen Menschen im Allgemeinen mit einem geringen Risiko verbunden ist. Zudem kann vom Stammzellenspender eine informierte Zustimmung erlangt werden. Allerdings sind die Erwartungen in das Potential adulter Stammzellen noch in hohem Masse spekulativ, wenn nicht gar utopisch. Es ist derzeit vollkommen unklar, wie weit es gelingen wird, adulte Stammzellen in einen Zustand der Pluripotenz überzuführen, besser gesagt: zurückzuführen. Wird es z.B. je gelingen, Stammzellen aus der Haut, dem Knochenmark oder dem Darm so zu dedifferenzieren, dass aus ihnen z.B. Nervenzellen oder Herzmuskelzellen entwickelt werden können? Das erscheint nicht unmöglich, aber es wird mit Sicherheit schwierig sein. Trotzdem fordert die SAMW eine hohe Priorität für die Förderung der Forschung an adulten Stammzellen, was allerdings noch enorm viel Grundlagenarbeit erfordert.

Es ist weiter zu vermerken, dass die biomedizinische Forschung typischerweise schrittweise vorgeht. Die Grundlagen zu erarbeiten, wie Stammzellen zur spezifischen Differenzierung gebracht werden können, müssen in der biologischen Forschung erarbeitet werden, in der Zellkultur, aber auch in Tierversuchen vor allem an Mäusen. Erst wenn die grundlegenden Prozesse verstanden sind, kann sich die Forschung dem Menschen annähern. Auch hier geht es zunächst wieder darum, mit isolierten menschlichen Stammzellen zu arbeiten, um festzustellen, wie weit sich die Entwicklungsbedingungen von tierischen und menschlichen Stammzellen ähnlich sind und wo sie sich unterscheiden. Solche Arbeit ist unerlässlich, bevor die ersten Versuche zur Anwendung einer Stammzelltherapie am Menschen unternommen werden können.

Für diese Vorgehen kann ein aktuelles Beispiel herangezogen werden. Im September 2001 hat der Schweizerische Nationalfonds in einem Grundsatzentscheid einer Genfer Forschungsgruppe gestattet, humane embryonale Stammzellen aus dem Ausland zu importieren, wo sie legal hergestellt werden können. Dieser Forschergruppe war es in der bisherigen Arbeit gelungen, in der Maus embryonale Stammzellen zu Herzmuskelzellen zu differenzieren. Die Forscher möchten nun in einem zweiten Schritt den Versuch unternehmen, auch menschliche embryonale Stammzellen in Richtung von Herzmuskelzellen sicher differenzieren zu lassen. Ihre Motivation zu dieser schwierigen Arbeit ziehen sie aus der Perspektive, beim Gelingen des Versuches Patienten mit einem Herzinfarkt durch Einspritzung von solchen Zellen in das zerstörte Muskelgebiet zu behandeln. Dies in der Erwartung, dass sich die eingeführten Muskelzellen zu einem funktionstüchtigen Gewebe entwickeln und so die geschwächte Herzmuskelfunktion wieder herstellen können. Ob dies gelingen wird, ist keineswegs sicher. Aber ohne skeptischen Optimismus gibt es keinen Fortschritt.

Falls diese Forschungsrichtung von Erfolg gekrönt sein wird, falls also die Möglichkeit, Krankheiten durch Stammzelltherapie ursächlich zu behandeln, Wirklichkeit werden sollte, dann werden wir Schweizer mit Bestimmtheit die Erfolge solcher Forschung nutzen wollen. Dieser Anspruch gebietet aber, dass wir als hoch entwickeltes Land mit einer hoch entwickelten Gesundheitsindustrie auch unseren Beitrag an die Erforschung dieser neuen Perspektiven leisten. Das bedeutet, dass wir die materiellen und die rechtlichen Bedingungen schaffen müssen, damit Stammzellforschung, auch solche an humanen embryonalen Stammzellen, in der Schweiz möglich ist und gefördert wird. Das setzt die schwierige ethische Güterabwägung zwischen der Wahrung der Würde des menschlichen Embryos und den Heilungsaussichten kranker Menschen voraus.

## V.  Schlussbemerkung

Es ist offensichtlich, dass die mit der Transplantationsmedizin eingeleitete Entwicklung hin zu einer biotechnologischen Spitzenmedizin noch nicht ans Ende gelangt ist. Gerade die neueste Entwicklung der modernen Biologie, die mit der Entschlüsselung des Genoms charakterisiert werden kann, verheisst viele hoffnungsvolle neue Heilverfahren. Das ist angesichts der vielen nach wie vor ungelösten Probleme der Medizin bestimmt begrüssenswert. Es gibt auch jenen, die sich am Ende sehen, neue Hoffnung.

Eine solche Entwicklung hat aber immer ihre Kehrseiten. Die neuen biotechnologischen Verfahren werden im Allgemeinen äusserst kostspielig sein, schon nur weil sie in sehr aufwendigen Forschungsunternehmen entwickelt worden sind, und weil sie meistens einem beschränkten Teil der Menschen zukommen wird. Das ist bei uns in unseren hochentwickelten Gesellschaften so. Das Missverhältnis wird aber noch augenfälliger, wenn der Blick auf die Welt erweitert wird. Während wir in den hoch entwickelten Ländern uns um die ethischen, aber auch um die finanziellen Probleme sorgen, die mit der Spitzenmedizin zusammenhängen, haben weltweit mehr als 2,5 Milliarden Menschen keinen Zugang zu sauberem Trinkwasser und sind deshalb mit schwerwiegenden Gesundheitsproblemen und einer hohen Mortalität konfrontiert. Wir sorgen uns um die mögliche Verletzung der Würde eines jungen menschlichen Embryos, der noch nicht einmal in der Gebärmutter eingenistet ist. Es würde uns gut anstehen, wenn wir unsere Perspektive auf die Welt erweitern würden, um einzusehen, dass die Menschenwürde allen Menschen dieser Welt in gleicher Weise zusteht.

# Praktisches Wissen des Nutzers als Quelle technikethischer Reflexion

*Karl H. Hörning*

## Inhaltsverzeichnis

# I.  Vorbemerkungen

In einer technisch erhitzten Zeit, in der wir mit grossem Ernst die ethische Diskussion wieder aufnehmen, sehen wir uns mehr denn je in das Spannungsfeld zwischen Machbarkeit und Wünschbarkeit gestellt. Bei der dabei im Mittelpunkt stehenden Frage nach der gesellschaftlich verantwortbaren Grenzziehung sind viele Gruppen gefordert. In meinem Beitrag beschäftige ich mich mit einer «Gruppe», die sich besonders schlecht artikulieren kann, weil sie ein Wissen besitzt, von dem sie meist selbst nicht allzu viel weiss. Es handelt sich um das praktische Wissen der Nutzer und Verbraucher, das diese im Umgang und in Auseinandersetzung mit der Technik erlangen. Ein solches Wissen bleibt weithin implizit und lässt sich nur schwer aus den Nutzungs- und Handlungspraktiken herausheben, formulieren und an andere weitergeben. Und doch enthält dieses Wissen Massstäbe von Angemessenheit, Stimmigkeit und Richtigkeit, die (trotz oder gerade) wegen ihrer «Ungenauigkeit» – meiner Ansicht nach – eine wichtige Quelle technikethischer Reflexion darstellen könnten. Als ein solches Plädoyer möchte ich die folgenden Erörterungen verstanden wissen[1].

# II.  Nutzungspraktiken

Wir leben unser Leben in einer Welt der Dinge, die von Menschen gemacht worden sind. Als Bewohner der Welt verwickelt sich der Einzelne durch sein tägliches Handeln mit der technischen Ausstattung der Welt, ihren Geräten, Artefakten, Anlagen und Regelwerken. Er nimmt sie partiell in seine Praktiken hinein

---

1    Der folgende Beitrag stützt sich auf mein kürzlich erschienenes Buch «Experten des Alltags», in dem ich auch Ergebnisse aus mehreren, von mir mit anderen durchgeführten empirischen Untersuchungen zur alltäglichen Nutzung von Computern und weiteren neuen Informations- und Kommunikationstechniken darstelle. Vgl. KARL H. HÖRNING, *Experten des Alltags. Die Wiederentdeckung des praktischen Wissens.* Weilerswist: Velbrück Wissenschaft (2001).

oder bringt auf sie gerichtete Praktiken hervor, er gebraucht sie, organisiert so sein Leben und erschliesst sich derart auch die Welt. Somit liegt die Bedeutung der technischen Dinge für den Einzelnen vor allem in ihrem *Praxiswert*, der sich aus den fortlaufenden Geschäften, seien sie betrieblicher, öffentlicher oder privater Natur, ergibt. Zugleich ist Technik auch Gegenstand von Faszination und Imagination, aber auch von Irritation und Besorgnis und gibt heftigen Anlass zu ihrer sozialen Regulierung und ethischen Reflexion.

In der langen Geschichte der Technikbetrachtung fällt auf, wie «Technik» immer wieder zum «vergegenständlichten Anderen» von Mensch, Kultur oder Gesellschaft gemacht worden ist. Um dieser «Verdinglichung» zu entgehen, betrachte ich im Folgenden Technik von ihren Praxis- und Verwicklungsformen her. Dies heisst zum einen, den gemachten, d.h. nicht nur technisch-konstruierten, sondern auch sozialen und kulturellen Charakter von Technik herauszustellen. Denn wenn wir Technik in unserem alltäglichen Leben begegnen, steckt schon sehr viel Geschichte technischen sowie sozialen Handelns und Wissens in ihr. Dies trägt uns auf, Technik als zentralen Teil einer vorherrschenden materiellen Kultur zu betrachten. Zum anderen und vordringlicher heisst dies aber, Technik in den praktischen Einsatzformen zu sehen, in denen wir als Nutzer, entweder gekonnt und erfolgreich oder ungeschickt und dilettantisch, mit den technischen Dingen verfahren. Es ist der Umgang mit diesen Dingen, die Art und Weise, mit der sie behandelt, eingesetzt, verworfen, umgemodelt werden, die über ihr Schicksal in der Praxis entscheidet, eine Praxis, die wiederum durch den Eingang der technischen Dinge irritiert sowie provoziert wird und darüber zu neuen Reflexions- und Suchprozessen im Handeln und Verstehen Anlass gibt.

So kann der Umgang mit den technischen Dingen nicht nur zu Geschicklichkeit und Kompetenz, sondern auch zu einem praktischen Wissen führen, das in seinem Einsatz Einsicht in komplexe Situationen ermöglicht, Umsicht im Handeln nahe legt und Voraussicht auf das Morgen mit einbezieht. Praktisches

Wissen entfaltet sich besonders dort, wo uns die vorgegebenen Regeln und das Funktionsversprechen der Dinge im Stich lassen. Dort wird es angestachelt, dort greift es aber auch auf kulturelle Vorannahmen und Wissensbestände zurück, die die fortlaufenden Praktiken in ein kulturelles Geflecht von Kontinuität und Diskontinuität einbetten. Die Entfaltung und die Ausdrucksformen dieses praktischen Wissens sind es, die mich hier interessieren, weil ich in ihnen ein Potential «praktischer Vernunft» sehe, die sich gerade in Spannung zur Technik aufzubauen vermag und dem Einzelnen Orientierung in seinem täglichen Handeln vermitteln kann.

In meiner Argumentation geht es nicht um die technischen Dinge als solche, mit denen wir mehr oder weniger geschickt oder ungeschickt umgehen, sondern es geht vor allem um die fortlaufenden *Nutzungspraktiken*, in die wir die Dinge verwickeln und dabei ein Können und ein praktisches Wissen erlangen, das häufig dort einspringt, wo uns die vorgegebenen Regeln und technischen Vorgaben nicht recht weiterhelfen. Ein solches Handeln nennen wir «intelligent», wenn es klug und umsichtig die speziellen Situationen beachtet, ein Gespür für Unterschiede, Besonderheiten und Zeitgebundenheiten zeigt, wenn es den «springenden Punkt» erfasst. Immer wichtiger werden solche Fähigkeiten und Fertigkeiten, wenn wir in uneindeutigen Handlungszusammenhängen und unvorhersehbaren Verflechtungen, unter Unbestimmtheiten und Widersprüchen handeln müssen. Dies ist typisch für den Umgang mit technischen Dingen und Verfahren in einer offenen Welt. Technisierung führt nicht nur zur ständigen Vermehrung und Vernetzung der Dinge, sondern bringt unablässig neue Probleme, Risiken und Orientierungsunsicherheiten hervor. Dann reicht es oft nicht mehr aus, sich auf vorgegebene Regeln und Gebrauchsanweisungen zu verlassen. Erfahrung und Könnerschaft sind gefordert. Eine solche Kompetenz hat mit eigenständigem Erfassen einer Situation, mit Umsicht und Geschicklichkeit, aber auch mit Einblick und Urteilskraft zu tun. Es unterscheidet sich deutlich von theoretischem Wissen und Sachverstand: Oft versteht sich der Praktiker auf eine Sache, ohne die Sache selbst im Detail zu verstehen; er weiss, wie man es macht, er beherrscht die «Kunst des Handelns», ohne die theoretische Einsicht und den speziellen wissenschaftlichen oder technischen Sachverstand zu besitzen. Besonders der alltägliche Umgang mit Technik belegt, mit was der Mensch so alles umgehen kann, ohne zu wissen, warum er es kann.

## III. Notwendigkeit der Differenzierung zwischen technischem Können und praktischem Wissen

Dabei müssen wir eine wichtige Unterscheidung treffen: die zwischen *technischem Können* und *praktischem Wissen*. Wir sollten sie keineswegs gleichsetzen, denn das *technische Können* (die Griechen nannten es *techne*, wir sprechen heute vom *Knowhow-Wissen*, beide sind *nicht* deckungsgleich) dreht sich um die Herstellbarkeit und den Gebrauch von Nützlichem, den gekonnten Umgang mit technischen Geräten, die kompetente Beschäftigung mit technischen Regelwerken, den umsichtigen Einsatz und die Aufmerksamkeit auch auf vermeintliche Nebensächlichkeiten. Diese Könnerschaft enthält spezifische Kriterien der Geschicklichkeit und Massstäbe der Kompetenz, lässt sich von den technischen Dingen in einer besonderen Weise herausfordern, ihre Nützlichkeiten aufzusuchen, ihre Möglichkeiten auszureizen, sie in die Praxis aufzunehmen. Sie ist die spezifische Fähigkeit und Fertigkeit, mit einer technischen Vorgabe in einer sehr praktischen und den jeweiligen Kontextbedingungen entsprechend versierten Weise umzugehen und sich dabei auch auf Offenheiten und Unschärfen einzulassen. Doch praktisches Wissen geht nicht in einer derartigen technischen Kompetenz auf. *Praktisches Wissen ist mehr.* Es ist Ausfluss einer sozialen Praxis, in der Technik zwar eine grosse Rolle spielt, die sich aber nicht in der Herstellbarkeit und Nützlichkeit der Dinge erschöpft.

Damit soll Technik nicht auf seine Instrumentalität eingeengt werden, wie das in der Neuzeit geschehen ist, als die Technik immer mehr aus den praktischen kulturellen Handlungszusammenhängen herausgelöst und zur angewandten Naturwissenschaft gemacht wurde. Ganz im Gegenteil soll gerade mit der
Betonung des alltäglichen Umgangs mit den technischen Dingen
auch deren Bedeutung für den fortlaufenden Prozess sozialer
Handlungspraxis hervorgehoben werden. In die sozialen Praktiken gehen eminent viele Erfahrungen mit den technischen Dingen ein. Und doch ist die soziale Alltagspraxis vielfältiger, aus-
wuchernder, unordentlicher, als es sich ein technisch noch so
intelligentes Handeln «ausdenken» kann. Technische Könnerschaft ist eine Erfahrungs-, Denk- und Vorgehensweise, die sich
um die nützlichen und funktionalen Eigenschaften der Dinge
dreht. Sicherlich ist dies in den modernen Gesellschaften die
dominant kulturell gerahmte und legitimierte Form, mit der Welt
umzugehen. Und die fortschreitende Technisierung führt zu einer ständigen Vermehrung solcher nützlichen Dinge und der
durch sie hervorgerufenen Erfahrungen und Irritationen.

So gilt es, die Differenz zwischen sozialer Praxis und
technisch gekonntem Handeln – auch als Teil der sozialen Praxis – aufrechtzuerhalten, um so aus dem «reichen» praktischen
Wissen Kriterien zu gewinnen, um den Umgang mit den technischen Dingen als *richtig* oder *falsch*, *sinnvoll* oder *sinnlos*, als
*gut* oder *schlecht* beurteilen zu können, sowohl als involvierter
Teilnehmer als auch als involvierter Beobachter der Welt. Denn
wenn wir den Unterschied nicht aufrechterhalten, kann uns passieren, dass wir in unseren Praktiken all das mimetisch wieder-
holen, was sich die Ingenieure, die Wissenschaftler, die Experten ausgedacht haben, um uns aus unserer vorgeblichen Schwäche aufzuhelfen. Beide unterscheiden sich deutlich voneinander:
Technisches Können ist zweckbezogener, Erfolg und Misserfolg
lassen sich so weithin recht klar bewerten. Praktisches Wissen
dagegen entbehrt eindeutiger Bewertungskriterien und ist deshalb nicht so entschieden und sicher. Es ist ein Vermögen, das
sich aus der Fülle des Alltags und seiner Kontingenzen als «Ur-

teilskraft» herausbildet und von Aristoteles als «praktische Klugheit» (*phronesis*) dargestellt wird.

Gerade das praktische Wissen ist imstande, in ein praktisches Denken (ein «Denken im Handeln») überführt zu werden, das *Kriterien für sinnvolle und verantwortbare Nutzung* reflektiert. Heute ist jedoch die Möglichkeit, von Lebensformen in einem wohldefinierten, abgrenzbaren Sinn zu sprechen, zweifelhaft geworden, «vernünftiges» Handeln entspringt meist keiner voll abgerundeten Lebenspraxis. Lebensformen sind heute ständiger reflexiver Kontrolle und Veränderung unterworfen und bieten so immer wieder neue Chancen, eingeschliffene Gewohnheiten, nicht mehr hinterfragte Nützlichkeiten, moderntechnische Plausibilitäten aufzuklären. Im Fortgang der sozialen Praxis können sich Handlungsgepflogenheiten und Handlungsstile herausbilden, die den Akteuren eine bestimmte Vorstellung von Vernünftigkeit und die Fähigkeit zu vernünftigem, d.h. passendem und anderen gegenüber begründbarem, Handeln vermitteln. Dies lässt uns das praktische Wissen neben dem wissenschaftlichem Wissen als *eigenständige Wissensform* ansiedeln.

## IV. Stellenwert des praktischen Wissens

Wie lässt sich das Verhältnis zwischen ihnen aufklären? Praktisches Wissen und praktische Erkenntnis bilden sich im praktischen Duktus des Handelns und dem darauf bezogenen Sprechen und Begründen aus. Das Geflecht von Regeln, das theoretisch und methodisch gewonnen und als wissenschaftliches Wissen dem praktischen Vollzug gegenüber steht, ist davon erst einmal grundverschieden. Praktisches Wissen artikuliert sich nicht in Theorie, ja hält ihr die Meinung dagegen, dass das, was in der Theorie richtig sein mag, für die Praxis nicht taugt. Denn praktisches Wissen ist oft mit problematischen Situationen und missglückten Umständen konfrontiert, die Handlungsdruck erzeugen und auf Klärung, Änderung, Bewältigung, Lösung drängen. Um dieser Aufforderung nachzukommen, muss der Praktiker einen gewissen «Spürsinn» haben, der zur speziellen Situation passt. Dass er sich in dieser schwierigen Situation befindet, führt ihn zur Frage, wie ihm das nur passieren konnte, und er wird die spezielle Situation und seine eigenen Handlungsmöglichkeiten klären wollen. Selten wird er die problematische Situation auf sein unvollkommenes theoretisches Wissen zurückführen. Denn dafür steckt er meist zu sehr inmitten seiner situationsgebundenen Praxis. Eher wird er Mutmassungen anstellen, nach *Ad-hoc*-Erklärungen greifen. Und er wird nach Beispielen, nach vorausgegangenen oder ihm bekannten ähnlichen Situationslösungen suchen, um über seine spezielle Situation hinaus Orientierung zu finden. Dies macht das Besondere vergleichbar und stellt es in einen grösseren Rahmen von Kontexten und Situationen. Dieses «Allgemeine» ist aber keineswegs identisch mit einer theoretisch formulierten Regel, die situationsunabhängige Gewissheit verspricht. Aber es lässt das Besondere als Beispiel für ein allgemeineres Problem aufscheinen und stösst so Klärung und Schlussfolgerungen und darauf bezogenes Sprechen und Begründen an.

Auch Technik und technische Geräte werden dabei als Problemlöser ins Spiel gebracht und werden so zu Ressourcen zukünftigen «gelungeneren» Handelns. Technische Geräte und Anlagen verweisen potentiell stets auf etwas Allgemeines, auf die in ihnen verwirklichten und materialisierten technologischen Wissens- und Regelbestände. Auf sie «beruft» sich der Alltagspraktiker, an ihnen orientiert er sich, wenn er von ihnen erwartet, dass sie verlässlich das Wissen über herstellbare Wirkungen bündeln und in technische Wirkungszusammenhänge und funktionierende Gegenstände umsetzen. Da die Konstruktion, Kontrolle und Bereitstellung einer derartigen technischen Funktionsfähigkeit in Handlungszusammenhängen stattfindet, die für den Praktiker üblicherweise undurchschaubar sind, sichern die Regelwerke und Artefakte etwas zu, dem man als Laie vertraut oder vertrauen muss. Damit besteht die kulturelle Prägung der Technik auch in dem *Vertrauen*, das der «durchschnittlich kompetente Praktiker» dem Erwartbarkeits- und Zuverlässigkeitsversprechen entgegenbringt, das durch Gruppen und Organisationen von Experten gehegt und geschützt und mittels legitimer Repräsentationen gestützt und in bestimmte Richtungen gelenkt wird.

Ein solches Vertrauen gilt nicht nur der Zuverlässigkeit eines technischen Systems oder Geräts, sondern indirekt auch dem «Glauben» in die Richtigkeit technologischer Wissens- und Regelwerke. Experten suchen ständig, diese Garantien durch «Autorisierungen» zu sichern, die festlegen, was Techniken können und welche Wirkungen sie haben. Dieser Sachverhalt sollte uns aber keinesfalls zu der immer wieder neu aufgelegten Kompensationsthese (ver)führen, die den technischen Experten zum Retter des von den komplizierten Wissenssystemen verunsicherter Laien macht. Hier wird ein Kontrast zwischen Experten und Laien aufgemacht, der angesichts der ausdifferenzierten Wissenssysteme inzwischen alle zu hilflosen Laien macht, die ihrer Sicherheiten beraubt wurden. Zudem geraten immer häufiger die Ansprüche verschiedener Expertengruppen aneinander und lassen ihre Wissensversprechen als deutlich umstritten erscheinen. Ein solcher Kontrast übersieht völlig, dass sowohl die Laien als auch die Experten in Lebens- und Arbeitskontexten agieren, in denen sich ein sehr viel komplexeres Wissen aufbaut, als es ein kognitiv einseitiger Wissensbegriff zu sehen erlaubt. So eignen sich zum einen Laien im fortwährenden Training und Umgang mit komplizierten Dingen immer wieder Expertenwissen an oder entwickeln Expertise, weil sie ihr Vertrauen in den Experten getäuscht sehen oder sich seiner Macht entziehen wollen oder können, weil sich Alternativen eröffnen, Kontexte verschieben oder die zu lösenden Probleme an Relevanz verlieren. Zum andern ist das Expertenwissen keineswegs so praxisenthoben, wie das von ihnen selektierte und autorisierte Regelwissen vorgibt. Denn von Experten wird erwartet, dass sie nicht nur die entsprechenden Regelwerke formulieren und durchsetzen, sondern diese auch weiterentwickeln und mit anderen Regelwerken konstruktiv vernetzen. Forschung und Entwicklung sind ein hochambitioniertes Unternehmen, das seine eigenen

Wissenschafts- und Technikkulturen ausformt und das auch wieder seine eigenen sozialen Praktiken samt implizitem, kontextuellem und lokalem Wissen generiert und voraussetzt.

Besonders die soziologische Wissenschaftsforschung hat in den letzten Jahrzehnten die zentrale Bedeutung des praktischen Wissens herausgearbeitet, das durch die wissenschaftliche Betätigung und die experimentelle Laborpraxis und nicht durch die Aneignung formaler und abstrakter Regeln erworben wird. Immer häufiger werden die Hervorbringungsweisen des Wissens und die *tägliche Praxis von Wissenschaft und Forschung*, die Kontexte und Orte des Wissens und die Besonderheiten betont, mit denen das Wissen situativ übertragen und von den Wissenschaftlern und Technikern als implizites Wissen «einverleibt» und in den Forschungs- und Konstruktionsalltag eingebracht wird. Eine Konsequenz dieser sozialen und kulturellen Formen der Hervorbringung und Weitergabe wissenschaftlichen Wissens und experimenteller Fähigkeiten ist das Verlustrisiko. Ganz im Gegensatz zur Weitergabe formalen Wissens in Textform oder Computerprogrammen ist die Weitergabe von Fähigkeiten und Fertigkeiten wie das *Urteilsvermögen*, das sich im kollektiven Abgleich in Arbeitsgruppen herausbildet, nur schwer zu übertragen. Ein derartiges sozial eintrainiertes Wissen benötigt immer wieder Praktiken und Praktiker, die die nächste Generation einüben. Komplexe Fähigkeiten und Fertigkeiten, die keine ausübenden Praktiker haben, können schwerlich überleben, wenn sie lediglich in Texten oder anderen nicht-menschlichen Verkörperungen eingeschrieben sind.

Es entkoppeln sich Expertengruppen, die spezielle Wissens- und Regelbestände formulieren und kultivieren, von denen das «durchschnittlich kompetente Gesellschaftsmitglied» nicht viel weiss. Es besitzt ein technisches Gebrauchswissen, das in ein allgemeineres praktisches Orientierungswissen eingebettet ist, über dessen Eigenständigkeit die Experten immer wieder überrascht sind. Beide Arten des Wissens, das praktische und das theoretisch-methodische Wissen, sind eng miteinander verbunden. Das eine ist ein weithin *implizites* Wissen, das sich in einer Praxis versteckt, die uns mehr wissen lässt, als wir zu sagen wissen. Das andere ist ein objektiviertes Wissen, das durch Regeln und Symbole auf Dauer gestellt und situationsübergreifende Erkenntnis artikuliert. Beide kommen nicht ohne einander aus, Theorie kann nicht auf Praxis verzichten und umgekehrt. Doch das theoretisch-methodische Wissen ist explizit, in Texte und Daten gefasst, geformt, reproduziert, beherrscht, gespeichert und beglaubigt in den Wissenschaften und Technologien. Dagegen erschliesst sich das praktische Wissen nicht ohne weiteres, entwickelt es doch auch eigenständige Praktiken und Taktiken der Mitteilung, in denen sich ein Wissen ausdrückt, das wir auf die formale Art nicht mitzuteilen wissen.

So erscheint das theoretische Wissen stets als das Übermächtige. Es beansprucht nicht nur, das Gültige und Richtige situationsübergreifend zu formulieren, sondern nimmt auch die Hilfe der Experten in Anspruch, die sich aktiv an dessen Symbolisierung, Normierung und Begründung beteiligen. Aus dieser Sicht ist es Legislative und Judikative zugleich und lässt dem praktischen Wissen nur noch den Platz der technischen Exekutive. Gegen diese «Verarmung» wehrt sich das praktische Wissen, indem es auf eine eigene Etymologie, eigene Mitteilungsformen und eigene Auslegungspraktiken pocht. Ausserhalb enger Interpretationsgemeinschaften und homogener Kulturen kann sich das praktische Wissen dabei nicht auf eindeutige Auslegungsregeln stützen. Dann ist es auf «Reflexivität» als eine Form des Explizitmachens angewiesen. Dabei können Experten eine Rolle spielen, sind aber keineswegs die allein «rechtsauslegende Gewalt». Eher geht es um die aufdeckende Reflexion sozialer Handlungspraktiken durch die Akteure. Dabei geht praktisches Wissen mit sich selbst zu Rate.

## V. Praktisches Wissen als Vorbedingung integralen Denkens und Handelns

Praktisches Wissen zeigt sich nicht nur im Tun, sondern auch im darauf bezogenen Sprechen – im Gewahrwerden, im Vermuten, im Erklären, im Schlussfolgern, im Rechtfertigen, im Kritisieren. Die dabei benutzte Sprache unterscheidet sich deutlich von der der Experten, im Vergleich zu diesen ist die Alltagssprache unscharf, «unordentlich», nicht vertextet, oft fragmentarisch, aber benutzt Worte und Sätze, die in besonderen Praxissituationen genau «den Punkt treffen». Sie greift gern auf *Beispiele* zurück, auf Analogien, auf Erfahrungen aus vergleichbaren Situationen mit ähnlichen Problemen. Immer wieder versucht sie, die alternativen Explikationen, d.h. Interpretationen und Erklärungen, mit der speziellen Situation abzugleichen, sie plausibel und stimmig zu machen oder in ihrer Besonderheit herauszuheben. So wird im Reden über Beispiele und Abgleichen von Beispielen auch stets das Allgemeine, das «Regelhafte» aufgeführt, für das die einzelnen Fälle Beispiele sein können. Im Prozess dieser Art von Auf-Klärung sozialer Praxis bilden sich Deutungen und Erkenntnisse heraus, die den problematisierten Kontext weit überschreiten, bisher verdeckte Spielräume ausleuchten und auch Konventionen oder Regeln in Frage stellen können. So kann sich aus praktischer Erkenntnis auch ein kritisches Vermögen ausbilden, das nicht am Tropf der Theorie hängt. Gute Kritik gibt es auch ohne Theorie, genauso wie es schlechte Kritik auf der Basis schöner Theorien gibt. Praktisches Wissen ist somit eine Quelle kritischer Vernunft und sollte als solche auch unser Interesse gewinnen.

Zwar entspringt das praktische Wissen der fortlaufenden Teilnahme in einer Vielfalt von sozialen Praktiken, in denen man lernt, sich zurechtzufinden und die Folgen des eigenen Handelns in sein Tun und Denken einzubeziehen, es bleibt also das Wissen der Teilnehmer. Und doch lassen sich ihm als sozial kommuniziertes Wissen auch Ratschläge für situationsangemessenes Handeln entnehmen, die anderen bei ihrer schwierigen Orientierung in komplexen Handlungssituationen helfen können. Derartige pragmatische Orientierungsempfehlungen können eventuell auch *ethischen* Charakter annehmen, obgleich sich solche *praktischen Klugheitsregeln* bei all ihrer Vorläufigkeit und Situationsgebundenheit erheblich von moralischen Regeln unterscheiden.

So entdecken wir ein praktisches Wissen wieder, das in der Neuzeit systematisch gegenüber dem theoretischen Wissen in den Hintergrund, wenn nicht ins Abseits gedrängt wurde. Es kommt uns durch die Einnahme einer Praxisperspektive in den Blick, die von Verflochtenheiten und Kontingenzen der Alltagswelt ausgeht und nach den Bedingungen und Voraussetzungen eines Denkens und Handelns fragt, die solchen Unbestimmtheiten Rechnung tragen. Und es kommt vor allem durch die Hereinnahme der technischen Dinge in den Blick, die die Praxis mächtig herausfordern und aufwirbeln. Erst dadurch werden wir in einer technisch weit fortgeschrittenen Zeit einer Technik gerecht, die immer «unsichtbarer» wird. Dabei wird uns immer klarer, dass die Macht der Technik nicht in der materiellen Widerständigkeit der Instrumente und Geräte liegt, sondern in der Fähigkeit, uns in ein Netz von Verhältnissen und Beziehungen hineinzuziehen, das uns sehr viel an praktischem Wissen und Urteilskraft abverlangt.

# Gedanken über die Notwendigkeit eines neuen Kulturverständnisses

## Technische Errungenschaften – zukünftiges Kulturgut wegweisender Völker

*EDMOND JURCZEK*

## Inhaltsverzeichnis

# I. Technik, wo bleibt dein kulturelles Gewicht?

Vergegenwärtigen will ich, wie weit sich die Errungenschaften der Technik bis heute davon entfernt haben, von uns Menschen willkommen geheissener Teil humaner Kultur zu sein. Das kulturelle Erbe, das wir unseren Kindern auch in Belangen technischer Entwicklungen bewusst zu übergeben hätten, ist kaum mehr gelenkt. Das hat seinen Grund; denn noch nie waren Weichenstellungen in Forschung und (Produkte-)Entwicklung dermassen komplex und von solcher Tragweite. Die Keimbildung, die Initien gentechnischer Forschung zum Beispiel, liegt bereits Jahrzehnte zurück und entging damals unserer Aufmerksamkeit. Was damals scheinbar so harmlos begann, hat Auswüchse erreicht, die wir heute nicht mehr überblicken. Das ist ein neuzeitliches Phänomen; denn in unserer rasanten Moderne sind wir wie noch nie zuvor mit der Schwierigkeit konfrontiert, bei solchem Tempo an Neuentwicklungen denjenigen Aspekten hohe Aufmerksamkeit zukommen zu lassen, die keimbildenden Charakter haben, mit denen wir also grundsätzlich neues Terrain in Forschung und (Produkte-)Entwicklung begehen wollen und uns damit hohen Chancen und Risiken aussetzen. Wir müssen schnellstens lernen, uns in Abläufe einzugliedern, durch deren Meisterung wir fähig werden, mit Bewusstsein Grundsatzfragen zu diskutieren und unter den sich abzeichnenden Möglichkeiten auszuwählen.

Wie ich als Erstes zeigen will, betrifft dieses Phänomen selbst den Kulturbegriff, hat es doch so harmlos begonnen:

«Pflegen, bebauen», aus dem Lateinischen entlehnt, bezeichnete zunächst den Landbau und die Pflege von Ackerbau und Viehzucht (cultura). Im 17. Jahrhundert wurde der Kulturbegriff erweitert und übertragen auf die Bedeutung «Erziehung zum geselligen Leben, zur Kenntnis der freien Künste und zum ehrbaren Leben»[1]. In der Volkssprache erschien der Kulturbegiff erstmals im 18. Jahrhundert und ging dann in den Sprachge-

---

1     Lt. Kluge, Etymologisches Wörterbuch (23.A. Berlin 1995).

brauch des Volkes ein. Gezielt mache ich auf diesen innigen Zusammenhang von Kultur und Kunst aufmerksam, eine Innigkeit, die das Verhältnis von Kultur und Technik bis heute auf keinen Fall erreicht hat, und dies, obwohl zahlreiche technische Errungenschaften wie zum Beispiel der Verbrennungsmotor, der Transistorrechner oder Bauteile der heutigen Nanotechnologie das Potenzial hätten, als Kunstwerke betrachtet zu werden; hier haben unsere Vorgänger offenbar etwas in ungeahnter Weise versäumt. Dieses Versäumnis hat bereits begonnen, zum Leiden zu werden, und ich kann nur an uns alle appellieren, diese leidensträchtige Energie umzuwandeln in ein neues Gegenwärtigsein, ja Gewahrsein, das so schlagend und treffend wie möglich zu bezeichnen ich mit dieser Schrift gewillt bin.

## 1.   Kein Kulturbegriff ohne Künste – doch ist Technik Kunst?

Seit der Übernahme des Kulturbegriffes durch die Volkssprache gibt es auch die öffentlich ausgetragene Kulturkritik; Vorläufer hierzu begleiteten die gesamte europäische Kulturgeschichte. Häufig tritt Kulturkritik in Phasen des Umbruchs auf, so zum Beispiel als Reaktion auf die mit der Industrialisierung einhergehenden Veränderungen der Gesellschaft im 19. Jahrhundert oder angesichts der politischen und sozialen Umwälzungen des 20. Jahrhunderts.

Ob wir die im 21. Jahrhundert angelaufene öffentliche Kritik an spezifischen Anwendungen der Gentechnik auch zur Kulturkritik zählen können, wird wesentlich davon abhängen, ob wir Errungenschaften von Naturwissenschaften und Technik überhaupt als kulturelle Leistungen bewerten.

## 2.   Ist eine technische Errungenschaft eine kulturelle Leistung?

Es handelt sich hier offenbar um eine kulturphilosophische Frage. Vor der Wende zum 20. Jahrhundert wurde der Begriff der Kulturphilosophie von LORENZ VON STEIN erstmals formuliert. Diese Neuschöpfung setzte sich mit ihrer Idee des «neuen Menschen» mit «neuer Kultur» der Scheinkultur einer eben entstandenen industriellen Zivilisation entgegen.

Es ist schon erstaunlich: Sprechen wir den Teil des menschlichen Kulturgutes an, den wir mit dem Begriff «Kunst» verallgemeinern – also typischerweise die Architektur, die Malerei, die Musik und die Literatur –, dann können wir davon ausgehen, dass das Volk davon Kenntnis hat, um Zusammenhänge weiss und auf jeden Fall Kunst weitgehend als kulturelle Leistung anerkennt und achtet. Betrachten wir hingegen die rasante Entwicklung von Naturwissenschaft und Technik im 20. Jahrhundert, so stellen wir fest, dass deren Errungenschaften häufig nicht als kulturelle Leistungen gesehen werden. Auf Grund meiner Erfahrungen muss ich annehmen, dass Unkenntnis von Zusammenhängen in diesen Disziplinen gesellschaftlich offenbar eher entschuldbar ist. Und paradoxerweise gesellt sich hinzu, dass wir die von Informationstechnik gestützte und uns in Breite überrollende Informationsflut als Entschuldigung dafür vorbringen. Dahin sind wir allso verkommen.

> Im Vergleich zu den Leitfiguren der Künste fehlt es der Technik an glaubwürdigen Persönlichkeiten

Technische Wissenschaften präsentieren sich meist mit hoher Anonymität, und ich stelle die Frage, ob nicht dieser Mangel an Leitfiguren, die Glaubwürdigkeit verkörpern und ausstrahlen könnten, ein Hauptgrund dafür ist, dass in der Volkskultur die Technik bis heute nicht genügend Akzeptanz gefunden hat. Erschwerend kommt hinzu, dass die modernen technischen Wissenschaften neben ihrer Rolle als Abbild des Fortschrittes vor allem als Bedrohung der menschlichen Sicherheit empfunden werden.

### 3. Technik als Zeichen des Fortschritts? – Heute mehr Abbild des Machbaren als Sinnbild des Massvollen

Besondere Aufmerksamkeit bei der Betrachtung des technischen Fortschrittes verdient dabei die sich zum Fortschritt jeweils parallel entwickelnde menschliche Sprache[2]: Wegen ihres hohen Spezialisierungsgrades haben die Wissenschaften mit ihren Disziplinen jeweils eigene Sprachbegriffe (so genannte Metasprachen) entwickelt, die in der Regel für alle Nichtwissenschafter undurchschaubar sind. Und je mehr technische Wissenschaften für die Bürger spürbar die gewohnten Bedingtheiten und Sicherheiten des Lebens verändern, um so mehr wären die Wissenschafter aufgefordert, solche Veränderungen öffentlich darzulegen und diskutieren zu lassen. Gefordert ist offenbar die Kommunikation zwischen Wissenschaft und Gesellschaft, die Kommunikation der mit dem Fortschritt einhergehenden Sprachentwicklung im Besonderen. Gefordert ist nicht nur die Diskussion um das Warum, sondern ebenso um das vorausschauende Wozu.

Offenbar stehen wir vor komplexen Diskussionen. Zu deren Meisterung rührt sich bei mir das Bedürfnis nach einer noch nie dagewesenen massgebenden Systematik, einem neuen Konzept, nach neuen Strukturen und Abläufen beziehungsweise Prozessen also, mit deren Hilfe solche anstehenden Diskussionen heilsam geführt werden können. Jede Systematik birgt zudem den Vorteil in sich, dass sie leicht erkennen lässt, ob wir etwas (systematisch) vernachlässigt haben. Ich betrachte es deshalb als zweite Aufgabe meiner Ausführungen, parallel zu den ausgearbeiteten Inhalten auch eine solche neue und zukunftsweisende Systematik an Wahrnehmung darzulegen. Besinnen wir uns an dieser Stelle erneut auf die Bedeutung des Kulturbegriffes: In einem spezifischen Sinne bezeichnet «Kultur» alle die Handlungsbereiche, in denen der Mensch auf Dauer angelegte und einen kollektiven Sinnzusammenhang gestaltende

---

2    JURCZEK: Energy to Market (Lenzburg 1999).

Produkte, Produktionsformen, Lebensstile, Verhaltensweisen und Leitvorstellungen hervorzubringen vermag[3].

> Dauer- und Sinnhaftigkeit sind offenbar essentielle Attribute einer kulturellen Entwicklung, auch einer technischen

Hier die Wege des Hilfreichen, des Zuträglichen zu finden und von den Irrwegen des Abgründigen und Zerstörerischen bis Zerschöpferischen unterscheiden zu lernen, ist Aufgabe einer auch öffentlichen Diskussion, versehen mit einem Gestaltungsauftrag richtungsweisender Gesetzgebung, welcher die Dimension humaner Kultur mehr denn je im Auge behält. Der Mensch, das Humane, hat Anrecht auf ein Wachstum von Wirtschaft und Technik sowie auf Fortschritt der Wissenschaft auf Basis der Gesundheit von Gesellschaft und Umwelt. Und wollen wir nicht restlos hoffnungslos in unserer Notlage versinken, benötigen wir dringend mehr Gewissheit über solche Qualität an Wachstum; wir benötigen eine Art «Security for Healthy Growth»!

Die Kurzlebigkeit technischer Produkte und Systeme, allen voran diejenigen aus der Informationstechnik, steht zu oft in einem krassen Gegensatz dazu. In der Tat empfinden wir eine hohe Sinnwidrigkeit vor allem bei denjenigen informationstechnischen Lösungen, bei denen die Kompatibilität über zwei bis drei zudem noch schnelllebige Produktegenerationen dahinschmilzt. In solchen Situationen verlieren wir nicht nur sehr viel Zeit, indem frühere Arbeiten noch einmal geleistet werden müssen, sondern auch viel emotionale Energie. Dies führt uns zur Frage, ob ein wahrhaftiger Kulturbegriff neben der Sinn- und Dauerhaftigkeit nicht ebenso das Attribut der Energie wesentlich beinhalten müsste. Aus heutiger Sicht mag es rätselhaft anklingen, weshalb der Mensch nicht schon früher daran gedacht hat, mit der Energie und all ihren Daseinsformen verantwortungsvoller und damit kulturbewusster umzugehen. Die interessante Antwort liegt in unserer eigenen geschichtlichen Entfaltung verborgen.

---

3    Lt. Brockhaus, Enzyklopädie (19.A. Mannheim 1989).

## II. 5000 Jahre Geometrie –
## Energie wesentlicher als Zeit

### 1. Historische Ausgangslage

Schon lange bevor Schriften entwickelt wurden, hat der Mensch geometrische Strukturen wahrgenommen und umgesetzt: So entstehen zum Beispiel beim Weben und Flechten zweidimensionale Muster, und ohne dreidimensionale Körper wie Quader, Würfel oder Pyramiden ist keine systematische Bautätigkeit denkbar.

Euklid, der berühmte griechische Mathematiker des 4. Jahrhunderts v. Chr., genoss bis ins 19. Jahrhundert uneingeschränktes Ansehen und bildete damit länger als 2000 Jahre die Grundlage der Ausbildung in Mathematik und im Besonderen in Geometrie. Und wer würde an dieser Stelle vermuten, dass die Entdeckung der Perspektive durch die Malerei des Mittelalters für eine Entwicklung des abendländischen Menschen ausschlaggebend war, die das Stürzen der dogmatisch anmutenden euklidischen Geometrie letztlich bei weitem übertrifft. Ich spreche von einer Entwicklung, die für die Entfesselung der Technik verantwortlich zeichnet und die unsere abendländische Wahrnehmung der Welt bis heute für einen viel zu hohen Preis beschränkt hält. Wie aber kommt es zu solchen Grossereignissen, die niemand so gewollt, wohl niemand so vorausgesehen oder geplant hat? Grossereignisse, die weder von schwächlichen Herrschenden noch von den von keinem schlechten Gewissen geplagten mächtig zur Herrschaft drängenden Neuerern wirklich überblickt und gestaltet wurden? Und während mein Denken hier darnieder liegt, begehrt mein Herz Erhellung. Und dabei hat es so harmlos begonnen:

Richten wir unsere Aufmerksamkeit auf die Perspektive und auf das, was sie im 15. Jahrhundert im Bewusstwerdungsprozess des Europäers veränderte: In der Malerei Giottos und

Masaccios[4] trat diese sichtbare Erfassung des Raumes erstmals zu Tage.

> Die Perspektive – welch plastischer Ausdruck für die
> Bewusstwerdung um den Raum und seine Objektivierung

Akzeptiert man die Interpretation DÜRERS, so leitet sich Perspektive vom lateinischen Verbum «perspicere» her, was «durchsehen» bedeutet. Damit schafft die Perspektive auch dem Lichte die Möglichkeit, sich im Raum auszubreiten. Sie schafft den Körpern Platz, sich plastisch zu entfalten und zu bewegen. Welch unbewusste Vorarbeit für die Raum-Zeit-Theorie von Albert Einstein hier herausfunkelt! Mit Leonardo da Vinci erreichte die Beherrschung aller perspektivischen Mittel wohl ihre Vervollkommnung. In dem «Trattato della pittura» findet sich die erste nicht nur theoretische, sondern wissenschaftliche Beschreibung aller möglichen Perspektivearten und zum ersten Male auch eine Auseinandersetzung mit dem Licht als einer Realität unserer Augen. Ebenso epochemachend war dabei die Aufstellung der Perspektivegesetze, indem sie die technische Zeichnung ermöglichten, die einen wesentlichen Ausgangspunkt für die technische Entwicklung unserer Zeit darstellt. Landschaftsbilder liessen das Raumerlebnis zu einem Allgemeinbesitz werden. Eine immer dominanter werdende Landschaftsmalerei breitete sich über ganz Europa aus, und Claude Lorrain, Constable, Corot, C.D. Friedrich, Courbet, Manet, Monet und Renoir sowie van Gogh und Rousseau sind nur einige Namen grosser europäischer Meister.

## 2. Perspektive, Sprengstoff des mittelalterlichen Weltbildes

Der Raum war vordringliches Thema des Zeitalters der Renaissance, und mit den Impulsen, mit denen Leonardo da Vinci das Problem der Perspektive löste, wurden Bewegungen und nahezu

---

4    GEBSER, Ursprung und Gegenwart. Erster Teil (Schaffhausen 1986), S. 50.

parallele Ereignisse ausgelöst, die mit dieser Raumfindung Leonardos einhergingen: Kopernikus sprengt den begrenzten geozentrischen Himmel und entdeckt den heliozentrischen Raum; Kolumbus sprengt den einschliessenden Ozean und entdeckt den Erdraum; Vésale, der erste grosse Anatomist, sprengt die alten Körperlehren und entdeckt den Körperraum; Harvey sprengt die an Körpersäfte gebundene Medizin eines Hippokrates und entdeckt den Blutkreislauf; Kepler sprengt das unperspektivische, kreis- und flächenhafte Weltbild der Antike, indem er statt der Kreisbewegung der Planeten ihre Ellipsenbahn nachweist – es ist dies auch jene Ellipse, die Michelangelo in der Architektur vorbereitete; Galilei vertieft den Einbruch in den Raum durch Perfektionierung und astronomische Anwendung des Teleskops, bis schliesslich, durch Leonardo da Vinci selbst vorbereitet, der Mensch auch den Raum der Luft und den untermeerischen Raum zu erobern beginnt.

Und welchen Einfluss diese Ereignisse auf die Entwicklung der Geometrie des Raumes hatten! 1832 zum Beispiel erschien in Ungarn ein Lehrbuch für den gymnasialen Unterricht[5] in lateinischer Sprache. In dieser Zeit war es nicht unüblich, wenigstens in pädagogisch wohl abgewogenen Randbemerkungen oder Fussnoten versteckt, auf ganz grundlegende Problematiken wie hier zum Beispiel die Frage, ob sich zwei parallele Geraden im Unendlichen berühren können oder nicht, einzugehen. 1868 publizierte Beltrami in italienischer Sprache seinen berühmten Artikel, auf Deutsch «Versuch einer Interpretation der nichteuklidischen Geometrie».

> Im 19. Jahrhundert wurde die nichteuklidische Geometrie in den Augen der mathematischen Öffentlichkeit endgültig seriös

Riemann 1868 und Klein 1871 trieben die Ergebnisse energisch voran, und kaum ein anderer innermathematischer Fortschritt hat jemals so viel öffentliche Aufmerksamkeit erregt wie die nichteuklidische Geometrie. An dieser Stelle sind wir

---

5    SCRIBA/SCHREIBER, 5000 Jahre Geometrie (Berlin 2000), S. 395 ff.

gedanklich reif, die Brücke zu schlagen von der Geometrie zu den Naturwissenschaften; Minkowski und Einstein – Geometrie und Physik:

Die Geometrie und insbesondere deren Vorlauf im 19. Jahrhundert für die Ausgestaltung der Relativitätstheorie Einsteins beeinflusste als Erstes und vor allem die Physik, aber auch die Geowissenschaften, die Chemie und die Biologie. Je länger ich darüber nachdenke, umso wunderbarer erscheint mir diese Geschichte:

Die Ergebnisses des ausgehenden 19. Jahrhunderts zur so genannten hyperbolischen, Riemannschen und mehrdimensionalen Geometrie [5] hatten in den mathematisch-naturwissenschaftlich oder auch philosophisch interessierten Kreisen ein geistiges Klima erzeugt, in dem beinahe jede Aussage der Physik über Nichteuklidizität oder Nichtdreidimensionalität des physikalischen Raumes von einer Mehrheit ohne grossen Widerstand akzeptiert worden wäre. Trotzdem, was die experimentell gesicherte – also reproduzierbare – Invarianz beziehungsweise Unabhängigkeit der Lichtgeschwindigkeit gegenüber sich zueinander in Bewegung befindenden Bezugssystemen (MICHELSON 1881, mit MORLEY zusammen verbessert 1887) erzwang, war eine tollkühn-heilsame unvorbereitete Änderung der traditionellen Vorstellung, indem nicht nur die Zeit in bisher unvorstellbarer Weise in die Geometrie einbezogen, sondern auch der so entstehende vierdimensionale Raum mit einer Art von Geometrie versehen werden musste, an die vorher niemand gedacht hätte.

EINSTEIN, weniger geometrisch durchsichtig als vielmehr philosophisch kühn, schrieb 1905 «Beispiele ähnlicher Art sowie die misslungenen Versuche, eine Bewegung der Erde relativ zum ‹Lichtmedium› zu konstatieren, führen zu einer Vermutung, dass dem Begriff der absoluten Ruhe nicht nur in der Mechanik, sondern auch in der Elektrodynamik keine Eigenschaften der Erscheinungen entsprechen... Wir wollen diese Vermutung (die im Folgenden Prinzip der Relativität genannt werden wird) zur Voraussetzung erheben und ausserdem die mit ihm nur scheinbar unverträgliche Voraussetzung einführen, dass sich das Licht im leeren Raum stets mit einer bestimmten, vom Bewegungszustand des emittierenden Körpers unabhängigen Geschwindigkeit fortplanze ... .» Dass Einsteins Theorie trotz der fehlenden mathematischen Vorbereitung sehr schnell eine klare geometrische Grundlage erhielt, ist das Verdienst des kurz darauf jung verstorbenen Mathematikers H. Minkowski. Heute ist diese pseudoeuklidische oder Minkowski-Geometrie weit durchdacht, und aus der grossen Erschütterung von damals wurde eine kleine von heute, zumal im Bereich nicht zu grosser Geschwindigkeiten das klassische euklidische Modell Gültigkeit behält. So viel zur Speziellen Relativitätstheorie Einsteins über Raum und Zeit, eben die Raum-Zeit.

Der Inhalt der so genannt Allgemeinen Relativitätstheorie besteht darin, dass die vierdimensionale Raum-Zeit eine von Ort zu Ort variable, durch die Verteilung der Massen (und Ladungen?) bestimmte Krümmung derart hat, dass die Bahnen bewegter Teilchen unter dem Einfluss der Massenanziehung, der Gravitation, in diesem Raum zu so genannt geodätischen werden, zu den kürzesten Verbindungen zwischen zwei Punkten also.

> 500 Jahre Erforschung der Aussenwelt in Raum und Zeit –
> und wie vergessen ging damit die Innenwelt mit Momentum [2]
> und Energie – fassbarunfassbar

So wurde die Geschichte der Perspektive der Triumph der Befestigung und Systematisierung der Aussenwelt in Raum und Zeit. Diese offensichtlich jahrhundertlange konzentrierte Erforschung von Raum und Zeit widerspiegelt sich heute in dem nahezu gigantischen Ausmass an Durchmessbarkeit: Den Raum[6] können wir durchmessen angefangen von $10^{-15}$ Meter als Grössenordnung eines Atomkernes beziehungsweise $10^{-16}$ Meter als experimenteller Hinweis auf so genannte Quarks (1970) bis hin

---

6    ZEHN[HOCH], Dimensionen zwischen Quarks und Galaxien. Spektrum der Wissenschaft (Heidelberg 1985).

zu $10^{+25}$ Meter, die Grössenordnung des heute messbaren Kosmos, die Distanz weitentferntester Galaxien ausserhalb des Milchstrassensystems (1965). Und auch in der Zeit[7] vermögen wir heute vierzig Zehnerpotenzen zu messen: $10^{-24}$ Sekunden als die Zeit, die ein Lichtstrahl dazu benötigt, einen Atomkern zu durchqueren, bis hin zu $10^{+17}$ Sekunden, der Zeit, die wir heute als Alter des Universums zu vermuten haben.

Welch ein Siegeszug der Technik und der Forschung, die mit Messungen arbeitet, und welch eine Überlastung des «objektiven» Aussens wir uns im Abendland geleistet haben.

> Ihren wohl extremsten Ausdruck fand die einseitige
> Raum-Zeit-Betonung im Materialismus und Naturalismus –
> fallendauffallend

Heute, in der ausgehenden perspektivischen Epoche, ist mit der Raum-Zeit-Besessenheit die Zeitangst das bezeichnende Merkmal. Und wie vielfältig sie sich äussert, diese gnadenlos waltende todesträchtige Besessenheit:

Zeitsucht, insofern alle und jeder darauf aus ist, «Zeit zu gewinnen» – nur welche paradieslose Zeit wird «gewonnen»? Jene natürlich, die sich greifbar in räumliche Mehrtätigkeit umsetzen lässt, und jene, die, hat man sie, totgeschlagen werden muss, weil es an Energie fehlt, aufmerksam zu leben, und die Zeit an sich diesen Mangel an Motivation offenbar nicht wettzumachen vermag. Die Zeitangst äussert sich auch im Versuch, die Zeit durch Materialisierung festzuhalten, sie in die Hand zu bekommen, da mehr als einer der Überzeugung ist, Zeit sei Geld – nur welche Zeit lässt sich in Geld umsetzen? Jene Zeit, die der räumlichen Zwangsvorstellung entspringt, «Zeit ausfüllen» zu müssen, als wäre sie ein Eimer oder irgendein Gefäss.

Mensch, was an Aussenwelt wird von dir übrig bleiben als amorpher Staub!

Wenden wir uns jetzt also dem Begriff der Energie zu, und versuchen wir dann, mit dem Energiebegriff den heute vor allem

---

7    KNEUBÜHL, Repetitorium der Physik (Stuttgart 1975).

von der Zeit beziehungsweise der Dauerhaftigkeit geprägten Kulturbegriff massvoll, aber entscheidend zu erweitern.

## III. 500 Jahre Phänomenologie – PHAINON [2] versus ENERGON [2]

Vor dem 16. und 17. Jahrhundert, der Zeit der Entdeckung und Entwicklung der Anatomie, schien es in jedem Fall vertretbar, den Sitz der «Seele» oder des «Geistes» im Innern des Menschen zu vermuten. So harmlos hat es also begonnen. Als man aber bei der Zergliederung des Menschen in seinem Innern weder «Seele» noch «Geist» vorfinden konnte, trat bei der abendländischen Zivilisation ein Schock ein, den wir bis heute nicht überwunden haben. Zeugnis davon ist unsere seit Jahrhunderten andauernde Unfähigkeit, den Begriff «Innen» im Sprachgebrauch klarer zu fassen und vor allem von seiner Doppelbedeutung zu lösen: Das raumbezogene Innen wird in Zukunft klar zu trennen sein von einem Begriff «Innen», der mit Dingen wie «Seele» oder «Geist» beziehungsweise der «Innenwelt» zu tun hat.

## 1. Innen und «Innen»: Zerbildung als Zeugnis eines bis heute nachwirkenden Traumas – systematischunsystematisch

Was bedeutet «Innenwelt»? Der «Innenwelt» steht als Begriff die Aussenwelt gegenüber. Unter Aussenwelt verstehen wir alles, was im Laufe der Zeit über eine räumliche Ausdehnung verfügt. Die Aussenwelt ist die Welt aller wahrnehmbaren Phänomene in Raum und Zeit. Wir wollen sie PHAINON [2] nennen. Unter «Innenwelt» verstehen wir etwas die Aussenwelt Ergänzendes, etwas also, das weder über räumliche Ausdehnung noch über eine zeitliche Komponente verfügt. Aussenwelt und «Innenwelt» zusammen sollen vollständig sein. Im Lateinischen bedeutet «complementum» so viel wie «Ausfüllungs-, Ergänzungsmittel». Wir suchen offenbar die Welt, die zur Aussenwelt, zum PHAINON, komplementär ist. Interessanterweise wurde der Begriff der Komplementarität[8] im Rahmen der Erforschung der Atome von der Physik aufgegriffen. In der aktuellen Lehre der Physik gibt es zu Raum und Zeit komplementäre Begriffe: komplementär zum Raum ist das Momentum, in der Physik der so genannte Impuls, und komplementär zur Zeit ist die Energie.

Aus Analogie zu den Naturwissenschaften begründe ich die Annahme, dass die «Innenwelt» die Welt aller (Lebens-) Impulse beziehungsweise die Welt von Momentum und Energie darstellt. Wir könnten sie im Gegensatz zum PHAINON schlicht APHAINON nennen oder, wirkungsvoller, ENERGON. Im Rahmen früherer Publikationen habe ich mich bereits für ENERGON [2] entschieden. Damit haben wir folgende Begriffspaare geschaffen:

| |
| :---: |
| Innenwelt – Aussenwelt |
| Momentum & Energie – Raum & Zeit |
| ENERGON – PHAINON |
| Wesen – Wirkung |
| Sein – Haben |

Es stellt sich so die Frage, was das Sein mit dem Haben verbindet. Zwischen dem Sein und dem Haben, also zwischen dem Wesen an sich und seiner phänomenologischen Wirkung, vollzieht sich das Werden. Wir haben es mit einem Vollzug, einem Ablauf beziehungsweise einem Prozess zu tun, dem Werdensprozess, wie ich ihn nennen will:

Aus dem Wesen heraus, aus dem Sein heraus kann durch das Werden eine Wirkung erzielt werden. Ist Neues geworden, zeitigt das beziehungsweise hat das Wirkung. Diese Wirkung nach aussen wirkt auch auf das ursprüngliche Sein ein; so entwickeln sich die Geschehnisse, und Dinge entfalten sich vom einen Seins-Zustand über das Werden und Wirken in einen neuen Seins-Zustand. Bild 1 stellt den offenbar trilogischen Werdensprozess dar.

---

8 PAULI/JUNG, Ein Briefwechsel (Berlin 1992).

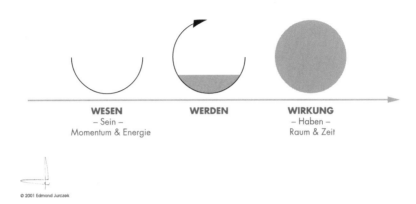

WESEN WERDEN WIRKUNG
– Sein – – Haben –
Momentum & Energie Raum & Zeit

© 2001 Edmond Jurczek

Diese Schau der Welt entspringt und entspricht der des Morgenlandes. Obwohl verschiedene Schulen sich in vielen Einzelheiten unterscheiden, betonen letztlich alle die Einheit des Kosmos als Kardinalpunkt. Da gibt es keine abendländische Spaltung in Gehirn-losgelösten Geist versus geistlose Materie, nein, der Kosmos wird als eine unteilbare Ganzheit gesehen, ständig in Bewegung, lebendig, organisch – Geist und Materie mit einbezogen.

Die Bewegungen verursachenden Kräfte liegen nach Sicht des Morgenlandes nicht, wie in der griechischen Ansicht, ausserhalb der Dinge, sondern gelten als «innere» Eigenschaften der Materie. Entsprechend lebt dieses Bild auch nicht von einem von oben lenkenden göttlichen Herrscher, sondern von einem Prinzip, welches alles von einer «Innenwelt» aus steuert.

Topologisch, und das ist eine Behauptung, die ich seit zwei Jahren wie die angenehme Erfrischung eines Wasserbades aufrecht halte [2], lässt sich dieses morgenländische Prinzip mit dem eben skizzierten Werdensprozess identifizieren.

604

| Die Trilogie der Kommunikation, hochaktuelles Beispiel zum Werdensprozess:<br>Wesen –> Werden –> Wirkung<br>heisst<br>Zuhören –> Eingehen –> Verständigen |
| --- |

Das Bild 2 zeigt diesen Prozess: Zuhören verlangt höchste Konzentration, da das laufend Gehörte bewusst noch keine eigene Gedankenflut auslösen sollte; vielmehr gilt es, dem Diskussionspartner erst einmal ganzheitlich bis zum Ende zuzuhören. Verlangt wird vom Zuhörer zuerst einmal ein Seins-Zustand. Dann beginnt die aktive Phase des auf das Gehörte Eingehens: Hier wird durch Sprechen überprüft, ob man den Partner richtig gehört hat, sodass daraus die beiden vergleichbaren Gedanken zum Thema da sind bzw. entstehen können; hier wird etwas geboren, wir sind in der Phase des Werdens. Und erst bei der Verständigung wird das Gehörte bereichert durch das, was der Zuhörer zum Gehörten denkt und artikuliert. So entwickelt sich in der Kommunikation ein letztlich gemeinsam getragener Gedanke, und wir können jetzt, und erstmals jetzt, von einer echten Verständigung ausgehen, die – und nur die – Wirkung hat!

**WERDENSPROZESS: TRILOGIE DER KOMMUNIKATION**

ZUHÖREN (Wesen/Sein)  EINGEHEN (Werden)  VERSTÄNDIGEN (Wirkung/Haben)

© 2001 Edmond Jurczek

Ausserhalb des Fokus der Forschung sowie der kulturellen Entwicklung lag also diese «Innenwelt», das ENERGON, über all die Jahrhunderte seit der Entdeckung der Perspektive. Aufmerksamkeit hingegen genoss die phänomenologische Aussenwelt, greif- und messbar in Raum und Zeit, das PHAINON. Die Technik entfesselte sich, und auf der Strecke blieb bis heute selbst der kulturelle Nachvollzug. Und es schweigt wie ein dunkler Tag die umgekehrte Situation, bei der die Kulturentwicklung des Humanen die Triebkraft der Technik gewesen wäre!

Während der unperspektivische Mensch, den man auch den hörenden Menschen nennen könnte, noch vorwiegend auditiv war, ist der perspektivische Mensch, den man auch den sehenden Menschen nennen könnte, vorwiegend visuell. Vor allem im Abendland wurde über die letzten Jahrhunderte die Aufmerksamkeit zu stark auf einen einzigen der Sinne, das Auge, gelegt, das Raum sowie Bewegung im Raum – und damit Geschwindigkeit und Zeit – sehen beziehungsweise wahrnehmen kann.

Das hat seinen Preis: Der Leser stelle sich die Situation vor, einem Menschen zu begegnen, der ein Lächeln im Gesicht trägt – ist es echt oder aufgesetzt? Macht das Gegenüber gute Miene zu einem bösen Spiel? Rein vom Sehen her stellt eine solche Situation einen oft vor eine höchst schwierig vorzunehmende Beurteilung. Kann ich den Menschen hingegen ansprechen und ihn selbst reden hören, nehme ich viel mehr über sein energetisches Befinden, sein Sein, seinen Wesenszustand also, wahr, und meine Beurteilung wird deutlich erhellt.

> Der Mensch sieht das PHAINON
> Der Mensch hört das ENERGON

500 Jahre hat sich die Forschung und (Produkte-)Entwicklung also einseitig auf das PHAINON bezogen; dieses masslose Ungleichgewicht soll jetzt ein Ende finden: Ich plädiere damit für eine neue Ausrichtung der Forschung, die jetzt damit beginnen soll, sich intensiv mit dem ENERGON auseinan-

der zu setzen, um vor allem daraus weitere Erkenntnisse zu schöpfen.

Und nicht einzig für diesen Kurswechsel stehe ich, sondern gleich für einen zweiten: zukünftig nämlich die Entwicklung der Kultur des Humanen der Technik voranzustellen und mit den Begehrlichkeiten aus der gewünschten kulturellen Entwicklung heraus die weitere Entfaltung an Technik – betreffe es das PHAINON oder das ENERGON – zu lenken und zu meistern.

## 2. Energie in all ihren Daseinsarten: neues Attribut unseres Kulturbegriffes

Und jetzt werde ich harmlos konkreter. Betrachten wir das Beispiel der Energieverhältnisse eines anderen sozialen Lebewesens: Hat die Leserin schon einmal eine schlafende Katze gesehen? Bestimmt. Hat der Leser schon einmal gesehen, wie ein Hund an einem anderen Hund vorbeirannte? Bestimmt. Haben wir schon einmal eine schlafende Ameise gesehen? Wohl kaum; und haben wir schon einmal gesehen, wie eine Ameise an einer anderen vorbeiraste? Das bleibt unwahrscheinlich. Wie kommunizieren denn Ameisen untereinander, mögen wir fragen, und wie organisieren sie sich? Einiges ist in dieser Hinsicht schon untersucht worden, wie die Literatur belegt[9,10]. Und bestimmt wurde es vor allem phänomenologisch untersucht, doch da sollen wir jetzt einen entscheidenden Schritt weiter gehen! Durch Erforschung der Raum-Zeit gelang dem Menschen bis heute schon der Bau manch einer Maschine. Häufig entledigt sich der Mensch mittels solcher Maschinen von unerwünschten Arbeiten, was am Beispiel von Robotern, die den Menschen von monotoner Fliessbandarbeit entlasten, besonders augenfällig wird. Ob diese monotone Fliessbandarbeit vom Menschen auch als unbefriedigende Arbeit angesehen wird, sieht in der Beurteilung durch einen Arbeitslosen bestimmt anders aus als durch

---

9    DUMPERT, Das Sozialleben der Ameisen (Berlin 1994).
10   SCHWENKE, Ameisen – Der duftgelenkte Staat (Hannover 1996).

einen Vollbeschäftigten. Wie denn wollen wir uns also organisieren auf dieser Welt? Was denn ist förderlicher: viele laufende Roboter mit vielen Arbeitslosen oder weniger Automation mit weniger Arbeitslosen? Und wer bestimmt heute über eine solche Politik, und, wenn nicht massvoll genug: welche Elite soll dies zukünftig tun?

Das war kein generelles Votum gegen Roboter. Wie bewusst ist mir doch der sinnvolle Einsatz solcher Automaten und ihrer Werkzeuge in all den Bereichen, wo zum Beispiel die manuellen Fähigkeiten des Menschen bezüglich Präzision bei weitem übertroffen werden können oder wo Sensoren eingesetzt werden, die unsere Wahrnehmung in spezifischen Messbereichen völlig übertreffen können – wie zum Beispiel die infrarote Wärmestrahlung oder die Ultraschallwellen für medizinsche Anwendungen.

Von Freude erfüllte Menschen sind energiereicher als traurige Gemüter, wie wir wissen. Wie kommt es, dass eine Ameise das Mehrfache ihres eigenen Körpergewichtes zu tragen vermag? Ist das bloss eine konstruktive Angelegenheit (ein gelungener Körperbau mit idealen Kräfteparallelogrammen), oder liegt hier mehr verborgen? Verfügt die Ameise allenfalls über die Wahrnehmung einer «inneren» Stimme, verbunden mit einer konstant glücklichen Gemütslage? Monotone, nahezu automatistische Arbeit, das mag der Leser schon an sich selbst erlebt haben, kann eine höchst erfreuliche Gemütslage zulassen, wo vieles fliessen kann und wo im Besonderen Musik uns durchströmen kann. Und was hat es auf sich, dass eine Ameisenkönigin in Anbetracht all der von ihr geforderten Höchstleistung an Gebärvermögen bis zu 25 Jahre alt werden kann – was, auf menschliche Verhältnisse übertragen, einem Menschenalter von weit über 1000 Jahren entsprechen soll[11] –, wo doch alle anderen Ameisen nur einen kleinen Bruchteil dieses Alters erreichen? Man übersetze dies einmal auf humane Verhältnisse, wo der weise Herrscher über hunderte von Jahren hinweg sein Volk

---

11    FOREL, Les Fourmis de la Suisse (Bâle 1874).

innerhalb seiner kulturellen Verantwortung sich entfalten, entwickeln und entdecken lässt. Wieweit wollen wir gehen mit der Automatisierung der Arbeit – eine Frage, die nur im Rahmen eines Kulturbegriffes beantwortet werden kann, der ein umfassendes Verständnis über das, was Energie ist, beinhaltet.

Damit wir diesen vom Morgenland inspirierten Weg weiter beschreiten können, müssen wir uns neben der eben erfolgten Betrachtung des Werdensprozesses um eine Schau dessen bemühen, was das Abendland spätestens seit der Entfaltung der Anatomie an Denkkategorien bereitgestellt und uns als kulturelles Erbe überlassen hat.

## IV. Über die Denkkategorien des Abendlandes: MORPHOLOGIE – ANATOMIE – EPIKINESIE [2] – DIASKOPIE [2]

Die Lehre der Morphologie und die Lehre der Anatomie sind geschichtsträchtig; und der Lehrversuch in Psychoanalytik widerspiegelt ein geschichtswürdiges Sich-Verrennen, es sei denn, man halte ein seelisches Gemüt oder eine geistige Gesinnung für ein Stück oxidierte Materie, das natürlich sich analysieren liesse.

### 1. Morphologie – Lehre der Gestalt sowie deren Zerlegung

Allgemein ist die Morphologie Lehre und Wissenschaft von den Gestalten und Formen beziehungsweise Figuren. Im Besonderen fallen darunter auch die Lehre von der Entwicklung von Bauplänen und vom Wandel von Organisationsformen. Es war erstaunlicherweise ein Anatom namens K. F. BURDACH, der im Jahre 1800 den Begriff der Morphologie erstmals öffentlich einsetzte. Und kein geringerer als GOETHE, der nach Tagebuchaufzeichnungen den Begriff bereits 1796 geprägt hatte, gebrauchte ihn als Lehre von der Gestalt der Lebewesen, ihrer Genese und

Metamorphose. Und in dieser Vertrautheit an gemeinsamem Verständnis wuchs in der Biologie bis heute das Verständnis der Morphologie als Lehre vom äusseren Bau beziehungsweise der Gestalt und der Organisation von Organismen und ihrer Teile heran sowie der Umgestaltung im Verlaufe ihrer Entwicklung.

Daneben sprechen wir innerhalb der Geologie von der Geomorphologie, und im Rahmen der Sprachwissenschaft verstehen wir darunter die Formenlehre, die, vom Wort ausgehend, die Analyse von Wortformen und Wortarten umfasst. Als Planungsinstrument zur systematischen Identifikation von Lösungsalternativen bekannt ist weiter die morphologische Methode; dabei wird ein Problem in Teilprobleme beziehungsweise Komponenten zerlegt, welche die Lösung des übergeordneten Problemes entscheidend beeinflussen. Suchen wir den gemeinsamen Nenner des Ganzen, so ist Morphologie die Zerlegung von Formen in Formkomponenten.

## 2. Anatomie – Lehre vom Gewebe sowie dessen Zergliederung

Die Anatomie, zu Griechisch «anatome», das Zerschneiden, ist die Lehre vom Bau der Lebewesen, die aus der Untersuchung der Struktur und Vernetzung des Körpers, der Organe, Gewebe, Zellen und Organellen deren Funktionieren und Zusammenspiel erschliesst. Während die Morphologie die Analysemethode darstellt, körperliche Formen in Teilformen zu zerlegen, beschreibt die Anatomie die Zergliederung von Gewebevernetzung in Gewebe.

Während im Morgenland bereits in frühgeschichtlicher Zeit eine hoch entwickelte Heilkunde ohne eigentliche Anatomiekenntnis bestand, entwickelten im klassischen Griechenland Empedokles, später Hippokrates und Aristoteles durch Tierzergliederungen Ansätze zu einer empirischen Anatomie. Mit welcher Langsamkeit standen der Sektion menschlicher Leichname sage und schreibe bis zum Mittelalter meistens religiöse Ansichten entgegen. Und, das gesellt sich hinzu, eine teilweise erst

Jahrhunderte später wieder erreichte Höhe in der Genauigkeit der Beobachtung und der Darstellung der menschlichen Anatomie stellen die Zeichnungen Leonardo da Vincis dar. Vor allem Leeuwenhoeks würdige Erfindung des Mikroskops eröffnete als nächstes neue Dimensionen. Im 18. Jahrhundert erst setzte dann die Entwicklung von Spezialdisziplinen ein. Die Deutsche Anatomische Gesellschaft zum Beispiel wurde 1886 in Berlin gegründet, hervorgegangen aus der Anatomisch-Physiologischen Sektion der Gesellschaft Deutscher Naturforscher und Ärzte. Heute unterscheiden wir die Anatomie der Pflanzen, der Tiere und der Menschen. Leider steckt die Anatomie heute in einer Identitätskrise, hat sie es doch versäumt, ihren entscheidenden Beitrag zu entfalten, nämlich das Erforschen, Studieren und Erarbeiten von Ähnlichkeitsklassen aller Gewebetypen. So tief in den eigenen Säuglingssocken steckend, konnte sie noch nicht viel an Tradition aufbauen.

> Anatomie baut auf wenig Tradition, und Psycho-«Analytik»
> baut auf die Rufe der Stille

Ein seelisches Gemüt lässt sich weder zerlegen noch zergliedern, und wenn man von einer «Analyse» des seelischen Gemütes redet, so ist der Begriff der Analyse urfrüh und unbedingt entsprechend zu präzisieren, ja erst einmal zu fassen! Bis heute gingen wir geradezu gedankenlos über die gegenüber der Morphologie körperlicher Gestalten und der Anatomie leiblichen Gewebes fehlenden äquivalenten Verständnisse und Begriffsbildungen der «Analyse» des seelischen Gemütes und der geistigen Gesinnung hinweg. Welch unseeliger Verrat an uns selbst das war.

## 3.    Epikinesie: die Lehre der Psycho-«Analyse»

Schweigen mag einfacher sein, als die Frage zu stellen, wie ich das seelische Gemüt meines Gegenübers zu erfahren vermag. Indem ich meine individuellen Gemütsbewegungen oder -schwingungen mit den Gemütsschwingungen meines Gegenübers in Überlappung bringe und mich aufschwinge, kann ich im Falle einer wahrgenommenen Resonanz unmittelbar auf die Schwingungslagen des andern rückschliessen, die ihn begleiten. Dieses Aufschwingen lautet im Griechischen «Epi-Kinesie». Der Gleichklang der Abgeschiedenen durchdringt die Mauern!

## 4. Diaskopie: das Durchschauen der Gesinnung

Und nun noch der Geist! – Wie kommt es, dass meine Geliebte meine Gedanken liest? Den Geist, den Descartes beim Öffnen des Schädels eines Opfers nicht fand, weshalb er die radikale Trennung von Geist (res cogitans) und Körper (res extensa) forderte und das Abendland damit in die Denkkategorien Körper/Leib/Seele/Geist stürzte. Was das Aufschwingen auf das seelische Gemüt meines Gegenübers bedeutet, ist analog das Durchschauen der Gesinnung, eben die Diaskopie.

So schauen wir die Aussenwelt seit Jahrhunderten an, zerreden Körper, Leib, Seele und Geist, wundern uns immer noch über den Erfolg der Naturwissenschaften in Bezug auf ihre so erfolgreiche Analyse der Materie, die uns all die Anwendungstechnik der Moderne bescherte. Und so beeindruckt vom Erfolg der chemisch-physikalischen Techniken, sind wir bis heute versucht geblieben, die gleichen Methoden auf die Biologie von Leib, Seele und Geist anzuwenden – und gescheitert. Eine Gensequenz erklärt das Leben der Zelle nie. So werden wir immer mehr die rein Beschreibenden und entfernen uns immer mehr von den Verstehenden.

## 5. Von Forschungsergebnis zu Forschungsergebnis ungeistiger

Das Leben ist voller Entzückung – lassen wir daran Gedanken sich entzünden: Präzisieren nämlich will ich diese vier Denkkategorien Körper/Leib/Seele/Geist. Die Aktivität der Morphologie besteht im Zerlegen. Zerlegt werden kann bis hin zu den Elementarstrukturen, den so genannten Elementarteilchen.

612

Elektronen und Protonen sind solche Teilchen, und die ganze Physik baut auf ihre Behauptung, Elementarteilchen seien identische Teilchen, also an sich ununterscheidbare Wesen. Diese Ununterscheidbarkeit ist auch in der modernen Teilchenphysik unbestritten, wenn auch der Begriff des Elementarteilchens selbst in den letzen 100 Jahren ständige Veränderung erfuhr. Das ist einer der zwei allerhöchsten Unterschiede zwischen Naturwissenschaften der Materie und der Biologien: Morphologie ist die Technik der Zerlegung von Identität. Der zweite wesentliche Unterschied steckt in der Annahme, die hinter dem Begriff des Experimentierens verborgen ist: Das Resultat eines Experimentes wird in den Naturwissenschaften kategorisch einzig dann akzeptiert, wenn es wiederholbar, also reproduzierbar ist[12]. Dies reflektiert das kausale Denken der Naturwissenschaften, das ist der Glaube an eine strenge Ursache-Wirkungs-Beziehung [2] zwischen Körpern, die aus ununterscheidbaren Elementarteilchen aufgebaut sind.

> Die Naturwissenschaften wie Chemie, Physik, Astronomie, Geologie sind die Wissenschaften
> der (sanktioniert reproduzierbaren) Experimente

Wie schöpfungsgemäss anders ist das doch bereits in der Anatomie! In der Anatomie wird Gewebe zergliedert, das nicht mehr identischer Art ist. Keine einzige Zelle ist absolut identisch zu einer anderen, selbst Zellen eineiiger Wesen sind das genau gesehen nicht. Hingegen können Zellen zu einem Gewebe vernetzt sehr ähnlich zueinander sein. Hier besteht die Aufforderung an die zukünftige Wissenschaft offenbar darin, verschiedene Ähnlichkeitsgrade zu entschlüsseln. Die Technik einer Bluttransfusion ist dazu ein elementares Beispiel.

---

12    PIETSCHMANN,Phänomenologie der Naturwissenschaft (Berlin 1996).

> Morphologie ist die Technik der Zerlegung von Identität
> Anatomie ist die Technik der Zergliederung von Ähnlichkeit
> Epikinesie [2] ist die Technik des Aufschwingens
> auf Individualität
> Diaskopie [2] ist die Technik des Durchschauens
> von Einzigartigkeit

Was bei Geweben die Ähnlichkeit ist, ist bei Gemütscharakteren die Individualität. Diese Steigerung an freierer Ausdrucksmöglichkeit gipfelt bei der geistigen Gesinnung in der Einzigartigkeit der einzelnen Menschen – welche Aufforderung zur Kommunikation das darstellt!

Ich fasse meine dargelegte Phantasie im Bild 3 zusammen:

**DIE WAHRNEHMUNGSKATEGORIEN DES ABENDLANDES**

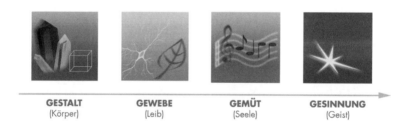

| GESTALT | GEWEBE | GEMÜT | GESINNUNG |
|---------|--------|-------|-----------|
| (Körper) | (Leib) | (Seele) | (Geist) |

© 2001 Edmond Jurczek

Sprachlich genauer gefasst habe ich damit die archaisch anmutenden Begriffe Körper, Leib, Seele, Geist durch Gestalt, Gewebe, Gemüt, Gesinnung und erweitert habe ich die klassischen Lehren der Morphologie und Anatomie durch ihre analogen Gebilde Epikinesie und Diaskopie. Und mein Herz schwingt ein in das Lied unserer Gefangenschaft, die wir seit den vielen Jahrhunderten seit Descartes offensichtlich verinnerlicht haben, diese in vier Wahrnehmungskategorien getrennte Schau der Wesenszüge der Welt, und ich richte mein Herz vom Abendland zum Morgenland, wo anderes geschah, wo heute wohl abendländische Technik appliziert, aber nicht demgemäss wahrgenommen wird. Und gänzlich harmlos werde ich jetzt damit beginnen, die beiden Schaubilder zu verweben.

## V.  Über die Wahrnehmungsordnung des neuen Jahrtausends

Nachfolgend fasse ich die letzten beiden Kapitel zusammen: Im Abendland bildete die Philosophie des HERAKLIT VON EPHESUS die Wurzel der Annahme, dass aller Wandel in der Welt vom dynamischen und zyklischen Zusammenspiel von Gegensätzen herrührt. HERAKLIT sah jedes Paar von Gegensätzen als eine Einheit. Dieses Wesen an Einheit, das alle entgegengesetzten Kräfte durchdringt, nannte er den Logos. Die Spaltung dieser Einheit begann mit den Eleaten, die ein göttliches Prinzip annahmen[13]. So begann im Abendland eine Tendenz, die schliesslich durch Descartes zur angesprochenen Trennung von Geist und Körper führte und uns die vier Kategorien Körper, Leib, Seele und Geist bescherte. Und im Sinne einer Sprachtransformation habe ich diese Begriffe überführt in die prägnanteren Termini «Gestalt», französisch/italienisch/englisch «configuration»/«configurazione»/«configuration»; «Gewebe», französisch/italienisch/englisch «conformation»/«conformazione»/«conformity»; «Gemüt», französisch/italienisch/englisch «consonance»/«consonanza»/«consonance»; «Gesinnung», französisch/italienisch/englisch «consensus»/«consenso»/«consensus».

Dieser westlichen Naturwissenschaft des Abendlandes steht die östliche Mystik des Morgenlandes gegenüber, die nicht

---

13    CAPRA, Das Tao der Physik (München 1975), S. 17 ff.

die äussere, phänomenologische Spaltung, sondern die «innere» Einheit betont. Der Kosmos wird als unteilbare Ganzheit gesehen, und die die Bewegungen verursachenden Kräfte liegen nicht, wie in der griechischen Ansicht, im Äussern der Dinge, sondern gelten als eine «innere Eigenschaft» der Materie. Nach NEEDHAM[14] hatten zum Beispiel die Chinesen nicht einmal ein Wort für das, was dem Begriff «Naturgesetz» der Abendländer entspricht. Das Bild des Göttlichen im Morgenland lebt nicht von einem die Welt von oben lenkenden Herrscher, sondern von einem Prinzip, welches alles aus einer «Innenwelt» heraus steuert. Dieser Ansicht angemessen habe ich den Werdensprozess hergeleitet und vorgestellt.

## 1. Neue Einsicht: Wie zwei Parallelen zu Senkrechten werden

FRITJOF CAPRA schreibt in einem seiner Bücher über die Parallelen zwischen der Weltanschauung der westlichen Physiker und der östlichen Mystiker [13]. Diese Meinung teile ich ausdrücklich nicht; das Gegenteil will ich aufmerken. Ich sehe hier nicht zwei Parallelen, sondern zwei grundsätzlich verschiedene Ansichten, die, wenn man beide erhalten will, nicht parallel zu einer Achse, sondern als zwei getrennte Achsen betrachtet werden sollen. Wie fruchtbar dieser Gedanke der Kombination von Morgen- und Abendland ist, habe ich bereits an einigen Beispielen anderweitig [2] ausführlich dargelegt. Das zu Grunde liegende Schema zeigt Bild 4.

---

14    NEEDHAM, Science and Civilisation in China (London 1956).

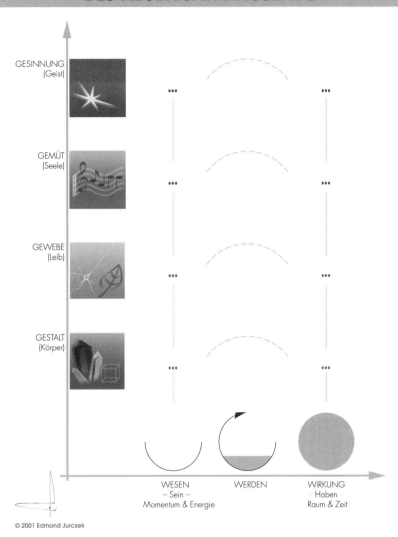

# DIE WAHRNEHMUNGSORDNUNG
# DES NEUEN JAHRTAUSENDS

GESINNUNG
(Geist)

GEMÜT
(Seele)

GEWEBE
(Leib)

GESTALT
(Körper)

WESEN
– Sein –
Momentum & Energie

WERDEN

WIRKUNG
Haben
Raum & Zeit

© 2001 Edmond Jurczek

617

Wir sind mit diesem Schema aufgefordert, zu irgendeinem Begriff, den wir treffender verstehen wollen, seine Wesens-, Werdens- und Wirkungszüge auf den vier Ebenen Gestalt/Gewebe/Gemüt/Gesinnung abzubilden. So erreichen wir eine einzigartige kombinierte Schau von «Innenwelt» und Aussenwelt beziehungsweise von ENERGON und PHAINON! Bevor ich diese neue Theorie an einem praktischen Beispiel verdeutlichen werde, will ich der Durchgängigkeit des Hauptthemas zuliebe den Bogen zum geforderten, um das Wesen der Energie zu erweiternden Kulturbegriff schliessen:

Wie brauchbar die Beschreibung der Welt der Phänomene durch die Naturwissenschaften ist, erleben wir seit dem Siegeszug der Technik seit gut 150 Jahren. Doch die Entwicklung der Technik gedeiht zu wenig umfassend zu unserem Besten: Ein Phänomen der technischen Entwicklungen der letzten 15 Jahre zum Beispiel, allen voran bei denjenigen der Informationstechnologie, ist die Art und Weise, wie die technischen Hilfsmittel mehr und mehr vor allem unsere psychische Lebensenergie angreifen, wo doch gerade diese Technologien Werkzeuge sein sollten, komplexe Belange der Kommunikation und der Organisation rund um den immer mehr erschlossenen Erdball entscheidend zu verbessern.

Einige Beispiele aus meinem persönlichen Berufsalltag sollen dies verdeutlichen: Wenn unsere Mitarbeiter am Morgen im Büro ihren Personalcomputer aufschalten, erscheint bei den meisten vollautomatisch als Erstes die Menge all der eingegangenen elektronischen Post, und dies völlig ungeachtet ihrer Motivation oder ihres Willens, diese überhaupt so unmittelbar empfangen zu wollen. Ich persönlich erlebe diese Situation stets dann als besonders störend, wenn ich mich auf eine andere wesentliche Arbeit konzentrieren wollte und mich auf dem Weg ins Büro entsprechend bereits mit Freude darauf eingestimmt habe! In einer solchen Situation empfinde ich unseren Umgang mit dem technischen Fortschritt als demotivierenden Stimmungsbrecher. Und wie sehr ich mich an das Gespräch mit einer jungen Angestellten erinnere, die einer geschäftlichen Frage unter vier Augen ausweichen wollte, indem sie mir vorschlug, jetzt in ihr Büro zu gehen und mir von ihrem Arbeitsplatz aus die Antwort per E-Mail zu schicken! Und wie oft erlebe ich E-Mail-Korrespondenz verfasst in einer schnöden Art und Weise, wie die gleichen Personen wohl kaum per Brief in derselben Wortwahl miteinander umgehen würden, geschweige denn im gemeinsamen Gespräch, sei dies am Telefon oder gar anlässlich eines persönlichen Treffens. Meines Erachtens sollte die Technik mehr das Hören fördern als das Sehen – und wir sind hier wieder bei diesem Auswuchs des perspektivischen Menschen, der visuell ist und nicht mehr so sehr auditiv, wie der unperspektivische Mensch es war. Wir konzentrieren uns auf das Sehen der Schrift in der Raum-Zeit, wo wir doch Energiestimmungen hören könnten! Wir lassen mehr und mehr zu, dass gerade in Belangen der Kommunikation – was gibt es unter Menschen Wesentlicheres und Bereicherenderes – die von uns eingesetzte Technik nicht fördernd wirkt, sondern den Missbrauch geradezu unterstützt.

> Moderne Informationstechnik rückt in mehr Fällen unserer
> psychischen Lebensenergie zu Leibe, als uns just
> in der Kommunikation lieb sein sollte

Und jetzt will ich ein erstes konkretes Beispiel nennen, das die ungeahnten und ungewohnten Stärken der von mir vorgeschlagenen Wahrnehmungsordnung aufzeigt:

Es wundert wohl niemanden, dass ich analog meinen Ausführungen zur Morphologie und Anatomie und deren akuten Lücken auf Stufe des seelischen Gemütes und der geistigen Gesinnung, nämlich der Epikinesie und der Diaskopie, wieder ein Beispiel heranziehe, bei dem bis heute wesentliche Teile fehlen: Ich spreche über die Lehre der Relationen.

In der Physik des 18. und 19. Jahrhunderts herrschte in Europa der Glaube an einen Determinismus des Weltgeschehens: Würde man bloss alle so genannten Anfangsbedingungen eines Systems zu einem bestimmten Zeitpunkt kennen, könnte man von da an die Entwicklung aller Geschehnisse dieses

Systems prinzipiell berechnen und damit im Besonderen auch voraussagen. Strenge Ursache-Wirkungs-Relationen würden die Welt bestimmen, alles geschähe in einem entsprechenden Kausalzusammenhang. Welch höchstschöne Idee über die Relation innerhalb von Materie hier angesichts der Komplexität des Lebendigen zerrann. Wodurch also ist die Kausalität innerhalb der Materie zu erweitern?

## 2. Vom «Warum» zum «Wozu»

Die Frage der Naturwissenschaften ist die Warum-Frage. Zwingend wiederholbare Experimente sollen die Warum-Fragen beantworten [12]. Durch solche Experimente konnte und kann man von einer beobachteten Wirkung auf die Ursache rückschliessen. Wie die Technik belegt, funktionieren Ursache-Wirkungs-Relationen auf der Ebene der körperlichen Gestalten[15]. Doch welches ist die der Warum-Frage analoge Frage auf der Ebene der geistigen Gesinnung? Dem Warum der Kausalität füge ich das Wozu der so genannten Finalität hinzu; denn gerade der Mensch kann erfahren, wie sinnlos zum Beispiel bei einem Schicksalsschlag eine Warum-Frage ist und wie heilsam eine Wozu-Frage dann sein kann. Dem «Warum traf es ausgerechnet mich?» stelle ich also das «Wozu kann dieser Schlag für mich gut sein?» gegenüber. Zur Versinnbildlichung habe ich dazu ein Gleichnis entwickelt:

Dem Schicksal stelle ich ein Samenkorn gegenüber, ein Wesen also voller Potential. Wenn ich an das Samenkorn glaube, es hüte und pflege, dann kann daraus etwas Ungeahntes erwachsen; erwäge ich die Entscheidung zu diesem Glauben nicht, ist das Schicksal besiegelt, verdorrt der Same.

Die Wozu-Frage eröffnet einen zukunftsweisenden, finalen Sinn aus der akuten Tragödie heraus. Vom *Wesen* her sprechen wir also auf der Ebene der Gestalt von Kausalität und auf der Ebene der Gesinnung von Finalität. Beide Begriffe haben

---

15    SEGRÈ, Die grossen Physiker und ihre Entdeckungen (München 1997).

Bekanntheit [3]. Die entsprechenden Aktivitäten des *Werdens* lauten Analysieren bei der Kausalität und Ergründen bei der Finalität. Die Physiker sprechen bei der *Wirkung* von Korrespondenz [14] als Ursache-Wirkungs-Relation, und bei der Gesinnung ist von Koinzidenz [2] zu reden, der Sinn-Relation.

Und nun zum Allzusammenhang: durch Ergänzung der bekannten Begriffe «Kausalität» und «Finalität» beziehungsweise der Begriffe «Koinzidenz» und «Korrespondenz» versuche ich eine Lichtspur zu hinterlassen:

Die «Kausalität des leiblichen Gewebes» ist
die Selektionalität [2], und die «Finalität des seelischen
Gemütes» ist die Intentionalität [2]

Die gesamte Wahrnehmungsordnung in Bezug auf die Relationen ist in Bild 5 abgebildet.

# RELATIONEN

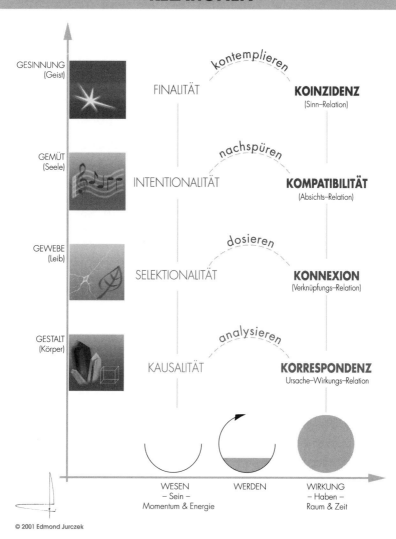

GESINNUNG
(Geist)

GEMÜT
(Seele)

GEWEBE
(Leib)

GESTALT
(Körper)

FINALITÄT  · kontemplieren ·  **KOINZIDENZ**
(Sinn–Relation)

INTENTIONALITÄT  · nachspüren ·  **KOMPATIBILITÄT**
(Absichts–Relation)

SELEKTIONALITÄT  · dosieren ·  **KONNEXION**
(Verknüpfungs–Relation)

KAUSALITÄT  · analysieren ·  **KORRESPONDENZ**
Ursache–Wirkungs–Relation

WESEN
– Sein –
Momentum & Energie

WERDEN

WIRKUNG
– Haben –
Raum & Zeit

© 2001 Edmond Jurczek

622

Wie passend kann ich hier mit einem mehrfach geglückten Beispiel abschliessen, einem Beispiel zur Freisetzung aussergewöhnlicher schöpferischer Energien. CARL GUSTAV JUNG, der Schöpfer der Begriffe «Archetypus» und «Synchronizität», erreichte diese Höchstleistung während Phasen, bei denen er als Erwachsener im Spiel Kontakt zu seinem «inneren» Kind aufsuchte[16]. In diesen Phasen stellt sich der stärkste und unvermeidlichste Drang des *Wesens* dar, den, sich selber zu verwirklichen, sein Selbst also zur *Wirkung* zu bringen, ganz im Sinne des Werdensprozesses. Energie ist eben wesentlicher als Zeit. Der Kulturbegriff mit seinem Zeitattribut «Dauerhaftigkeit» ist durch das Energieattribut zu erweitern.

Was an diesem Beispiel ebenso interessant ist, ist die Tatsache, dass Jung mit der Synchronizität [8] gegenüber der Kausalität einen Kontrapunkt setzte. Synchronizität bezeichnet zeitlich oder räumlich zusammentreffende Phänomene, deren zeitliches oder räumliches Zusammentreffen keiner kausalen Erklärung gehorchen, aber einen deutlich erkennbaren Sinnzusammenhang ausweisen. Den Preis, den Jung für diese dermassen generelle Begriffsbildung bezahlen musste, ist die zu schwache Differenzierung hinsichtlich allfälliger leiblicher, seelischer oder geistiger Komponenten. Ganz ähnlich leidet meines Erachtens auch der Begriff der Biologie unter mangelnder Differenzierung.

Ich halte fest, dass CARL GUSTAV JUNG mittels seines Synchronizitätsbegriffs wohl ein erster, wenn auch noch wenig differenzierter Kontrapunkt zur Kausalität gelungen ist. Ebenso halte ich fest, dass die in Bild 5 ausgeführte Darstellung mit den Wesenszügen der Kausalität/Selektionalität/Intentionalität/Finalität mit ihren entsprechenden Wirkungen, nämlich Korrespondenz/Konnexion[2]/Kompatibilität[2]/Koinzidenz, die Verallgemeinerung des Jung'schen Synchronizitätsbegriffes darstellt!

---

16    ABRAMS, Die Befreiung des Inneren Kindes (München 1996), S. 205 ff.

## VI. Kommunikation und Anwendung des mit dem Energieattribut erweiterten Kulturbegriffes

Wir rücken jetzt vor zur Beantwortung der eingangs gestellten Frage, ob ein wahrhaftiger Kulturbegriff neben dem Sinn und der Dauerhaftigkeit – als Attribut der Zeit – nicht ebenso ein Attribut der Energie beinhalten müsste. Aus dieser neuen kulturellen Wahrnehmung heraus soll der Mensch mit der Energie beziehungsweise mit all ihren Daseinsformen verantwortungsvoller umzugehen lernen; im Besonderen soll sich dieses erweiterte Bewusstsein bei zukünftigen technischen Entwicklungen auswirken.

Was also ist das Analogon der Dauerhaftigkeit? Welches also ist dieser aphrodisische Grundzug des Energetischen? Wo immer Energie sich in der Raum-Zeit im wahrsten Sinne des Wortes äussert, ist eine Wirkung wahrnehmbar. Physikalischchemische Information zum Beispiel ist strukturierte mineralische Energie. Energie ist wie geladenes Potential, jederzeit und jedenorts zur Auswirkung fähig. Ich nenne deshalb das Analogon zur Dauerhaftigkeit der Zeit die Wirkungsgeladenheit der Energie.

---

Der neue Kulturbegriff fordert
Dauerhaftigkeit in Aspekten der Zeit
und Wirkungsgeladenheit in Aspekten der Energie

---

Ob unter diesem Kulturverständnis eine technische Errungenschaft als eine kulturelle Leistung bewertet werden kann, soll zukünftig zur entscheidenden Frage vorrücken.

Wohl scheint zum Beispiel die nukleare Abschreckung und ihre Eskalationsgefahr mit der Epoche des Kalten Krieges aus dem Bewusstsein der Völker verschwunden zu sein. Aber die Ausuferung gefährlicher Waffen ist keineswegs gebannt. Da verlangen die erweiterten Möglichkeiten nach einem erhöhten Verantwortungssinn der Bürger, des Staates, der Politik, der Wirtschaft, Bildung und Wissenschaft. Verstärkte Aufmerksamkeit ist auch dort gefragt, wo der technische Fortschritt dem Menschen völlig neue dämonische Befähigungen in die Hände spielt, die er zum Guten wie zum Schlechten nutzen kann: Die Entschlüsselung des DNA-Moleküls revolutioniert derzeit die Biowissenschaften. Und die Gentechnik hat die Türe zu einer ungezielten Veränderung von Eigenschaften der Lebewesen geöffnet, Humania inklusive, versteht sich.

Wer nun soll diese entscheidende Frage zum Konsens führen und einheitlich beantworten?

Wir haben es hier mit anspruchsvoller Kommunikation zu tun, wie Bild 6 vorlegt.

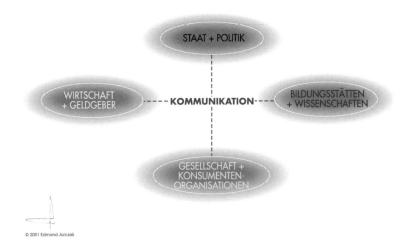

© 2001 Edmond Jurczek

Erkenntnisbegabte Vordenker werden diese Kommunikationskultur tragen, und meine Seelheit vertraut mir an, dass diese Vordenker zukünftig über Gnade oder Ungnade einer anstehenden technologischen Errungenschaft entscheiden werden, je nachdem, ob in neuem Lichte von einer kulturellen Leistung ausgegangen werden kann oder nicht; und Verantwortung über das noch Ungeschaffene wird gefragter sein denn je – Mass vor

Mass. Diese Vordenker, Quell allen Rates, gilt es zu bilden und auszubilden.

Einige Anwendungsbeispiele sollen jetzt die Notwendigkeit eines neuen Kulturverständnisses aus praktischer Sicht aufzeigen:

*Erstes Beispiel: Über Sinn und Unsinn technologieneutraler Gesetzgebung*

Die nur denkend Gewahrenden haben im europäischen Kulturraum eine vermehrte Trennung zwischen Staat und Wirtschaft gefordert. Ein Aspekt davon ist die technische Normierung. Die unter dem Segel der Innovation einhergleitende Bewegung immer schnellerer Produktionszyklen fordert von den staatlichen Normierungsstellen schnellere Abwicklungszeiten. Eine zu lange Durchlaufzeit einer technischen Norm, die ja offiziell zu einem möglichst internationalen Standard zu erheben ist, kann die Innovationsgeschwindigkeit eines technologisch führenden Unternehmens hemmen; das leuchtet ein. Das Unternehmen reklamiert dann beim Staat, weil es im Vergleich zu seiner Konkurrenz den durch Innovation erarbeiteten Wettbewerbsvorteil nicht voll zur Wirkung bringen kann. Einem Working Paper der Europäischen Union vom April 2001 zum Thema «The implementation of New Approach directives» entnehme ich die entsprechende Forderung nach einer technologieneutralen Gesetzgebung, einer «technology-neutral legislation», wie es wörtlich steht[17]. Der schwerwiegende Nachteil dieser aus einseitig wirtschaftlichen Interessen herausgewachsenen Forderung besteht im Interessenskonflikt mit dem Gestaltungsauftrag richtungsweisender Gesetzgebung. Gerade die geforderte Gesetzesneutralität verunmöglicht die Kommunikation zwischen Bildungsstätten/Wissenschaften, Staat/Politik, Wirtschaft/Geldgeber und Gesellschaft/Konsumentenorganisationen über die zu diskutierende Richtung, die der Mensch einschlagen will, und damit über die Gesetze, die er zur Lenkung dieses Willens

---

17    The implementation of New Approach directives. DG Enterprise Working Paper, European Union (Brussels 11 April 2001).

braucht. Man stelle sich einmal vor, gentechnische Produkte könnten unter dem Hut gesetzesneutraler Produktionsnormen entstehen – die Geburt der Titanen wäre eingeleitet. Es darf nicht die Industrie sein, die sich dieser Gestaltungsaufgabe alleine annehmen will – massgebende Meisterschaft der benannten Vordenker ist hier gefordert! Innovationskraft alleine genügt nicht, um ein Produkt lancieren zu dürfen; es soll sich bei neuen Produkten um einen dauerhaften und wirkungsgeladenen kulturellen Beitrag handeln müssen.

> Bewusst angestrebte Kultur soll zu bestimmen suchen,
> was wissenschaftlich-technologischer Fortschritt erarbeiten,
> industrialisieren und kommerzialisieren soll,
> und nicht umgekehrt

*Zweites Beispiel: Über Sinn und Unsinn der Automatisierung*

Derzeit bestimmt in der betrieblichen Praxis zu oft das Kapital über den Einsatz von Automaten gegenüber der Arbeitsverrichtung von Menschenhand. Ist die Arbeitskraft billig und recht genug, wird von Hand produziert, ist sie aber zu teuer, so wird automatisiert. In solchen Wirtschaftssystemen werden offenbar Lohnunterschiede zwischen einzelnen Ländern zur treibenden Kraft, die über das Automatisieren befindet, und nicht wesentlichere Aspekte wie zum Beispiel höhere Produktequalität oder bessere Arbeitssicherheit in der Produktion oder eine der Ethiknorm «Social Accountability SA 8000» verpflichtete Produktionskultur des Unternehmens. Auch sind solche bestehenden Lenkungsmechanismen nicht von grosser Nachhaltigkeit, da sich mit der Verlagerung von Produktion und produktionsnaher Entwicklung vom einen Land ins andere auch die Kapitalkraft zügig verschiebt und die Lohnunterschiede dadurch laufend geringer werden.

Es fehlen auf dieser Welt verbindliche Kriterien und Leitplanken, nach deren Massgabe wir in Zukunft Automaten und Roboter einsetzen sollen oder nicht. Zu sehr regieren die Interessen der Wirtschaft eines Staates über dessen Volkswirtschaft;

zu sehr dominieren die Interessen der Weltwirtschaft über die Interessen der Menschheit als weltweites Sozialgefüge.

| Es fehlt uns weltwirtschaftlich an einer Produktionskultur |

*Drittes Beispiel: Über Führungssysteme von Organisationen mit Glaubwürdigkeit bis hin zu deren Endprodukten*
Mich als Konsumenten interessiert die Glaubwürdigkeit eines Produktesiegels, heute in der Nahrungsmittelproduktion leider mehr unglaubwürdiges Label als glaubwürdiges Siegel. Führungssysteme sind gefragt, die unternehmerisch Denkende in Organisationen anleiten, nicht einzig die Qualität interner Produktionsabläufe auszuarbeiten oder so genannte Management-Excellence auszuweisen, sondern die Qualität gefälligst bis zum Endprodukt spürbar werden zu lassen. Meines Wissens wurde bis heute erst ein einziges solches System dermassen konsequent etabliert, nämlich das **TSM**® Total Security Management – Security for Healthy Growth[18]. Sonst verlieren wir schlussleidlich noch die Freude am Appetit! Und wie das mit unserer Energie zu hat, unserem humanen Befinden! Und damit sind wir wieder beim neuen Kulturbegriff gelandet, der sich endlich um Energieinhalte technischer Entwicklungen kümmern muss. Wenn das Humane ein Recht auf ein Höchstmass an Gesundheit fordern will – Stimmen, die heute so anklingen, sind in Tageszeitungen wahrnehmbar[19] – und zu diesem Zweck die gentechnisch gestützte Medizinaltechnik zulassen bis fördern will, wer sich demzufolge also dafür einsetzen will, dass Streben nach Erkenntniserweiterung ein humanes Anliegen ist, das eine verfassungsrechtliche Basis haben soll, der muss sich vor allem danach umsehen, ob es auch die Möglichkeit der Kontrolle gibt, um der Gefahr von Missbrauch entschieden entgegenwirken zu können. **TSM**® Total Security Management ist meines Erachtens nahe daran, diesen Anspruch erstmals zu erfüllen.

---

18  JURCZEK, Die Schweiz – eine exportträchtige Volkswirtschaft? Bulletin SEV/ASE 23/00 (Fehraltorf 2000).
19  Unser Recht auf ein Höchstmass an Gesundheit. Frankfurter Allgemeine Zeitung (29. Mai 2001), S. 53.

> Es fehlt uns an einer einzigen und weltweit geltenden
> Verfassung, in Eintracht mit einer entsprechenden nationalen
> gesetzgeberischen Gestaltung

Wir benötigen für unsere Nationalstaaten einen gesetzge-
berischen Gestaltungsauftrag, der sich an einer Art Weltverfas-
sung orientieren kann. Wenn ich dabei von Eintracht spreche,
dann meine ich Eintracht und nicht Einklang, nicht Einigkeit
und schon gar nicht Einheit – Begriffe, die eben mit dem humanen Sozialgefüge auf das Engste verknüpft sind, wie ich jetzt
beispielhaft darlegen will.

# VII. Bildung und Erziehung – eine Kulturinitiative für drei Generationen

Als zweites Beispiel für die neue Wahrnehmungsordnung dient
hier treffenderweise das die neue Kultur tragende Element,
nämlich das Humane und dessen Sozialisierung.

## 1.  Sozialisierung des Humanen

Ob in einer Organisation Mitarbeitende als Teil einer zusam-
mengewürfelten Belegschaft figurieren oder ob ein Gefühl von
Mitgliedschaft, ja, ich habe «Gefühl» gesagt, erzeugt worden
und herangewachsen ist, bedeutet einen qualitativ bedeutungs-
vollen Abschied: Aus der Mitgliedschaft kann sich ein gemeinsamer Nutzen entfalten. Bei einer Familie sprechen wir treffenderweise ja auch von einem Familienmitglied. Und Partnerschaft geht einen entscheidenden Schritt weiter, wofür die Ehe
ein Beispiel ist. Aber auch innerhalb von Organisationen existiert Partnerschaft immer dann, wenn eine gemeinsame Absicht
hervorgerufen und effizient verfolgt wird. Über der Partnerschaft steht die Freundschaft. Ob zum Beispiel aus einer eheli-
chen Partnerschaft eine Freundschaft erstrebt wird und sich entdeckt, liegt im Gestaltungsbereich der Ehepartner und ist die

mögliche Nachhaltigkeit in einer lebenslangen Beziehung zwischen Mann und Frau. Das Bild 7 legt die Sozialverhältnisse des Humanen dar.

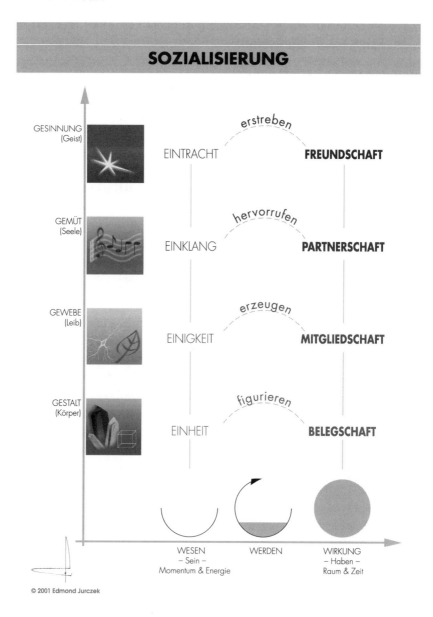

## 2.   Einheit, Einigkeit, Einklang und Eintracht

Wir erkennen, dass die Einheit eine Eigenschaft körperlicher Gestalten ist – so ist es sinnvoll, zum Beispiel eine Längen-, Gewichts- oder andere Masseinheit einzuführen. Geistige Werte hingegen, also die Eintracht, auf die Ebene der Einheit herunterzupressen hat schon manchen Religionskrieg heraufbeschworen. Einigkeit ist der Wesenszug der Mitgliedschaft; es ist essentiell, dass ich als Mitglied einer Organisation mit den anderen Mitgliedern zusammen über den Nutzen der Mitgliedervereinigung einig bin. Selbst Einigkeit lässt sich steigern: stellen wir uns vor, Mitglieder einer Organisation sind sich nach einem gemeinsamen Treffen über ein Thema einig geworden. Nur in dem Falle, wo alle Mitglieder später, auf sich alleine angewiesen, dann auch das gleiche verlauten lassen, herrscht Einklang. In diesen Fällen hat sich Einigkeit zum Einklang entwickelt, und wir können von einer echten Partnerschaft ausgehen. Die höchste Stufe gegenseitiger Wertschätzung liegt in der gelebten Eintracht: Das Ziel ist allen in Eintracht klar vor Augen, und die Individualität darf auf dem Weg der Zielerreichung bestehen bleiben. Religionen als Beispiel hätten das Potential und vor allem die Pflicht, in einer Koexistenz, in Eintracht nebeneinander zu sein.

Das erhellt meinen Herzenswunsch, dieser Welt weit mehr als Menschenrechte zu wünschen, nämlich eine einzige Verfassung, die den individuellen Staaten oder Staatengemeinschaften die Gestaltung ihrer hoffentlich ausgeprägt nationalen Gesetzgebung in einer Art und Weise zulässt, dass in den grundlegenden Verfassungsfragen Eintracht da ist. Dann haben wir eine Chance, eine humane Kultur gedeihen zu lassen, die so komplexe ethische und rechtsphilosophische Fragen wie die einer eben angeklungenen Gentechnik umfassend meistert.

Wachsen kann eine solche Gesinnung auf fruchtbarem Boden, das heisst auf Basis von Gesellschaften und Völkern, die als Beispiel um die Unterscheidung der Begriffe «Einheit», «Einigkeit», «Einklang» und «Eintracht» wissen. Dazu bedarf es meines Erachtens einer Kulturinitiative, die mit einer Kraft daherkommt, die es erlaubt, Erziehung und Bildung gleichzeitig bei drei Generationen voranzutreiben.

## 3. Weg zum neuen Kulturverständnis

Das notwendige neue Kulturverständnis wird auf Basis einer Bildungs- und Erziehungsinitiative dann umsetzbar, wenn sie gleichzeitig bei drei Generationen initiiert wird: bei unseren Kindern, bei unseren Arbeitenden, bei unseren Alten

Wir haben 5000 Jahre Geometrie hinter uns, allein wir sind uns dessen zu wenig bewusst; wir haben 500 Jahre einseitige Durchforschung der Raum-Zeit hinter uns, einzig sind wir uns dessen zu wenig bewusst; wir haben die Erforschung der Energien und deren Wirkungsgeladenheit im eben angeklungenen neuen Jahrtausend vor uns, einzig sind wir uns dessen zu wenig bewusst. Getrieben von ausufernder Technik sollen wir uns jetzt die Freiheit nehmen, gestalterisch ans Werk zu gehen und auf Basis eines erweiterten Kulturverständnisses die anstehenden Lenkungsaufgaben zu meistern – Mass vor Mass.

# III. Anhang

# A. Abkürzungsverzeichnis

| | |
|---|---|
| A. (Aufl.) | Auflage |
| a.A. | anderer Ansicht |
| a.a.O. | am angeführten Ort / am angegebenen Ort |
| Abs. | Absatz |
| a.E. | am Ende |
| a.M. | anderer Meinung |
| Anm. | Anmerkung(en) |
| AOL | American Online (Firmenname) |
| Art. | Artikel |
| atw | Atomwirtschaft (Fachzeitschrift) |
| BAV | Bundesamt für Verkehr |
| Bd. | Band |
| BG | Bundesgesetz (mit Datum der Annahme durch die Bundesversammlung) |
| BGB | Bürgerliches Gesetzbuch für das Deutsche Reich vom 18. August 1896 |
| BGE | Entscheidungen des Schweizerischen Bundesgerichts. Amtliche Sammlung (Lausanne 1975 ff) |
| BK | Berner Kommentar |
| Bsp. | beispielsweise |
| BT | Besonderer Teil |
| BV | Bundesverfassung der Schweizerischen Eidgenossenschaft vom 29. Mai 1874 (aufgehoben) bzw. vom 18. April 1999 |
| B-VG | Bundes-Verfassungsgesetz |
| BWI | Betriebswirtschaftliches Institut (der ETH ZH) |
| bzw. | beziehungsweise |
| CEO | Chief Executive Officer |
| CERN | Centre Européen pour la Recherche Nucléaire (à Genève) |
| cf. | confer, vergleiche |
| COM | COM(95) ist eine offizielle Angabe im zitierten EC-Dokument |
| COM-COM | Kommunikationskommission |
| content | Inhalte |
| CPO | Chief Production Officer |
| CTI | Commission pour la technologie et de l'innovation |

| | |
|---|---|
| CTO | Chief Technology Officer |
| CTR | Core Technology Research Group |
| ders. | derselbe (Autor) |
| DG | Directorate General |
| digital divide | Wissenskluft |
| d.h. | das heisst |
| Diss. | Dissertation (thèse) |
| DNS | Desoxyribonukleinsäure |
| DOE | US Department of Energy |
| dot.coms | Internetadressen (dot=Punkt); Synonym für New Economy-Firmen |
| ed. | éditeur |
| eds. | éditeurs |
| EFT | Electronic Fund Transfer |
| EMRK | Konvention zum Schutz der Menschenrechte und Grundfreiheiten vom 4. November 1950 (Europäische Menschenrechtskonvention) |
| E/Erw. | Erwägung |
| EPF | Ecole polytechnique fédérale (équivalent allemand = ETH, ETH-Z für Zürich oder ETH-L für Lausanne) |
| EPFL | Ecole polytechnique fédérale de Lausanne |
| ERTVG | Entwurf des Radio- und Fernsehgesetzes |
| etc. | et cetera |
| ETH | Eidgenössische Technische Hochschule in Zürich |
| EUV | Vertrag über die Europäische Union |
| evtl. | eventuell |
| FAZ | Frankfurter Allgemeine Zeitung |
| FEMKO | Kommission für Fernmeldewesen und elektronische Medien |
| f. (ff.) | und nächstfolgende Seite(n)/Note(n) bzw. und nächstfolgende(r) Artikel |
| FG | Festgabe |
| FN | Fussnote(n) |
| FS | Festschrift |
| FT | Financial Times |
| GDP | Gross Domestic Product |
| GDT | Gesellschaft für Datentechnik und Kommunikation, Düsseldorf, D |
| GHGT | Greenhouse Gas Control Technologies |
| gl.M. | gleicher Meinung |

| | |
|---|---|
| HES | Haute école spécialisée |
| | HES-BE Ecole d'ingénieurs de Saint-Imier |
| h.L. | herrschende Lehre |
| h.M. | herrschende Meinung |
| HRM | Human Resources Management |
| hrsg. | herausgegeben |
| Hrsg. | Herausgeber |
| HSG | Handelshochschule St. Gallen (heute: Universität St. Gallen) |
| HTC | Human Tissues Corporation Inc. |
| ICQ | Akronym von «I seek you» (Internet) |
| IER | Institut für Energiewirtschaft und Rationelle Energieanwendung an der Universität Stuttgart, D |
| i.d.F. | in der Fassung |
| i.d.g.F. | in der gegenwärtigen Fassung |
| i.e.S. | im engeren Sinne |
| IKT | Informations- und Kommunikationstechnologien |
| IMES | Institut für Mikroelektronische Systeme |
| IMPO | Innovation Management Process Owner Group |
| INES | Innovative Elektronik Systeme GmbH |
| insbes. | insbesondere |
| i.O. | in Ordnung |
| Io | Verlag Industrielle Organisation |
| IPCC | International Panel on Climate Chance |
| IPMZ | Institut für Publizistikwissenschaft und Medienforschung der Universität Zürich |
| ISS | Weltraumstation |
| i.S.v. | im Sinne von |
| IVF | In-vitro-Fertilisation |
| i.w.S. | im weiteren Sinne |
| KMU | Kleine und mittlere Unternehmen |
| lit. | litera |
| Jg. | Jahrgang |
| JZ | Juristen-Zeitungen (Tübingen 1951 ff.) |
| KSZE | Konferenz über Sicherheit und Zusammenarbeit in Europa |
| LCA | Life Cycle Analysis |
| LKW | Lastkraftwagen |
| LSVA | Leistungsabhängige Schwerverkehrsabgabe / Kostengerechte Besteuerung des Strassengüterverkehrs |
| m.a.W. | mit anderen Worten |
| m.E. | meines Erachtens |

| | |
|---|---|
| MEGA | Marx-Engels-Gesamtausgaben |
| MIT | Massacusetts Institute of Technology, USA |
| MJ | Ministerium für Justiz, D |
| MJ | Mega Joule |
| m.W. | meines Wissens |
| N | Note (Fussnote oder Randnote) |
| NADEL | Interdisziplinäres Nachdiplomstudium über Probleme der Entwicklungsländer |
| NASA | National Aeronautics and Space Administration, Houston/Texas (USA) |
| NEAT | Neue Eisenbahn-Alpentransversale, Kanton Uri, CH |
| NF | neue Folge |
| NIH | Note Invented Here |
| Nm | Newtonmeter |
| NPM | New Public Management |
| NPV | Net Present Values |
| NRC | National Cash Register Company (gegr. 1884 by John H. Patterson, USA) |
| NZZ | Neue Zürcher Zeitung |
| Nr. | Nummer |
| OECD | Organisation for Economic Cooperation and Development |
| OFFT | L'Office fédéral de la formation professionnelle et de la technologie |
| OFS | Office fédéral de la statistique, CH |
| OIKOS | Umweltökonomische Studenteninitiative an der Universität St. Gallen (Schweiz) |
| OR | Bundesgesetz betreffend die Ergänzung des Schweizerischen Zivilgesetzbuches (5. Teil: Obligationenrecht) vom 30. März 1911 (SR 220); revidiert am 18. Dezember 1936 |
| PC | Personal Computer |
| PME | Petites et moyennes entreprises (deutsch: KMU) |
| PPI | product + process innovation |
| p./pp. | Seite(n) |
| POS | Point of Sales |
| PTA | Perkutane transluminale Angioplastie |
| PTT | Post Telefon Telegraf |
| PUK | Parlamentarische Untersuchungskommission |
| R&D | Research & Development |
| resp. | respektive |
| RZ (Rz) | Randziffer |

| S. | Seite(n) |
|---|---|
| SAMW | Schweizerische Akademie der Medizinischen Wissenschaften |
| SATW | Schweizerische Akademie der Technischen Wissenschaften |
| SB | Sammelband |
| SBA | Strategic Business Areas |
| SBU | Strategic Business Unit |
| SDF | Strategic technology fields |
| SEL-Alcatel | Firmenname |
| SEV/VSE/ASE | Schweizerischer Elektrotechnischer Verein / Association Suisse des Electriciens |
| SIA | Schweizerischer Ingenieur- und Architektenverein |
| SJZ | Schweizerische Juristen-Zeitung (Zürich 1904 ff.) |
| SME | Short Massage System |
| SMS | Short Massage Service |
| sog. | so genannte(r,s) |
| SR | Schriftenreihe |
| SRU | Strategic resources unit |
| STF | Strategic technology fields |
| Swiss/GIS | Swiss Center for Studies on the Global Information Society |
| TF | Technology forum |
| TIC | Technology Intelligence Center |
| T-online | Telecommunication – online, Telekom-Online (Firmenname) |
| TVA | Technology value analysis |
| u.a. | unter anderem |
| u.a.m. | und andere(s) mehr |
| Übest. | Übergangsbestimmung |
| UBI | Unabhängige Beschwerdeinstanz für Radio und Fernsehen |
| UMTS | Universal Mobile Telecommunications System |
| UNICE | Union of Industrial and Employer's Confederations of Europe, Brüssel (Belgien) |
| UNO | United Nations Organisation |
| USA | Vereinigte Staaten von Amerika |
| usw. | und so weiter |
| u.U. | unter Umständen |
| UVEK | Eidgenössisches Departement für Umwelt, Verkehr, Energie und Kommunikation |
| UVP | Umweltverträglichkeitsprüfung |
| v.a. | vor allem |
| vgl. | vergleiche |

| WAP | Wireless-Application-Protocol |
|-----|-------------------------------|
| WIN | Wiley Innovation fund |
| WS | Wattsekunde |
| www | World Wide Web |
| z.B. | zum Beispiel |
| ZGB | Schweizerisches Zivilgesetzbuch vom 10. Dezember 1907 (SR 210) |
| Ziff. | Ziffer |
| ZSR | Zeitschrift für Schweizerisches Recht (Basel 1852 ff.; NF Basel 1882 ff.; die Bandnummer bezieht sich stets auf die neue Folge) |
| z.T. | zum Teil |
| z.Z. | zurzeit |

# B. Literaturverzeichnis

**Abrams J.** Die Befreiung des Inneren Kindes (München 1996) 205 ff.

**Aegerter Roland** Vor 75 Jahren erschien Hitlers «Mein Kampf». Ein Machwerk und seine Wirkung im Spiegel der Zeiten, in: NZZ Nr. 3 vom Samstag/Sonntag, den 5./6. Januar 2002, 9

**Allen T.** Managing the Flow of Technology: Technology Transfer and the Dissemination of Technological Information Within the R&D Organization (Cambridge 1977)

**Aoki Kumiko** Virtual Communities in Japan (1994), http://www.unikoeln.de/themen/cmc/litlist/htlm

**Arendt H.** Vita activa oder vom tätigen Leben (7. A. München: Piper 1992)

**Aristoteles** Metaphysik (Hamburg: Meiner 1976)

**Bahnen Achim** Bessere Babys! Sloterdijk und Gregory Stock streiten über das Erbgut, in: FAZ,14.12.2001 (Frankfurt 2001) 46

**Bayertz Kurt** GenEthik. Probleme der Technisierung menschlicher Fortpflanzung (Reinbeck bei Hamburg 1987)

**Beger H. G./Schwarz A./ Brückner U. B./ Hartel W. (Hrsg.)** Forschung in der Chirurgie (Berlin/Heidelberg 1997)

**Berger Peter L./ Luckmann Thomas** Modernität, Pluralismus und Sinnkrise (Gütersloh 1995) pp. 41 ff.

**Betschon Stefan** Schafft ein, zwei, viele Internets! in: NZZ Beilage 1 Nr. 30 vom Dienstag, den 6. Februar 2001

**Biedermann M./ Tschirky H./Birkenmeier B./Brodbeck H.** Value Engineering Management und Hanshake Analysis, in: Tschirky H./Koruna St. (Hrsg.): Technologie-Management – Idee und Praxis (Zürich 1998)

**Bieri Stephan** Technologietransfer und Forschungszusammenarbeit: Liberale Alternativen, in: Bodo B. Gemper (ed.), Internationale Koordination und Kooperation (Hamburg 1990) pp. 65–75

**Bieri Stephan** Wissenschaftliche Führung: Management, Gestaltung und Ordnungspolitik, Gaia 2000/1 (Baden-Baden 2000) pp. 8–12

**Bieri Stephan** Komplexitätsreduktion verlangt Modellbildung im Makrobereich, Gaia, 2001/3 (München 2001)

**Bleicher K.** Konzept Integriertes Management (Frankfurt 1991)

| | |
|---|---|
| **Blumenberg Hans** | Die Legitimität der Neuzeit (Frankfurt a.M. 1996) pp. 201–432: «Der Prozess der theoretischen Neugier» |
| **Blumenberg H.** | Die Genesis der kopernikanischen Welt. Bd. 3 (Frankfurt: Suhrkamp 1981) |
| **Blumenberg H.** | Der Prozess der theoretischen Neugierde. Erweiterte und überarbeitete Neuausgabe von «Die Legitimität der Neuzeit» (4. A. Frankfurt: Suhrkamp 1988) |
| **Boesch Christian** | Auswirkungen der Normenflut auf mittelständische Unternehmen und den Standort Zürich, in: SB über «Wirtschaft und Recht im Würgegriff der Regulierer», hrsg. von Hans Giger (Zürich 1996) 113 ff. |
| **Bohn Cornelia** | Schriftlichkeit und Gesellschaft. Kommunikation und Sozialität der Neuzeit (Opladen 1999) |
| **Boller Jörg** | Verhältnis zwischen Wirtschaft und Presse, in: Bilanz Nr. 11 (Zürich 1983) 187 f. |
| **Bonfadelli Heinz** | Internetzugang für alle? Die Zukunft der Online-Kommunikation in der Informationsgesellschaft, in: Bulletin SEV/VSE **92** Jg. Heft 9, S. 29–31 (Fehraltdorf 2001) |
| **Breuer Rüdiger** | Entwicklungen des europäischen Umweltrechts – Ziele, Wege und Irrwege, Schriftenreihe der Juristischen Gesellschaft Berlin, Heft 134 (Berlin/New York 1993) |
| **Brockhaus F. A.** | Enzyklopädie (19. A. Mannheim 1989) |
| **Brodbeck H./ Birkenmeier B./ Tschirky H.** | Neue Entscheidungsstrukturen des Integrierten Technologie-Managements. Die Unternehmung (Bern 1995) |
| **Brundtland-Bericht** | Unsere gemeinsame Zukunft. Hg. von V. Hauff (Eggenkamp Greven 1987) |
| **Buchanan Allen** | Equal Opportunity and Genetic Intervention Social Philosophy & Policy 12 (1995) pp. 105–135 |
| **Buchanan Allen/ Dan Brock/Norman Daniels/Daniel Wikler** | From Chance to Choice (Cambridge 2000) |
| **Bundesarbeitsgemeinschaft der Höheren Kommunalverbände (Hrsg.)** | Die Höheren Kommunalverbände in der Bundesrepublik Deutschland. Struktur und Aufgaben (Stuttgart 1990) |
| **Busse von Colbe W./ Lassmann G.** | Betriebswirtschaftstheorie, Band 1. Grundlagen, Produktions- und Kostentheorie (5. A. Berlin 1991) |
| **Capra Fritjof** | Das Tao der Physik (München 1975) |
| **Calhoun Craig** | Community without Propinquity Revisited: Communication Technology and the Transformation of the Urban Public Sphere, in: Sociological Inquiry, **68**, 3 (1998) S. 373–397 |

| | |
|---|---|
| **Canon** | Strategic Technologies. Personal Communication (10.8.2001) |
| **Castells Manuel** | The Rise of the Network Society (Oxford 1996) |
| **Castells Manuel** | The Internet Galaxy. Reflections on the Internet, Business and Society (Oxford 2001) |
| **Chadwick Ruth** | The philosophy of the right to know and the right not to know, in: Chadwick/Levitt/Shickle (eds), The Right to Know and the Right not to Know (Aldershot 1997) et al: Ashgate, pp. 13–22 |
| **Copernicus N.** | Das neue Weltbild. (Hamburg:Felix Meiner 1990) |
| **Cottone Norbert/ Eberhardt C.-P.** | Innovative Automatisierung im Materialfluss, in: Schweizerische technische Zeitschrift «Technik» Nr. 2 (Zürich 2001) 12 ff. |
| **Crainer S. (Hrsg.)** | Handbook of Management (London 1995) |
| **Crombie A. C.** | Von Augustin bis Galilei. Die Emanzipation der Naturwissenschaft. Übers. v. H. Hoffmann u. H. Pleus. (München: Deutscher Taschenbuchverlag 1977) |
| **Cubasch U./Kasang D.** | Anthropogener Klimawandel (Goetha 2000) |
| **Davis Bernard D.** | Limits to genetic intervention in humans: somatic and germline, in: Ciba Foundation Symposium 149: Human Genetic Information: Science, Law, and Ethics (Chicester et al 1990) John Wiley & Sons, pp. 81–86 |
| **Deloitte Touch Tohmatsu International** | The next Millennium: the challenges for business. Opinion Research Business (1997) |
| **DG Enterprise Working Paper European Union** | The implementation of New Approach directives (Brussels 11. April 2001) |
| **Dibbell Julian** | A Rape in Cyberspace, in: Village Voice, **38** (1993), 51, Dezember, S. 36 – 42 gopher: well.sf.ca.us Directory: community |
| **DOE (US Dept. of Energy)** | Joint Statement from the International Workshop on Generation IV Nuclear Power Systems (Washington D.C. January 17–28, 2000) |
| **Döring Nicola/ Schestag Alexander** | Soziale Normen in virtuellen Gruppen. Eine empirische Untersuchung ausgewählter Chat-Channels, in: Udo Thiedeke (Hrsg.), Virtuelle Gruppen (Opladen 2000) S. 313–354 |
| **Dollard/Doob/ Miller/Mowrer/ Sears** | Frustation and Aggression (14th ed. Yale University Press, New Haven/Conn. 1967) |

| | |
|---|---|
| Dörner Andreas | Politainment. Politik in der medialen Erlebnisgesellschaft (Magdeburg 2001) |
| Dörner Andreas | Politik vor dem «Auge Gottes»: Wie Talkshows den politischen Diskurs in der Mediengesellschaft prägen, in: NZZ Nr. 292 vom Samstag/Sonntag, den 15./16. Dezember 2001, 83 |
| Drucker Peter F. | The Essential Drucker (New York 2001) |
| Dumpert K. | Das Sozialleben der Ameisen (Berlin 1994) |
| Duschanek Alfred | Wege einer verfassungsrechtlichen Umweltschutzgarantie, in: Beiträge zum Wirtschaftsrecht, Festschrift für Karl Wenger zum 60. Geburtstag, hrsg. von Karl Korinek (Wien 1983), 279 ff. |
| Eisenführ F. | Einführung in die Betriebswirtschaftslehre (2. A. Stuttgart 1998) |
| Engeli Christian/ Hofmann Wolfgang/ Matzerath Horst (Hrsg.) | Informationen zur modernen Stadtgeschichte. Themenschwerpunkt: Städte und historisches Bewusstsein (Berlin 1993) |
| Ennen Edith | Die europäische Stadt des Mittelalters (4. A. Göttingen 1987) pp. 78–110 |
| Enzensberger Hans Magnus | Putschisten im Labor: Über die neueste Revolution in den Wissenschaften, in: Der Spiegel (2001) Nr. 23/2.6.01, 216–222 |
| Eser A./von Lutterotti M./ Sporken P. (Hrsg.) | Lexikon Medizin Ethik Recht (Freiburg i.B./ Basel/Wien 1989) |
| European Commission | Green Paper on Innovation. Document drawn up on the basis of COM(95) 688 final (Brussels 1995) |
| Flierl Bruno | Faschistische und stalinistische Stadtplanung und Architektur. Zu den Planungskonzepten in Berlin und Moskau. Hochschule für Architektur und Bauwesen (Weimar 1992) Jahrgang 38, Reihe A: Heft 1/2A, pp. 3–9 |
| Forel A. | Les Fourmis de la Suisse (Bâle 1874) |
| Forschungsverbund Lebensraum Stadt (Hrsg.) | Mobilität und Kommunikation in den Agglomerationen von Heute und Morgen. Ein Überlick (Berlin 1994) |
| Frantzen Dirk | R&D, International Technical Diffusion and Total Factor Productivity, Kyklos, vol. 51 (Basel 1998) pp. 489–508 |
| Friewald-Hofbauer Theres/Scheiber Ernst | Ökosoziale Marktwirtschaft, Strategie zum Überleben der Menschheit; Josef Rieglers innovatives Konzept für Wirtschaft und Gesellschaft (Wien 2001) |
| Fritsch Bruno | Anthropogene Veränderungen der Atmosphäre (Zürich 1991) |

| | |
|---|---|
| **Fritsch Bruno** | Mensch-Umwelt Wissen (Zürich 1994) |
| **Fritsch Bruno** | Elektrizität – Energie des Fortschritts, in: Siemens Power Journal **2** (6. Jg., Juli 1997) |
| **Fritsch Bruno/ Schmidheiny St./ Seifritz W.** | Towards an Ecologically Sustainable Growth Society (Heidelberg/New York 1994) |
| **Gates Bill** | Der Weg nach vorn: Die Zukunft der Informationsgesellschaft (München 2000) |
| **Gebser Jean** | Ursprung und Gegenwart. Erster Teil (Schaffhausen 1986) |
| **Giger Hans** | Alte und neue Bestrebungen nach Rechtssicherheit, in: Annuario di Diritto Comperato e di Studi Legislativi, Vol. XLIII Fasc. 2–3 (Roma 1969) 148 ff. |
| **Giger Hans** | Massenmedien, Informationsbetrug und Persönlichkeitsschutz als privatrechtliches Problem. Neue Aspekte im Bereich des privatrechtlichen Persönlichkeitsschutzes (erweiterte Fassung), in: ZSR **89** (Basel 1970) 33 ff. sowie in: JZ **26** (Tübingen 1971) 249 ff. |
| **Giger Hans** | Überforderter Konsumentenschutz? Ein Beitrag zum Schutz des Schwächeren, in: Band 13 der Schriftenreihe zum Konsumentenschutzrecht über «Wirtschaftsfreiheit und Konsumentenschutz» (Zürich 1983) 10 ff. |
| **Giger Hans** | Begegnung von Psychologie und Recht in der Rechtsfindung. Berücksichtigung psychologischer Faktoren als Entscheidungshilfe des Richters, in: Grenzen – grenzenlos? (Zürich 1990) S. 33 ff. |
| **Giger Hans** | Normenflut als Zeitbombe. Bedeutung der Informationsbewältigung im Bereich von Recht und Rechtsprechung, in: SB über «Wirtschaft und Recht im Würgegriff der Regulierer», hrsg. von Hans Giger (Zürich 1996) 19 ff. |
| **Giger Hans** | Ethik als grenzenlos erweiterte Verantwortung. Gedanken zur Bedeutung der Ethik als Ordungsprinzip und seine Verwirklichung im Recht, in: Festgabe zum 70. Geburtstag von Hans Giger (Bern 2000) 159 ff. |
| **Goeller/ Weinberg W. A.** | The Age of Substitutability, in: The American Economic Review, Vol. 68, no. 6, 1978 |
| **Goffman Erving** | Interaktionsrituale. Über Verhalten in direkter Kommunikation (Frankfurt/M. 1967/1986) |
| **Goffman Erving** | Der korrektive Austausch, in: ders., Das Individuum im öffentlichen Austausch (Frankfurt/M. 1982) S. 138–255 |

| | |
|---|---|
| **Gouillart Francis J./**<br>**Kelly James N.** | Transforming the Organization (New York 1996) |
| **Grant Michael/**<br>**Hazel John** | Lexikon der antiken Mythen und Gestalten (München 1980) |
| **Gruner Erich/**<br>**Hertig Hans Peter** | Der Stimmbürger und die «neue» Politik. Wie reagiert die Politik auf die Beschleunigung der Zeitgeschichte? (Bern/Stuttgart 1983) |
| **Grüntzig A.** | Die perkutane transluminale Rekanalisation chronischer Arterienverschlüsse mit einer neuen Dilatationstechnik (Baden-Baden/Köln/New York 1977) |
| **Gugerli David** | Steiniger Weg ins digitale Zeitalter. Helvetische Lehren aus einem missglückten Innovationsprojekt der PTT, in: NZZ Nr. 3 vom Samstag/Sonntag, den 5./6. Januar 2002, 25 |
| **Gutknecht Brigitte** | Das Prinzip Umweltschutz im österreichischen Verfassungsrecht, in: 40 Jahre EMRK. Grund- und Menschenrechte in Österreich, Band II, Wesen und Werte, hrsg. von Rudolf Machacek u.a. (Kehl/Strassburg/Arlington 1992) 113 ff. |
| **Gutknecht Brigitte/**<br>**Holoubek Michael/**<br>**Schwarzer Stephan** | Umweltverfassungsrecht als Grundlage und Schranke der Umweltpolitik, Zeitschrift für Verwaltung 1990, Heft 5–6, 554 ff. |
| **Hacker Friedrich** | Aggression. Die Brutalisierung der modernen Welt (2. A. Wien/München/Zürich 1971) |
| **Haupt Hermann** | Friede mit Gott dem Schöpfer, Friede mit der ganzen Schöpfung, in: Die Weltfriedensbotschaften Papst Johannes Pauls II., eingeleitet und herausgegeben von Donato Squicciarini (Berlin 1992) 271 ff. |
| **Heidelmeyer Wolfgang**<br>**(Hrsg.)** | Die Menschenrechte. Erklärungen. Verfassungsartikel, Internationale Abkommen. Mit einer Einführung von Wolfgang Heidelmeyer, 3., erneuerte und erweitere Auflage (Paderborn/München/Wien/Zürich 1982), pp. 43 ff: «Die Menschenrechtskonventionen der Vereinten Nationen». |
| **Heintz Bettina** | Die Innenwelt der Mathematik. Zur Kultur und Praxis einer beweisenden Disziplin (Wien 2000) |
| **Heintz Bettina** | Gemeinschaft ohne Nähe? Virtuelle Gruppen und reale Netze, in: Udo Thiedeke (Hrsg.), Virtuelle Gruppen (Opladen 2000) S. 188–218 |
| **Heintz Bettina/**<br>**Huber Jörg (Hrsg.)** | Mit dem Auge denken. Visualisierungsstrategien in wissenschaftlichen und virtuellen Welten (Wien 2001) |
| **Helle Ernst** | Der Schutz der Persönlichkeit, der Ehre und des wirtschaftlichen Rufes im Privatrecht, vornehmlich aufgrund der Rechtsprechung (2. A. 1969) |

| | |
|---|---|
| **Henneberger Fred/ Kamm Marcel** | Direktinvestitionen, Standortwettbewerb und Arbeitslosigkeit, in: Diskussionspapier #40 des Forschungsinstitutes für Arbeit und Arbeitsrecht an der Universität St. Gallen (1996) |
| **Henneberger Fred/ Kamm Marcel** | Die Maschinen-, Elektro- und Metallindustrie am Standort Schweiz im Zeichen der Globalisierung der Märkte, in: VSM-Beiträge zu Wirtschaft, Recht und Politik, Vol. 1 (Mai 1997) |
| **Henneberger Fred/ Vocke Matthias/ Ziegler Alexandre** | Auslandsinvestitionen und Beschäftigungseffekte in der schweizerischen Maschinenindustrie, in: Diskussionspapier #50 des Forschungsinstituts für Arbeit und Arbeitsrecht an der Universität St. Gallen (1997) |
| **Hicks John/ Hollander Samuel** | Mr. Ricardo and the Moderns, The Quarterly Journal of Economics, vol. XCI (New York 1977) pp. 351–369 |
| **Hirschauer Stefan** | Die Praxis der Fremdheit und die Minimierung der Anwesenheit. Eine Fahrstuhlfahrt, in: Soziale Welt, **50**, 3 (1999) S. 221–246 |
| **Horgan John** | The End of Science: Facing the Limits of Science in the Twilight of the Scientific Age |
| **Horgan John** | The Undiscovered Mind: How the Mind Defies Replication, Medication, and Explanation |
| **Horkheimer Max/ Adorno Theodor W.** | Dialektik der Aufklärung. Philosophische Fragmente (Frankfurt a.M. 1988) pp. 128–176 |
| **Hörning Karl H.** | Experten des Alltags. Die Wiederentdeckung des praktischen Wissens (2001), Weilerswist: Vellbrück Wissenschaft |
| **Huber Hans** | Umwelt und Umweltschutz als Rechtsbegriff, in: Auf dem Weg zur Menschenwürde und Gerechtigkeit, Festschrift für Hans R. Klecatsky, 1. Teilband (Wien 1980) 353 ff. |
| **Hunger Herbert** | Lexikon der griechischen und römischen Mythologie (Hamburg 1974) |
| **Ipsen Knut** | Völkerrecht, in Zusammenarbeit mit Volker Epping, Horst Fischer, Christian Gloria, Wolff Heintschel von Heinegg, 3., völlig neu bearbeitete Auflage des von Eberhard Menzel begründeten Werkes (München 1990) pp. 658 ff. |
| **Jansen Dorothea** | Einführung in die Netzwerkanalyse (Opladen 1999) |
| **Johanson D./ Edey M. A./Lucy** | The beginnings of humankind (Granada/London 1981) |
| **Jongen Marc** | Der Mensch ist sein eigenes Experiment. Nach dem Humanismus: Einige Thesen, mit denen der Nationale Ethikrat für Gentechnologie Frieden schliessen sollte, in: Die Zeit Nr. 33 (2001) 9.8.01, S. 31 |

647

| | |
|---|---|
| **Jurczek Edmond** | Energy to Market (Lenzburg 1999) |
| **Jurczek Edmond** | Die Schweiz – eine exportträchtige Volkswirtschaft? in: Bulletin SEV/ASE 23/00 (Fehraltorf 2000) |
| **Kant Immanuel** | Grundlegung zur Metaphysik der Sitten (Hamburg 1785/1965) |
| **Kant Immanuel** | Mctaphysische Anfangsgründe der Rechtslehre (Königsberg 1797) |
| **Katz R./Allen T.** | Investigating the Not Invented Here (NIH) Syndrome: A Look at the Performance, Tenure & Communications Patterns of 50 R&D Project Groups, in: R&D Management, 12, 7–19 (1985) |
| **Kennedy Donald** | Reshaping Basic Research, Science, Vol. 290, No. 5491 (Washington DC, American Association for the Advancement of Science 2000) p. 451 |
| **Kerschner Ferdinand (Hrsg.)** | Staatsziel Umweltschutz (Wien 1996) |
| **Keynes John M.** | The Theory of Employment, Interest and Money (London 1936) |
| **Kieserling André** | Kommunikation unter Anwesenden. Studien über Interaktionssysteme (Frankfurt/M. 1999) |
| **Kind Martin** | Umweltschutz durch Verfassungsrecht (Wien/New York 1994) |
| **Kind Martin** | Umfassender Umweltschutz und Europarecht, Österreichische Juristen-Zeitung 1997, Heft 2, 41 ff. |
| **Kleinberger Günther/ Caja Thimm Ulla** | Soziale Beziehungen und innerbetriebliche Kommunikation: Formen und Funktionen elektronischer Schriftlichkeit in Unternehmen, in: Caja Thimm (Hrsg.), Soziales im Netz: Sprache, Beziehungen und Kommunikationsstrukturen im Internet (Opladen 2000) S. 262–277 |
| **Kleinsteuber Hans J.** | Aktuelle Medientrends in den USA. Politischer Journalismus, politische Kommunikation und Medien im Zeitalter der Digitalisierung (Wiesbaden 2001) |
| **Klöti Ulrich/ Haldemann Theo/ Schenkel Walter** | Die Stadt im Bundesstaat – Alleingang oder Zusammenarbeit? Umweltschutz und öffentlicher Verkehr in den Agglomerationen Lausanne und Zürich (Chur/Zürich 1993) |
| **Kluge** | Etymologisches Wörterbuch der deutschen Sprache, Elmar Seebold (23. A. Berlin 1995) |
| **Kneubühl F.** | Repetitorium der Physik (Stuttgart 1975) |
| **Knizia K.** | Die Ordnung des Lebens und der Wirtschaft. Gedanken zum Kern der Energiefrage, in: Atomwirtschaft atw **45** Jg. Heft 5 (2000) S. 286–291 |

| | |
|---|---|
| **Kocaoglu D.** | Development of University Programs in Engineering and Technology Management. Personal Communication (Portland 1996) |
| **Koch Peter** | Graphé. Ihre Entwicklung zur Schrift, zum Kalkül und zur Liste, in: Peter Koch, Sybille Krämer (Hsrg.), Schrift, Medien, Kognition. Über die Exteriorität des Geistes (München 1997) S. 43–82 |
| **Koch Peter/ Krämer Sybille** | Einleitung, in: Dies. (Hrsg.), Schrift, Medien, Kognition. Über die Exteriorität des Geistes (München 1997) S. 2–27 |
| **Kogut B./Zander U.** | Knowledge of the Firm, Combinative Capabilities, and the Replication of Technology, in: Organization Science, Vol. 3, No. 4 (1992) pp. 383–397 |
| **Kohler O.** | Technologiemanagement in schweizerischen kleinen und mittelgrossen Unternehmen (KMU), ( ETH-Diss. Nr. 10477 1994) |
| **Körner Hans-Michael/ Weigand Katharina** | Hauptstadt. Historische Perspektiven eines deutschen Themas (München 1995) |
| **Kotter J.P.** | The General Manager (New York 1982) |
| **Krämer Sybille** | Stimme – Schrift – Computer: Über Medien der Kommunikation, in: Jörg Huber, Martin Heller (Hrsg.), Inszenierung und Geltungsdrang, Interventionen 7 (Wien 1998) S. 241–256 |
| **Kröger W.** | Sustainable development: chance and challenge for nuclear energy, in: Nuclear Europe Worldscan 7–8, 1999 |
| **KSZE-Konferenz** | Dokument des Kopenhagener Treffens der Konferenz über die menschliche Dimension des KSZE (Copenhagen 1990) |
| **Kuark J. K.** | Der Informationsaustausch zwischen Operateuren in einer Fertigungsanlage. Nachdiplomarbeit Mechatronics: Institut für Arbeitspsychologie der ETH Zürich (Zürich 1988) |
| **Lang Winfried** | Internationaler Umweltschutz, Völkerrecht und Aussenpolitik zwischen Ökonomie und Ökologie (Wien 1989) |
| **Langlois Richard N./ Foss Nicolai J.** | Capabilities and Governance: The Rebirth of Production in the Theory of Economic Organization, Kyklos, Vol. 52 (Basel 1999) pp. 201–218 |
| **Larese Wolfgang/ Lendi Martin/ Linder Willy (Hsrg.)** | Ethik als Handlungsmaxime. Beiträge zum interdisziplinären Symposium als Festgabe zum 70. Geburtstag von Hans Giger (Bern 2000) |
| **Largiadèr Jon** | Lehrbuch und Atlas der Gefässchirurgie am Unterschenkel (Bern/Stuttgart/Toronto 1987) |

649

| | |
|---|---|
| **Lehenhofer Heribert** | Umweltethik als Herausforderung, mit einer Einführung von Alfred Klose (Klagenfurt 2001) |
| **Lenk H.** | Ropohl, G.: [Hg.] Technik und Ethik (Stuttgart: Reclam 1987) |
| **Link Heinz-Christoph/ Ress Georg** | Staatszwecke im Verfassungsstaat – nach 40 Jahren Grundgesetz, Veröffentlichungen der Vereinigung der Deutschen Staatsrechtslehrer, Heft 48 (Berlin/New York 1990) 7 ff. |
| **Lübbe Hermann** | Die Metropolen und das Ende der Provinz. Über Stadtmusealisierung, in: SB «Hauptstadt. Historische Perspektiven eines deutschen Themas, hrsg. von Körner/Weigand (München 1995) pp. 15–27 |
| **Lübbe Hermann** | Geschichtsbegriff und Geschichtsinteresse. Analytik und Pragmatik der Historie (Basel/Stuttgart 1977) pp. 127–144 sowie pp. 241–268 |
| **Lübbe Hermann** | Elites in an Egalitarian Society, in: Rudolf Henn, Lothar Späth, Hermann Lübbe, Gerhard Krüger: Employment and the Transfer of Technology (Berlin/Heidelberg/New York/Tokyo 1986) pp. 21–37 |
| **Lübbe Hermann** | Die grosse und die kleine Welt. Regionalismus als europäische Bewegung, in: Hermann Lübbe: Die Aufdringlichkeit der Geschichte. Herausforderungen der Moderne vom Historismus bis zum Nationalsozialismus (Graz/Wien/Köln 1989) pp. 30–45 |
| **Lübbe Hermann** | Religion nach der Aufklärung (2. A. Graz/Wien/Köln 1990) pp. 19–38 |
| **Lübbe Hermann** | Neue Informations-Infrastrukturen und deren kulturelle Bedeutung für die Informations-Gesellschaft, in: 80 Jahre Fachverband Informationstechnik im VDMA und ZVEI. Auf dem Weg zur Informationsgesellschaft. Schriftenreihe des Fachverbandes Informationstechnik im VDMA und ZVEI (Frankfurt a.M. 1994) pp. 30–40 |
| **Lübbe Hermann** | Im Zug der Zeit. Verkürzter Aufenthalt in der Gegenwart (2.A. Berlin 1994) pp. 137–154 |
| **Lübbe Hermann** | Mobilität und Kommunikation, in: Kommunikation ohne Verkehr? Neue Informationstechniken machen mobil (Fraunhofer Forum 1995) pp. 12–25, bes. pp. 17 ff. |
| **Lübbe Hermann** | Staatliche Souveränität, internationale Organisation und Regionalisierung, in: Karl Kaiser, Hans-Peter Schwarz (Hrsg.): Die neue Weltpolitik (Bonn 1995) pp. 187–195 |
| **Lübbe Weyma (Hrsg.)** | Kausalität und Zurechnung. Über Verantwortung in komplexen kulturellen Prozessen (Berlin/New York 1994) |

| | |
|---|---|
| **Luhmann Niklas** | Soziale Systeme (Frankfurt/M. 1984) |
| **Luhmann Niklas** | Einfache Sozialsysteme, in: ders., Soziologische Aufklärung, Band 2 (Opladen (1991) S. 21–38 |
| **Luhmann Niklas** | Die Gesellschaft der Gesellschaft (Frankfurt/M. 1997) |
| **Mac Kinnon/ Richard C.** | Punishing the Persona: Correctional Strategies für the Virtual Offender, in: Steven G. Jones (Hsrg.), Virtual Culture (London 1997) S. 206–235 |
| **Magaziner Ira C.** | Über die Rolle des Staates in der Internet-Politik, in: Waltermann Jens/Machill Marcel (Hrsg.), Verantwortung im Internet (Gütersloh 2000) S. 65–82 |
| **Marko Joseph** | Umweltschutz als Staatsziel, Österreichische Juristen-Zeitung 1986, Heft 10, 289 ff. |
| **Marsh Peter** | A Sharp Sense of the Limits to Outsourcing, Financial Times, 2001–07–31 (London 2001) p. 14 |
| **Marx Karl** | Zur Kritik der Hegelschen Rechtsphilosophie. Einleitung, in: Karl Marx, Friedrich Engels: Werke. Band 1 (Berlin 1977) pp. 378–391, p. 380 |
| **Mayntz Renate** | Soziale Diskontinuitäten: Erscheinungsformen und Ursachen, in: Klaus Hierholzer, Heinz-Günter Wittmann (Hrsg.): Phasensprünge und Stetigkeit in der natürlichen und kulturellen Welt (Stuttgart 1988), pp. 15–37, pp. 25 ff |
| **Meier Werner A./ Jarren Otfried** | Ökonomisierung und Kommerzialisierung von Medien und Mediensystem. Einleitende Bemerkungen zu einer notwendigen Debatte, in: Medien & Kommunikationswissenschaft **49**. Jg. Heft 2 (Hamburg 2001) S. 145–158 |
| **Meier-Hayoz Arthur** | Berner Kommentar zum Schweizerischen Zivilgesetzbuch, Band I: Einleitung und Personenrecht, I. Abteilung: Einleitung Art. 1 bis 10 ZGB, Kommentierung zu Art. 1 ZGB (Bern 1962) |
| **Meyer A.** | Dynamische Anpassung an eine sich wandelnde Wirtschaftswelt. Io Management Zeitschrift **63** (Zürich 1994) |
| **Meyer Thomas** | Mediokratie. Die Kolonisierung der Politik durch die Medien (Dortmund 2001) |
| **Meyer Thomas** | Kotau vor den Medien: Mutiert die Parteiendemokratie zur Mediokratie? in: NZZ Nr. 292 vom Samstag/Sonntag, den 15./16. Dezember 2001 85 |
| **Mintzberg H.** | Mintzberg on Management (New York 1989) |
| **Mittelstrass Jürgen** | Wissenschaft als Lebensform. Reden über philosophische Orientierung in Wissenschaft und Universität (Frankfurt: Suhrkamp 1982) |

651

| | |
|---|---|
| **Möckli Silvano** | Direkte Demokratie. Ein Vergleich der Einrichtungen und Verfahren in der Schweiz und Kalifornien, unter Berücksichtigung von Frankreich, Italien, Dänemark, Irland, Österreich, Liechtenstein und Australien (Bern/Stuttgart/Wien 1994) |
| **Müller Kurt** | Als das Mass verloren ging. Ruf nach mehr Ethik in der Gesellschaft, in: NZZ Nr. 277 vom Mittwoch, den 28. November 2001, 15 |
| **NCR** | Management of Technology: The Hidden Competitive Advantage. National Research Council (Washington D.C. 1987) |
| **Needham J.** | Science and Civilisation in China (London 1956) |
| **Niehans Jürg** | Strukturwandlungen als Wachstumsprobleme, in: Schriften des Vereins für Sozialpolitik, NF 50/1 (Berlin 1962) pp. 18–45 |
| **Niehans Jürg** | A History of Economic Theory (Baltimore/London 1994) pp. 73–85 |
| **Nietzsche F.** | Jenseits von Gut und Böse (KSA. München: Deutscher Taschenbuchverlag 1980) |
| **Norris Pippa** | Digital Divide. Civic Engagement, Information Poverty and Internet Worldwide (Cambridge MA 2001) |
| **OECD** | Towards Sustainable Development. Indicators to Measure Progress. Proceedings of the OECD Rome Conference (September 2000) |
| **Öhlinger Theo** | Ein Menschenrecht auf Gesundheit? – Sinn und Funktion eines sozialen Grundrechts, in: Arbeit, Recht und Gesellschaft, Festschrift für Walter Schwarz, hrsg. von Oswin Martinek (Wien 1991) 767 ff. |
| **Opaschowski Horst W.** | Der Freizeitkonsum von morgen. Wunschlos un-glücklich, in: Innovatio, Heft 1/2 (Fribourg 1989) 22 ff. |
| **Papst Johannes Paul II.** | Botschaft zum Weltfriedenstag am 1. Jänner 1990, «Friede mit Gott, dem Schöpfer, Friede mit der gan-zen Schöpfung», in: Die Weltfriedensbotschaften Papst Johannes Pauls II., eingeleitet und herausgege-ben von Donato Squicciarini (Berlin 1992) 261 ff. |
| **Parks Malcom R./ Floyd Kory** | Making Friends in Cyberspace, in: Journal of Com-puter-mediated communication (1996) http://jcmc.huji.ac.il/vol.1/issue4 |
| **Pauli Wolfgang/ Jung C. G.** | Ein Briefwechsel (Berlin 1992) |
| **Peccei A.** | No Limits to Learning: Bridging the Human Gap (Oxford/Englang 1979) |

652

| | |
|---|---|
| **Pernthaler Peter** | Bemerkungen zum Recht auf Umweltschutz, in: Grundrechtsform, hrsg. von Reinhard Rack (Wien 1985) 205 ff. |
| **Pernthaler Peter/ Weber Karl/ Wimmer Norbert** | Umweltpolitik durch Recht – Möglichkeiten und Grenzen – Rechtliche Strategien zur Umsetzung des Umweltmanifestes (Wien 1992) |
| **Perrolle Judith A.** | Conversations and Trust in Computer Interfaces, in: Charles Dunlop, Rob Kling (Hrsg.), Computerization and Controversy (Boston u.a. 1991) S. 350–363 |
| **Pesendorfer Wolfgang** | Umweltschutz und Umweltnutzung – Rechtsanspruch oder Ideologie: Bürgerbeteiligung auf dem Prüfstand, Zeitschrift für Verwaltung 1989, Heft 5, 439 ff. |
| **Pfund C.** | Entwicklung der Publikationen über Technologie-Management. Interne BWI-Studie (Zürich 1997) |
| **Picht Georg** | Wahrheit, Vernunft, Verantwortung. Philosophische Studien (Stuttgart: Klett 1969) |
| **Pietschmann H.** | Phänomenologie der Naturwissenschaft (Berlin 1996) |
| **Platon** | Der Staat. Werke in acht Bd. gr. u. dt., Band 4 (2. Aufl. Darmstadt: Wissenschaftliche Buchgesellschaft 1990) |
| **Pleitner Hans Jobst** | Deregulierung – wie wichtig für den Unternehmer? in: Wirtschaft und Recht im Würgegriff der Regulierer, hrsg. von Hans Giger (Zürich 1996) 99 ff. |
| **Pool Ithiel de Sola** | Technologies of Freedom. On free speech in an electronic age (Cambridge MA 1983) |
| **Popper Karl R.** | Das Elend des Historizismus (2. A. Tübingen 1969) p. XI |
| **Porter Michael** | Competitive Advantage – Creating and Sustaining Superior Performance (New York 1985) |
| **Posener Julius** | Die moderne Architektur – eine lange Geschichte, in: Heinrich Klotz (Hrsg.): Visionen der Moderne. Das Prinzip Konstruktion (München 1986) pp. 27–32, p. 28 |
| **Radermacher F. J.** | Challenges for Operations Research as a Scientific Discipline at the Beginning of the 21st Century, in: P. Kall, H.-J. Lüthi (ed.), Operations Research Proceedings (Berlin/Heidelberg 1998) pp. 3–20 |
| **Rauschning Dietrich** | Aufnahme einer Staatszielbestimmung über Umweltschutz in das Grundgesetz?, Die öffentliche Verwaltung 12/1986, 489 ff. |
| **Rauschning Dietrich/ Hoppe Werner** | Staatsaufgabe Umweltschutz, Veröffentlichungen der Vereinigung der Deutschen Staatsrechtslehrer, Heft 38 (Berlin/New York 1980) 167 ff. |

| | |
|---|---|
| **Rawls John** | Eine Theorie der Gerechtigkeit (Frankfurt am Main 1971/1979) |
| **Rechenberg I.** | Evolutionsstrategie '94. Werkstatt Bionik und Evolutionstechnik. Bd. 1 (Stuttgart: frommann – holzboog 1994) |
| **Riedl J. E.** | Projekt-Controlling in Forschung und Entwicklung (Berlin 1990) |
| **Riegler Josef/ Moser Anton** | Ökosoziale Marktwirtschaft, Denken und Handeln in Kreisläufen (2. A. Graz/Stuttgart 1997) |
| **Roberts E. B.** | Global Benchmarking of Strategie Management of Technology (Cambridge 1999) |
| **Rojahn Jürgen** | Und sie bewegt sich doch! Die Fortsetzung der Arbeit an der MEGA unter dem Schirm der IMES, in: MEGA-Studien. Hrsg. von der Internationalen Marx-Engels-Stiftung (Berlin 1994/1) pp. 5–31 |
| **Rojahn Jürgen** | Die neuen Editionsrichtlinien der Marx-Engels-Gesamtausgabe (MEGA) mit einer Vorbemerkung von Jacques Grandjonc, in: MEGA-Studien. Hrsg. von der Internationalen Marx-Engels-Stiftung (Berlin 1994/1) pp. 32–59 |
| **Rosenberg Nathan** | Inside the Black Box: Technology and Exonomics (Cambridge (UK)/London/New York 1985) p. 143 |
| **Rovan Joseph** | Religionsartige politische Bewegungen am Ende des 20. Jahrhunderts, in: Hermann Lübbe (Hrsg.): Heilserwartung und Terror. Politische Religionen des 20. Jahrhunderts. Mit Beiträgen von Wladyslaw Bartoszweski, Helmuth Kiesel, Hermann Lübbe, Hans Maier, Michael Rohrwasser, Joseph Rovan (Düsseldorf 1995) pp. 113–128 |
| **Rühli E.** | Unternehmensführung und Unternehmenspolitik, Band 1 (3. A. Bern 1996) |
| **Rutz Eveline** | Journalismus «stets auf einem Minenfeld», in: Der Landbote, Winterthur, den 4. Februar 2002 |
| **Salin Edgar** | Politische Ökonomie (5. A. Tübingen/Zürich 1967) pp. 189–193 |
| **Say Jean-Baptiste** | Lettres à A. M. Malthus sur différents sujets d'économie politique (Paris 1820) p. 3 |
| **Schaeffer Peter V./ Scott Loveridge (ed.)** | Small Town and Rural Economic Development, A Case Studies Approach (Westport/London 2000) |
| **Schäfer L.** | Das Bacon-Projekt. Von der Erkenntnis, Nutzung und Schonung der Natur (Frankfurt: Suhrkamp 1993) |
| **Schambeck Herbert** | Umweltschutz und Rechtsordnung, Österreichische Juristen-Zeitung 1972, Heft 23, 617 ff. |

| | |
|---|---|
| **Schambeck Herbert** | Die Grundrechte im demokratischen Verfassungsstaat, in: Ordnung im sozialen Wandel, Festschrift für Johannes Messner zum 85. Geburtstag, hrsg. von Alfred Klose u.a. (Berlin 1976), bes. 480 ff. |
| **Schambeck Herbert** | Die Verantwortung des Gesetzgebers und der Schutz des ungeborenen Lebens, L'Osservatore Romano, Wochenausgabe in deutscher Sprache vom 27. November 1981, 10 f. und 14 |
| **Schambeck Herbert** | Von den Staatszwecken Österreichs, in: Parlamentarismus und öffentliches Recht in Österreich – Entwicklung und Gegenwartsprobleme, Erster Teilband, hrsg. von Herbert Schambeck (Berlin 1993), bes. 22 ff. |
| **Schmid Beat et al. (eds.)** | Towards the E-Society: E-Commerce, E-Business and E-Government (Boston 2001) |
| **Schneider E.** | Die transluminale Angioplastie, lokale Thrombolyse und perkutane Thrombenextraktion in der Behandlung von Extremitätenarterienverschlüsse, Internist, 30 (1989) 440–446 |
| **Schoeck Helmut** | Der Mensch als Neider, in: SB über «Neidökonomie. Wirtschaftspolitische Aspekte eines Lasters» (Zürich 2000) 33 ff. |
| **Schulze Winfried** | Deutsche Geschichtswissenschaft nach 1945 (München 1989), pp. 77 ff.: «‹Vermassung› als Signatur des 20. Jahrhunderts» |
| **Schulz von Thun Friedemann** | Miteinander reden: Störungen und Klärungen. Psychologie der zwischenmenschlichen Kommunikation (Hamburg 1982) |
| **Schwander Marcel** | Jura. Konfliktstoff für Jahrzehnte (Zürich/Köln 1977) |
| **Schwarz Gerhard/ Nef Robert (Hsrg.)** | SB über «Neidökonomie. Wirtschaftspolitische Aspekte eines Lasters» (Zürich 2000) |
| **Schwenke W.** | Ameisen – Der duftgelenkte Staat (Hannover 1996) |
| **Sclar Elliot D.** | You Don't Always Get What You Pay For (Ithaca/London 2000) |
| **Scott Peter** | The Changing Role of the University in the Production of New Knowledge, Tertiary Education and Management, Vol. 3 (Dordrecht 1997) pp. 5–14 |
| **Scott (ed.)** | Small Town and Rural Economic Development, A Case Studies Approach (Westport/London 2000) |
| **Scriba C. J./ Schreiber P.** | 5000 Jahre Geometrie (Berlin 2000) |
| **Segrè E.** | Die grossen Physiker und ihre Entdeckungen (München 1997) |

| | |
|---|---|
| **Senn Josef Fidelis** | Strategische Bedeutung von Ökologie-orientierten Informationssystemen, in: OIKOS-Konferenz HSG über umweltorientierte Unternehmensführung (St. Gallen 1988) |
| **Serres Michel** | Diagonalen, in: Das Wissen der Griechen, hrsg. von Brunschwig Jacques und Lloyd Goeffrey (Zürich 2000) |
| **Simmel Georg** | Über sociale Differenzierung. Sociologische und psychologische Untersuchungen (Leipzig 1890) |
| **Simmel Georg** | Soziologie. Untersuchungen über die Formen der Vergesellschaftung (Frankfurt/M. 1908/1992) |
| **Smith P.G./ Reinertsen D. G.** | Developing Products in Half the Time (New York 1991) |
| **Snooks Graeme D. (ed.)** | Was the Industrial Revolution Necessary? (London/New York 1994) |
| **Solow R. M.** | New Directions in Growth Theory, in: Gahlen B., Hesse H. und Ramser J. J. (Hrsg.) Wachstumstheorie und Wachstumspolitik. Ein neuer Anlauf (Tübingen 1994) |
| **Solla Price Derek J.** | Little Science, Big Science. Von der Studierstube bis zur Grossforschung (Frankfurt a.M. 1963/1974) |
| **Sophokles** | «Antigone» Vers 363–365, übers. von W. Willige: Mit kluger Geschicklichkeit für / die Kunst ohne Massen begabt, / kommt er heut auf Schlimmes, auf Edles morgen. (Gemeint ist der Mensch im Allgemeinen.) |
| **Stiglitz Joseph E.** | Whither Socialism? (Cambridge Mass./London 1994) pp. 109–152 |
| **Stone Allucquere Rosanne** | The War of Desire and Technology at the Close of the Mechanical Age (Cambridge 1995) |
| **Sykes Norman** | Church and State in the XVIIIth Century (New York 1975) pp. 257 f. |
| **Tibi Bassam** | Krieg der Zivilisationen. Politik und Religion zwischen Vernunft und Fundamentalismus (Hamburg 1995) |
| **Toffler Alvin** | The Third Wave (New York 1980) |
| **Towne Henry R.** | The Egineer as Economist, Transactions of the American Society of Mechanical Engineers, in: Jay M. Shafritz, J. Steven Ott (ed.), Classics of Organizational Theory (4th ed. Forth Worth/Philadelphia 1996) pp. 48–51 |
| **Tschirky Hugo** | Technology Management: An Integrating Function of General Management, in: Kocaoglu D. F. & Niwa K. (ed.): Technology Management – The New International Language. Proceedings of the Portland Internatio- |

|  |  |
|---|---|
|  | nal Conference on Management of Engineering and Technology (Portland/Oregon USA 1991) pp. 27–31 |
| **Tschirky Hugo** | Bringing Technology into Management: The Call of Reality – Going Beyond Industrial Management at the ETH, in: Kocaoglu D. F. & Anderson T. R. (ed.): Innovation in Technology Management – The Key to Global Leadership. Proceedings of the Portland International Conference on Management of Engineering and Technology (Portland/Oregon USA 1997) pp. 27–31 |
| **Tschirky Hugo** | Lücke zwischen Management-Theorie und Technologie-Realität, in: Tschirky H./Koruna St. (Hrsg.): Technologie-Management – Idee und Praxis (Zürich 1998) |
| **Tschirky Hugo** | Konzept und Aufgaben des Integrierten Technologie-Managements, in: Tschirky H./Koruna St. (Hrsg.): Technologie-Management – Idee und Praxis (Zürich 1998) |
| **Tschirky Hugo** | Technology and Innovation Management: Leading the Way to (New) Enterprise Science, in: Kocaoglu D. F. & Anderson T. R. (ed.): Proceedings of the Portland International Conference on Management of Engineering and Technology (Portland/Oregon USA 1999) pp. 25–29 |
| **Ulich E./Baitsch C./ Alioth A.** | Führung und Organisation, in: Schriftenreihe «Die Orientierung», Nr. 81 (Bern 1983) |
| **Ulich E.** | Arbeitspsychologie (3. A. Zürich 1994) |
| **Ulrich H.** | Die Unternehmung als produktives soziales System (2. A. Bern 1970) |
| **Ulrich H.** | Management, hrsg von: Dyllick Th., Probst G. J. B., (Bern 1984) |
| **UNICE** | Stimulating Creativity and Innovation in Europe. The UNICE Benchmarking Report 2000 (2000) |
| **UNICE** | The reNewed Economy Business for a Dynamic Europe. The UNICE Benchmarking Report 2001 (2001) |
| **Van Gelder Lindsay** | The Strange Case of the Electronic Lover, in: Charles Dunlop, Rob Kling (Hrsg.), Computerization and Controversy (Boston u.a. 1991) S. 364–375 |
| **von Mutius Albert** | Staatszielbestimmung «Umweltschutz», Wirtschaft und Verwaltung 1/1987, 51 ff. |
| **von Weizsäcker C. F.** | Die Zeit. Nr. 42, 1980, S. 34 |
| **Voss A.** | Die Herausforderung vor Augen – Energiepolitik für eine nachhaltige Entwicklung, in: IER (Universität Stuttgart 2000) |

657

| | |
|---|---|
| **Waldstein Wolfgang** | Das Menschenrecht zum Leben – Beiträge zu Fragen des Schutzes menschlichen Lebens (Berlin 1982) |
| **Watzlawick/ Beavin/Jackson** | Menschliche Kommunikation (Bern 1969) |
| **Weber Karl** | Die Konkretisierung verfassungsrechtlicher Staatszielbestimmungen am Beispiel jener über den umfassenden Umweltschutz, in: 75 Jahre Bundesverfassung, hrsg. von der Österreichischen Parlamentarischen Gesellschaft (Wien 1995) 709 ff. |
| **Weber Rolf H../ Doerr Bianka S.** | Wie wenig Kontrolle brauchen die Medien? Stärken und Schwächen der Selbstregulierung, in: NZZ Nr. 195 vom Freitag, den 24. August 2001 75 |
| **Weder Rolf/ Grubel Herbert** | The New Growth Theory in the Age of Coasean Economics: Institutions to Capture Externalities, in: Weltwirtschaftliches Archiv, Bd. 149 (Tübingen 1993) pp. 488–513 |
| **Wellman Barry u.a.** | Computer Networks as Social Networks: Collaborative Work, Telework, and Virtual Community, in: Annual Review of Sociology, **22** (1996) S. 213–238 |
| **Williams S. D./ Durie B. et al.** | Proceedings of the Fifth International Conference on Greenhouse Gas Control Technologies (GHGT-5), Cairns August 13–16 (Cairns/Australia 2000) |
| **Wimmer Norbert** | Umweltschutz als Aufgabe des öffentlichen Rechts, Österreichische Juristen-Zeitung 1971, Heft 24, 645 ff. |
| **Winslow Tylor Frederick** | The Principles of Scientific Management (New York 1911) |
| **Wittmann Waldemar** | Art. Betriebswirtschaftslehre, Handwörterbuch der Wirtschaftswissenschaft, Bd. 1 (Stuttgart/New York/Tübingen/ Göttingen/Zürich 1977) pp. 585–609 |
| **Wöhe G.** | Einführung in die Allgemeine Betriebswirtschaftslehre (19.A. München 1996) |
| **World Bank The** | World Development Report 1999/2000 Entering the 21$^{st}$ Century (Washington D.C. 1999) |
| **Wrigley E. A.** | The Classical Economists, the Stationary State, and the Industrial Revolution, in: Graeme D. Snooks (ed.), Was the Industrial Revolution Necessary? (London/New York 1994) pp. 27–42 |
| **ZEHN**[HOCH] | Dimensionen zwischen Quarks und Galaxien. Spektrum der Wissenschaft (Heidelberg 1985) |
| **Zillmann John W.** | The Science of Climate Change: An Update. Paper presented at the GHGT–5 (Cairns, Queensland, Australia August 13–16 2000) |